조문 · 판례
형법각론

조문·판례
형법각론

송 태 종·전 수 영 공저

KSI 한국학술정보㈜

머 리 말

 법학은 실천적인 학문이다. 형법학도 그 예외일 수는 없다. 관념적이고 형이상학적인 논의에 빠지기 쉬운 형법학은 논의의 출발점을 우리 사회의 구체적 현실에서 찾지 않으면 안 된다. 만일 한국 사회의 구체적 문제 상황을 염두에 두지 않고 전개되는 형법이론이 있다면 그 이론은 상아탑 속의 관념론에 그치거나 국가고시 답안 작성용의 죽은 이론이 될지도 모른다. 이와 같은 문제의식 내지 위기의식하에서 저자는 형법 강의 때마다 대법원 및 헌법재판소 판례를 중심으로 한 강의교재의 필요성을 절실히 느꼈다.

 저자가 그동안 강의준비를 위해 축적된 판례를 학생들에게 부담을 주지 않는 범위에서 학부과정의 학생들이 최소한 알아야 할 기본 판례를 엄선하여 조문과 판례를 중심으로 편집을 함으로써 저자의 강의를 수강하는 학생들은 물론 일반 독자들도 형법의 공부에 활용할 수 있도록 『조문·판례 형법총론』, 『조문·판례 형법각론』이라는 이름을 붙여 이 책을 출간하게 되었다.

 이 책을 편집함에 있어서 유의할 점은 2007년 10월 31일자까지 판례를 수록함으로써 가능한 한 최신의 판례를 소개하도록 하였다. 이것은 현시점에 가까운 판례일수록 독자들에게 법리적 분석의 필요성과 법적 문제의식을 강하게 불러일으킬 것이라고 기대했기 때문이다. 다만, 이 책이 대법원이나 헌법재판소의 전체적 입장을 대변한다고 말할 수는 없다. 해방 후 60년이 넘은 지금까지 그동안 쌓여 온 수많은 판례들 가운데 유독 최소한 알아야 할 기본 판례를 엄선한다는 것은 쉬운 일이 아니며 또한 꼭 알아야 할 중요 판례가 누락될 위험성이 있는 것도 부인할 수 없는 사실이다. 판례의 선별과 체계적 배열은 결코 용이한 일이 아니며 어떻게 보면 자의적인 작업이기조차 하기 때문이다. 따라서 앞으로 끊임없는 연구와 강의과정 속에서 이 책의 문제점에 대해서는 수정·보완할 것을 다짐하면서 여러 선배·동료 교수님들의 아낌없는 충고와 격려를 바라는 바이다.

그러나 이러한 한계점에도 불구하고 저자가 이 책을 통하여 시도한 것은 우리 법원의 대표적인 판례들이 제시하는 부분을 염두에 두면서 학생 여러분이 강의실에서 습득한 형법지식을 구체화, 현실화시킬 수 있도록 하려는 점에 있다. 앞으로 학생 여러분이 형법을 공부할 때 접하게 되는 다른 판례에 보다 쉽게 접근하고 친숙해지는 징검다리로 이 책이 사용될 수 있다면 저자로서는 커다란 기쁨이 될 것이다.

저자의 당초 구상으로는 형법총론과 형법각론을 한 권의 책으로 묶어 펴내려고 하였으나 저자의 개인적인 사정과 편집상의 애로, 그리고 학생 여러분의 휴대편의 등을 고려하여 『조문·판례 형법총론』과 『조문·판례 형법각론』으로 나누었다.

이 책의 출간에 있어서 많은 분들의 성원과 격려가 있었다. 우선 그동안 학문의 길을 열어 주신 여러 은사님들과 부모님, 가족들께 그동안의 노고에 대해서 진심으로 감사드리고자 한다. 또한, 이 책의 출판을 흔쾌히 맡아 주신 한국학술정보에 깊은 감사의 인사를 드리는 바이다.

2007년 12월
저자들 씀

제1편 개인적 법익에 관한 죄

제2편 사회적 법익에 관한 죄

제3편 국가적 법익에 관한 죄

참고문헌

강구진,	형법강의(각론 Ⅰ),	박영사, 1984
김성천 / 김형준,	형법각론 (제2판),	동현출판사, 2006
김윤행,	주석 형법각칙(상),	사법행정, 1982
	주석 형법각칙(하),	사법행정, 1980
김일수 / 서보학,	새로쓴형법각론(제7판),	박영사, 2007
	한국형법 Ⅲ,	박영사, 1997
	한국형법 Ⅳ,	박영사, 1997
김종원,	형법각론,	한국사법행정학회,1986
박상기,	형법각론,	박영사, 2005
박재윤,	주석형법－제4판(각칙1－6),	한국사법행정학회. 2006
배종대,	형법각론,	홍문사, 2006
백형구,	형법각론,	청림출판, 2002
신동운,	판례백선 형법각론 Ⅰ	경세원,, 1999
유기천,	형법학(각론강의 상),	일조각, 1982
	형법학(각론강의 하),	일조각, 1982
오영근,	형법각론,	대명출판사, 2002
이재상,	형법각론,	박영사, 2002
이연원	형법각론,	법지사, 2003
이형국,	형법각론연구(Ⅰ),	법문사, 1997
임웅,	형법각론,	법문사, 2003
정성근 / 박광민,	형법각론,	삼지원, 2002
정영석,	형법각론,	법문사, 1983
진계호,	형법각론,	대왕사, 1985
황산덕,	형법각론,	방문사, 1983
형사판례연구회,	형사판례연구(1)～(10)	박영사. 1993－2002

제**1**편

개인적 법익에
관한 죄

제1장
생명과 신체에 관한 죄

제1절 살인의 죄

Ⅰ. 보통살인죄

제250조(살인)

① 사람을 살해한 자는 사형, 무기 또는 5년 이상의 징역에 처한다.

▶ 미수범, 예비·음모처벌, 자격정지 병과 가능(제254·255·256조)

---

1. 의 의

사람을 살해함으로써 생명을 침해하는 것을 내용으로 하는 범죄로, 보호법익은 사람의 생명이며 그 보호의 정도는 침해범이다.

2. 구성요건

(1) 객관적 구성요건

1) 행위객체: 사람

여기서 사람은 생명이 있는 자연인인 타인을 의미하며 법인은 제외된다. 자연인인 이상 생존능력의 유무는 묻지 않는다. 또한 자기 이외의 타인을 의미하므로 자살은 살인죄의 구성요건해당성이 없다.

① 사람의 시기: 언제부터 출생하여 사람이 되는가의 문제이다. 이에 대해서는 일부노출설, 전부노출설(민법의 통설), 독립호흡설 등이 있으나 통설과 판례는 진통설(분만개시설)이다. 제왕절개에 의한 분만의 경우에는 자궁절개 시를 기준으로 한다.

◆ **판 례** ◆

<사람의 시기>……사람의 생명과 신체의 안전을 보호법익으로 하고 있는 형법상의 해석으로는 규칙적인 진통을 동반하면서 태아가 태반으로부터 이탈되기 시작한 때 다시 말하여 **분만이 개시된 때(진통설 또는 분만개시설)가 사람의 시기**라고 봄이 타당하다고 여겨지며 이는 형법 제251조(영아살해)에서 분만 중의 태아도 살인죄의 객체가 된다고 규정하고 있는 점을 미루어 보아서도 그 근거를 찾을 수 있다. 따라서 조산원이 분만 중인 태아를 질식사에 이르게 한 경우에는 업무상 과실치사죄가 성립한다.(대판 1982.10.12. 81도2621)

---

② 사람의 종기: 이에 대해서는 맥박종지설(통설), 호흡종지설의 이론적 대립이 있었으나, 최근에는 장기이식과 관련하여 뇌사설이 유력해지고 있다. 그러나 뇌사설은 뇌사의 개념이 불확실하고 악용의 소지가 있다는 지적을 받고 있다.

※ 뇌사설에도 뇌간을 포함한 전뇌의 기능이 소멸된 상태를 뇌사라고 보는 견해(전뇌사설)와 대뇌의 기능인 정신기능의 불가역적 소실을 사망이라고 하는 견해(대뇌사설)가 있다.

2) 행 위: 살해

① 살 해: 살해란 고의로 사람의 생명을 자연적인 사기에 앞서 단절시키는 것을 말하며, 그 수단·방법에는 제한이 없다. 그러나 저주·기도 등의 미신적 방법에 의한 살인죄는 성립하지 않는다.

② 기수 시기: 침해범이므로 살해행위에 의하여 사망이라는 결과가 발생한 때에 기수가 된다.

◆ 판 례 ◆

<살인죄에 있어서의 실행의 착수>······피고인이 격분하여 피해자를 살해할 것을 마음먹고 밖으로 나가 낫을 들고 피해자에게 다가서려고 하였으나 제3자가 이를 제지하여 그 틈을 타서 피해자가 도망함으로써 살인의 목적을 이루지 못한 경우, 피고인이 낫을 들고 피해자에게 접근함으로써 살인의 실행행위에 착수하였다고 할 것이므로 이는 살인미수에 해당한다.(대판 1986.2.25. 85도2773)

---

(2) 주관적 구성요건

1) 고의를 요하나, 미필적 인식으로도 족하다.

◆ 판 례 ◆

<살인의 범의>······① 살인죄의 범의는 자기의 행위로 인하여 **피해자가 사망할 수도 있다는 사실을 인식, 예견하는 것으로 족하고** 피해자의 사망을 희망하거나 목적으로 할 필요는 없고, 또 확정적인 고의가 아닌 **미필적 고의로도 족한 것이다.**(대판 1994.12.22. 94도2511)

② 살인죄에서 살인의 범의는 반드시 살해의 목적이나 계획적인 살해의 의도가 있어야 인정되는 것은 아니고, 피고인이 범행 당시 살인의 범의는 없었고 단지 상해 또는 폭행의 범의만 있었을 뿐이라고 다투는 경우에 범행 전후의 객관적인 사정을 종합하여 판단할 수밖에 없다.

2) 착오의 경우에는 착오론의 일반론에 의하여 해결한다.

─────────── ◆ 판 례 ◆ ───────────

<살인의 (미필적) 고의가 인정된 사례>……① (총알이 장전되어 있는 엽총의 방아쇠를 잡고 있다가 총알이 발사되어 피해자가 사망한 사안에서) 범행의 도구로 사용된 엽총은 통상 사냥하기 직전에 총알을 장전하는 것인데도 사냥과는 전혀 관계없는 범행 당시 이미 총알이 장전되어 있었고, 실탄의 장전 유무는 탄창에 나타나는 표시에 의해서 쉽게 확인될 수 있어 총기에 실탄이 장전된 것인지 몰랐다고 하기 어려울 뿐만 아니라, 안전장치를 하지 않은 상태에서 방아쇠를 잡고 있었던 점 등과 관계 증거에 나타난 전후 사정에 비추어, 피해자를 겁주려고 협박하다가 피해자의 접촉행위로 생겨난 단순한 오발사고가 아니라 살인의 고의가 있는 범죄행위라 할 것이다.(대판 1997.2.25. 96도3364)

② 피고인이 9세의 여자 어린이에 불과하여 항거를 쉽게 제압할 수 있는 피해자의 목을 감아서 졸라 실신시킨 후 그곳을 떠나버린 이상 그와 같은 자신의 가해행위로 인하여 피해자가 사망에 이를 수도 있다는 사실을 인식하지 못하였다고 볼 수 없으므로, 적어도 그 범행 당시에는 피고인에게 살인의 범의가 있었다.(대판 1994.12.22. 94도2511)

③ 피고인이 자신의 허리띠를 잡으며 욕설하는 피해자를 과도를 오른손에 들고 찔러서 피해자가 좌흉부에서 심장을 관통하는 자창에 의한 실혈로 사망하였고, 피고인이 그 직후 과도를 소지한 채 현장을 도망쳐 나왔다면, 상해의 부위, 정도로 볼 때 단순히 피해자를 위협하기 위하여 서로 밀고 당기는 과정에서 발생한 것이 아니고 피고인이 과도로 피해자의 왼쪽 가슴을 힘껏 깊숙이 찌른 것으로 보이고 그 범행이 우발적이라 할지라도 살인의 결과 발생을 인식하고 저지른 소행으로서 미필적 고의가 있었다고 보인다.(대판 1989.12.26. 89도2087)

④ 피해자를 아파트에 유인하여 포박 감금한 후 피해자를 그대로 두면 죽을 것 같다는 생각이 들었다면, 피고인이 위와 같은 결과 발생의 가능성을 인정하고 있으면서도 피해자를 병원에 옮기지 않고 사경에 이른 피해자를 그대로 방치한 소위에는 피해자가 사망하는 결과에 이르렀더라도 용인할 수밖에 없다는 내심의 의사, 즉 살인의 미필적 고의가 있었다고 할 것이다.(대판 1982.11.23. 82도2024)

3. 위법성

(1) 일반적 위법성 조각사유: 정당방위와 정당행위는 가능하나, 생명은 이익교량
이 불가능한 법익이므로 긴급피난에 의한 정당화는 불가능하고, 생명은 처
분 불가능한 법익이므로 피해자의 승낙에 의한 정당화도 불가능하다.

(2) 특수한 위법성 조각사유: 안락사의 문제

1) 안락사의 개념

격렬한 고통에 허덕이는 불치 또는 난치의 환자에게 그 고통을 제거 또는 감경
하기 위해서 그를 살해하는 것이다.

2) 안락사의 유형과 그 인부

① 유　형

(가) 진정안락사(생명단축 ×): 구성요건해당성도 없다.

(나) 부진정안락사(생명단축 ○)

```
┌─ 소극적 안락사(치료의 중단, 즉 부작위에 의한 안락사): 존엄사
└─ 적극적 안락사 ──┬─ 간접적 안락사:
                        고통 제거의 부수적 결과로 생명 단축
                  └─ 직접적 안락사: 고통 제거의 수단으로
                        적극적으로 생명 단절의 조치를 취하는 경우
```

② 인　부

(가) 소극적 안락사와 간접적 안락사는 일정한 요건하에서 위법성 조각된다.(통설)

(나) 적극적·직접적 안락사는 절대로 허용될 수 없다는 견해와 일정한 요건하
에서 허용된다는 견해가 대립하는데, 후자가 다수설이다.

3) 안락사의 정당화 요건

① 환자가 불치의 질환으로 사기에 임박

② 환자의 극심한 육체적(정신적 ×) 고통

③ 고통의 제거나 완화를 목적

④ 환자의 진지한 촉탁이나 승낙

⑤ 원칙적으로 의사에 의해서 시행되고 그 방법이 윤리적으로 정당할 것

4. 죄 수

생명은 전속적 법익이므로 본죄의 죄수는 피해자의 수에 따라서 결정한다.

◆ **판 례** ◆

<살인 예비, 미수, 기수행위 간의 죄수>……살해의 목적으로 동일인에게 일시 장소를 달리하여 수차에 걸쳐 단순한 예비행위를 하거나 또는 공격을 가하였으나 미수에 그치다가 드디어 그 목적을 달성한 경우에, 그 예비행위 내지 공격행위가 동일한 의사 발동에서 나왔고 그 사이에 범의의 갱신이 없는 한 각 행위가 같은 일시 장소에서 행하여졌거나 또는 다른 장소에서 행하여졌거나를 막론하고 또 그 방법이 동일하거나 여부를 가릴 것 없이 그 살해의 목적을 달성할 때까지의 행위는 모두 실행행위의 일부로서 이를 포괄적으로 보고 단순한 한 개의 살인기수죄로 처단할 것이지 살인예비 내지 미수죄와 동 기수죄의 경합죄로 처단할 수는 없는 것이다.(대판 1995.9.28. 65도695)

Ⅱ. 존속살해죄

제250조(존속살해)
② 자기 또는 배우자의 직계존속을 살해한 자는 사형, 무기 또는 7년 이상의 징역에 처한다.

▶ 미수범, 예비·음모처벌, 자격정지 병과 가능(제254, 255, 256조)

---

1. 의 의

자기 또는 배우자의 직계존속을 살해함으로써 성립하는 범죄로서, 신분관계로 인하여 형이 가중되는 부진정신분범이다. 존속살해죄에 대해서는 헌법상의 평등의 원칙과의 관련에서 그 위헌성이 문제되나 비속의 패륜성, 전통적 가족도의에 입각한 가중처벌은 차별의 합리적 근거가 된다고 보아야 하므로 합헌이라고 본다(판례).

2. 구성요건
(1) 행위의 객체: 자기 또는 배우자의 직계존속

1) 직계존속: 직계존속은 법률상의 그것을 의미하여 사실상의 그것은 제외된다.
① 혼인 외의 출생자의 경우: 생모는 인지나 출생신고가 없어도 직계존속이 되나(판례), 생부는 인지한 경우에만 직계존속이 된다.

◆ **판 례** ◆

<**혼인 외 출생자가 생모를 살해한 경우의 죄책**>……혼인 외의 출생자와 생모 간에는 그 생모의 인지나 출생신고를 기다리지 않고 자의 출생으로 당연히 법률상의 친족관계가 생기는 것이라 해석된다. 따라서 생모의 인지나 출생신고 없는 혼인 외의 출생자가 생모를 살해한 경우에도 존속살해죄가 성립한다.(대판 1980.9.9. 80도1731)

---

② 타가에 입양한 양자가 실부모나 양부모를 살해한 경우에는 모두 본죄가 성립한다(통설·판례). 왜냐하면 타가에 입양하더라도 자연혈족관계는 소멸되지 않기 때문이다.

◆ **판 례** ◆

<**입양아가 실부모를 살해한 경우**>……피고인이나 피해자가 타가의 양자로 입양된 사실이 있다 할지라도 생가를 중심으로 사는 종전의 친족관계는 소멸되는 것이 아니므로, 타인의 양자로 입양된 자가 실부모를 살해한 경우 존속살해죄가 성립한다.(대판 1967.1.31. 66도1483)

◆ 판 례 ◆

<친생자로 출생신고를 한 입양아가 양부모를 살해한 경우>……피살자(여)가 자기의 문전에 영아인 피고인을 주어다 기르고 그 부(夫)와의 친생자인 것처럼 출생신고를 하였으나 입양요건을 갖추지 아니하였다면 피고인과의 사이에 모자관계가 성립될 리가 없으므로, 피고인이 동녀를 살해하였다 하여도 존속살인죄로 처벌할 수 없다.(대판 1981.10.13. 81도2466)

---

③ 직계존 · 비속의 관계는 호적의 기재가 그 기준이 되는 것이 아니고, 민법상의 친자관계를 기준으로 한다.

④ 행위의 객체가 존속일 때 가중처벌 조항이 있는 범죄로는 살인, 상해, 폭행, 협박, 학대, 체포 · 감금죄 등이 있다.

2) 배우자의 직계존속

① 배우자는 민법상 혼인절차에 의한 법률상의 배우자를 말하며 사실혼관계는 포함하지 않는다.

② 배우자는 살아 있는 배우자를 의미. 다만 배우자의 신분관계는 살해행위의 착수 시에 존재하면 족하므로 동일한 기회에 배우자를 먼저 살해하고 계속하여 그의 직계존속을 살해한 때에도 본죄가 성립한다.

(2) 행 위: 살해

(3) 주관적 구성요건

1) 고의를 요한다. 따라서 자기 또는 배우자의 직계존속을 살해하는 것에 대한 인식과 의욕이 있어야 한다.

2) 착오의 문제: 보통살인의 고의로 존속살해의 결과가 발생한 경우에는 형법 제15조 제1항에 의해 보통살인죄가 성립하나, 그 반대의 경우에는 (i) 존속살해의 불능미수와 과실치사의 상상적 경합범이라는 견해와 (ii) 보통살인죄라는 견해(다수설)가 대립한다.

◆ 판 례 ◆

　　<보통살인의 고의로 존속살해의 결과가 발생한 경우>······피고인이 식도를 휘두르며 이를 말리거나 식도를 빼앗으려고 한 타인들을 닥치는 대로 찌르는 무차별 횡포를 부리던 중 피고인의 부가 나타나 만류하면서 꾸중을 하자 **피고인이 그의 부를 위 식도로 1회 찌르게 된 결과 그를 사망에 이르게 하였다는 사실이 인정된다 하더라도 그의 부를 살해하기로 결의할 만한 동기나 이유 있음을 인정할 만한 자료가 없으면 존속살해죄로 의율할 수 없는 것이고** 그 존속이 타인으로부터 피고인이 음주 후 행패 부린 사실을 듣고 "그 놈을 처넣어야겠다."라고 말하는 것을 피고인이 들었다는 것만으로 그의 부를 살해할 결의를 하였다고 볼 만한 사유로 삼을 수는 없고 또 칼에 찔려 쓰러진 그의 부를 부축해 데리고 나가지 못하도록 한 일이 있다는 사실만으로는 그의 부를 살해할 의사로 식도로 찔러 살해하였다는 사실을 인정하기는 어렵다고 봄이 상당하다.(대판 1977.1.11. 76도3871)

(4) 공범관계

　　부진정신분범이므로 형법 제33조 단서에 의해서 해결한다. 따라서 타인을 교사하여 자기의 부를 살해한 경우에는 타인은 살인죄의 정범이지만 교사자는 존속살해죄의 교사범이 성립한다.

Ⅲ. 감경적 구성요건

1. 영아살해죄

> **제251조(영아살해죄)**
> 직계존속에 치욕을 은폐하거나 양육할 수 없음을 예상하거나 특히 참작할 만한 동기로 인하여 분만 중 또는 분만 직후의 영아를 살해한 때에는 10년 이하의 징역에 처한다.
>
> ▶ 미수범처벌(제254조)

(1) 의 의

주체·객체의 특수성, 행위의 특별히 참작할 만한 동기로 인한 살인죄의 감경적 구성요건이며, 부진정신분범으로서의 성격을 갖는 범죄이다.

(2) 구성요건

1) 행위주체: 직계존속. 사실상의 직계존속도 포함하는 것으로 파악하는 것이 통설의 태도이지만, 판례는 법률상의 직계존속에 한한다고 본다. 또한 직계존속 중에서도 산모에 한한다는 견해도 있으나, 다수설은 산모를 포함한 모든 직계존속이 본죄의 주체가 된다고 본다.

◆ **판 례** ◆

<영아살해죄의 주체가 법률상의 존속에 한하는지 여부>……남녀가 사실상 동거한 관계가 있고 그 사이에 영아가 분만되었다 하여도 그 남자와 영아와의 사이에 **법률상의 직계존·비속의 관계가 있다고 할 수 없으므로 그 남자가 영아를 살해한 경우에는 보통살인죄에 해당**한다.(대판 1970.3.10. 69도2285)

2) 행위객체: 분만 중 또는 분만 직후의 영아이다. 분만 중이란 분만진통이 시작

되어 분만이 완료될 때까지이며(이 점에서 사람의 시기는 진통설이 타당), 분만 직후란 분만으로 인한 흥분상태가 계속되는 동안을 의미한다.

3) 행 위: 살해

4) 주관적 구성요건: 고의가 필요하며, 주관적 구성요건은 아니나 법문 소정의 주관적 동기가 있어야 한다. 따라서 직계존속이라도 영아살해죄의 특수한 동기가 없다면 보통살인죄가 성립된다.

5) 공범관계: 부진정신분범이므로 형법 제33조 단서에 의한다.

(3) 형법 제53조 작량감경규정의 적용 여부

제251조의 주관적 동기와 53조의 사유는 성질, 내용이 다르므로 영아살해죄의 경우에도 제53조를 적용할 수 있다고 보는 것이 다수설(이재상·배종대)이지만, 반대견해도 있다(김일수·신동운).

2. 촉탁·승낙살인죄

> **제252조(촉탁·승낙에 의한 살인 등)**
> ① 사람의 촉탁 또는 승낙을 받아 그를 살해한 자는 1년 이상 10년 이하의 징역에 처한다.
>
> ▶ 미수범, 자격정지 병과 가능(제254, 256조)

(1) 의 의

사람의 촉탁·승낙을 받아 그를 살해함으로써 성립하는 살인죄의 감경적 구성요건이며, 그 감경근거에 대해서는 책임감경설과 불법감경설(통설)의 대립이 있다.

(2) 구성요건

1) 행위객체: 살해를 촉탁·승낙한 자

이는 죽음을 이해하고 자유로운 의사결정능력(반드시 형법의 책임능력과 일치할 필요는 없다)이 있는 자를 의미한다. 따라서 유아·정신병자 기타 심신상실자 등은 제외된다.

2) 행 위: 촉탁·승낙에 의한 살해
① 촉 탁: 죽음을 결의한 피해자가 살해를 위임하는 것
② 승 낙: 살해결의를 한 자가 피해자로부터 이에 대한 동의를 받는 것
③ 촉탁·승낙의 요건
㉮ 촉탁은 직접적·명시적이어야 한다(승낙은 명시·묵시를 불문한다).
㉯ 촉탁·승낙은 살해행위 이전에 있어야 하며 피해자의 자유의사에 따른 진지한 것이어야 한다.
㉰ 따라서 기망에 의한 승낙은 위계에 의한 살인죄를, 진지한 판단능력이 없는 자에 의한 촉탁·승낙의 경우는 보통살인죄를 구성한다.

3) 주관적 구성요건
고의를 요함. 촉탁·승낙이 없음에도 불구하고 있다고 오인한 경우에는 촉탁·승낙살인죄가 성립하지만(제15조 제1항), 반대의 경우에는 보통살인죄가 성립한다는 것이 다수설이다.

3. 자살교사·방조죄(자살관여죄)

> **제252조(촉탁·승낙에 의한 살인 등)**
> ② 사람을 교사 또는 방조하여 자살하게 한 자도 전항의 형과 같다.
>
> ▶ 미수범(제254), 자격정지 병과 가능(제256조)

(1) 의 의
자신이 직접 살해행위를 하지 않고 타인을 교사 또는 방조하여 자살하게 함으로써 성립하는 살인죄의 감경적 구성요건이다.

(2) 성 격
공범종속성설의 입장에서 독립범죄를 규정한 것으로 본다. 따라서 총칙상의 공

범규정(제31, 32조)은 적용될 여지가 없다.

※ 종래 **공범독립성설**에서는 자살이 범죄가 아닌데도 이를 교사·방조한 자를 자살관여죄로 처벌하는 것은 우리 형법이 공범독립성설을 취하고 있는 실정법상의 근거라고 설명하였다.

(3) 구성요건

1) 주　체: 제한이 없다.

2) 객　체: 행위자 이외의 자연인이며, 자기 또는 배우자의 직계존속도 여기에 해당. 그러나 자유로운 의사결정능력에 의해서 자살의 의미를 이해할 수 있는 자이어야 한다(유아, 정신병자 등에 대한 자살의 교사·방조는 살인죄의 간접정범이 된다).

◆ **판 례** ◆

　<자살의 의미를 이해할 수 없는 자의 자살을 교사 방조한 경우>……피고인이 7세, 3세 남짓 된 어린자식들에 대하여 함께 죽자고 권유하여 물속에 따라 들어오게 하여 결국 익사하게 하였다면 비록 피해자들을 물속에 직접 밀어서 **빠뜨리지는 않았다**고 하더라도 **자살의 의미를 이해할 능력이 없고 피고인의 말이라면 무엇이나 복종하는 어린자식들을 권유하여 익사하게 한 이상 살인죄의 범의는 있었음이 분명**하다.(대판 1987.1.20. 86도2395)

---

3) 행　위

① 자살교사: 자살의사 없는 자에게 자살을 결의하게 하는 것으로, 수단·방법은 제한이 없다. 다만 위계·위력을 사용한 경우에는 위계·위력에 의한 살인죄가 된다.

② 자살방조: 자살하려는 사람의 자살행위를 도와주어 용이하게 실행하도록 함으로써 성립한다.

◆ 판 례 ◆

  <자살방조의 방법>······형법 제252조 제2항의 자살방조죄는 자살하려는 사람의 자살행위를 도와주어 용이하게 실행하도록 함으로써 성립되는 것으로서, 그 방법에는 자살도구인 총, 칼 등을 빌려주거나 독약을 만들어 주거나, 조언 또는 격려를 한다거나 **기타 적극적, 소극적, 물질적, 정신적 방법이 모두 포함**된다.(대판 1992.7.24. 92도1148 - 강기훈 유서 대필 사건)

③ 실행의 착수 시기: 자살을 교사·방조한 때(통설). 자살행위의 개시 시가 아니다.
④ 촉탁·승낙살인죄와의 구별: 자살의 주도적 역할을 행위자가 담당하면 촉탁·승낙살인죄이고, 자살자가 하면 자살방조가 된다(주도적 행위수행기준설: 통설).

◆ 판 례 ◆

  <자살행위에 가공하여 동인을 살해한 자의 죄책>······① 비록 피해자가 자살을 기도하여 치마끈으로 목을 졸라 그 실행을 하는 도중이라 하더라도 그 피해자의 실행행위에 가공하여 동인을 살해할 것을 결의한 후, 그 교살(絞殺)의 실행행위에 가공하여 이를 완료케 하여서 살해의 목적을 달성한 경우에는 살인죄로 처단할 수밖에 없고 자살의 방조로 논할 것이 아니다.(대판 1948.5.14. 4281형상38)
  ② 피고인들이 **인터넷 자살사이트 청산염 등 자살용 유독물의 일반적 효능 소개를 곁들인 판매 광고용 글을 올리고, 변사자들과 사이에 위 청산염 구입을 위한 상담용 이메일을 주고받고 통화까지 하였으나, 피고인들은 실제로는 위 청산염을 소지한 바도 없이 단지 금원 편취의 의도로 위 판매광고 등을 한 것**으로 보이고, 변사자 중 한 사람이 이를 알아채고서 그 후 피고인들과의 접촉을 중단하고 다른 불상의 경로를 통해 청산염을 입수한 다음 나머지 변사자들을 그의 소재지로 불러 모아 동반 자살하기에 이른 사안에서, 피고인들의 **이 사건 판매광고 등의 행위는 단지 금원 편취 목적의 사기행각의 일환으로 이루어진 것일 뿐** 그 후 다른 경로로 입수한 청산염을 이용한 위 변사자들의 자살행위에 어떠한 **물질적 혹은 유형적 기여도 하지 못한 점**, 위 변사자들의 자

살에 사용된 청산염의 효능에 대하여는 이미 위 자살 관련 카페의 회원들 사이에서는 **주지의 사실**이었던 것으로 보이는 점 등의 사정에 비추어, 피고인들의 위 행위가 **자살방조행위에 해당한다고 보기 어렵다.**(대판 2005.6.10, 2005도1373)

4) 합의동사(정사): 동반자살을 기도한 두 사람 중 사람이 살아났을 경우의 문제
① 자신은 죽을 의사 없이 상대방을 기망한 경우: 위계에 의한 살인죄(제253조)
② 진정으로 동사를 약속했으나 한 사람이 생존한 경우: 자살교사·방조죄

Ⅳ. 기타의 범죄유형

1. 위계·위력에 의한 살인죄

> **제253조(위계 등에 의한 촉탁살인 등)**
> 전조의 경우에 위계 또는 위력으로써 촉탁 또는 승낙하게 하거나 자살을 결의하게 한 때에는 제250조의 예(살인죄)에 의한다.
>
> ▶ 미수범(제254조), 자격정지의 병과 가능(제256조)

(1) 구성요건
1) 위 계: 목적·수단을 상대방에게 알리지 않고 그의 부지나 착오를 이용하여 목적을 달성하는 것이다(기망·유혹의 방법).
2) 위 력: 사람의 의사를 제압할 수 있는 유형·무형의 힘(폭행·협박뿐만 아니라 자신의 사회·경제적 지위를 이용하는 것도 포함됨).

(2) 처 벌: 객체가 자기 또는 배우자의 직계존속이면 존속살인죄로 처벌된다.

2. 살인예비·음모죄(제255조)

(1) 의 의

살인죄, 존속살해죄, 위계·위력에 의한 살인죄를 범할 목적으로 예비·음모함으로써 성립하는 범죄이다.

(2) 관련 문제
1) 예비의 중지: 학설은 대립하나, 판례는 일관하여 부정설(총론 참조)
2) 예비죄의 교사·방조범: 예비죄의 교사범(교사의 미수)은 예비죄에 준하여 처벌되나(제31조 제2·3항), 예비죄의 방조범은 불가벌이다.

제2절 상해와 폭행의 죄

Ⅰ. 서 론

※ 상해죄와 폭행죄의 비교

	상해죄	폭행죄
보호법익	신체의 건강(생리적 기능의 완전성)	신체의 건재
보호정도	침해범	형식범
행위수단	유형적·무형적 방법 불문	유형적 방법만 (단, 수차례의 폭언 등은 폭행)
피해자의 승낙	사회상규에 위배되지 않는 경우 위법성 조각	언제나 위법성 조각
미수·과실	처 벌	불 벌
소송조건	없음(단, 과실치상죄만은 반의사불벌죄임)	반의사불벌죄
동시범의 특례	적용됨	과실치상죄의 경우에만 적용됨

Ⅱ. 상해의 죄

1. 상해죄

> **제257조(상해)**
> ① 사람의 신체를 상해한 자는 7년 이하의 징역, 10년 이하의 자격정지 또는 1,000만 원 이하의 벌금에 처한다.
>
> ▶ 미수범처벌(제257조 제3항)

(1) 의의 및 보호법익

고의로 사람의 신체를 침해하는 범죄로서, 보호법익은 신체의 건강(다수설)이다.

(2) 구성요건

1) 행위객체: 사람(자기 이외의 타인)의 신체

① 자상행위는 병역법, 군형법 등의 예외를 제외하고는 불가벌이다.

② 태아에 대한 침해는 모체에 대한 낙태죄나 상해죄를 구성할 뿐이다.

③ 타인을 강요하여 자상하게 한 경우는 본 죄의 간접정범이 된다(판례).

◆ **판 례** ◆

<자상을 강요하는 경우와 상해죄>……피고인이 피해자를 협박하여 그로 하여금 자상케 한 경우에 피고인에게 상해의 결과에 대한 인식이 있고 또 그 협박의 정도가 피해자의 의사결정의 자유를 상실케 함에 족한 것인 이상 피고인에게 대하여 상해죄를 구성한다.[1](대판 1970.9.22. 70도1638)

---

1) 동거한 적이 있는 여자에게 다른 남자와의 정을 통한 사실을 추궁하면서 "네가 코를 자르지 않을 때에는 돌로 죽인다."는 등 위협을 하여 생명에 위험을 느낀 나머지 면도칼로 자신의 콧등을 절단하여 상처를 입은 사안이다.

2) 행 위: 상해

① 학 설

(ⅰ) 신체의 완전성 침해설,

(ⅱ) 생리적 기능의 훼손설(다수설·판례),

(ⅲ) 협의의 생리적 기능 훼손과 신체외관의 중대한 변경이 상해라는 절충설

② 다수설, 판례인 생리적 기능 훼손설에 의하면 상해란 건강의 침해, 즉 신체에 육체적·정신적·병적 상태의 야기와 증가를 의미하므로 질병감염·기능장애의 경우는 물론이고, 히스테리를 유발한 경우에도 상해이지만, 건강을 침해하지 아니하는 신체외관의 변경은 상해가 아니라고 한다.

③ 상해에 대한 판례의 예: 판례는 외상이 있는 경우에는 그 정도와 치료일수를 묻지 않고 상해를 인정하며, 이 외에 성병감염, 처녀막 파열, 보행불능, 수면장애, 식욕감퇴 등 기능장애를 상해로 본다. 단 모발절단에 대해서는 폭행을 인정하고 임신에 대해서는 상해를 인정하지 않고 있다.

④ 상해의 수단·방법은 제한이 없으며, 유·무형적 방법 모두 가능하다.

◆ 판 례 ◆

<형법상 상해로 인정된 판례>……① 처녀막은 부녀자의 신체에 있어서 생리조직의 일부를 구성하는 것으로서, 그것이 파열되면 정도의 차이는 있어도 생활기능에 장애가 오는 것이라고 보아야 하고, 처녀막 파열이 그와 같은 성질의 것인 한 비록 피해자가 성경험을 가진 여자로서 **특이체질로 인해 새로 형성된 처녀막이 파열되었다 하더라도 강간치상죄를 구성하는 상처에 해당**된다. (대판 1995.7.25. 94도1351)

② 타인의 신체에 폭행을 가하여 **보행불능, 수면장애, 식욕감퇴 등 기능의 장해**를 일으킨 때에는 형법상 상해를 입힌 경우에 해당한다.(대판 1969.3.11. 69도161)

③ 피고인들이 피해자를 강간하여 피해자에게 요치 10일의 회음부찰과상을 입혔다면 상해의 정도가 0.1㎝ 정도의 찰과상에 불과하더라도 이것도 형법상 상해의 개념에 해당하므로 강간치상죄의 성립에 영향이 없다.(대판 1983.7.12. 83도1258)

④ 오랜 시간 동안의 협박과 폭행을 이기지 못하고 실신하여 범인들이 불러온 구급차 안에서야 정신을 차리게 되었다면, **외부적으로 어떤 상처가 발생하지 않았다고 하더라도 생리적 기능에 훼손을 입어 신체에 대한 상해가 있었다고 할 것이다.**(대판 1996.12.10. 96도2529)

⑤ 난소의 제거로 이미 임신불능 상태에 있는 피해자의 자궁을 적출했다 하더라도 그 경우 자궁을 제거한 것이 신체의 완전성을 해한 것이 아니라거나 생활기능에 아무런 장애를 주는 것이 아니라거나 건강상태를 불량하게 변경한 것이 아니라고 할 수 없고 이는 업무상 과실치상죄에 있어서의 상해에 해당한다.(대판 1993.7.27. 92도2345)

3) 주관적 구성요건

사람의 생리적 기능을 훼손한다는 인식과 의욕이 있어야 한다. 따라서 폭행의 고의로 상해의 결과가 발생한 경우에는 폭행치상죄(제262조)가 성립하며, 반대의 경우에는 상해미수죄(제257조 제3항)가 성립한다.

(3) 위법성

1) 정당방위, 긴급피난, 피해자의 승낙(단 사회상규에 반하지 않아야)은 요건 구비 시 위법성을 조각한다.

2) 의사의 치료행위의 면책 근거

(i) 정당행위설: 상해의 구성요건에는 해당하나, 정당행위로 위법성이 조각된다는 견해(통설, 판례)

(ii) 피해자승낙설: 상해의 구성요건에는 해당하나, 피해자의 승낙에 의해 위법성이 조각된다는 견해

(iii) 구성요건해당성 배제설: 치료행위는 건강을 회복·증진시키기 위한 행위로서 애당초 상해의 고의가 없으므로 구성요건해당성조차 없다는 구성요건해당성 배제설

3) 치료유사행위(예: 성형수술, 수혈, 불임수술)는 피해자의 승낙에 의해 위법성이 조각된다.

4) 징계행위에 대해서 판례는 일정한 경우 친권자 및 학교장과 교사의 체벌을

인정한다.

2. 존속상해죄

> **제257조(존속상해)**
> ② 자기 또는 배우자의 직계존속에 대해서 제1항의 죄를 범한 때에는 10
> 년 이하의 징역 또는 1,500만 원 이하의 벌금에 처한다.

상해죄에 대해서 책임이 가중된 부진정신분범이다.

◆ **판 례** ◆

<호적상 기재와 존속상해죄>……친자관계라는 사실은 호적상의 기재 여하에 의하여 좌우되는 것은 아니며 호적상 친권자라고 등재되어 있다 하더라도 사실에 있어서 그렇지 않은 경우에는 법률상 친자관계가 생길 수 없다 할 것인 바, 피고인은 호적부상 피해자와 모 사이에 태어난 친생자로 등재되어 있으나 피해자가 집을 떠난 사이 모가 타인과 정교관계를 맺어 피고인을 출산하였다면 피고인과 피해자 사이에는 친자관계가 없으므로 존속상해죄는 성립될 수 없다. (대판 1983.6.28. 83도996)

---

3. 중상해·존속중상해죄

> **제258조(중상해·존속중상해)**
> ① 사람의 신체를 상해하여 생명에 대한 위험을 발생하게 한 자는 1년 이
> 상 10년 이하의 징역에 처한다.
> ② 신체의 상해로 인하여 불구 또는 불치나 난치의 질병에 이르게 한 자
> 도 전항의 형과 같다.
> ③ 자기 또는 배우자의 직계존속에 대하여 전 2항의 죄를 범한 때에는 2
> 년 이상의 유기징역에 처한다.
>
> ▶ 자격정지 병과 가능(제265조) ▶ 미수범처벌규정이 없다.

(1) 의 의: 중상해죄는 상해에 의해서 중한 결과를 발생시킨 경우에 단순상해죄
보다 형을 가중시키는 가중적 구성요건이며, 존속중상해죄는 중상해에 대해
신분관계를 형이 가중되는 가중적 구성요건이다.

(2) 법적 성격: 부진정결과적 가중범(이재상·배종대)으로 고의로 중한 결과를 야
기한 경우에도 본죄에 해당한다.

(3) 중한 결과

1) 생명에 대한 위험(생명에 대한 구체적 위험, 치명상)

2) 불구(신체의 중요 부분이 상실되거나 그 고유기능이 상실되는 경우)

3) 불치 또는 난치의 질병(의학적 치료 가능성이 없거나 희박한 경우)

(4) 적용범위: 폭행의사로 중상해의 결과를 발생시킨 경우의 중상해죄의 성립 여
부에 대해서 긍정설·부정설이 대립하나, 폭행치상죄가 성립하고 다만 그 처
벌은 중상해의 예에 따른다는 부정설이 통설이다.

4. 상해치사·존속상해치사죄

> **제259조 (상해치사)**
> ① 사람의 신체를 상해하여 사망에 이르게 한 자는 3년 이상의 유기징역
> 에 처한다.
> ② 자기 또는 배우자의 직계존속에 대하여 전항의 죄를 범한 때에는 무
> 기 또는 5년 이상의 징역에 처한다.

(1) 의 의: 상해죄와 존속상해죄의 결과적 가중범이다. 따라서 상해와 사망 사
이에 인과관계가 있어야 하며, 사망의 결과에 대한 예견가능성, 즉 과실이
있을 것을 요한다.

◆ 판 례 ◆

<상해치사에서 인과관계>······① 상해행위를 피하려고 하다가 차량에 치어 사망한 경우 상해행위와 피해자의 사망 사이에 상당인과관계가 있다.(대판 1996. 5.10. 96도529)

② 피고인이 강타로 인하여 임신 7개월의 피해자가 지상에 전도되어 낙태하고 위 낙태로 유발된 심근경색증으로 죽음에 이르게 된 경우 피고인의 구타행위와 피해자의 사망 간에는 인과관계가 있다.(대판 1972.3.28. 72도296)

◆ 판 례 ◆

<상해를 교사받은 자가 살인을 실행한 경우 교사자의 죄책>······교사자가 피교사자에 대하여 상해를 교사하였는데 피교사자가 이를 넘어 살인을 실행한 경우, 일반적으로 교사자는 상해죄에 대한 교사범이 되는 것이고, 다만 이 경우 **교사자에게 피해자의 사망이라는 결과에 대하여 과실 내지 예견가능성이 있는 때에는 상해치사죄의 교사범으로서의 죄책**을 지울 수 있다.(대판 1993.10.8. 93도1873)

◆ 판 례 ◆

<상해치사에서 인과관계의 착오>······피고인이 피해자에게 우측 흉골골절 및 늑골골절상과 이로 인한 우측 심장벽 좌상과 심낭내출혈 등의 상해를 가함으로써, 피해자가 바닥에 쓰러진 채 정신을 잃고 빈사상태에 빠지자, 피해자가 사망한 것으로 오인하고, 피고인의 행위를 은폐하고 피해자가 자살한 것처럼 가장하기 위하여 피해자를 베란다로 옮긴 후 베란다 밑 약 13m 아래의 바닥으로 떨어뜨려 피해자로 하여금 현장에서 좌측 측 두부 분쇄함몰골절에 의한 뇌손상 및 뇌출혈 등으로 사망에 이르게 하였다면, **피고인의 행위는 포괄하여 단일의 상해치사죄에 해당**한다.(대판 1994.11.4. 94도2361)

(2) 상해치사죄의 공동정범

1) 학　설: 결과적 가중범인 상해치사죄의 공동정범을 인정할지에 대해 견해 대립

2) 판　례: 기본행위인 신체상해행위를 공동으로 할 의사가 있으면 상해치사죄의 공동정범이 성립하고 결과를 공동으로 할 의사는 필요 없다는 입장이다.

◆ 판　례 ◆

　<상해치사죄의 공동정범 인정 여부>……피고인이 여러 공범들과 피해자를 상해하기로 공모하고, 피고인 등은 상피고인의 사무실에서 대기하고, 실행행위를 분담한 공모자 일부가 사건현장에 가서 위 피해자를 상해하여 사망케 하였다면 피고인은 상해치사죄의 공동범에 해당한다.(대판 1991.10.11. 91도1755)

---

5. 상해죄의 동시범 특례

> 제263조(동시범)
> 　독립행위가 경합하여 상해의 결과를 발생하게 한 경우에 있어서 원인된 행위가 판명되지 아니한 때에는 공동정범의 예에 의한다.

(1) 의　의

1) 동시범

① 2인 이상의 행위자가 서로 의사연락 없이 같은 대상에 대해서 동시 또는 이시에 범행하는 경우를 말한다.

② 원인된 행위가 판명되지 않은 동시범은 제19조에 따라 각 행위의 미수범으로 처벌하지만, 제263조는 상해의 경우에는 공동정범으로 처벌한다고 규정하여 형법 제19조의 예외를 인정하고 있다.

2) 법적 성질: 거증책임전환설, 법률상책임추정설, 이원설이 대립하나 자기행위로 상해결과가 발생하지 않았음을 증명해야 할 거증책임을 피고인에게 지운 것이라는 거증책임전환설이 다수설이다.

(2) 적용요건

1) 독립행위의 경합

2) 상해결과가 발생할 것

3) 원인된 행위를 판명할 수 없는 것

◆ 판 례 ◆

<동시범 특례의 적용요건>……상해죄에 있어서의 동시범은 두 사람 이상이 가해행위를 하여 상해의 결과를 가져올 경우에 그 상해가 어느 사람의 가해행위로 인한 것인지가 분명치 않다면 가해자 모두를 공동정범으로 본다는 것이므로 가해행위를 한 것 자체가 분명치 않은 사람에 대해서는 동시범으로 다스릴 수 없다.(대판 1984.5.15. 84도488)

---

(3) 적용범위

1) 상해죄 이외에도 폭행치상죄의 경우에도 적용된다.

2) 상해치사죄·폭행치사죄의 경우에도 적용할 수 있는가에 대해서 학설은 대립하나 판례는 긍정한다(이 같은 판례입장에 대해 유추해석금지와 책임주의에 반한다는 비판이 있다).

◆ 판 례 ◆

<이시의 독립된 상해행위의 경합>……이시의 독립된 상해행위가 경합하여 사망의 결과가 일어난 경우에 그 원인된 행위가 판명되지 아니한 때에는 공동정범의 예에 의하여야 한다.(대판 1981.3.10. 80도3321)

---

3) 강간치상죄·강도치상죄의 경우에는 그 보호법익을 달리하므로 적용되지 않는다(판례).

```
────────────────────────◆ 판 례 ◆──

  <강간치상죄와 동시범 특례>……형법 제263조의 동시범은 상해와 폭행죄에
  관한 특별규정으로 동 규정은 그 보호법익을 달리하는 강간치상죄에는 적용할
  수 없다.(대판 1984.4.24. 84도372)
```

Ⅲ. 폭행의 죄

1. 폭행죄

> **제260조(폭행)**
> ① 사람의 신체에 대해서 폭행을 가한 자는 2년 이하의 징역, 500만 원
> 이하의 벌금, 구류 또는 과료에 처한다.
>
> ▶ 반의사불벌죄(제260조)

(1) 의　의: 사람의 신체에 대하여 폭행을 가함으로써 성립하는 범죄로, 보호법
익은 신체의 건재성이다.
(2) 성　질: 형식범이므로 결과를 요하지 않는다. 따라서 미수가 성립하지 않는다.
(3) 객관적 구성요건

1) 행위의 객체: 타인의 신체
외국원수나 외국사절에게는 외국원수 및 외국사절 폭행죄가 성립한다.(제107조
제1항, 제108조 제1항)

2) 행　위: 폭행(사람의 신체에 대한 불법한 유형력의 행사: 협의의 폭행)
① 유형력의 행사: 신체에 대한 인체의 불법한 공격으로서 육체적 고통을 주는

물리적 작용(구타, 얼굴에 침을 뱉는 행위, 좁은 공간에서 칼이나 흉기를 휘
두르는 행위 등)과 정신적 고통을 가하여 신체의 안전을 해하는 일체의 불법
한 화학적·생리적 작용(심한 소음, 폭언의 수차 반복, 최면술, 마취 등)을 포
함한다. 에너지작용(빛, 열, 전기)도 포함한다.

② 욕설이 폭행에 해당하는가에 관하여 학설은 대체로 이를 인정하고 있지만(이
재상·박상기·배종대), 판례의 입장은 폭언을 반복하는 것도 폭행에 해당한
다는 종전 판례도 있으나, 최근 판례들은 욕설만으로는 폭행에 해당하지 않
는다는 입장이다.

◆ **판 례** ◆

<형법상 폭행에 해당하는지>……① 폭행은 그 성질상 반드시 신체상 가해의 결
과를 야기함에 족한 완력의 행사를 요하거나 육체상 고통을 수반하는 것도 아니므
로 **폭언을 수차 반복하는 것도 폭행에 해당한다.**(대판 1956.12.12. 4289형상297)

② 형법 제260조에서 말하는 폭행이란 사람의 신체에 대하여 유형력을 행
사하는 것을 의미하는 것으로서 피고인이 피해자에게 **욕설을 한 것만을 가지
고 당연히 폭행을 한 것이라고 할 수는 없을 것**이고, 피해자 집의 대문을 발
로 찬 것이 당연히 피해자의 신체에 대하여 유형력을 행사한 경우에 해당한다
고 할 수도 없다.(대판 1991.1.29. 90도2153)

③ 소외인이 피고인을 만나 주지 않는다는 이유로 시정된 탁구장문과 주방
문을 부수고 주방으로 들어가 "방문을 열어 주지 않으면 모두 죽여 버린다."
라고 폭언을 하면서 시정된 방문을 수회 발로 차는 행위는 재물손괴죄 또는
숙소안의 공소외인에게 해악을 고지하여 외포케 하는 단순협박죄에 해당함은
별론으로 하고 피해자의 신체에 대한 유형력의 행사로는 볼 수 없으므로 폭행
죄에 해당한다 할 수 없다.(대판 1984.2.14. 83도3186)

④ 폭행이란 사람에 대한 유형력의 행사 등 불법한 공격을 뜻하고 그 대상
은 사람의 신체이므로, 비닐봉지에 넣어 둔 **인분을 타인 집 앞마당에 던졌을
뿐 사람의 신체에 대하여 공격한 것이 아니면 이 사실만으로 형법상 폭행의 범
주에 들어간다고 할 수 없다.**(대판 1977.2.8. 75도2673)

※ 형법상의 폭행의 개념

유 형	의 의	보 기
최광의	대상(사람, 물건)을 불문하고 유형력을 행사하는 모든 경우. 다만, 한 지방의 공공의 평온을 해할 정도이어야 함	• 내란죄 (제87조) • 소요죄 (제115조) • 다중불해산죄 (제116조)
광 의	• 사람에 대한 직·간접의 유형력의 행사 • 직접적으로 신체에 행하여질 필요는 없음	• 공무집행방해죄 (제136조) • 특수도주죄(제114조) • 강요죄 (제324조, 협의설 유)
협 의	• 사람의 신체에 대한 유형력의 행사	• 폭행죄 • 특수공무원폭행죄 (제125조)
최협의	상대방의 반항을 불가능하게 하거나, 현저히 곤란하게 할 정도의 가장 강력한 유형력의 행사	• 강간죄 (제297조) • 강도죄 (제333조)

(4) 주관적 구성요건

폭행의 고의를 요한다. 상해의사로 폭행결과를 발생시킨 경우에는 폭행죄가 아닌 상해미수죄가 성립한다.

(5) 위법성

일반적 위법성 조각사유에 의해서 위법성이 조각될 수 있다. 교사의 체벌의 경우에도 사회상규를 벗어나지 않는 범위 내의 훈계목적의 체벌은 인정된다(판례).

◆ **판 례** ◆

<**위법성이 조각되는 폭행행위**>……피해자가 갑자기 달려 나와 정당한 이유 없이 피고인의 멱살을 잡고 파출소로 가자면서 계속하여 끌어당기므로 피고인이 그와 같은 피해자의 행위를 제지하기 위하여 그의 양팔 부분의 옷자락을 잡고 밀친 것이라면 이러한 피고인의 행위는 멱살을 잡힌 데서 벗어나기 위한 **소극적인 저항행위에 불과하고 그 행위에 이른 경위 등에 비추어 볼 때 사회관념상 허용될 만한 정도의 상당성이 있는 행위로서 형법 제20조 소정의 정당행위에 해당한다.** (대판 1990.1.23. 89도1328)

2. 존속폭행죄

> **제260조(존속폭행)**
> ② 자기 또는 배우자의 직계존속에 대하여 제1항의 죄를 범한 때에는 5년 이하의 징역 또는 700만 원 이하의 벌금에 처한다.
>
> ▶ 반의사불벌죄(제260조)

행위자와 피해자의 특별한 신분관계로 인한 가중적 구성요건이다.

3. 특수폭행죄

> **제261조(특수폭행)**
> 단체 또는 다중의 위력을 보이거나 위험한 물건을 휴대하여 제260조 제1항 또는 제2항의 죄를 범한 때에는 5년 이하의 징역 또는 1,000만 원 이하의 벌금에 처한다.
>
> ▶ 반의사불벌죄가 아님

(1) 의 의
행위방법의 위험성 때문에 불법이 가중된 폭행죄의 가중적 구성요건이다.

(2) 특별한 행위표지

1) 단체 또는 다중의 위력
① 단 체: 공동목적을 가진 다수인의 계속적·조직적 결합단체로 공동목적의 적법·불법은 불문한다. 위력을 보일 수 있는 정도의 다수이어야 하며, 같은 장소에 집결해 있을 필요는 없고, 소집·연락으로 집결할 가능성이 있으면 충분하다.
② 다 중: 단체를 이루지 못한 다수인의 단순한 집합으로 집단적 위력을 과시

할 정도의 다수이면 된다.

③ 위　력: 사람의 의사를 제압함에 족한 유형·무형의 세력을 말한다. '위력을 보인다' 함은 위력을 상대방에게 인식시키는 것을 말하므로 폭행현장에 단체 또는 다중이 현존할 필요는 없다.

2) 위험한 물건의 휴대

① 위험한 물건: 물건의 객관적 성질이나 사용방법에 따라서 사람의 신체·생명에 해를 줄 수 있는 물건을 말한다. 다만 위험한 물건은 동산이어야 한다(예, 전신주는 위험한 물건이 아니다).

◆ 판 례 ◆

<위험한 물건의 의미>……① 총이나 칼 등과 같이 그 물건의 본래의 성질상 사람을 살상할 특성을 갖춘 물건은 물론이고 그 용법에 따라서 사람을 살상할 수 있는 물건도 폭력행위등처벌에관한법률 제3조 제1항 소정의 위험한 물건에 해당한다 할 것인바 그러한 물건의 **위험성 여부는 구체적인 사안에 따라서 사회통념에 비추어 그 물건을 사용하면 그 상대방이나 제3자가 곧 위험성을 느낄 수 있으리라고 인정되는 물건인가의 여부에 따라 이를 판단하여야** 한다. ……쇠파이프(길이 2m, 직경 5㎝)에 머리를 구타당하면서 이에 대항하여 그곳에 있던 각목(길이 1m, 직경 5㎝)으로 상대방의 허리를 구타한 경우에 위 각목은 위 법조 소정의 위험한 물건이라고는 할 수 없다.(대판 1981.7.28. 81도1046)

② 피해자가 먼저 식칼을 들고 나와 피고인을 찌르려다가 **피고인이 이를 저지하기 위하여 그 칼을 뺏은 다음 피해자를 훈계하면서 위 칼의 칼자루 부분으로 피해자의 머리를 가볍게 쳤을 뿐이라면 피해자가 위험성을 느꼈으리라고는 할 수 없으므로**, 이 경우의 식칼을 동법 소정의 위험한 물건이라고 할 수는 없다.(대판 1989.12.22. 89도1570)

③ 폭력행위등처벌에관한법률 제3조 제1항에 있어서 '위험한 물건'이라 함은 흉기는 아니라고 하더라도 널리 사람의 생명, 신체에 해를 가하는 데 사용할 수 있는 일체의 물건을 포함한다고 풀이할 것이므로, 본래 살상용·파괴용으로 만들어진 것뿐만 아니라 **다른 목적으로 만들어진 칼·가위·유리병·각**

종공구·자동차 등은 물론 화학약품 또는 사주된 동물 등도 그것이 사람의 생명·신체에 해를 가하는 데 사용되었다면 본조의 '위험한 물건'이라 할 것이다.(대판 1997.5.30. 97도597)

☞ 기타 판례가 위험한 물건으로 본 것으로는 깨어진 병(대판 1991.5.28. 91도80), 깨어지지 아니한 맥주병(1991.12.27. 90도2527), 깨진 맥주병, 항아리조각, 부러뜨린 걸레자루(대판 1990.6.12. 90도859), 쌀가마 등을 운반하는 데 사용되는 갈쿠리(대판 1986.8.19. 86도960), 땅바닥에 때려 깨뜨린 2홉들이 소주병 조각(대판 1986.6.24. 86도947), 재단용 가위(대판 1985.3.26. 85도157), 마요네즈병(대판 1984.6.12. 84도647), 쪽가위(대판 1984.1.17. 83도2900), 길이 30㎝의 드라이버(대판 1984.2.14. 83도3165), 안면면도용 칼날(대판 1971.4.30. 71도430) 등이 있다.

② 휴 대: 몸에 지니는 것을 말한다. 반드시 범행 이전부터 몸에 지녀야 하는 것은 아니며 범행현장에서 소지한 경우도 포함된다. 또한 위험한 물건의 존재를 피해자에게 인식시킬 필요는 없다.

◆ 판 례 ◆

<위험한 물건을 '휴대'한다는 의미>……① 형법 제261조의 위험한 물건을 '휴대하여'라는 말은 소지뿐만 아니라 널리 **이용한다는 뜻도 포함**하고 있다.(대판 1997.5.30. 97도597)

② 폭력행위등처벌에관한법률 제3조 제1항에서 말하는 위험한 물건의 휴대라 함은 반드시 몸에 지니고 다니는 것만을 뜻한다고는 할 수 없고 **범행현장에서 범행에 사용할 의도 아래 이를 소지하거나 몸에 지니는 경우도 포함**한다.(대판 1982.2.23. 81도3074)

③ 폭력행위등처벌에관한법률의 목적과 그 제3조 제1항의 규정취지에 비추어 보면 같은 법 제3조 제1항 소정의 "흉기 기타 위험한 물건을 휴대하여 그 죄를 범한 자"란 범행현장에서 그 범행에 사용하려는 의도 아래 흉기를 소지하거나 몸에 지니는 경우를 가리키는 것이지 **그 범행과는 전혀 무관하게 우연히 이를 소**

지하게 된 경우까지를 포함하는 것은 아니다.(대판 1990.4.24. 90도401)

④ 폭력행위등처벌에관한법률 제3조 제1항 소정의 위험한 물건의 '휴대'라 함은 범행현장에서 범행에 사용할 의도 아래 위험한 물건을 몸 또는 몸 가까이 소지하는 것을 말하므로 청산염 2그램 정도를 협박편지에 동봉 우송하여 피해자에게 도달케 하였다는 것만으로는 위 법조에서 말하는 위험한 물건의 휴대라고 할 수 없다.(대판 1985.10.8. 85도1851)

(3) 폭 행: 폭행죄의 그것과 동일

(4) 주관적 구성요건: 고의를 요한다.

4. 폭행치사상죄

> **제262조(폭행치사상)**
> 전 2조의 죄(폭행, 존속폭행, 특수폭행죄)를 범하여 사람을 사상에 이르게 한 때에는 제257조 내지 제259조의 예에 의한다.

① 폭행죄 또는 특수폭행죄를 범하여 사람을 사상에 이르게 함으로써 성립하는 결과적 가중범이다. 결과적 가중범이므로 폭행과 중한 결과(사상) 사이에는 인과관계와 예견가능성이 있어야 한다.

◆ 판 례 ◆

<폭행치사상죄의 인과관계 및 예견가능성>……① 피해자가 평소 병약한 상태에 있었고 피고인의 폭행으로 그가 사망함에 있어서 지병이 또한 사망결과에 영향을 주었다고 하여 폭행과 사망 간에 인과관계가 없다고 할 수 없다.(대판 1979.10.10. 79도2040)

② 피고인이 빚 독촉을 하다가 시비 중 멱살을 잡고 대드는 갑녀의 손을 뿌리치고 그녀를 뒤로 밀어 넘어뜨려 아래로 구르게 하여 그 순간 그 등에 업힌 그 딸(생후 7개월)에게 두개골절 등 상해를 입혀 그로 말미암아 그를 사망케 한 경우 폭행치사죄가 성립한다.(대판 1972.11.28. 72도2201)

② 반의사불벌죄가 아니다.

5. 상습상해·폭행죄

> **제264조(상습범)**
>
> 상습으로 제257조(상해·존속상해죄), 제258조(중상해·존속중상해죄), 제260조(폭행·존속폭행죄) 또는 제261조(특수폭행죄)의 죄를 범한 때에는 그 죄에 정한 형의 2분의 1까지 가중한다.

상습범은 집합범에 해당하므로 본죄에 해당하는 때에는 포괄일죄의 관계가 있다는 것이 통설·판례이다.

※ '重'·'準'·'特殊'의 의미

	구 분	예
중	생명에 대한 위험 발생	• 중유기죄 (§271③④) • 중권리행사방해죄 (§326)
	생명에 대한 위험 발생, 불구 또는 불치나 난치의 질병	• 중상해죄 (§258①②)
	사람의 생명·신체에 대한 위험 발생	• 중손괴죄 (§368)
	가혹한 행위	• 중체포·감금죄 (§277①)
준	심신상실 또는 항거불능의 상태를 이용	• 준강간·강제추행죄 (§299)
	지려천박 또는 심신장애를 이용	• 준사기죄 (§348)
	탈환거부·체포면탈·죄적인멸의 목적	• 준점유강취 죄(§325②) • 준강도죄(§335)
특 수	단체 또는 다중의 위력·위험한 물건 휴대	• 특수공무방해죄 (§144) • 특수폭행 (§261) • 특수체포·감금 (§278) • 특수협박 (§284) • 특수주거침입 (§320) • 특수손괴 (§369)
	2인 이상이 합동(합동범) or / 설비 또는 기구손괴, 폭행·협박	• 특수도주 (§146)
	야간에 건조물손괴, 주거 등 침입, 흉기휴대	• 특수절도 (§331①②)
	야간에 주거 등 침입, 흉기휴대	• 특수강도 (§334①②)

제3절 과실치상의 죄

I. 과실치상·과실치사죄

1. 과실치상죄

> **제266조(과실치상)**
> ① 과실로 인하여 사람의 신체를 상해에 이르게 한 자는 500만 원 이하의 벌금, 구류 또는 과료에 처한다.
>
> ▶ 반의사불법죄(제266조 제2항)

2. 과실치사죄

> **제267조(과실치사)**
> 과실로 인하여 사람을 사망에 이르게 한 자는 2년 이하의 금고 또는 700만 원 이하의 벌금에 처한다.
>
> ▶ 반의사불벌죄가 아님

※ 과실치상죄, 과실치사죄는 '致' 자가 있다고 하여 결과적 가중범인 것은 아니다.

※ 과실의 존재 여부, 주의의무의 제한원리로서의 신뢰의 원칙, 과실치사상죄의 공동정범 여부 등에 대해서는 총론의 과실범 부분 참조.

◆ 판 례 ◆

<임대가옥의 하자로 인해 사상자가 발생한 경우 임대인의 죄책>……① 임차가옥에 하자가 있어 연탄가스가 새어 들은 경우 그 하자가 그대로는 임차가옥을 사용할 수 없는 정도의 파손상태이거나 임대인에게 수선의무가 있다고 보아야 할 대규모의 것이 아닌 한 임차인의 통상의 수선 및 관리의무에 속한다 할 것이므로 가옥에 있는 하자의 정도가 위 어느 것인지를 심리하여 임대인의 주의의무위반(과실)을 따져야 한다.(대판 1984.1.24. 81도615)

② 피고인이 피해자에게 임대한 방의 바닥에 있는 균열(중앙에 97㎝, 아궁이 쪽으로 30㎝의 실금 형태)은 위 방을 사용할 수 없을 정도의 파손상태라 할 수 없고, 반드시 임대인에게 수선의무가 있는 대규모의 것이라고도 할 수 없어, 이는 임차인의 통상의 수선 및 권리의무에 속하는 것이므로, 위 균열로 인해 가스중독사고가 발생했다 하여도 임대인에게는 과실이 없다.(대판 1983.9.27. 83도2096)

Ⅱ. 업무상 과실·중과실치사상죄

제268조(업무상 과실·중과실치사상)
업무상 과실 또는 중대한 과실로 인하여 사람을 사상에 이르게 한 자는 5년 이하의 금고 또는 2,000만 원 이하의 벌금에 처한다.

1. 업무상 과실치사상죄

(1) 의 의
업무상 과실로 사람을 사상함으로써 성립하는 과실치상죄의 가중구성요건이다.
(2) 가중처벌의 근거

1) 주의의무설: 업무자에게는 특히 무거운 주의의무가 과해지므로 가중처벌한다
   는 견해(황산덕)

2) 주의능력설: 주의의무는 동일하지만 업무자에게는 고도의 주의능력이 있으므
   로 위법성이 크다는 견해(김일수)

3) 예견가능성설(책임가중설): 업무자에게는 결과에 대한 예견가능성이 크기 때
   문에 그 책임이 일반인의 중과실과 같다고 보는 견해(다수설)

(3) 업　무

1) 업무의 개념

사람의 사회생활상의 지위에서 계속적으로 행하는 사무를 말한다(판례).

2) 업무의 개념요소

① 사회생활상의 지위: 사회생활상의 지위에 따른 사무이어야 하고, 따라서 자연
   적 생활현상(식사, 수면, 가사 등)은 업무가 아니다.

◆ 판　례 ◆

　<자전거 운전도 업무에 해당하는지>……피고인이 완구상 점원으로서 완구배
달을 하기 위하여 자전거를 타고 소매상을 돌아다니는 일을 하고 있었다고 한
다면 그는 자전거를 운전하는 업무에 종사하고 있다고 보아야 한다.(대판
1972.5.9. 72도701)

---

② 계속성: 객관적으로 상당한 횟수 반복하여 행해지거나, 단 1회의 행위라도 반
   복·계속의 의사로 행하여진 경우에는 계속성이 인정된다(예: 자동차 시승운
   전, 개업의사의 첫 의료행위 등).

◆ 판　례 ◆

　<업무의 요건으로서의 '계속성'>……중대부관인 육군중위가 운전병이 검문소로
연행된 사이 차량을 운전한 행위를 가리켜 업무상 과실이 있다고 하기 위해서
는 적어도 반복적, 계속적으로 차량의 운전을 한 사실을 필요로 할 것이며, **단**

> **1회의 운전행위만을 이유로 하여 업무상 과실이 있다고 단정한 것은 위법이다.**(대판 1966.5.31. 66도536)

③ 사 무: 본죄의 사무는 사람의 생명·신체를 침해할 위험이 높은 일에 국한된다. 공무·사무, 영리·비영리, 주된 사무·부사무, 적법·위법을 불문한다(무면허운전도 업무가 될 수 있음).

◆ **판 례** ◆

　<부적법한 사무 집행도 업무에 해당하는지>……① 업무란 사람의 사회생활면에 있어서의 하나의 지위로서 계속적으로 종사하는 사무를 말하고 반복계속의 의사 또는 사실이 있는 한 그 **사무에 대한 각별한 경험이나 법규상의 허가를 필요로 하지 아니한다**고 한다.(대판 1961.3.22. 61형상5)

　② 피고인은 과거 자동차 조수로 약 1년 6개월 간 근무를 하였고 한국운수 주식회사 대전지점 자동차 수리공장에서 수리공으로서 자동차 수리 전후에 그 차륜을 수시 시운전을 하였으며 본건에 있어서 운전면허 없이 위 회사 소유의 본건 자동차를 운전한 사실을 인정할 수 있으므로, 피고인이 **면허 있는 자동차 운전수가 아니라 할지라도 피고인의 본건 자동차 운전사무는 업무상 과실치사죄에 있어서의 업무에 해당한다** 할 것이다.(대판 1961.3.22. 4294형상5)

　③ 법정자격을 갖추지 못한 자라 할지라도 현실적으로 광산 보안관리책임자의 지위에서 그 업무를 수행한 이상 광산 보안관리책임자로서의 업무상 주의의무가 있음을 면할 수 없다.(대판 1970.6.30. 70도738)

　④ 정전이 될 때마다 피고인이 자가발전기의 발동작업을 하여 온 경우 동 발전기의 작동은 피고인의 업무에 해당되며 피고인에게 전기공작물에 관한 기술자면허 내지 자격이 있는지 여부는 위 업무의 인정에 아무런 소장이 없다.(대판 1979.9.11. 79도1250)

(4) 업무상 과실의 내용

1) 당해 업무의 성질상 또는 그 업무상의 지위 때문에 특별히 높게 요구되는 주의의무를 태만히 함으로써 결과 발생을 회피하거나 예견하지 못하는 경우를

말한다.

2) 이때의 주의의무는 법령의 형식적 기준에 한하지 않고 업무의 성질과 구체적
사정에 따라 관습상·조리상 요구되는 일체의 주의의무를 포함한다. 다만, 신
뢰의 원칙에 의해서 업무상 과실의 객관적 주의의무가 제한되는 경우가 있다.

◆ 판 례 ◆

<의료사고에서 업무상 주의의무의 내용>……① 산부인과 개업의들이 매 분만
마다 수혈용 혈액을 준비한다 하더라도 이를 사용하지 아니한 경우(대부분의
분만에서 사용하지 아니한다)에는 혈액원에 반납할 수 없고, 산부인과 의원에
서는 이를 보관하였다가 다른 산모에게 사용할 수도 없기 때문에 결국 사용하
지 못한 혈액은 폐기하여야 하고, 헌혈 부족으로 충분한 혈액을 확보하지 못
하고 있는 당시 우리나라의 실정상 만약 산부인과 개업의들이 매 분만마다 수
혈용 혈액을 미리 준비하고, 이를 폐기한다면 혈액 부족이 심화될 우려가 있
음을 알 수 있는바, 제왕절개분만을 함에 있어서 산모에게 수혈을 할 필요가
있을 것이라고 예상할 수 있었다는 사정이 보이지 않는 한, 산후과다출혈에
대비하여 제왕절개수술을 시행하기 전에 미리 혈액을 준비할 업무상 주의의무
가 있다고 보기는 어렵다.(대판 1997.4.8. 96도3082)

② 마취환자의 마취회복업무를 담당한 의사로서는 마취환자가 수술 도중 특
별한 이상이 있었는가를 확인하여 특별한 이상이 있었던 경우에는 보통 환자보
다 더욱 감시를 철저히 하고, 또한 마취환자가 의식이 회복되기 전에는 호흡이
정지될 가능성이 적지 않으므로 피해자의 의식이 완전히 회복될 때까지 주위에
서 관찰하거나 적어도 환자를 떠날 때는 피해자를 담당하는 간호사를 특정하여
그로 하여금 환자의 상태를 계속 주시하도록 하여 만일 이상이 발생한 경우에
는 즉시 응급조치가 가능하도록 할 의무가 있다.(대판 1994.4.26. 92도3283)

③ 피해자를 감시하도록 업무를 인계받지 않은 간호사가 자기 환자의 회복
처치에 전념하고 있었다면 회복실에 다른 간호사가 남아 있지 않은 경우에도
다른 환자의 이상증세가 인식될 수 있는 상황에서라야 이에 대한 조치를 할
의무가 있다고 보일 뿐 회복실 내의 모든 환자에 대하여 적극적, 계속적으로
주시, 점검을 할 의무가 있다고 할 수 없다.(대판 1994.4.26. 92도3283)

◆ **판 례** ◆

<자동차 운전자의 업무상 주의의무의 내용>……① 자동차운전사는 자동차 제동기를 완전 정비하여 사고 발생을 미연에 방지할 업무상 주의의무가 있다. (대판 1960.8.3. 4293형상394)

② 자동차가 후진할 때 피해자의 신호에 따랐다 하더라도 자동차운전업무에 종사하는 자로서는 후사경으로 후방의 동태를 주시하면서 진행시켜야 할 업무상 주의의무가 있다.(대판 1977.9.28. 77도1875)

◆ **판 례** ◆

<업무상 과실치사상죄의 공소시효의 기산점>……공소시효의 기산점에 관하여 규정한 형사소송법 제252조 제1항 소정의 '범죄행위'에는 당해 범죄의 결과까지도 포함되는 취지로 해석함이 상당하므로, 업무상 과실치사상죄의 공소시효는 피해자들이 사상에 이른 결과가 발생함으로써 그 범죄행위가 종료한 때로부터 진행한다.(대판 1996.8.23. 96도1231)

---

2. 중과실치사상죄

(1) 의   의: 중대한 과실로 사람을 사상한 경우에 성립하는 범죄이다.

(2) 중대한 과실: 약간만 주의를 기울였더라도 결과 발생을 방지할 수 있었던 경우의 과실을 말하며, 구체적인 사건에서 사회통념에 따라 판정한다(판례).

◆ **판 례** ◆

<중과실이 있었는지 여부가 문제된 사례>……① 피고인이 관리하던 주차장 출입구 문주의 하단 부분에 금이 가 있어 도괴될 위험성이 있었다면 피고인으로서는 소유자에게 그 보수를 요청하는 외에 그 보수가 있을 때까지 임시적으로라도 받침대를 세우는 등 도괴를 방지하거나 그 근처에 사람이나 자동차 등의 근접을 막는 등 도괴로 인한 인명의 피해를 막도록 조치를 하여야 할 주의의무가 있다 할 것이며 동 주차장에는 사람이나 자동차의 출입이 빈번하고

근처 거주의 어린아이들이 문주근방에서 놀이를 하는 사례가 많은데도 불구하고 소유자에게 그 보수를 요구하는 데 그쳤다면 그 주의의무를 심히 게을리한 중대한 과실이 있다고 할 것이다.(대판 1982.11.23. 82도2346)

② 자부(子婦)가 농약 '푸라에스' 약 100cc를 음독하여 신음하고 있는 것을 발견하고 비누 2되 넣은 쌀물을 만들어 마시게 하여 여러 차례 토하게 하고 동 부락에서 의사로 통하는 약사면허증을 가진 사람을 초빙하여 포도당을 섞은 링거 주사 500cc까지 놓게 하고 계속 간호하였다면, 비록 환자를 읍내 병원에 데리고 가서 치료를 받게 하지 아니하였다 하더라도 가장인 피고인에게 자부(子婦)를 사망케 한 중대한 과실이 있다고 할 수 없다.(대판 1969.7.22. 69도684)

◆ 판 례 ◆

<특가법위반과 도주의 의미>……① 특정범죄가중처벌등에관한법률 제5조의3 제1항 소정의 "피해자를 구호하는 등 도로교통법 제50조 제1항의 규정에 의한 조치를 취하지 아니하고 **도주한 때**"라 함은 사고운전자가 사고로 인하여 피해자가 사상을 당한 사실을 인식하였음에도 불구하고 피해자를 구호하는 등 도로교통법 제50조 제1항에 규정된 의무를 이행하기 이전에 사고현장을 이탈하여 사고를 낸 자가 누구인지 확정될 수 없는 상태를 초래하는 경우를 말하고, 여기에서 말하는 사고로 인하여 피해자가 사상을 당한 사실에 대한 인식의 정도는 반드시 확정적임을 요하지 아니하고 미필적으로라도 인식하면 족한바, 사고운전자가 사고 직후 차에서 내려 직접 확인하였더라면 쉽게 사고사실을 확인할 수 있었는데도 그러한 조치를 취하지 아니한 채 별일 아닌 것으로 알고 그대로 사고현장을 이탈하였다면 사고운전자에게는 미필적으로라도 사고의 발생사실을 알고 도주할 의사가 있었다고 볼 것이다.(대판 2000.3.28. 99도5023)

② [1] 특정범죄가중처벌등에관한법률 제5조의3 제1항이 정하는 '**피해자를 구호하는 등 도로교통법 제50조 제1항에 의한 조치를 취하지 아니하고 도주한 때**'라고 함은 사고운전자가 사고로 인하여 피해자가 사상을 당한 사실을 인식하였음에도 불구하고, 피해자를 구호하는 등 도로교통법 제50조 제1항에 규정된 의무를 이행하기 이전에 사고현장을 이탈하여 사고를 낸 자가 누구인지 확정할 수 없는 상태를 초래하는 경우를 말하는 것이므로, **위 도주운전죄**

가 성립하려면 피해자에게 사상의 결과가 발생하여야 하고, 생명·신체에 대한 단순한 위험에 그치거나 형법 제257조 제1항에 규정된 '상해'로 평가될 수 없을 정도의 극히 하찮은 상처로서 굳이 치료할 필요가 없는 것이어서 그로 인하여 건강상태를 침해하였다고 보기 어려운 경우에는 위 죄가 성립하지 않는다.

[2] 교통사고로 인하여 피해자가 입은 요추부 통증이 굳이 치료할 필요가 없이 자연적으로 치유될 수 있는 것으로서 '상해'에 해당한다고 볼 수 없다는 이유로 특정범죄가중처벌등에관한법률 제5조의3 제1항 소정의 도주운전죄의 성립을 부정한 사례.(대판 2000.2.25. 99도3910)

③ 다방종업원인 운전자가 사고 후 즉시 피해자를 병원으로 후송한 다음 다방으로 돌아와서 주인에게 사고 사실을 알리고 파출소에 교통사고 신고를 한 후 자진 출석하여 조사를 받았고 운전자의 일행이 운전자를 대신하여 그들의 인적 사항을 피해자에게 알린 경우, 도주의 의사를 인정하기 어렵다.(대판 2000.5.12. 2000도1038)

④ 특정범죄가중처벌등에관한법률(이하 '특가법'이라 한다) 제5조의3 제1항 소정의 '차의 교통으로 인하여 형법 제268조의 죄를 범한 당해 차량의 운전자'라 함은 차의 교통으로 인한 업무상 과실 또는 중대한 과실로 인하여 사람을 사상에 이르게 한 자를 가리키는 것으로 과실이 없는 사고 운전자까지 그에 포함되는 것은 아니라 할 것이지만(대법원 1991.5.28. 선고 91도711 판결 참조), 원심이 인정한 바와 같이, 피고인의 사고 차량이 도로교통법상 좌회전이 금지된 황색 이중실선의 중앙선이 설치된 사고 도로를 반대차로를 진행하는 차량을 확인하지 아니한 채 좌회전하여 가다가 피해 승용차의 진로를 방해하여 이 사건 교통사고를 일으킨 것이라면, 사고 당시 피해 승용차가 과속으로 진행하였다고 하더라도 피고인에게는 이 사건 교통사고 발생에 대하여 과실이 있다고 할 것이고, 따라서 피고인은 특가법 제5조의3 제1항 소정의 '차의 교통으로 인하여 형법 제268조의 죄를 범한 당해 차량의 운전자'에 해당한다고 할 것이다.(대판 1999.12.8. 98도3358)

⑤교통사고 야기자가 피해자를 병원에 데려다 준 다음 피해자나 병원 측에 아무런 인적 사항을 알리지 않고 병원을 떠났다가 경찰이 피해자가 적어 놓은 차량번호를 조회하여 신원을 확인하고 연락을 취하자 2시간쯤 후에 파출소에 출석한 경우, 특정범죄가중처벌등에관한법률 제5조의3 제1항 소정의 '도주'에 해당한다.(대판 1999.12.7. 99도2869)

※ 형법상의 '業務'의 유형

구 분	유의점	형법의 규정
정당행위의 업무	업무에 의한 위법성 조각사유	정당행위 (제20조)
과실범의 업무	업무자는 일반인에 비해서 예견 가능성이 크기 때문에 그 책임을 가중하는 경우(예견가능성설)	업무상 과실치상죄 (제268조) 업무상 실화죄 (제171조) 업무상 과실 교통방해죄 (제189조 제2항) 업무상 과실 장물취득죄 (제364조)
진정신분범의 요소인 업무	업무자라는 신분은 해당범죄의 정범요소가 됨	허위진단서작성죄 (제233조) 업무상 비밀누설죄 (제317조) 업무상 과실장물취득죄 (제364조)
부진정신분범의 요소인 업무	업무자의 행위는 일반인에 비해서 그 책임이 가중되므로 중하게 처벌되는 경우	업무상 동의낙태죄 (제270조 제1항) 업무상 위력 등에 의한 간음죄 (제303조) 업무상 횡령·배임죄 (제356조)
보호의 객체로서의 업무	① 생명·신체를 다루는 업무에 제한되지 않고 ② 오락적 업무는 제외하며 ③ 적법한 업무, 형법상 보호할 가치 있는 업무에 제한되며 ④ 공무는 포함되지 않음(단, 포함설도 있음)	업무방해죄 (제314조)
행위의 태양의로서의 업무	16세 미만자를 '생명 또는 신체에 위험한' 업무에 사용할 자에게 인도하는 경우	아동혹사죄 (제274)

제4절 낙태의 죄

I. 서 론

1. 낙태죄의 의의

태아를 자연분만기에 앞서서 인위적으로 모체 밖으로 배출하거나 태아를 모체 안에서 살해하는 범죄이다. 단, 태아의 생명·신체를 침해하지 않는 인공출산은 제외된다(통설).

2. 보호법익과 보호의 정도

(1) 낙태죄의 주된 보호법익은 태아의 생명과 신체의 안전이나, 부차적으로 모체의 생명과 신체의 안전도 보호법익에 포함된다.

(2) 보호정도에 대해서는 (ⅰ) 침해범설(이재상) (ⅱ) 구체적 위험범설(배종대)도 있으나, 추상적 위험범으로 보는 것이 다수설이다.

3. 모자보건법

모자보건법은 의학적·우생학적·윤리적 적응이 있는 경우에 의사는 본인과 배우자의 동의를 얻어 임신한 날로부터 28주 이내에 인공임신중절수술을 할 수 있도록 규정하여, 낙태죄의 특수한 위법성 조각사유를 두었다(현행 모자보건법은 임신의 지속으로 임부나 그 가족의 사회적·경제적 상태를 현저히 악화시킬 우려가 있는 경우 낙태를 허용하는 '사회적 적응'은 인정하지 않는다).

▶ 모자보건법상의 위법성 조각사유

① 본인 또는 배우자가 우생학적·유전학적 정신장애나 신체질환이 있는 경우
② 본인 또는 배우자가 전염성 질환이 있는 경우
③ 강간 또는 준강간에 의해 임신한 경우
④ 법률상 혼인할 수 없는 혈족 또는 인척간에 임신한 경우
⑤ 임신의 지속이 보건의학적 이유로 모체의 건강을 해하는 경우

◆ 판 례 ◆

<낙태행위가 정당행위, 긴급피난으로 위법성이 조각되는 경우>……임신의 지속이 모체의 건강을 해칠 우려가 현저할뿐더러 기형아 내지 불구아를 출산할 가능성마저도 없지 않다는 판단하에 부득이 취하게 된 산부인과 의사의 낙태수술행위는 정당행위 내지 긴급피난에 해당되어 위법성이 없는 경우에 해당된다.(대판 1976.7.13. 75도1205)

◈ **판 례** ◈

<가족계획에 순응하는 행위라고 믿고 낙태한 경우>……피고인이 설혹 본건 낙태행위가 가족계획의 국가시책에 순응한 행위라고 믿었다 할지라도 국가시책에 의한 가족계획은 어디까지나 임신을 사전에 방지하는 피임방법에 의한 것이고, 임신 후의 낙태행위를 용인함이 아니라고 함은 자명한 바이므로 피고인의 위와 같이 그 행위가 법률상 죄가 됨을 알지 못하고 본건 행위를 하였다 하더라도 그에 정당한 이유가 있다고는 할 수 없다.(대판 1965.11.23. 65도876)

Ⅱ. 자기낙태죄 · 동의낙태죄

1. 자기낙태죄

제269조(낙태)
① 부녀가 약물 기타 방법으로 낙태한 때에는 1년 이하의 징역 또는 200만 원 이하의 벌금에 처한다.

(1) 객관적 구성요건: 부녀가 약물 기타의 방법으로 낙태하는 것
1) 주　체: 임신한 부녀에 국한된다(진정신분범). 임부 아닌 자는 본죄의 간접정범이 될 수 없고 부동의낙태죄의 정범이 된다.
2) 객　체: 살아 있는 태아(수정란이 자궁에 착상한 때부터 사람이 되기까지)이다. 이미 사망한 태아(사태)는 제외된다.
3) 행　위: 낙태. 낙태란 자연분만기에 앞서서 인위적으로 태아를 모체 밖으로 배출하거나 모체 안에서 살해하는 행위이다.
① 기　수: 낙태미수는 현행법상 없으므로 태아를 자연분만기에 앞서서 모체 밖으로 배출하기만 하면 본죄의 기수가 된다(위험범설의 입장). 또한 모체 안에

서 태아를 살해한 때에도 기수가 된다.

② 태아를 모체 밖으로 배출한 후 살해하면 낙태죄와 살인죄(영아살해죄)의 경합범이 된다(위험범설의 입장, 침해범설에서는 살인죄만 성립한다고 함).

◆ 판 례 ◆

<살인의 범의>······① **낙태죄**는 태아를 자연분만기에 앞서서 인위적으로 모체 밖으로 배출하거나 모체 안에서 살해함으로써 성립하고, 그 결과 **태아가 사망하였는지 여부는 낙태죄의 성립에 영향이 없다.**(대판 2005.4.15. 2003도2780)
  ② 산부인과 의사인 피고인이 약물에 의한 유도분만의 방법으로 낙태시술을 하였으나 태아가 살아서 **미숙아** 상태로 출생하자 그 **미숙아에게 염화칼륨을 주입하여 사망하게 한 사안**에서, 염화칼륨 주입행위를 낙태를 완성하기 위한 행위에 불과한 것으로 볼 수 없고, 살아서 출생한 미숙아가 정상적으로 생존할 확률이 적다고 하더라도 그 상태에 대한 확인이나 최소한의 의료행위도 없이 적극적으로 염화칼륨을 주입하여 미숙아를 사망에 이르게 하였다면 피고인에게는 **미숙아를 살해하려는 범의가 인정된다.**(대판 2005.4.15. 2003도2780)

---

(2) 주관적 구성요건: 고의를 요한다. 과실낙태의 처벌규정은 없다.

(3) 공범관계

1) 임부가 타인에게 의뢰하여 그 타인이 낙태수술을 한 경우: 임부는 자기낙태죄, 타인은 동의 또는 업무상 동의낙태죄가 성립한다.

2) 타인이 임부를 교사·방조하여 임부로 하여금 낙태하게 한 경우: 임부는 자기낙태죄, 타인은 자기낙태죄의 공범이 성립된다.

2. 동의낙태죄

제269조(낙태)
  ② 부녀의 촉탁 또는 승낙을 받아 낙태하게 한 자도 제1항(자기낙태죄)의 형과 같다.

① 주체는 제한이 없으나 제270조 제1항에 열거된 자는 제외된다.

② 낙태하게 하는 것은 스스로 낙태행위를 하는 것을 말한다.

③ 강요·기망·착오에 의한 촉탁·승낙의 경우에는 부동의낙태죄가 성립한다.

Ⅲ. 낙태죄의 가중적 구성요건

1. 업무상 동의낙태죄

> **제270조(의사 등의 낙태)**
>
> ① 의사, 한의사, 조산사, 약제사 또는 약종상이 부녀의 촉탁 또는 승낙을 받아 낙태하게 한 때에는 2년 이하의 징역에 처한다.
>
> ▶ 자격정지의 필요적 병과(제270조 제4항)

주체는 법문에 열거된 자에 한하고(부진정신분범). 간호사, 치과·수의사는 제외된다.

◆ **판 례** ◆

<부녀의 동의, 촉탁에 의한 의사의 낙태가 정당행위에 해당하는지>······인간의 생명은 잉태된 때부터 시작되는 것이고 회임된 태아는 새로운 존재와 인격의 근원으로서 존엄과 가치를 지니므로 그 자신이 이를 인식하고 있든지 또 스스로를 방어할 수 있든지에 관계없이 침해되지 않도록 보호되어야 한다 함이 헌법 아래에서 국민일반이 지니는 건전한 도의적 감정과 합치되는 바이므로 비록 모자보건법이 특별한 의학적, 우생학적 또는 논리적 적응이 인정되는 경우에 임산부와 배우자의 동의 아래 인공임신중절수술을 허용하고 있다 하더라도 이로써 의사가 부녀의 촉탁 또는 승낙을 받으면 일체의 낙태행위가 정

상적인 행위이고 형법 제270조 제1항 소정의 업무상 촉탁낙태죄에 의한 처벌을 무가치하게 되었다고 할 수는 없으며, 임산부의 촉탁이 있으면 의사로서 낙태를 거절하는 것이 보통의 경우 도저히 기대할 수 없게 되었다고 할 수도 없다.(대판 1985.6.11. 84도1958)

2. 부동의낙태죄

> **제270조(부동의낙태)**
> ② 부녀의 촉탁 또는 승낙 없이 낙태하게 한 자는 3년 이하의 징역에 처한다.

주체에는 제한이 없으므로 업무상 동의낙태죄에 열거된 자라도 본죄가 성립된다.

3. 낙태치사상죄

> **제269조(낙태)**
> ③ 제2항의 죄(동의낙태죄)를 범하여 부녀를 상해에 이르게 한 때에는 3년 이하의 징역에 처한다. 사망에 이르게 한 때에는 7년 이하의 징역에 처한다.
>
> **제270조(의사동의 낙태, 부동의낙태)**
> ③ 제1항(업무상 동의낙태죄) 또는 제2항(부동의낙태죄)의 죄를 범하여 부녀를 상해에 이르게 한 때에는 5년 이하의 징역에 처한다. 사망에 이르게 한 때에는 10년 이하의 징역에 처한다.

(1) 의 의: 동의낙태죄, 업무상 동의낙태죄 그리고 부동의낙태죄의 결과적 가중범이다. 따라서 결과에 대한 인과관계와 예견가능성(과실)이 있어야 한다.

(2) 낙태의 기수와 본죄의 성립: 낙태치사상죄에서 기본범죄인 낙태가 기수에 이르러야만 낙태치사상죄가 성립하는가에 대해서 학설이 대립하나 긍정설이 다수설이다(∵형법상 낙태죄의 미수는 처벌하지 않으므로). 즉, 본죄가 성립

하기 위해서는 낙태죄가 기수에 이를 것을 요한다.

(3) **불가벌적 수반행위:** 낙태행위에 수반하여 상해의 결과가 발생하여도 낙태치상죄가 성립하는 것은 아니다. 낙태행위에 수반되는 신체상해는 불가벌적 수반행위가 된다.

제5절 유기와 학대의 죄

I. 단순유기죄

제271조(유기)

① 노유, 질병 기타 사정으로 인하여 부조를 요하는 자를 보호할 법률상 또는 계약상의 의무 있는 자가 유기한 때에는 3년 이하의 징역 또는 500만 원 이하의 벌금에 처한다.

---

1. 의 의

유기의 죄란 부조를 요하는 자를 보호할 의무가 있는 자가 유기하는 것을 내용으로 하는 범죄이다.

2. 보호법익과 보호의 정도

보호법익은 피유기자의 생명·신체의 안전이며, 보호의 정도는 추상적 위험범으로서의 보호이다(통설). 따라서 고아원 문 앞에 영아를 버리고 간 경우에도 본죄는 성립한다.

3. 객관적 구성요건

(1) 행위주체: 부조를 요하는 자를 보호할 법률상·계약상 의무 있는 자
(진정신분범)

1) 보호의무의 발생근거

① 형법은 보호의무의 발생근거에 대해서 법률상·계약상의 의무를 열거하고 있는바, 이 외에도 사무관리·관습·조리에 의한 보호의무의 발생을 인정할 수 있는가가 문제된다.

② 종래의 학설은 긍정설이 다수설이었으나, 판례가 제271조 제1항의 열거를 제한적 열거로 이해하여 부정설의 입장을 취하고 있다(현재의 다수설).

◆ **판 례** ◆

<유기죄에서의 보호의무의 발생근거>……현행 형법은 유기죄에 있어서 구법과는 달리 보호법익의 범위를 넓힌 반면에 보호책임 없는 자의 유기죄는 없애고 법률상 또는 계약상의 의무 있는 자만을 유기죄의 주체로 규정하고 있어 **명문상 사회상규상의 보호책임을 관념할 수 없다고 하겠으니** 유기죄의 죄책을 인정하려면 보호책임이 있게 된 경위·사정·관계 등을 설시하여 구성요건이 요구하는 법률상 또는 계약상 보호의무를 밝혀야 하고, 설혹 동행자가 구조를 요하게 되었다 하여도 **일정거리를 동행한 사실만으로는 피고인에게 법률상·계약상의 보호의무가 있다고 할 수 없으니** 유기죄의 주체가 될 수 없다.(대판 1977.1.11. 76도3419)

---

2) 법률상의 보호의무: 경찰관직무집행법상의 경찰관의 보호조치의무(제14조), 민법에 의한 친족관계에 따른 부양의무(제974조)

3) 계약상의 보호의무: 계약의 형식은 명시적·묵시적, 유·무상을 불문한다(예, 동거하는 피용자에 대해서는 사용자는 묵시적 계약에 의한 보호의무를 진다).

(2) 행위객체: 노유, 질병 기타 사정으로 부조를 요하는 자. 다만 경제적 극빈자는 요부조자에 해당하지 않는다. 또한 일상생활에 필요한 동작이 가능하면 요부조자가 아니다(임신 중의 부녀 ×, 분만 중의 부녀 ○).

(3) 행 위: 유기

유기란 보호의무자가 요부조자를 보호 없는 상태에 둠으로써 그의 생명·신체에 위험을 가져오는 행위를 말하며, 작위·부작위를 불문한다.

① 적극적으로 보호 없는 상태에 옮기는 협의의 유기뿐만 아니라, 장소적으로 두고 떠나는 소극적 유기 기타 피해자의 생존에 필요한 보호조치를 취하지 않는 부작위에 의한 최광의의 유기도 포함한다.

◆ 판 례 ◆

<딸에 대한 수혈 거부와 유기>……생모가 사망의 위험이 예견되는 그 딸에 대해서는 수혈이 최선의 치료방법이라는 의사의 권유를 자신의 종교적 신념이나 후유증 발생의 염려만을 이유로 완강하게 거부하고 방해하였다면 **이는 결과적으로 요부조자를 위험한 장소에 두고 떠난 경우나 다름이 없다고** 할 것이고 그때 사리를 변식할 지능이 없다고 보아야 마땅한 11세 남짓의 환자 본인 역시 수혈을 거부한 행위가 위법한 점에 영향을 미치는 것이 아니다.[2](대판 1980.9.24. 79도1387)

---

② 기수 시기: 본죄는 추상적 위험범이므로 피유기자의 생명·신체에 대한 추상적 위험만 발생하면 기수에 이르고 구체적 위험까지 발생할 필요는 없다.

4. 주관적 구성요건

고의를 요한다. 행위자에게 살인의 고의(미필적 고의로도 족함)가 있는 때에는 살인죄가 성립할 뿐이며, 본죄는 살인죄에 대해서 보충관계에 있게 된다.

---

2) 대법원은 본 사안에서 유기치사죄의 성립을 인정하였는데, 학설은 생모에게 미필적 고의에 의한 살인을 인정하자는 견해도 있다.

◆ 판 례 ◆

<유기의 고의>……① 유기죄에 있어서는 행위자가 요부조자에 대한 보호책임의 발생원인이 된 사실이 존재한다는 것을 인식하고 이에 기한 부조의무를 해태한다는 의식이 있음을 요한다……공소사실은 피고인이 호텔 7층에서 피해자에게 성관계를 요구하다가 같은 피해자가 그 순간을 모면하기 위하여 7층 창문으로 뛰어내린 것을 알았다면 즉시 적절한 구호조치를 하여 피해자를 보호해야 할 법률상 의무가 있음에도 불구하고 그 사실을 숨기고 그대로 방치하여 유기함으로써 그녀의 생명에 대한 위험을 발생케 한 것이라고 함에 있는바, 우선 피해자가 객실에서 뛰어내린 여부를 피고인이 전혀 알지 못하였다면 피고인의 범의를 인정할 수 없음은 더 말할 필요도 없을 것이다.(대판 1988.8.9. 86도225)

② 국민의 생명을 보호하고 신체의 안전을 도모하기 위한 응급의 조치를 강구하여야 할 직무를 가진 경찰관인 피고인으로서는 술에 만취된 피해자가 향토예비군 4명에게 떠메어 운반되어 지서 나무의자 위에 눕혀 있을 때 숨이 가쁘게 쿨쿨 내뿜고 자신의 수족과 의사로 자제할 수 없는 상태에 있음에도 불구하고 근 3시간 동안이나 아무런 구호조치를 취하지 아니한 것은 유기죄에 대한 범의를 인정할 수 있다.(대판 1972.6.27. 72도863)

◆ 판 례 ◆

<강간치상범이 피해자를 방치한 경우>……강간치상의 범행을 저지른 자가 그 범행으로 인하여 실신상태에 있는 피해자를 구호하지 아니하고 방치하였다고 하더라도 그 행위는 포괄적으로 단일의 강간치상죄만을 구성한다.(대판 1980.6.24. 80도726)

Ⅱ. 가중적·감경적 구성요건

1. 존속유기죄

> **제271조(존속유기)**
> ② 자기 또는 배우자의 직계존속에 대하여 제1항의 죄(유기죄)를 범한 때에는 10년 이하의 징역 또는 1,500만 원 이하의 벌금에 처한다.

2. 중유기죄·존속중유기죄

> **제271조(중유기, 중존속유기)**
> ③ 제1항의 죄(단순유기죄)를 범하여 사람의 생명에 대한 위험을 발생하게 한 때에는 7년 이하의 징역에 처한다.
> ④ 제2항의 죄(존속유기죄)를 범하여 사람의 생명에 대하여 위험을 발생하게 한 때에는 2년 이상의 유기징역에 처한다.

사람의 생명에 대한 구체적 위험의 발생을 요하는 구체적 위험범이며, 구체적 위험의 발생에 대한 고의·과실을 불문하는 부진정결과적 가중범이다.

3. 영아유기죄

> **제272조(영아유기)**
> 직계존속이 치욕을 은폐하거나 양육할 수 없음을 예상하거나 특히 참작할 만한 동기를 인하여 영아를 유기한 때에는 2년 이하의 징역 또는 300만 원 이하의 벌금에 처한다.

(1) 성 격: 신분자의 특별한 동기로 인하여 책임이 감경되는 감경구성요건이다.
(2) 주 체: 통설에 의하면 영아살해죄의 주체인 직계존속과 영아유기죄의 주체

인 직계존속의 의미는 동일하다. 양자 모두 사실상의 직계존속을 포함한다
(다만 판례는 영아살해죄의 주체는 법률상의 직계존속에 한한다고 한다).

(3) 객　체: 영아. 그러나 영아살해죄의 영아와는 의미가 다르다. 영아살해죄의
영아는 분만 중 또는 분만 직후의 영아를 의미하나, 영아유기죄의 영아는
유아(젖먹이 아이)를 포함하는 개념으로 영아살해죄의 영아보다는 광의의 개
념이다.

4. 유기·존속유기치사상죄

> ### 제275조(유기 등 치사상)
> ① 제271조 내지 제273조의 죄(유기죄, 존속유기죄, 영아유기죄, 학대죄,
> 존속학대죄)를 범하여 사람을 상해에 이르게 한 때에는 7년 이하의 징
> 역에 처한다. 사망에 이르게 한 때에는 3년 이상의 유기징역에 처한다.
> ② 자기 또는 배우자의 직계존속에 대하여 제271조 또는 제273조의 죄
> (유기, 존속유기, 학대, 존속학대)를 범하여 상해에 이르게 한 때에는
> 3년 이상의 유기징역에 처한다. 사망에 이르게 한 때에는 무기 또는
> 5년 이상의 징역에 처한다.

유기죄, 존속유기죄, 영아유기죄, 학대죄, 존속학대죄를 범하여 사람을 사상에 이
르게 한 경우에 성립하는 결과적 가중범이다. 중한 결과에 대해서 고의가 있는 때
에는 살인죄 또는 상해죄가 성립한다.

Ⅲ. 기타의 범죄유형

1. 학대죄·존속학대죄

> **제273조(학대·존속학대)**
> ① 자기의 보호 또는 감독을 받는 사람을 학대한 자는 2년 이하의 징역 또는 500만 원 이하의 벌금에 처한다.
> ② 자기 또는 배우자의 직계존속에 대하여 전항의 죄를 범한 때에는 5년 이하의 징역 또는 700만 원 이하의 벌금에 처한다.

(1) 보호법익: 사람의 생명·신체에 대한 안전성 및 널리 인간의 인격권을 보호법익으로 한다.

◆ **판 례** ◆

<학대죄의 보호정도-상태범, 즉시범>……학대죄는 자기의 보호 또는 감독을 받는 사람에게 육체적으로 고통을 주거나 정신적으로 차별대우를 하는 행위가 있음과 동시에 범죄가 완성되는 상태범 또는 즉시범이라 할 것이고 비록 수십 회에 걸쳐서 계속되는 일련의 폭행행위가 있었다 하더라도 그중 친권자로서의 징계권의 범위에 속하여 위법성이 조각되는 부분이 있다면 그 부분을 따로 떼어 무죄의 판결을 할 수 있다.(대판 1986.7.8. 84도2922)

(2) 행위주체: 타인을 보호·감독하는 자로서 사실상의 보호·감독 지위에 있으면 되므로, 보호·감독의 근거는 관습·사무관리·조리에 의한 것이어도 무방하다(통설).

(3) 행위객체: 자기의 보호 또는 감독을 받는 자

(4) 행 위

1) 학대. 학대란 정신적·육체적으로 고통을 주는 행위를 말한다.

◆ 판 례 ◆

<학대의 의미>······형법 제273조 제1항에서 말하는 '학대'라 함은 육체적으로 고통을 주거나 정신적으로 차별대우를 하는 행위를 가리키고, 이러한 학대행위는 형법의 규정체제상 학대와 유기의 죄가 같은 장에 위치하고 있는 점 등에 비추어 단순히 상대방의 인격에 대한 반인륜적 침해만으로는 부족하고 적어도 유기에 준할 정도에 이르러야 한다.(대판 2000.4.25. 2000도223)

---

2) 학대와 가혹행위와의 관계에서 학대는 가혹행위보다 좁은 개념으로서 폭행·협박·음란행위 등은 제외된다고 본다(다수설).

◆ 판 례 ◆

<징계권의 범위를 벗어난 구타행위>······4세인 아들을 닭장에 가두고 전신을 구타한 소위와 징계권: 4세인 아들이 대소변을 가리지 못한다고 닭장에 가두고 전신을 구타한 것은 친권자의 징계권 행사에 해당한다고 볼 수 없으므로, 학대죄의 죄책을 부담한다.(대판 1969.2.4. 68도1793)

---

2. 아동혹사죄

> **제274조(아동혹사)**
> 자기의 보호 또는 감독을 받는 16세 미만의 자를 그 생명 또는 신체에 위험한 업무에 사용할 영업자 또는 그 동업자에게 인도한 자는 5년 이하의 징역에 처한다. 그 인도를 받은 자도 같다.

(1) 성 격: 아동의 복지권을 보호법익으로 하는 추상적 위험범으로서, 형식범이다. 따라서 아동이 현실적으로 위험한 업무에 종사해야 하는 것은 아니다. 또한 인도한 자와 인수한 자를 모두 처벌하는 필요적 공범이다.

(2) 행위객체: 16세 미만의 자이며, 피해자가 승낙하더라도 위법성이 조각되지는 않는다.

(3) 인　도: 아동을 업무자에게 옮기는 것을 말하며, 인도계약만으로는 불충분하고 현실의 인도를 요한다고 본다.

(4) 업무의 범위: 본죄의 업무는 생명·신체에 대한 위험한 업무여야 하고 근로기준법 제51조의 금지업무범위보다는 제한적인 것이다(이재상).

제2장
자유에 관한 죄

※ **형법상 자유에 대한 죄의 체계**

협박과 강요의 죄	일반적인 의사결정과 의사활동의 자유 보호
체포·감금의 죄와 약취·유인의 죄	사람의 장소선택의 자유 보호
강간과 강제추행의 죄	개인의 애정의 자유·성적 자기결정의 자유 보호

제1절 협박의 죄

I. 기본적 구성요건 - 협박죄

제283조(협박)

① 사람을 협박한 자는 3년 이하의 징역, 500만 원 이하의 벌금, 구류 또는 과료에 처한다.

▶ 반의사불벌죄(제283조 제3항), 미수범처벌

1. 의의와 보호법익

(1) 의 의: 사람을 협박함으로써 성립하는 범죄이다.

(2) 보호법익: 개인의 의사의 자유 내지 의사결정의 자유를 보호법익으로 하며, 보호의 정도는 침해범이다(통설). 반면 판례는 **위험범**으로 보고 있다.(대판 [全合] 2007.9.30. 2007도606)

2. 객관적 구성요건

(1) 행위객체: 사람. 단 해악고지로 공포심을 일으킬 만한 정신적 능력이 있어야 하므로 정신병자나 영아는 제외된다.

(2) 행 위: 협박(**일반적으로 사람에게 공포심을 일으키게 할 만한 해악을 고지하는 것이고, 상대방이 현실로 공포심을 일으켰음을 요하지는 않는다.**) (**대판[全合] 2007.9.30. 2007도 606**)

1) 협박은 해악의 발생이 직접 · 간접으로 행위자에 의해서 좌우될 수 있다는 것으로 고지된다는 점에서 '경고'와 구별된다.

2) 해악의 내용에는 제한이 없으며, 상대방 본인뿐만 아니라 본인과 밀접한 제3자에 대한 해악이어도 된다. 다만 상대방에게 공포심을 줄 수 있을 정도의 해악일 것을 요한다.

◆ **판 례** ◆

<**협박죄와 구체적인 해악의 고지**>······① 협박죄에 있어서의 협박이라 함은 사람으로 하여금 **공포심을 일으킬 수 있을 정도의 해악**을 고지하는 것을 의미하고, 협박죄가 성립하기 위해서는 **적어도 발생 가능한 것으로 생각될 수 있는 정도의 구체적인 해악의 고지**가 있어야 한다.(대판 1998.3.10. 98도70)

② "앞으로 수박이 없어지면 네 책임으로 한다."라고 말하였다고 하더라도 그것만으로는 **구체적으로 어떠한 법익에 어떠한 해악을 가하겠다는 것인지를 알 수 없어 이를 해악의 고지라고 보기 어렵고**, 가사 위와 같이 말한 것이 다소간의 해악의 고지에 해당한다고 가정하더라도, 피해자가 수박을 훔치려던 것으로 믿은 피고인이 피해자를 훈계하려고 위와 같이 말한 것일 뿐 그 과정에서 폭행을 가하거나 달리 유형력을 행사한 바는 없었다면, 가사 피고인이 위와 같이 말한 것으로 인하여 피해자가 어떤 공포심을 느꼈다고 하더라도 정당한 훈계의 범위를 벗어나는 것이 아니어서 사회상규에 위배

되지 아니하므로 위법성이 없다고 봄이 상당하고, 그 후 피해자가 스스로 음독자살하기에 이르렀다 하더라도 이는 피해자가 자신의 결백을 밝히려는 데 그 동기가 있었던 것으로 보일 뿐 그것이 피고인의 협박으로 인한 결과라고 보기도 어려우므로 그와 같은 결과의 발생만을 들어 이를 달리 볼 것은 아니다.(대판 1995.9.29. 94도2187)

◆ 판 례 ◆

　　<협박죄에서 욕설이나 폭언에 해당하여 해악의 고지가 없다고 본 사례>……
① 피해자와 언쟁 중 "입을 찢어 버릴라"라고 한 말은 당시의 주위 사정 등에 비추어 **단순한 감정적인 욕설에 불과하고 피해자에게 해악을 가할 것을 고지한 행위라고 볼 수 없어** 협박에 해당하지 않는다.(대판 1986.7.22. 86도1140)
　② 피고인은 순경들에 의하여 지서에 연행된 뒤, 피고인이 피고인에 대한 경찰의 혐의 사실을 추궁한 데 대해 반항한다는 이유로 지서장이 피고인의 뺨을 때리자, 피고인이 술김에 흥분하여 항의조로 "내가 너희들의 목을 자른다, 내 동생을 시켜서라도 자른다."라는 취지의 말을 하였다면, 위와 같은 상황하에서는 피고인에게는 협박죄를 구성할 만한 해악을 고지할 의사가 있었다고는 볼 수 없다 할 것이다.(대판 1972.8.29. 72도1565)
　③ 같은 동리에 사는 동년배 간에 동장직을 못 하게 하였다는 불만의 표시로서 '두고 보자'는 말을 하였다 하더라도 그 정도의 폭언을 본조 소정의 협박에 해당한다고 하기 어렵다.(대판 1974.10.8. 74도1892)
　④ 행위자의 언동이 단순한 감정적인 욕설 내지 일시적 분노의 표시에 불과하여 주위사정에 비추어 **가해의 의사가 없음이 객관적으로 명백한 때에는 협박행위 내지 협박의 의사를 인정할 수 없으나** 위와 같은 의미의 **협박행위 내지 협박의사가 있었는지 여부는 행위의 외형뿐만 아니라 그러한 행위에 이르게 된 경위, 피해자와의 관계 등 주위상황을 종합적으로 고려하여 판단해야 한다.** 제반사정을 종합하여 피고인이 자신의 동거남과 성관계를 가진 바 있던 피해자에게 "사람을 사서 쥐도 새도 모르게 파묻어버리겠다. 너까지 것 쉽게 죽일 수 있다."라고 한 말에 관하여, 이는 언성을 높이면서 말다툼으로 흥분한 나머지 단순히 감정적인 욕설 내지 일시적 분노의 표시를 한 것에 불과하고 해악을 고지한다는 인식을 갖고 한 것이라고 보기 어렵다(대판 2006.8.25. 2006도546)

◆ 판 례 ◆

<협박죄의 본질과 기수시기>……빨리 돈을 갚지 않으면 상부에 보고해 문제삼 겠다고 협박한 혐의(협박 등)로 기소된 경찰관 조모씨에 대한 "조씨가 정보과 소속 경찰관 지위를 내세우면서 빨리 돈을 갚지 않으면 상부에 보고해 문제삼겠 다고 말한 것은 상대방이 공포심을 일으키게 하기에 충분한 정도의 해악을 고지 한 경우에 해당한다"고 밝혔다. 재판부는 **"상대방이 고지된 해악의 내용에 의해 현실적으로 공포심을 일으킬 것까지 요구되는 것은 아니며 해악을 고지함으로 써 상대방이 그 의미를 인식한 이상 상대방이 현실적으로 공포심을 일으켰는지 여부와는 관계없이 협박죄가 성립**한다.(대판[全合] 2007.9.30. 2007도 606).

---

3) 해악을 고지하는 방법은 제한이 없다(명시·묵시, 제3자를 통한 협박).

◆ 판 례 ◆

<거동에 의한 해악의 고지>……피해자와 사소한 문제로 시비하다가 동인이 자기 집으로 돌아가자 피고인은 동인을 따라서 그 집 마당까지 가서 그곳에서 소지 중이던 위험한 물건인 **가위로 동인의 목을 겨누면서 찌를 것처럼 한 경 우도 협박에 해당한다**고 한다.(대판 1975.10.7. 74도2727)

---

4) 행위자가 해악을 현실적으로 실현할 의사가 없거나, 해악의 현실적 실현 가 능성이 없어도 협박죄는 성립할 수 있다.

※ 형법상의 협박개념

구 분	개 념	형법의 예
광 의	일반적으로 사람에게 공포심을 일으 키게 할 만한 해악을 고지하는 것 (상 대방이 현실로 공포심을 일으켰음을 요하지 않음)	• 공무집행방해죄 (제136조) • 직무강요죄 (제136조 제2항) • 소요죄 (제115조) • 특수도주죄 (제146조)
협 의 (본죄의 협박)	일정한 해악의 고지를 상대방을 현실 로 외포케 하는 것	• 협박죄 (제283조) • 공갈죄 (제350조) • 강요죄 (제324조)
최협의	① 상대방의 반항을 불가능하게 하거 나 ② 현저히 곤란하게 할 정도의 해 악을 고지하는 것	• 강간죄, 강제추행죄 (제297, 298조) • 강도죄, 준강간죄 (제333, 335조) • 점유강취죄 (제325조)

3. 주관적 구성요건

고의, 즉 상대방에게 해악을 고지하여 공포심을 일으킨다는 인식과 의사를 필요로 한다.

◆ **판 례** ◆

<협박죄에 있어서의 고의의 내용과 유무의 판단기준>……협박죄에 있어서의 협박이라 함은 일반적으로 보아 사람으로 하여금 공포심을 일으킬 수 있는 정도의 해악을 고지하는 것을 의미하므로 그 주관적 구성요건으로서의 **고의는 행위자가 그러한 정도의 해악을 고지한다는 것을 인식, 인용하는 것을 그 내용으로 하고 고지한 해악을 실제로 실현할 의도나 욕구는 필요로 하지 아니하고, 다만 행위자의 언동이 단순한 감정적인 욕설 내지 일시적 분노의 표시에 불과하여 주위사정에 비추어 가해의 의사가 없음이 객관적으로 명백한 때에는 협박행위 내지 협박의 의사를 인정할 수 없으나 위와 같은 의미의 협박행위 내지 협박의사가 있었는지의 여부는 행위의 외형뿐만 아니라 그러한 행위에 이르게 된 경우, 피해자와의 관계 등 주위상황을 종합적으로 고려하여 판단해야 할 것이다**……피고인이 피해자인 누나의 집에서 갑자기 온 몸에 연소성이 높은 고무놀을 바르고 라이터 불을 켜는 동작을 하면서 이를 말리려는 피해자 등에게 가위, 송곳을 휘두르면서 "방에 불을 지르겠다." "가족 전부를 죽여 버리겠다."라고 소리쳤고 피해자가 피고인의 행위를 약 1시간가량 말렸으나 듣지 아니하여 무섭고 두려워서 신고를 하였다면, 피고인의 행위는 피해자 등에게 공포심을 일으키기에 충분할 정도의 해악을 고지한 것이고, 나아가 피고인에게 실제로 피해자 등의 신체에 위해를 가할 의사나 불을 놓을 의사가 없었다고 할지라도 위와 같은 해악을 고지한다는 점에 대한 인식, 인용은 있었다고 봄이 상당하고, 피해자가 그 이상의 행동에 이르지 못하도록 막은 바 있다 해도 피고인의 행위가 단순한 감정적 언동에 불과하거나 가해의 의사가 없음이 객관적으로 명백한 경우에 해당한다고는 볼 수 없다.(대판 1991.5.10. 90도2102)

---

4. 위법성: 권리행사의 수단으로서의 협박

(1) 목적과 수단의 균형성을 고려하여 사회상규에 반하지 않으면 위법성이 조각

되나, 권리남용이라면 협박죄가 성립한다(통설·판례).

(2) 형사고소를 고지하고 협박한 때에는 고소권의 행사를 어떤 목적을 위해 남용했는가에 따라 판단해야 한다. 그러나 고소할 진정한 의사가 있었다면 협박죄가 아니라는 것이 다수설이다.

◆ 판 례 ◆

<권리행사의 수단으로서의 협박>……① 해악의 고지가 있다 하더라도 그것이 사회의 관습이나 윤리관념 등에 비추어 볼 때에 사회통념상 용인할 수 있을 정도의 것이라면 협박죄는 성립하지 아니한다.(대판 1998.3.10. 98도70)

② 피고인이 피해자와의 동거를 정산하는 과정에서 피해자에 대하여 금전채권이 있다고 하더라도, 그 권리행사를 빙자하여 사회통념상 용인되기 어려운 정도를 넘는 협박을 수단으로 사용하였다면, 공갈죄가 성립한다.(대판 1996.9.24. 96도2151)

③ 피해자가 공소외 갑을 대리하여 갑 소유의 여관을 피고인에게 매도하고 피고인으로부터 계약금과 잔대금 일부를 수령하였는데 그 후 위 갑이 많은 부채로 도피해 버리고 갑의 채권자들이 채무변제를 요구하면서 위 여관을 점거하여 피고인에게 여관을 명도하기가 어렵게 되자, 피고인은 피해자에게 여관을 명도해 주든가, 명도소송비용을 내놓지 않으면 고소하여 구속시키겠다고 말한 경우, 피고인이 매도인의 대리인인 위 피해자에게 위 여관의 명도 또는 명도소송비용을 요구한 것은 매수인으로서 정당한 권리행사라 할 것이며, 위와 같이 다소 위협적인 말을 하였다고 하여도 이는 사회통념상 용인될 정도의 것으로서 협박으로 볼 수 없다.(대판 1984.6.26. 84도648)

---

5. 반의사불벌죄(제283조 제3항)

◆ 판 례 ◆

<타 범행의 수단으로 이루어진 협박>……① 감금을 하기 위한 수단으로서 행사된 단순한 협박행위는 감금죄에 흡수되어 따로 협박죄를 구성하지 아니한다.(대판 1982.6.22. 82도705)

② 피고인의 협박사실행위가 피고인에게 인정된 상해사실과 같은 시간, 같은 장소에서 동일한 피해자에게 가해진 경우에는 특별한 사정이 없는 한 상해의 단일한 범의하에서 이루어진 하나의 폭언에 불과하여 위 상해죄에 포함되는 행위라 봄이 상당하다.(대판 1976.12.14. 76도3375)

Ⅱ. 가중적 구성요건

1. 존속협박죄

제283조(존속협박)
　② 자기 또는 배우자의 직계존속에 대하여 제1항의 죄를 범한 때에는 5년 이하의 징역 또는 700만 원 이하의 벌금에 처한다.

　▶ 반의사불벌죄(제283조 제3항)

신분관계로 책임이 가중된 협박죄의 가중적 구성요건이다.

2. 특수협박죄

제284조(특수협박)
　단체 또는 다중의 위력을 보이거나 위험한 물건을 휴대하여 전조 제1항(협박죄), 제2항(존속협박죄)의 죄를 범한 때에는 7년 이하의 징역 또는 1,000만 원 이하의 벌금에 처한다.

행위의 방법으로 인하여 불법이 가중된 협박·존속협박죄의 가중적 구성요건이다.

3. 상습협박죄

> **제285조(상습범)**
>
> 상습으로 제283조 제1항(협박죄), 제2항(존속협박죄) 또는 전조의 죄(특수협박죄)를 범한 때에는 그 죄에 정한 형의 2분의 1까지 가중한다.

제2절 강요의 죄

I. 강요죄

> **제324조(강요)**
>
> 폭행 또는 협박으로 사람의 권리행사를 방해하거나 의무 없는 일을 하게 한 자는 5년 이하의 징역에 처한다.
>
> ▶ 미수범처벌(제324의 5)

1. 의의 및 보호법익

(1) 폭행 또는 협박으로 사람의 권리행사를 방해하거나 의무 없는 일을 하게 함으로써 성립하는 범죄이다.

(2) 일반적인 정신의 자유를 보호한다는 점에서 협박죄와 같으나, 의사결정의 자유뿐만 아니라 그 활동의 자유까지 보호한다는 점에서 협박죄와 구별된다.

(3) 보호의 정도는 침해범이다.

※ 개정형법이 본죄의 죄명을 강요죄로 고치고 인질강요죄와 미수범처벌규정을 둔 것은 타당하지만, 본죄를 형법 제37장의 권리행사를 방해하는 죄의 장에서 규정한 것은 부당하다. 제37장의 권리는 재산상의 권리를 의미하기 때문이다.

◆ 판 례 ◆

<강요죄의 성립을 긍정한 사례>……① 타인을 협박하여 그로 하여금 법률상 의무 없는 진술서를 작성케 함은 사람의 자유권 행사를 방해한 것으로서 폭력에 의한 권리행사방해죄를 구성한다.(대판 1974.5.14. 73도2578)

② 부대원들에게 청소 불량 등을 이유로 40분 내지 50분간 머리박아(속칭 '원산폭격')를 시키거나 양손을 깍지 낀 상태에서 약 2시간 동안 팔굽혀펴기를 50−60회 정도 하게 한 행위가 형법 제324조에서 정한 강요죄에 해당한다.상사 계급의 피고인이 부대원들에게 얼차려를 지시할 당시 얼차려의 결정권자도 아니었고 소속부대의 얼차려 지침상 허용되는 얼차려도 아니라는 등의 이유로, 피고인의 얼차려 지시 행위를 형법 제20조의 정당행위로 볼 수 없다.(대판 2006.4.27. 2003도4151)

◆ 판 례 ◆

<강요죄의 보호의 정도−침해범>……형법 제324조 소정의 폭력에 의한 권리행사방해죄는 폭행 또는 협박에 의하여 권리행사가 현실적으로 방해되어야 할 것인바, 피해자의 해외도피를 방지하기 위하여 피해자를 협박하고 이에 피해자가 겁을 먹고 있는 상태를 이용하여 동인 소유의 여권을 교부하게 하여 피해자가 그의 여권을 강제 회수당하였다면 피해자가 해외여행을 할 권리는 사실상 침해되었다고 볼 것이므로 권리행사방해죄의 기수로 보아야 한다.(대판 1993.7.27. 93도901)

2. 객관적 구성요건

(1) 객 체: 본죄의 객체인 사람은 자연인인 타인을 의미하며, 의사의 자유를 가

진 자에 한정된다. 폭행·협박의 상대방과 피강요자가 동일인일 필요는 없다.

(2) 행 위: 폭행·협박으로 사람의 권리행사를 방해하거나 의무 없는 일을 시키
    는 것이다.

1) 폭 행: 광의의 폭행(사람에 대한 직접·간접의 유형력의 행사)

2) 협 박: 협의의 협박(협박죄의 그것과 동일)

◆ 판 례 ◆

　<강요죄에서 방해의 대상이 되는 타인의 권리의 의미>······본조에서 말하는
권리라 함은 재산적 권리뿐만 아니라 **비재산적 권리로 볼 수 있는 개인의 계
약체결에 대한 자유권도 포함**되고 그 계약체결이 법률상 위법 기타 제한이 있다
하더라도 폭력에 의한 권리행사방해죄의 성립에는 영향이 없다.(대판 1962.1.25.
4293형상133)

◆ 판 례 ◆

　<**부적법한 권리행사에 대한 방해**>······전답(田畓)의 점유를 침탈당한 자라도
이를 실력으로 회수할 수는 없는 것이니 그 전답의 점유를 실력으로 회수하려
는 자에게 폭행을 가하였다면 이는 단순폭행죄에 해당한다 할 것이고 권리행
사를 방해하였다고 할 수 없다.(대판 1961.11.9. 61도357)

---

(3) 인과관계

1) 본죄는 폭행·협박에 의해서 권리행사가 방해된다는 결과가 있어야 기수가
   되며, 폭행·협박과 권리행사의 방해 사이에는 인과관계가 있어야 한다.

2) 폭행·협박을 했으나 권리행사를 방해하지 못하거나 인과관계가 없으면 미수
   범으로 처벌된다.

3. 주관적 구성요건: 고의(폭행·협박의 고의+강요의 고의)

◆ 판 례 ◆

<강요행위가 공갈의 수단으로 이루어진 경우>……피고인이 투자금의 회수를 위해 피해자를 강요하여 물품대금을 횡령하였다는 자인서를 받아낸 뒤 이를 근거로 돈을 갈취한 경우, 피고인의 주된 범의가 피해자로부터 돈을 갈취하는 데 있었던 것이라면, 단일한 공갈의 범의하에 갈취의 방법으로 일단 자인서를 작성케 한 후 이를 근거로 계속하여 갈취행위를 한 것으로 보아야 할 것이므로, 위 행위는 포괄하여 공갈죄 일죄만을 구성한다고 보아야 한다. (대판 1985.6.25. 84도2083)

Ⅱ. 가중적 구성요건

1. 인질강요죄

제324조의2(인질강요)

사람을 체포·감금·약취 또는 유인하여 이를 인질로 삼아 제3자에 대하여 권리행사를 방해하거나 의무 없는 일을 하게 한 자는 3년 이상의 유기징역에 처한다.

▶ 미수범처벌(제324조의5)

제324조의6(형의 감경)

제324조의2의 죄(인질강요죄) 또는 제324의3의 죄(인질상해·치상죄)를 범한 자 및 그 죄의 미수범이 인질을 안전한 장소로 풀어준 때에는 그 형을 감경할 수 있다.

(1) 의의 및 보호법익

1) 체포·감금죄와 강요죄 또는 약취·유인죄와 강요죄의 결합범으로서 강요죄의 불법가중적 구성요건이다.

2) 보호법익은 피강요자의 의사의 자유와 인질이 된 자의 생명·신체의 안전이다.

(2) 구성요건

1) 행위대상: 자연인이면 족하고, 피강요자(제3자)와 일정한 신분관계가 있을 필요는 없음

2) 행 위: 체포·감금 또는 약취·유인에 의한 강요

① 현행법상 강요의 상대방은 제3자이므로 인질에 대한 강요는 본죄가 아니다.

② 인질로 삼는다: 체포·감금 또는 약취·유인된 자의 생명·신체의 안전에 대한 제3자(자연인은 물론 법인·국가기관도 포함)의 우려를 이용하여 석방이나 안전보장을 권리행사방해나 의무강요의 대상으로 이용하는 것을 의미한다.

3) 기수 시기: 착수 시기는 강요행위를 개시한 때이며, 권리행사를 방해했을 때 기수가 된다(다수설).

(3) 형의 감경: 제324조의6에 의하여 임의적 감경이 가능하다.

※ 자의성을 요하지 않으며, 기수가 된 후에 중지한 경우이며, 임의적 감경이라는 점에서 중지미수와 구별된다.

2. 인질상해·치상죄

> **제324조의3(인질상해·치상)**
>   제324조의2의 죄(인질강요죄)를 범한 자가 인질을 상해하거나 상해에 이르게 한 때에는 무기 또는 5년 이상의 징역에 처한다.
>
>   ▶ 제324조의6(형의 감경), ▶ 미수범처벌(제324조의5)

인질상해·치상죄의 미수범도 처벌하나(제324조의5), 이는 인질강요행위가 미수

인 때 한하여 인정된다.

3. 인질살해 · 치사죄

> **제324조의4(인질상해 · 치사)**
>
> 제324조의2의 죄(인질강요죄)를 범한 자가 인질을 살해한 때에는 사형 또는 무기징역에 처한다. 사망에 이르게 한 때에는 무기 또는 10년 이상의 징역에 처한다.
>
> ▶ 미수범처벌(제324의5)

※ 개정형법이 새로이 사형을 규정한 범죄는 인질살해죄와 강간살인죄이다.

4. 중강요죄

> **제326조(중권리행사방해)**
>
> 제324조(강요죄) 또는 제325조(점유강취죄 · 준점유강취죄)의 죄를 범하여 사람의 생명에 대한 위험을 발행하게 한 자는 10년 이하의 징역에 처한다.

강요죄를 범하여 사람의 생명에 대한 구체적 위험의 발생하게 한 경우에 성립하는 결과적 가중범이다.

제3절 체포와 감금의 죄

Ⅰ. 체포·감금죄

제276조(체포·감금)

① 사람을 체포 또는 감금하는 자는 5년 이하의 징역 또는 700만 원 이하의 벌금에 처한다.

▶ 미수범처벌(제280조)

---

1. 의의 및 보호법익

(1) 불법하게 사람을 체포·감금하는 것을 내용으로 하는 범죄

(2) 보호법익은 사람의 장소선택의 자유(신체활동의 자유)이며, 그 가운데서도 장소 이전 가능성을 전제로 한 잠재적인 장소선택의 자유이다.

◆ **판 례** ◆

<감금죄의 의의>······감금죄는 사람의 행동의 자유를 그 보호법익으로 하여 사람이 특정한 구역에서 벗어나는 것을 불가능하게 하거나 또는 매우 곤란하게 하는 죄로서 그 본질은 사람의 행동의 자유를 구속하는 데에 있다.(대판 1998.5.26. 98도1306)

---

2. 구성요건

(1) 행위의 객체

1) 범인 이외의 자연인으로 자연적·잠재적 의미에서의 활동자유를 가질 수 있는 자연인만 객체가 되므로, 유아는 본죄의 객체가 되지 않는다.

2) 활동의 자유를 갖는 이상 활동의 자유가 일시적으로 정지된 경우에도 본죄의 객체가 되므로, 정신병자·명정자·수면자·불구자는 본죄의 객체가 된다(통설).

(2) 행 위: 체포 또는 감금

1) 체 포: 사람의 신체에 대해서 직접적·현실적 구속을 가하여 자유를 빼앗는 것을 말한다. 그러나 순간적인 신체구속은 폭행죄에 해당한다(계속범이므로).

2) 감 금: 일정한 장소 밖으로 나가지 못하게 하여 신체적 활동의 자유를 장소적으로 제한하는 것으로 감금의 수단·방법은 제한이 없다. 따라서 피해자의 수치심(옷을 숨기는 경우)을 이용한 경우나 부작위(형기가 끝났는데도 석방하지 않는 경우)에 의한 경우에도 감금죄가 성립한다.

◆ **판 례** ◆

<감금 행위의 방법>……① 감금죄에서 행동의 자유를 구속하는 **수단과 방법에는 아무런 제한이 없고**, 사람이 특정한 구역에서 벗어나는 것을 불가능하게 하거나 매우 곤란하게 하는 장애는 물리적·유형적 장애뿐만 아니라 심리적·무형적 장애에 의해서도 가능하므로 감금죄의 수단과 방법은 유형적인 것이거나 무형적인 것이거나를 가리지 아니한다. 또한 감금죄가 성립하기 위하여 반드시 사람의 행동의 자유를 전면적으로 박탈할 필요는 없고, 감금된 특정한 구역 범위 안에서 일정한 생활의 자유가 허용되어 있었다고 하더라도 유형적이거나 무형적인 수단과 방법에 의하여 사람이 특정한 구역에서 벗어나는 것을 불가능하게 하거나 매우 곤란하게 한 이상 감금죄의 성립에는 아무런 지장이 없다.(대판 1998.5.26. 98도1306)

② 승용차로 피해자를 가로막아 승차하게 한 후 피해자의 하차 요구를 무시한 채 당초 목적지가 아닌 다른 장소를 향하여 시속 약 **60㎞ 내지 70㎞의 속도로 진행하여 피해자를 차량에서 내리지 못하게 한 행위는 감금죄에 해당**하고, 피해자가 그와 같은 감금상태를 벗어날 목적으로 차량을 빠져 나오려다가 길바닥에 떨어져 상해를 입고 그 결과 사망에 이르렀다면 감금행위와 피해자의 사망 사이에는 상당인과관계가 있다고 할 것이므로 감금치사죄에 해당한다.(대판 2000.2.11. 99도5286)

◆ 판 례 ◆

<감금죄의 성립을 인정한 사례>……① 피고인의 협박과 폭행행위로 말미암아 야기된 공포심으로 피해자가 판시 장소 밖으로 나가지 못한 것이라면 가사 **피해자가 처음에 위 장소에 간 것이 자발적인 것이고 또 위 장소에 시정장치 등 출입에 물리적인 장애 사유가 없었다고 하여도 감금이 성립한다고 할 것이다.**(대판 1985.6.25. 84도2083)

② 피고인들이 대한상이군경회원 80여 명과 공동으로 호텔 출입문을 봉쇄하고 피해자들의 출입을 방해하였다면 위의 감금죄에 해당한다.(대판 1983.9.13. 80도277)

③ 피해자가 여관 등에서 8일간 있는 동안 그의 처와 만났으며 피고인 등과 같이 술을 마신 일이 있는 등 특정지역 내에서 일정한 생활의 자유가 허용되었고 피고인이 피해자에게 폭행을 가한 것은 감금을 위한 것이라기보다는 피해자의 채무불이행에 대한 분노에서 비롯한 것이라든지 또는 피해자가 피고인 등과 민형사상 문제를 삼지 않겠다는 합의서를 제출한 사실 또는 피해자나 그의 가족이 감금사실에 대해 고소·고발을 하지 않았다는 사정 등이 있다 하더라도, 피고인 일행이 밤마다 폭행하고 괴롭히고 있으니 경찰에 신고하라고 피해자가 가족에게 전화한 사정이 있을 뿐만 아니라, 감금에서 풀려난 것이 경찰관이 와서 피고인 등을 연행해 감으로써 풀려난 것임에 비추어 볼 때, 피고인의 위와 같은 소위는 감금죄를 구성하지 아니한다고 볼 수 없다.(대판 1984.5.15. 84도655)

④ 피해자가 만약 도피하는 경우에는 생명, 신체에 심한 해를 당할지도 모른다는 공포감에서 도피하기를 단념하고 있는 상태하에서 그를 호텔로 데리고 가서 함께 유숙한 후 그와 함께 항공기로 국외에 나간 행위는 감금죄를 구성한다.(대판 1991.8.27. 91도1604)

⑤ 설사 피해자가 경찰서 안에서 직장동료인 피해자들과 같이 식사도 하고 사무실 안팎을 내왕하였다 하여도 피해자를 경찰서 밖으로 나가지 못하도록 그 신체의 자유를 제한하는 유형, 무형의 억압이 있었다면 이는 감금행위에 해당한다.(대결 1991.12.30. 91모5)

⑥ 수사기관이 피의자를 수사하는 과정에서 구속영장 없이 피의자를 함부

로 구금하여 피의자의 신체적 자유를 박탈하였다면 직권을 남용한 불법감금의 죄책을 면할 수 없고, 수사의 필요상 피의자를 임의동행한 경우에도 조사 후 귀가시키지 아니하고 그의 의사에 반하여 경찰서 조사실 또는 보호실 등에 계속 유치함으로써 신체의 자유를 속박하였다면 이는 구금에 해당한다.(대결 1985.7.29. 85모16)

(3) 기수 시기

1) 계속범이므로 피해자의 신체활동의 자유가 침해된 사실이 일정 기간 계속되어야 한다.

2) 기수 시기: 계속범이므로 피해자의 신체활동의 자유가 침해된 사실이 일정 기간 계속되어야 한다. 본죄의 보호법익은 잠재적 자유이므로 자유침해에 대한 피해자의 인식 여부를 불문하고 객관적으로 피해자의 활동의 자유를 침해한 사실이 있으면 기수가 된다.

3. 죄 수

(1) 체포·감금의 수단으로 폭행·협박을 한 경우에는 폭행·협박은 불가벌적 수반행위이므로 체포·감금죄만 성립한다.

(2) 사람을 체포·감금하여 가혹한 행위를 하면 중체포감금죄가 된다(체포·감금죄와 학대죄가 되는 것이 아님).

(3) 강도·강간의 수단으로 체포·감금한 경우에는 본죄와 강도죄·강간죄 사이에 상상적 경합관계가 성립한다.

◆ 판 례 ◆

＜강간의 수단으로 감금행위가 이뤄진 경우의 죄수관계＞……강간죄의 성립에 언제나 직접적으로 또 필요한 수단으로서 감금행위를 수반하는 것은 아니므로 감금행위가 강간미수죄의 수단이 되었다 하여 감금행위는 강간미수죄에 흡수되어 범죄를 구성하지 않는다고 할 수는 없는 것이고, 그때에는 **감금죄와 강간미수죄는 일개의 행위에 의하여 실현된 경우로서 형법 제40조의 상상적 경합관계에 있다고 한다.**(대판 1983.4.26. 83도32)

◆ **판 례** ◆

　〈미성년자를 유인한 후 감금한 경우〉……미성년자를 유인한 자가 계속하여 미성년자를 불법하게 감금하였을 때에는 미성년자유인죄 이외에 감금죄가 별도로 성립한다.(대판 1998.5.26. 98도1306)

Ⅱ. 가중적 구성요건

1. 존속체포 · 감금죄

제276조(존속체포 · 감금)
　② 자기 또는 배우자의 직계존속에 대하여 제1항의 죄를 범한 때에는 10년 이하의 징역 또는 1,500만 원 이하의 벌금에 처한다.

▶ 미수범처벌(제280조)

2. 중체포 · 감금죄, 중존속체포 · 감금죄

제277조(중체포 · 감금, 중존속체포 · 감금)
　① 사람을 체포 또는 감금하여 가혹한 행위를 가한 자는 7년 이하의 징역에 처한다.
　② 자기 또는 배우자의 직계존속에 대하여 전항의 죄를 범한 때에는 2년 이상의 유기징역에 처한다.

▶ 미수범처벌(제280조)

3. 특수체포 · 감금죄

> **제278조(특수체포 · 감금)**
>
> 단체 또는 다중의 위력을 보이거나 위험한 물건을 휴대하여 전 2조의 죄 (체포 · 감금죄, 존속체포 · 감금죄, 중체포 · 감금죄, 존속중체포 · 감금죄)를 범한 때에는 그 죄에 정한 형의 2분의 1까지 가중한다.
>
> ▶ 미수범처벌(제280조)

4. 상습체포 · 감금죄

> **제279조(상습범)**
>
> 상습으로 제276조 또는 제277조의 죄를 범한 때에는 전조(특수체포 · 감금죄)의 예에 의한다.

5. 체포 · 감금치사상죄

> **제281조(체포 · 감금 등의 치사상)**
>
> ① 제276조 내지 제280조의 죄를 범하여 사람을 상해에 이르게 한 때에는 1년 이상의 유기징역에 처한다. 사망에 이르게 한 때에는 3년 이상의 유기징역에 처한다.
>
> ② 자기 또는 배우자의 직계존속에 대하여 제276조 내지 제280조의 죄를 범하여 상해에 이르게 한 때에는 2년 이상의 유기징역에 처한다. 사망에 이르게 한 때에는 무기 또는 5년 이상의 징역에 처한다.

(1) 의 의: 체포 · 감금죄의 결과적 가중범이며, 체포 · 감금죄가 미수인 경우에도 성립한다.

(2) 사상의 중한 결과: 체포 · 감금의 직접 결과일 필요는 없고 체포 · 감금 시에 일어난 것이면 충분하다(다수설).

```
──────────────────────  ◆ 판 례 ◆ ──
  <감금된 자의 탈출로 인한 사망과 중감금치사죄>……아파트 안방에 감금된
피해자가 가혹행위를 피하려고 창문을 통하여 아파트 아래 잔디밭에 뛰어내
리다가 사망한 경우, 중감금행위와 피해자의 사망 사이에 인과관계가 있어 중
감금치상죄가 성립된다.(대판 1991.10.25. 91도2085)
```

제4절 약취와 유인의 죄

Ⅰ. 기본적 구성요건: 미성년자 약취·유인죄

```
제287조(미성년자의 약취·유인)
  미성년자를 약취 또는 유인한 자는 10년 이하의 징역에 처한다.

  ▶ 미수범처벌(제294조)  ▶ 해방감경 - 임의적 감경(제295조의2)
```

1. 의의 및 보호법익
(1) 미성년자를 약취·유인함으로써 성립하는 범죄
(2) 보호법익은 피인취자(미성년자)의 자유권과 보호자의 감독권(통설)
(3) 보호받는 정도는 침해범이다.

2. 객관적 구성요건
(1) 행위주체: 자연인이면 족하고 아무런 제한이 없으므로 미성년자의 보호·감

독자도 본죄의 주체가 될 수 있다.

(2) 행위객체: 미성년자

민법상의 미성년자로 20세 미만인 자를 말한다. 민법에 의해서 성년의제된 경우에도 본죄의 객체가 된다는 것이 다수설이다.

(3) 행 위: 약취 또는 유인

1) 약취와 유인

① 약취 또는 유인이란 사람을 보호받는 상태 내지 자유로운 생활관계로부터 자기 또는 제3자의 실력적 지배하에 옮기는 것을 말한다.

② 약취는 폭행·협박을 수단으로 하며, 유인은 기망 또는 유인을 수단으로 한다는 점에서 구별된다. 유아는 의사능력이 없으므로 약취만이 가능하다.

◆ 판 례 ◆

<미성년자 약취죄에서 약취행위의 의미>……형법 제288조에 규정된 약취행위는 피해자를 그 의사에 반하여 자유로운 생활관계 또는 보호관계로부터 범인이나 제3자의 사실상 지배하에 옮기는 행위를 말하는 것으로서, 폭행 또는 협박을 수단으로 사용하는 경우에 그 **폭행 또는 협박의 정도는 상대방을 실력적 지배하에 둘 수 있을 정도이면 족하고** 반드시 상대방의 반항을 억압할 정도의 것임을 요하지 아니한다. (대판 1991.8.13. 91도1184)

◆ 판 례 ◆

<미성년자 유인죄에서 유혹의 의미>……① 미성년자유인죄라 함은 기망 또는 유혹을 수단으로 하여 미성년자를 꾀어 현재의 보호상태로부터 이탈케 하여 자기 또는 제3자의 사실적 지배하로 옮기는 행위를 말하고, 여기서의 **유혹이라 함은 기망의 정도에는 이르지 아니하나 감언이설로써 상대방을 현혹시켜 판단의 적정을 그르치게 하는 것**이므로 반드시 그 유혹의 내용이 허위일 것을 요하지는 않는다.(대판 1996.2.27. 95도2980)

② 피해자가 스스로 가출하였다고는 하나 그것이 피고인의 독자적인 교리설교에 의하여 **하자 있는 의사**로서 이루어진 것이고, 동 피해자를 보호·감독권

자의 보호관계로부터 이탈시켜 피고인의 지배하에 옮긴 이상 미성년자유인죄
가 성립한다.(대판 1982.4.27. 82도186)

2) 실력적 지배와 장소적 이전: 보호자를 폭행·협박·기망 등으로 떠나게 하고
   피해자를 자신의 실력적 지배하에 둘 수도 있기 때문에 실력적 지배는 장소
   적 제한이나 장소적 이전을 요하지 않는다.
(4) 기수 시기: 약취·유인 후 어느 정도의 시간이 경과한 때(계속범－통설)

3. 주관적 구성요건: 미성년자라는 것과 약취·유인에 대한 인식을 요한다.

◆ 판 례 ◆

<미성년자 약취·유인죄의 범의>……① 미성년자유인죄의 범의는 피해자가
미성년자라는 점과 유인의 행위에 대한 인식만 있으면 족하고, **유인하는 행위
가 피해자의 의사에 반하는 것까지 인식하여야 하는 것은 아니며**, 또 유인에
의하여 피해자가 하자 있는 의사로 승낙하였다 하더라도 본죄의 성립에는 소
장이 없다.(대판 1976.9.14. 76도2072)
   ② 미성년자의 아버지의 부탁으로 그 아이들을 보호하고 있는 자는 위 아
이를 인도하라는 어머니의 요구를 거부하였다 하여 미성년자 약취죄의 죄책을
진다고 볼 수 없다.(대판 1974.5.28. 74도840)

---

4. 위법성
① 피인취자인 미성년자의 승낙만으로는 본죄의 위법성을 조각하지 못하며 미성
   년자와 보호자 모두의 승낙이 있어야 한다.
② 보호자의 승낙도 본죄의 위법성을 조각하지 못하며, 보호자는 공범이 된다.

5. 타죄와의 관계
① 약취·유인한 자가 피인취자를 계속하여 감금한 경우에는 양 죄의 실체적 경
   합범이 된다.

◆ 판 례 ◆

<미성년자유인죄와 감금죄의 관계>……미성년자들을 유혹하여 자기의 실력적 지배하로 옮긴 때 미성년자유인죄의 기수가 된다고 해석할 것이며 불법감금죄의 성립에는 자유의 속박이 다소 계속함을 필요로 할 것이므로, 양자는 그 범죄의 구성요건을 달리한다 할 것이고, 따라서 미성년자를 유인한 자가 계속하여 이를 불법하게 감금하였을 때에는 미성년자유인죄 이외에 감금죄를 구성한다.(대판 1961.9.21. 4294형상455)

② 약취·유인한 후에 미성년자를 유기한 경우에는 별도로 유기죄를 구성한다. 인취행위로부터 보호의무가 생기는 것이 아니므로 유기죄는 불성립한다는 견해도 있다.

◆ 판 례 ◆

<미성년자를 유인한 후 재물요구행위에만 가담한 경우>……**특정범죄가중처벌등에관한법률** 제5조의2 제2항 제1호 소정의 죄는 형법 제287조의 미성년자의 약취유인행위와 약취, 유인한 미성년자 등의 부모 등을 이용하여 재물 등을 요구하는 행위가 결합된 단순일죄로 봄이 상당하므로 타인의 미성년자 약취유인행위에는 가담한 바 없이 사후에 그 사실을 알면서 약취, 유인한 미성년자의 부모 등으로부터 재물이나 재산상의 이익을 취득하거나 요구하는 타인의 행위에 가담하여 이를 방조한 때에는 단순히 재물 등 요구행위의 종범이 되는데 그치는 것이 아니라 위 특가법 제5의2 제2항 제1호 위반죄의 종범으로 의율함이 상당하다.(대판 1982.11.23. 82도2024)

Ⅱ. 기타의 범죄유형

1. 추행·간음·영리목적 약취·유인죄

> **제288조(영리 등을 위한 약취, 유인, 매매 등)**
> ① 추행, 간음 또는 영리의 목적으로 사람을 약취 또는 유인한 자는 1년 이상의 유기징역에 처한다.
>
> ▶ 미수범처벌(제294조) ▶ 해방감경(제295조의2)
> ▶ 친고죄 - 추행·간음목적 약취·유인죄와 그 미수범
>   (영리목적약취유인죄는 제외)

(1) 행위객체: 성년·미성년, 남자·여자를 불문. 따라서 미성년자가 그 대상일 때에는 미성년자 약취·유인죄가 아니라 본죄가 성립한다.
(2) 주관적 구성요건: 고의 이외에도 일정한 목적을 요한다.
1) 영리목적: 자기 또는 제3자의 재산적 이익을 얻을 목적
2) 추행목적: 피인취자를 음란행위의 주체 또는 객체로 삼을 목적
3) 간음목적: 결혼 이외의 성교행위의 목적
4) 매매는 목적이 아니다.
(3) 기수 시기: 목적의 달성 여부는 기수 시기와 무관

2. 부녀매매죄

> **제288조(영리 등을 위한 약취·유인·매매 등)**
> ② 추업에 사용할 목적으로 부녀를 매매한 자도 전항의 형과 같다.
>
> ▶ 미수범처벌(제294조) ▶ 해방감경(제295조의2)

(1) 주 체: 제한 무. 필요적 공범이므로 매도인과 매수인 모두가 본죄에 해당된다.
(2) 객 체: 부녀는 성년·미성년, 기·미혼 여부에 관계없이 본죄의 객체가 된다.

◆ 판 례 ◆

<부녀매매죄의 객체>……부녀매매죄는 부녀자의 신체의 자유를 그 일차적인 보호법익으로 하는 죄로서 **그 행위의 객체는 부녀이고, 여자인 이상 그 나이나 성년, 미성년, 기혼 여부 등을 불문한다**고 보아야 하고, 행위의 주체에는 제한이 없으니 반드시 친권자 등의 보호자만이 본죄의 주체가 될 수 있다는 것도 근거 없는 해석이라 할 것이며, 요컨대 본죄의 성립 여부는 그 주체 및 객체에 중점을 두고 볼 것이 아니라 매매의 일방이 어떤 경위로 취득한 부녀자에 대한 실력적 지배를 대가를 받고 그 상대방에게 넘긴다고 하는 행위에 중점을 두고 판단하여야 하므로 매도인이 매매 당시 부녀자를 실력으로 지배하고 있었는가 여부, 즉 계속된 협박이나 명시적 혹은 묵시적인 폭행의 위협 등의 험악한 분위기로 인하여 보통의 부녀자라면 법질서에 보호를 호소하기를 단념할 정도의 상태에서 그 신체에 대한 인계인수가 이루어졌는가의 여부에 달려 있다고 하여야 할 것이다.[3](대판[全合] 1992.1.21. 91도1402)

(3) 목적범: 추업에 사용할 목적
(4) 기수 시기: 단순한 계약체결은 미수에 불과하고 사실상의 지배관계의 이전이 있어야 한다.

3. 국외이송목적 약취 · 유인 · 매매죄

제289조(국외이송을 위한 약취 · 유인 · 매매 등)
① 국외에 이송할 목적으로 사람을 약취 · 유인 또는 매매한 자는 3년 이상의 유기징역에 처한다.

▶ 예비 · 음모처벌(제290조) ▶ 미수범처벌(제294조)
▶ 해방감경(제295조의2)

---

3) 대법원은 종래 '인격의 지각이 있고 법질서에 호소할 능력이 있는 부녀를 매매하는 것은 불가능하다.'는 입장이었으나, 그 후 위와 같이 입장을 변경하였는바 그동안 만연했던 인신매매행위를 엄단하기 위한 것으로 평가된다. 그러나 이 같은 입장에 대해 부녀매매죄의 지나친 확대라는 비판이 있다.

(1) 국외의 의미: 대한민국의 영역 외. 따라서 외국에서 대한민국으로 또는 외국에서 외국으로 이송할 목적인 경우에는 본죄가 아니다.

(2) 특별관계: 국외이송의 목적이 있는 이상 객체가 미성년자이거나 영리의 목적이 있는 경우에도 본죄만이 성립한다.

4. 피약취·유인·매매자 국외이송죄

> **제289조(국외이송을 위한 약취, 유인, 매매)**
> ② 약취·유인 또는 매매된 자를 국외로 이송한 자도 전항의 형과 같다.
>
> ▶ 예비·음모처벌(제290조) ▶ 미수범처벌(제294조)
> ▶ 해방감경(제295조의2)

5. 결혼목적 약취·유인죄

> **제291조(결혼을 위한 약취·유인)**
> 결혼할 목적으로 사람을 약취 또는 유인한 자는 5년 이하의 징역에 처한다.
>
> ▶ 미수범처벌(제294조) ▶ 해방감경(제295조의2) ▶ 친고죄(제296조)

'결혼'이란 사실혼·법률혼 모두를 의미하며, 객체의 제한은 없으므로 미성년자인 경우에도 본죄가 성립한다.

6. 약취·유인·매매·국외이송된 자의 수수·은닉죄

> **제292조(약취·유인·매매된 자의 수수 또는 은닉)**
> ① 제288조 또는 제289조의 약취·유인이나 매매된 자 또는 이송된 자를 수수 또는 은닉한 자는 7년 이하의 징역에 처한다.
> ② 제287조 또는 제291조의 약취 또는 유인된 자를 수수 또는 은닉한 자는 5년 이하의 징역에 처한다.

> ▶ 미수범처벌(제294조) ▶ 해방감경(제295조의2)
> ▶ 친고죄(제296조) - 제292조 제1항의 죄 중 추행·간음목적으로 수수
>   ·은닉한 죄와 그 미수범

(1) 성   격: 본죄는 총칙상의 방조행위를 특별히 독립범죄를 규정한 것으로 형법 제32조는 적용되지 않는다.

(2) 행   위: 수수란 피인취자를 자기의 실력적 지배하에 두는 것으로서 유·무상을 불문하며, 은닉이란 피인취자의 발견을 곤란하게 하는 일체의 행위를 말한다.

7. 추행·간음·영리목적 피약취·유인·매매·국외이송자 수수·은닉죄

> 제293조(추행·간음·영리목적 피인취·유인·매매·국외이송자 수수·은닉죄)
>   ② 추행·간음 또는 영리의 목적으로 전조의 죄(피약취·유인·매매·국외이송자 수수·은닉죄)를 범한 자도 같다.

8. 상습약취·유인죄(제288조 제3항, 제298조 제3항, 제293조 제1항)

제5절 강간과 추행의 죄

I. 강간죄와 강제추행죄

1. 강간죄

> **제297조(강간)**
>
> 폭행 또는 협박으로 부녀를 강간한 자는 3년 이상의 유기징역에 처한다.
>
> ▶ 미수범처벌(제300조) ▶ 친고죄(제306조) – 단, 강간치상죄는 비친고죄

(1) 의의와 보호법익

1) 강간죄는 폭행 또는 협박으로 부녀를 강간함으로써 성립하는 범죄이다.

2) 보호법익: 개인의 성적 자기결정권

(2) 객관적 구성요건

1) 주 체: 주체에는 제한이 없다. 여자도 간접정범의 형태로 본죄의 정범이 될 수 있으며, 남자와 공동정범으로 본죄를 범할 수도 있다.

※ 강간죄는 신분범도 자수범도 아니다(간음행위는 하지 않고, 폭행·협박행위에만 가담해도 족하므로).

2) 객 체: 부녀

① 부녀인 이상 기혼·미혼, 성년·미성년, 음행의 상습 여부, 매춘부 등임을 불문한다.

◆ 판 례 ◆

　　<강간죄에서의 부녀의 판단기준>······형법 제297조에서 말하는 **부녀, 즉 여자에 해당하는지 여부도** 위 발생학적인 성염색체의 구성을 기본적인 요소로 하여 성선, 외부성기를 비롯한 신체의 외관은 물론이고 심리적, 정신적인 성, 그리고 사회생활에서 수행하는 주관적, 개인적인 성역할(성전환의 경우에는 그 전후를 포함하여) 및 이에 대한 일반인의 평가나 태도 등 **모든 요소를 종합적으로 고려하여 사회통념에 따라 결정**하여야 한다.(대판 1996.6.11. 96도791)

② 여자가 남자를 강간하면 강제추행죄가 될 뿐이다.

◆ 판 례 ◆

　　<성전환한 남자에 대한 강간죄의 성부>······피고인이 어릴 때부터 정신적으로 여성에의 성귀속감을 느껴 왔고 성전환 수술로 인하여 남성으로서의 성기의 특징을 더 이상 보이지 않게 되었으며 남성으로서의 성격도 대부분 상실하여 외견상 여성으로서의 체형을 갖추고 성격도 여성화되어 개인적으로 여성으로서의 생활을 영위해 가고 있다 할지라도, **기본적인 요소인 성염색체의 구성이나 본래의 내·외부성기의 구조, 정상적인 남자로서 생활한 기간, 성전환 수술을 한 경위, 시기 및 수술 후에도 여성으로서의 생식능력은 없는 점, 그리고 이에 대한 사회 일반인의 평가와 태도 등 여러 요소를 종합적으로 고려하여 보면 사회통념상 여자로 볼 수는 없으므로,** 강간죄의 객체가 될 수 없다.[4](대판 1996.6.11. 96도791)

③ 부부관계에서는 강간죄가 성립하지 않는다(통설·판례).

---

4) 본 사안에서 대법원은 강제추행죄만을 인정하였다. 이에 대해서는 성범죄의 피해자 및 성범죄의 보호법익의 관점에서 성전환여성과 타고난 여성 사이를 구별하여야 할 합리적인 이유는 발견되지 않으므로 판례가 부당하다는 비판이 있다(김일수). 이에 의하면 강간죄의 불능미수가 문제된다.

◆ **판 례** ◆

<처가 강간죄의 객체가 되는지 여부>……처가 다른 여자와 동거하고 있는 남편을 상대로 간통죄 고소와 이혼소송을 제기하였으나 그 후 부부간에 다시 새출발을 하기로 약정하고 간통죄 고소를 취하한 경우에는 **설령 남편이 폭력으로써 강제로 처를 간음하였다 하더라도 강간죄는 성립되지 아니한다.**(대판 1970.3.10. 70도29)

3) 행 위: 폭행 또는 협박에 의해서 부녀를 강간하는 것
① 폭행·협박의 대상: 폭행은 부녀에게 직접 가해져야 하지만, 협박은 제3자를 대상으로 하여도 무방하다.
② 폭행·협박의 정도: 상대방의 반항을 불가능하게 하는 경우뿐만 아니라 현저히 곤란하게 하는 것도 포함된다.
③ 강간이란 폭행·협박에 의해서 상대방의 반항을 곤란하게 하고 부녀를 간음하는 것을 말하며, 간음이란 남자의 성기를 여자의 성기 속에 삽입하는 것을 뜻한다.
④ 심신상실·항거불능의 상태에 있는 부녀에게 폭행을 하고 간음하면 강간죄가 성립하고(준강간죄가 아님), 제3자가 행한 폭행·협박을 이용하여 간음하면 준강간죄가 된다.
⑤ 수면제, 마취제의 사용도 본죄의 폭행이 된다.

◆ **판 례** ◆

<강간죄에서의 폭행·협박의 정도>……① 강간죄에 있어 폭행 또는 협박은 **피해자의 항거를 현저히 곤란하게 할 정도의 것이어야 하고**, 그 폭행 또는 협박이 피해자의 항거를 현저히 곤란하게 할 정도의 것이었는지 여부는 유형력을 행사한 당해 폭행 및 협박의 내용과 정도는 물론이고, 유형력을 행사하게 된 경위, 피해자와의 관계, 범행 당시의 정황 등 제반 사정을 종합하여 판단하여야 한다.(대판 1999.4.9. 99도519)
② 피고인이 알고 지내던 피해자(여)와 술을 마신 뒤 여관에서 같이 잠을 자기로 하여 그날 피해자가 여관비를 계산하여 여관에 들어갔는데, 피고인이

아침에 잠이 깬 순간 욕정을 느껴 잠을 자고 있던 피해자의 옷을 벗기고 성교하려고 하자 피해자는 잠에서 깨어나 하지 말라고 하면서 몸을 좌우로 흔들며 거부하였으나 몸을 일으켜 그 장소에서 탈출하려고 하거나 소리를 질러 구조를 요청하는 등 적극적인 반항은 하지 않았고, 피고인은 피해자의 몸을 누른 채 한 번만 하게 해 달라고 애원하듯이 말하면서 피해자의 반항이 덜해지자 피해자의 다리를 벌려 성교를 시도하였으나 잘되지 않자 피해자의 다리를 올려 성교하던 도중 호출기가 여러 번 울리자 더 이상 계속하지 않았고, 이로 인하여 피해자에게 약 2주간의 치료를 요하는 질 열상을 입힌 것이고, 그 후 피고인은 피해자에게 연락할 때까지 잘 지내라고 하면서 피해자와 같이 여관에서 나온 것이라면, 피고인이 피해자를 간음하게 된 경위와 피해자와의 관계, 당시의 정황 등 모든 사정을 종합할 때 피고인은 피해자의 의사에 하는 정도의 유형력을 행사하여 피해자를 간음한 것에 불과하고, 그 유형력의 행사가 피해자의 반항을 현저히 곤란하게 할 정도에 이른 것은 아니므로 피고인의 행위는 강간치상죄에 해당하지 않는다.(대판 1999.9.21. 99도2608)

③ 강간죄가 성립하기 위한 가해자의 폭행,협박이 있었는지 여부는 그 폭행·협박의 내용과 정도는 물론 유형력을 행사하게 된 경위, 피해자와의 관계, 성교 당시와 그 후의 정황 등 모든 사정을 종합하여 피해자가 성교 당시 처하였던 구체적인 상황을 기준으로 판단하여야 하며, 사후적으로 보아 피해자가 성교 이전에 범행 현장을 벗어날 수 있었다거나 피해자가 사력을 다하여 반항하지 않았다는 사정만으로 가해자의 폭행,협박이 피해자의 항거를 현저히 곤란하게 할 정도에 이르지 않았다고 섣불리 단정하여서는 안 된다.(대판 2005.7.28, 2005도3071)

④ 가해자가 폭행을 수반함이 없이 오직 협박만을 수단으로 피해자를 간음 또는 추행한 경우에도 그 협박의 정도가 피해자의 항거를 불가능하게 하거나 현저히 곤란하게 할 정도의 것(강간죄)이거나 또는 피해자의 항거를 곤란하게 할 정도의 것(강제추행죄)이면 강간죄 또는 강제추행죄가 성립하고, 협박과 간음 또는 추행 사이에 시간적 간격이 있더라도 협박에 의하여 간음 또는 추행이 이루어진 것으로 인정될 수 있다면 달리 볼 것은 아니다.유부녀인 피해자에 대하여 혼인 외 성관계 사실을 폭로하겠다는 등의 내용으로 협박하여 피해자를 간음 또는 추행한 사안에서 위와 같은 협박이 피해자를 단순히 외포시킨 정도를 넘어 적어도 피해자의 항거를 현저히 곤란하게 할 정도의 것이었다고

보기에 충분하다는 이유로, 강간죄 및 강제추행죄가 성립한다.(대판 2007.1.25. 2006도5979)

4) 실행의 착수 시기와 기수 시기: 부녀를 강간하기 위해서 폭행·협박을 개시한 때 실행의 착수가 있고, 남성의 성기의 삽입으로 기수가 된다(삽입설).

◆ 판 례 ◆

<강간죄의 실행의 착수>‥‥‥① 피고인이 간음할 목적으로 새벽 4시에 여자 혼자 있는 방문 앞에 가서 피해자가 방문을 열어 주지 않으면 부수고 들어갈 듯한 기세로 방문을 두드리고 피해자가 위험을 느끼고 창문에 걸터앉아 가까이 오면 뛰어내리겠다고 하는데도 베란다를 통하여 창문으로 침입하려고 하였다면 **강간의 수단으로서의 폭행에 착수하였다고 할 수 있으므로 강간의 착수가 있었다고** 할 것이다.(대판 1991.4.9. 91도288)

② **강간죄의 실행의 착수가 있었다고 하려면 강간의 수단으로서 폭행이나 협박을 한 사실이 있어야 할 터인데** 피고인이 강간할 목적으로 피해자의 집에 침입하였다 하더라도 안방에 들어가 누워 자고 있는 피해자의 가슴과 엉덩이를 만지면서 간음을 시도하였다는 사실만으로는 강간의 수단으로 피해자에게 폭행이나 협박을 개시하였다고 하기는 어렵다.(대판 1990.5.25. 90도607)

③ 피고인은 침대에서 일어나 나가려는 피해자의 팔을 낚아채어 일어나지 못하게 하고, 갑자기 입술을 빨고 계속하여 저항하는 피해자의 유방과 엉덩이를 만지면서 피해자의 팬티를 벗기려고 하였다는 것인바, 위와 같은 사실관계라면 **피고인은 피해자의 의사에 반하여 피해자의 반항을 억압하거나 현저하게 곤란하게 할 정도의 유형력의 행사를 개시하였다고 보아야 할 것이고**, 당시 피고인이 술에 많이 취하여 있어 피해자가 마음대로 할 수 있었다고 생각하였다거나 피해자가 피고인을 뿌리치고 동생 방으로 건너갔다고 하더라도 이러한 **사정은 피고인이 술에 취하여 실제로 피해자의 항거를 불능하게 하거나 현저히 곤란하게 하지 못하여 강간죄의 실행행위를 종료하지 못한 것에 불과한 것이지, 피고인이 강간죄의 실행에 착수하였다고 판단하는 데 장애가 되는 것은 아니다.**(대판 2000.5.26. 2000도1338)

(3) 주관적 구성요건: 고의(간음이 피해자의 의사에 반한다는 인식도 그 내용임)

(4) 죄수와 타죄와의 관계

1) 동일한 폭행·협박으로 수회 간음한 때에는 단순일죄가 성립할 뿐이며, 본죄와 폭행·협박죄는 법조경합의 관계에 있다.

2) 강간목적으로 감금한 경우에는 실체적 경합으로 보는 것이 다수설이나, 판례는 상상적 경합으로 처리한다.

◆ 판 례 ◆

<감금이 강간행위의 수단이 된 경우의 죄수관계>……강간죄의 성립에 언제나 직접적으로 또 필요한 수단으로서 감금행위를 수반하는 것은 아니므로 감금행위가 강간미수죄의 수단이 되었다 하여 감금행위는 강간미수죄에 흡수되어 범죄를 구성하지 않는다고 할 수는 없는 것이고, 그때에는 감금죄와 강간미수죄는 일개의 행위에 의하여 실현된 경우로서 형법 제40조의 **상상적 경합관계**에 있다.(대판 1983.4.26. 83도323)

---

(5) 친고죄: 강간죄에 대한 고소가 취소되거나 고소를 하지 않은 경우에는 폭행·협박만을 분리하여 소추할 수 없다. 또한 강간치상죄로 기소된 후 강간의 점만 증명이 있고 치상의 점에 대한 증명이 없는 경우, 고소가 취소되었다면 공소기각판결을 해야 한다.

◆ 판 례 ◆

<강간죄에서의 고소 취소>……① 강간죄에 대한 고소의 취소가 있은 후 그 수단인 폭행만을 분리하여 폭력행위등처벌에관한법률위반죄로 처벌할 수는 없으며, 이 경우 공소기각판결을 하여야 한다.(대판 1974.6.11. 73도2817)

② 강간치상죄로 공소제기가 된 사건에 있어서 그 치상의 점에 관하여 증명이 없더라도 강간의 점에 관하여 증명이 있으면 법원으로서는 강간의 점에 대하여 유죄인정을 할 수 있다 할 것이므로 이 경우에 있어 제1심판결 선고 전에 그 소추요건인 고소의 취소가 있었다면 형사소송법 제327조 제5호에 의하여 공소기각의 판결을 선고하여야 할 것이지 범죄의 증명이 없는 것으로 보아 무죄의 선고를 할 수는 없다.(대판 1988.3.8. 87도2673)

2. 강제추행죄

제298조(강제추행)

　폭행 또는 협박으로 사람에 대하여 추행을 한 자는 10년 이하의 징역 또는 1,500만 원 이하의 벌금에 처한다.

▶ 미수범처벌(제300조)　▶ 친고죄(제306조)

(1) 의의 및 보조법익

1) 폭행 또는 협박으로 사람을 추행하는 범죄이다.

2) 보호법익: 사람의 성적 자기결정권

(2) 주　체: 제한이 없다.

(3) 객　체: 여자뿐만 아니라 남자도 객체가 되나, 법률상의 처는 제외된다(단, 강요죄가 성립한다는 견해가 있다).

(4) 행　위: 폭행 또는 협박으로 추행하는 것

1) 폭행·협박의 정도

(ⅰ) 다수설은 강간죄와 같은 정도의 폭행·협박을 요한다고 본다.

(ⅱ) 판례는 이와 달리 강간죄와 폭행죄·협박죄의 중간 정도의 폭행·협박으로서 일반인으로 하여금 반항에 곤란을 느끼게 할 정도이면 족하다고 한다.

◆ 판 례 ◆

　<강제추행죄에 있어서의 폭행·협박의 정도>……강제추행죄에 있어서 폭행 또는 협박을 한다 함은 먼저 상대방에 대하여 폭행 또는 협박을 가하여 그 항거를 곤란하게 한 뒤에 추행행위를 하는 경우만을 말하는 것이 아니고 폭행행위 자체가 추행행위라고 인정되는 경우도 포함되는 것이라 할 것이고, 이 경우에 있어서의 **폭행은 반드시 상대방의 의사를 억압할 정도의 것임을 요하지 않고, 다만 상대방의 의사에 반하는 유형력의 행사가 있는 이상 그 힘의 대소 강약을 불문한다.**(대판 1994.8.23. 94도630)

2) 추 행: 객관적으로 일반인에게 성적 수치나 혐오의 감정을 일으키게 하는 일체의 행위로, 주관적인 동기나 목적과는 무관하게 객관적으로 확정된다.

3) 육체적 접촉 없이 폭행·협박으로 피해자에게 옷을 벗게 한 행위는 강요죄에 해당할 뿐이다.

Ⅱ. 기타 범죄유형

1. 준강간죄·준강제추행죄

> **제299조(준강간·준강제추행)**
> 사람의 심신상실 또는 항거불능의 상태를 이용하여 간음 또는 추행을 한 자는 전 2조의 예에 의한다.
>
> ▶ 미수범처벌(제300조) ▶ 친고죄(제306)

(1) 의 의

1) 성적인 거부의사를 제대로 표명할 수 없는 자의 성에 대한 보호를 목적으로 하는 범죄이다.

2) 본죄가 자수범으로서 간접정범의 형태로 범할 수 있는가에 대해서는 견해의 대립이 있다(자수범으로 보면 간접정법에 의하여 본죄를 범할 수 없음).

(2) 심신상실 또는 항거불능

1) 심신상실: 형법 제10조 제1항의 심신상실과의 관계가 문제되나, 본죄의 심신상실은 제10조의 심신상실보다 광의의 개념으로 생물학적인 사물변별·의사결정능력이 없는 자뿐만 아니라 일시적으로 깊은 의식장애(수면, 탈진, 무의식 등)에 빠진 사람도 해당한다고 보는 것이 다수설과 판례이다.

◆ 판 례 ◆

<심실상실을 부정한 사례>……피고인이 술에 취하여 안방에서 잠을 자고 있던 피해자를 발견하고 갑자기 욕정을 일으켜 피해자의 옆에 누워 피해자의 몸을 더듬다가 피해자의 바지를 벗기려는 순간 **피해자가 어렴풋이 잠에서 깨어났으나 피해자는 잠결에 자신의 바지를 벗기려는 피고인을 자신의 애인으로 착각하여 반항하지 않고 응함에 따라 피해자를 1회 간음한 경우에, 이와 같이 피해자가 잠결에 피고인을 자신의 애인으로 잘못 알았다고 하더라도 피해자의 위와 같은 의식상태를 심신상실의 상태에 이르렀다고 보기 어렵다**(준강간 무죄).(대판 2000.2.25. 98도4355)

2) 항거불능: 심신상실 이외의 사유로 반항할 수 없는 경우이며 그 원인은 불문하나, 행위자가 이러한 상태를 야기한 경우에는 강간죄·강제추행죄가 성립할 뿐이다.

◆ 판 례 ◆

<준강간죄에 있어서의 '항거불능의 상태'의 의미>……형법 제299조는 사람의 심신상실 또는 항거불능의 상태를 이용하여 간음 또는 추행을 한 자를 같은 법 제297조, 제298조의 강간 또는 강제추행의 죄와 같이 처벌하도록 규정하고 있는바, 이 죄가 정신적 또는 신체적 사정으로 인하여 성적인 자기방어를 할 수 없는 사람에게 성적 자기결정권을 보호해 주는 것을 보호법익으로 하고 있고, 같은 법 제302조에서 미성년자 또는 심신미약자에 대하여 위계 또는 위력으로써 간음 또는 추행을 한 자의 처벌에 관하여 따로 규정하고 있는 점 등에 비추어 보면, **형법 제299조에서의 항거불능의 상태라 함은 위 제297조, 제298조와의 균형상 심신상실 이외의 원인 때문에 심리적 또는 물리적으로 반항이 절대적으로 불가능하거나 현저히 곤란한 경우를 의미한다**고 보아야 할 것이다.(대판 2000.5.26. 98도3257)

(3) 이 용: 단순한 인식을 넘어서 항거불능이나 심신상실의 상태 때문에 간음

또는 추행이 가능하거나 용이하게 되었음을 의미한다.

2. 미성년자 의제강간·강제추행죄

> **제305조(미성년자에 대한 간음·추행)**
> 13세 미만의 부녀를 간음하거나 13세 미만의 사람에게 추행을 한 자는 제297조(강간죄), 제298조(강제추행죄), 제301조(강간등 상해, 치상죄) 또는 제301조의2(강간등 살인·치사죄)의 예에 의한다.

(1) 성 격

1) 13세 미만인 사람·부녀에 대해서 동의능력을 인정하지 않는 규정으로서, 13세 미만의 자가 간음·추행에 동의를 하여도 본죄가 성립한다.

2) 객체가 13세 미만이라 할지라도 폭행·협박에 의하여 간음·추행한 때에는 강간죄·강제추행죄가 성립한다. 따라서 본죄가 성립하는 경우는 13세 미만의 자가 동의를 한 경우와 동의가 없더라도 폭행, 협박이 강간죄, 강제추행죄의 그것에 이르지 못한 경우에 한한다.

◆ **판 례** ◆

<미성년자의제강간치사상죄의 처벌>······13세 미만의 부녀를 간음하거나 13세 미만의 사람에게 추행을 하여 사상에 이르게 한 때에는 형법 305조에 의하여 같은 법 301조에 따라 처벌되어야 하고 위 301조가 적용될 경우에는 고소가 없어도 이를 논할 수 있다.(대판[全合] 1977.4.12. 76도3719)

◆ **판 례** ◆

<미성년자의제강제추행죄의 성립 요건>······① 형법 제305조의 미성년자의제강제추행죄는 '13세 미만의 아동이 외부로부터의 부적절한 성적 자극이나 물리력의 행사가 없는 상태에서 심리적 장애 없이 성적 정체성 및 가치관을 형성할 권익'을 보호법익으로 하는 것으로서, 그 성립에 필요한 주관적 구성요건요

소는 고의만으로 충분하고, 그 외에 성욕을 자극, 흥분, 만족시키려는주관적 동기나 목적까지 있어야 하는 것은 아니다.(대판 2006.1.13. 2005도6791)

② 미성년자의제강간·강제추행죄를 규정한 형법 제305조가 '13세 미만의 부녀를 간음하거나 13세 미만의 사람에게 추행을 한 자는 **제297조, 제298조, 제301조 또는 제301조의2의 예에 의한다**'로 되어있어 강간죄와 강제추행죄의 미수범의 처벌에 관한 형법 제300조를 명시적으로 인용하고 있지 아니하나, 성적으로 미성숙한 13세 미만의 미성년자를 특별히 보호하기 위한 입법취지에 비추어 보면 동 조에서 규정한 **형법 제297조와 제298조의 '예에 의한다'**는 의미는 미성년자의제강간·강제추행죄의 처벌에 있어 그 법정형 뿐만 아니라 미수범에 관하여도 강간죄와 강제추행죄의 예에 따른다는 취지로 해석된다.(대판 2007.3.15. 선고 2006도9453)

(2) 착 오

1) 13세 미만 자를 13세 이상 자로 오인하고 동의를 얻어 간음한 경우에는 구성요건적 착오로 고의를 조각한다.

2) 13세 이상 자를 13세 미만 자로 오인하고 동의를 얻어 간음한 경우에는 불능범이 된다.

(3) 미수범의 처벌 여부: 긍정설이 통설

3. 강간 등 상해·치상죄

제301조(강간 등 상해·치상)
  제297조 내지 제300조의 죄(강간죄, 강제추행죄, 준강간·강제추행죄, 미성년자의제강간·강제추행죄, 이상의 죄의 미수범)를 범한 자가 사람을 상해하거나 상해에 이르게 한 때에는 무기 또는 5년 이상의 징역에 처한다.

  ▶ 친고죄 아님!

(1) 의 의: 강간상해죄는 강간죄와 상해죄의 결합범이고, 강간치상죄는 강간죄에 대한 결과적 가중범이다.

◆ 판 례 ◆

<강간이 미수에 그친 경우, 강간치상죄의 성부>……강간이 미수에 그친 경우라도 그 수단이 된 폭행에 의하여 피해자가 상해를 입었으면 강간치상죄가 성립하는 것이며, 미수에 그친 것이 피고인이 자의로 실행에 착수한 행위를 중지한 경우이든 실행에 착수하여 행위를 종료하지 못한 경우이든 가리지 않는다.(대판 1988.11.8. 88도1628)

(2) 상 해

1) 상해의 결과는 ㉮ 간음·추행행위 그 자체에서 일어나거나 ㉯ 그 수단인 폭행·협박에 의해서 야기되거나 ㉰ 간음·추행행위에 수반되어 발생하여야 한다(예: 피해자가 강간의 수단인 폭행을 피하려다가 상해의 결과가 발생한 경우에도 본죄가 성립한다).

◆ 판 례 ◆

<강간치사상죄와 사상의 결과 발생원인>……강간 등에 의한 치사상죄에 있어서 사상의 결과는 간음행위 그 자체로부터 발생한 경우나, 강간의 수단으로 사용한 폭행으로부터 발생한 경우는 물론, 강간에 수반하는 행위에서 발생한 경우도 포함한다.(대판 1995.1.12. 94도2781)

2) 상해의 정도

(ⅰ) 일반적인 상해의 개념과 강간치상죄에 있어서의 상해의 개념을 동일하게 볼 수 있는가가 문제된다. 왜냐하면 강간치상죄의 상해 여부는 형량에서의 차이뿐만 아니라 친고죄인지 여부를 결정하는 중요한 기준이 되기 때문이다.

◆ 판 례 ◆

<강제추행치상죄에 있어서의 상해의 의미>……[1] 강제추행치상죄에 있어서의 상해는 피해자의 신체의 건강상태가 불량하게 변경되고 생활기능에 장애가 초래되는 것을 말하는 것으로서, 신체의 외모에 변화가 생겼다고 하더라도 신

체의 생리적 기능에 장애를 초래하지 아니하는 이상 상해에 해당한다고 할 수 없다.

[2] 음모는 성적 성숙함을 나타내거나 치부를 가려주는 등의 시각적·감각적인 기능 이외에 **특별한 생리적 기능이 없는 것이므로,** 피해자의 **음모의 모근(毛根) 부분을 남기고 모간(毛幹) 부분만을 일부 잘라냄으로써 음모의 전체적인 외관에 변형만이 생겼다면,** 이로 인하여 피해자에게 수치심을 야기하기는 하겠지만, 병리적으로 보아 피해자의 신체의 건강상태가 불량하게 변경되거나 생활기능에 장애가 초래되었다고 할 수는 없을 것이므로, 그것이 폭행에 해당할 수 있음은 별론으로 하고 **강제추행치상죄의 상해에 해당한다고 할 수는 없다.**(대판 2000.3.23. 99도3099)

(ii) 판례는 일반 상해죄의 상해의 개념은 신체완전성설의 입장에 가까운 태도이지만, 강간치상죄에 있어서는 상처의 부위의 정도, 상처가 별도의 치료를 요하는가, 기타의 사유 등을 고려하여 판단하고 있다(소위 상대적 상해 개념의 수용).

◆ **판 례** ◆

<강간치상죄에서의 상해-상대적 상해개념>……① 피해자를 강간하려다가 미수에 그치고 그 과정에서 피해자에게 경부 및 전흉부 피하출혈 통증으로 약 7일간의 가료를 요하는 상처가 발생하였으나 그 상처가 굳이 치료를 받지 않더라도 일상생활을 하는 데 아무런 지장이 없고 시일이 경과함에 따라 자연적으로 치유될 수 있는 정도라면 그로 인하여 신체의 완전성이 손상되고 생활기능에 장애가 왔다거나 건강상태가 불량하게 변경되었다고 보기는 어려워 강간치상죄의 상해에 해당하지 않는다.(대판 1994.11.4 94도1311)

② 피해자가 강제추행과정에서 가해자로부터 **왼쪽 젖가슴을 꽉 움켜잡힘으로 인하여 왼쪽 젖가슴에 약 10일간의 치료를 요하는 좌상을 입고,** 심한 압통과 약간의 종창이 있어 그 치료를 위하여 병원에서 주사를 맞고 3일간 투약을 한 경우, 피해자는 위와 같은 상처로 인하여 신체의 건강상태가 불량하게 변경되고 생활기능에 장애가 초래되었다 할 것이어서 이는 강제추행치상죄에 있어서의 상해의 개념에 해당한다고 한 사례.(대판 2000.2.11. 99도4794)

3) 판례가 상해라고 인정한 예: 처녀막 파열, 회음부찰과상, 수면장애, 히스테리, 코피를 흘리고 콧등을 붓게 한 경우 등

(3) 기수 시기: 강간·강제추행의 기수·미수를 불문하고 상해의 결과가 발생한 경우에는 본죄의 기수가 된다.

4. 강간 등 살인·치사죄

> 제301조의2(강간 등 살인·치사)
> 제297조 내지 제300조의 죄를 범한 자가 사람을 살해한 때에는 사형 또는 무기징역에 처한다. 사망에 이르게 한 때에는 무기 또는 10년 이상의 징역에 처한다.

(1) 사망의 결과가 강간의 수단인 폭행·협박에 의해서 발생한 경우뿐만 아니라, 강간행위에 수반되어 발생한 경우에도 인과관계가 인정된다고 보는 것이 강간치상죄의 경우와 같다.

(2) 강간살인죄는 인질살해죄와 함께 개정형법에서 새로이 사형이 규정된 범죄이다.

◆ 판 례 ◆

　<강간 착수 시 살인의 고의가 있었던 경우>……강간범인이 피해자를 사망에 이르게 한 경우에 그 사망의 결과가 간음행위 자체뿐만 아니라 강간의 수단으로 사용한 폭행으로 인하여 초래된 경우에도 강간치사죄가 성립하지만, 다만 범인이 **강간의 목적으로 피해자에게 폭행을 가할 때에 살해의 범의가 있었다면 살인죄와 강간치사죄의 상상적 경합범이 성립**한다고 할 것이다.(대판 1990.5.8. 90도670)

5. 미성년자·심신미약자 간음·추행죄

> **제302조(미성년자 등에 대한 간음)**
> 미성년자 또는 심신미약자에 대하여 위계 또는 위력으로써 간음 또는 추행을 한 자는 5년 이하의 징역에 처한다.

(1) 미성년자: 13세 이상 20세 미만의 자이다. 13세 미만의 자는 미성년자 의제 강간·강제추행죄가 성립한다(제305조).

(2) 심신미약자: 정신기능장애로 판단능력이 부족한 자로 20세 이상인 자도 포함한다.

(3) 미성년자나 심신미약자를 폭행·협박하여 간음하면 강간죄가 성립하며 본죄가 성립하는 것은 아니다.

6. 업무상 위력 등에 의한 간음죄

> **제303조(업무상 위력 등에 의한 간음)**
> ① 업무·고용 기타 관계로 인하여 자기의 보호 또는 감독을 받는 부녀에 대해서 위계 또는 위력으로써 간음한 자는 5년 이하의 징역 또는 1,500만 원 이하의 벌금에 처한다.
> ② 법률에 의해서 구금된 부녀를 감호하는 자가 그 부녀를 간음한 때에는 7년 이하의 징역에 처한다.
>
> ▶ 친고죄(제306조)

(1) 피보호·감독부녀간음죄(제303조 제1항)

1) 객 체: 업무·고용 기타 관계로 인하여 자기의 보호 또는 감독을 받는 부녀로, 사실상의 보호·감독을 받는 부녀도 포함된다.

◆ **판 례** ◆

<사실상의 보호·감독을 받는 부녀를 간음한 경우>……형법 303조의 '업무, 고용 기타의 관계로 자기의 보호를 받는 부녀'라 함에 있어서 **'기타 관계'** 중 에는 **사실상의 보호·감독을 받는 상황에 있는 부녀인 경우도 포함**된다. 비록 피고인이 직접 피해자를 미장원의 종업원으로 고용한 것은 아니라 하더라도 자기의 처가 경영하는 미장원에 매일같이 출입하면서 미장원 일을 돕고 있었 다면, 미장원 종업원인 피해자는 피고인을 주인으로 대접하고 또 피고인도 피 해자에 대해 남다른 정의로써 처우해 왔다고 보는 것이 우리 일반 사회 실정 이라 할 것이므로, 사정이 그와 같다면 피해자는 피고인에 대하여 사실상 자 기의 보호 또는 감독을 받는 상황을 받는 부녀의 경우에 해당된다고 못 볼 바 아니다.(대판 1976.2.10. 74도1519)

2) 행　위: 위계 또는 위력에 의해서 간음하는 것

(2) 피구금부녀간음죄(제303조 제2항)
1) 주　체: 법률에 의해 구금된 부녀를 감호하는 자(진정신분범)
2) 객　체: 형사소송법에 의해서 구금된 부녀이다. 따라서 선고유예·집행유예 중
　　인 부녀, 불구속피의자·피고인, 보호관찰을 받는 부녀는 객체가 아니다.
3) 피구금부녀를 간음하면서 폭행·협박 등을 수단으로 사용한 경우에는 본죄가
　　아닌 강간죄 등이 성립한다.

7. 혼인빙자간음죄

제304조(혼인빙자 등에 의한 간음죄)
　혼인을 빙자하거나 위계로써 음행의 상습 없는 부녀를 기망하여 간음한 자는 2년 이하의 징역 또는 500만 원 이하의 벌금에 처한다.

▶ 친고죄(제306조)

(1) 객　체: 음행의 상습 없는 부녀(불특정다수인을 상대로 성생활을 하지 않는 부녀). 연령의 제한은 없으나 제302조와의 관계에 비추어 성년이어야 한다.

(2) 행　위

1) 혼인을 빙자하거나 기타 위계로써 간음하는 것이므로, 혼인을 빙자하는 것은 '기타 위계'의 예시일 뿐이다(예: 밤중에 남편으로 가장하고 동침하는 경우).

2) 행위의 태양으로서 위계는 있으나 위력은 없다.

제3장
명예와 신용에 관한 죄

제1절 명예에 관한 죄

I. 기본적 구성요건 - 명예훼손죄

> **제307조(명예훼손)**
> ① 공연히 사실을 적시하여 사람의 명예를 훼손한 자는 2년 이하의 징역이나 금고 또는 500만 원 이하의 벌금에 처한다.
> ② 공연히 허위의 사실을 적시하여 사람의 명예를 훼손한 자는 5년 이하의 징역, 10년 이하의 자격정지 또는 1,000만 원 이하의 벌금에 처한다.
>
> ▶ 반의사불벌죄(제312조 제2항)

1. 의 의: 공연히 사실 또는 허위의 사실을 적시하여 사람의 명예를 훼손하는 범죄이다.

2. 보호법익 및 보호의 정도

(1) 명예에 관한 죄의 보호법익에 대한 학설과 판례

1) 1설: 명예훼손죄의 보호법익은 외적 명예(사람의 인격가치 또는 행동에 대한 사회적 평가)이지만 모욕죄의 보호법익은 명예감정(자신의 인격가치에 대한 자신의 주관적 평가)이라는 견해

2) 2설(통설): 명예훼손죄, 모욕죄를 막론하고 명예에 대한 죄의 보호법익은 외적 명예라는 견해이다. 모두 공연성을 요건으로 하고 허위가 아닌 사실을 적시해도 명예훼손죄가 성립하는 것을 이유로 한다.

3) 판 례: 통설과 같이 명예훼손죄·모욕죄의 보호법익을 외적 명예로 본다.

※ 내적 명예: 사람의 내부적 인격가치가 그 자체로서 유아, 정신병자, 범죄자 할 것 없이 모든 사람은 내적 명예의 소유자이다. 그러나 외부로부터 침해될 수 없는 명예이므로 보호대상이 아니다.

◆ 판 례 ◆

<명예훼손죄와 모욕죄의 비교>……명예훼손죄와 모욕죄의 **보호법익은 다 같이 사람의 가치에 대한 사회적 평가인 이른바 외부적 명예**인 점에서는 차이가 없으나 다만 명예훼손은 사람의 사회적 평가를 저하시킬 만한 구체적 사실의 적시를 하여 명예를 침해함을 요하는 것으로서 구체적 사실이 아닌 단순한 추상적 판단이나 경멸적 감정의 표현으로서 사회적 평가를 저하시키는 모욕죄와 다르다.(대판 1987.5.12. 87도739)

---

(2) 보호의 정도: 추상적 위험범(모욕죄의 경우도 동일)

(3) 명예(외적명예)의 내용

1) 사람의 인격가치 또는 행동에 대한 사회적 평가를 의미한다.

2) 명예는 적극적·긍정적 가치이어야 한다. 부정적·소극적 가치인 악명은 명예가 아니다.

3) 사람의 지불능력·지불의사에 대한 경제적 평가인 신용은 신용훼손죄의 보호
법익이다.

(4) 명예의 주체

1) 명예의 주체는 자연인과 법인뿐만 아니라 법인격 없는 단체도 포함된다(통
설·판례). 다만 사교단체나 가족은 대외적인 법적 활동의 주체가 아니므로
제외된다.

2) 사자도 명예의 주체가 된다(통설).

3) 유아, 정신병자, 범죄자, 패륜자도 명예의 주체가 된다.

※ **집단명칭에 의한 명예훼손:** 집단명칭이 일반인과 명백히 구별될 수 있을 만큼
특정되고, 집단의 일반적 현상을 지칭하는 것이 아니라 집단의 모든 구성원에
대한 관련성이 있으면 명예훼손죄가 성립할 수 있다(예: A법과대학의 교수
○, 경기도민·상인들·교수들 ×).

3. 행 위: 공연히 사실 또는 허위사실을 적시하여 명예를 훼손하는 것

(1) 공연성: 불특정 또는 다수인이 인식할 수 있는 상태이다(통설·판례). 불특정
이란 수의 다소와 관계없이 상대방이 한정되지 않은 경우이고, 다수인이란
특정 여부와 관계없이 단순한 복수 이상의 상당한 다수를 의미한다.

1) 전파성 이론: 특정한 한 사람에게 한 말로 그것이 결과적으로 불특정 또는
다수인에게 전파될 가능성이 있으면 공연성을 인정하자는 견해이다(판례).
단, 피해자의 긴밀한 관계(예: 친족관계, 직장상사, 동업자)에 있는 자에 대하
여 한 말은 전파가능성이 없다는 것이 판례이다.

2) 직접인식가능성설: 전파가능성이 아니라 불특정 또는 다수인이 적시될 사실
의 내용을 직접적으로 인식할 수 있는 상태에 있느냐를 기준으로 공연성을
판단하자는 통설의 견해이다.

◆ 판 례 ◆

<명예훼손죄의 공연성－전파가능성 이론>⋯⋯① 명예훼손죄의 요건인 공연성은 불특정 또는 다수인이 인식할 수 있는 상태를 말하는 것이므로, 진정서와 고소장을 특정 사람들에게 개별적으로 우송하여도 다수인(19명, 193명)에게 배포하였고, 또 그 내용이 **다른 사람에게 전파될 가능성도 있어 공연성의 요건이 충족**된다.(대판 1991.6.25. 91도347)

② 피고인이 타인의 명예를 훼손할 만한 사실을 기재한 유인물을 71명의 회원에게 우송으로 배포한 소위는 비록 위 유인물을 배포받은 자의 범위에 다소의 제한이 있고, 또 수취인이 특정되어 있다 하더라도 공연성이 있다 할 것이므로 명예훼손죄가 성립한다.(대판 1981.8.25. 81도149)

③ 피고인이 "피해자는 전과 6범으로서 교사직을 팔아 가며 이웃을 해치고 고발을 일삼는 악덕교사이다."라는 취지의 진정서를 피해자가 교사로 근무하고 있는 학교의 학교법인 이사장 앞으로 제출하였다 하여도 위 진정서의 내용과 진정서의 수취인인 학교법인 이사장과 피해자와의 관계 등에 비추어 볼 때 위 이사장이 위 진정서 내용을 **타에 전파할 가능성이 있다고 보기도 어려워서 피고인의 소위에 불특정 또는 다수인이 인식할 수 있는 상태를 의미하는 공연성이 있었다고 할 수 없다.**(대판 1983.10.25. 83도2190)

④ 피고인을 명예훼손죄로 고소할 수 있도록 그 증거자료를 미리 은밀하게 수집, 확보하기 위하여 피고인의 발언을 유도하였다고 의심되는 사람들에게 한 피해자의 여자 문제 등 사생활에 관한 피고인의 발언은 이들이 수사기관 이외의 다른 사람들에게 전파할 가능성이 있다고 단정하기는 어렵다고 보이므로, 공연성에 대한 인식이 있다고 보기 어렵다.(대판 1996.4.12. 94도3309)

⑤ 피고인이 공소외 갑의 집 앞에서 공소외 을 및 피해자의 시어머니 병이 있는 자리에서 피해자의 명예를 훼손하는 말을 한 사실이 인정된다면, 말의 전파가능성이 없어서 공연성이 결여되었다는 주장은 허용될 수 없다.(대판 1983.10.11. 83도2222)

⑥ 피고인이 **사실을 적시한 장소가 식당으로서 공개된 장소이기는 하지만,** 그 자리에는 피고인의 일행으로서 함께 탄원서를 제출하려고 왔던 사람들과 피해자 측에서 탄원서 제출을 만류하려고 왔던 사람들이 있었고, 이들은 피고인이나 피해자와 위와 같은 특수한 관계가 있을 뿐만 아니라, **특히 피해자 측**

사람들은 위와 같이 탄원서의 제출로 인하여 피해자의 명예가 훼손될 것을 염려하여 그 탄원서의 제출을 막으려는 입장에 있었으므로, 피고인이 말한 내용을 함부로 소문내지 않을 것을 기대할 수 있는 사람이라고 할 수 있으며, 따라서 피고인이 식당에서 공소사실 기재와 같은 말을 하였다 하더라도 그 내용이 불특정 또는 다수인에게 전파될 가능성이 있다고 보기 어렵다고 할 것이다.(대판 2000.3.10. 99도2916)

⑦ 이혼소송 계속 중인 처가 남편의 친구에게 서신을 보내면서 남편의 명예를 훼손하는 문구가 기재된 서신을 동봉한 경우, 공연성이 결여되었다.(대판 2000.2.11. 99도4579)

⑧ 통상 기자가 아닌 보통 사람에게 사실을 적시할 경우에는 그 자체로서 적시된 사실이 외부에 공표되는 것이므로 그때부터 곧 전파가능성을 따져 공연성 여부를 판단하여야 할 것이지만, 그와는 달리 기자를 통해 사실을 적시하는 경우에는 기사화되어 보도되어야만 적시된 사실이 외부에 공표된다고 보아야 할 것이므로 기자가 취재를 한 상태에서 아직 기사화하여 보도하지 아니한 경우에는 전파가능성이 없다고 할 것이어서 공연성이 없다고 봄이 상당하다. (대판 2000.5.16. 99도5622)

⑨ 명예훼손죄의 구성요건인 **공연성**은 불특정 또는 다수인이 인식할 수 있는 상태를 말하는 것으로서, 비록 개별적으로 한 사람에 대하여 사실을 적시하더라도 그로부터 불특정 또는 다수인에게 전파될 가능성이 있다면 공연성의 요건을 충족하는 것이나, 어느 사람에게 귀엣말등 그 사람만 들을 수 있는 방법으로 그 사람 본인의 사회적 가치 내지 평가를 떨어뜨릴 만한 사실을 이야기하였다면, 위와 같은 이야기가 불특정 또는 다수인에게 전파될 가능성이 있다고 볼 수 없어 명예훼손의 구성요건인 공연성을 충족하지 못하는 것이며, 그 사람이 들은 말을 스스로 다른 사람들에게 전파하였더라도 위와 같은 결론에는 영향이 없다.(대판 **2005.12.9. 2004도2880**)

(2) 사실의 적시

1) 사 실
① 사람의 인격에 대한 사회적 가치를 저하시키는 일체의 사실로, 현실적으로 발

생하고 증명할 수 있는 과거와 현재의 상태를 말한다. 따라서 증명할 수 없는 가치판단 또는 높은 추상성을 가지는 사실은 모욕죄의 대상이 될 뿐이다.

◆ **판 례** ◆

<**명예훼손죄에서의 적시된 사실의 구체성**>······명예훼손죄가 성립하기 위해서는 사실의 적시가 있어야 하고 **적시된 사실은 이로써 특정인의 사회적 가치 내지 평가가 침해될 가능성이 있을 정도로 구체성을 띠어야** 한다. ······'애꾸눈, 병신'이라는 발언 내용은 피고인이 피해자를 모욕하기 위하여 경멸적인 언사를 사용하면서 욕설을 한 것에 지나지 아니하고, 피해자의 사회적 가치나 평가를 저하시키기에 충분한 구체적 사실을 적시한 것이라고 보기는 어렵다.(대판 1994.10.25. 94도1770)

---

② 공지의 사실도 포함하여, 미래의 사실도 현재 사실에 대한 주장을 포함하는 한 사실에 해당한다.

◆ **판 례** ◆

<**공지의 사실의 적시**>······명예훼손죄가 성립하기 위해서는 반드시 숨겨진 사실을 적발하는 행위에만 한하지 아니하고 이미 사회의 일부에 잘 알려진 사실이라고 하더라도 이를 적시하여 사람의 사회적 평가를 저하시킬 만한 행위를 한 때에는 명예훼손죄를 구성한다.(대판 1994.4.12. 93도3535)

---

2) 사실의 적시: 사람의 사회적 평가를 저하시키는 데 충분한 사실을 드러내는 일체의 행위
① 적시의 방법은 무제한이다. (직장의 전산망에 설치된 전자게시판에 타인의 명예를 훼손하는 내용의 글을 게시한 행위가 명예훼손죄를 구성한다. 대판 2000.5.12. 99도5734)
② 시기·장소·수단 피해자를 상세한 부분까지 특정할 필요는 없으나, 표현의 내용·상황을 종합하여 누구에 대한 것인지를 추측할 수 있을 정도이면 된다.

◆ 판 례 ◆

<사실의 적시에 피해자가 특정되어 있어야 하는지 여부>……형법 제307조 제2항의 명예훼손죄가 성립하려면 피해자가 특정된 허위사실의 적시행위가 있어야 하나 반드시 사람의 성명을 명시하여 허위의 사실을 적시하여야만 하는 것은 아니므로 사람의 성명을 명시한 바 없는 허위사실의 적시행위도 그 **표현의 내용을 주위 사정과 종합 판단하여 그것이 어느 특정인을 지목하는 것인가를 알아차릴 수 있는 경우에는 그 특정인에 대한 명예훼손죄를 구성한다.**(대판 1982.11.9. 82도1256)

(3) 기수 시기: 추상적 위험성이므로 불특정 또는 다수인이 직접 인식할 수 있는 상태에 이르면 기수가 되고, 인식 시에 비로소 기수가 되는 것은 아니다.

4. 주관적 구성요건

적시한 사실이 진실한 사실인가 허위인가에 따라서 제307조 제1항 또는 제2항의 죄가 성립하므로 이에 대한 인식도 고의의 내용이 된다. 따라서 진실한 사실을 허위사실로 오인하거나 그 반대의 경우에는 제307조 제1항의 명예훼손죄가 된다.

◆ 판 례 ◆

<명예훼손죄의 고의>……명예훼손죄의 주관적 구성요건으로서의 범의는 행위자가 피해자의 명예가 훼손되는 결과를 발생케 하는 사실을 인식함으로 족하다 할 것이지만 새로 목사로 부임한 피고인이 전임목사에 관한 사회 내의 불미스러운 소문의 진위를 확인하기 위하여 이를 교회집사들에게 물어보았다면 이는 경험칙상 충분히 있을 수 있는 일로서 **명예훼손의 고의 없는 단순한 인식에 지나지 아니하여 사실의 적시라고 할 수 없다 할 것이므로** 이 점에서 피고인에게 명예훼손의 고의 또는 미필적 고의가 있을 수 없다고 할 수밖에 없다.(대판 1985.5.28. 85도588)

◆ 판 례 ◆

<허위사실 적시에 의한 명예훼손죄>······[1] 형법 제307조 제2항이 정하는 허위사실 적시에 의한 명예훼손죄가 성립하기 위해서는 **범인이 공연히 사실의 적시를 하여야 하고, 그 적시한 사실이 사람의 사회적 평가를 저하시키는 것으로서 허위이어야 하며, 범인이 그와 같은 사실이 허위라고 인식하였어야 한다.**

[2] 형법 제307조 제2항을 적용하기 위하여 적시된 사실이 허위의 사실인지 여부를 판단함에 있어서는 적시된 사실의 내용 전체의 취지를 살펴볼 때 **중요한 부분이 객관적 사실과 합치되는 경우에는 세부(細部)에 있어서 진실과 약간 차이가 나거나 다소 과장된 표현이 있다 하더라도 이를 허위의 사실이라고 볼 수는 없다.**(대판 2000.2.25. 99도4757)

5. 위법성

(1) 일반적 위법성 조각사유(정당행위, 정당방위, 피해자의 승낙 등)

(2) 형법 제310조의 위법성 조각사유

> **제310조(위법성의 조각)**
> 제307조 제1항의 행위가 진실한 사실로서 오로지 공공의 이익에 관한 때에는 처벌하지 아니한다.

1) 의　의: 개인명예의 보호와 언론자유의 보장이라는 양 법익의 조화를 위해 규정한 특수한 위법성 조각사유이다.

2) 요　건

① 진실한 사실

(i) 적시사실의 중요 부분이 진실하면 되므로 다소 과장된 표현이어도 무방하다.

(ii) 진실한 사실이므로 제310조는 제307조 제1항의 경우에만 적용되고 허위사실 적시에 의한 명예훼손(제307조 제2항) 등에는 그 적용이 없다.(대판 1998.10.9. 97도158)

(iii) 허위사실을 진실한 사실이라고 오인한 경우: 학설은 위법성 조각사유의 전제사실에 관한 착오로 보아, 책임고의가 조각되어 불벌이라고 해석하나(법효과

제한적책임설), 판례는 이 같은 경우 행위자가 진실한 사실이라고 믿은 데 상당한 이유가 있는 경우에는 310조가 적용되어 위법성이 조각된다고 본다.

◆ 판 례 ◆

<형법 제310조에 의한 위법성 조각의 요건>……① 공연히 사실을 적시하여 사람의 명예를 훼손한 행위가 형법 제310조에 따라서 위법성이 조각되어 처벌받지 않기 위해서는 적시된 사실이 객관적으로 볼 때 공공의 이익에 관한 것으로서 행위자도 공공의 이익을 위하여 그 사실을 적시한 것이어야 될 뿐만 아니라, 그 적시된 사실이 진실한 것이거나 **적어도 행위자가 그 사실을 진실한 것으로 믿었고 또 그렇게 믿을 만한 상당한 이유가 있어야 한다.**(대판 1994.8.26. 94도237)

② 내용 중에 일부 허위사실이 포함된 신문기사를 보도하였다 하더라도, 기사 작성의 목적이 공공의 이익에 관한 것이고 그 기사 내용을 작성자가 진실하다고 믿었으며 그와 같이 믿은 데에 객관적인 상당한 이유가 있다면 명예훼손의 위법성은 부인된다.(대판 1996.8.23. 94도3191)

② 공공의 이익: '오로지'는 '주로'의 의미로 해석되므로, 공익이 유일한 동기일 필요는 없고 주된 동기이면 족하다.

◆ 판 례 ◆

<공공의 이익에 관한 것인지의 판단기준>……① 적시된 사실이 공공의 이익에 관한 것인지 여부는 당해 적시사실의 구체적 내용, 당해 사실의 공표가 이루어진 상대방의 범위의 광협, 그 표현의 방법 등 그 표현 자체에 관한 제반사정을 감안함과 동시에 그 표현에 의하여 훼손되거나 훼손될 수 있는 타인의 명예의 침해의 정도도 비교·고려하여 결정하여야 한다.(대판 1996.4.12. 94도3309, 대판 2000.3.10. 99도2916)

② '공공의 이익'에는 널리 **국가·사회 기타 일반 다수인의 이익에 관한 것**뿐만 아니라 **특정한 사회집단이나 그 구성원 전체의 관심과 이익에 관한 것도 포함된다.**(대판 2000.2.25. 98도2188)

◆ 판 례 ◆

　　<프라이버시에 관한 사실도 공공의 이익에 관한 것일 수 있는지>……개인의 사적인 신상에 관한 사실이라고 하더라도 그가 관계하는 사회적 활동의 성질이나 이를 통하여 사회에 미치는 영향력의 정도 등의 여하에 따라서는 그 사회적 활동에 대한 비판 내지 평가의 한 자료가 될 수 있는 것이므로 **개인의 사적인 신상에 관하여 적시된 사실도 그 적시의 주요한 동기가 공공의 이익을 위한 것이라면 위와 같은 의미에서 형법 제310조 소정의 공공의 이익에 관한 것으로 볼 수 있는 경우가 있다.** ……신학대학교의 교수가 출판물 등을 통하여 종교단체인 구원파를 이단으로 비판하는 과정에서 특정인을 그 실질적 지도자로 지목하여 명예를 훼손하는 사실을 적시하였으나 비방의 목적에서라기보다는 공공의 이익을 위하여 한 행위라면 그 위법성이 부인된다.(대판 1996.4.12. 94도3309)

◆ 판 례 ◆

　　<부수적으로 다른 목적이 있는 경우에도 공익성의 요건이 충족되는지>……① 형법 제310조에서 "오로지 공공의 이익에 관한 때"라 함은 적시된 사실이 객관적으로 볼 때 공공의 이익에 관한 것으로서 행위자도 공공의 이익을 위하여 그 사실을 적시한 것이어야 하고, 이 경우에 적시된 사실이 공공의 이익에 관한 것인지 여부는 당해 적시사실의 구체적인 내용, 당해 사실의 공표가 이루어진 상대방의 범위, 그 표현의 방법 등 그 표현 자체에 관한 제반 사정을 감안함과 동시에 그 표현에 의하여 훼손되거나 훼손될 수 있는 명예의 침해 정도 등을 비교·고려하여 결정하여야 하며, **행위자의 주요한 목적이나 동기가 공공의 이익을 위한 것이라면 부수적으로 다른 사익적 목적이나 동기가 내포되어 있더라도 형법 제310조의 적용을 배제할 수 없다.**(대판 1996.10.25. 95도1473, 대판 2000.3.10. 99도2916)

　　② 교회담임목사를 출교처분한다는 취지의 교단 산하 재판위원회의 판결문은 성질상 교회나 교단 소속신자들 사이에서는 당연히 전파, 고지될 수 있는 것이므로 위 판결문을 복사하여 예배를 보러 온 신도들에게 배포한 행위에 의하여 그 목사의 개인적인 명예가 훼손된다 하여도 그것은 진실한 사실로서 오로지 교단 또는 그 산하 교회 소속 신자들의 이익에 관한 때에 해당하거나 적어도

사회상규에 위배되지 아니하는 행위에 해당하여 위법성이 없다. 이 경우 **피고인들의 소행에 피해자를 비방할 목적이 함께 숨어 있었다고 하더라도 그 주요한 동기가 공공의 이익을 위한 것이라면 형법 제 310조의 적용을 배제할 수 없다.**(대판 1989.2.14. 88도899)

3) 효 과
① 실체법적 효과: 실체법적으로는 위법성 조각사유설이 통설이다.
② 소송법적 효과
(i) 거증책임전환설(다수설·판례)
(ii) 위법성 조각사유의 부존재입증설

◆ 판 례 ◆

<형법 제310조의 법적 효과>……공연히 사실을 적시하여 사람의 명예를 훼손한 행위가 형법 제310조의 규정에 따라서 위법성이 조각되어 처벌대상이 되지 않기 위해서는 **그것이 진실한 사실로서 오로지 공공의 이익에 관한 때에 해당된다는 점을 행위자가 증명하여야 하는 것이지만,** 그 증명은 유죄의 인정에 있어 요구되는 것과 같이 법관으로 하여금 의심할 여지가 없을 정도의 확신을 가지게 하는 증명력을 가진 엄격한 증거에 의하여야 하는 것은 아니므로, 이때에는 전문증거에 대한 증거능력의 제한을 규정한 형사소송법 제310조의2는 적용될 여지가 없다.[5](대판 1996.10.25. 95도1473)

6. 반의사불벌죄: 피해자의 명시한 의사에 반하여 공소를 제기할 수 없다.

---

5) 판례는 제310조를 거증책임의 전환규정이라고 보면서도 그 입증은 자유로운 증명으로 족하다는 입장이다.

Ⅱ. 기타의 범죄유형

1. 사자의 명예훼손죄

> **제308조(사자의 명예훼손)**
>
> 공연히 허위의 사실을 적시하여 사자의 명예를 훼손한 자는 2년 이하의 징역이나 금고 또는 500만 원 이하의 벌금에 처한다.
>
> ▶ 친고죄(제312조 제1항)

(1) 보호법익: 역사적 존재로서의 죽은 사람 자신의 명예(통설·판례)

(2) 행 위: '허위사실'을 적시하여 사자의 명예를 훼손하는 것

(3) 고 의: 허위라는 점에 대한 확정적 인식을 요한다(통설).

2. 출판물 등에 의한 명예훼손죄

> **제309조(출판물 등에 의한 명예훼손)**
>
> ① 사람을 비방할 목적으로 신문, 잡지 또는 라디오 기타 출판물에 의하여 제307조 제1항의 죄(사실적시의 명예훼손죄)를 범한 자는 3년 이하의 징역이나 금고 또는 700만 원 이하의 벌금에 처한다.
>
> ② 제1항의 방법으로 제307조 제2항의 죄(허위사실 적시의 명예훼손죄)를 범한 자는 7년 이하의 징역, 10년 이하의 자격정지 또는 1,500만 원 이하의 벌금에 처한다.

(1) 출판물에 의한 명예훼손죄는 목적이라는 특수한 주관적 불법요소를 필요로 하는 목적범이며, 출판물은 높은 전파가능성을 가지므로 공연성을 요하지 않는 범죄이다. 간접정범도 가능하므로 비방목적으로 허위기사 자료를 제공한 자도 본죄의 죄책을 부담한다.

◆ 판 례 ◆

　　<허위기사 자료를 제공한 자의 형사책임>……① 허위사실인 기사 재료를 기자에게 제공한 경우에 그것이 게재된 이상 이 기사 재료를 제공한 자는 본조 제2항 소정의 출판물에 의한 명예훼손죄의 죄책을 면할 수 없을 것이다.(대판 1960.6.8. 4292형상715)

　　② 타인을 비방할 목적으로 허위사실인 기사의 재료를 신문기자에게 제공한 경우에 기사를 신문지상에 게재하느냐의 여부는 신문 편집인의 권한에 속한다고 할 것이지만, 이를 편집인이 신문지상에 게재한 이상 기사의 게재는 기사 재료를 제공한 자의 행위에 기인한 것이므로 기사 재료의 제공행위는 형법 제309조 제2항 소정의 출판물에 의한 명예훼손죄의 죄책을 면할 수 없다.(대판 1989.3.14. 88도1397)

(2) 손으로 쓰거나(대판 1986.3.25. 85도1143), 복사기로 복사한 것(대판 1997.8.26. 97도133), 컴퓨터 프린터로 인쇄한 것 등은 '기타 출판물'에 해당하지 않는다.

◆ 판 례 ◆

　　<출판물 등에 의한 명예훼손죄에 있어서의 출판물의 의의>……① 형법이 출판물 등에 의한 명예훼손죄를 일반 명예훼손죄보다 중벌하는 취지는 사실적시의 방법으로서의 출판물 등의 이용은 그 성질상 다수인이 견문할 수 있고 장기간 보존되는 등 피해자에 대한 공익침해 정도가 더 크다는 데 있다 할 것이므로 피해자를 비방할 목적으로 흰 모조지 위에 사인펜으로 '피해자는 정신분열증 환자로서 무단가출하였으니 연락해 달라'는 내용을 기재한 10여 장의 광고문을 가지고 형법 제309조에서 규정하고 있는 출판물에 해당한다고 보기 어렵다.(대판 1986.3.25. 85도1143)

　　② 형법 제309조 제1항 소정의 '기타 출판물'에 해당한다고 하기 위해서는 그것이 등록·출판된 제본인쇄물이나 제작물은 아니라고 할지라도 적어도 그와 같은 정도의 효용과 기능을 가지고 사실상 출판물로 유통·통용될 수 있는 외관을 가진 인쇄물로 볼 수 있어야 한다. 그러므로 컴퓨터 워드프로세서로 작성되어 프린트된 A4 용지 7쪽 분량의 인쇄물이 형법 제309조 제1항 소정의 '기타 출판물'에 해당하지 않는다고 본 사례.(대판 2000.2.11. 99도3048)

(3) 비방의 목적: 형법 제309조 소정의 '사람을 비방할 목적'이란 가해의 의사 내지 목적을 요하는 것으로서 공공의 이익을 위한 것과는 행위자의 주관적 의도의 방향에 있어 서로 상반되는 관계에 있다고 할 것이므로, 적시한 사실이 공공의 이익에 관한 것인 때에는 특별한 사정이 없는 한 비방의 목적은 부인된다.(대판 2000.2.25. 98도2188)

(4) 반의사불벌죄(제312조 제2항)

◆ 판 례 ◆

<허위사실 적시 출판물에 의한 명예훼손죄에서 허위사실 인식의 입증책임>……
형법 제309조 제2항의 허위사실 적시 출판물에 의한 명예훼손죄가 성립하려면 피고인이 허위사실을 적시함에 있어 적시사실이 허위임을 인식하여야 할 것이고, 이러한 허위의 점에 대한 인식, 즉 범의에 대한 입증책임은 검사에게 있다.(대판 1997.2.14. 96도2234)

◆ 판 례 ◆

<언론매체를 통한 명예훼손>……신문 등 언론매체의 어떠한 표현행위가 명예훼손과 관련하여 문제가 되는 경우 그 표현이 사실을 적시하는 것인가, 아니면 단순히 의견 또는 논평을 표명하는 것인가, 또는 의견 또는 논평을 표명하는 것이라면 그와 동시에 묵시적으로라도 그 전제가 되는 사실을 적시하고 있는 것인가 그렇지 아니한가의 구별은, 당해 기사의 객관적인 내용과 아울러 일반의 독자가 보통의 주의로 기사를 접하는 방법을 전제로 기사에 사용된 어휘의 통상적인 의미, 기사의 전체적인 흐름, 문구의 연결 방법 등을 기준으로 판단하여야 하고, 여기에다가 당해 기사가 게재된 보다 넓은 문맥이나 배경이 되는 사회적 흐름 등도 함께 고려하여야 한다.

◆ 판 례 ◆

<비방의 목적>……① 피고인(전 시민단체 대표) 등이 '조선일보 없는 아름다운 세상을 만드는 시민모임(약칭 조아세, 이하 '조아세'라고 한다)' 홈페이지나 유인물 등에 게재한 게시물의 내용은 단순한 의견이나 논평에 불과한 것이 아니라 구체적 사실의 적시에 해당하고, 피해자인 조선일보를 비방할 목적도 인정된다. 그리고 정보통신망을 통한 명예훼손이나 허위사실적시 명예훼손 행위에는 위법성 조각에 관한 형법 제310조가 적용될 수 없을 뿐만 아니라, 피고인이 위 게시물의 내용을 진실로 믿었다거나 그와 같이 믿은 데에 정당한 이유가 있다고 보기도 어렵다.(대판 2006.8.25. 2006도648)

② 피고인(조선일보 기자)은 조아세의 무차별적인 공격에 대항하여 독자들에게 조아세의 정체와 활동상황에 대해 알려줌으로써 건전한 언론비판의 한계를 일탈한 조아세 활동의 부당성을 지적하고, 조선일보 독자들의 동요를 막기 위하여 이 사건 기사를 게재한 것으로서, 그 기사의 내용이 객관적 사실에 부합할 뿐만 아니라 그 표현방식도 비교적 절제되어 있는 점 등에 비추어 보면 피고인에게 조아세 회원들을 비방할 목적이 있었다고 보기 어렵다.(대판 2006.8.25. 2006도648)

◆ 판 례 ◆

<허위사실 적시 출판물에 의한 명예훼손죄에서 허위사실 판단>……허위사실 적시로 인한 출판물에 의한 명예훼손과 관련하여, 타인의 발언을 비판할 의도로 출판물에 그 타인의 발언을 그대로 소개한 후 그 중 일부분을 부각, 적시하면서 이에 대한 다소 과장되거나 편파적인 내용의 비판을 덧붙인 경우라 해도 위 소개된 타인의 발언과의 전체적, 객관적 해석에도 불구하고 위 비판적 내용의 사실적시가 허위라고 읽혀지지 않는 한 위 일부 사실적시 부분만을 따로 떼어 허위사실이라고 단정하여서는 안 된다.(대판 2007.1.26. 2004도1632)

3. 모욕죄

> **제317조(모욕)**
>
> 공연히 사람을 모욕한 자는 1년 이하의 징역이나 금고 또는 200만 원 이하의 벌금에 처한다.
>
> ▶ 친고죄(제312조)

(1) 의 의: 공연히 사람을 모욕함으로써 성립하는 범죄이다.

(2) 명예훼손죄와의 구별

1) 사실의 적시가 필요 없다는 점에서 명예훼손죄와 구별
2) 친고죄인 점에서 반의사불벌죄인 명예훼손죄와 구별
3) 양자는 법조경합관계(흡수관계, 양 죄의 구성요건을 모두 충족하면 명예훼손죄만 성립)
4) 사자에 대한 모욕죄는 성립하지 않는다는 점에서 명예훼손죄와 구별된다.

◆ **판 례** ◆

    <모욕죄의 성립을 긍정한 사례>……① 명예훼손죄에 있어서의 사실의 적시는 사람의 사회적 가치 내지 평가를 저하시키는 구체적 사실의 적시를 요하며 단지 **모욕적 언사를 사용하는 것은 모욕죄에 해당할 뿐 명예훼손죄에 해당하지는 않는다.** ……'아무것도 아닌 똥꼬다리 같은 놈'이라는 구절은 모욕적인 언사일 뿐 구체적인 사실의 적시라고 할 수 없고 '잘 운영되어 가는 어촌계를 파괴하려 한다.'는 구절도 구체적인 사실의 적시라고 할 수 없으므로 명예훼손죄에 있어서의 사실의 적시에 해당한다고 볼 수 없다.(대판 1989.3.14. 88도1397)

    ② "늙은 화냥년의 간나, 너가 화냥질을 했잖아."라고 한 피고인의 발언 내용은 그 자체가 피해자의 사회적 평가를 저하시킬 만한 구체적 사실의 적시라기보다는 피고인이 피해자의 도덕성에 관하여 경멸적인 감정표현을 과장되게 강조한 욕설에 불과한 것이다.(대판 1987.5.12. 87도739)

③ 구체적인 사실을 적시하지 아니하고 단지 모멸적인 언사를 사용하여 타인의 사회적 평가를 경멸하는, 자기의 추상적 판단을 표시하는 것('빨갱이 계집년', '만신(무당)', '첩년'이라고 말한 것)은 사람을 모욕한 경우에 해당하고, 명예훼손죄에 해당하지 아니한다.(대판 1981.11.24. 81도2280)

④ 피해자에 대하여 "야 이 개 같은 잡년아, 시집을 열두 번을 간 년아, 자식도 못 낳는 창녀 같은 년"이라고 큰소리 친 경우(대판 1985.10.22. 85도1629)

(3) 구성요건

1) 객   체: 사람(자연인), 법인, 법인격 없는 단체를 포함하나 사자는 제외
2) 행   위: 공연히 사람을 모욕하는 것
① 공연히: 불특정 또는 다수인이 인식할 수 있는 상태
② 모   욕: 사실을 적시하지 아니하고 사람에 대한 경멸의 의사를 표시하는 것으로서 추상적 관념을 사용하여 사람에 대한 경멸의 가치판단을 표시하는 경우가 이에 해당한다.

◆ 판 례 ◆

<모욕죄에 있어서의 공연성>······① 피고인이 각 피해자에게 "사이비 기자 운운 또는 너 이 쌍년 왔구나."라고 말한 장소가 여관방 안이었고 그곳에는 피고인과 그의 처, 피해자들과 그들의 딸, 사위, 매형밖에 없었고, 피고인이 피고인의 딸과 피해자들의 아들 간의 파탄된 혼인관계를 수습하기 위하여 만나 이야기하던 중 감정이 격화되어 위와 같은 발설을 한 사실이 인정된다면, **위 발언은 불특정 또는 다수인이 인식할 수 있는 상태 또는 불특정 다수인에게 전파될 가능성이 있는 상태에서 이루어진 것이라고 보기 어려우므로 이는 공연성이 없다 할 것이다.**(대판 1984.4.10. 84도49)

② 동네사람 4명과 구청직원 2명 등이 있는 자리에서 피해자가 듣는 가운데 구청직원에게 피해자를 가리키면서 "저 망할 년 저기 오네."라고 피해자를 경멸하는 욕설 섞인 표현을 하였다면 피해자를 모욕하였다고 볼 수 있다.(대판 1990.9.25. 90도873)

(3) 주관적 구성요건: 고의를 요한다.

(4) 위법성

형법 제310조의 위법성 조각사유가 모욕죄가 대해서도 적용될 수 있는가에 대해서 학설은 대립하나, 판례는 적용을 부정한다.

(5) 죄 수

외국원수 또는 외국사절에 대한 모욕의 경우에는 제107조 제2항, 제108조 제2항의 모욕죄가 성립하며, 이때 공연성은 그 요건이 아니다.

제2절 신용·업무와 경매에 대한 죄

Ⅰ. 신용훼손죄

> **제313조(신용훼손)**
> 허위의 사실을 유포하거나 기타 위계로써 사람의 신용을 훼손한 자는 5년 이하의 징역 또는 1,500만 원 이하의 벌금에 처한다.

1. 의 의
(1) 개 념: 경제적 측면에서의 사람의 사회적 평가를 침해하는 것을 내용으로 하는 범죄이다.
(2) 보호법익: 개인의 경제활동 영역에서의 지불능력과 지불의사에 대한 사회적 평가로서의 신용

(3) 신용의 주체: 자연인, 법인은 물론 법인격 없는 단체도 포함된다.

2. 행　위: 허위의 사실을 유포하거나 기타 위계로써 사람의 신용을 훼손하는 것

(1) 허위사실의 유포: 객관적 진실에 맞지 않는 사실을 불특정 또는 다수인에게 전파하는 것이다(명예훼손죄의 공연성보다는 넓은 개념).

(2) 기타 위계

1) 상대방의 착오나 부지를 이용하는 일체의 행위를 말하는 것으로, 허위사실의 유포는 위계의 한 형태에 해당된다.

2) 단순한 의견이나 가치판단의 유포는 '허위사실의 유포 기타 위계'에 해당하지 않으므로 신용훼손이 있어도 본죄가 성립되지 않는다(판례).

◆ 판　례 ◆

　　<단순한 의견 표시가 허위사실 유포에 해당하는지>……형법상 신용훼손죄는 허위사실의 유포 기타 위계로써 사람의 신용을 훼손할 것을 요하고, 여기서 허위사실의 유포라 함은 객관적으로 보아 진실과 부합하지 않는 과거 또는 현재의 사실을 유포하는 것으로서 (미래의 사실도 증거에 의한 입증이 가능할 때에는 여기의 사실에 포함된다) **피고인의 단순한 의견이나 가치판단을 표시하는 것은 이에 해당하지 않는다**고 할 것인바, '피해자가 계주로서 계불임금을 모아서 도망가더라도 책임지고 도와줄 사람이 없다.'는 취지의 피고인의 말은 피고인의 피해자에 대한 개인적 의견이나 평가를 진술한 것에 불과하여 이를 허위사실의 유포라고 할 수 없다.(대판 1983.2.8. 82도2486)

---

(3) 신용훼손: 사람의 지불의사와 지불능력에 대한 사회적 신뢰를 저하시킬 우려가 있는 상태를 발생케 하는 것을 말한다.

◆ 판 례 ◆

<물건값이 비싸다는 말과 신용훼손>······본조 소정의 신용훼손죄는 허위의 사실을 유포하거나 기타 위계로써 사람의 지불능력 또는 지불의사에 대한 타인의 신뢰에 위해를 가하는 것을 말하는 것이므로, 어느 사람의 점포의 물건값이 유달리 비싸다고 말한 것은 그 사람의 지불의사에 대한 사회적 신뢰를 훼손하는 것이라고 볼 수 없다.(대판 1969.1.21. 68도1660)

3. 죄　수

(1) 공연히 진실인 사실을 적시하여 명예와 신용을 훼손한 경우에는 명예훼손죄만 성립한다.

(2) 하나의 허위사실을 공연히 적시하여 명예와 신용이 동시에 훼손된 경우에는 양 죄의 상상적 경합이 된다(다수설).

Ⅱ. 업무방해의 죄

1. 업무방해죄

제314조(업무방해)
① 제313조의 방법(허위사실의 유포 기타 위계) 또는 위력으로써 사람의 업무를 방해한 자는 5년 이하의 징역 또는 1,500만 원 이하의 벌금에 처한다.

(1) 성　격: 재산죄로서의 성격과 함께 인격적 활동의 자유를 보호하는 측면도 동시에 가지고 있는 범죄이다.

(2) 보호법익: 업무(자세한 것은 업무상 과실치사상죄 참조)

1) 업무의 의의: 사람이 사회적 지위에서 계속적으로 종사하는 사업 또는 사무
① 보수의 유무나 영리목적의 유무를 불문한다.
② 주된 업무는 물론이고 부수적 업무도 포함한다.

◆ 판 례 ◆

<업무방해죄에서 업무의 의미>……① 업무방해죄에 있어서의 '업무'라 함은 **사람이 그 사회생활상의 지위에 기하여 계속적으로 종사하는 사무나 사업**을 의미하며 사람의 주된 업무뿐만 아니라 이에 밀접불가분의 부수적인 업무도 포함한다.(대판 1989.9.12. 88도1752)

② 시간적·절차적으로 일정기간의 소요가 예상되는 **사업장 이전**을 추진, 실시하는 행위는 그 자체로서 **일정기간 계속성을 지닌 업무의 성격**을 지니고 있을 뿐만 아니라 **회사의 본래 업무인 목적 사업의 경영과 밀접불가분의 관계**에서 그에 수반하여 이루어지는 것으로 볼 수 있으므로 이 점에서도 **업무방해죄에 의한 보호의 대상이 되는 업무에 해당한다.**(대판 2005.4.15, 2004도8701)

---

2) 보호법익으로서의 업무: 과실범에서의 업무와 구별된다.
① 생명·신체에 위해를 가할 위험 있는 업무에 제한되지 않는다.
② 업무에 수반되거나 일시적 또는 오락적 행위에 대해서까지 확대할 수 없다.

◆ 판 례 ◆

<일시적, 일회적인 사무>……① 비닐가공공장을 경영하는 자가 공장을 이전하는 업무는 성질상 새로운 비닐가공업무를 준비하기 위한 일시적인 사무는 될지언정 이를 비닐가공업무에 부수한 계속성을 지닌 업무라고는 말할 수 없어 위 이전업무를 방해한 행위는 업무방해죄에 해당하지 아니한다.(대판 1985.4.9. 84도300)

② 경비원은 상사의 명령에 의하여 주로 경비업무 등 노무를 제공하는 직분을 가지고 있는 것이므로 상사의 명에 의하여 그 직무를 수행한다면 설사 일시적인 것이더라도 업무방해죄의 업무에 해당한다.(대판 1971.5.24. 71도399)

③ 건물 임대인이 구청장의 조경공사 촉구지시에 따라 임대 건물 앞에서 1회적인 조경공사를 하는 데 불과한 경우에는 이는 업무방해죄의 업무에 해당하지 않는다.(대판 1993.2.9. 92도2929)

③ 형법상 보호할 가치 있는 업무에 제한된다.

◆ 판 례 ◆

<업무의 기초행위가 적법하지 않은 경우>……① 업무방해죄의 보호대상이 되는 업무는 직업 또는 계속적으로 종사하는 사무나 사업을 말하는 것으로서 **타인의 위법한 행위에 의한 침해로부터 보호할 가치가 있는 것이면 되고, 그 업무의 기초가 된 계약 또는 행정행위 등이 반드시 적법하여야 하는 것은 아니다.**(대판 1995.6.30. 94도3136)

② 건물의 전차인이 임대인의 승낙 없이 전차하였다고 하더라도 전차인이 불법침탈 등의 방법에 의하여 위 건물의 점유를 개시한 것이 아니고 그동안 평온하게 영업을 하면서 점유를 계속하여 온 이상 위 전차인의 업무를 업무방해죄에 의하여 보호받지 못하는 권리라고 단정할 수 없다.(대판 1986.12.23. 86도1372)

③ 점유자의 승낙을 얻거나 합법적 절차에 의함이 없이 강제 경작하기에 이르렀다면 그 **경작하는 농사를 정당한 업무수행이라 할 수 없는 것이므로** 종전의 점유경작자가 그 토지를 점유할 권원을 대항할 수 없다 할지라도 위 강제 경작하려는 행위를 방해하였다 한들 업무방해죄가 성립되지 아니한다.(대판 1975.12.23. 74도3255)

④ 백화점 입주상인들이 영업을 하지 않고 매장 내에서 점거 농성만을 하면서 매장 내의 기존의 전기시설에 임의로 전선을 연결하여 각종 전열기구를 사용함으로써 화재위험이 높아 백화점 경영회사의 대표이사인 피고인이 부득이 단전조치를 취하였다면, 그 단전조치 **당시 보호받을 업무가 존재하지 않았을 뿐만 아니라** 화재예방 등 건물의 안전한 유지 관리를 위한 정당한 권한 행사의 범위 내의 행위에 해당하므로 피고인의 단전조치가 업무방해죄를 구성한다고 볼 수 없다.(대판 1995.6.30. 94도3136)

⑤ 어떤 사무나 활동 자체가 **위법의 정도가 중하여** 사회생활상 도저히 용인될 수 없는 정도로 **반사회성을 띠는 경우**에는 업무방해죄의 보호대상이 되는 업무에 해당한다고 볼 수 없다. 따라서 아파트 관리업체가 관리권을 아파트자치관리위원회에 이전한 뒤, 공유부분에 설치된 상가 임차인이 아파트자치관리위원회에 그 열쇠를 넘기는 방법으로 명도를 하였는데, 집행관이 착오로 그 전에 아파트 관리업체가 상가 임차인을 상대로 하여 받은 명도승소판결에 기하여 상가 열쇠를 아파트 관리업체에 넘긴 경우, 아파트 관리업체의 임대업무를 방해하였다고 볼 수 없다.(대판 2005.8.19, 2004도7133)

⑥ 공인중개사가 아닌 피해자의 중개업은 부동산중개업법에 의하여 금지된 행위로서 **형사처벌의 대상이 되는 범죄행위에 해당하는 것**으로 사회통념상 도저히 용인될 수 없는 정도로 **반사회성을 띠는 경우**에 해당하여 업무방해죄의 보호대상이 되는 업무라고 볼 수 없다.(대판 2007.1.12. 2006도6599)

3) 공 무: 공무가 업무방해죄의 업무에 해당하는가에 대해서는 (ⅰ) 소극설 (ⅱ) 적극설 (ⅲ) 비공무원에 의한 공무수행이나 비권력적 공무수행 또는 위력에 의한 공무집행방해의 경우에는 공무도 포함된다는 절충설의 대립이 있다.

(3) 행 위: 허위사실을 유포하거나 기타 위계 또는 위력으로써 사람의 업무를 방해하는 것
1) 허위사실유포와 위계: 신용훼손죄와 동일하다.

◆ **판 례** ◆

<위계에 의한 업무방해죄에서 위계의 의미>……형법 제314조 제1항의 업무방해죄는 위계 또는 위력으로서 사람의 업무를 방해한 경우에 성립하는 것이고, 여기서의 '위계'라 함은 행위자의 행위목적을 달성하기 위하여 상대방에게 오인·착각 또는 부지를 일으키게 하여 이를 이용하는 것을 말하고, 상대방이 이에 따라 그릇된 행위나 처분을 하였다면 위계에 의한 업무방해죄가 성립된다.(대판 2005.3.25. 2003도5004)

◆ 판 례 ◆

<위계에 의한 업무방해죄가 인정된 사례>……① 회사가 공원모집을 함에 있어 학력, 경력을 기재한 이력서와 주민등록등본, 생활기록부 및 각서 등 서류를 교부받고, 응모자를 상대로 문제를 출제하여 시험을 보게 한 것은 단순히 응모자의 노동력을 평가하기 위한 것만이 아니라 노사 간의 신뢰 형성 및 기업질서 유지를 위한 응모자의 지능과 경험, 교육정도, 정직성 및 직장에 대한 적응도 등을 감안하여 위 회사의 근로자로서 고용할 만한 적격자인지 여부를 결정하기 위한 자료를 얻기 위함인 것으로 인정되는데 피고인이 노동운동을 하기 위하여 노동현장에 취업하고자 하나, 자신이 대학교에 입학한 학력과 국가안전법위반죄의 처벌전력 때문에 쉽사리 입사할 수 없음을 알고, **타인명의로 허위의 학력과 경력을 기재한 이력서를 작성하고, 동인의 고등학교 생활기록부등 서류를 작성 제출하여 시험에 합격하였다면, 피고인은 위계에 의하여 위 회사의 근로자로서의 적격자를 채용하는 업무를 방해하였다고 볼 것이다.**(대판 1992.6.9. 91도2221)

② 교수인 피고인 갑이 출제교수로부터 대학원신입생전형시험문제를 제출받아 피고인 을, 병에게 그 시험문제를 알려주자 그들이 답안쪽지를 작성한 다음 이를 답안지에 그대로 베껴 써서 그 정을 모르는 시험감독관에게 제출한 경우, 위계로써 입시감독업무를 방해한 것이므로 업무방해죄에 해당한다.(대판 1991.11.12. 91도2211)

③ 금융실명거래 및 비밀보장에 관한 긴급재정경제명령을 위반한 행위는 위계로 회사의 실명전환업무 및 전산처리업무를 방해한 것으로서 업무방해죄를 구성한다.(대판 1995.11.14. 95도1729)

④ 석사학위논문 정도의 학술적 저작물을 작성함에 있어서 단순히 통계처리와 분석, 또는 외국자료의 번역과 타자만을 타인에게 의뢰한 것이 아니라 전체 논문의 초안 작성을 의뢰하고, 그에 따라 작성된 논문의 내용에 약간의 수정만을 가하여 제출한 행위는 업무방해죄에 해당한다.(대판 1996.7.30. 94도2708)

⑤ 피고인이 구속 형사사건의 변호인으로 선임된 변호사가 피고인에게 무죄판결을 받아주겠다고 약속한 일이 없고 피고인이 범죄사실을 자백하여 유죄의 선고를 받아 그 판결이 확정되었는데도, 피고인이 사람의 통행이 빈번한 변호사 사무실 앞에서 등에 붉은색 페인트로 "무죄라고 약속하고 이백만 원에 선임했다. 사건 담당 변호사"라는 등을 기재한 흰 가운을 입고 주변을 배회하는

등의 행위를 하였다면 이는 공연히 허위의 사실을 적시하여 유포함으로써 변호사로서의 업무의 경영을 저해하는 경우에 해당하므로 업무방해죄를 구성한다.(대판 1991.8.27. 91도 1344)

⑥ 법률이 정한 집행기관에 강제집행을 신청하지 않고 채권자가 임의로 강제집행을 하기로 하는 계약은 사회질서에 반하는 것으로 민법 제103조에 의하여 무효라고 할 것이다. '본 임대차계약의 종료일 또는 계약해지통보 1주일 이내에도 임차인이 임차인의 소유물 및 재산을 반출하지 않은 경우에는 임대인은 임차인의 물건을 임대인 임의대로 철거 폐기처분 할 수 있으며, 임차인은 개인적으로나 법적으로나 하등의 이의를 제기하지 않는다'는 임대차계약 조항은 무효라고 할 것이다. 따라서 피고인이 간판업자를 동원하여 피해자가 영업 중인 식당 점포의 간판을 철거한 등의 행위는 위력을 사용하여 피해자의 업무를 방해한 행위에 해당한다.(대판 2005.3.10 2004도341)

⑦ 피고인이 **자신의 명의**로 등록되어 있는 피해자 운영의 학원에 대하여 **피해자의 승낙을 받지 아니하고 폐원신고를** 하였다고 하더라도 피해자에게 사전에 통고를 한 뒤 폐원신고를 하였다면 피해자에게 **오인·착각 또는 부지를 일으켜 이를 이용하여 피해자의 업무를 방해한 것으로 보기는 어렵고,** 오히려 피해자가 운영하고 있는 학원이 자신의 명의로 등록되어 있는 지위를 이용하여 임의로 폐원신고를 함으로써 피해자의 업무를 **위력으로써 방해**한 것이다.(대판 2005.3.25. 2003도5004)

◆ 판 례 ◆

<위계에 의한 업무방해를 부정한 사례>……[1] 객관적으로 보아 당해 출제교사가 출제할 것이라고 예측되는 순수한 예상문제를 선정하여 수험생이나 그 교습자에게 주는 행위를 가지고 시험실시업무를 방해하는 행위라고 할 수는 없다.

[2] 시험의 출제위원이 문제를 선정하여 시험실시자에게 제출하기 전에 이를 유출하였다고 하더라도 이러한 행위 자체는 위계를 사용하여 시험실시자의 업무를 방해하는 행위가 아니라 그 준비단계에 불과한 것이고, 그 후 그와 같이 유출된 문제가 시험실시자에게 제출되지도 아니하였다면 그러한 문제유출로 인하여 시험실시 업무가 방해될 추상적인 위험조차도 있다고 할 수 없으므로 업무방해죄가 성립한다고 할 수 없다.(대판 1999.12.10. 99도3487)

2) 위　력: 사람의 의사를 제압할 수 있는 일체의 힘을 말하며, 유형(폭행·협박 등), 무형(정치·경제·사회적 지위의 이용 등)을 불문한다.

◆ 판　례 ◆

<단전조치와 위력에 의한 업무방해>……피고인은 안양중앙시장 번영회 회장으로서 번영회 임시총회결의에 의하여 시장의 질서 유지 및 번영을 위하여 피해자 소유 점포에 대하여 사전 통고 후에 한 단전조치라 하더라도 피해자가 번영회를 상대로 잦은 진정을 하고 협조를 하지 않는다는 이유로 단전조치를 할 정당한 권한 없이 한 단전조치라면, 이는 결의에 참가한 회원의 위력에 의한 업무방해행위에 해당한다 할 것이다.(대판 1983.11.8. 83도1798)

◆ 판　례 ◆

<위력에 의한 업무방해죄에서 위력의 의미>……형법 제314조 제1항의 업무방해죄는 위계 또는 위력으로서 사람의 업무를 방해한 경우에 성립하는 것이고, 여기서의 '위력'이라 함은 사람의 자유의사를 제압·혼란케 할 만한 일체의 세력으로, 유형적이든 무형적이든 묻지 아니하므로 폭행·협박은 물론, 사회적, 경제적, 정치적 지위와 권세에 의한 압박 등도 이에 포함된다.(대판 2005.3.25. 2003도5004)

---

3) 업무방해: 업무의 집행 자체를 방해하는 것뿐만 아니라, 업무의 경영을 저해하는 것도 포함한다(통설·판례). 추상적 위험범이므로 업무를 방해할 우려 있는 상태가 발생하면 기수에 이른다.

◆ 판　례 ◆

<업무방해의 결과발생의 염려가 없는 경우, 업무방해죄의 성립 여부(소극>……업무방해죄의 성립에 있어서는 업무방해의 결과가 실제로 발생함을 요하는 것은 아니고 업무방해의 결과를 초래할 위험이 발생하면 충분하다 할 것이나, 결과발생의 염려가 없는 경우에는 본 죄가 성립하지 않는다. 대체도로를 이용하여 종전과 같이 조경수 운반차량 등을 운행할 수 있었다고 보여

피해자의 조경수 운반업무 등이 방해되는 결과발생의 염려가 없었다고 볼 여지가 충분하고, 피고인에게 조경수 운반업무 등을 방해한다는 고의가 있었다고 보기도 어렵다.(대판 2007.4.27, 2006도9028)

(4) 위법성

자구행위, 쟁의행위 등의 정당행위 또는 피해자의 승낙의 요건을 갖춘 경우 위법성이 조각된다.

◆ 판 례 ◆

<쟁의행위와 업무방해>……① 쟁의행위는 근로자가 소극적으로 노무제공을 거부하거나 정지하는 행위만이 아니라 적극적으로 그 주장을 관철하기 위하여 업무의 정상적인 운영을 저해하는 행위까지 포함하는 것이므로, 쟁의행위의 본질상 사용자의 정상업무가 저해되는 경우가 있음은 부득이한 것으로서 사용자는 이를 수인할 의무가 있으나, 이러한 **근로자의 쟁의행위가 정당성의 한계를 벗어날 때에는 근로자는 업무방해죄 등 형사상 책임을 면할 수 없는바**, 형사상 책임이 면제되는 정당성의 요건은 쟁의행위가 단체교섭과 관련하여 근로조건의 유지, 개선 등을 목적으로 하는 것이어서 그 목적이 정당하여야 하고, 쟁의행위의 시기와 절차가 법령의 규정에 따른 것으로서 정당하여야 하며, 또 쟁의행위의 방법과 태양이 폭력 또는 파괴행위를 수반하거나 기타 고도의 반사회성을 띤 행위가 아닌 정당한 범위 내의 것이어야 한다.(대판 1996.2.27. 95도2970)

② 근로자들이 작업시간에 집단적으로 작업에 임하지 아니하는 것은 다른 위법의 요소가 없는 한 근로제공의무의 불이행에 지나지 않는다고 할 것이지만, 단순한 노무제공의 거부라고 하더라도 그것이 정당한 쟁의행위가 아니면서 업무의 정상적인 운영을 방해할 정도에 이르면 형법상 업무방해죄가 성립될 수 있다.(대판 1999.3.26. 97도3139)

2. 컴퓨터 업무방해죄

> **제314조(업무방해)**
> ② 컴퓨터 등 정보처리장치 또는 전자기록 등 특수매체기록을 손괴하거
> 나 정보처리장치에 허위의 정보 또는 부정한 명령을 입력하거나 기타
> 방법으로 정보처리에 장애를 발생하게 하여 사람의 업무를 방해한 자
> 도 제1항의 형과 같다.

(1) 행위의 객체
1) 컴퓨터 등 정보처리장치: 자동적으로 계산 및 정보처리를 할 수 있는 전자장
   치로서 하드웨어와 소프트웨어를 포함하는 컴퓨터 시스템을 의미한다.
2) 전자기록 등 특수매체기록: 전기적 기록이나 광기술을 이용한 기록이다. 따라
   서 녹음테이프, 비디오테이프, 마이크로필름 등은 제외된다(그러나 비밀침해
   죄(제316조 제2항)의 객체인 전자기록 등 특수매체기록에는 포함된다).

(2) 행 위
1) 컴퓨터 등 정보처리장치 또는 특수매체기록을 손괴하는 것
2) 정보처리장치에 허위의 정보 또는 부정한 명령을 입력하는 것
3) 기타 방법으로 정보처리에 장애를 발생하게 하는 것

◆ 판 례 ◆

<컴퓨터등장애업무방해죄 성립하는 경우>……전보발령을 받아서 더 이상 웹
서버를 관리 운영할 권한이 없는 피고인이 웹서버에 접속하여 홈페이지 관리
자의 아이디와 비밀번호를 무단으로 변경한 경우, 위와 같은 행위는 피고인이
웹서버를 관리 운영할 정당한 권한이 있는 동안 입력하여 두었던 홈페이지 관
리자의 아이디와 비밀번호를 단지 후임자 등에게 알려 주지 아니한 행위와는
달리, 정보처리장치에 부정한 명령을 입력하여 정보처리에 현실적 장애를 발
생시킴으로써 피해 대학에 **업무방해의 위험을 초래하는 행위에 해당**한다.

(3) 기수 시기

추상적 위험범이므로 업무방해의 현실적 결과의 발생을 요하지 않고, 정보처리 장치 등을 통해 처리하려는 사무의 지장을 초래할 우려 있는 상태가 있으면 기수에 이른다.

Ⅲ. 경매·입찰방해죄

> ## 제315조(경매·입찰의 방해)
> 위계 또는 위력 기타 방법으로 경매 또는 입찰의 공정을 해한 자는 2년 이하의 징역 또는 700만 원 이하의 벌금에 처한다.

1. 의의와 보호법익

(1) 위계 또는 위력 기타의 방법으로 경매 또는 입찰의 공정을 침해하는 범죄

(2) 경매 또는 입찰의 공정을 그 보호법익으로 한다(추상적 위험범).

◆ 판 례 ◆

<입찰방해죄의 의의>······입찰방해죄는 위계 또는 위력 기타의 방법으로 입찰의 공정을 해하는 경우에 성립하는 **위태범으로서, 입찰의 공정을 해할 행위를 하면 그것으로 족한 것이지 현실적으로 입찰의 공정을 해한 결과가 발생할 필요는 없다**······가장경쟁자를 조작하거나 입찰의 경쟁에 참가하는 자가 서로 통모하여 그중의 특정한 자를 낙찰자로 하기 위하여 기타의 자는 일정한 가격 이하 또는 이상으로 입찰하지 않을 것을 협정하는 소위 담합행위를 한 경우에는 담합자 상호간에 금품의 수수와 상관없이 입찰의 공정을 해할 위험성이 있다 할 것이고, 담합자 상호간에 담합의 대가에 관한 다툼이 있었고, 실제의 낙찰단가가 낙찰예정단가보다 낮아 입찰시행자에게 유리하게 결정되었다고 하여 그러한 위험성이 없었다거나 입찰방해죄가 미수에 그친 것이라고 할 수는 없다.(대판 1994.5.24. 94도600)

2. 객   체: 경매 또는 입찰이며 국가·공공단체가 행하는 것 이외에 사인이 행하는 것도 포함된다.

3. 행   위: 위계 또는 위력 기타 방법으로 경매 또는 입찰의 공정을 해하는 것

(1) 경매·입찰의 공정침해: 자유경쟁에 대한 침해를 의미한다. 따라서 낙찰가격이 적정하더라도 그 과정이나 절차가 공정하지 못했다면 경매·입찰방해죄가 성립한다.

◆ 판 례 ◆

<경쟁입찰을 가장한 단독입찰>······그 행위가 설사 유찰방지를 위한 수단에 불과하여 입찰가격에 있어 입찰실시자의 이익을 해하거나 입찰자에게 부당한 이익을 얻게 하는 것이 아니었다 하더라도 **실질적으로는 단독입찰을 하면서 경쟁입찰인 것같이 가장하였다면** 그 입찰가격으로서 낙찰하게 한 점에서 경쟁입찰의 방법을 해한 것이 되어 입찰의 공정을 해한 것이 된다.(대판 1988.3.8. 87도2646)

---

(2) 담합행위: 입찰의 공정을 해하지 않는 한도 내에서는 담합행위나 그에 따른 금품수수가 있다는 이유만으로는 본죄가 성립하지 않는다.

◆ 판 례 ◆

<담합과 입찰방해>······① 담합의 목적이 주문자의 예정가격의 범위 내에서 적정한 가격을 유지하면서 출혈경쟁을 방지함에 있는 경우에는 담합행위라 하여도 본죄가 성립하지 않는다.(대판 1969.7.22. 65도1166)

② 입찰의 공정을 해하는 행위'란 공정한 자유경쟁을 방해할 염려가 있는 상태를 발생시키는 것, 즉 공정한 자유경쟁을 통한 적정한 가격형성에 부당한 영향을 주는 상태를 발생시키는 것으로서 그 **행위에는 가격을 결정하는 데 있어서 뿐 아니라, 적법하고 공정한 경쟁방법을 해하는 행위도 포함된다.** 담합행위가 입찰방해죄로 되기 위하여는 반드시 입찰참가자 전원과의 사이에 담합이

이루어져야 하는 것은 아니고, 입찰참가자들 중 일부와의 사이에만 담합이 이루어진 경우라고 하더라도 그것이 입찰의 공정을 해하는 것으로 평가되는 이상 입찰방해죄는 성립한다.(대판 2006.6.9. 2005도8498)

※ 형법상의 '위계', '위력' 등

	허위사실의 유포	위 계	위 력	
신용훼손죄	○	○	×	
업무방해죄	○	○	○	
경매·입찰방해죄	×	○	○	기타 방법
공무집행방해죄	×	○		폭행·협박
위계의 의한 촉탁살인죄		○	○	
미성년자 등에 대한 간음·추행죄		○	○	
업무상 위력 등에 의한 간음		○	○	
혼인빙자간음		○	×	

제4장
사생활의 평온에 관한 죄

제1절 비밀침해의 죄

Ⅰ. 비밀침해죄

> **제316조(비밀침해)**
> ① 봉함 기타 비밀장치한 사람의 편지, 문서 또는 도화를 개봉한 자는 3
> 년 이하의 징역이나 금고 또는 500만 원 이하의 벌금에 처한다.
> ② 봉함 기타 비밀장치한 사람의 편지, 문서, 도화 또는 전자기록 등 특
> 수매체 기록을 기술적 수단을 이용하여 그 내용을 알아낸 자도 제1항
> 의 형과 같다.
>
> ▶ 친고죄(제318조)

1. 보호법익

(1) 개인의 비밀

(2) 비밀의 주체는 자연인이든 법인이든 법인격 없는 단체이든 불문하나, 국가

또는 공공단체의 비밀이 포함되는가에 대해서는 견해의 대립이 있다.

2. 객관적 구성요건

(1) 행위의 객체: 봉함 기타 비밀장치한 편지, 문서, 도화 또는 전자기록 등 특수매체기록이다.

1) 편　지: 편지는 반드시 우편물만을 의미하는 것이 아니며 발송 전후를 불문한다.

2) 우편엽서: 봉함 기타 비밀장치를 한 것이 아니므로 본죄의 객체가 아니다.

3) 전자기록 등 특수매체기록: 컴퓨터 업무방해죄(제314조 제2항)의 경우와는 달리 녹화테이프, 녹음테이프, 마이크로필름도 포함된다.

4) 봉함 기타 비밀장치

① 봉함이란 외포를 파손하지 않고서는 내용을 알 수 없도록 만든 것이다.

② 비밀장치란 봉함 이외의 방법으로 외포를 만들어 내용을 알 수 없게 만든 일체의 장치를 말한다.

③ 비밀장치한 특수매체기록이란 컴퓨터나 기록 자체에 사정을 하거나 패스워드, 비밀번호 등의 특수한 작동체계를 마련하여 권한 없는 사람의 기록에 대한 접근을 방지하기 위한 장치가 취해져 있는 기록을 말한다.

(2) 행　위: 개봉하거나 기술적 수단을 이용하여 그 내용을 알아내는 것

1) 개　봉: 봉함 기타 비밀장치를 파훼하여 편지 등의 내용을 알 수 있는 상태에 두는 것을 말하며, 내용을 인식할 것을 요하지 않는다(추상적 위험범).

2) 기술적 수단으로 내용을 알아내는 경우는 개정형법이 추가한 내용이다. 이 경우에는 내용을 지득했을 때 비로소 기수가 된다.

※ 불빛에 투시하는 경우는 기술적 수단을 사용한 것이 아니므로 본죄에 해당하지 않는다.

3. 주관적 구성요건: 고의를 요한다.

◆ **판 례** ◆

<비밀침해죄의 고의>……피고인에게 전달된 봉함우편물이 피고인이 신청한 대체집행사건을 처리한 법원이 발송한 소송서류였고 그 수신인 또한 위 사건의 상대방 주소와 성명으로 표시되어 발송된 문서였다는 점, 수신인과 동명으로 호칭되는 피고인의 아들은 이미 10여 년 전에 송달장소에서 이사하였던 점을 고려하면 위 우편물이 피고인의 아들에게 송달되는 서류로 잘못 알고 열어 보았다는 피고인의 변명은 수긍할 수 없고 오히려 피고인은 그 서류는 자기가 신청한 대체집행사건에 관하여 채무자의 승계인에게 송달되는 소송서류인 사실을 능히 알고 있었다고 보는 것이 경험칙에 합치된다 할 것이다.(대판 1984.6.12. 84도620)

---

4. 친고죄: 고소권자는 편지 등의 발송 내지 도착 전후를 불문하고 발신인과 수신인 모두가 고소권자가 된다(다수설).

Ⅱ. 업무상 비밀누설죄

제317조(업무상 비밀누설)

① 의사, 한의사, 치과의사, 약제사, 약종사, 조산사, 변호사, 변리사, 계리사, 공증인, 대서업자나 그 직무상 보조자 또는 차등의 직에 있던 자가 그 업무처리 중 지득한 타인의 비밀을 누설한 때에는 3년 이하의 징역이나 금고, 10년 이하의 자격정지 또는 700만 원 이하의 벌금에 처한다.

② 종교의 직에 있는 자 또는 있던 자가 그 직무상 지득한 사람의 비밀을 누설한 때에도 전항의 형과 같다.

▶ 친고죄(제318조)

---

1. 의 의

(1) 개 념: 법문에 열거되어 있는 자가 그 업무처리 가운데 알게 된 타인의 비밀을 누설함으로써 성립하는 범죄이다.

(2) 보호법익: 개인의 비밀

2. 주 체

제317조에 열거된 자만이 주체가 될 수 있는 진정신분범이며, 열거되지 않은 자는 간접정범도 될 수 없는 자수범이다. 단, 공무상의 비밀누설(제127조)과 외교상의 비밀누설(제113조)은 특별규정이 있다.

3. 행위객체: 업무처리 중 또는 직무상 지득한 타인의 비밀

(1) 비 밀

1) 일반적으로 알려져 있지 않은 사실로서, 타인에게 알리지 않음으로써 본인에게 이익이 되는 사실이다.

2) 비밀이 되기 위한 일반적 요건으로는 본인이 비밀로 하기를 원하고(주관설의 입장) 객관적인 비밀유지이익이 있어야(객관설의 입장) 한다는 절충설이 통설이다.

3) 국가 또는 공공단체의 비밀은 제외된다.

(2) 업무처리 중 또는 직무상 지득한 비밀

업무처리 중 또는 직무상 지득한 비밀이 아니면 누설하여도 본죄가 성립하지 아니한다.

4. 행 위: 누설. 즉, 비밀에 속하는 사실을 아직 모르는 타인에게 알리는 것

(1) 누설의 방법은 구두, 서면, 작위, 부작위 등 제한이 없으며, 공연성을 요하지도 않는다. 다만, 공연히 비밀을 누설하여 사람의 명예를 훼손한 경우에는 본죄와 명예훼손죄의 상상적 경합이 된다.

(2) 누설이란 모르는 사람에게 고지하는 것이므로 이미 알고 있는 자에게 누설하는 것은 불가벌이다.

5. 위법성 조각사유

(1) 일반적 위법성 조각사유에 의해 위법성이 조각될 수 있다(예: 전염병예방법 제4조에 의한 전염병환자의 신고 등의 정당행위).

(2) 증인의 증언거부권을 행사하지 않고 타인의 비밀을 누설한 증언을 하였을 경우에 위법성이 조각되는가에 대해서 학설의 대립이 있으나 다수설은 이를 긍정한다.

제2절 주거침입의 죄

Ⅰ. 주거침입죄

제319조(주거침입, 퇴거불응)

① 사람의 주거, 관리하는 건조물, 선박이나 항공기 또는 점유하는 방실에 침입한 자는 3년 이하의 징역 또는 500만 원 이하의 벌금에 처한다.

▶ 미수범처벌(제322조)

1. 의 의

(1) 개 념: 사람의 주거, 관리하는 건조물 등에 침입하여 그 평온과 안전을 침해하는 것을 내용으로 하는 범죄이다.

(2) 보호법익

1) 주거권설: 자기 집이나 기타의 보호구역 안에서 타인의 방해를 받지 않고 자기의사에 따라 활동할 수 있는 주거권이라고 보는 견해

2) 사실상 평온설: 일정한 장소에 대한 사실상의 지배로부터 발생하는 그 장소에 거주하는 공동생활자 전원이 타인이 침해를 받지 않을 수 있는 사실상의 평온이 보호법익이라고 파악하는 견해(통설·판례)

(3) 보호의 정도: 결과범·침해범설과 거동범·위험범설이 대립한다.

◆ 판 례 ◆

<주거침입죄의 보호법익-사실상의 평온>……① 주거침입죄는 사실상의 주거의 평온을 보호법익으로 하는 것이므로 그 거주자 또는 간수자가 건조물 등에 거주 또는 간수할 권리를 가지고 있는 여부는 범죄의 성립을 좌우하는 것이 아니며 점유할 권리 없는 자의 점유라고 하더라도 그 주거의 평온은 보호되어야 할 것이므로 권리자가 그 권리를 실현함에 있어 법에 정하여진 절차에 의하지 아니하고 그 주거 또는 건조물에 침입한 경우에는 주거침입죄가 성립한다.(대판 1984.4.24. 83도1429)

② 주택의 매수인이 계약금과 중도금을 지급하고서 그 주택을 명도받아 점유하고 있던 중 위 매매계약을 해제하고 중도금반환청구소송을 제기하여 얻은 그 승소판결에 기하여 강제집행에 착수한 이후에, 매도인이 매수인이 잠가 놓은 위 주택의 출입문을 열고 들어간 경우라면 매도인으로서는 매수인이 그 주택에 대한 모든 권리를 포기한 것으로 알고 그 주택에 들어간 것이라고 할 수 있을 뿐만 아니라 또한 그 주택에 대하여 보증받아야 할 피해자의 주거에 대한 평온상태는 소멸되었다고 볼 수 있으므로 매도인의 위 소위는 주택침입죄를 구성하지 아니한다.(대판 1987.5.12. 87도3)

---

2. 행위의 객체: 사람의 주거, 관리하는 건조물, 선박이나 항공기 또는 점유하는 방실

(1) 사람의 주거: 사람이 기거하고 침실에 사용하는 장소

1) 주거는 설비나 구조물을 불문하고(천막집, 판자집, 토굴도 포함), 주거의 부속건물이나 주거용 차량도 포함된다.

2) 소유관계의 적법 여부도 불문한다. 따라서 임대차계약 종료 후에 임차인의 퇴거를 요구하기 위해서 임의로 침입한 임대인에게도 본죄가 성립한다.

3) 반드시 침입 시에 사람이 현존하고 있을 필요도 없다.

(2) 관리하는 건조물: 경비가 있거나 시정장치 등을 한 주거를 제외한 일체의 건
물과 부속물(예: 공장, 사무소, 극장, 창고 등)

(3) 선박·항공기: 적어도 사람의 주거에 사용할 수 있는 정도는 되어야 한다.

(4) 점유하는 방실: 건조물 안에서 사실상 지배·관리하고 있는 일 구획을 말한
다(예: 점포, 사무실, 투숙중인 여관이나 호텔의 방). 판례는 가옥의 일부분인
방을 명도 받은 경우에도 점유하는 방실에 속하고, 타워크레인 또는 공사현
장에 침입한 행위만으로 건조물 침입죄의 객체인 건조물에 해당하지 아니하
므로 주거침입죄가 성립하지 않는다고 한다.

3. 행 위: 침입

(1) 침   입: 침입이란 주거권자의 의사에 반하여(몰래 들어갈 것을 요하는 것은 아
님) 행위자의 신체가 주거에 들어가는 것이다. 처음부터 주거 내에 있는 자
에 대해서는 이 죄가 성립하지 않는다는 것이 판례이다.

(2) 주거권자의 의사

1) 주거권은 적법한 점유의 개시로써 획득되며 그 이후의 주거권은 사실상 점거
하고 있으면 점유할 권리 여부에 관계없이 계속 유지된다(따라서 임대차기간
종료 후에도 임차인이 주거권을 가진다).

◆ 판 례 ◆

<주거침입죄에서의 보호법익의 주체인 주거권자>……① 이 사건 가옥을 피해
자가 점유·관리하고 있었다면 그 건물이 가사 피고인의 소유였다 할지라도 주
거침입죄의 성립에 아무런 장애가 되지 않는다.(대판 1989.9.12. 89도889)

② 피고인이 그 소유가실을 갑에게 매도하고 그 소유권등기까지 완료하였으나
아직 명도치 않고 계속 점유·사용 중인데 피고인이 전세 준 방 2칸 부분은 갑
이 전세금을 대립 변제하여 전세 든 자에게 명도하고 그 명도한 방 가운데 점포
로 쓰던 부분의 방문에 못을 박아 막으려고 한 사실 등을 보아 위 방 2칸은 사
실상 갑의 간수 아래 있는 방이라고 인정할 수 있다.(대판 1965.1.25. 64도587)

2) 같은 주거에 수인이 거주할 경우에는 각자는 모두 독립된 주거권을 가진다.

◆ 판 례 ◆

    <공동주거권자의 의사에 반한 경우>······형법상 주거침입죄의 보호법익이 주
거권이라는 법적 개념이 아니고 사적 생활관계에 있어서의 사실상의 주거의
자유와 평온이라 할 것인데 그 주거에서 공동생활을 하고 있는 전원이 평온을
누릴 권리가 있다고 할 것이니 **복수의 주거권자가 있는 경우 한 사람의 승낙
이 다른 거주자의 의사에 직접·간접으로 반하는 경우에는 그에 의한 주거에의
출입은 그 의사에 반하는 사람의 주거의 평온, 즉 주거의 지배관리의 평온을
해치는 결과가 되므로 주거침입죄가 성립한다** 할 것이며 동거자 중 1인이 부
재중인 경우라도 주거의 지배관리관계가 외관상 존재하는 상태로 인정되는 한
위 법리에는 영향이 없다고 볼 것이다.(대판 1984.6.26. 83도685)

◆ 판 례 ◆

    <간통목적 출입의 주거침입죄 성부>······남편이 일시 부재중 간통의 목적하에
그 처의 승낙을 얻어 주거에 들어간 경우라도 남편의 주거에 대한 지배관리관
계는 여전히 존속한다고 봄이 옳고 **사회통념상 간통의 목적으로 주거에 들어
오는 것은 남편의 의사에 반한다고 보이므로 이러한 경우에는 주거침입죄가 성
립한다.**(대판 1984.6.26. 83도685)

---

3) 주거권자의 의사는 명시·묵시를 불문한다. 그러나 주거권자의 동의가 강제·기
   망·착오에 의한 경우에는 본죄가 성립한다.

◆ **판 례** ◆

<주거권자의 승낙 여부가 문제된 사례>……① 피고인이 당초에 피해자의 승낙 없이 그 주거에 들어가 재물을 절취한 이상 그 정을 모르는 피해자가 피고인과 잠깐 대면하거나 합석한 일이 있어도 주거침입죄는 성립되고 이러한 경우 피해자가 그 주거침입에 대한 묵시의 승낙을 한 것이라고는 볼 수 없다.(대판 1976.1.27. 74도3442)

② 피고인이 인근동리에 사는 고모의 아들인 피해자의 집에 잠시 들어가 있는 동안에 동 피해자에게 돈을 갚기 위하여 찾아온 동 피해자의 조카의 돈을 절취하였다면 피고인이 당초부터 불법목적을 가지고 위 피해자의 집에 들어갔거나 그의 의사에 반하여 그의 집에 들어간 것이 아니어서 주거침입죄는 성립하지 않는다.(대판 1984.2.14. 83도2897)

③ 피고인이 피해자인 자동차회사에서 버스차장으로 근무하는 관계로 그 회사의 차고나 사무실에 출입할 수 있다 하더라도 절취의 목적으로 들어간 것이라면 이는 주거권자의 의사에 반한 것으로서 주거침입죄가 성립된다.(대판 1979.10.30. 79도1882)

④ 건물의 소유자라고 주장하는 피고인과 그것을 점유·관리하고 있는 피해자 사이에 건물의 소유권에 대한 분쟁이 계속되고 있는 상황이라면 피고인이 그 건물에 침입하는 것에 대한 피해자의 추정적 승낙이 있었다거나 피고인의 이 사건 범행이 사회상규에 위배되지 않는다고 볼 수 없다.(대판 1989.9.12. 89도889)

⑤ 대리 응시자들의 시험장의 입장은 시험관리자의 승낙 또는 추정된 의사에 반한 불법침입이라 아니할 수 없고 이와 같은 침입을 교사한 이상 주거침입교사죄가 성립된다.(대판 1967.12.19. 67도1281)

⑥ 해고된 근로자라도 상당한 기간 내에 그 해고의 효력을 다투는 자에 대해서는 근로자 또는 조합원으로서의 지위를 인정하여야 할 것이므로, 이에 해당하는 근로자가 조합원의 자격으로서 회사 내 노조사무실에 들어가는 것은 정당한 행위로서 회사 측에서도 이를 제지할 수 없는 것이므로 노조사무실 출입목적으로 경비원의 제지를 뿌리치고 회사 내로 들어가는 것은 건조물침해죄로 벌할 수 없다.(대판 1991.11.8. 91도326)

4) 일반적 출입이 허용된 장소

(ⅰ) 누구나 출입할 수 있는 장소(관공서의 청사, 백화점, 식당, 은행 등)에 범죄 목적으로 들어간 경우에는 일반적인 허가가 있는 한 목적이 불법하다는 이유만으로 주거침입죄가 성립하지 않는다는 것이 다수설이나, 판례는 범죄목적이 있는 이상 주거침입죄가 성립한다는 입장이다.

(ⅱ) 일반적 출입이 허용된 장소라도 일반적으로 허용되지 않는 시간이나 침입방법에 의한 경우에는 본죄가 성립한다(예: 백화점 폐장 후, 문을 손괴하고 침입한 경우 등).

◆ 판 례 ◆

<일반인의 출입이 허용된 장소의 경우, 주거침입죄의 성부>······① **일반인의 출입이 허용된 음식점이라 하더라도, 영업주의 명시적 또는 추정적 의사에 반하여 들어간 것이라면 주거침입죄가 성립**되는바, 기관장들의 조찬모임에서의 대화 내용을 도청하기 위한 도청장치를 설치할 목적으로 손님으로 가장하여 그 조찬모임 장소인 음식점에 들어간 경우에는 영업주가 그 출입을 허용하지 않았을 것으로 보는 것이 경험칙에 부합하므로, 그와 같은 행위는 주거침입죄가 성립한다. ······이 같은 행위가 비록 불법선거운동을 적발하려는 목적으로 이루어진 것이라고 하더라도 타인의 주거에 도청장치를 설치하는 행위는 그 수단과 방법의 상당성을 결하는 것으로서 정당행위에 해당하지 않는다.(대판 1997.3.28. 95도2674)

② 일반적으로 출입이 허가된 건물이라 하여도 피고인이 출입이 금지된 시간에 그 건물 담벼락에 있던 드럼통을 밑고 담벼락을 넘어 들어간 후 그곳 마당에 있던 아이스박스통과 삽을 같은 건물 화장실 유리창문 아래에 놓고 올라가 위 창문을 연 후 이를 통해 들어간 것이라면 그 **침입방법 자체가 일반적인 허가에 해당되지 않는 것이 분명하게 나타난 것이므로 건조물침입죄가 성립**되는 것이다.(대판 1990.3.13. 90도173)

---

(3) 부작위에 의한 침입: 주거에 대한 보증인의무를 지고 있는 자가 제3자의 침입을 방지하지 아니하거나 주거권자의 의사에 반하여 침입한 것을 알면서도 그대로 방치한 경우이다.

(4) 기수 시기: 신체의 전부가 주거에 들어가야 주거침입죄의 기수가 되며 일부
가 들어간 경우에는 미수범이라는 것이 학설이지만, 판례는 일부가 들어갔더
라도 기수라는 입장이다.

◆ 판 례 ◆

<**주거침입죄의 기수 시기**>……신체의 일부(얼굴만)가 타인의 주거 안으로 들
어갔다고 하더라도 거주자가 누리는 사실상의 주거의 평온을 해할 정도에 이르
렀다면 범죄구성요건을 충족하는 것으로 보아야 한다는 입장이다.(대판 1995.9.15.
94도2561)

4. 위법성

일반적 위법성 조각사유에 의해서 위법성이 조각된다. 다만 사인이 장물적발 또
는 현행범체포를 위해서 타인의 주거에 침입한 경우에는 위법성이 조각되지 않는
다고 하는 것이 판례이다.(대판 1997.3.28. 95도2674)

5. 죄수와 타죄와의 관계

(1) 주거침입죄는 주거침입을 위한 수단으로 범한 재물손괴 또는 폭행죄와는 상
상적 경합이 된다.
(2) 주거침입이 다른 범죄의 수단으로 저질러진 경우 또는 주거침입의 기회에 다
른 범죄가 저질러진 경우에는 주거침입죄와 다른 범죄의 실체적 경합이 된다.

Ⅱ. 기타 범죄유형

1. 퇴거불응죄

> **제319조(퇴거불응)**
> ② 전항의 장소에서 퇴거요구를 받고 응하지 아니한 자도 전항의 형과 같다.
>
> ▶ 미수범처벌(제322조) - 진정부작위범임에도 미수범을 규정하고 있음

(1) 의 의: 주거권자, 점유자, 관리자 또는 이들의 위탁을 받은 자로부터 퇴거
요구를 받고도 이에 응하지 않음으로써 성립하는 범죄이다(진정부작위범, 거
동범, 계속범).

(2) 주 체: 타인의 주거에 적법하게 또는 과실로 들어간 자

※ 처음부터 위법하게 들어간 자는 주거침입죄의 주체일 뿐이다.

◆ **판 례** ◆

<노조의 직장점거와 사용자의 퇴거요구>……근로자들의 직장점거가 개시 당
시 적법한 것이었다 하더라도 사용자가 이에 대응하여 적법하게 직장폐쇄를
하게 되면, 사용자의 사업장에 대한 물권적 지배권이 전면적으로 회복되는 결
과 사용자는 점거 중인 근로자들에 대하여 정당하게 사업장으로부터의 퇴거를
요구할 수 있고 퇴거를 요구받은 이후의 직장점거는 위법하게 되므로, **적법하
게 직장폐쇄를 단행한 사용자로부터 퇴거요구를 받고도 불응한 채 직장점거를
계속한 행위는 퇴거불응죄를 구성한다.**(대판 1991.8.13. 91도1324)

---

(3) 행 위: 퇴거요구를 받고도 퇴거에 불응하는 것

1) 퇴거요구

① 퇴거요구는 묵시적으로도 가능하며(다수설), 1회의 요구로도 족하다.

② 임대차기간의 만료 후 소유자의 명도요구를 받은 임차인이라 할지라도 아직
은 주거자이므로 소유자에 대해서도 퇴거요구를 할 수 있다.

◆ **판 례** ◆

<교회관리인의 **퇴거요구와 퇴거불응죄**>……피고인이 예배의 목적이 아니라
교회의 예배를 방해하여 교회의 평온을 해할 목적으로 교회에 출입하는 것이
판명되어 위 교회 건물의 관리주체라고 할 수 있는 **교회당회에서 피고인에 대**
한 교회출입금지의결을 하고, 이에 따라 위 교회의 관리인이 피고인에게 퇴거
를 요구한 경우 피고인의 교회출입을 막으려는 위 교회의 의사는 명백히 나타
난 것이기 때문에 이에 기하여 퇴거요구를 한 것은 정당하고 이에 불응하여
퇴거를 하지 아니한 행위는 퇴거불응죄에 해당한다. ……사회통념상 현관도 건
물의 일부임이 분명한 것이므로 피고인이 교회 건물의 현관에 들어간 이상 그
곳에서 교회 관리인의 퇴거요구를 받고 이에 응하지 않았다면 퇴거불응죄가
성립한다.(대판 1992.4.28. 91도2309)

---

2) 기수 시기: 퇴거요구를 받고 즉시 응하지 않음으로써 기수가 된다.

(4) 미수범: 미수범처벌규정(제322조)에도 불구하고 진정부작위범·거동범의 성
    질상 미수를 생각하기 어렵다는 것이 다수설이다.

2. 특수주거침입죄

> **제320조(특수주거침입)**
> 단체 또는 다중의 위력을 보이거나 위험한 물건을 휴대하여 전조의 죄를
> 범한 때에는 5년 이하의 징역에 처한다.
>
> ▶ 미수범처벌(제322조)

단체 또는 다중의 위력을 보인 이상 단체 또는 다중의 1인만 침입해도 본죄가

성립한다.

◆ **판 례** ◆

<특수주거침입죄>……폭력행위등처벌에관한법률 제3조 제1항, 제2조 제1항, 형법 제319조 제1항 소정의 특수주거침입죄는 흉기 기타 위험한 물건을 휴대하여 타인의 주거나 건조물 등에 침입함으로써 성립하는 범죄이므로, 수인이 흉기를 휴대하여 타인의 건조물에 침입하기로 공모한 후 그중 일부는 밖에서 망을 보고 나머지 일부만이 건조물 안으로 들어갔을 경우에 있어서 특수주거침입죄의 구성요건이 충족되었다고 볼 수 있는지의 여부는 직접 건조물에 들어간 범인을 기준으로 하여 그 범인이 흉기를 휴대하였다고 볼 수 있느냐의 여부에 따라 결정되어야 한다.(대판 1994.10.11. 94도1971)

---

3. 주거·신체수색죄

제321조(주거·신체수색)
　사람의 신체, 주거, 관리하는 건조물, 자동차, 선박이나 항공기 또는 점유하는 방실을 수색한 자는 3년 이하의 징역에 처한다.

▶ 미수범처벌(제322조)

(1) 수　색: 사람 또는 물건을 찾기 위해서 사람의 신체 또는 일정한 장소를 조사하는 것을 말한다.
(2) 행위의 객체: 사람의 신체도 본죄의 행위객체이다.
(3) 주거수색죄가 성립하여도 주거침입죄는 별도로 경합범이 될 수 있다.

제5장
재산에 관한 죄

※ 재산죄의 분류

기 준	특 징	범죄의 예
객 체	재물죄	절도, 횡령, 장물, 손괴죄
	이득죄	배임죄
	재물죄인 동시에 이득죄	강도, 사기, 공갈죄
영득의사	영득죄	대부분의 재산죄
	비영득죄	손괴죄
침해방법	탈취죄(소유자의 의사에 반하여 재물을 영득)	절도, 강도, 횡령, 장물죄
	편취죄(소유자의 하자 있는 의사에 의해 재물을 영득)	사기, 공갈죄
보호법익	소유권	절도, 횡령, 장물, 손괴죄
	소유권 이외의 특별한 재산적 가치	자동차 등 불법사용죄, 권리행사방해, 점유강취, 강제집행면탈죄
	전체로서의 재산권	강도, 사기, 공갈, 배임, 부당이득죄

※ 장물죄는 불법영득의사를 요하지 않는다는 것이 다수설이므로 영득죄가 아님.

제1절 절도의 죄

Ⅰ. 단순절도죄

> **제329조(절도)**
> ① 타인의 재물을 절취한 자는 6년 이하의 징역 또는 1,000만 원 이하의 벌금에 처한다.
>
> ▶ 미수범처벌(제342조)

1. 의 의

(1) 개 념: 타인의 재물을 절취함으로써 성립하는 범죄

(2) 보호법익

(i) 점유권설

(ii) 소유권·점유 병존설

(iii) 재물에 대한 소유권이 보호법익이라는 소유권설이 통설·판례

(3) 보호정도: 위태범(다수설)

2. 행위객체: 타인점유의 타인소유의 재물

(1) 재 물

> **제346조(동력)**
> 본 장의 죄에 있어서 관리할 수 있는 동력은 재물로 간주한다.

재물이란 유체물 및 전기 기타 관리할 수 있는 자연력을 의미한다.

1) 유체성설과 관리가능설

① 재산죄의 객체인 재물은 유체물에 한한다는 유체성설이 있으나 관리가 가능한 전기나 수력 등의 동력도 재물이 된다는 관리가능성설이 통설이다.

② 관리가능성설에 의하면 형법 제346조의 규정은 예시적·주의적 규정으로 이해한다. 또한 이때의 관리는 물리적 관리를 의미하므로 채권 기타의 권리는 재물이 될 수 없다고 본다(통설).

◆ 판 례 ◆

<문서의 내용 자체가 절취의 대상이 될 수 있는지>……회사 직원이 업무와 관련하여 다른 사람이 작성한 회사의 문서를 복사기를 이용하여 복사를 한 후 **원본은 제자리에 갖다 놓고 그 사본만 가져간 경우, 그 회사 소유의 문서의 사본을 절취한 것으로 볼 수는 없다.**(대판 1996.8.23. 95도192)

◆ 판 례 ◆

<관리가능성이 없어 절도죄의 객체가 되지 못하는 경우>……① 조합원은 누구나 수로에 있는 물을 자기 논에 넣어 관개에 이용할 수 있고 어떤 조합원이라도 수로를 막아서 물을 사용할 수 없다는 것이므로 피해자가 자기 논에 물을 넣기 위하여 특수한 공작물을 설치하여 저수하였다 하더라도, 그 물은 **물을 막은 사람의 사실상이나 법률상 지배하는 것이 되지 못하므로, 이 물은 절도죄의 객체가 되지 못한다.**(대판 1964.6.23. 64도209)

② 타인의 전화기를 무단으로 사용하여 전화통화를 하는 행위는 전기통신사업자가 그가 갖추고 있는 통신선로, 전화교환기 등 전기통신설비를 이용하고 전기의 성질을 과학적으로 응용한 기술을 사용하여 전화가입자에게 음향의 송수신이 가능하도록 하여 줌으로써 상대방과의 통신을 매개하여 주는 역무, 즉 전기통신사업자에 의하여 가능하게 된 전화기의 음향송수신기능을 부당하게 이용하는 것으로, 이러한 내용의 역무는 무형적인 이익에 불과하고 물리적 관리의 대상이 될 수 없어 재물이 아니라고 할 것이므로 절도죄의 객체가 되지 아니한다.(대판 1998.6.23. 98도700)

③ 수산업법에 의한 소위 양식어업권은 행정관청의 면허를 받아 그 소유의

수산동식물을 양식할 수 있는 권리를 가리키는 것으로서 그 면허를 받았다는 사실만으로 곧 당해 구역 내에 자연적으로 번식하는 수산동식물에 관하여 당연히 소유권이나 점유권을 취득한다고는 할 수 없고 따라서 피고인들이 위 구역 내에서 자연서식의 바지락을 채취하였다 하더라도 수산업법위반이 됨은 별론으로 하고 절도죄를 구성한다고는 할 수 없다.(대판 1983.2.8. 82도696)

2) 재물의 가치성(경제적 가치설)
① 재물은 경제적 교환가치를 반드시 가질 필요는 없고, 재물의 소유자가 소유권의 대상으로 할 수 있는 주관적 가치만으로도 충분하다(예: 애인의 사진, 무효인 약속어음 등도 재물이다).
② 주관적 가치도 없는 것은 재물이 될 수 없다.

◆ 판 례 ◆

<재물의 가치성>……재산죄의 객체인 재물은 반드시 객관적인 금전적 교환가치를 가질 필요는 없고 소유자·점유자가 주관적인 가치를 가지고 있음으로써 족하다.(대판 1976.1.27. 74도3442)

◆ 판 례 ◆

<재물성이 문제된 사례>……① 발행자가 회수하여 세 조각으로 찢어버림으로써 폐지로 되어 쓸모없는 것처럼 보이는 약속어음이라 할지라도 그것이 타인에 의하여 조합되어 하나의 새로운 어음으로 이용되지 않는 것에 대하여 소극적인 경제적 가치를 가지는 것이므로 피고인이 그 소지를 침해하여 이를 가져갔다면 절도죄가 성립한다.(대판 1976.1.27. 74도3442)
② 절취한 '도시계획구조변경계획서'가 폐지로서 소각할 것이라고 하더라도 그 내용을 알아볼 수 있고 그 내용이 경제생활상 가치가 있는 이상 재물에 해당된다.(대판 1981.3.24. 80도2902)
③ 법원으로부터 송달된 심문기일소환장은 재산적 가치가 있는 물건으로서 형법상 재물에 해당한다.(대판 2000.2.25. 99도5775)
③ 피고인이 근무하던 회사를 퇴사하면서 가져간 서류가 이미 공개된 기술

내용에 관한 것이고 외국회사에서 선전용으로 무료 배부되는 것이며 동 회사 연구실 직원들이 복사하여 개인 물건처럼 사용하던 것이라도 위 서류들이 회사의 목적사업 중 기술 분야에 관한 문서들로서 국내에서 쉽게 구할 수 있는 것도 아니며 연구실직원들의 업무수행을 위하여 필요한 경우에만 사용이 허용된 것이라면 위 서류들은 위 회사에 있어서는 소유권의 대상으로 할 수 있는 주관적 가치뿐만 아니라 그 경제적 가치도 있는 것으로 재물에 해당한다.(대판 1986.9.23. 86도1205)

④ 주민등록증은 국민 각자의 성명 등 신분에 관한 사항을 증명하는 문서로서 국민 각자가 사회적 경제적 행위를 함에 있어서 항상 이를 소지함을 필요로 하는 경제적 가치 있는 재물이라 할 것이므로, 절도죄의 객체가 된다.(대판 1969.12.9. 69도1627)

⑤ 육지로부터 멀리 떨어진 섬에서 광산을 개발하기 위하여 발전기, 경운기 엔진을 섬으로 반입하였다가 광업권 설정이 취소됨으로써 광산개발이 불가능하게 되자 육지로 그 물건들을 반출하는 것을 포기하고 그대로 유기하여 둔 채 섬을 떠난 후 10년 동안 그 물건들을 관리하지 않고 있었다면, 그 섬에 거주하는 피고인이 그 소유자가 섬을 떠난 지 7년이 경과한 뒤 노후한 물건들을 피고인 집 가까이에 옮겨 놓았다 하더라도, 그 물건들의 반입 경위, 그 소유자가 섬을 떠나게 된 경위, 그 물건들을 옮긴 시점과 그간의 관리상황 등에 비추어 볼 때 피고인이 그 물건들을 옮겨 갈 당시 원소유자나 그 상속인이 그 물건들을 점유할 의사로 사실상 지배하고 있었다고는 볼 수 없으므로, 그 물건들을 절도죄의 객체인 타인이 점유하는 물건으로 볼 수 없다.(대판 1994. 10.11. 94도1481)

⑥ 재산죄의 객체인 재물은 반드시 객관적인 금전적 교환가치를 가질 필요는 없고 소유자, 점유자가 주관적인 가치를 가지고 있음으로써 족하다고 할 것이고, 이 경우 주관적, 경제적 가치의 유무를 판별함에 있어서는 그것이 타인에 의하여 이용되지 않는다고 하는 소극적 관계에 있어서 그 가치가 성립하더라도 관계없다 할 것이므로, 피고인이 절취한 백지의 자동차출고의뢰서 용지도 그것이 어떠한 권리도 표창하고 있지 않다 하더라도 경제적 가치가 없다고는 할 수 없어 이는 절도죄의 객체가 되는 재물에 해당한다.(대판 1996.5.10. 95도3057)

3) 부동산의 재물성(부동산이 절도죄 또는 강도죄에 있어서의 객체인 재물인가
의 문제)

① 사기, 공갈, 횡령죄 등: 당연히 재물성이 인정된다.

② 긍정설도 있지만, 부동산은 그 점유가 침해되어도 소재 자체가 변경되는 것
이 아니고 절도의 개념에는 재물의 장소적 이전이 포함되므로 장소적 이전이
불가능한 부동산의 경우에는 절도죄의 객체인 재물이 될 수 없다는 부정설이
타당하다(다수설).

③ 판례도 부동산 절도를 부정한다.

4) 금제품의 재물성

소유 자체가 금지되어 소유권의 객체가 될 수 없는 위조통화, 아편흡식기 등의
절대적 금제품은 재물이 아니나, 단순히 점유만이 금지된 불법무기 등의 상대적
금제품은 재물이 될 수 있다(다수설).

(2) 타인의 재물

타인의 재물이란 단독소유 또는 공동소유에 속하는 물건이다. 따라서 ① 행위자의
단독소유물 ② 무주물 ③ 소유권의 객체가 될 수 없는 금제품은 타인의 재물성이
부정된다(주의: 행위자가 타인과 공동소유하는 재물도 타인의 재물성이 인정된다).

(3) 타인의 점유하는 재물

1) 형법상의 점유

① 점유란 '점유의사에 의해서 지배되고 그 범위와 한계가 경험칙에 따라 결정
되는 재물에 대한 사람의 사실적인 지배관계'를 말한다.

② 형법상의 점유개념은 민법과는 달리 사실적·현실적 개념이므로 간접점유나
상속에 의한 점유 이전은 부정된다.

2) 형법상의 점유의 기능

① 보호의 객체로서의 기능－권리행사방해죄(제323조)에 있어서의 점유는 행위
의 객체에 그치는 것이 아니라 동죄의 보호법익(보호의 객체)이 된다.

② 행위의 주체로서의 점유－횡령죄에 있어서의 점유(보관)는 신분요소로서의 기
능을 가진다(진정신분범). 따라서 횡령죄의 점유는 위탁관계에 기한 것이어야
하고 재물에 대한 법률상의 지배(예: 소유명의를 가진 경우)까지도 포함된다.

③ 행위의 대상으로서의 점유-탈취죄의 점유이다. 절도죄의 점유가 그 대표적
인 예이다.

3) 점유의 요소

① 객관적·물리적 요소: 점유는 '사실상의 재물지배'를 의미한다. 이러한 사실
상의 재물지배는 재물에 대한 사람의 장소적·시간적 작용가능성을 필요로
하는 것이며, 법적인 당위가 아닌 재물에 대한 사실적 처분가능성을 의미한
다(예: 집이나 거실에 있는 물건, 휴대하고 있는 물건).

② 주관적·정신적 요소

(i) 형법상의 점유는 재물을 자기의 소유의사에 따라 관리·지배하려는 사실상
의 의사인 점유의사를 요한다.

(ii) 점유의사의 개념

(가) 순수한 사실상의 지배의사: 유아·정신병자도 점유가 가능, 법인의 점유는 부정

(나) 특정한 재물에 대한 구체적인 지배의사가 아닌 일반적인 지배의사: 편지함
에 들어 있는 편지, 집 안에서 분실한 물건 등도 점유의사 인정

(다) 현실적 의사가 아닌 잠재적 지배의사: 수면자, 의식상실자의 점유도 인정

(iii) 사자의 점유 인정 여부

(가) 긍정설(판례): 형법의 점유는 현실적인 관념이므로 피해자의 사망 후에도 점
유는 계속된다고 보아, 사자의 재물을 절취한 경우 절도죄의 성립을 인정

(나) 부정설: 사자는 점유의사가 없으므로 사자의 점유를 부정하고, 위의 경우
점유이탈물횡령죄가 성립할 뿐이라는 견해

(다) 생전의 점유 침해설: 원칙적으로 사자의 점유는 부정하되, 피해자의 생전의
점유를 침해하였다고 보는 것이 사회통념에 합치되는 경우에는 절도죄를
인정하자는 견해

◆ 판 례 ◆

<사자의 점유 인정 여부>……피해자를 살해한 방에서 사망한 피해자 곁에 4
시간 30분쯤 있다가 그곳 피해자의 자취방 벽에 걸려 있던 피해자가 소지하는
물건들을 영득의 의사로 가지고 나온 경우 **피해자가 생전에 가진 점유는 사망
후에도 여전히 계속되는 것**으로 보아야 한다.(대판 1993.9.28. 93도2143)

③ 사회적 · 규범적 요소: 점유의 객관적 요소인 사실상의 재물지배와 주관적 요
소인 재물지배의사의 내용은 사회적 · 규범적 요소에 의해서 그 범위가 확대
내지 축소된다(예: 농토에 두고 온 농기구, 화재 시 집 앞에 내놓은 가구, 밭
에 두고 온 곡물 등은 그 소유자의 점유가 확대되는 경우이고, 음식점에서
손님이 사용하는 용기는 주인에게 점유가 인정되어 손님의 점유가 제한되는
경우이다).

◆ 판 례 ◆

  <사회적 규범적 요소에 의한 점유 개념의 확대>……강간을 당한 피해자가 도피
하면서 현장에 놓아두고 간 손가방은 **점유이탈물이 아니라 사회통념상 피해자의
지배하에 있는 물건이라고 보아야 할 것**이므로 피고인이 그 손가방 안에 들어 있
는 피해자 소유의 돈을 꺼낸 소위는 절도죄에 해당한다.(대판 1984.2.28. 84도38)

---

4) 타인의 점유
타인의 점유란 그 재물이 행위자의 단독점유에 속하지 아니하는 것을 말한다.

① 공동점유
(ⅰ) 배분관계에 의한 공동점유에 있어서는 점유의 타인성이 인정되지만(따라서
영득하면 절도), 상하관계에 의한 공동점유에 있어서 하위점유자의 점유는
상위점유자에 대한 관계에서 원칙적으로 보호받지 못한다(따라서 종업원이
나 가정부가 가게나 집 안의 물건을 가져간 경우에는 절도가 되며 횡령죄
가 성립하는 것은 아니다).

◆ 판 례 ◆

  <공동점유의 경우, 점유의 타인성 인정 여부>……① 동업자의 공동점유에 속
하는 동업재산을 다른 동업자의 승낙 없이 그 점유를 배제하고 단독으로 자기
의 지배로 옮겼다면 절도죄가 성립한다.(대판 1994.11.25. 94도2432)
  ② 피해자와 그 처였던 공소외인이 사실상 별개 가옥에 별거 중이면서 피해
자의 인장이 든 돈 궤짝을 피해자가 그 거주 가옥에 보관 중이었다면 위 공

소외인이 돈 궤짝의 열쇠를 소지하고 있었다고 하여도 그 안에 든 인장은 위 공소외인의 단독보관하에 있는 것이 아니라 피해자와 공동보관하에 있었다고 보아야 할 것이므로 공동보관 중의 1인인 위 공소외인이 다른 보관자인 피해자의 동의 없이 불법영득의 의사로 위 인장을 취거한 행위는 절도죄를 구성한다.(대판 1984.1.31. 83도3027)

　③ 하나의 교회가 두 개 이상으로 분열된 경우 그 재산의 처분에 관하여 교회 장전 등에 규정이 없는 한 분열 당시 교인들의 총의에 따라 그 귀속을 정하여야 하고 그와 같은 절차 없이 위 재산에 대하여 다른 교파의 점유를 배제하고 자기 교파만의 지배에 옮긴다는 인식 아래 이를 가지고 갔다면 절도죄를 구성한다.(대판 1998.7.10. 98도126)

(ii) 다만 상하 간에 고도의 신뢰관계가 있어서 종업원에게 어느 정도의 처분권한이 위임되어 있는 경우에는 종업원의 단독점유가 인정되는바, 이들의 영득행위는 횡령죄를 구성한다(예: 금전출납직원에게는 독자적인 책임하에 금전인출이 가능하면 그 자의 단독점유가 인정되고, 재물의 운반자가 보관자의 관계에서 현실적인 감독·통제를 받지 아니하는 위치에 있다면 운반자의 단독점유이다).

◆ 판 례 ◆

　<동회 사환의 점유>……피고인이 비록 동회의 사환에 불과하다 하더라도 동 직원으로부터 교부받은 현금과 예금에서 찾은 돈은 피고인의 사실상 지배하에 있었던 것으로서 피고인은 타인의 재물을 보관하는 자의 지위에 해당한다고 할 것인바, 횡령죄는 별론 절도죄는 성립하지 않는다.(대판 1968.10.29. 68도1222)

② 임치된 포장물의 점유
(i) 학　설: 다수설은 구체적 위탁관계의 취지·태양에 따라서 형식적 위탁관계에서는 위탁자에게, 실질적 위탁관계의 경우에는 수탁자에게 점유가 있다고 한다.

(ii) 판 례: 포장물 전체에 대해서는 수탁자에게 점유가 있고, 그 내용물에 대해서는 위탁자에게 점유가 유보되어 있다고 보아 전체를 영득하면 횡령죄가 성립하고 내용물만 영득하면 절도죄가 성립한다고 본다.

◆ **판 례** ◆

<임치된 포장물의 경우, 점유의 타인성 여부>······① 열차사무소 취급수인 피고인들이 합동하여 그들이 승무한 화차 내에서 동 화차에 적재해 운송 중인 철도청의 수탁화물 중 이삿짐 포장을 풀고 그 속에 묶어 넣어둔 탁상용 시계 1개 외 의류 9점을 빼내어 갔다면, **이 운송 중인 화물은 교통부의 기관에 의하여 점유·보관하는 것이라 해석되고 피고인들의 점유·보관하에 있는 것이라 볼 수 없는바**, 본건 소행은 업무상 횡령이 아니라, 특수절도죄를 구성한다.(대판 1967.7.8. 65도798)

② 보관계약에 따라 보관 중인 포장된 가마니 속의 정부소유 미의 점유는 정부에 있다 할 것이므로 이를 발취한 보관자의 행위는 절도죄에 해당할 것이고, 횡령죄에 해당한다고 볼 수 없다.(대판 1956.1.27. 4288형상375)

③ 피해자가 서울시내 평화시장 내의 한 가게에서 판시 의류 48장을 매수하여 이를 묶어서 그곳에 맡겨 놓은 후 그곳에서 약 50미터 떨어져 위 가게를 살펴볼 수 없는 딴 가게로 가서 지게짐꾼인 피고인을 불러 위 가게에 가서 맡긴 물건을 운반해 줄 것을 의뢰하자 피고인은 그 가게에 가서 위에 맡긴 물건을 찾아 피해자에게 운반하여 주지 아니하고 용달차에 싣고 가처분하였는바, 위와 같이 **피해자로부터 피고인 단독으로 판시 점포에 가서 그 물건을 위반해 올 것을 의뢰받은 것이라면 피고인의 그 운반을 위한 위 물건의 소지관계는 피해자의 위탁에 의한 보관관계에 있다고 할 것이므로 이를 영득한 행위**를 횡령죄로 의율한 것은 정당하다.(대판 1982.11.23. 82도2394)

---

③ 유류물·분실물에 대한 점유: 원점유자가 물건의 소재를 분명히 알고 있고 다시 찾을 가능성이 있으면 원소유자의 점유를 인정하고, 다른 사람(여관, 목욕탕 주인)의 지배범위 내에 들어간 경우에는 새로운 지배권자의 점유가 인정된다.

```
━━━━━━━━━━━━━━━━━━━━━━━━━ ◆ 판 례 ◆ ━━━━━━
```

　　<유류물·분실물에 대한 점유 관계>······① 어떤 물건을 잃어버린 장소가 당구장과 같이 타인의 관리 아래 있을 때에는 그 물건은 일응 그 관리자의 점유에 속한다 할 것이고, 이를 그 관리자 아닌 제3자가 취거하는 것은 유실물횡령이 아니라 절도죄에 해당한다.(대판 1988.4.25. 88도409)

　　② 고속버스 운전사는 고속버스의 간수자로서 차내에 있는 승객의 물건을 점유하는 것이 아니고, 승객이 잊고 내린 유실물을 교부받을 권능을 가질 뿐이므로 유실물을 현실적으로 발견하지 않는 한 이에 대한 점유를 개시하였다고 할 수 없고, 그 사이에 다른 승객이 유실물을 발견하고 이를 가져갔다면 절도에 해당하지 아니하고, 점유이탈물횡령에 해당한다.(대판 1993.3.16. 92도3170)

3. 행 위: 절취

　재물에 대한 타인의 점유를 배제하고 자기 또는 제3자의 점유를 옮기는 것(점유의 배제와 점유의 취득)

(1) 점유의 배제

　물건에 대한 점유자의 '지배의사에 반하여' 지금까지의 점유자의 재물에 대한 '사실상의 지배를 제거'하는 것이다.

　1) 절도죄에 있어서 보호법익의 주체는 소유자이지만, 절취행위의 대상은 소유자, 점유보조자 또는 점유매개인이 될 수 있다. 장물이라도 그 점유자의 의사에 반해 절취한 경우 절도죄가 성립한다.

```
━━━━━━━━━━━━━━━━━━━━━━━━━ ◆ 판 례 ◆ ━━━━━━
```

　　<점유자의 점유를 배제하였는지 여부>······① 피해자가 결혼예식장에서 신부측 축의금 접수인인 것처럼 행세하는 피고인에게 축의금을 내놓자 이를 교부받아 가로챈 사안에서, 피해자의 교부행위의 취지는 신부 측에 전달하는 것일 뿐 피고인에게 그 처분권을 주는 것이 아니므로 이를 피고인에게 교부한 것이라고 볼 수 없고 단지 신부 측 접수대에 교부하는 취지에 불과하므로 피고인

이 그 돈을 가져간 것은 **신부 측 접수처의 점유를 침탈하여 범한 절취행위라고 보는 것이 정당**하다.(대판 1996.10.25. 96도2227)

② 피해자가 그 소유의 오토바이를 타고 심부름을 다녀오라고 하여서 그 오토바이를 타고 가다가 마음이 변하여 이를 반환하지 아니한 채 그대로 타고 가버렸다면 횡령죄를 구성함은 별론으로 하고 적어도 절도죄를 구성하지는 아니한다.(대판 1986.8.19. 86도1093)

◆ 판 례 ◆

<장물을 절취한 경우>⋯⋯타인이 갈취한 재물을 그 타인의 의사에 반하여 절취하였다면 절도죄를 구성하고 장물취득죄가 되지 않는다.(대판 1966.12.20. 66도1437)

◆ 판 례 ◆

<타인의 신용카드로 현금인출기에서 현금을 인출한 경우>⋯⋯피해자명의의 신용카드를 부정사용하여 현금자동인출기에서 현금을 인출하고 그 현금을 취득까지 한 행위는 신용카드업법 제25조 제1항의 부정사용죄에 해당할 뿐만 아니라 그 **현금을 취득함으로써 현금자동인출기 관리자의 의사에 반하여 그의 지배를 배제하고 그 현금을 자기의 지배하에 옮겨 놓는 것이 되므로 별도로 절도죄를 구성**하고, 위 양 죄의 관계는 그 보호법익이나 행위태양이 전혀 달라 실체적 경합관계에 있는 것으로 보아야 한다.(대판 1995.7.28. 95도997)

---

2) 절취와 사취의 구별

① 처분효과의 직접성: 재물의 교부와 재산상의 손해발생 사이에 직접성이 있으면 사취가 되고, 그렇지 않고 중간에 피고인의 행위가 개입되면 절취가 된다.

◆ **판 례** ◆

<**처분효과의 직접성이 없어 절취가 되는 경우**>……① 피고인이 피해자 경영 의 금방에서 마치 귀금속을 구입할 것처럼 가장하여 피해자로부터 순금목걸이 등을 건네받은 다음, 화장실에 갔다 오겠다는 핑계를 대고 도주한 것이라면, **위순금목걸이 등은 도주하기 전까지는 아직 피해자의 점유하에 있었다고 할 것** 이므로 이를 절도죄로 의율, 처단한 것은 정당하다.(대판 1994.8.12. 94도1487)

② 피고인이 피해자가 가지고 있는 책을 잠깐 보겠다고 하며 보는 척하다 가 가져간 경우 위 책은 아직 피해자의 점유 하에 있는 것이므로 위 같은 피 고인의 소위는 절도죄를 구성한다.(대판 1983.2.22. 82도3115)

② 자의성: 재물의 교부가 자의적으로 이루어진 경우에는 사취이며 비자의적인 경우에는 절취가 된다. 여기서의 자의성이란 교부자에게 선택가능성이 있다 는 의미이므로 단순한 인내의 경우에는 자의성이 부정된다(예: 가짜 경찰관 의 압수에 속아서 취거를 묵인·인내한 경우: 절도죄).

3) 실행의 착수 시기: 타인의 점유를 배제하는 데 밀접한 행위를 하거나 목적물 을 물색한 때 실행의 착수가 있다(통설·판례의 밀접행위설).

◆ **판 례** ◆

<**절도죄에서의 실행의 착수 – 밀접행위설**>……① 절도죄의 실행의 착수 시기 는 재물에 대한 타인의 사실상의 지배를 침해하는 데 밀접한 행위가 개시된 때 라 할 것인바 피해자 소유의 자동차 안에 들어 있는 밍크코트를 발견하고 이 를 절취할 생각으로 공범이 위 차 옆에 서 망을 보는 사이 위 차 오른쪽 앞 문을 열려고 앞문손잡이를 잡아당기다가 피해자에게 발각되었다면 절도의 실 행에 착수하였다고 봄이 상당하다.(대판 1986.12.23. 86도2256)

② 노상에 세워 놓은 자동차 안에 있는 물건을 훔칠 생각으로 자동차의 유 리창을 통하여 그 내부를 손전등으로 비추어 본 것에 불과하다면 비록 유리창 을 따기 위해 면장갑을 끼고 있었고 칼을 소지하고 있었다 하더라도 절도의 예비행위로 볼 수는 있겠으나 타인의 재물에 대한 지배를 침해하는 데 밀접한

> 행위를 한 것이라고는 볼 수 없어 절취행위의 착수에 이른 것이었다고 볼 수 없다.(대판 1985.4.23. 85도464)

(2) 점유의 취득

1) 행위자 또는 제3자가 재물에 대해서 방해받지 아니하는 사실상의 지배를 갖는 것으로서, 종국적이고 확실한 점유까지 가질 것을 요하지는 않는다.

2) 기수 시기: 이에는 접촉설, 취득설, 이전설, 은닉설 등의 학설이 있으나 통설과 판례는 취득설의 입장이다. 따라서 재물의 장소적 이전이 없어도 행위자 또는 제3자의 지배 내로 물건을 옮긴 경우에는 절도죄의 기수가 된다.

◆ 판 례 ◆

<절도죄의 기수-취득설>……① 피고인이 소유자의 "도둑이야" 하는 고함 소리에 당황하여 라디오와 탁상시계를 가지고 나오다가 탁상시계는 그 집 방문 밖에 떨어뜨리고 라디오는 방에 던진 채 달아났다는 것이므로 피고인은 **소유자의 물건에 대한 소지를 침해하고 피고인 자신의 지배 내로 옮겼다고 볼 수 있으니 이는 절도의 기수이고** 미수가 아니라고 할 것이다.(대판 1964.4.22. 64도112)

② 피고인이 피해자 경영의 카페에서 야간에 아무도 없는 그곳 내실에 침입하여 장식장 안에 들어 있던 정기적금통장 등을 꺼내 들고 카페로 나오던 중 발각되어 돌려준 경우 피고인은 **피해자의 재물에 대한 소지(점유)를 침해하고, 일단 피고인 자신의 지배 내에 옮겼다고** 볼 수 있으니 절도의 미수에 그친 것이 아니라 야간주거침입절도의 기수라고 할 것이다.(대판 1991.4.23. 91도476)

③ 자동차를 절취할 생각으로 자동차의 조수석 문을 열고 들어가 시동을 걸려고 시도하는 등 차 안의 기기를 이것저것 만지다가 핸드브레이크를 풀게 되었는데 그 장소가 내리막길인 관계로 시동이 걸리지 **않은 상태에서 약 10미터 전진하다가 가로수를 들이받는 바람에 멈추게 되었다면 절도의 기수에 해당한다고 볼 수 없다.**(대판 1994.9.9. 94도1522)

4. 주관적 구성요건: 불법영득의사

고의 이외에 초과주관적 구성요건요소로서 불법영득의사를 요하는가가 문제된다.

(1) 불법영득의사의 요부

불요설도 있으나 절도죄의 보호법익은 점유가 아닌 소유권이며 형법은 절도죄를 손괴죄보다 무겁게 처벌하고 있음에 비추어 명문규정이 없음에도 불구하고 당연히 불법영득의사를 요한다고 본다(통설·판례).

◆ **판 례** ◆

　<불법영득의사의 요부>……절도죄의 성립에 필요한 불법영득의 의사라 함은 권리자를 배제하고 타인의 물건을 자기의 소유물과 같이 그 경제적 용법에 따라 이용, 처분할 의사를 말하는 것으로 영구적으로 그 물건의 경제적 이익을 보유할 의사가 필요한 것은 아니지만 **단순한 점유의 침해만으로는 절도죄를 구성할 수 없고 소유권 또는 이에 준하는 본권을 침해하는 의사, 즉 목적물의 물질을 영득할 의사이거나 또는 그 물질의 가치만을 영득할 의사이든 적어도 그 재물에 대한 영득의 의사가 있어야** 한다.(대판 1992.9.8. 91도3149)

---

(2) 불법영득의사의 내용

1) 불법영득의사의 요소

① 판례는 불법영득의 의사는 ㉮ 권리자를 배제한다는 소극적 요소와 ㉯ 소유자로서 이용한다는 적극적 요소 및 ㉰ 그 재물을 경제적 용법에 따라 이용·처분하려는 적극적 요소를 그 내용으로 한다고 한다.(대판 1992.9.8. 91도3149)

② 다수설은 소유권범죄에 있어서 재물이 경제적 가치를 가질 것을 요하지 않는 것처럼 영득의 의사도 경제적 용법에 따라 이용할 의사임을 요하지 않는다고 한다.

2) 소극적 요소(제거)

영득의 의사는 소유자를 종래의 지위에서 '영구히' 제거한다는 소극적인 요소가 있어야 한다.

① 사용 후 물건의 방치: 예를 들어, 타인의 자동차를 무단 사용하고 방치한 경우에는 이러한 소극적 요소를 추정할 수 있으므로 절도죄이다.

◆ 판 례 ◆

<사용 후 물건의 방치와 불법영득의 의사>······피고인이 길가에 세워져 있는 오토바이를 소유자의 승낙 없이 타고 가서 용무를 마친 약 1시간 50분 후 본래 있던 곳에서 약 7, 8미터 되는 장소에 방치하였다면 불법영득의 의사가 있었다고 할 것이다.(대판 1981.10.13. 81도2394)

---

② 사용기간: 사용기간이 길면 길수록 이러한 소극적 요소를 추정하는 힘은 강하다.

③ 사용절도는 이러한 소유자 지위의 영구적 배제라는 소극적 요소가 없어 불가벌이다.

3) 적극적 요소

① 영득의 의사는 타인의 재물에 대해서 소유권자와 유사한 지배를 행사하려는 적극적 요소를 요한다.

② 적극적 요소는 소극적 요소와는 달리 영구적일 필요는 없고 일시적이어도 무방하며 그 동기는 불문한다.

③ 손괴목적의 절취는 이러한 적극적 요소가 결여되어 있으므로 손괴죄가 될 뿐이다.

◆ 판 례 ◆

<소유자의 이익을 위하여 이를 처분한 것이 아닌 경우>······[1] 횡령죄에서의 불법영득의 의사는 타인의 재물을 보관하는 자가 자기 또는 제3자의 이익을 위하여 위탁의 취지에 반하여 권한 없이 그 재물을 자기의 소유인 것처럼 처분하는 의사를 말하므로, 보관자가 소유자의 이익을 위하여 이를 처분하였다면 불법영득의 의사가 없다고 볼 수도 있다.

　[2] 학교법인의 이사장이었던 자가 이사장으로 근무할 당시 학교법인이 부담하는 부외부채를 자신의 자금으로 변제한 후 그 자금회수를 위하여 자신이 보관하던 학교법인 소유의 양도성 예금증서를 어음할인에 대한 담보로 제공한 경우, 그 부외부채가 학교법인이 승인한 채무가 아니고 그 변제도 학교법인의 의사에 반하여 임의로 한 것이라는 이유로 불법영득의 의사를 인정한 사례.(대판 2000.2.8. 99도3982)

(3) 불법영득의사의 객체

1) 학설의 대립
(i) 물체 자체라는 물체설
(ii) 물체가 지니는 경제적 가치라는 가치설
(iii) 물체 또는 그 물체가 가지는 가치라는 절충설(통설·판례)

2) 가치의 범위

그러나 절충설에 의한 경우에도 가치의 범위를 제한하지 않는다면 영득과 이득의 의사를 구별할 수 없고 사용절도(사용가치의 침해)도 모두 절도라는 결과가 되므로, 여기서의 가치는 재물의 종류와 기능에 따라 결합되어 있는 **재물의 특수한 기능가치만**을 의미한다고 본다.

3) 구체적 예
① 예금통장: 예금통장을 절취하여 예금을 인출한 후 반환한 경우에는 특수한 기능가치의 침해가 있어 불법영득의사가 인정되지만,
② 현금카드: 현금자동인출카드를 절취하여 현금을 인출한 경우에는 특수한 기능가치의 침해가 없어 불법영득의사는 부정된다(현금카드는 열쇠의 기능을 갖는바 열쇠를 사용한 후 돌려준 경우에 그 열쇠 자체에 대해서는 특수한 기능가치를 침해한 것이 아니므로 불법영득의사가 부정된다는 입장이다).

◆ 판 례 ◆

<무단 사용 시 절도죄의 성부-재물의 기능가치의 침해 여부>……① 타인의 재물을 점유자의 승낙 없이 무단 사용하는 경우에 있어서 그 사용으로 물건 자체가 가지는 경제적 가치가 상당한 정도로 소모되거나 또는 사용 후 본래의 장소가 아닌 다른 곳에 버리거나 곧 반환하지 아니하고 장시간 점유하고 있는 것과 같은 때에는 그 소유권 또는 본권을 침해할 의사가 있다고 보아 불법영득의 의사를 인정할 수 있을 것이지만 그렇지 아니하고 그 사용으로 인한 가치의 소모가 무시할 정도로 경미하고 또 사용 후 곧 반환한 것과 같은 때에는 그 소유권 또는 본권을 침해할 의사가 있다고 할 수 없어 불법영득의 의

사를 인정할 수 없다고 봄이 상당하다.(대판 1992.4.24. 92도118)

② 신용카드업자가 발행한 신용카드는 이를 소지함으로써 신용구매가 가능하고 금융의 편의를 받을 수 있다는 점에서 경제적 가치가 있다 하더라도, 그 자체에 경제적 가치가 화체되어 있거나 특정의 재산권을 표창하는 유가증권이라고 볼 수 없고, 단지 신용카드회원이 그 제시를 통하여 신용카드회원이라는 사실을 증명하거나 현금자동지급기 등에 주입하는 등의 방법으로 신용카드업자로부터 서비스를 받을 수 있는 증표로서의 가치를 갖는 것이어서, 이를 사용하여 **현금자동지급기에서 현금을 인출하였다** 하더라도 신용카드 자체가 가지는 **경제적 가치가 인출된 예금액만큼 소모되었다고 할 수 없으므로, 이를 일시 사용하고 곧 반환한 경우에는 불법영득의 의사가 없다.**(대판 1999.7.9. 99도857)

③ **피해자의 승낙 없이 혼인신고서를 작성하기 위하여 피해자의 도장을 몰래 꺼내어 사용한 후 곧바로 제자리에 갖다 놓은 경우**, 도장에 대한 불법영득의 의사가 있었다고 볼 수 없다.(대판 2000.3.28. 2000도493)

④ **강취한 현금카드를 사용하여 현금자동지급기에서 예금을 인출한 행위는** 피해자의 승낙에 기한 것이라고 할 수 없으므로, **현금자동지급기 관리자의 의사에 반하여 그의 지배를 배제하고 그 현금을 자기의 지배하에 옮겨 놓는 것이 되어서 강도죄와는 별도로 절도죄를 구성한다.**(대판 2007.5.10, 2007도1375)

(4) 불법의 의미

1) 절취의 불법설(수단의 불법설): 절취가 적법하지 않으면 불법영득의사가 인정된다는 견해이다.(판례)

◆ **판 례** ◆

<**권리자의 절취행위가 절도죄가 되는지 여부(절취의 불법설)**>……① 외상 매매계약을 해제하여 동 외상 매매물품의 반환청구권이 피고인에게 있다 하여도 매수인의 승낙을 받지 아니하고 동 물품을 가져갔다면 절도행위에 해당한다. (대판 1973.2.28. 72도2538)

② 행위자에게 반환청구권이 있는 경우에도 점유자의 승낙 없이 물건을 가져갔다면 절도죄가 성립한다고 한다.(대판 1978.2.28. 77도3999)

2) 영득의 불법설: 불법이란 영득행위가 실질적으로 소유권질서와 모순·충돌되는 상태를 의미한다는 견해이다(다수설). 따라서 위의 판례의 예에서 절도죄의 성립은 부정된다. → 결과의 불법설

◆ **판 례** ◆

<**불법영득의사를 부정한 사례**>······① 피고인이 군무를 이탈할 때 총기를 휴대하고 있는지조차 인식할 수 없는 정신상태에 있었고 총기는 어떤 경우라도 몸을 떠나서는 안 된다는 교육을 지속적으로 받아 왔다면 사격장에서 군무를 이탈하면서 총기를 휴대하였다는 것만 가지고는 피고인에게 총기에 대한 불법영득의 의사가 있었다고 할 수 없다.(대판 1992.9.8. 91도3149)

② 피고인 등이 소속중대 M16소총 1정이 부족하자 이를 분실한 줄 알고 그 보충을 위하여 타부대의 소총 1정을 취거한 경우(대판 1977.9.8. 77도1069)

③ 내연관계에 있던 여자가 계속 회피하며 만나주지 않자 내연관계를 회복시켜 볼 목적으로 그녀의 물건을 가져와 보관한 후 이를 찾으러 오면 그때 그 물건을 반환하면서 타일러 다시 내연관계를 지속시킬 생각으로 물건을 가져왔고 그녀의 가족에게 그 사실을 그녀에게 연락하라고 말하였으며 그 후 이를 보관하고 있으면서 이용 내지 소비하지 아니한 경우(대판 1992.5.12. 92도280)

④ 상사와의 의견 충돌 끝에 항의의 표시로 사표를 제출한 다음 평소 피고인이 전적으로 보관, 관리해 오던 이른바 비자금 관계 서류 및 금품이 든 가방을 들고 나온 경우(대판 1995.9.5. 94도3033)

⑤ 피고인이 타인소유의 버스요금환 서랍 견본 1개를 그에 대한 최초 고안자로서의 권리를 확보하겠다는 생각으로 가지고 나가 변리사에게 의장출원을 의뢰하고 그 도면을 작성한 뒤 당일 이를 원래 있던 곳에 가져다 둔 경우(대판 1991.6.11. 91도878)

⑥ 타인의 자동차를 무단 사용하였으나 잠깐 사용할 의사가 있었고 운행한 거리는 약 2킬로미터이고 그에 소요된 시간이 약 10분 정도라면 불법 영득의 의사가 있다고 보기 어렵다. 또한 자동차 그 자체의 일시사용이 주목적이고 소비된 휘발유의 양이 매우 적은 경우에는 그 휘발유의 소비는 자동차의 일시사용 가운데 포함되어 별도의 절도죄가 성립되지 아니한다.(대판 1984.4.24. 84도311)

⑦ 동료종업원이 파출소에 연행되었다는 소식을 듣고 그를 만나러 가기 위

하여 회사 마당에 있는 사장의 승용차를 운전하고 가다가 사고를 낸 경우(대판 1981.12.8. 81도1761)

⑧ 피고인이 직장예비군 중대 총기함에서 총기 2정을 꺼내어 피고인 소속 중대의 총기함에 옮겨 놓은 경우(대판 1977.6.7. 77도1038)

⑨ 매수인이 매수한 배추를 약정기일까지 수거해 가지도 않고 달리 연락도 되지 않는데다가 배추는 누렇게 뜨고 썩기 시작하여 이를 그대로 두면 다 버리게 될 우려가 있어 소외인에게 처분하고 그 대금 중 소개비를 공제한 잔금을 농협에 정기예탁한 경우(대판 1982.2.23. 81도2371)

⑩ 피고인이 피해자의 전화번호를 알아두기 위하여 피해자가 떨어뜨린 전화요금영수증을 습득한 후 돌려주지 않은 경우(대판 1989.11.28. 89도1679)

⑪ 그 사용으로 인한 가치의 소모가 무시할 수 있을 정도로 경미하고, 또한 사용 후 곧 반환한 것과 같은 때에는 그 소유권 또는 본권을 침해할 의사가 있다고 할 수 없어 불법영득의 의사가 있다고 인정할 수 없다. 은행이 발급한 직불카드를 사용하여 타인의 예금계좌에서 자기의 예금계좌로 돈을 이체시켰다하더라도 **직불카드 자체가 가지는 경제적 가치가 계좌이체된 금액만큼 소모되었다고 할 수는 없으므로,** 이를 일시 사용하고 곧 반환한 경우에는 그 **직불카드에 대한 불법영득의 의사는 없다고 보아야 한다.**(대판 2006.3.9. 선고 2005도7819)

◆ 판 례 ◆

<불법영득의사를 긍정한 사례>……① 피해자와 사이에 피해자 소유인 쇄석장비들에 관하여 점유개정의 방법에 의한 양도담보부 금전소비대차계약을 체결하였는데 피해자가 변제기일이 지나도 채무를 변제하지 아니하자 채권자 회사의 직원들인 피고인들이 합동하여 피해자의 의사에 반하여 쇄석장비들을 임의로 분해하여 가지고 간 행위에 대하여 절도죄는 성립하는 것이고, 그러한 경우에 특별한 사정이 없는 한 **불법영득의 의사가 있다**(대판 2005.6.24 2005도2861)

② 자동차 명의신탁관계에서 제3자가 명의수탁자로부터 승용차를 가져가 매도할 것을 허락받고 인감증명 등을 교부받아 위 승용차를 명의신탁자 몰래 가져간 경우, 위 제3자와 명의수탁자의 공모·가공에 의한 절도죄의 공모공동정범이 성립한다(대판 2007.1.11. 2006도4498)

(5) 사용절도

1) 의   의

타인의 재물을 승낙 없이 일시적으로 사용한 후에 소유자에게 반환하는 것을 말하는바, 이 경우에는 불법영득의사의 소극적 요소가 없기 때문에 예외적으로 처벌하는 규정(제331의2: 자동차 등 불법사용죄)이 없는 한 불가벌이다.

2) 사용절도의 성립요건

① 단순한 사용: 재물의 사용으로 재물의 가치를 감소·소멸시킨 경우에는 절도죄가 된다(예: 사용물건의 지나친 마모).

② 사용 후 반환: 소유자가 지배범위 내로 반환하여야 하므로, 사용 후의 방치는 절도죄를 구성한다.

③ 반환의사의 존재

◆ 판   례 ◆

<사용절도에서 반환의사를 인정한 사례>······동네 선배로부터 차량을 빌렸다가 반환하지 아니한 보조열쇠를 이용하여 그 후 3차례에 걸쳐 위 차량을 2, 3시간 정도 운행한 후 원래 주차된 곳에 갖다 놓아 반환한 경우 피해자와의 친분관계, 차량의 운행경위, 운행시간, 운행 후의 정황 등에 비추어 불법영득의 의사가 있었다고 볼 수 없다.(대판 1992.4.24. 92도118)

---

5. 죄수와 타죄와의 관계

(1) 죄   수

절취의 수, 즉 점유침해의 수에 따라서 결정한다. 따라서 1개의 행위로 1인이 점유하는 수인소유의 수개의 재물을 절취한 경우에는 1개의 절도죄이다.

(2) 불가벌적 사후행위

1) 절취장물을 행위자가 손괴·처분한 경우에는 불가벌적 사후행위로서 절도죄

만 성립할 뿐이다.

2) 그러나 사후행위가 다른 사람의 법익이나 다른 법익을 침해한 경우에는 별죄를 구성한다. 예컨대 절취물을 그 정을 모르는 자에게 팔거나 통장을 훔쳐 돈을 인출하면 사기죄를 구성한다.

◆ **판 례** ◆

<절취행위에 따른 불가벌적 사후행위>……① 열차승차권은 그 자체에 권리가 화체되어 있는 무기명증권이므로 이를 곧 사용하여 승차하거나 권면가액으로 양도할 수 있고 매입금액의 환불을 받을 수 있는 것으로서 열차승차권을 절취한 자가 역직원으로부터 그 대금의 환불을 받음에 있어서 비록 기망행위가 수반한다고 하더라도 **따로 사기죄로 평가할 만한 새로운 법익의 침해가 있다고 할 실질을 가지지 못하여 절도의 불가벌적 사후행위로 보아야 한다.**(대판 1975.8.29. 75도1996)

② 금융기관 발행의 자기앞수표는 즉시 지급받을 수 있어 현금에 대신하는 기능을 하고 있는 점에서 현금적인 성격이 강하므로 절취한 자기앞수표를 추심의뢰에 의하여 환금한 행위는 소위 불가벌적 사후행위로서 사기죄를 구성하지 아니한다.(대판 1982.7.27. 82도822)

◆ **판 례** ◆

<절취행위 이후의 행위가 별죄를 구성하는 경우>……① 은행예금통장을 절취한 후 이를 사용하여 마치 진실한 예금명의인이 예금을 찾는 것처럼 은행원을 기망, 오산시켜 예금을 인출한 행위는 **절도죄 외의 새로운 법익을 침해한 것이므로 별도로 사기죄를 구성**하며 위 예금 인출행위가 절도행위의 연장이라든가 또는 그에 흡수되는 것이라고는 볼 수 없다.(대판 1974.11.26. 74도2817)

② 절취한 전당표를 제3자에게 교부하면서 자기 누님의 것이니 찾아달라고 거짓말을 하여 이를 믿은 제3자가 전당포에 이르러 그 종업원에게 전당표를 제시하여 기망케 하고 전당물을 교부받게 하여 편취하였다면 이는 사기죄를 구성하는 것이다.(대판 1980.10.14. 80도2155)

③ 절도범이 그 절취한 장물을 자기 것인 양 제3자를 기망하여 금원을 편

취한 경우에는 장물에 관하여 소비 또는 손괴하는 경우와는 달리 제3자에 대한 관계에 있어서는 새로운 법익의 침해가 있다고 할 것이므로 절도죄 외에 사기죄의 성립을 인정할 것이다.(대판 1980.11.25. 80도2310)

Ⅱ. 기타의 범죄유형

1. 야간주거침입절도죄

> **제330조(야간주거침입절도)**
>
> 　야간에 사람의 주거, 간수하는 저택, 건조물이나 선박 또는 점유하는 방실에 침입하여 타인의 재물을 절취한 자는 10년 이하의 징역에 처한다.
>
> ▶ 미수범처벌(제342조)

(1) 성　격: 야간에 주거에 침입하여 절도함으로써 성립하는 절도죄의 가중적 구성요건으로 주거침입죄와 절도죄의 결합범이다.
(2) 야　간: 야간이란 천문학적으로 일출 전 일몰 후를 의미하고(통설·판례). 침입행위나 절취행위의 어느 한쪽이 야간이면 본죄가 성립한다.(통설·판례)
(3) 실행의 착수 시기: 주거침입 시이며 재물의 절취 시에 기수

◆ 판 례 ◆

　<야간주거침입절도죄에서의 실행의 착수>······야간에 타인의 재물을 절취할 목적으로 사람의 주거에 침입한 경우에는 **주거에 침입한 행위의 단계에서 이미 형법 제330조에서 규정한 야간주거침입절도죄라는 범죄행위의 실행에 착수한 것이라고 볼 것이다.**(대판 1984.12.26. 84도2433)

◆ 판 례 ◆

<야간주거침입절도죄에서의 주거의 의미>⋯⋯야간주거침입절도죄에 있어서 침입행위의 객체인 건조물은 주위 벽 또는 기둥과 지붕 또는 천정으로 구성된 구조물로서 사람이 기거하거나 출입할 수 있는 장소를 말하며 반드시 영구적인 구조물일 것을 요하지 않는다. ⋯⋯이 사건 담배점포는 알루미늄 새시로 된 구조물이긴 하나 주위 벽과 지붕으로 구성되어 사람이 그 내부에서 기거하거나 출입할 수 있을 뿐만 아니라 실제로 피해자는 그 내부에 담배, 복권 기타 잡화 등을 진열해 놓고 판매하는 일상생활을 영위해 오면서 침식의 장소로도 사용해 왔음을 알 수 있으므로, 위 점포는 주거침입의 객체가 될 수 있는 건조물에 해당한다고 할 것이다.(대판 1989.2.28. 88도2430,88감도194)

2. 특수절도죄

제331조(특수절도)
① 야간에 문호 또는 장벽 기타 건조물의 일부를 손괴하고 전조의 장소에 침입하여 타인의 재물을 절취한 자는 1년 이상 10년 이하의 징역에 처한다.
② 흉기를 휴대하거나 2인 이상이 합동하여 타인의 재물을 절취한 자도 전항의 형과 같다.

▶ 미수범처벌(제342조)

(1) 성 격
수단의 강폭성(제1항), 위험성(제2항 전단), 집단성(제2항 후단) 때문에 절도죄 · 야간주거침입절도죄에 비하여 불법이 가중된 가중적 구성요건이다.

(2) 손괴 후 야간주거침입절도(제331조 제1항)
1) 실행의 착수 시기: 건물의 일부를 손괴하기 시작한 때
2) 침입 후 손괴: 잠겨진 문을 열쇠로 열고 들어간 경우에는 본죄가 성립하지 않음

(3) 흉기휴대절도(제331조 제2항 전단)

1) 흉　기: 물건의 본래적 성격(성질상의 흉기) 또는 사용방법에 따라서는(용법상의 흉기) 사람의 살상에 사용될 수 있는 물건(예: 장난감 권총은 성질상·용법상 흉기가 아니므로 이를 휴대한 경우에는 동죄가 성립하지 않음)을 말한다.

2) 휴　대: 몸 가까이에 소지하는 것을 말하며, 행위 시(착수 이후 종료 이전)에 휴대한 것이면 족하므로 범죄현장에서 습득한 것이라도 무방하다.

(4) 합동절도(제331조 제2항 후단)

1) 합동의 의미: 이에 대해서는 공모공동정범설, 가중적 공동정범설 등의 학설이 있으나 합동의 의미를 시간적·장소적인 협동으로 이해하는 현장설이 통설과 판례의 태도이다.

2) 구체적인 예: 甲·乙·丙이 절도를 공모하고 乙과 丙만이 현장에 가서 절취한 경우에는 현장설에 따라 乙과 丙은 특수절도죄의 정범이고, 甲은 단순절도죄의 공동정범과 특수절도죄의 교사 또는 방조의 상상적 경합이다.

3) 합동범의 유형: 특수도주·절도·강도의 세 가지 경우뿐이다.

4) 합동범의 성립요건: ① 공동실행의 의사(공모) ② 실행행위의 분담 ③ 가담자 전원의 현장집합

◆ 판 례 ◆

　<합동의 의미−현장설>······형법 제331조 제2항 후단의 '2인 이상이 합동하여 타인의 재물을 절취한 경우'의 특수절도죄가 성립하기 위해서는 **주관적 요건으로서의 공모와 객관적 요건으로서의 실행행위의 분담**이 있어야 하고 그 실행행위에 있어서는 시간적으로나 장소적으로 협동관계에 있음을 요한다.(대판 1996.3.22. 96도313)

5) 합동범의 공동정범

① 합동의 의미에 관한 현장설을 취할 때 합동범에 대하여 공동정범의 규정이 적용될 수 있느냐가 문제된다.

② 시간적·장소적으로 협동한 자만이 합동범의 정범이 될 수 있으므로 합동범

에 대해서는 공동정범의 규정이 적용될 수 없다고 보아야 할 것이지만(다수설, 종전판례), 최근 대법원은 전원합의체판결을 통하여 합동범의 공동정범을 인정하였다.

◆ 판 례 ◆

<합동범의 공동정범의 인정 여부>······3인 이상의 범인이 합동절도의 범행을 공모한 후 적어도 2인 이상의 범인이 범행현장에서 시간적·장소적으로 협동관계를 이루어 절도의 실행행위를 분담하여 절도범행을 한 경우에는 공동정범의 일반 이론에 비추어 그 공모에는 참여하였으나 현장에서 절도의 실행행위를 직접 분담하지 아니한 다른 범인에 대하여도 그가 현장에서 절도범행을 실행한 위 2인 이상의 범인의 행위를 자기 의사의 수단으로 하여 합동절도의 범행을 하였다고 평가할 수 있는 정범성의 표지를 갖추고 있다고 보이는 한, 그 다른 범인에 대하여 합동절도의 공동정범의 성립을 부정할 이유가 없다고 할 것이다.(대판[全合] 1998.5.21. 98도321)

---

3. 자동차 등 불법사용죄

제331조의2(자동차 등 불법사용)
    권리자의 동의 없이 타인의 자동차, 선박, 항공기 또는 원동기장치자동차를 일시 사용한 자는 3년 이하의 징역, 500만 원 이하의 벌금, 구류 또는 과료에 처한다.

(1) 성 격: 높은 경제적 가치를 가진 물건에 대한 사용절도를 처벌하기 위한 범죄유형으로서 불법영득의 의사 없이 소유권을 침해할 때 성립하는 범죄이다.
(2) 행위대상: 자동차, 선박, 항공기 또는 원동기장치자전거에 제한된다. 따라서 자전거 등 법문 이외의 물건에 대한 사용절도는 여전히 불가벌이다.
(3) 행 위: 권리자의 동의 없는 일시사용

1) 일시사용

① 사용은 통행수단으로 이용하는 것을 말하므로 자동차에서 잠을 자거나 라디오를 듣는 행위 등은 주거침입죄의 성립은 별론으로 하고 본죄에 해당하지 않는다.

② 또한 사용은 불법하게 사용을 개시한 경우만 의미하며, 정당하게 사용을 개시한 후 권한을 넘어서 사용을 계속한 경우는 해당하지 않는다.

2) 권리자의 동의가 없어야 한다.

여기서의 권리자는 소유권자와 소유권자로부터 사용을 위임받은 사용권자이다. 동의는 명시적일 필요가 없고 추정될 수도 있다.

3) 기수 시기

자동차 등을 사용함으로써 기수에 이르나 사용을 끝낼 때까지 계속된다(계속범).

◆ 판 례 ◆

<자동차 등 불법사용죄를 인정한 사례>……피고인이 피해자의 차량을 가져간 것이 피해자의 점유를 영구적으로 배제하려는 것이 아니라 이후 차량을 반환할 의사로 피해자의 동의 없이 일시적으로 사용한 경우라고 한다면, 이에는 특수절도죄가 아닌 자동차 등 불법사용죄를 적용해야 한다.(대판 1998.9.4. 98도2181)

---

(4) 절도죄와의 관계: 보충관계이므로 절도죄가 성립하면 따로 자동차 등 불법사용죄가 문제되지 아니한다.

4. 상습절도죄

제332조(상습범)
　상습으로 제329조 내지 제331조의2의 죄를 범한 자는 그 죄에 정한 형의 2분의 1까지 가중한다.

▶ 미수범처벌(제342조)

(1) 상　습: 상습이란 같은 범행을 반복하는 습벽을 말하므로 경우에 따라서는 단 1회의 범행도 습벽의 발현으로 인정될 수 있으면 상습이 될 수 있다.

(2) 절도, 야간주거침입절도, 특수절도를 상습으로 반복한 때에는 가장 중한 상습특수절도죄의 포괄일죄가 된다(판례).

(3) 상습절도죄가 성립하는 경우에는 주거침입죄는 본죄에 흡수된다(판례).

Ⅲ. 친족상도례

제328조(친족 간의 범행과 고소)

① 직계혈족, 배우자, 동거친족, 호주, 가족 또는 그 배우자 간의 제323조의 죄는 그 형을 면제한다.

② 제1항 이외의 친족 간에 제323조의 죄를 범한 때에는 고소가 있어야 공소를 제기할 수 있다.

③ 전 2항의 신분관계가 없는 공범에 대해서는 전 2항을 적용하지 아니한다.

제344조(친족 간의 범행)

제328조의 규정은 제329조 내지 제332조의 죄 또는 미수범에 준용한다.

---

1. 의　의

친족상도례란 친족 간에 범해진 재산죄에 있어서 친족관계라는 특수사정을 고려하여 범인에게 유리하게 작용하는 특례규정을 의미한다.

2. 형면제의 법적 성질

인적 처벌 조각사유라고 보는 것이 통설이다. 따라서 친족 간의 상도행위는 범죄 그 자체는 성립하나 형벌만 면제될 뿐이다.

3. 친족관계의 존재범위

(1) 친족관계가 행위자와 소유자 사이에 존재해야 한다는 견해(소유자 관계설)도

있으나, 통설과 판례는 친족관계는 행위자와 소유자뿐만 아니라 행위자와 점유자 사이에도 존재해야 한다고 한다(소유자·점유자 관계설).

◆ 판 례 ◆

<친족상도례에서 친족관계의 존재 범위>······친족상도례에 관한 규정은 **범인과 피해물건의 소유자 및 점유자 모두 사이에 친족관계가 있는 경우에만 적용**되는 것이고 절도범인이 피해물건의 소유자나 점유자의 어느 일방과 사이에서만 친족관계가 있는 경우에는 그 적용이 없다.(대판 1980.11.11. 80도131)

---

(2) 재물의 소유자가 여러 사람인 경우에는 모든 소유자와 행위자 사이에 친족관계가 있어야 한다.
(3) 친족관계는 행위 시에 존재하면 충분하고, 행위 후에는 소멸해도 무방하다.

◆ 판 례 ◆

<친족관계 존재의 시적 표준 - 인지의 소급효의 형법에의 적용 여부>······형법 제344조, 제328조 제1항 소정의 친족 간의 범행에 관한 규정이 적용되기 위한 **친족관계는 원칙적으로 범행 당시에 존재**하여야 하는 것이지만, 부가 혼인 외의 출생자를 인지하는 경우에 있어서는 민법 제860조에 의하여 그 자의 출생 시에 소급하여 인지의 효력이 생기는 것이며, 이와 같은 **인지의 소급효는 친족상도례에 관한 규정의 적용에도 미친다**고 보아야 할 것이므로, 인지가 범행 후에 이루어진 경우라고 하더라도 그 소급효에 따라 형성되는 친족관계를 기초로 하여 친족상도례의 규정이 적용된다.(대판 1997.1.24. 96도1731)

---

4. 적용범위
(1) 정범뿐만 아니라 공범에 대해서도 적용되나 친족관계가 있는 자에게만 적용된다.
(2) 권리행사방해죄에 대한 규정이 절도죄, 사기죄, 공갈죄, 횡령죄, 배임죄에 준용되며, 장물죄에 대해서는 특별규정이 있다(제365조 제1, 2항).
(3) 재산죄 중 강도죄·손괴죄에 대해서는 친족상도례의 적용이 없다.

제2절 강도의 죄

I. 단순강도죄

제333조(강도)

폭행 또는 협박으로 타인의 재물을 강취하거나 기타 재산상의 이익을 취득하거나 제3자로 하여금 이를 취득하게 한 자는 3년 이상의 유기징역에 처한다.

▶ 미수범처벌(제342조) ▶ 예비 · 음모처벌(제343조)

---

1. 의의 및 보호법익

(1) 폭행 · 협박을 수단으로 재산권을 침해하는 범죄이다.

(2) 보호법익: 주된 보호법익은 소유권 및 재산권이지만 자유권, 즉 개인의 의사결정 및 활동의 자유도 부차적인 보호법익이 된다.

(3) 보호정도: 침해범

◆ **판 례** ◆

<권리행사의 수단으로 강도행위를 한 경우>……채권자로부터 채무자에 대한 외상물품 대금채권의 회수를 의뢰받았다 하더라도, **채무자의 반항을 억압할 정도의 폭행과 협박을 가하여 재물 및 재산상 이득을 취득한 이상 이는 정당한 권리행사라고 볼 수 없음이 명백**하여 강도상해죄가 성립함에는 아무런 지장이 없다.(대판 1995.12.12. 95도2385)

---

2. 행위객체: 타인의 재물 또는 재산상의 이익

(1) 재 물: 타인소유의 타인재물(절도의 죄 참조)

(2) 재산상 이익

1) 개 념

재물 이외에 재산가치가 있는 일체의 이익으로서 적극적·소극적 이익 또는 영구적·일시적 이익을 불문한다(예: 채무의 면제, 채무상환의 일시유예도 재산상 이익이 된다).

2) 성 질

① 법률적 재산설: 법률(민법)상 개인이 갖는 모든 권리와 의무를 재산으로 보는 견해로서 경제적 가치는 불문함

② 경제적 재산설: 법적 측면을 고려하지 않고 경제적 교환가치만을 재산으로 고려하는 견해

③ 법률적·경제적 재산설(통설): 경제적 가치 있는 재화 가운데 법질서가 승인한 것만을 재산으로 인정하는 견해

◆ 판 례 ◆

<강도죄에서 '재산상 이익'의 의미>……① 형법 제333조 후단의 강도죄(이른바 강제이득죄)의 요건이 되는 재산상의 이익이란 재물 이외의 재산상의 이익을 말하는 것으로서, 그 재산상의 이익은 **반드시 사법상 유효한 재산상의 이득만을 의미하는 것이 아니고 외견상 재산상의 이득을 얻을 것이라고 인정할 수 있는 사실관계만 있으면 여기에 해당**된다.(대판 1997.2.25. 96도3411)

② 형법 제333조 후단의 강도죄, 이른바 강제이득죄의 요건인 재산상의 이익이란 재물 이외의 재산상의 이익을 말하는 것으로서 **적극적 이익(적극적인 재산의 증가)이든 소극적 이익(소극적인 부채의 감소)이든 상관없는 것**이고, 강제이득죄는 권리의무관계가 외형상으로라도 불법적으로 변동되는 것을 막고자 함에 있는 것으로서 항거불능이나 반항을 억압할 정도의 폭행·협박을 그 요건으로 하는 강도죄의 성질상 그 권리의무관계의 외형상 변동의 사법상 효력의 유무는 그 범죄의 성립에 영향이 없고, 법률상 정당하게 그 이행을 청구할 수 있는 것이 아니라도 강도죄에 있어서의 재산상의 이익에 해당하는 것이며, 따라서 이와 같은 재산상의 이익은 반드시 사법상 유효한 재산상의 이득만

을 의미하는 것이 아니고 외견상 재산상의 이득을 얻을 것이라고 인정할 수 있는 사실관계만 있으면 된다.(대판 1994.2.22. 93도428)

③ 피고인들이 폭행·협박으로 피해자로 하여금 매출전표에 서명을 하게 한 다음 이를 교부받아 소지함으로써 이미 외관상 각 매출전표를 제출하여 신용카드회사들로부터 그 금액을 지급받을 수 있는 상태가 되었는바, 피해자가 각 매출전표에 허위서명한 탓으로 피고인들이 신용카드회사들에게 각 매출전표를 제출하여도 신용카드회사들이 신용카드 가맹점 규약 또는 약관의 규정을 들어 그 금액의 지급을 거절할 가능성이 있다 하더라도, 그로 인하여 **피고인들이 각 매출전표상의 금액을 지급받을 가능성이 완전히 없어져 버린 것이 아니고 외견상 여전히 그 금액을 지급받을 가능성이 있는 상태이므로, 결국 피고인들이 '재산상 이익'을 취득하였다고 볼 수 있다.**(대판 1997.2.25. 96도3411)

3. 행 위: 폭행 또는 협박에 의한 재물 기타 재산상 이익의 취득

(1) 폭행·협박: 상대방의 반항을 억압할 정도(최협의 폭행)
1) 반항을 억압할 수 있는가의 여부는 행위당시의 구체적 사정을 고려하여 일반인의 입장에서 객관적으로 판단하여야 한다(통설·판례).

◆ **판 례** ◆

<수면제를 먹인 행위가 강도죄의 폭행에 해당하는지>……'아리반'(신경안정제) 4알을 탄 우유가 들어 있는 컵을 휴대하고 다니다가 사람에게 마시게 하여 졸음에 빠지게 하고 그 틈에 그 사람의 돈이나 물건을 빼앗은 경우에 그 수단은 강도죄에서 요구하는 남의 항거를 억압할 정도의 폭행에 해당된다.(대판 1979.9.25. 79도1735)

2) 반항불능은 반항의 일반적 불가능을 의미하므로, 피해자가 폭력을 인식하지 못한 경우에도 폭행을 인정할 수 있다.
3) 폭행·협박이 상대방의 반항을 억압할 정도에 이르지 아니하고 단지 공포심

을 생기게 할 정도일 경우에는 공갈죄가 성립할 뿐이다.

(2) 재물의 강취: 폭행·협박에 의해서 상대방의 의사에 반하여 타인의 재물을 자기 또는 제3자의 점유로 옮기는 것이다.

1) 시 기: 폭행·협박은 재물취득보다 시간적으로 앞서야. 따라서 재물취득 이후에 폭행·협박을 한 경우에는 준강도죄가 성립할 뿐이다.

2) 인과관계: 폭행·협박과 재물취득 사이에는 객관적 인과관계를 요한다.

① 폭행하여 열쇠를 빼앗고 다음 날 열쇠를 이용해서 물건을 취거한 경우 물건에 대해서는 절도죄만 성립한다.

② 상대방의 반항을 억압할 정도의 폭행·협박을 했지만 상대방이 연민의 정으로 재물을 교부한 경우에는 강도미수만이 성립한다.

③ 강도의 고의로 객관적으로 반항을 억압할 정도의 폭행·협박을 했지만 상대방이 단지 공포심에서 재물을 교부한 경우에는 강도미수만이 성립한다.

④ 강도고의를 가졌으나 폭행·협박이 객관적으로 공갈의 그것에 해당하는 경우에는 공갈죄가 성립한다.

(3) 재산상 이익의 취득(강제이득): 폭행·협박에 의해 상대방의 의사에 반하여 재산상의 이익을 취하거나 제3자로 하여금 취득하게 하는 것

1) 폭행·협박은 재산상 이익취득의 수단이어야 하며, 양자 사이에는 객관적 인과관계가 있어야 함은 재물강취와 동일하다.

2) 재산상 이익을 취득하는 과정에서 피해자의 일정한 처분행위나 의사표시가 없어도 무방하다. 따라서 채무면탈의 목적으로 사람을 살해한 경우, 강도살인죄가 성립한다.

◆ 판 례 ◆

<채무면탈 살인에서 강도살인죄의 성부>……채무면탈의 목적을 가지고 살해행위에 착수하였다가 미수에 그친 경우에는 강도살인미수죄가 성립된다.(대판 1964.9.8. 64도310)

3) 재산상 이익의 취득의 형태

㉮ 피해자에게 일정 처분을 시켜 이익을 취득하는 경우(예: 채무면제, 채무이행 연기의 승낙)

㉯ 대가의 제공 없이 경제적 노무를 제공하게 하는 경우(예: 택시운전사를 폭행·협박하여 운행하게 한 경우, 그러나 자가용운전자의 경우에는 강요죄가 된다)

㉰ 피해자에게 일정한 의사표시를 하게 하여 이익을 취득하는 경우(예: 저당권 설정등기 말소의 의사표시를 하게 하는 것)

(4) 실행의 착수 및 기수 시기: 폭행·협박을 개시한 때 실행의 착수가 있고, 재물 또는 재산상의 이익을 취득한 때 기수

4. 주관적 구성요건: 고의 외에 불법영득·이득의 의사를 요한다.

◆ 판 례 ◆

<강도죄의 불법영득의사>······강도살인죄가 성립하려면 먼저 강도죄의 성립이 인정되어야 하고 **강도죄가 성립하려면 불법영득의 의사가 있어야** 하는 것인바, 피해자를 강간한 후 항거불능 상태에 있는 피해자에게 돈을 내놓으라고 하여 피해자가 서랍 안에서 꺼내 주는 돈을 받는 즉시 팁이라고 하면서 피해자의 브래지어 속으로 그 돈을 집어넣어 준 것이라면 이는 불법영득을 하려 한 것이 아니라 **피해자를 희롱하기 위하여 돈을 뺏은 다음 그대로 돌려주려고 한 의도**였다고 할 것이므로 불법영득의 의사가 있었다고 보기 어렵다.(대판 1986. 6.24. 86도776)

5. 타죄와의 관계

(1) 절도죄와는 법조경합관계에 있으므로 절취한 후 강취한 경우에는 강도죄만 성립한다.

(2) 강취한 재물을 처분한 경우에는 원칙적으로 불가벌적 사후행위가 된다(절도 죄 참조).

(3) 절취행위에 착수한 자가 저항하는 피해자를 폭행·협박으로 제압하고 재물을 탈취한 경우에는 폭행·협박이 재물강취의 수단으로 작용했으므로 준강

　도죄가 아닌 강도죄이다.

(4) 사람을 살해한 직후 영득의사가 생겨 재물을 영득한 경우

1) 학　설: 사자의 점유를 인정할 수 없으므로 **살인죄**와 **점유이탈물횡령죄**의 경합범이 된다(다수설).

2) 판　례: 피해자가 생전에 가진 점유가 여전히 계속되는 것으로 보아 **살인죄와 절도죄**의 경합범이 성립한다.

◆ 판　례 ◆

　＜살해 후에 비로소 불법영득의 의사로 물건을 가져간 경우＞……피해자를 살해한 방에서 사망한 피해자 곁에 4시간 30분쯤 있다가 그곳 피해자의 자취방 벽에 걸려 있던 피해자가 소지하는 물건들을 영득의 의사로 가지고 나온 경우 **피해자가 생전에 가진 점유는 사망 후에도 여전히 계속되는 것**으로 보아야 하므로, 피고인의 취거 행위는 절도죄를 구성한다.(대판 1993.9.28. 93도2143)

---

(5) 강간범이 강간 후에 강도의 범의를 일으켜 그 부녀의 재물을 취득한 경우

1) 학　설: **강간죄와 절도죄**의 경합범(폭행·협박은 재물강취의 수단이 아니므로)

2) 판　례: **강간죄와 강도죄**의 경합범

◆ 판　례 ◆

　＜강간 후 강도의 범의를 일으켜 재물을 강취한 경우＞……부녀를 강간한 자가 강간행위 후에 강도의 범의를 일으켜 그 부녀가 강간의 범행으로 항거불능 상태에 있음을 이용하여 재물을 강취하는 경우에는 강간죄와 강도죄의 경합범이 성립될 수 있을 뿐이다.(대판 1977.9.28. 77도1350)

---

6. 죄　수

　폭행, 협박의 보호법익인 신체의 건재 및 자유는 전속적 법익이므로 이를 침해 당하는 폭행, 협박의 객체, 즉 관리의 주체가 여럿인 경우는 피해자별로 각 죄가 성립하나, 취거행위의 보호법익인 재산권은 비전속적 법익이므로 같은 관리하에 소유자가 여럿인 물건을 강취하는 경우는 일죄가 성립한다.

◆ 판 례 ◆

<강도죄의 죄수관계>……① 강도죄와 같은 도죄의 죄수를 정하는 표준은 반드시 법익침해의 개수에만 의거하지 않고 단일한 범의로써 강취한 시간과 장소가 접촉되어 있고 같은 사람의 관리하에 있는 방안에서 소유자가 다른 물건을 여러 가지 강취한 경우에는 단순일죄가 성립한다.(대판 1979.10.10. 79도2093)

② 강도가 동일한 장소에서 동일한 방법으로 시간적으로 접착된 상항에서 수인의 재물을 강취하였다고 하더라도, 수인의 피해자들에게 폭행 또는 협박을 가하여 그들로부터 그들이 각기 점유·관리하고 있는 재물을 각각 강취하였다면, 피해자들의 수에 따라 수개의 강도죄를 구성하는 것이고, 다만 강도범인이 피해자들의 반항을 억압하는 수단인 폭행, 협박행위가 사실상 공통으로 이루어졌기 때문에, 법률상 1개의 행위로 평가되어 상상적 경합으로 보아야 될 경우가 있는 것은 별문제이다. ……피고인이 여관에서 종업원을 칼로 찔러 상해를 가하고 객실로 끌고 들어가는 등 폭행, 협박을 하고 있던 중, 마침 다른 방에서 나오던 여관의 주인도 같은 방에 밀어 넣은 후, 주인으로부터 금품을 강취하고, 1층 안내실에서 종업원 소유의 현금을 꺼내 갔다면, **여관 종업원과 주인에 대한 각 강도행위가 각별로 강도죄를 구성하되 피고인이 피해자인 종업원과 주인을 폭행·협박한 행위는 법률상 1개의 행위로 평가되는 것이 상당하므로 위 2죄는 상상적 경합범관계에 있다고 할 것이다.**(대판 1991.6.25. 91도643)

③ 예금주인 **현금카드 소유자를 협박하여 그 카드를 갈취한 다음** 피해자의 승낙에 의하여 현금카드를 사용할 권한을 부여받아 이를 이용하여 현금자동지급기에서 현금을 인출한 행위는 모두 피해자의 예금을 갈취하고자 하는 피고인의 단일하고 계속된 범의 아래에서 이루어진 **일련의 행위로서 포괄하여 하나의 공갈죄를 구성한다**고 볼 것이므로, 현금자동지급기에서 피해자의 예금을 인출한 행위를 현금카드 갈취행위와 분리하여 따로 절도죄로 처단할 수는 없는 것이다. 왜냐하면, 위 예금 인출 행위는 하자 있는 의사표시이기는 하지만 피해자의 승낙에 기한 것이고, 피해자가 그 승낙의 의사표시를 취소하기까지는 현금카드를 적법, 유효하게 사용할 수 있으므로, 은행으로서도 피해자의 지급정지 신청이 없는 한 그의 의사에 따라 그의 계산으로 적법하게 예금을 지급할 수밖에 없는 것이기 때문이다.

　　그러나 **강도죄는 공갈죄와는 달리** 피해자의 반항을 억압할 정도로 강력한 정도의 폭행·협박을 수단으로 재물을 탈취하여야 성립하는 것이므로, 피해자로부터 현금카드를 강취하였다고 인정되는 경우에는 **피해자로부터 현금카드의 사용에 관한 승낙의 의사표시가 있었다고 볼 여지가 없다.** 따라서 강취한 현금카드를 사용하여 현금자동지급기에서 예금을 인출한 행위는 피해자의 승낙에 기한 것이라고 할 수 없으므로, 현금자동지급기 관리자의 의사에 반하여 그의 지배를 배제하고 그 현금을 자기의 지배하에 옮겨 놓는 것이 되어서 **강도죄와는 별도로 절도죄를 구성한다**(대판 2007.5.10, 2007도1375)

Ⅱ. 가중적 구성요건

1. 특수강도죄

> **제334조(특수강도)**
> ① 야간에 사람의 주거, 관리하는 건조물, 선박이나 항공기 또는 점유하는 방실에 침입하여 제333조의 죄를 범한 자는 무기 또는 5년 이상의 징역에 처한다.
> ② 흉기를 휴대하거나 2인 이상이 합동하여 전조의 죄를 범한 자도 전항의 형과 같다.
>
> ▶ 미수범처벌(제342조)

(1) 성　격: 행위의 위험성으로 인한 강도죄의 가중적 구성요건
(2) 실행의 착수 시기
제1항의 야간주거침입강도죄의 실행의 착수 시기에 대해 견해의 대립이 있다.

1) 주거침입시설: 주거침입 시에 실행의 착수를 인정하는 견해

2) 폭행·협박시설: 야간주거침입절도죄와의 구별을 위해 폭행·협박이 있을 때 비로소 실행의 착수를 인정하자는 견해(통설)

3) 판 례: 일관된 태도를 보이고 있지 않다(주거침입 시 또는 폭행·협박 시).

◆ 판 례 ◆

<흉기휴대특수강도죄의 실행착수 시기>······특수강도의 실행의 착수는 강도의 실행행위, 즉 사람의 반항을 억압할 수 있는 정도의 폭행 또는 협박에 나아갈 때에 있다 할 것인바······강도의 범의로 야간에 칼을 휴대한 채 타인의 주거에 침입하여 집 안의 동정을 살피다가 피해자를 발견하고 갑자기 욕정을 일으켜 칼로 협박하여 강간한 경우, 야간에 흉기를 휴대한 채 **타인의 주거에 침입하여 집 안의 동정을 살피는 것만으로는 특수강도의 실행에 착수한 것이라고 할 수 없으므로** 위의 특수강도에 착수하기도 전에 저질러진 위와 같은 강간행위가 구특정범죄가중처벌등에관한법률 제5조의6 제1항 소정의 특수강도강간죄에 해당한다고 할 수 없다.[6](대판 1991.11.22. 91도2296)

◆ 판 례 ◆

<야간주거침입강도죄의 실행착수 시기-흉기휴대·합동절도의 경우>······형법 제334조 제1항 소정의 야간주거침입강도죄는 주거침입과 **강도의 결합범으로서 시간적으로 주거침입행위가 선행되므로 주거침입을 한 때에 본죄의 실행에 착수한 것으로 볼 것인바,** 같은 조 제2항 소정의 흉기휴대·합동강도죄에 있어서도 그 강도행위가 야간에 주거에 침입하여 이루어지는 경우에는 주거침입을 한 때에 실행에 착수한 것으로 보는 것이 타당하다.[7](대판 1992.7.28. 92도917)

---

6) 판례가 통설과 같이 폭행·협박시설을 취하는 사안이다.
7) 판례가 제1항·제2항을 불문하고 (야간)주거침입시설을 취하는 사안이다.

2. 강도상해·치상죄, 강도살인·치사죄

> **제337조(강도상해, 치상)**
>
> 강도가 사람을 상해하거나 상해에 이르게 한 때에는 무기 또는 7년 이상의 징역에 처한다.
>
> **제338조(강도살인, 치사)**
>
> 강도가 사람을 살해한 때에는 사형 또는 무기징역에 처한다. 사망에 이르게 한 때에는 무기 또는 10년 이상의 징역에 처한다.
>
> ▶ 미수범처벌(제342조)

(1) 주　체: 강도

강도에는 단순강도뿐만 아니라, 특수강도·준강도 및 인질강도를 포함한다. 그 기수·미수도 불문한다.

◆ **판　례** ◆

＜강도살인죄의 주체인 강도＞……강도살인죄(형법 제338조)의 주체인 강도는 준강도죄(형법 제335조)의 강도범인을 포함한다고 할 것이므로 절도가 체포를 면탈할 목적으로 사람을 살해한 때에는 강도살인죄가 성립한다.(대판 1987.9.22. 87도1592)

(2) 사상의 결과: 반드시 강도의 수단인 폭행·협박에서 발생한 것임을 요하지 않고 적어도 강도의 기회에 발생한 것이면 족하다(강도기회설).

◆ **판　례** ◆

＜사상의 결과가 발생해야 하는 시적 한계＞……강도살인이라 함은 강도범인이 강도의 기회에 살인행위를 함으로써 성립하는 것이므로, **강도범행의 실행 중이거나 그 실행 직후 또는 실행의 범의를 포기한 직후로서 사회통념상 범죄행위가 완료되지 아니하였다고 볼 수 있는 단계에서 살인이 행하여짐을 요건으로** 한다.(대판 1996.7.12. 96도1108)

◆ 판 례 ◆

　　<강도의 기회에 사상의 결과가 발생한 것으로 인정된 사례>……① 피해자가 강취행위 이전에 현장에서 사망했든 강취행위 이후에 병원으로 운송하는 도중에 사망했든 강도살인에 해당함은 다를 바 없다.(대판 1977.2.22)

　　② 택시요금의 지급을 면할 목적으로 과도로 협박만 하였는데 이에 놀란 운전수가 급회전하다가 과도에 찔린 경우에도 강도치상죄가 성립한다.(대판 1985.1.15. 84도2397)

　　③ 강도범행 직후 신고를 받고 출동한 경찰관이 위 범행현장으로부터 약 150m 지점에서, 화물차를 타고 도주하는 피고인을 발견하고 순찰차로 추적하여 격투 끝에 피고인을 붙잡았으나, 피고인이 너무 힘이 세고 반항이 심하여 수갑도 채우지 못한 채 피고인을 순찰차에 억지로 밀어 넣고서 파출소로 연행하고자 하였는데, 그 순간 피고인이 체포를 면하기 위하여 소지하고 있던 과도로 옆에 앉아 있던 경찰관을 찔러 사망케 하였다면 **피고인의 위 살인행위는 강도행위와 시간상 및 거리상 극히 근접하여 사회통념상 범죄행위가 완료되지 아니한 상태에서 이루어진 것이라고 보이므로**(위 살인행위 당시에 피고인이 체포되어 신체가 완전히 구속된 상태이었다고 볼 수 없다), 원심이 피고인을 강도살인죄로 적용하여 처벌한 것은 옳다.(대판 1996.7.12. 96도1108)

　　④ 채무면탈의 목적으로 채권자를 살해하고 동인의 반항능력이 완전히 상실된 것을 이용하여 즉석에서 동인이 소지하고 있던 재물까지 탈취하였다면 **살인행위와 재물탈취행위는 서로 밀접하게 관련되어 살인행위를 이용한 재물탈취행위라고 볼 것이므로** 이는 강도살인죄에 해당한다.(대판 1985.10.22. 85도1527)

◆ 판 례 ◆

　　<강도의 기회에 사상의 결과가 발생한 것으로 부정된 사례>……① 채무의 존재가 명백할 뿐만 아니라 채권자의 상속인이 존재하고 그 상속인에게 채권의 존재를 확인할 방법이 확보되어 있는 경우에는 비록 그 채무를 면탈할 의사로 채권자를 살해하더라도 일시적으로 채권자 측의 추급을 면한 것에 불과하여 재산상이익의 지배가 채권자 측으로부터 범인 앞으로 이전되었다고 보기는 어려우므로, 이러한 경우에는 강도살인죄가 성립할 수 없다.(대판 2004.6.24. 2004도1098)

② 피고인이 피해자 소유의 돈과 신용카드에 대하여 불법영득의 의사를 갖게 된 것이 살해 후 **상당한 시간이 지난 후로서 살인의 범죄행위가 이미 완료된 후의 일이라면**, 살해 후 상당한시간이 지난 후에 별도의 범의에 터잡아 이루어진 재물취거행위를 그 보다 앞선 살인행위와 합쳐서 강도살인죄로 처단할 수 없다.(대판 2004.6.24. 2004도1098)

(3) 미수와 기수의 구별기준
1) 강도상해죄, 강도살인죄, 강도강간죄의 기수와 미수의 구별기준은 서로 같다. 즉, 강도가 아니라 상해, 살인, 강간의 기수·미수 여부를 기준으로 한다(강도의 기·미수는 불문).
2) 강도상해미수, 강도살인미수가 성립하기 위해서는 상해, 살인이 각각 미수에 그쳐야 한다(판례).

3. 강도강간죄

> **제339조(강도강간)**
> 강도가 부녀를 강간한 때에는 무기 또는 10년 이상의 징역에 처한다.
>
> ▶ 미수범처벌(제342조)

(1) 주 체: 강도(강도는 실행에 착수한 이상 기·미수를 불문).
1) 강도가 강간을 해야 하므로 강간범이 강도하는 때에는 본죄가 성립하지 아니하고 강도죄와 강간죄의 경합범이 될 뿐이다.

◆ **판 례** ◆

<강간 후 강도와 강도강간>······강간범이 강간행위 후에 강도의 범의를 일으켜 그 부녀의 재물을 강취하는 경우에는 강도강간죄가 아니라 강간죄와 강도죄의 경합범이 성립될 수 있을 뿐이다.(대판 1977.9.28. 77도1350)

2) 재물강취의 수단으로 강간하고 강취한 경우에도 본 죄가 성립한다.

◆ **판 례** ◆

<**강간 종료 전의 강도와 강도강간**>······강간범이 강간행위 종료 전에 강도의 행위를 한 경우에는 이때에 바로 강도의 신분을 취득하는 것이므로 이후에 강간행위를 계속하는 때에는 강도강간죄를 구성한다고 한다.(대판 1988.9.9. 88도1240)

---

(2) 미　수: 강도강간죄의 미수는 강간행위의 기수·미수에 따라서 정해진다.
(3) 경합관계: 강도가 부녀를 강간하여 치사케 한 경우(또는 살인, 상해, 치상)에는 **강도강간죄와 강도치사죄의 상상적 경합**이 되는 것이지 강도강간치사죄가 되는 것이 아니다.
※ 강도강간치사죄 등의 범죄는 없다.

◆ **판 례** ◆

<**강도가 강간을 위한 폭행으로 상해를 입힌 경우의 죄책**>······강도가 재물강취의 뜻을 재물의 부재로 이루지 못한 채 미수에 그쳤으나 그 자리에서 항거불능의 상태에 빠진 피해자를 간음할 것을 결의하고 실행에 착수했으나 역시 미수에 그쳤더라도 반항을 억압하기 위한 폭행으로 피해자에게 상해를 입힌 경우에는 **강도강간미수죄와 강도치상죄가** 성립되고 이는 **1개의 행위가 2개의 죄명에 해당되어 상상적 경합관계가** 성립된다.(대판 1988.6.28. 88도820)

---

4. 해상강도·강도상해·강도살인죄

> **제340조(해상강도)**
> ① 다중의 위력으로 해상에서 선박을 강취하거나 선박 내에 침입하여 타인의 재물을 강취한 자는 무기 또는 7년 이상의 징역에 처한다.
> ② 제1항의 죄를 범한 자가 사람을 상해하거나 상해에 이르게 한 때에는 무기 또는 10년 이상의 징역에 처한다.

> ③ 제1항의 죄를 범한 자가 사람을 살해 또는 사망에 이르게 하거나 부
> 녀를 강간한 때에는 사형 또는 무기징역에 처한다.
>
> ▶ 미수범처벌(제342조)

여기서 해상이란 경찰권이 미치기 어려운 영해, 공해를 말하며 하천·호수·항만은 제외된다.

5. 상습강도죄

> 제341조(상습범)
> 상습으로 제333조, 제334조, 제336조 또는 전조 제1항의 죄를 범한 자는 무기 또는 10년 이상의 징역에 처한다.

◆ 판 례 ◆

<상습강도죄의 기판력이 강도상해죄에 미치는지 여부>……형법 제341조에 의하면 강도, 특수강도, 약취강도, 해상강도의 각 죄에 관해서는 상습범가중규정을 두고 있으나 **강도상해, 강도살인, 강도강간 등의 각 죄에 관해서는 상습범가중규정을 두고 있지 아니하여** 이 사건과 같이 이건 강도상해죄가 판시 상습강도죄의 확정판결 전에 범한 것이라 하더라도 상습강도죄와 위 강도상해죄는 **포괄1죄의 관계에 있다기보다는 실체적 경합범 관계에 있다**고 해석함이 마땅하다 할 것이므로 원심이 같은 견해에서 특수강도의 상습범에 대한 가중죄인 특정범죄가중처벌등에관한법률위반죄의 기판력이 이 사건 강도상해죄에 미치지 않는다고 판시하였음은 정당하다.(대판 1982.10.12. 82도1764)

Ⅲ. 기타의 범죄유형

1. 준강도죄

> **제335조(준강도)**
>
> 절도가 재물의 탈환을 항거하거나 체포를 면탈하거나 죄적을 인멸할 목적으로 폭행 또는 협박을 가한 때에는 전 2조의 예에 의한다.
>
> ▶ 미수범처벌(제342조)

(1) 성   격: 절도와 강도의 요소가 결합된 강도죄에 대한 독자적 구성요건이며, 목적범이다.

(2) 주   체: 절도
1) 정범성을 가진 절도범이다(신분범). 절도는 단순절도, 야간주거침입절도, 특수절도를 불문한다.
2) 절도의 신분을 취득하기 위해서는 적어도 절도의 실행에 착수하여야 하며(기수·미수를 불문), 늦어도 절도의 기수 직후까지 사이에 행해져야 한다.

◆ **판 례** ◆

<준강도죄의 성부>……절도의 목적으로 주간에 타인의 주거에 침입하여 발각된 후 체포면탈의 목적으로 폭행·협박을 한 때에는 **아직 절도의 실행의 착수가 없으므로 준강도가 성립하지 않고 주거침입죄와 폭행죄·협박죄의 경합범이 될 뿐**이나, 피고인의 폭행사실은 피고인의 강도행위 직후 동 범행장소로부터 경비원에 의하여 피고인이 파출소로 연행하는 도중에 있었다는 것이므로 이를 사후강도로 인정하였음에 위법이 있다고 할 수 없다.(대판 1967.1.31. 66도1501)

(3) 객　체: 재물

준강도죄는 재물만을 객체로 한다(강도죄는 재산상의 이익도 포함).

(4) 행　위: 폭행·협박

1) 폭행·협박은 상대방의 반항을 억압할 수 있는 정도의 것이어야 한다(강도죄
　　와 동일).

◆ 판　례 ◆

　　<준강도죄의 폭행·협박의 정도>……① 준강도죄의 구성요건인 폭행, 협박은
일반 강도죄와의 균형상 사람의 반항을 억압할 정도의 것임을 요하므로, 일반
적, 객관적으로 체포 또는 재물탈환을 하려는 자의 체포의사나 탈환의사를 제
압할 정도라고 인정될 만한 폭행, 협박이 있어야만 준강도죄가 성립한다고 할
것인바, 피고인을 체포하려는 피해자가 체포에 필요한 정도를 넘어서서 발로
차며 늑골 9, 10번 골절상, 좌폐기흉증, 좌흉막출혈 등 전치 3개월을 요하는
증상을 입힐 정도로 심한 폭력을 가해오자 피고인이 이를 피하기 위하여 엉겁
결에 솥뚜껑을 들어 위 폭력을 막아 내려다가 그 솥뚜껑에 스치어 피해자가
상처를 입게 되었다면 피고인의 위 행위는 일반적, 객관적으로 피해자의 체포
의사를 제압할 정도의 폭행에 해당하지 않는다고 할 것이므로 준강도상해죄는
성립되지 않는다.(대판 1990.4.24. 90도193)

　　② 절도범인이 옷을 잡히자 체포를 면하려고 충동적으로 저항을 시도하여 잡
은 손을 뿌리친 정도의 폭행을 준강도죄로 의율할 수는 없다.(대판 1985.5.14.
85도619)

　　③ 절도가 체포를 면탈할 목적으로 자기의 멱살을 잡은 피해자의 얼굴을 주먹
으로 때리고 뒤로 넘어뜨려 상해를 입게 한 폭행은 피해자의 반항을 억압하기 위
한 수단으로서 일반적, 객관적으로 가능하다고 인정되는 정도라고 볼 수 있으므
로 강도죄에서 말하는 폭행에 해당한다.(대판 1985.11.12. 85도2115, 85감도301)

---

2) 폭행·협박은 시간적·장소적으로 근접한 상태에서 '절도의 기회에' 행해져야
　　한다. 따라서 체포된 후 경찰서에서 한 폭행·협박은 본죄를 구성하지 않
　　는다.

◆ **판 례** ◆

<준강도죄에서의 폭행 · 협박의 근접성>······**절도범행**의 종료 후 얼마 되지 아니한 단계이고 안전지대로 이탈하지 못하고 피해자 측에 의하여 체포될 가능성이 남아 있는 단계에서 추적당하여 체포되려 하자 구타한 경우에는, **절취행위와 그 체포를 면탈하기 위한 구타행위와의 사이에 시간상 및 거리상 극히 근접한 관계에 있다** 할 것이므로, 준강도죄가 성립한다.(대판 1982.7.13. 82도1352)

3) 폭행 · 협박의 객체는 반드시 재물의 소유자 또는 점유자에 한하지 않고, 범죄현장에서 또는 추격하여 자기를 체포 · 연행하려는 제3자도 포함한다.

(5) 주관적 구성요건: 고의 이외에 일정한 목적을 요한다(목적범).

(6) 준강도죄의 미수 · 기수의 판단
1) 다수설: 절도를 기준으로 판단
2) 판　례: 종래의 판례는 폭행 · 협박의 기수 · 미수에 따라서 준강도죄의 기수 · 미수를 결정하여야 한다는 견해였는데, 전원합의체판결에서 **준강도죄의 기수 여부는 절도행위의 기수여부를 기준으로 하여 판단하여야한다는 견해로 판례 가 변경되었다.**(대판[全合] **2004.11.18. 2004도5074 전원합의체)

◆ **판 례** ◆

<절도미수와 준강도미수>······① 절도미수범도 절도임이 틀림이 없고 따라서 형법 제335조에서 말하는 절도가 체포를 면탈하기 위하여 폭행을 가한 때라 함은 **절도미수범의 그와 같은 경우에도 해당한다 할 것이요 이러한 경우에 준 강도미수로 볼 수는 없다 할 것이다.**(대판 1964.11.24. 64도50)
② 형법 제335조에서 절도가재물의 탈환을 항거하거나체포를 면탈하거나 죄적을 인멸할 목적으로 폭행 또는 협박을 가한 때에 준강도로서 강도죄의 예에 따라 처벌하는 취지는, 강도죄와 준강도죄의 구성요건인 재물탈취와 폭행 · 협박사이에 시간적 순서상전후의 차이가 있을 뿐 실질적으로 위법성이 같다고 보기 때문인바, 이와 같은 **준강도죄의 입법 취지, 강도죄와의 균형 등을 종합**

적으로 고려해 보면, 준강도죄의 기수 여부는 절도행위의 기수여부를 기준으로
하여 판단하여야한다.(대판[全合] 2004. 11. 18. 2004도5074 전원합의체)

(7) 죄수와 타죄와의 관계
1) 본죄와 절도죄는 법조경합의 관계에 있다.
2) 강도 또는 특수강도가 본죄를 범한 때에는 강도죄 또는 특수강도죄가 성립하
   나, 강도가 특수강도의 준강도를 범한 때에는 특수강도의 준강도로 처벌받는
   다(예: 강도가 흉기를 휴대하여 추적자를 폭행한 경우).

◆ 판 례 ◆

<특수강도의 준강도 성부>……절도범인이 처음에는 흉기를 휴대하지 아니하
였으나 체포를 면탈할 목적으로 폭행 또는 협박을 가할 때에 비로소 흉기를
휴대, 사용하게 된 경우에는 형법 제334조의 예에 의한 준강도(특수강도의 준
강도)가 된다.[8](대판[全合] 1973.11.13. 73도1553)

◆ 판 례 ◆

<준강도와 공무집행방해>……절도범인이 체포를 면탈할 목적으로 경찰관에게
폭행·협박을 가한 때에는 준강도죄와 공무집행방해죄를 구성하고 양 죄는 상
상적 경합관계에 있으나, 강도범인이 체포를 면탈할 목적으로 경찰관에게 폭행
을 가한 때에는 강도죄와 공무집행방해죄는 실체적 경합관계에 있고 상상적
경합관계에 있는 것이 아니다.(대판 1992.7.28. 92도917)

(8) 공범관계: 절도의 공동정범 중 1인이 본죄를 범한 경우에 다른 공범자에게도
   본죄의 성립을 인정할 수 있는가의 문제이다.

---

8) 준강도죄를 규정한 형법 제335조에는 범죄의 주체는 절도범인이요 목적이 있어야 하며
   행위는 폭행·협박으로만 되어 있지 행위의 정도·방법 따위에 대해서는 언급이 없으므
   로, 목적이나 행위로서는 단순강도의 준강도냐 또는 특수강도의 준강도이냐를 구별 지
   을 근거가 없으므로, 행위의 주체인 절도의 태양에 따라 구별 지어야 한다(소수의견).

1) 학　설: 공동정범은 공동의사의 범위 내에서만 성립하므로 예견가능성만 가
지고는 공동정범의 성립을 인정할 수 없다는 입장
2) 판　례: 폭행·협박에 대한 예견가능성이 있으면 다른 절도의 공동정범에게
도 준강도죄의 공동정범을 인정한다.

◆ 판　례 ◆

<절도의 공범이 준강도를 실행한 경우, 타 공범의 죄책>……① 준강도가 성립
하려면 절도가 절도행위의 실행 중 또는 실행 직후에 체포를 면탈할 목적으로
폭행·협박을 한 때에 성립하고 이로써 상해를 가하였을 때에는 강도상해죄가
성립되는 것이고, **공모, 합동하여 절도를 한 경우 범인 중 하나가 체포를 면탈
할 목적으로 폭행을 하여 상해를 가한 때에는 나머지 범인도 이를 예기하지
못한 것으로 볼 수 없다면 강도상해죄의 죄책을 면할 수 없다.**(대판 1984.2.28.
83도3321)

② 특수절도의 범인들이 범행이 발각되어 각기 다른 길로 도주하다가 그
중 1인이 체포를 면탈할 목적으로 폭행하여 상해를 가한 때에는, 나머지 범인
도 위 공범이 추격하는 피해자에게 체포되지 아니하려고 위와 같이 폭행할 것
을 전연 예기하지 못한 것으로는 볼 수 없다 할 것이므로 그 폭행의 결과로
발생한 상해에 관하여 형법 제337조, 제335조의 강도상해죄의 책임을 면할 수
없다.(대판 1984.10.10. 84도1887, 84감도296)

③ 피고인이 공동피고인과 이건 절도를 공모함에 있어 범행장소가 사람이
없는 빈 가게인 줄로 믿었으며 공동피고인이 물건을 절취하기 위해 가게 안에
들어가 있는 동안 피고인은 동 가게 바깥에서 망을 보고 있던 중 가게 안에서
예기치 아니한 인기척이 나므로 먼저 달아났으며, 위 공동피고인은 동 가게를
빠져나오려다가 출입구가 이례적으로 협소하여 몸이 걸려 체포되려 하자 이를
면탈할 목적으로 폭행을 가하여 상해를 입힌 사실관계 아래서라면 피고인으로
서는 공동피고인이 위 절취의 기회에 사람을 폭행 또는 협박하거나 상해를 입
히리라고 예기할 수 없었다 할 것이고 따라서 피고인에게 특수절도죄를 초과
하여 준강도상해죄의 책임을 지울 수는 없다.(대판 1984.2.28. 83도3321)

2. 인질강도죄

> **제336조(인질강도)**
>
>   사람을 체포 · 감금 · 약취 또는 유인하여 이를 인질로 삼아 재물 또는 재산상의 이익을 취득하거나 제3자로 하여금 이를 취득하게 한 자는 3년 이상의 유기징역에 처한다.
>
>   ▶ 미수범처벌(제342조)

(1) 개정 전의 약취강도죄이며 체포 · 감금죄나 약취 · 유인죄와 공갈죄의 결합범이다.

(2) 실행의 착수시기에 대해서는 체포 · 감금 · 약취 · 유인할 때라는 견해도 있으나, 체포 · 감금 · 약취 · 유인죄와의 구별을 위해 재물 또는 재산상의 이익을 요구할 때라고 보아야 한다.

(3) 기수 시기는 석방의 대상으로 재물을 취득한 때이다.

3. 강도예비 · 음모죄

> **제343조(예비, 음모)**
>   강도할 목적으로 예비 또는 음모한 자는 7년 이하의 징역에 처한다.

◆ **판 례** ◆

  <강도할 목적의 의미>······강도예비 · 음모죄가 성립하기 위해서는 예비 · 음모 행위자에게 **미필적으로라도 '강도'를 할 목적이 있음**이 인정되어야 하고 그에 이르지 않고 **단순히 '준강도'할 목적**이 있음에 그치는 경우에는 강도예비 · 음모죄로 처벌할 수 없다.

제3절 사기의 죄

Ⅰ. 사기죄

> **제347조(사기)**
> ① 사람을 기망하여 재물의 교부를 받거나 재산상의 이익을 취득한 자는 10년 이하의 징역 또는 2,000만 원 이하의 벌금에 처한다.
> ② 전항의 방법으로 제3자로 하여금 재물의 교부를 받게 하거나 재산상의 이익을 취득하게 한 때에도 전항의 형과 같다.
>
> ▶ 미수범처벌(제352조)

1. 의의·보호법익

사람을 기망하여 재물을 편취하거나 재산상의 불법한 이익을 취득하거나 타인으로 하여금 재물·재산상의 이익을 얻게 함으로써 성립하는 범죄이다. 주된 보호법익은 전체로서의 재산권이나 거래의 진실성 내지 신의성실도 사기죄의 보호법익이 된다(다수설).

> **※ 사기죄의 객관적 구성요건**
> ① 기망행위
> ② 피기망자의 착오
> ③ 처분행위
> ④ 재물의 교부 또는 재산상의 이익의 취득
> ⑤ 재산상의 손해발생(판례는 부정)

2. 행위의 객체: 재물 또는 재산상의 이익

(1) 재 물

타인이 점유하는 타인의 재물이다. 타인이 점유하는 자기소유의 재물을 기망으로 교부받은 때에는 권리행사방해죄가 성립할 뿐이다. 부동산도 사기죄의 객체인 재물에 해당하며, 판례는 백지위임장도 재물이라고 한다.

(2) 재산상의 이익

1) 적극적 이익(담보권의 취득, 노무제공, 채권추심승인 등)뿐만 아니라 채무면제나 채무변제의 유예 등 소극적인 이익도 포함한다.

2) 일시적·영구적 이익임을 불문하며 그 이익취득이 사법상 유효할 것임을 요구하지 않는다.

3) 재산상 이익은 구체적인 이익임을 요하므로 법원을 기망하여 부재자 재산관리인으로 선임된 것만으로는 사기죄를 구성하지 않는다.(대판 1973.9.25)

◆ **판 례** ◆

  <사기죄의 재산상 이익에 해당한다고 본 사례>······① 피해자가 피고인의 허언에 기망되어 피고인을 위하여 피고인이 신용금고로부터 금 2,000,000원을 차용함에 있어 **연대보증채무를 부담하기에 이르렀고 이 때문에 피고인은 위 신용금고로부터 금 2,000,000원을 그가 의도한 대로 차용할 수 있었다는 재산상의 불법의 이익을 취득한 것**이 된다.(대판 1982.10.26. 82도2217)

  ② 피고인이 피해자를 기망하여 **연대보증인으로 서명**하게 한 행위에 대하여 형법 제347조 제2항을 적용처단한 원심의 조처는 정당하다.(대판 1983.2.22. 82도2555)

  ③ 사기죄에 있어서 채무이행을 연기받는 것도 재산상의 이익이 되므로, 채무자가 채권자에 대하여 소정기일까지 지급할 의사와 능력이 없음에도 **종전 채무의 변제기를 늦출 목적에서 어음을 발행·교부한 경우에는 사기죄가 성립**한다.(대판 1997.7.25. 97도1095)

  ④ 부동산에 대한 경매신청이 취하되고 그 **채무의 이행이 연기됨으로써 위 토지상의 아파트의 분양이 용이해져 자기의 토지대금의 수령이 가능해진 이익**

이 있다(반면 경매가 진행되어 경락이 되는 경우 입을 위 아파트 분양이 어려워져 위 토자대금을 변제받기 위한 불이익을 면하는 이익) 할 것이므로 재산상의 이익을 취득한 경우에 해당한다.(대판 1983.11.8. 83도1723)

⑤ 피고인이 교부받은 본건 지급보증서는 지급보증인이 특정채무자의 특정채권자에 대한 특정채무의 보증인으로서의 채무를 부담하겠다는 청약의 의사표시를 기재한 서면으로서 그 보증서가 상대방 채권자에게 제공되어 채권자가 그 청약을 승낙함으로써 비로소 피해자인 지급보증인은 보증채무를 부담하게 되고 이와 동시에 피고인은 기도한대로 **금원의 융자 또는 융자금의 변제기연장을 받을 수 있는 재산상의 이익**을 취득한 것으로 된다.(대판 1982.4.13. 80도2667)

⑥ 약속어음의 발행인이 그 어음을 타인이 교부받아 소지하고 있는 사실을 알면서도 허위의 분실사유를 들어 공시최고신청을 하고 이에 따라 법원으로부터 제권판결을 받았다면, 발행인이 어음소지인에 대하여 처음부터 그 어음상 채무를 부담하지 않았다는 등의 특별한 사정이 없는 한 **원인관계상의 채무가 존속하고 있더라도** 사위의 방법으로 얻어낸 제권판결로 그 **어음채무를 면하게 된 데 대하여 사기죄가 성립**한다.(대판 1995.9.15. 94도3213)

⑦ 피고인이 피해자에게 백미 100가마를 변제한다고 말하면서 10가마의 백미 보관증을 100가마의 보관증이라고 속여 교부하고 한문 판독능력이 없는 피해자가 이를 100가마의 보관증으로 믿고 교부받았다고 하더라도 나머지 90가마의 채무가 소멸할 리 없고 피고인이 위 채무를 면탈하였다고 할 수 없어 이로 인하여 재산상의 이익을 취득하였다고 할 수 없을 것이므로 이익사기죄에 해당한다고 할 수 없다. 다만 피고인이 10가마의 백미 보관증을 100가마의 백미 보관증이라고 속여 피해자로부터 피고인이 전에 작성하여 준 차용증서를 교부받았다면 그 차용증서를 편취한 것이라고 할 수 있을 것이고, 경우에 따라 이익사기죄도 성립할 수 있을 것이다.(대판 1990.12.26. 90도2037)

⑧ 금전거래 등 자금관계 없이 수취인을 백지로 한 채 약속어음을 작성, 교부하고 위 어음이 지급거절증서 작성기간 경과 후에 제3자에게 양도된 경우 위 어음의 발행인이 위 어음을 분실하였다고 기망하여 법원으로부터 제권판결을 받았다 하여도, 그로 인하여 어음금채무를 면하여 재산상의 이익을 취득하였다고 할 수 없으므로 사기죄가 성립되지 아니한다.(대판 1976.7.27. 75도634)

◆ 판 례 ◆

　　<사기죄의 객체인 재산상 이익이 아니라고 본 사례>······보험가입사실증명원은 교통사고를 일으킨 차가 교통사고처리특례법 제4조에서 정한 취지의 보험에 가입하였음을 보험회사가 증명하는 내용의 문서일 뿐이고 거기에 재물이나 재산상의 이익의 처분에 관한 사항을 포함하고 있는 것은 아니므로, 이러한 문서의 불법취득에 의해 침해된 또는 침해될 우려가 있는 법익은 보험가입사실증명원인 서면 그 자체가 아니고 그 문서가 교통사고처리특례법 제4조에 정한 보험에 가입한 사실의 진위에 관한 내용이라고 할 것이고, 따라서 이러한 증명에 의하여 사기죄에서 말하는 재물이나 재산상의 이익이 침해된 것으로 볼 것은 아니어서 보험가입사실증명원은 사기죄의 객체가 되지 아니한다.(대판 1997.3.28. 96도2625)

◆ 판 례 ◆

　　<재산상 이익의 내용>······제3자로부터 금원을 융자받거나 물품을 외상으로 공급받을 목적으로 타인을 기망하여 그 타인소유의 부동산에 제3자 앞으로 근저당권을 설정케 한 자가 그로 인하여 취득하는 재산상 이익은 그 타인소유의 부동산을 자신의 제3자와의 거래에 대한 담보로 이용할 수 있는 이익이고, 그 가액(이득액)은 원칙적으로 그 부동산의 시가 범위 내의 채권 최고액 상당이라 할 것인데, 한편 그 부동산에 이미 다른 근저당권이 설정되어 있는 경우에, 그 부동산에 대하여 후순위 근저당권을 취득하는 자로서는 선순위 근저당권의 채권 최고액만큼의 담보가치가 이미 선순위 근저당권자에 의하여 파악되고 있는 것으로 인정하고 거래하는 것이 보통이므로, 원칙적으로 그 부동산의 시가에서 다시 선순위 근저당권의 채권 최고액을 공제한 잔액 상당액을 기망자가 얻는 이득액의 한도로 보아야 할 것이지만, 다만 그 부동산에 이미 다른 근저당권이 설정되어 있는 경우에도 후순위 근저당권을 취득하는 자로서 선순위 근저당권의 담보가치가 실제 피담보채권액만큼만 파악되고 있는 것으로 인정하였다고 볼 수 있는 특별한 사정이 있는 경우에는 근저당권 설정 당시의 그 부동산의 시가에서 그 선순위 근저당권의 실제 피담보채권액을 공제한 잔액 상당액을 그 이득액의 한도로 볼 수 있다 할 것이다.(대판 2000.4.25. 2000도137)

(3) 사기죄에 해당하지 않는 경우

1) 이중장부를 만들어 세무서장을 기망하여 조세를 면탈하는 경우

2) 정조, 사기결혼, 학력을 속인 위장취업

3) 부동산의 이중저당이나 이중매매(배임죄가 문제됨)

3. 행 위: 기망

(1) 의 의: 기망이라 함은 사람으로 하여금 착오를 일으키게 하는 것으로서 그 착오는 사실에 관한 것이거나 법률관계에 관한 것이거나 법률효과에 관한 것이거나를 묻지 않고 반드시 법률행위의 내용의 중요 부분에 관한 것일 필요도 없으며 그 수단과 방법에도 아무런 제한이 없으나 널리 거래관계에서 지켜야 할 신의칙에 반하는 행위로서 사람으로 하여금 착오를 일으키게 하는 것을 말한다.(대판 1984.2.14. 83도2995)

(2) 기망의 수단·방법: 제한이 없다. 언어나 행동, 명시적·묵시적, 작위·부작위를 불문한다.

◆ 판 례 ◆

　<불법원인급여에 해당하는 경우에 있어서 사기죄의 성립여부>……민법 제746조의 불법원인급여에 해당하여 급여자가 수익자에 대한 반환청구권을 행사할 수 없다고 하더라도, 수익자가 기망을 통하여 급여자로 하여금 불법원인급여에 해당하는 재물을 제공하도록 하였다면 사기죄가 성립한다. 피고인이 피해자로부터 도박자금으로 사용하기 위하여 금원을 차용하였더라도 사기죄의 성립에는 영향이 없다.(대법원 2006.11.23. 선고 2006도6795)

---

1) 명시적 기망행위: 언어나 문서에 의해서 허위의 주장을 하는 경우이다.

2) 묵시적 기망행위: 행동에 의해서 허위주장을 하는 것으로서, 행위자의 전체 행위가 설명가치를 가질 것을 요한다.

① 차용금 편취, 무전취식

(가) 처음부터 변제(지불)의사·변제(지불)능력이 없었던 경우에는 대여, 주문 등

의 행위가 변제(지불)의사와 능력을 묵시적으로 설명하는 것이 되므로 사기죄가 성립한다.

─────────────────────── ◆ 판 례 ◆ ───────

<차용금 편취의 경우>……① 민사상의 금전대차관계에서 그 채무불이행사실을 가지고 바로 차용금 편취의 범의를 인정할 수는 없으나 피고인이 **확실한 변제의 의사가 없거나 또는 차용 시 약속한 변제기일 내에 변제할 능력이 없음에도 불구하고 변제할 것처럼 가장하여 금원을 차용한 경우**에는 편취의 범의를 인정할 수 있다.(대판 1983.8.23. 83도1048)

② 공소외인 발행의 약속어음을 취득한 후 그 어음이 거래은행에서 거래정지처분을 하여 **지급기일에 결제될 가망이 없음을 예측하고 있음에도 이를 담보로 제시하여 이를 오신한 자로부터 부동산을 편취**하였다면 이는 사기죄에 해당한다.(대판 1971.1.26. 70도2495)

③ 어음이 지급기일에 결제되지 않으리라는 점을 예견하였거나 지급기일에 지급될 수 있다는 확신이 없으면서도 그러한 내용을 수취인에게 고지하지 아니하고 이를 속여서 할인을 받았다면 사기죄가 성립한다.(대판 1997.12.26. 97도2609)

(나) 대여 후 사정 변화로 변제를 하지 못하게 되거나 취식 후에 지불능력이 없음을 알게 된 경우에는 사기죄가 성립하지 않는다. 따라서 무전취식의 경우 지불능력이 없음을 알고 몰래 도망하였다 하더라도 단순한 채무불이행에 지나지 않으나, 위계를 사용하여 도주한 경우에는 기망행위가 있으므로 사기죄를 구성한다.

─────────────────────── ◆ 판 례 ◆ ───────

<차용금 편취에 의한 사기죄 성립 여부 판단기준>……① 차용금의 편취에 의한 사기죄의 성립 여부는 각 **금원차용 당시를 기준으로 판단**하여야 하고, 금원차용 이후 경제사정의 변화로 차용금을 변제할 수 없게 되었다고 하여 이를 사기죄로 논할 수는 없다.(대판 1998.3.10. 98도180)

> ② 차용금의 편취나 공사대금 상당의 재산상 이익의 편취에 의한 사기죄의
> 성립 여부는 금원차용 당시나 도급계약 당시를 기준으로 판단하여야 하고, 금원
> 차용이나 도급계약 이후 경제사정의 변화로 차용금이나 공사대금을 변제할 수
> 없게 되었다 하여 이를 사기죄로 처벌할 수 없다.(대판 1997.4.11. 97도249)

② 처분권 없는 자의 재물 처분: 자신이 소유자이고 처분권한이 있음을 묵시적
  으로 표현한 것으로 묵시적 기망행위가 된다.

◆ 판 례 ◆

> <절도범의 기망에 의한 제3자에 대한 장물 처분과 죄책>⋯⋯절도범인이 절취
> 한 장물을 자기 것인 양 제3자를 기망하여 금원을 편취한 경우에는 단순한 소
> 비·손괴와는 달리 절도죄 외에 사기죄를 구성한다.(대판 1980.11.25)

3) 부작위에 의한 기망행위

① 성립요건
(i) 상대방이 행위자와 무관하게 스스로 착오에 빠져 있고, 행위자가 상대방의 착
      오를 제거해야 할 보증인적 지위에 있어야 한다(즉, 고지의무가 있어야 한다).
(ii) 학설·판례는 신의성실의 원칙에 기초하여 부작위에 의한 기망을 인정한다.

◆ 판 례 ◆

> <부작위에 의한 기망행위의 의의>⋯⋯① 부작위에 의한 기망은 상대방이 착
> 오에 빠져 있는 것을 알면서 법률상 고지의무가 있음에도 불구하고 이를 고지
> 하지 아니하고 사실을 묵비하는 것을 말한다.(대판 1980.7.8. 79도2734)
> ② 재산권에 관한 거래관계에 있어서 일방이 상대방에게 그 거래에 관련한
> 어떠한 사항에 대하여 고지하지 아니함으로써 장차 계약상의 목적물에 대한 권
> 리를 확보하지 못할 위험이 생길 수 있음을 알면서도 이를 상대방에게 고지하지
> 아니하고 거래관계를 맺어 상대방으로부터 재물의 교부를 받거나 재산상의 이익

을 받고, 상대방은 그와 같은 사정에 관한 고지를 받았더라면 당해 거래관계를 맺지 아니하였을 것임이 경험칙상 명백한 경우에는 그 재물의 수취인은 신의성실의 원칙상 상대방에게 그와 같은 사정에 대한 고지의무가 있다 할 것이고, 재물의 수취인이 이를 고지하지 아니한 것은 고지할 사실을 묵비함으로써 상대방을 기망한 것이 되어 사기죄를 구성한다.(대판 1998.4.14. 98도231)

③ [1] 사기죄의 요건으로서의 기망은 널리 재산상의 거래관계에 있어 서로 지켜야 할 신의와 성실의 의무를 저버리는 모든 적극적 또는 소극적 행위를 말하는 것이고, 이러한 소극적 행위로서의 부작위에 의한 기망은 법률상 고지의무 있는 자가 일정한 사실에 관하여 **상대방이 착오에 빠져 있음을 알면서도 이를 고지하지 아니함을 말하는 것**으로서, 일반 거래의 경험칙상 상대방이 그 사실을 알았더라면 당해 법률행위를 하지 않았을 것이 명백한 경우에는 신의칙에 비추어 그 사실을 고지할 법률상 의무가 인정되는 것이다.

[2] 특정 시술을 받으면 아들을 낳을 수 있을 것이라는 착오에 빠져 있는 피해자들에게 그 시술의 효과와 원리에 관하여 사실대로 고지하지 아니한 채 아들을 낳을 수 있는 시술인 것처럼 가장하여 일련의 시술과 처방을 행한 의사에 대하여 사기죄의 성립을 인정한 사례.(대판 2000.1.28. 99도2884)

◆ 판 례 ◆

<부작위에 의한 기망을 인정한 사례>……① 피고인의 국유재산법 위반행위로 말미암아 전득자들이 매매목적물인 국유지에 대한 권리를 확보하지 못할 위험이 생길 수도 있다는 사정은 전득자들의 입장에서 볼 때 전매계약의 체결 여부를 결정짓는 매우 중요한 요소라 할 것이므로 피고인은 신의성실의 원칙상 전득자들에게 이를 고지할 의무가 있다 하겠고, 그럼에도 불구하고 피고인이 매수인인 전득자에게 그와 같은 사정을 고지하지 아니하였다면 이는 사기죄의 구성요건인 기망행위에 해당하는 것이며, 피해자인 전득자가 그와 같은 사정 때문에 그 전매행위가 무효로 될지도 모른다는 사실을 사전에 알았더라면 그 전매계약에 임하지 않았으리라는 점은 경험칙상 쉽게 추측할 수 있다 하겠으므로 피고인의 기망행위와 피해자의 매수행위 사이에는 인과관계가 있다고 보아야 한다.(대판 1994.10.21. 94도2048)

② 집행력 있는 판결정본에 의하여 압류된 동산을 그 사실을 숨기고 다른 사람에게 양도담보로 제공하고 돈을 빌렸다면 이는 사기죄를 구성한다.(대판 1980.4.8. 79도2888)

③ 토지를 매도함에 있어서 채무담보를 위한 가등기와 근저당권설정등기가 경료되어 있는 사실을 숨기고 이를 고지하지 아니하여 매수인이 이를 알지 못한 탓으로 그 토지를 매수하였다면 이는 사기죄를 구성한다.(대판 1981.8.20. 81도1638)

④ 부동산 매매에 있어서 매매목적물에 관하여 소유권 귀속에 관한 분쟁이 있어 재심소송이 계속 중에 있다면 이러한 사정들은 특별한 사정이 없는 한 매수인으로서는 매매계약의 체결 여부를 결정짓는 매우 중요한 요소이므로 매도인은 거래의 신의성실의 원칙상 매수인에게 고지할 의무가 있다 할 것이고 매도인이 매수인에게 소송계속사실을 숨기고 매도하여 대금을 교부받았다면 이는 사기죄를 구성한다.(대판 1986.9.9. 86도956)

⑤ 공장의 정상가동 여부는 매매계약의 체결 여부를 결정짓는 중요한 요소이므로 플라스틱 공장이 이를 이전하지 아니하고서는 계속 가동할 수 없게 된 경우, 신의성실의 원칙상 매도인에게 위와 같은 사정에 관한 고지의무가 있다고 보아야 할 것이어서, 매도인 측이 위와 같은 사정을 고지하지 아니하고 공장을 운영하는 데 아무런 문제가 없다고 말하였다면 이는 매수인을 기망한 경우라고 보아야 할 것이다.(대판 1991.7.23. 91도458)

⑥ 과다한 금융채무부담으로 그 이자 지급에 급급한 처지에서 동종업체와의 경쟁을 위하여 원가 이하로 투매하는 덤핑판매를 강행한 결과 1981년경부터는 극도로 재무구조가 악화되어 특별한 금융혜택을 받지 않는 한 기업의 도산이 불가피한 상황에 이르러 당시 피고인은 특별한 금융혜택을 받을 수 있는 가능성이 없었음에도 위와 같은 상황을 숨기고 이 사건 피해자들로부터 생산자재용 물품을 납품받았다면 이는 그 대금 지급이 불가능하게 될 가능성을 충분히 인식하면서도 위 물품을 납품받은 것이라고 하겠으므로, 피고인에게 편취의 미필적 범의가 인정된다.(대판 1983.5.10. 83도340)

⑦ 피고인이 재력이 별로 없이 무리하게 연립주택의 건축을 떠맡아 일체의 공사자금을 다른 사람들로부터 조달하여 공사를 하다가 채무초과상태가 되어 목적물은 모두 채권담보의 목적으로 제3자들 앞으로 가등기가 경료되거나 이중으

로 분양계약이 체결되어 담보권의 실행을 위하여 채권자들에게 각 그 가등기에 기한 본등기절차를 이행하거나 위 분양계약에 기한 소유권이전등기절차를 이행하고 목적물도 명도하여 주어야 할 형편에 처해 있었음에도 이러한 사정을 숨기고 피해자들과 분양계약을 다시 체결하거나 임대차(전세)계약을 체결하고 그 후 피해자인 수분양자들로부터 가옥명도청구 등을 당하여 법적 불안상태에 빠져 있었음에도 피고인으로서는 이를 수습할 길이 없었다면 피고인은 분양대금이나 전세금을 편취할 범의가 있었다고 보아야 한다.(대판 1990.11.13. 90도1218)

⑧ 대출자금으로 경락받았음에도 1차 분양이 저조하여 자금조달에 실패한 상가소유자가 수분양자들과 사이에 대출금으로 충당되는 중도금을 제외한 계약금과 잔금의 지급을 유예하고 1년의 위탁기간 후 재매입하기로 하는 등의 비정상적인 이면약정을 체결하여 1,300여 개의 점포를 분양하였음에도, 금융기관에 대해서는 그러한 이면약정의 내용을 감춘 채 분양 중도금의 집단적 대출을 교섭하여 승낙을 받아 합계 1,234억여 원에 이르는 금액을 중도금 대출 명목으로 지급받은 사안에서, **대출금융기관에 대하여 비정상적인 이면약정의 내용을 알릴 신의칙상 의무가 있다**(대판 2006.2.23. 2005도8645).

⑨ 주식매도인이 주식매수인에게 주식거래의 목적물이 **증자 전의 주식이 아니라 증자 후의 주식이라는 점을 제대로 알리지 않은 것이 사기죄의 기망행위에 해당**한다.(대판 2006.10.27. 2004도6503)

◆ **판 례** ◆

<부작위에 의한 기망을 부정한 사례>……① 피고인이 부동산매매계약을 체결함에 있어서 그 목적물에 관하여 재심 소송이 제기되었고 그에 관한 **대법원의 파기환송판결이 있었음을 적극적으로 은폐하려고 하였던 것이 아니고 단순히 위 사실을 고지하지 아니하였다는 점만으로써는 피고에게 사기죄의 범의가 있다고 볼 수 없다.**(대판 1983.12.27. 82도2497)

② 담보제공된 부동산의 매도인이 담보제공 사실을 매수인에게 소극적으로 고지하지 아니한 것(묵비)은 기망행위로 볼 수 없다.(대판 1970.5.26. 70도481)

③ 부동산을 매매함에 있어 근저당권 설정등기된 사실을 고지 아니하였다 하

더라도 **상대방을 기망키 위하여 적극적으로 동 사실을 은폐한 것이 아니고, 매수인이 동 등기 사실을 알았다면 위 매매계약을 체결하지 아니하였으리라는 사정이 없으면 동 불고지는 기망행위가 되지 아니한다.**(대판 1972.3.28. 72도255)

④ 유증받은 재산에 대하여 상속재산분할청구가 제기되어 있다는 사정을 매수인에게 고지하지 아니하고 수증재산을 매매한 경우, 매도인에게 편취의 범의가 있다고 하려면, 그가 단순히 다른 공동상속인에 의하여 상속재산분할청구가 제기되어 있다는 사실을 알았다는 것만으로는 부족하고, 적어도 그가 그 토지를 유증에 의하여 전부 취득하게 되는 것이 아니라 민법상 유류분제도에 따라 다른 공동상속인들이 유류분반환청구권을 행사하는 경우에는 유류분 침해의 한도에서 그 토지를 취득할 수 없게 된다는 사실을 알고 있었다는 것이 전제되어야 한다.(대판 1997.7.8. 97도472)

② 거스름돈 사기

㉮ 거스름돈을 받은 후에 안 경우에는 부작위와 교부행위 사이에 인과관계가 없으므로 사기죄가 성립하지 아니하며, 단지 점유이탈물횡령죄가 성립할 뿐이다.

㉯ 그러나 과분의 것임을 미리 알면서 수령한 경우에는 사기죄의 성립 여부에 대해 학설 대립이 있다(인정설이 다수설이지만, 고지의무가 없으므로 부정하는 견해도 있다).

(3) 기망의 정도: 기망행위는 단순히 착오에 빠뜨리는 것으로는 부족하고, 적어도 거래관계에 있어서 신의칙에 반하는 정도에 이르러야 한다.(대판 1984. 2.14. 83도2995)

◆ **판 례** ◆

<신의칙에 반하는 정도의 기망에 해당된다고 본 사례>……① 백화점의 식품매장에서 당일 판매되지 못하고 남은 생식품들에 대하여 그다음 날 아침 포장지를 교체하면서 가공일자가 재포장일자로 기재된 바코드라벨을 부착하여 재판매하는 행위 내지 판매기법은 제품의 신선도에 대한 소비자들의 신뢰를 배신하고 그들의 생식품 구매 동기에 있어서 **중요한 요소인 가공일자에 관한**

착오를 이용하여 재고상품을 종전 가격에 판매하고자 하는 것으로서 그 사술의 정도가 사회적으로 용인될 수 있는 상술의 정도를 넘은 기망행위에 해당한다. (대판 1995.7.28. 95도1157)

② 식육식당을 경영하는 자가 음식점에서 한우만을 취급한다는 취지의 상호를 사용하면서 광고선전판, 식단표 등에도 한우만을 사용한다고 기재한 경우, '한우만을 판매한다.'는 취지의 광고가 식육점 부분에만 한정하는 것이 아니라 음식점에서 조리·판매하는 쇠고기에 대한 광고로서 음식점에서 쇠고기를 먹는 사람들로 하여금 그곳에서는 한우만을 판매하는 것으로 오인시키기에 충분하므로, 이러한 광고는 진실규명이 가능한 구체적인 사실인 쇠갈비의 품질과 원산지에 관하여 기망이 이루어진 경우로서 그 사술의 정도가 사회적으로 용인될 수 있는 상술의 정도를 넘는 것이고, 따라서 피고인의 기망행위 및 편취의 범의를 인정하기에 넉넉하다.(대판 1997.9.9. 97도1561)

◆ 판 례 ◆

<신의칙에 반하지 않는다고 보아 기망을 부정한 사례>……① 전매이익을 많이 얻을 수 있으며, 자기가 책임진다고 해서 이를 믿은 타인이 투자한 것임에 불과한 사실만으로는 기망사실 인정자료로는 부족하다.(대판 1984.2.14. 83도2471)

② 점포의 일부를 임차하고 있는 자가 나머지 부분을 임차하고 있는 자로부터 전대를 위임받아 동 점포를 전대함에 있어 동인이 그 점포 전체를 임차하여 사용하고 있는 것처럼 이야기하였다 하더라도 **이는 거래에 있어 있을 수 있는 과장에 불과한 것이어서 사기죄에 있어서의 기망이라고 보기 어렵다.**(대판 1986.4.8. 86도236)

③ 상거래에서 **중등품을 상등품이라고 평칭하는 것과 원가를 실구입가격에 5할을 가산하여 평칭하는 것은 상거래의 관례상 기망행위에 해당한다고 할 수 없다.**(대판 1960.7.6. 4293형상374)

④ 기한이 아직 도래하지 아니한 채권을 소송에 의하여 청구함에 있어 기한의 이익이 상실되었다는 허위의 증거를 조작한다는 등의 적극적인 사술을 사용하지 아니하고 단순히 기한미도래채권임을 밝히지 아니한 채 즉시 지급을

구하는 취지의 지급명령신청을 하였다 하더라도 이로써 법원을 기망하여 부당한 이득을 편취하려는 기망행위가 있었다고는 할 수 없다.(대판 1982.7.27. 82도1160)

⑤ 아파트를 분양함에 있어 아파트 평형의 수치를 다소 과장하여 광고를 한 사실은 인정되나 분양가 결정방법, 분양계약 체결의 경위 및 최종대금의 절충과정 등 제반 사정에 비추어 볼 때 위 광고는 그 거래당사자 사이에서 매매대금을 산정하기 위한 기준이 되었다고 할 수 없고, 단지 분양대상 아파트를 특정하고 나아가 위 아파트의 분양이 쉽게 이루어지도록 하려는 의도에서 한 것에 지나지 않는다고 할 것인바, 이 같은 과대광고는 사기죄의 기망행위에 해당하지 않는다.(대판 1991.6.11. 91도788)

1) 이중매매·이중저당의 경우

(i) 제2매수인, 제2저당권자가 소유권 또는 저당권을 유효하게 취득하는 한 신의칙에 반할 정도는 아니므로 사기죄가 성립하지 않는다.

(ii) 그 외의 경우에서도 거래행위의 상대방이 유효하게 법률행위의 목적을 달성할 수 있다면, 다소의 허위 내지는 불고지가 있더라도 그것은 신의칙에 반할 정도가 아니므로 기망에 해당하지 아니한다.

◆ 판 례 ◆

<상대방의 목적달성에는 장애가 되지 않아, 기망이 아니라고 본 사례>……① 자동차의 매도인이 이미 제3자와의 사이에 자동차매매계약이 체결된 사실을 고지하지 아니한 채 매수인과 매매계약을 체결하였다고 하더라도 제3자와의 위 자동차매매계약이 그 제3자에 대한 차용금채무를 담보하기 위하여 대물변제의 예약을 한 것이라면 매도인은 제3자 명의로 소유권이전 등록이 되기까지는 언제든지 차용원리금을 변제하고 위 대물변제예약을 해제할 수 있는 것이며 **이 대물변제의 예약 때문에 당연히 매수인이 그 자동차를 인도받아 소유권을 취득하는 데 장애가 되는 것은 아니므로 이와 같은 사실만으로는 매도인이 매수인을 기망하여 그 매매대금을 편취한 것이라고 볼 수 없다.**(대판 1989.10.24. 89도1397)

② 채무자가 채무담보의 뜻으로 대물변제예약을 한 물건을 그 변제기 후에

채권자 측으로부터의 예약완결권 행사 전에 제3자에게 대물변제를 하였다면 위 채권자에 대한 관계에 있어 배임이 됨은 모르거니와 위 제3자에 대한 관계에 있어 사기죄는 성립하지 아니한다.(대판 1980.9.24. 80도903)

③ 피고인 단독명의로 소유권이전등기가 되어 있는 부동산 중 1/2 지분은 타인으로부터 명의신탁받은 것임에도 불구하고 피고인이 그의 승낙 없이 위 부동산 전부를 피해자에게 매도하여 그 소유권이전등기를 마쳐준 경우 매수인은 유효하게 위 부동산의 소유권을 취득하므로 매수인인 피해자에 대하여 사기죄를 구성하지 않는다.(대판 1990.11.13. 90도1961)

④ 중고 자동차 매매에 있어서 매도인의 할부금융회사 또는 보증보험에 대한 할부금 채무가 매수인에게 당연히 승계되는 것이 아니므로, 그 할부금 채무의 존재를 매수인에게 고지하지 아니한 것은 부작위에 의한 기망에 해당하지 아니한다.(대판 1998.4.14. 98도231)

⑤ 부동산의 명의수탁자가 부동산을 제3자에게 매도하고 매매를 원인으로 한 소유권이전등기까지 마쳐 준 경우, 명의신탁의 법리상 대외적으로 수탁자에게 그 부동산의 처분권한이 있는 것임이 분명하고, 제3자로서도 자기 명의의 소유권이전등기가 마쳐진 이상 무슨 실질적인 재산상의 손해가 있을리 없으므로 그 명의신탁 사실과 관련하여 신의칙상 고지의무가 있다거나 기망행위가 있었다고 볼 수도 없어서 그 **제3자에 대한 사기죄가 성립될 여지가 없고, 나아가 그 처분시 매도인(명의수탁자)의 소유라는 말을 하였다고 하더라도 역시 사기죄가 성립하지 않으며, 이는 자동차의 명의수탁자가 처분한 경우에도 마찬가지이다.**(대판 2007.1.11. 선고 2006도4498)

2) 과장광고의 경우: 사기죄의 요건으로서의 기망은 널리 재산상의 거래관계에 있어서 서로 지켜야 할 신의와 성실의 의무를 저버리는 모든 적극적 및 소극적 행위로서 사람으로 하여금 착오를 일으키게 하는 것을 말하는바, 일반적으로 상품의 선전, 광고에 있어 다소의 과장, 허위가 수반되는 것은 그것이 일반 상거래의 관행과 신의칙에 비추어 시인될 수 있는 한 기망성이 결여된다고 하겠으나 **거래에 있어서 중요한 사항에 관하여 구체적 사실을 거래상의 신의성실의 의무에 비추어 비난받을 정도의 방법으로 허위로 고지한 경우에는 과장·허위광고의 한계를 넘어 사기죄의 기망행위에 해당**한다.(대판 1992.9.14. 91도2994)

◆ 판 례 ◆

<변칙세일과 사기>……현대산업화 사회에 있어 소비자가 갖는 상품의 품질, 가격에 대한 정보는 대부분 생산자 및 유통업자의 광고에 의존할 수밖에 없고 백화점과 같은 대형 유통업체에 대한 소비자들의 신뢰(정당한 품질, 정당한 가격)는 백화점 스스로의 대대적인 광고에 의하여 창출된 것으로서 이에 대한 소비자들의 신뢰와 기대는 보호되어야 한다고 할 것인바, 종전에 출하한 일이 없던 신상품에 대하여 첫 출하 시부터 종전가격 및 할인가격을 비교, 표시하여 바로 세일에 들어가는 이른바 **변칙세일은 진실규명이 가능한 구체적 사실인 가격조건에 관하여 기망이 이루어진 경우로서 그 사술의 정도를 넘은 것이어서 사기죄의 기망행위를 구성한다.**(대판 1992.9.14. 91도2994)

◆ 판 례 ◆

<과장광고와 사기>……① 상품의 선전·광고에 있어 다소의 과장이나 허위가 수반되었다고 하더라도 일반 상거래의 관행과 신의칙에 비추어 시인될 수 있는 정도의 것이라면 이를 가리켜 기망하였다고는 할 수가 없고, 거래에 있어 **중요한 사항에 관한 구체적 사실을 신의성실의 의무에 비추어 비난받을 정도의 방법으로 허위로 고지하여야만 비로소 과장, 허위광고의 한계를 넘어 사기죄의 기망행위에 해당한다.**(대판 2007.1.25. 2004도45)

② 매도인이 매수인에게 토지의 매수를 권유하면서 언급한 내용이 객관적 사실에 부합하거나, 확정된 것은 아닐지라도 연구용역 보고서와 신문스크랩 등에 **기초한 것인 경우, 사기죄에 있어서 기망행위에 해당한다고 보기 어렵다.**(대판 2007.1.25. 2004도45)

③ 대출의 조건 및 용도가 임야매수자금으로 한정되어 있는 정책자금을 대출받음에 있어 임야매수자금을 실제보다 부풀린 허위의 계약서를 제출함으로써 대출취급기관을 기망하였다면, 피고인에게 대출받을 자금을 상환할 의사와 능력이 있었는지 여부를 불문하고 편취의 고의가 있었다고 할 것이다.(대판 2007.4.27, 2006도7634)

(4) 기망의 대상

1) 사실뿐만 아니라 가치판단에 대해서도 기망이 가능하다(다수설). 그러나 순수한 가치판단 내지 의견의 진술은 기망의 대상이 아니다(예: 그림을 보고 아름답다고 하는 것).

2) 사실은 내부적 사실(예: 지불의사)과 외부적 사실(예: 지불능력)을 불문한다.

3) 기망은 반드시 법률행위의 중요 부분에 관한 허위표시임을 요하지 아니하고, 상대방을 착오에 빠지게 하여 행위자가 희망하는 재산적 처분행위를 하도록 하기 위한 판단의 기초가 되는 사실에 관한 것이면 족하다.(대판 1996.2.27. 95도2828)

◆ **판 례** ◆

　<용도 기망의 경우>……용도를 속이고 돈을 빌린 경우에 있어서 **만일 진정한 용도를 고지하였더라면 상대방이 돈을 빌려 주지 않았을 것이라는 관계에 있는 때에는 사기죄의 실행행위인 기망은 있는 것으로 보아야 한다.**(대판 1996.2.27. 95도2828)

---

4. 피기망자의 착오

(1) 착　오

1) 사기죄는 기망행위로 상대방을 착오에 빠지게 함으로써 성립한다. 착오는 반드시 법률행위의 중요 부분에 대한 것일 필요는 없으며 동기의 착오로도 족하다(통설).

2) 착오는 사실에 대한 적극적 착오인가 소극적 부지인가를 불문하나 사실 자체에 대한 일반적인 관념이 있을 것을 요한다(예: 버스운전사가 무임승차한 사실 자체를 모른 때는 착오가 없다).

(2) 기망과 착오 사이의 인과관계

1) 상대방의 착오는 행위자의 기망으로 발생한 것이어야 하나 기망행위가 착오의 유일한 원인이어야 하는 것은 아니다.

2) 인과관계가 없으면 사기죄의 미수에 불과하다.

(3) 피기망자(착오의 주체)

1) 사기죄에 있어서 피기망자와 피해자가 일치할 것을 요하지 않는다(삼각사기).

2) 피기망자는 재물에 대해서 처분행위를 할 수 있는 권한과 지위가 있어야 하며, 사실상의 재산적 처분능력이 있어야 한다(따라서 유아나 심신상실자에 대해서는 사기죄 성립이 불가능하지만, 심신미약자나 미성년자에 대해서는 가능하다).

(4) 관련 문제

1) 소송사기: 소송사기는 피기망자와 피해자가 일치하지 아니한 대표적인 예로서, 법원에 허위사실을 주장하거나 허위증거를 제출하여 유리한 판결을 받아 이에 의해서 강제집행을 하거나 재산을 취득하는 경우로서 사기죄를 구성한다.

◆ 판 례 ◆

<소송사기의 의의>……① 소송사기에 있어 사기죄가 성립되기 위해서는 제소 당시 그 주장과 같은 권리가 존재하지 않는다는 것만으로는 부족하고, 그 주장의 권리가 존재하지 않는 사실을 잘 알고 있으면서도 허위의 주장과 입증으로 법원을 기망한다는 인식을 요한다고 할 것이며, 단순히 사실을 잘못 인식하였다거나 법률적 평가를 잘못하여 존재하지 않는 권리를 존재한다고 믿고 제소한 행위는 사기죄를 구성하지 아니한다. ……소장에 기재한 청구원인사실의 기재가 다소 사실과 다르더라도 이는 사실의 일부를 잘못 인식한 데에 기인한 것이거나 존재한다고 믿는 권리를 이유 있게 하기 위한 과장표현에 지나지 아니하는 것으로서 사기의 범의를 인정하는 자료로 삼을 수 없다.(대판 1992.4.10. 91도 2427)

② 소송사기는 법원을 기망하여 자기에게 유리한 판결을 얻음으로써 상대방의 재물 또는 재산상 이익을 취득하는 것을 내용으로 하는 범죄로서, 이를 처벌하는 것은 필연적으로 누구든지 자기에게 유리한 주장을 하고 소송을 통하여 권리구제를 받을 수 있다는 민사재판제도의 위축을 가져올 수밖에 없으므로, 피고인이 그 범행을 인정한 경우 외에는 그 소송상의 주장이 사실과 다름이 객관적으로 명백하거나 피고인이 그 소송상의 주장이 명백히 허위인 것을

인식하였거나 증거를 조작하려고 한 흔적이 있는 등의 경우 외에는 이를 쉽사리 유죄로 인정해서는 안 된다.(대판 1998.2.27. 97도2786)

③ 소송사기에 있어 피기망자인 **법원의 재판**은 피해자의 처분행위에 갈음하는 내용과 효력이 있는 것이어야 한다.(대판 1997.12.23. 97도2430)

◆ **판 례** ◆

<**소송사기의 성립 요건-처분행위에 갈음하는 재판**>……① 이른바 소송사기에 있어서 피기망자인 **법원의 재판**은 피해자의 처분행위에 갈음하는 내용과 효력이 있는 것이어야 하고, 그렇지 않은 경우에는 착오에 의한 재물의 교부행위가 있다고 볼 수 없으므로 피고인이 타인소유의 부동산에 관하여 아무런 권한이 없는 자를 상대로 소유권확인 등의 소송을 제기하여 승소판결을 받고 그 확정판결을 이용하여 그 부동산에 관한 소유권보존등기를 경료하게 되었다 하더라도 그 판결의 효력은 소송당사자에게만 미치고 제3자인 부동산 소유자에게는 미치지 아니하여 위 판결로 인하여 위 부동산에 대한 제3자의 소유권이 피고인에게 이전되는 것도 아니므로 사기죄를 구성한다고 볼 수 없다.(대판 1985.10.8. 84도2642)

② 부동산에 대하여 아무런 권리도 없는 자가 소유권보존등기 및 이전등기를 경료한 자들을 상대로 원인무효에 기한 각 말소등기청구소송을 제기한 경우에, 가사 승소하더라도 이 판결에 기하여 각 등기명의인들의 등기가 말소될 뿐이고 이로써 원고가 위 부동산에 관하여 어떠한 권리를 회복 또는 취득하거나 의무를 면하는 것은 아니므로, 법원을 기망하여 재물이나 재산상 이익을 편취한 것으로 볼 수 없으니, 위와 같은 말소등기 청구소송의 제기만으로는 사기죄의 실행에 착수한 것이라고 할 수 없다.(대판 1983.10.25. 83도1566, 대판 1981.12.8. 81도1451)

③ 채무자가 강제집행을 승낙한 취지의 기재가 있는 약속어음 공정증서에 있어서 그 약속어음의 원인관계가 소멸하였음에도 불구하고, 약속어음 공정증서 정본을 소지하고 있음을 기화로 이를 근거로 하여 강제집행을 하였다면 사기죄를 구성한다.(대판 1999.12.10. 99도2213)

④ 피고인이 그 범행을 인정한 경우 외에는 그 소송상의 주장이 사실과 다

름이 객관적으로 명백하고 피고인이 그 주장이 명백히 거짓인 것을 인식하였거나 증거를 조작하려고 하였음이 인정되는 때와 같이 범죄가 성립되는 것이 명백한 경우가 아니면 이를 유죄로 인정하여서는 아니 되고, 단순히 사실을 잘못 인식하였다거나 법률적 평가를 잘못하여 존재하지 않는 권리를 존재한다고 믿고 제소한 행위는 사기죄를 구성하지 아니하며, 소송상 주장이 다소 사실과 다르더라도 존재한다고 믿는 권리를 이유 있게 하기 위한 과장표현에 지나지 아니하는 경우 사기의 범의가 있다고 볼 수 없고, 또한 만약 종전의 특정 권원이 배척될 때에는 조작된 증거에 의하여 법원을 기망하여 추가된 허위의 권원을 인정받아 승소판결을 받을 가능성이 있으므로, 가사 나중에 법원이 종전의 특정 권원을 인정하여 피고인에게 승소판결을 선고하였다고 하더라도, 피고인의 이러한 행위는 특별한 사정이 없는 한 소송사기의 실행의 착수에 해당된다.(대판 2004.6.25. 2003도7124)

2) 실행의 착수 시기 및 기수 시기: **법원에 소장을 제출한 때**에 실행의 착수가 있고, 승소판결이 **확정된 때** 기수가 된다(판례).

◆ **판 례** ◆

<소송사기의 실행의 착수>……갑과 을이 공동소유하고 있던 부동산의 매각 처분에 관하여 갑이 을에게 그 권한을 위임하고 다시 변호사에게 그 취지를 확인하는 내용의 서면을 작성, 교부함으로써 매매에 관하여 이의를 제기하지 아니하겠다고 다짐하였음에도 불구하고 갑이 법원에 을이 아무런 권원 없이 위 부동산을 불법매도 하였다고 허위의 사실을 주장하여 소를 제기하였다면 이는 법관으로 하여금 착오에 빠지게 함으로써 본인에게 유리한 재판을 하게 하고 그 효과로써 위 부동산을 영득하려 한 것이니 위 행위에 대하여 사기미수의 죄가 성립된다.(대판 1987.5.12. 87도417)

◆ 판 례 ◆

　<소송사기의 기수 시기>……소송사기의 경우 그 기수 시기는 소송의 판결이 확정된 때이다. 법원을 기망하여 승소판결을 받고 그 확정판결에 의하여 소유권이전등기를 경료한 경우에는 사기죄와 별도로 공정증서원본불실기재죄가 성립하고 양 죄는 실체적 경합범관계에 있다.(대판 1983.4.26. 83도188)

◆ 판 례 ◆

　<소송사기미수죄에 있어서 범죄행위의 종료 시기(=소송이 종료된 때)>……공소시효는 범죄행위가 종료한 때로부터 진행하는 것으로서, 법원을 기망하여 유리한 판결을 얻어내고 이에 터 잡아 상대방으로부터 재물이나 재산상 이익을 취득하려고 소송을 제기하였다가 법원으로부터 패소의 종국판결을 선고받고 그 판결이 확정되는 등 **법원으로부터 유리한 판결을 받지 못하고 소송이 종료됨으로써 미수에 그친 경우에**, 그러한 소송사기미수죄에 있어서 범죄행위의 종료 시기는 위와 같이 소송이 종료된 때라고 할 것이다.(대판 2000.2.11. 99도4459)

3) 사자 등 실재하지 않는 자를 상대로 한 소송은 사기죄를 구성하지 않는다(판례).

◆ 판 례 ◆

　<비실존 인물을 상대로 한 소송사기의 경우>……① 피고인의 제소가 사망한 자를 상대로 한 것이라면 그 판결은 그 내용에 따른 효력이 생기지 아니하여 상속인에게 그 효력이 미치지 아니하므로, 사기죄를 구성할 수 없다.(대판 1997.7.8. 97도632)
　② 실재하고 있지 아니한 자에 대하여 판결이 선고되더라도 그 판결을 인정할 수 없고, 따라서 착오에 의한 재물의 교부행위를 상정할 수 없는 것이므로 사기죄의 성립을 시인할 수 없다.(대판 1992.12.11. 92도743)
　④ 소의 제기 없이 단순히 가압류 신청을 하거나 재판상 화해를 신청한 경우에는 사기죄의 실행의 착수를 인정할 수 없다(판례).

⑤ 소송 상대방과 공모하여 사위소송을 제기한 경우: 소송사기에 있어서 피기망자인 법원의 재판은 피해자의 처분행위에 갈음하는 내용과 효력이 있는 것이어야 하므로, 피고인들이 타인과 공모하여 그 공모자를 상대로 제소한 경우나 피고인들이 법원을 기망하여 얻으려고 한 판결의 내용이 소송 상대방의 의사에 부합하는 것일 때에는, 착오에 의한 재물의 교부행위가 있다고 할 수 없어 소송사기죄가 성립되지 아니한다.(대판 1996.8.23. 96도1265)

◆ **판 례** ◆

<소송상대방과 공모한 경우>……① 소송사기에 있어 피기망자인 법원의 재판은 피해자의 처분행위에 갈음하는 내용과 효력이 있는 것이어야 하므로, 피고인이 타인과 공모하여 그 공모자를 상대로 제소하여 의제자백의 판결을 받아 이에 기하여 부동산의 소유권이전등기를 하였다고 하더라도 이는 소송 상대방의 의사에 부합하는 것으로서 착오에 의한 재산적 처분행위가 있다고 할 수 없어 동인으로부터 부동산을 편취한 것이라고 볼 수 없고, 또 그 **부동산의 진정한 소유자가 따로 있다고 하더라도 피고인이 의제자백판결에 기하여 그 진정한 소유자로부터 소유권을 이전받은 것이 아니므로 그 소유자로부터 부동산을 편취한 것이라고 볼 여지도 없다.**(대판 1997.12.23. 97도2430)

② 피고인이 국가 등의 소유인 토지들이 미등기임을 기화로 갑과 공모하여 을을 그 소유자로 내세운 다음 갑이 을을 상대로 위 토지들에 대하여 매매를 원인으로 한 소유권이전등기절차이행의 소를 제기하여 소송 진행 중 쌍방의 소송대리인 등에게 화해하도록 하여 재판부로 하여금 을이 대금수령과 상환으로 갑에게 위 토지들에 대한 소유권이전등기절차를 이행한다는 취지의 화해 조서를 작성하게 한 경우, 이와 같은 소송상 화해의 효력은 소송당사자들 사이에만 미치고 제3자인 토지소유자에게는 미치지 아니하며 그 화해조서에 기하여 위 토지들에 대한 제3자의 소유권이 갑에게 이전되는 것도 아니므로 피고인의 위와 같은 행위가 사기죄를 구성한다고 할 수 없다.(대판 1987.8.18. 87도1153)

4) 원고뿐만 아니라 피고에게도 소송사기죄가 성립할 수 있다(판례).

◆ 판 례 ◆

<피고의 법원기망과 소송사기의 성부>……적극적 소송당사자인 원고뿐만 아니라 방어적인 위치에 있는 **피고라 하더라도 허위내용의 서류를 작성하여 이를 증거로 제출하거나 위증을 시키는 등의 적극적인 방법으로 법원을 기망하여 착오**에 빠지게 한 결과 승소확정판결을 받음으로써 자기의 재산상의 의무이행을 면하게 된 경우에는 그 재산가액 상당에 대하여 사기죄가 성립한다고 할 것이고, 그와 같은 경우에는 적극적인 방법으로 **법원을 기망할 의사를 가지고 허위내용의 서류를 증거로 제출하거나 그에 따른 주장을 담은 답변서나 준비서면을 제출한 경우에 사기죄의 실행의 착수가 있다**고 볼 것이다.(대판 1998.2.27. 97도2786)

(4) 신용카드사기: 타인의 신용카드(현금카드가 아님)를 부정사용한 경우에도 상품제공자를 기망하여 카드회사나 카드명의인에게 손해를 입힌 경우로서 사기죄를 구성한다. → 뒤의 신용카드 범죄 참조.

5. 처분행위

(1) 개 념

비록 하자가 있는 것이기는 하지만 자유의사로 직접 재산상의 손해를 초래하는 작위행위를 하거나 이를 방치하는 부작위행위를 하는 것이다(작위는 재물이나 재산상의 이익을 제공하는 것이고 부작위는 재산을 유지·증가시킬 수 있는 권리를 행사하지 않는 것이다).

◆ 판 례 ◆

<처분행위의 의의>……① 사기죄는 타인을 기망하여 착오에 빠뜨리게 하고 그 처분행위를 유발하여 재물, 재산상의 이득을 얻음으로써 성립하는 것이므로 여기서 처분행위라고 하는 것은 **재산적 처분행위를 의미하고 그것은 주관적으로 피기망자가 처분의사, 즉 처분결과를 인식하고 객관적으로는 이러한 의**

사에 지배된 행위가 있을 것을 요한다.(대판 1987.10.26. 87도1042)

② 자기가 점유하는 타인의 재물을 횡령하기 위하여 기망 수단을 쓴 경우에는 **피기망자에 의한 재산적 처분행위가 없으므로 일반적으로 횡령죄만 성립하고 사기죄는 성립하지 아니한다.**(대판 1980.12.9. 80도1177)

③ 피고인이 진실한 용도를 속이고 피해자로부터 그 인감도장을 교부받아 이 사건 부동산에 관한 소유권이전등기절차에 필요한 관계서류를 작성하여 그 명의로 소유권이전등기를 마쳤다 하여도 피해자의 처분행위가 있었다고 할 수 없고 또 인감도장이라는 재물을 영득할 의사가 없었던 것이라면 피고인에 대한 이 건 사기공소사실에 관하여 무죄를 선고한 것은 옳다.(대판 1990.2.27. 89도335)

④ 사기죄는 타인을 기망하여 착오에 빠뜨리게 하고 그 처분행위를 유발하여 재물, 재산상의 이득을 얻음으로써 성립하는 것이고, 여기서 처분행위라고 하는 것은 재산적 처분행위를 의미하고 그것은 주관적으로 피기망자가 처분의사, 즉 처분결과를 인식하고 객관적으로는 이러한 의사에 지배된 행위가 있을 것을 요한다. ……본건 공소사실은 기존 채무의 변제기 연장으로 인한 기한 유예의 재산상 이익이 아니라 변제기를 연장받음으로써 연장기간 동안의 이자 중 미지급 부분에 대한 재산상 이익을 편취하였다는 것이지만, 이에는 피기망자의 재산적 처분행위가 있었다고 볼 수 없어 사기죄의 성립을 긍정할 수 없다.(대판 1999.7.9. 99도1326)

(2) 처분행위의 내용(절도죄와의 구별)

1) 처분행위의 자의성: 처분행위는 자유의사로 인한 것, 즉 행위자에게 행위의 선택가능성이 있는 경우에 이루어진 것이어야 한다(예: 경찰을 사칭하는 자가 물건을 압수하는 것을 단순히 수인한 경우는 처분행위가 없다).

2) 처분효과의 직접성: 처분행위로 직접 재산상의 손해를 초래하여야 한다. 이는 행위자의 다른 부수적 행위가 없어도 손해가 발생한 경우 또는 착오에 빠지지 않았더라도 처분했을 것이라는 가정이 성립하는 경우에 인정할 수 있다(예: 전기수리공을 가장하여 주거에 들어가 재물을 훔친 경우는 처분행위가 없다).

3) 처분의사: 자기의 행위로 인하여 재물의 점유 또는 재산상의 이익이 타인에게 이전된다는 피기망자의 인식을 말한다. 학설은 이 의사의 필요 여부에 대

해서 필요설·불요설이 대립하나, 판례는 처분의사를 필요로 한다고 한다.(대판 1997.10.26)

(3) 처분행위자
1) 사기죄에 있어서 처분행위자는 반드시 피기망자(착오의 주체)여야 한다. 그러나 처분행위자(피기망자)와 재산상의 피해자가 일치해야 하는 것은 아니다 (예: 삼각사기).

◆ 판 례 ◆

<사기죄의 피해자>······예금주를 가장하고 예금 해약을 빙자하여 그 예금을 편취하였다면 그 예금의 소유권은 소비임치로 은행에 귀속되었다 할 것이므로 그 사기피해자는 예금주가 아니고 은행이다.(대판 1972.11.14. 72도1946)

---

2) 삼각사기에서의 처분행위자와 피해자와의 관계
(i) 권한설: 처분행위자에게 피해자의 재산을 처분할 수 있는 법적 권한이 있어야 한다.
(ii) 지위설: 처분행위자가 사실상 피해자의 재산을 처분할 수 있는 지위에 있으면 족하다
(iii) 판례는 종래 권한설을 취하였으나 지위설로 변경되었다.

◆ 판 례 ◆

<처분행위자와 피해자와의 관계-지위설>······① 사기죄가 성립되려면, 피기망자가 착오에 빠져 어떠한 재산상의 처분행위를 하도록 유발하여 재산적 이득을 얻을 것을 요하고, 피기망자와 재산상의 피해자가 같은 사람이 아닌 경우에는 **피기망자가 피해자를 위하여 그 재산을 처분할 수 있는 권능을 갖거나 그 지위에 있어야** 하지만, 여기에서 피해자를 위하여 재산을 처분할 수 있는 권능이나 지위라 함은 **반드시 사법상의 위임이나 대리권의 범위와 일치하여야 하는 것은 아니고**, 피해자의 의사에 기하여 재산을 처분할 수 있는 서류 등이 교부된 경우에는 피기망자의 처분행위가 설사 피해자의 진정한 의도와 어긋나

는 경우라고 할지라도 위와 같은 권능을 갖거나 그 지위에 있는 것으로 보아
야 한다.(대판 1994.10.11. 94도1575)

② 사기죄가 성립되려면 피기망자가 착오에 빠져 어떠한 재산상의 처분행위
를 하도록 유발하여 재산적 이득을 얻을 것을 요하고 피기망자와 재산상의 피
해자가 같은 사람이 아닌 경우에는 피기망자가 피해자를 위하여 그 재산을 처
분할 수 있는 권능이나 지위에 놓여져 있어야 하며 기망, 착오, 처분, 이득 사
이에 인과관계가 있어야 한다.(대판 1991.1.11. 90도2180)

3) 구체적 예
① 가정부를 기망하여 재물의 교부를 받은 경우: 사실상 처분을 할 수 있는 지
   위에 있으므로 사기죄가 성립한다.
② 열차승객을 기망하여 다른 승객의 짐을 넘겨받은 경우: 절도죄가 성립한다.

◆ 판 례 ◆

<피기망자의 처분 지위를 인정한 사례>……① 사실상 분열된 종중의 일파가
소유관계가 불분명한 종중재산에 대하여 처분금지가처분신청을 하면서 그 보
증금으로 공탁한 공탁금을 그 의사에 반하여 다른 분열된 종중의 일파가 가처
분취하서를 제출하여 처분금지가처분등기를 말소하게 하고 공탁금을 회수한
경우, 사기죄가 성립한다.(대판 1998.2.27. 97도1993)

② 국유재산의 매각을 전제로 연고권자에게 유상대부계약을 할 때에 허위로 연
고권이 있는 것같이 관계공무원을 기망하였다면 사기죄가 된다.(대판 1972.1.31.
71도1193)

③ 민사판결의 주문에 표시된 채권을 변제받거나 상계하여 그 채권이 소멸
되었음에도 불구하고, 판결정본을 소지하고 있음을 기화로 이를 근거로 하여
강제 집행을 하였다면 사기죄를 구성한다.(대판 1992.12.22. 92도2218)

◆ 판 례 ◆

<피기망자의 처분 지위를 부정한 사례>……① 타인명의의 등기서류를 위조하여 등기공무원에게 제출함으로써 피고인명의로 피해자 소유의 부동산에 대한 소유권이전등기를 마쳤다고 하여도 **피해자의 처분행위가 없을 뿐만 아니라 등기공무원에게는 위 부동산의 처분권한이 있다고 볼 수 없어 사기죄가 성립하지 않는다.**(대판 1981.7.28. 81도529)

② 토지의 일부만을 매수한 자가 그 부분만을 분할, 이전하겠다고 거짓말하여 소유자로부터 인장을 교부받아 토지전부에 관하여 소유권이전등기를 필한 경우에는 매수하지 아니한 부분에 관한 등기에 대해서는 위 소유자의 처분행위가 없었을 뿐만 아니라 등기공무원에게는 그 처분권한이 있다고 볼 수 없어 사기죄가 성립하지 않는다.(대판 1982.3.9. 81도1732)

(4) 착오와 재산처분행위의 인과관계

기망행위자를 불쌍히 여겨 재물을 넘겨준 경우에는 인과관계가 없으므로 사기죄의 미수가 될 뿐이다.

◆ 판 례 ◆

<착오와 처분행위와의 인과관계>……① 피해자가 피고인이 말한 차용금 용도의 목적이 실현 안 되더라도 금원을 대여하기로 합의하여 이를 피고인에게 교부하였다면 피고인이 말한 위 **차용금 용도가 거짓이었다고 하여도 이 기망행위와 피해자의 위 재산적 처분행위와 사이에는 상당인과관계가 있다고 보기는 어렵다.**(대판 1984.1.17. 83도2818)

② 도로의 점용허가신청이 있는 경우 도로관리청은 대상도로를 사용하고 있는 자인가의 여부를 가릴 것 없이 오로지 그 자신의 재량에 의하여 점용허가를 결정할 수 있음이 도로법 40조 동법 시행령 24조의 취지이므로 도로부지의 사실상 사용자가 누구인가에 관하여 **기망행위가 있었다 하더라도 이는 관리청의 도로점용허가 여부의 결정에 하나의 참고가 되었을 뿐이므로 사기죄를 구성하지 않는다.**(대판 1974.7.23. 74도669)

6. 재산상의 손해

(1) 재산상의 손해의 요부

1) 학   설: (ⅰ) 불요설, (ⅱ) 필요설, (ⅲ) 이분설(사기취재죄의 경우에는 불요이
나 사기이득죄의 경우에는 필요하다는 견해) 등이 있으나, 사기죄의 재산죄로
서의 성격을 감안하여 필요설이 타당하다고 본다(다수설).

2) 판   례: 상대방의 재산상의 손해가 없더라도 사기죄의 성립에 아무런 영향이
없다고 보아, 불요설의 입장을 취하고 있다.

◆ 판   례 ◆

<사기와 재산상 손해의 요부－불요설>……① 사기죄는 타인을 기망하여 그에
인한 하자 있는 의사에 기하여 재물의 교부 또는 재산상의 이익을 취득함으로
써 성립되는 것으로 사기죄의 요건으로서의 기망은 널리 재산상의 거래관계에
있어서 서로 지켜야 할 신의와 성실의 의무를 저버리는 모든 적극적 및 소극
적 행위를 말하며 사기죄의 본질은 **기망에 의한 재물이나 재산상 이익의 취득
에 있고 상대방에게 현실적으로 재산상 손해가 발생함을 그 요건으로 하지 아
니한다.**(대판 1983.2.22. 82도3139)

② 재물편취를 내용으로 하는 사기죄에 있어서는 기망으로 인한 재물교부가
있으면 그 자체로서 피해자의 재산침해가 되어 이로써 곧 사기죄가 성립하는
것이고, 상당한 대가가 지급되었다거나 피해자의 전체 재산상에 손해가 없다 하
여도 사기죄의 성립에는 그 영향이 없으므로, 사기죄에 있어서 그 **대가가 일부
지급된 경우에도 그 편취액은 피해자로부터 교부된 재물의 가치로부터 그 대가
를 공제한 차액이 아니라 교부받은 재물 전부이다.**(대판 1995.3.24. 95도203)

③ 피해자가 피고인의 기망에 의하여 당해 부동산의 소유권을 취득할 수
없게 될지도 모른다는 **사정을 알지 못한 채 이를 매수하였다면 이미 재산의
침해가 있었다** 할 것이고, 그 이후 피해자가 매수인명의 변경절차나 국가에
대한 민사소송 등을 통하여 소유권이전등기를 경료받아 재산상의 손해가 없게
되었다 하더라도 이는 사기죄의 성립에 아무런 영향을 미칠 수 없다.(대판
1994.10.21. 94도2048)

④ 사기죄는 타인을 기망하여 재물을 교부받았으면 성립되는 것이므로 피해자

에게 민사상의 구제수단이 있는 경우에도 사기죄의 성립에는 영향이 없다.(대
판 1978.6.13. 78도721)

⑤ 금융기관의 대출이나 신용보증기금의 신용보증서 발급이 피고인들의 기망행
위에 의하여 이루어진 이상 그로써 곧 사기죄는 성립하는 것이고 소론과 같이 담
보권의 설정이 있었다 하여 결론을 달리하는 바는 아니며 또 그러한 경우 사기죄
의 이득액에서 담보물의 가액을 공제할 것도 아니다.(대판 1983.4.26. 82도3088)

⑥ 사기죄는 사람을 적극적으로 기망하거나 소극적으로 신의성실의 원칙상
고지할 의무 있는 사항을 묵비하여 이에 속은 타인으로부터 재산의 교부를 받
거나 재산상의 이득을 취득한 경우에 성립하고 **이미 취득한 재물 또는 재산
상 이득을 사후에 반환, 변상했다 하더라도 이는 범죄의 성립에 영향을 미치
지 않는다.**(대판 1986.2.25. 85도2748)

⑦ 기망으로 인한 재물의 교부가 있으면, 그 자체로서 곧 사기죄는 성립하
고, 상당한 대가가 지급되었다거나 피해자의 전체 재산상에 손해가 없다고 하
여도 사기죄의 성립에는 영향이 없다.(대판 1999.7.9. 99도1040)

(2) 재산상 손해
1) 처분행위 전과 그 후의 재산의 전체적 가치를 비교하여 처분행위 후 재산의
   전체적 가치가 감소된 경우를 의미한다(개별적·객관적 손해개념－다수설).
2) 다만 재산상의 손해는 현실적으로 발생하여 계산상으로 증명할 수 있는 재산
   감소에 제한되지 않고 재산가치에 대한 구체적 위험이 발생한 경우에도 인정
   될 수 있다.

7. 실행의 착수와 기수 시기

(1) 실행의 착수 시기
1) 재물편취 또는 재산상의 이익취득의 의사로서 기망행위를 개시한 때이다.
2) 보험사기의 경우 보험회사에 보험금지급을 청구할 때이며(보험금 수령을 목
   적으로 방화한 때가 아님), 소송사기의 경우에는 소를 제기할 때이다.

◆ 판 례 ◆

　　<사기죄의 실행의 착수를 부정한 사례>……① 가압류는 강제집행의 보전방법에 불과하고 그 기초가 되는 허위의 채권에 의하여 실지로 청구의 의사표시를 한 것이라고 할 수 없으므로 소의 제기 없이 가압류신청을 한 것만으로는 사기죄의 실행에 착수한 것이라고 할 수 없다.(대판 1982.10.26. 82도1529)

　　② 장해보상지급청구권자에게 보상금을 찾아주겠다고 거짓말을 하여 동인을 보상금 지급기관까지 유인한 것만으로는 사기죄에 있어서의 기망행위의 착수에 이르렀다고 보기 어렵다.(대판 1980.5.13. 78도2259)

(2) 기수 시기

1) 동산사기 – 인도 · 교부 시

◆ 판 례 ◆

　　<동산 사기의 기수 시기>……① 사기범행으로 당좌수표 등 유가증권을 편취할 경우에는 유가증권을 교부받은 단계에서 재물편취의 기수가 된다.(대판 1985.12.24. 85도2317)

　　② 어음, 수표의 발행인이 그 지급기일에 결제되지 않으리라는 정을 예견하면서도 이를 발행하고, 거래상대방을 속여 그 할인을 받거나 물품을 매수하였다면 위 발행인의 사기행위는 이로써 완성되는 것이고, 위 거래상대방이 그 어음, 수표를 타에 양도함으로써 전전 유통되고 최후소지인이 지급기일에 지급, 제시하였으나 부도되었다고 하더라도 특별한 사정이 없는 한 그 최후소지인에 대한 관계에서 발행인의 행위를 사기죄로 의율할 수 없다.(대판 1998.2.10. 97도3040)

2) 부동산사기 – 점유 이전 시 또는 소유권이전등기 경료 시

◆ 판 례 ◆

　　<부동산편취사기의 기수 시기>……부동산편취에 의한 사기죄에 있어서는 부동산에 대한 권리 이전의 의사표시가 있는 것으로 족하지 않고, 현실적으로 점유의

이전이 있거나 소유권이전등기가 경료된 때에 기수가 된다.(대판 1961.7.14. 4294형상109)

3) 보험사기 - 보험증권을 교부받은 때
4) 소송사기 - 승소판결의 확정 시(판례)

◆ 판 례 ◆

<소송사기의 기수 시기>……① 피고인이 타인명의로 제3자를 상대로 법원을 기망하여 지급명령과 가집행선고부 지급명령을 발부받고 이를 채무명의로 하여 채무자의 제3채무자에 대한 정기예금 원리금 채권에 대하여 **채권압류 및 전부명령을 하게 하고 이를 송달시켜 위 채권을 전부받아 편취한 경우에는 그로써 사기죄는 기수에 이르렀다** 할 것이고 실제로 위 원리금을 은행으로부터 지급받아 취득하였는지 여부는 사기의 기수미수를 논하는 데 아무런 소장을 가져오지 않는다.(대판 1977.1.11. 76도3700)

② 지급명령신청에 대해 상대방이 이의신청을 하면 지급명령은 이의의 범위 안에서 그 효력을 잃게 되고 지급명령을 신청한 때에 소를 제기 한 것으로 보게 되는 것이지만 이로써 이미 실행에 착수한 사기의 범행 자체가 없던 것으로 되는 것은 아니다. 이와 같이 확정된 지급명령에 대해서는 항고를 제기하는 등 동일한 절차 내에서는 복절차가 따로 없어서 이를 취소하기 위해서는 재심의 소를 제기하거나 위 법 제505조에 따라 청구이의의 소로써 강제집행의 불허를 소구할 길이 열려 있을 뿐인데, 이는 피해자가 별 도의 소로써 피해구제를 받을 수 있는 것에 불과하므로 허위의 내용으로 청한 지급명령이 그대로 확정된 경우에는 소송사기의 방법으로 승소 판결을 받아 확정된 경우와 마찬가지로 사기죄는 이미 기수에 이르렀다고 볼 것이다.(대판 2004.6.24. 2002도4151)

③ 피고인 또는 그와 공모한 자가 자신이 토지의 소유자라고 허위의 주장을 하면서 소유권보존등기 명의자를 상대로 보존등기의 말소를 구하는 소송을 제기한 경우 그 소송에서 위 토지가 피고인 또는 그와 공모한 자의 소유임을 인정하여 보존등기 말소를 명하는 내용의 승소확정판결을 받는다면, 이에 터 잡아 언제든지 단독으로 상대방의 소유권보존등기를 말소시킨 후 위 **판결을 부**

동산등기법 제130조 제2호 소정의 소유권을 증명하는 판결로 하여 자기 앞으로의 소유권보존등기를 신청하여 그 등기를 마칠 수 있게 되므로, 이는 법원을 기망하여 유리한 판결을 얻음으로써 '대상 토지의 소유권에 대한 방해를 제거하고 그 소유명의를 얻을 수 있는 지위'라는 재산상 이익을 취득한 것이어서 **사기죄에 해당하고, 그 경우 기수 시기는 위 판결이 확정된 때이다.**(이와는 달리, 소유권보존등기 명의자를 상대로 그 보존등기의 말소를 구하는 소송을 제기한 경우, 설령 승소한다고 하더라도 상대방의 소유권보존등기가 말소될 뿐이고 이로써 원고가 당해 부동산에 대하여 어떠한 권리를 회복 또는 취득하거나 의무를 면하는 것은 아니므로 법원을 기망하여 재물이나 재산상 이익을 편취한 것이라고 볼 수 없다는 취지로 판시한 **대법원 1983. 10. 25. 선고 83도 1566 판결 등은 위 법리에 저촉되는 범위 내에서 변경함**).(대판 2006.4.7. 2005 도9858)

④ 소송에서 주장하는 권리가 존재하지 않는 사실을 알고 있으면서도 법원을 기망한다는 인식을 가지고 소를 제기하면 이로써 실행의 착수가 있고 소장의 유효한 송달을 요하지 아니한다고 할 것인바, 이러한 법리는 제소자가 상대방의 주소를 허위로 기재함으로써 그 허위주소로 소송서류가 송달되어 그로 인하여 상대방 아닌 다른 사람이 그 서류를 받아 소송이 진행된 경우에도 마찬가지로 적용된다.(대판 2006.11.10. 2006도5811)

8. 주관적 구성요건

(1) 고의 이외에 불법영득·이득의 의사를 요한다.

◆ **판 례** ◆

<**사기죄의 고의**>……사기죄의 주관적 구성요건인 편취의 범의는 피고인이 자백하지 않는 이상 범행 전후의 피고인의 재력, 환경, 범행의 내용, 거래의 이행과정 등과 같은 객관적인 사정 등을 종합하여 판단할 수밖에 없다 할 것이고, 그 범의는 확정적인 고의가 아닌 미필적인 고의로도 족하다.(대판 1997. 12.26. 97도2609)

◆ 판 례 ◆

<**사기죄에서의 불법영득의 의사**>⋯⋯① 사기죄에 있어서 불법영득의 의사는 소유권 또는 이에 준하는 본권을 침해하는 의사, 즉 목적물의 물질을 영득할 의사이거나 물질의 가치만을 영득할 의사이거나 불문하고 **그 재물을 영득할 의사만 있으면 되는 것이고 영구적으로 그 재물의 경제적 이익을 보지할 의사는 필요하지 아니하다.**(대판 1980.7.8. 79도2734)

② 피고인은 백화점의 직원으로 백화점의 변칙세일에 통상적인 업무처리과정에서 접하게 되었다 할지라도 피고인에게 백화점을 위한 불법영득의 의사가 있었다고 볼 것이다.(대판 1992.9.14. 91도2994)

③ 면사무소직원이 면회계공무원으로부터 자금을 지출받음에 있어서 적법한 절차가 아닌 허위의 지출결의서의 작성행사라는 변태적인 방법을 취하였다 하여도 그 돈을 결국 면이 지출해야 할 소요경비에 사용하였다면 허위공문서의 작성 및 동 행사의 죄는 별론으로 하고 거기에는 소관 면에 무슨 손해가 있다거나 불법영득의사가 있었다고는 볼 수 없다 할 것이고 본인이 면을 위한 행위로서 편법을 사용한 것에 불과하여 사기죄를 구성한다고 볼 수 없다.(대판 1984.2.14. 83도2857)

(2) 정당한 권리의 행사와 사기죄

1) 학　설(다수설): 이득이 정당한 범위 내의 것인 경우에는 불법이득의사가 없으므로 사기죄가 성립하지 않으며, 가분적 이득이 정당한 범위를 초과한 경우에는 초과 부분만 사기·공갈죄가 성립하며 불가분적 이득인 경우에는 전체 부분에 대해서 사기죄가 성립한다.

2) 판　례: 행위를 전체적으로 고찰하여 권리행사의 수단이 사회통념상 허용된 범위를 초과한 경우에는 이득의 불법을 묻지 않고 권리남용으로 사기죄가 성립한다.

◆ **판 례** ◆

　<기망행위를 수단으로 한 권리행사>……기망행위를 수단으로 한 권리행사의 경우 그 권리행사에 속하는 행위와 그 수단에 속하는 기망행위를 전체적으로 관찰하여 그와 같은 기망행위가 사회통념상 권리행사의 수단으로서 용인할 수 없는 정도라면 그 권리행사에 속하는 행위는 사기죄를 구성한다.(대판 1997. 10.14. 96도1405)

◆ **판 례** ◆

　<사회통념상 권리행사의 수단으로 용인될 수 없어 사기죄를 인정한 사례>…… ① 피고인의 소위가 피해자에 대하여 **채권을 변제받기 위한 방편이었다** 하더라도 판시와 같은 기망수단에 의하여 약속어음을 교부받은 행위는 위법성을 조각할 만한 정당한 권리행사방법이라고 볼 수는 없고, 교부받은 재물이 불가분인 경우에는 그 전부에 대하여 사기죄가 성립되는 것인바 약속어음은 그 자체가 재산적 가치를 지닌 유가증권으로서 재물성이 있고 **판시어음은 단일하여 불가분하다** 할 것이니 위 어음을 기망행위에 의하여 교부받은 이상 그 어음금 전액에 대하여 사기죄가 성립한다.(대판 1982.9.14. 82도16)

　② 토지를 20년 이상 점유하여 왔더라도 그 점유권원의 성질이 불분명하여 일단 자주점유로 추정받기는 하나, 상대방이 그 추정을 번복시킬 수 있는 사실을 입증하면 취득시효를 인정받을 수 없어 결국 상대방의 입증 여부에 따라 소송의 승패가 결정되는 소송에서, 소송의 승패에 결정적인 증거인 자주점유의 권원에 관한 처분문서를 위조하고, 그 성립에 관한 위증을 교사함으로써 상대방의 추정번복의 입증을 원천적으로 봉쇄하고 법원으로서도 그 처분문서의 성립이 인정되는 한 채증법칙상 그 문서의 내용대로 인정할 수밖에 없도록 하는 등의 소송행위는 사회통념상 도저히 용인될 수 없다고 할 것이므로, 비록 점유자가 자주점유로 추정받는다고 하더라도 위와 같은 기망행위에 의하여 적극적으로 법원을 기망하여 착오에 빠지게 함으로써 승소판결을 받고, 등기까지 했던 것이라면 그 행위는 정당한 권리행사라 할 수 없어 사기죄를 구성한다.(대판 1997.10.14. 96도1405)

　③ 토지 매도인이 매수인에게 소유권이전등기에 필요한 서류 등을 넘겨주지

않겠다는 태도를 취하자 매매계약 중개인이 매수인 앞으로 소유권이전등기를 하기 위하여 기망수단에 의하여 등기에 필요한 인감증명서를 교부받은 경우 그것이 매매계약을 이행시키려고 하는 목적과 동기에서 이루어졌고 결과적으로 매도인의 매수인에 대한 배임행위를 제지하였다 할지라도 중개인은 자신이 중개한 매매계약의 이행을 담보할 책임을 지지 아니하고, 매도인으로서는 배임죄로 처벌을 받거나 계약불이행으로 손해배상책임을 지는 것은 별론으로 하고 매수인으로부터 중도금까지 지급받은 이후에도 제3자에게 이중으로 매도하고 소유권이전등기를 넘겨줄 수 있는 것이므로 수단에 상당성이 없다 할 것이고, 따라서 위법성을 조각할 만한 정당한 권리행사방법이라 할 수 없다.(대판 1992. 11.24. 92도391)

9. 죄수와 타죄와의 관계

(1) 죄 수

1) 사기죄에 있어서 **수인의 피해자에 대하여 각 피해자별로 기망행위를 하여 각각 재물을 편취한 경우**에 그 범의가 단일하고 범행방법이 동일하다고 하더라도 포괄1죄가 성립하는 것이 아니라 **피해자별로 1개씩의 죄가 성립**하는 것으로 보아야 한다.(대판 1997.6.27. 97도508)

◆ **판 례** ◆

　　<수인의 피해자에 대한 각별의 기망행위와 죄수>……사기죄에 있어서 수인의 피해자에 대하여 각별로 기망행위를 하여 각각 재물을 편취한 경우에 그 범의가 단일하고 범행방법이 동일하다고 하더라도 포괄1죄가 되는 것이 아니라 피해자별로 1개씩의 죄가 성립하는 것으로 보아야 할 것이고, 이러한 경우 그 공소사실은 각 피해자와 피해자별 피해액을 특정할 수 있도록 기재하여야 할 것인바, '일정한 기간 사이에 성명불상의 고객들에게 1일 평균 매상액 상당을 판매하여 그 대금 상당액을 편취하였다.'는 내용은 피해자나 피해액이 특정되었다고 할 수 없다.(대판 1996.2.13. 95도2121)

2) 사기죄에 있어 **동일한 피해자에 대하여 수회에 걸쳐 기망행위를 하여 금원을 편취한 경우 범의가 단일하고 범행방법이 동일하다면 사기죄의 포괄일죄만이 성립**한다고 할 것이지만, 범의의 단일성과 계속성이 인정되지 아니하거나 범행방법이 동일하지 않은 경우에는 각 범행은 실체적 경합범에 해당한다.(대판 1997.6.27. 97도508, 대판 2000.2.11. 99도4862)

(2) 타죄와의 관계
1) 사기행위로 재물·재산상 이익을 얻은 후, 이를 사용하는 것은 불가벌적 사후행위이다.
2) 절취 등으로 영득한 장물을 자기소유인 양 제3자를 기망하여 금원 등을 편취한 경우, 그 같은 기망행위가 별도의 새로운 법익을 침해하는 경우는 별도로 사기죄를 구성한다.

◆ **판 례** ◆

<장물의 처분행위와 사기죄의 성부>……① 영득죄에 의하여 취득한 장물을 처분하는 것은 재산죄에 수반하는 불가벌적 사후행위에 불과하므로 다른 죄를 구성하지 않는다 하겠으나 강취한 은행예금통장을 이용하여 은행직원을 기망하여 진실한 명의인이 예금의 환급을 청구하는 것으로 오신케 함으로써 예금의 환급명목으로 금원을 편취하는 것은 **다시 새로운 법익을 침해하는 행위이므로 장물의 단순한 사후처분과는 같지 아니하고 별도의 사기죄를 구성**한다. (대판 1990.7.10. 90도1176)

② 금융기관 발행의 자기앞수표는 그 액면금을 즉시 지급받을 수 있는 점에서 현금에 대신하는 기능을 가지고 있어서 장물인 자기앞수표를 취득한 후 이를 현금 대신 교부한 행위는 장물취득에 대한 가벌적 평가에 당연히 포함되는 불가벌적 사후행위로서 별도의 범죄를 구성하지 아니한다.(대판 1993.11.23. 93도213)

---

3) 공무원이 직무에 관해 타인을 기망해서 재물을 교부받은 경우–사기죄와 수뢰죄의 상상적 경합

◆ 판 례 ◆

　<뇌물죄와 사기죄의 상상적 경합>……피고인은 소속대 병기과 전임하사직에 있는 자인데 1976년 1월경 동 중대 인사계인 상사 갑으로부터 총기 부족 문제 해결방법을 모색해 달라는 취지의 부탁을 받았으나 이를 거절하고 있던 중 위 총기 부족은 행정착오로서 그 총기는 같은 1중대에 있다는 것을 알고 있음에도 불구하고 그 총기가 분실된 것으로만 알고 있는 상피고인이 분실된 총기 문제를 해결해 주면 돈을 얼마든지 주겠다고 제의하자 위 행정착오인 사실을 감추고 막연히 다른 곳에서 같은 총기 1정을 구입, 보충해서 해결해 줄 것 같은 태도를 취하여 동인으로 하여금 그 취지를 오신케 하여서 2차례에 걸쳐 돈 6만원을 교부받아 편취하였다면, 이는 뇌물죄와 사기죄의 상상적 경합에 해당한다.(대판 1977.6.7. 77도1069).

4) 위조통화를 행사하여 타인의 재물을 교부받은 경우: 학설은 위조통화행사죄와 사기죄의 상상적 경합으로 보나, 판례는 양 죄의 실체적 경합이라고 한다.

◆ 판 례 ◆

　<위조통화행사죄와 사기죄의 관계>……위조통화의 행사라고 함은 위조통화를 유통과정에서 진정한 통화로서 사용하는 것을 말하고 그것이 유상인가 무상인가는 묻지 않는 것이므로 진정한 통화라고 하여 위조통화를 다른 사람에게 증여하는 경우에도 위조통화행사죄가 성립되고 이런 경우에는 그 행사자(증여자)는 아무런 재산의 불법영득이 없는 것이어서 **위조통화의 행사에 언제나 재물의 영득이 수반되는 것이라고는 할 수 없는 것이다.** 또한 통화위조죄에 관한 규정은 공공의 거래상의 신용 및 안전을 도모하는 공공적인 법익을 보호함을 목적으로 하고 있고 사기죄는 개인의 재산법익에 대한 죄이어서 **양 죄는 그 보호법익을 달리하고 있으므로 위조통화를 행사하여 재물을 불법영득한 때에는 위조통화행사죄와 사기죄의 양 죄가 성립**되는 것으로 보아야 할 것이다.(대판 1979.7.10. 79도840)

5) 타인의 사무를 처리하는 자가 본인에게 기망행위를 하여 재산상의 이익을 취득하는 경우: 배임죄설, 사기죄설(판례), 양 죄의 상상적 경합설(다수설)

◆ 판 례 ◆

<사기죄와 배임죄의 관계>······타인의 위탁에 의하여 그 사무를 처리하는 자가 그 사무처리상 임무를 배반하여 본인에 대하여 기망행위를 하고 착오에 빠진 본인으로부터 재물을 교부받은 경우에는 사기죄가 성립되며 가사배임죄의 구성요건이 충족되어도 별도로 배임죄를 구성하는 것이 아니라고 해석된다.(대판 1983.7.12. 82도1910)

6) 자기가 점유하는 타인의 재물을 기망행위를 취득한 경우: 횡령죄만 성립
7) 사기도박: 사기죄만이 성립하고 도박죄는 성립하지 않는다(우연성의 결여).

◆ 판 례 ◆

<사기도박과 사기죄>······도박당사자의 일방이 사기의 수단으로 승패의 수를 지배하는 경우에는 사기죄만이 성립되고 도박죄는 성립하지 아니한다.(대판 1960.11.16. 4293형상743)

Ⅱ. 기타의 범죄유형

1. 컴퓨터 등 사용사기죄

제347조의2(컴퓨터 등 사용사기)
  컴퓨터 등 정보처리장치에 허위의 정보 또는 부정한 명령을 입력하여 정보처리를 하게 함으로써 재산상의 이익을 취득하거나 제3자로 하여금 취득하게 한 자는 10년 이하의 징역 또는 2,000만 원 이하의 벌금에 처한다.

  ▶ 미수범처벌(제352조)

(1) 객관적 구성요건

1) 행위의 객체: 재산상의 이익(배임죄와 함께 순수한 이득죄)

2) 행 위: 컴퓨터 등 정보처리장치에 허위의 정보 또는 부정한 명령을 입력하여 정보처리를 하게 하는 것

① 컴퓨터 등 정보처리장치: 자동적으로 정보처리를 할 수 있는 전자장치(은행의 현금지급기 등), 법문에는 전자기록 등 특수매체기록을 규정하고 있지 않다(주의).

② 허위정보: 당해 사무처리시스템에 예정되어 있는 사무처리의 목적이나 진실한 내용에 반하는 자료를 정보처리장치에 입력하는 것(예: 허위의 예금데이터 입력)

③ 부정한 명령의 입력: 당해 시스템에 예정되어 있는 사무처리목적에 비추어 지시해서는 안 될 명령을 정보처리장치에 입력하는 것(예: 예금을 인출해도 잔고가 감소하지 않도록 프로그램을 조작하는 것)

▶ 진정한 정보의 부정사용

예컨대 습득한 타인의 현금카드로 진정한 비밀번호를 입력하여 현금을 인출하는 행위가 법문의 부정한 명령의 입력에 해당하는가에 대해서는 (ⅰ) 다수설은 이를 긍정하고(김일수·배종대), (ⅱ) 절도죄설(이재상) 및 (ⅲ) 절도죄에도 해당하지 않는다는 견해(하태훈) 등이 있다.

(2) 주관적 구성요건: 고의 이외에 위법이득의 의사를 요한다.

(3) 착수와 기수 시기: 컴퓨터에 허위정보나 부정명령을 입력시키기 시작한 때 실행의 착수가 있고, 재산상의 손해가 발생한 때 기수가 된다.

◆ 판 례 ◆

<컴퓨터 등 사용사기죄를 인정한 사례>……① 금융기관 직원이 범죄의 목적으로 전산단말기를 이용하여 다른 공범들이 지정한 특정계좌에 무자원송금의 방식으로 거액을 입금한 것은 형법 제347조의2에서 정하는 컴퓨터 등 사용사기죄에서의 '권한 없이 정보를 입력하여 정보처리를 하게 한 경우'에 해당한다고 할 것이고, 이는 그 직원이 평상시 금융기관의 여·수신업무를 처리할 권한이 있었다고 하여도 마찬가지라고 할 것이다(은행 또는 농협직원인 피고인들이

다른 공범들의 지시에 따라 은행지점 또는 농협지소에 설치된 컴퓨터 단말기를 이용하여 특정계좌에 거액의 돈을 입금한 것이 위 죄에 해당한다.(대판 2006.1.26. 2005도8507)

② 예금주인 현금카드 소유자로부터 일정한 금액의 현금을 인출해 오라는 부탁을 받으면서 이와 함께 현금카드를 건네받은 것을 기화로 그 위임을 받은 금액을 초과하여 현금을 인출하는 방법으로 그 차액 상당을 위법하게 이득할 의사로 현금자동지급기에 그 초과된 금액이 인출되도록 입력하여 그 초과된 금액의 현금을 인출한 경우에는, 그 인출된 현금에 대한 점유를 취득함으로써 이때에 그 인출한 현금 총액 중 인출을 위임받은 금액을 넘는 부분의 비율에 상당하는 재산상 이익을 취득한 것으로 볼 수 있으므로, 이러한 행위는 그 차액 상당액에 관하여 형법 제347조의2에 규정된 컴퓨터등 정보처리장치에 권한 없이 정보를 입력하여 정보처리를 하게 함으로써 재산상의 이익을 취득하는 행위로서 **컴퓨터등사용사기죄에 해당**된다.(대판 2006.3.24. 2005도3516)

③ **형법 제347조의2**는 정보처리장치에 허위의 정보 또는 부정한 명령을 입력하거나 권한 없이 정보를 입력·변경하여 정보처리를 하게 함으로써 재산상의 이익을 취득하거나 제3자로 하여금 취득하게 한 자는 이를 처벌하도록 규정하고 있는바, 금융기관 직원이 전산단말기를 이용하여 다른 공범들이 지정한 특정계좌에 돈이 입금된 것처럼 허위의 정보를 입력하는 방법으로 위 계좌로 입금되도록 한 경우, 이러한 입금절차를 완료함으로써 장차 그 계좌에서 이를 인출하여 갈 수 있는 재산상 이익의 취득이 있게 되었다고 할 것이므로 형법 제347조의2에서 정하는 컴퓨터 등 사용사기죄는 기수에 이르렀다고 할 것이고, 그 후 그러한 입금이 취소되어 현실적으로 인출되지 못하였다고 하더라도 이미 성립한 컴퓨터 등 사용사기죄에 어떤 영향이 있다고 할 수는 없다.(대판 2006.9.14, 2006도4127)

2. 준사기죄

제348조(준사기)

① 미성년자의 지려천박 또는 사람의 심신장애를 이용하여 재물의 교부를 받거나 재산상의 이익을 취득한 자는 10년 이하의 징역 또는 500만 원 이하의 벌금에 처한다.

② 전항의 방법으로 제3자로 하여금 재물의 교부를 받게 하거나 재산상의 이익을 취득하게 한 때에도 전항의 형과 같다.

▶ 미수범처벌(제352조)

---

(1) 지려천박한 미성년자나 심신장애자이더라도 적극적인 기망수단을 사용한 경우에는 준사기죄가 아닌 사기죄가 성립한다.

(2) 미성년자: 모든 미성년자가 아닌 지려천박한 자만을 포함한다.

(3) 심신장애

1) 재산상의 거래능력을 의미하며 형법 제10조의 형사책임능력과는 다르다.

2) 심신장애 이외에 심신미약도 이에 해당할 수 있다.

3) 심신상실자 중에서 의사무능력자에 대해서는 사기죄나 준사기죄가 성립하는 것이 아니라 절도죄가 성립한다.

3. 편의시설부정이용죄

제348조의2(편의시설부정이용)

부정한 방법으로 대가를 지급하지 아니하고 자동판매기, 공중전화 기타 유료자동설비를 이용하여 재물 또는 재산상의 이익을 취득한 자는 3년 이하의 징역, 500만 원 이하의 벌금, 구류 또는 과료에 처한다.

▶ 미수범처벌(제352조)

---

(1) 성 격

사기죄나 절도죄의 흠결을 보충하는 보충적 구성요건의 역할을 하는 범죄유형이다.

(2) 객관적 구성요건

1) 행위객체: 재물 또는 재산상의 이익

2) 행 위: 대가를 지급하지 아니하고 편의시설을 부정이용하는 것

① 편의시설: 자동판매기, 공중전화 기타 유료자동설비(자동보관함, 자동입장시설물, 자동개찰구 등)

② 부정이용: 위폐를 사용하거나 부정하게 만든 선급카드를 투입하거나 잔고를 허위인 것으로 개변한 IC카드나 정액승차권을 자동설비에 투입하거나 서비스를 제공받는 것이다. 그러나 자동설비 등을 파괴하고, 그 안에 있는 물건이나 현금을 가져간 경우에는 절도죄를 구성한다.

(3) 주관적 구성요건: 고의 이외에 불법영득 또는 이득의 의사를 요한다.

4. 부당이득죄

> **제349조(부당이득)**
> ① 사람의 궁박한 상태를 이용하여 현저하게 부당한 이익을 취득한 자는 3년 이하의 징역 또는 1,000만 원 이하의 벌금에 처한다.
> ② 전항의 방법으로 제3자로 하여금 부당한 이익을 취득하게 한 때에도 전항의 형과 같다.

(1) 궁박한 상태: 경제적 곤궁상태에 한하지 않고, 정신적·육체적인 위급상태도 포함하는 개념이다.

◆ 판 례 ◆

<형법 제349조의 부당이득죄의 구성요건 중 '궁박한 상태'의 의미>……부당이득죄에 있어서 궁박이라 함은 피고인이 당해 토지를 보유하게 된 경위 및 보유기간, 주변 부동산의 시가, 가격 결정을 둘러싼 쌍방의 협상과정 및 거래를 통한 피해자의 이익 등을 종합하여 구체적으로 신중하게 판단하여야 할 것이다. 피고인이 피해자인 ○○재건축조합에게 토지를 시세보다 비싼 가격으로 매도하였더라도 그 매매대금이 현저하게 부당하다고 단정할 수 없다.(대판 2005.4.15, 2004도1246)

(2) 부당한 이익: 급부와 이익 사이에 상당성이 없는 경우이다. 그 판단기준은 행위자이며, 현저하게 부당하다고 함은 행위 당시의 구체적 사정을 종합하여 객관적으로 볼 때 행위자의 급부에 비하여 피해자의 반대급부가 사회통념이나 건전한 상식에 비추어 불균형을 이룬다고 판단되는 경우를 말한다.

5. 상습사기죄

> **제351조(상습범)**
> 상습으로 제347조 내지 전조의 죄를 범한 자는 그 죄에 정한 형의 2분의 1까지 가중한다.

◆ **판 례** ◆

<**상습사기죄의 상습성**>······상습사기죄에 있어서의 상습성이라 함은 반복하여 사기행위를 하는 습벽으로서 행위자의 속성을 말하고, 여기서 말하는 **사기행위의 습벽은 행위자의 사기습벽의 발현으로 인정되는 한 동종의 수법에 의한 사기범행의 습벽만을 의미하는 것이 아니라 이종의 수법에 의한 사기범행을 포괄하는 사기의 습벽도 포함**한다.(대판 2000.2.11. 99도4797)

---

6. 신용카드·현금카드 관련 범죄

(1) 자기명의의 신용카드를 부정사용한 경우: 결제 의사 없이 신용카드를 발급한 행위에 터 잡아 제 사용행위에 대해서 사기죄의 포괄일죄가 성립한다.(판례)

◆ **판 례** ◆

<**자기명의의 신용카드의 부정사용과 죄수**>······신용카드의 거래는 신용카드회사로부터 카드를 발급받은 사람이 위 카드를 사용하여 카드 가맹점으로부터 물품을 구입하면 그 카드를 소지하여 사용하는 사람이 카드회사로부터 카드를 발급받은 정당한 소지인인 한 카드회사가 그 대금을 가맹점에 결제하고, 카드회사는 카드사용자에 대하여 물품구입대금을 대출해 준 금전채권을 가지는 것

이고, 또 카드사용자가 현금자동지급기를 통해서 현금서비스를 받아 가면 현금대출관계가 성립되게 되는 것인바, 이와 같은 카드사용으로 인한 카드회사의 금전채권을 발생케 하는 카드사용행위는 카드회사로부터 일정한 한도 내에서 신용공여가 이루어지고, 그 신용공여의 범위 내에서는 정당한 소지인에 의한 카드사용에 의한 금전대출이 카드 발급 시에 미리 포괄적으로 허용되어 있는 것인바, 현금자동지급기를 통한 현금대출도 결국 카드회사로부터 그 지급이 미리 허용된 것이고, 단순히 그 지급방법만이 사람이 아닌 기계에 의해서 이루어지는 것에 불과하다. 그렇다면 피고인이 카드사용으로 인한 대금결제의 의사와 능력이 없으면서도 있는 것같이 가장하여 카드회사를 기망하고, 카드회사는 이에 착오를 일으켜 일정 한도 내에서 카드사용을 허용해 줌으로써 피고인은 기망당한 카드회사의 신용공여라는 하자 있는 의사표시에 편승하여 자동지급기를 통한 현금대출도 받고, 가맹점을 통한 물품구입대금 대출도 받아 카드발급회사로 하여금 같은 액수 상당의 피해를 입게 함으로써, 카드사용으로 인한 일련의 편취행위가 포괄적으로 이루어지는 것이다. 따라서 카드사용**으로 인한 카드회사의 손해는 그것이 자동지급기에 의한 인출행위이든 가맹점을 통한 물품구입행위이든 불문하고 모두가 피해자인 카드회사의 기망당한 의사표시에 따른 카드발급에 터 잡아 이루어지는 사기의 포괄일죄이다.**(대판 1996.4.9. 95도2466)

(2) 타인의 신용카드를 상품제공자(가맹점: 백화점 등)에게 부정사용한 경우: 사기죄와 신용카드업법(현행 여신전문금융업법)상의 신용카드부정사용죄의 실체적 경합범이 된다.(판례)

◆ **판 례** ◆

<타인 신용카드를 사용한 물건구입과 죄책>……강취한 신용카드를 가지고 자신이 그 신용카드의 **정당한 소지인인 양** 가맹점의 점주를 속이고 그에 속은 점주로부터 주류 등을 제공받아 이를 취득한 것이라면 신용카드부정사용죄와 **별도로 사기죄가 성립한다.**(대판 1997.1.21. 96도2715)

◆ 판 례 ◆

<신용카드부정사용죄와 관련된 판례>……① 신용카드업법 제25조 제1항 소정의 신용카드부정사용죄의 구성요건적 행위인 신용카드의 사용이라 함은 신용카드의 소지인이 신용카드의 본래 용도인 대금결제를 위하여 가맹점에 신용카드를 제시하고 매출표에 서명하여 이를 교부하는 일련의 행위를 가리키므로, 단순히 신용카드를 제시하는 행위만으로는 신용카드 부정사용죄의 실행에 착수한 것에 불과하고 그 사용행위를 완성한 것으로 볼 수 없다.(대판 1993.11.23. 93도604)

② 신용카드업법 제25조 제1항은 신용카드를 위조·변조하거나 도난·분실 또는 위조·변조된 신용카드를 사용한 자는 7년 이하의 징역 또는 5천만 원 이하의 벌금에 처한다고 규정하고 있는바, 위 부정사용죄의 구성요건적 행위인 신용카드의 본래 용도인 대금결제를 위하여 가맹점에 신용카드를 제시하고 매출표에 서명하여 이를 교부하는 일련의 행위를 가리키고 단순히 신용카드를 제시하는 행위만을 가리키는 것은 아니라고 할 것이므로, 위 매출표의 서명 및 교부가 별도로 사문서위조 및 동 행사의 죄의 구성요건을 충족한다고 하여도 이 사문서위조 및 동 행사의 죄는 위 신용카드부정사용죄에 흡수되어 신용카드부정사용죄의 1죄만이 성립되고 별도로 사문서위조 및 동 행사의 죄는 성립하지 않는다.(대판 1992.6.9. 92도77)

③ 신용카드를 절취한 후 이를 사용한 경우 신용카드의 부정사용행위는 새로운 법익의 침해로 보아야 하고 그 법익침해가 절도범행보다 큰 것이 대부분이므로 위와 같은 부정사용행위가 절도범행의 불가벌적 사후행위가 되는 것은 아니다. ……피고인은 절취한 카드로 가맹점들로부터 물품을 구입하겠다는 단일한 범의를 가지고 그 범의가 계속된 가운데 동종의 범행인 신용카드 부정사용행위를 동일한 방법으로 반복하여 행하였고, 또 위 신용카드의 각 부정사용의 피해법익도 모두 위 신용카드를 사용한 거래의 안전 및 이에 대한 공중의 신뢰인 것으로 동일하므로, 피고인이 동일한 신용카드를 위와 같이 부정사용한 행위는 포괄하여 일죄에 해당하고, **신용카드를 부정사용한 결과가 사기죄의 구성요건에 해당하고 그 각 사기죄가 실체적 경합관계에 해당한다고** 하여도 신용카드부정사용죄와 사기죄는 그 보호법익이나 행위의 태양이 전혀 달라 실체적 경합관계에 있으므로 신용카드 부정사용행위를 포괄일죄로 취급하는 데 아무런 지장이 없다.(대판 1996.7.12. 96도1181)

④ 신용카드회원이 대금결제를 위하여 가맹점에 신용카드를 제시하고 매출표에 서명하는 일련의 행위뿐만 아니라 신용카드를 현금인출기에 주입하고 비밀번호를 조작하여 현금서비스를 제공받는 일련의 행위도 신용카드의 본래 용도에 따라 사용하는 것으로 보아야 한다. ……신용카드업법 제25조 제1항 소정의 부정사용이라 함은 도난·분실 또는 위조·변조된 신용카드를 진정한 카드로서 신용카드의 본래의 용법에 따라 사용하는 경우를 말하는 것이므로, 절취한 신용카드를 현금인출기에 주입하고 비밀번호를 조작하여 현금서비스를 제공받으려는 일련의 행위는 그 부정사용의 개념에 포함된다.(대판 1995.7.28. 95도997)

⑤ 여신전문금융업법 제70조 제1항 제3호는 분실 또는 도난된 신용카드를 사용한 자를 처벌하도록 규정하고 있는데, 여기서 분실 또는 도난된 신용카드라 함은 소유자 또는 점유자의 의사에 기하지 않고 그의 점유를 이탈하거나 그의 의사에 반하여 점유가 배제된 신용카드를 가리키는 것으로서, 소유자 또는 점유자의 점유를 이탈한 신용카드를 취득하거나 그 점유를 배제하는 행위를 한 자가 반드시 유죄의 처벌을 받을 것을 요하지 아니한다.(대판 1999.7.9. 99도857)

(3) 타인의 현금카드를 사용 후 돌려줄 의사로 절취한 경우: 불법영득의사를 인정할 수 없어 절도죄가 성립하지 않는다.

◆ 판 례 ◆

<타인 현금카드를 사용하고 반환한 경우의 죄책>……피해자로부터 지갑을 잠시 건네받아 임의로 지갑에서 현금카드를 꺼내어 현금자동인출기에서 현금을 인출하고 곧바로 피해자에게 현금카드를 반환한 경우, 은행이 발행한 현금카드를 사용하여 현금자동지급기에서 현금을 인출하였다 하더라도 그 **현금카드 자체가 가지는 경제적 가치가 인출된 예금액만큼 소모되었다고 할 수는 없을 것인바, 현금카드에 대한 불법영득의사가 있다고 보기는 어렵다.**(대판 1998.11.10. 98도2642)

(4) 타인의 현금카드나 신용카드를 부정사용하여 현금을 인출·취득한 경우

1) 개정형법 시행 전의 판례: 절도죄

◆ 판 례 ◆

<타인 신용카드로 현금자동인출기에서 현금을 인출한 경우의 죄책>……피해자명의의 신용카드를 부정사용하여 현금자동인출기에서 현금을 인출하고 그 현금을 취득까지 한 행위는 신용카드업법 제25조 제1항의 부정사용죄에 해당할 뿐만 아니라 그 **현금을 취득함으로써** 현금자동인출기 관리자의 의사에 반하여 그의 지배를 배제하고 그 현금을 자기의 지배하에 옮겨 놓는 것이 되므로 **별도로 절도죄를 구성**하고, 위 양 죄의 관계는 그 보호법익이나 행위태양이 전혀 달라 실체적 경합관계에 있는 것으로 보아야 한다.(대판 1995.7.28. 95도997)

2) 컴퓨터 등 사용사기죄설(김일수·배종대): 진실한 정보를 부정하게 사용한 경우도 광의의 부정한 명령의 일종으로 보아 제3자의 현금카드의 부정사용도 동죄가 성립한다.(형법 개정법률안 제안이유서)

3) 절도죄설: (ⅰ) 이러한 경우는 정당한 정보를 입력한 것으로 부정한 명령을 입력하였다고 볼 수 없으므로 진실한 정보의 부정사용은 제347조의2에 해당한다고 할 수 없으며, 절도죄로 처벌하면 족하다.(이재상) (ⅱ) 이러한 경우도 부정한 명령의 입력에 해당하지만 현금은 재물이기 때문에 컴퓨터 등 사용사기죄가 아니라 절도죄가 된다.(박상기)

4) 무죄설(하태훈): 이러한 경우는 부정한 명령의 입력도 아니고 또 절취의 불법도 없기 때문에 무죄이다.

(5) 현금카드 소유자로부터 카드를 갈취하여 현금을 인출한 경우: 포괄하여 공갈죄만 성립한다.(판례)

◆ 판 례 ◆

<현금카드 소유자로부터 카드를 갈취하여 계속 사용한 경우의 죄수>⋯⋯예금주인 현금카드 소유자를 협박하여 그 카드를 갈취하였고, 하자 있는 의사표시이기는 하지만 피해자의 승낙에 의하여 현금카드를 사용할 권한을 부여받아 이를 이용하여 현금을 인출한 이상, 피해자가 그 승낙의 의사표시를 취소하기까지는 현금카드를 적법, 유효하게 사용할 수 있고, 은행의 경우에도 피해자의 지급정지 신청이 없는 한 피해자의 의사에 따라 그의 계산으로 적법하게 예금을 지급할 수밖에 없는 것이므로, 피고인이 **피해자로부터 현금카드를 사용한 예금인출의 승낙을 받고 현금카드를 교부받은 행위와 이를 사용하여 현금자동지급기에서 예금을 여러 번 인출한 행위들은 모두 피해자의 예금을 갈취하고자 하는 피고인의 단일하고 계속된 범의 아래에서 이루어진 일련의 행위로서 포괄하여 하나의 공갈죄를 구성한다**고 볼 것이지, 현금지급기에서 피해자의 예금을 취득한 행위를 현금지급기 관리자의 의사에 반하여 그가 점유하고 있는 현금을 절취한 것이라 하여 이를 현금카드 갈취행위와 분리하여 따로 절도죄로 처단할 수는 없다.(대판 1996.9.20. 95도1728)

◆ 판 례 ◆

<타인의 명의를 모용하여 신용카드를 발급받고 현금자동지급기에서 현금을 인출하거나 ARS 전화서비스나 인터넷 등으로 신용대출을 받은 경우의 죄수>⋯⋯타인의 명의를 모용하여 발급받은 신용카드를 이용하여 현금자동지급기에서 현금을 인출하거나 ARS 전화서비스나 인터넷 등으로 신용대출을 받은 행위를, 기망당한 신용카드회사가 카드사용을 포괄적으로 허용한 것에 기초한 것으로 파악하여, **포괄적으로 신용카드회사에 대한 사기죄가 성립한다고 볼 수는 없다. 신용카드를 사용하여 현금자동지급기에서 현금을 인출한 행위는** 현금자동지급기의 관리자에 대한 **절도죄가, ARS 전화서비스 등을 이용하여 신용대출을 받은 행위에 관하여는** 대출금융기관에 대한 **컴퓨터등사용사기죄가** 각 성립할 뿐이다.(대판 2006.7.27, 2006도3126)

제4절 공갈의 죄

Ⅰ. 공갈죄

제350조(공갈)
① 사람을 공갈하여 재물의 교부를 받거나 재산상의 이익을 취득한 자는 10년 이하의 징역 또는 2,000만 원 이하의 벌금에 처한다.
② 전항의 방법으로 제3자로 하여금 재물의 교부를 받게 하거나 재산상의 이익을 취득하게 한 때에도 전항의 형과 같다.

▶ 미수범처벌(제352조)

1. 의의와 보호법익

(1) 사람을 공갈하여 자기 또는 제3자가 재물교부나 재산상의 이익을 취득함으로써 성립하는 범죄이다(재물죄인 동시에 이득죄).

(2) 상대방의 하자 있는 의사에 의한 처분행위에 의한다는 점에서 사기죄와 본질을 같이하나, 그 수단에 있어서 차이가 있다.

(3) 재산권을 주된 보호법익으로 하지만 개인의 의사결정 내지 의사활동의 자유도 2차적 보호법익이 된다.

2. 행위: 공갈

(1) 공갈: 재물을 교부받거나 재산상의 이익을 취득하기 위하여 폭행 또는 협박으로 상대방으로 하여금 공포심을 일으키게 하는 행위

◆ 판 례 ◆

    <간통관계를 미끼로 한 협박과 공갈> ······피고인과 고소인의 연령이 각 16세, 32세인 점 및 한 집에 여러 사람이 취침한다는 점으로 미루어 피고인이 고소인을 강간한 것이 아니라 피해자의 유혹으로 간통관계를 갖게 되었다고 하더라도, 이를 미끼로 협박하여 금원을 교부받은 이상 피고인의 위 소위는 공갈죄를 구성한다.(대판 1984.5.9. 84도573)

---

(2) 폭행·협박의 정도

1) 폭행은 사람에 대한 일체의 유형력의 행사(광의 폭행)를 말하며, 협박은 해악을 고지하여 상대방에게 외포심을 일으키는 것(협의의 협박)을 말한다.

2) 폭행·협박의 강도는 강도죄의 그것보다 완화된 것이며, 반드시 상대방의 반항을 억압할 정도임을 요하지 아니한다(다수설─양적 구별설).

◆ 판 례 ◆

    <공갈죄에서 협박의 의미> ······① 공갈죄의 수단으로서의 협박은 **사람으로 하여금 의사결정의 자유를 제한하거나 의사실행의 자유를 방해할 정도로 겁을 먹게 할 만한 해악을 고지하는 것**을 말하고, 여기서 고지된 해악의 실현은 반드시 그 자체가 위법한 것임을 요하지 않으며, 또한 그 해악고지의 수단방법은 명시적이거나 직접적이 아니더라도 묵시적으로 피공갈자 이외의 제3자를 통해서 간접적으로 할 수도 있다.(대판 1990.8.14. 90도114)

    ② 공갈죄의 수단으로서 협박은 사람의 의사결정의 자유를 제한하거나 의사실행의 자유를 방해할 정도로 겁을 먹게 할 만한 해악을 고지하는 것을 말하고, 해악의 고지가 권리실현의 수단으로 사용된 경우라도 그것이 권리행사를 빙자하여 협박을 수단으로 상대방을 겁을 먹게 하였고, 그 권리실행의 수단, 방법이 사회통념상 허용되는 정도나 범위를 넘는다면 공갈죄의 실행에 착수한 것으로 보아야 한다.(대판 1993.9.14. 93도915)

    ③ **고지된 해악의 내용 중에 일부 허위가 있다** 하더라도 그것이 상대방을 외포시킴에 족하고 재물의 교부가 외포에 기인하는 경우에는 **공갈죄가 성립**한다 할 것이다.(대판 1961.9.21. 4294형상385)

◆ 판 례 ◆

<공갈죄의 수단으로서의 협박을 인정한 사례>······① 방송기자인 피고인이 피해자에게 피해자 경영의 건설회사가 건축한 아파트의 진입도로미비 등 공사하자에 관하여 **방송으로 계속 보도할 것 같은 태도를 보임으로써** 피해자가 위 방송으로 말미암아 그의 아파트건축사업이 큰 타격을 받고 자신이 경영하는 회사의 신용에 커다란 손실을 입게 될 것을 우려하여 방송을 하지 말아 달라는 취지로 돈 2,000,000원을 피고인에게 교부한 경우 공갈죄의 구성요건이 충족되고 또 인과관계도 인정된다고 할 것이다.(대판 1991.5.28. 91도80)

② 신문의 부실공사 관련 기사에 대한 해당 건설업체의 반박광고가 있었음에도 재차 부실공사 관련 기사가 나가는 등 그 신문사 기자들과 그 건설업체 대표이사의 감정이 악화되어 있는 상태에서, 그 신문사 사주 및 광고국장이 보도 자제를 요청하는 그 건설업체 대표이사에게 **자사 신문에 사과광고를 싣지 않으면 그 건설업체의 신용을 해치는 기사가 계속 게재될 것 같다는 기자들의 분위기를 전달하는 방식으로** 사과광고를 게재토록 하면서 과다한 광고료를 받은 행위가 공갈죄의 구성요건에 해당한다.(대판 1997.2.14. 96도1959)

◆ 판 례 ◆

<공갈죄의 수단으로서의 협박을 부정한 사례>······가출자의 가족에 대하여 그 소재를 알려주는 조건으로 보험가입을 요구한 소위는 가출자를 찾으려고 그 소재를 알고 싶어 하는 가족들의 안타까운 심정을 이용하여 보험가입을 권유 내지 요구하는 언동으로 도의상 비난할 수 있을지언정 그로 인하여 가족들에 새로운 외포심을 일으키게 되거나 외포심이 더하여진다고는 볼 수 없으므로 이를 공갈죄에 있어서의 협박이라고 단정할 수 없다.(대판 1976.4.27. 75도2818)

3) 폭행·협박의 상대방은 재산에 대한 처분권한·지위를 가진 자이면 되고, 재산상의 피해자와 동일인일 필요는 없다. **판례는 룸살롱의 종업원 갑에게 신체에 위해를 가할 듯한 태도를 보여 이에 겁을 먹은 갑으로부터 주류를 제공받아 이를 갈취한 경우는 공갈죄가 성립된다고 보고 있다.**(대판 2005.9.29. 2005도4738)

4) 권리행사와 공갈죄의 성부

(ⅰ) 공갈행위자가 자신의 정당한 권리를 실행하기 위해 공갈행위를 한 경우에도 공갈죄의 불법영득(이득)의사가 있다고 할 수 있는가에 대해 사기죄의 경우와 같이 학설과 판례가 대립한다.

(ⅱ) 판례는 비록 권리행사라 할지라도 그 수단이 공서양속에 반하여 사회통념상 용인할 수 없는 경우에는 공갈죄를 구성한다는 입장이다.

◆ 판 례 ◆

<권리행사의 수단으로서의 공갈행위>······① 공갈죄의 수단으로서의 협박이 정당한 권리자에 의하여 **권리실행의 수단으로서 사용된 경우** 행위의 주관적인 측면과 객관적인 측면을 종합적으로 판단하여 **그 방법이 사회통념상 허용되는 정도를 넘지 않는 한 공갈죄의 성립을 인정할 수는 없는 것이다.**(대판 1990.8.14. 90도114)

② 정당한 권리를 가졌다 하더라도 그 권리행사에 빙자하여 협박을 수단으로 상대방을 외포케 하여 재물의 교부 또는 재산상의 이익을 받은 경우와 같이 그 행위가 권리행사라고 인정되지 않는 경우에는 공갈죄가 된다 할 것이다.(대판 1961.9.21. 4294형상385)

◆ 판 례 ◆

<공갈죄에서 권리행사가 사회통념상 용인 범위를 넘는다고 본 사례>······① 피고인이 을로부터 피해자 갑에 대한 외상대금 채권 회수의 의뢰를 받고 이를 승낙한 다음 위 외상대금을 받아 주기 위하여 갑에게 을의 채무를 당장 갚고 나서 영업을 하라고 요구하고, 이를 갚기 전에는 영업을 할 수 없다 하면서 개새끼라고 욕을 하고 눈을 치켜뜨고 죽어 볼래 하면서 갑의 멱살을 2, 3분 잡아 흔드는 등 겁을 먹게 하여 갑으로 하여금 금원을 을에게 교부하게 하였다면, **피고인의 위 소위는 공갈죄를 구성하는 것으로 이 행위가 단순히 채권 회수를 위한 권리행사로서 사회통념상 용인된 행위라고는 할 수 없다.**(대판 1987.10.26. 87도1656)

② 피고인이 교통사고로 2주일간의 치료를 요하는 상해를 당하여 그로 인한 손해배상청구권이 있음을 기화로 사고차량의 운전사가 바뀐 것을 알고서 그 운전사의 사용자에게 과다한 금원을 요구하면서 이에 응하지 않으면 수사기관에 신고할 듯한 태도를 보여 이에 겁을 먹은 동인으로부터 금 3,500,000원을 교부받은 것이라면 이는 손해배상을 받기 위한 수단으로서 사회통념상 허용되는 범위를 넘어서 그 권리행사를 빙자하여 상대방을 외포하게 함으로써 재물을 교부받은 경우에 해당하므로 공갈죄가 성립한다고 할 것이다.(대판 1990. 3.27. 89도2036)

③ 피고인이 피해자를 상대로 목재대금청구소송 계속 중 피해자에게 피해자의 양도소득세포탈사실을 관계기관에 진정하여 일을 벌이려 한다고 말하여 겁을 먹은 피해자로부터 목재대금을 지급하겠다는 약속을 받아낸 행위는 사회상규에 어긋나지 않는다고 할 수 없다.(대판 1990.11.23. 90도1864)

④ 피해자의 기망에 의하여 부동산을 비싸게 매수한 피고인이라도 그 계약을 취소함이 없이 등기를 피고인 앞으로 둔 채 피해자의 전매 차익을 받아낼 셈으로 피해자를 협박하여 재산상 이득을 얻거나 돈을 받았다면 이는 정당한 권리행사의 범위를 넘은 것으로서 사회통념상 용인될 수 없으므로 공갈죄를 구성한다.(대판 1991.9.24. 91도1824)

⑤ 피고인이 피해자에게 채무변제를 추궁하자 피해자가 자신은 잘못한 것이 없다며 나이가 더 많은 피고인에게 대들어 이에 화가 난 피고인이 피해자를 폭행하고, 옆에 있던 피고인의 친구가 이에 가세하여 폭행하여 피해자에게 우안면부찰과상 등을 입혀 피가 흐르게 하는 등 상해를 가한 것임을 알 수 있으므로 이는 동일기회에 동일장소에서 상호 다른 자의 범행을 인식하고 이를 이용하여 범행하여 피해자에게 신체의 완전성을 훼손하는 상해를 입힌 경우에 해당한다고 봄이 상당하며, 범행의 동기, 범행수단과 방법, 상해의 정도 등 위에서 말하는 제반 사정에 비추어 사회상규에 어긋나지 않는다고 볼 수는 없다. 그러므로 피고인이 피해자에 대하여 채권이 있다고 하더라도 그 권리행사를 빙자하여 사회통념상 용인되기 어려운 정도를 넘는 협박을 수단으로 상대방을 외포케 하여 재물의 교부 또는 재산상의 이익을 받았다면 공갈죄가 되는 것이다.

◆ 판 례 ◆

<공갈죄에서 권리행사가 사회통념상 용인 범위를 넘지 않는다고 본 사례>……
① 피고인이 그 소유건물에 인접한 대지 위에 건축허가조건에 위반되게 건물을 신축, 사용하는 소유자로부터 일조권 침해 등으로 인한 **손해배상에 관한 합의금을 받은 것이 사회통념상 용인되는 범위를 넘지 않는 것이어서 공갈죄가 성립되지 않는다.**(대판 1990.8.14. 90도114)

② 피해자가 공소외 갑을 대리하여 갑 소유의 여관을 피고인에게 매도하고 피고인으로부터 계약금과 잔대금 일부를 수령하였는데 그 후 위 갑이 많은 부채로 도피해 버리고 갑의 채권자들이 채무변제를 요구하면서 위 여관을 점거하여 피고인에게 여관을 명도하기가 어렵게 되자, 피고인은 피해자에게 여관을 명도해 주든가, 명도소송비용을 내놓지 않으면 고소하여 구속시키겠다고 말한 경우, 피고인이 매도인의 대리인인 위 피해자에게 위 여관의 명도 또는 명도소송비용을 요구한 것은 매수인으로서 정당한 권리행사라 할 것이며, 위와 같이 다소 위협적인 말을 하였다고 하여도 이는 사회통념상 용인될 정도의 것으로서 협박으로 볼 수 없다.(대판 1984.6.26. 84도648)

(3) 재물 또는 재산상의 이익: 사기죄와 동일한 개념

◆ 판 례 ◆

<공갈죄의 객체인 재산상 이익의 개념>……공갈죄는 재산범으로서 그 객체인 **재산상 이익은 경제적 이익이 있는 것**을 말하는 것인바 일반적으로 부녀와의 정교 그 자체는 이를 경제적 이익으로 평가할 수 없는 것이므로 부녀를 공갈하여 **그와 정교를 맺었다고 하여도 특단의 사정이 없는 한 이로써 재산상 이익을 갈취한 것이라고 볼 수 없는 것**이고 이러한 취지는 가령 피해자가 주점 접대부라고 할지라도 매음을 전제로 정교를 맺은 것이 아닌 이상 동일하다고 보아야 한다.(대판 1983.2.8. 82도2714)

(4) 처분행위

1) 처분행위

① 공갈죄가 성립하기 위해서는 피공갈자가 재물을 교부하거나 재산상의 이익을 공여하는 처분행위를 하여야 한다.

② 처분행위는 작위뿐만 아니라 부작위 또는 묵인에 의해서도 가능하다(통설·판례).

◆ **판 례** ◆

<피공갈자의 부작위 또는 묵인에 의한 처분행위>······① 외포심을 일으켜 상대방이 묵인하고 있는 동안에 공갈자가 직접 재물을 탈취한 경우에도 공갈죄가 성립한다.(대판 1960.2.29. 4292형상997)

② 종업원이 주인을 협박하여 그 업소에 취직을 하여 그 주인으로부터 월급 상당액을 교부받은 경우 그 종업원이 주인에게 종업원으로서 상당한 근로를 제공한 바가 없다면 이는 갈취행위로 보아야 한다.(대판 1991.10.11. 91도1755)

---

2) 인과관계: 처분행위와 공갈 사이에는 인과관계가 있어야 한다.

① 공갈은 하였으나 상대방이 공포심을 갖지 아니하고 재물을 교부하면 공갈미수이다.

② 피공갈자와 처분행위자는 동일인이어야 하지만, 피공갈자와 재산상의 피해자, 공갈행위자와 재산상의 이득자는 동일인일 필요는 없다.

3. 재산상의 손해

(1) 사기죄와 마찬가지로 학설의 대립이 있으나 재산죄로서의 성질을 감안하여 본 죄의 성립을 위해서는 재산상의 손해를 요한다고 하겠다.

(2) 갈취하는 재산에 대하여 상당한 대가가 지급되어 전체로서의 재산적 가치가 감소되지 않는 경우에도 의사결정의 자유를 부차적인 법익으로 보호하는 것이므로 공갈죄가 성립하지 않는 것이 아니며 공갈미수가 된다(사기죄와 구별).

4. 주관적 구성요건: 고의 이외에 불법영득·이득의 의사를 요한다

5. 위법성

6. 실행의 착수와 기수 시기
(1) 실행의 착수: 폭행·협박행위가 있은 때
(2) 기 수: 재물을 교부받거나 재산상 이익을 취득한 때

◆ 판 례 ◆

<공갈죄의 기수 시기>……① 부동산에 대한 공갈죄는 그 부동산에 관하여 소유권이전등기를 경료받거나 또는 인도를 받은 때에 기수로 되는 것이고, 소유권이전등기에 필요한 서류를 교부받은 때에 기수로 되어 그 범행이 완료되는 것은 아니다.(대판 1992.9.14. 92도 1506)

② 피해자들을 공갈하여 피해자들로 하여금 지정한 예금구좌에 돈을 입금케 한 이상, 위 돈은 범인이 자유로히 처분할 수 있는 상태에 놓인 것으로서 공갈죄는 이미 기수에 이르렀다 할 것이다.(대판 1985.9.24. 85도1687)

---

7. 죄수 및 타죄와의 관계
(1) 1개의 공갈행위로 수인을 외포시켜 각각 재물의 교부를 받은 때에는 공갈죄의 보호법익에 개인의 자유도 포함되는 점도 고려하여 상상적 경합이 된다고 본다.
(2) 예금을 갈취하기 위해 현금카드를 교부받아 이를 사용한 행위는 포괄하여 하나의 공갈죄를 구성한다.

◆ 판 례 ◆

<공갈죄의 죄수>……예금주인 현금카드 소유자를 협박하여 그 카드를 갈취하였고, 하자 있는 의사표시이기는 하지만 피해자의 승낙에 의하여 현금카드를 사용할 권한을 부여받아 이를 이용하여 현금을 인출한 이상, 피해자가 그 승낙의 의사표시를 취소하기까지는 현금카드를 적법, 유효하게 사용할 수 있고, 은행의 경우에도 피해자의 지급정지 신청이 없는 한 피해자의 의사에 따라 그의 계산으로 적법하게 예금을 지급할 수밖에 없는 것이므로, 피고인이 **피해자로부**

터 현금카드를 사용한 예금인출의 승낙을 받고 현금카드를 교부받은 행위와 이를 사용하여 현금자동지급기에서 예금을 여러 번 인출한 행위들은 모두 피해자의 예금을 갈취하고자 하는 피고인의 단일하고 계속된 범의 아래에서 이루어진 일련의 행위로서 포괄하여 하나의 공갈죄를 구성한다고 볼 것이지, 현금지급기에서 피해자의 예금을 취득한 행위를 현금지급기 관리자의 의사에 반하여 그가 점유하고 있는 현금을 절취한 것이라 하여 이를 현금카드 갈취행위와 분리하여 따로 절도죄로 처단할 수는 없다.(대판 1996.9.20. 95도1728)

(3) 강도죄는 공갈죄를 흡수하며, 사기죄와 공갈죄는 택일관계에 있다. 동일한 행위에 사기와 공갈의 양 수단이 겸용되었을 때에는 기망과 공갈의 어느 요소가 피해자의 의사형성에 영향을 미쳤는가에 따라서 결정한다.

(4) 공무원이 직무집행에 있어서 상대방을 공갈하여 재물을 교부받은 경우

1) 직무집행의 의사가 있는 경우에는 수뢰죄와 공갈죄의 상상적 경합이 된다.

2) 직무집행의 의사가 없는 경우에는 공갈죄만이 성립한다(판례·다수설). 이때 상대방에게 증뢰죄의 성립을 인정할 수 있는가가 문제되나, 판례는 증뢰죄가 성립하지 않는다고 한다.

◆ 판 례 ◆

　<공무원이 직무집행의 의사 없이 뇌물을 갈취한 경우>……공무원이 직무집행의 의사 없이 또는 직무처리와 대가적 관계없이 타인을 공갈하여 재물을 교부하게 한 경우에는 공갈죄만이 성립하고, 이러한 경우 **재물의 교부자**가 공무원의 해악의 고지로 인하여 외포의 결과 금품을 제공한 것이라면 그는 **공갈죄의 피해자가 될 것이고 뇌물공여죄는 성립될 수 없다**고 하여야 할 것이다.(대판 1994.12.22. 94도2528)

(5) 폭력행위등처벌에관한법률로 공갈행위가 가중처벌되는 경우에도 친족상도례는 적용된다.

◆ 판 례 ◆

<폭처법상 공갈죄와 친족상도례의 적용 여부>……공갈죄가 야간에 범하여져 폭력행위등처벌에관한법률 제2조 제2항에 의해 가중처벌되는 경우에도 형법상 공갈죄의 성질은 그대로 유지되는 것이고, 특별법인 위 법률에 친족상도례에 관한 형법 제354조, 제328조의 적용을 배제한다는 명시적인 규정이 없으므로, 형법 제354조는 위 특별법 제2조 제2항 위반죄에도 그대로 적용된다고 보아야 할 것이며, 위 특별법 제2조 제4항에서 공갈죄의 수단이 되는 형법 제260조 제1항, 제2항 소정의 폭행 및 존속폭행죄와 형법 제283조 제1항, 제2항 소정의 협박 및 존속협박죄가 위 특별법 제2조 제2항, 제3항에 의하여 가중처벌되는 경우에 그 각죄에 대하여 피해자의 명시한 의사에 반하여 논할 수 없다는 형법 제260조 제3항, 제283조 제3항을 적용하지 않는다고 규정하고 있다 하여 이를 달리 새길 것이 아니다.(대판 1994.5.27. 94도617)

(6) 장물소지자를 공갈하여 그 정을 알면서 장물을 취득한 경우
(i) 추구권설(통설)에 의하면 본범과의 합의는 장물죄의 요건이 아니므로 공갈죄와 장물취득죄의 상상적 경합이 되나,
(ii) 위법상태유지설에 의한다면 공갈죄만 성립한다.

Ⅱ. 상습공갈죄

제351조(상습범)
상습으로 제347조 내지 전조의 죄를 범한 자는 그 죄에 정한 형의 2분의 1까지 가중한다.

제5절 횡령의 죄

Ⅰ. 단순횡령죄

> **제355조(횡령)**
> ① 타인의 재물을 보관하는 자가 그 재물을 횡령하거나 그 반환을 거부한 때에는 5년 이하의 징역 또는 1,500만 원 이하의 벌금에 처한다.
>
> ▶ 미수범처벌(제359조)

1. 의 의

(1) 개념 및 보호법익
1) 타인의 재물을 보관하는 자가 그 재물을 횡령하거나 반환을 거부함으로써 성립하는 범죄이다.
2) 그 보호법익은 소유권이다.

◆ **판 례** ◆

　　<상태범으로서의 횡령죄>……횡령죄는 상태범이므로 횡령행위의 완료 후에 행하여진 횡령물의 처분행위는 그것이 그 횡령행위에 의하여 평가되어 버린 것으로 볼 수 있는 범위내의 것이라면 소위 불가벌적 사후행위로서 별개의 범죄를 구성하지 않는 것이라 할 것이다.(대판 1978.11.28. 78도2175)

---

(2) 횡령죄의 본질
1) 영득행위설(다수설·판례): 횡령죄의 본질은 위탁된 타인의 물건을 위법하게 영

득하는 것이라는 견해이다. 횡령죄의 성립을 위해서는 불법영득의 의사를 필요로 하므로 일시적 무단사용, 손괴·은닉목적의 처분행위, 위탁자를 위한 월권행위 등은 횡령죄를 구성하지 아니한다고 한다.

2) 월권행위설: 횡령죄의 본질은 자신이 보관하고 있는 타인의 위탁물에 대해서 권한을 초과하는 월권행위를 함으로써 위탁에 기초한 신임관계를 파괴하는 것이라고 한다. 따라서 횡령죄의 성립을 위하여 불법영득의 의사는 필요하지 않다고 본다.

(4) 배임죄와의 구별

1) 양 죄는 신임관계를 배반한다는 점에서 같으나 횡령죄는 개개의 재물에 대한 위탁관계를 기초로 한 재물죄임에 반하여, 배임죄는 재산상의 이익을 침해하는 순수한 이득죄이다.

2) 따라서 배임죄가 일반법이라면 횡령죄는 이에 대한 특별법의 위치에 있다.

◆ **판 례** ◆

<횡령죄의 본질－영득행위설>······공공단체의 예산을 집행할 직책에 있는 자가 긴급을 요하는 사항으로 그에 대한 예산책정이 없었으므로 그 간격을 메우기 위하여 이에 그 예산을 유용하였을 경우에는 불법영득의 의사가 있다고 할 수 없으므로 횡령죄가 성립하지 않는다.[9](대판 1972.12.12. 71도2353)

◆ **판 례** ◆

<횡령죄와 배임죄의 구별>······횡령죄는 물리적으로 관리가능한 재물을 횡령함으로써 성립하는 것으로 **재산상의 이익에 관해서는 배임죄는 성립할지언정 횡령죄는 성립할 여지가 없다.**(대판 1961.12.14. 4294형상371)

---

9) 판례가 영득행위설의 입장에서 불법영득의사가 없으므로 횡령죄를 부인한 사안이다. 월권행위설의 입장에서는 불법영득의사를 필요로 하지 않는바 위의 경우 횡령죄의 성립을 긍정한다.

2. 횡령의 주체: 위탁관계에 의해서 타인의 재물을 보관하는 자(진정신분범)

(1) 보 관

1) 신분요소로서의 점유: 행위자 자신이 재물을 법률상 또는 사실상 지배하는 것이다. 횡령죄의 보관(점유)은 신분요소로서의 점유인바, 절도죄의 점유(행위의 대상으로서의 점유)와는 다르게 법률상의 지배도 포함한다.

◆ 판 례 ◆

　<횡령죄에서 보관의 의미>······형법 제355조에 있어서의 보관이라 함은 재물이 사실상의 지배 아래 있는 경우뿐만 아니라 법률상의 지배처분이 가능한 상태를 모두 가리킨다.(대판 1983.9.13. 82도75)

---

2) 구체적인 고찰

① 등기된 부동산의 점유(보관)자: 횡령죄에 있어서 부동산을 보관하는 자라 함은 동산의 경우와는 달리 그 부동산에 대한 점유를 기준으로 할 것이 아니고 **그 부동산을 제3자에게 유효하게 처분할 수 있는 권능의 유무를 기준으로 하여 결정**하여야 할 것이다.(대판 1989.12.8. 89도1220)

(ⅰ) 등기부상의 소유명의인이 보관자이므로 명의수탁자도 보관자이다. 토지의 일부 지분에 관하여 **명의신탁에 의한 소유권이전등기를 경료 받은 사람은 그 지분의 범위 내에서 그 토지를 제3자에게 유효하게 처분할 수 있는 권능을** 갖게 되어 그 부동산을 보관하는 자의 지위에 있다 할 것이다.(대판 1989.12.8. 89도1220)

◆ 판 례 ◆

　<명의신탁과 횡령죄>······① 타인으로부터 명의신탁을 받아 보관 중이던 토지에 대하여 피해자인 명의신탁자의 승낙 없이 제3자에게 근저당권설정등기를 경료해 주면 그때에 그 토지에 대한 횡령죄가 성립한다.(대판 1998.2.24. 97도3282)
　② 명의신탁된 종중소유의 토지를 그 개인의 소유라고 거짓말을 해서 타에 매도하고 대금을 받았다 하여도 이는 횡령죄에 해당하고 사기죄가 되지 아니

한다.[10](대판 1970.9.29. 70도1668)

③ 구 농지개혁법(1994.12.22. 법률 제4817호로 폐지)상 농지를 매수할 수 있는 자는 농가이거나 농가가 되려는 자에 한하므로 농지를 명의신탁하는 경우에도 수탁자가 위 법률에 의하여 그 농지를 매수할 수 없는 경우라면 그 명의신탁은 무효이지만, 수탁자가 적법하게 그 농지를 매수할 수 있는 경우에는 비록 신탁자가 그 당시 농지매매증명을 발급받을 수 없어 그 농지를 매수할 수 없었다 하더라도 그 후 농지매매증명을 발급받을 수 있게 되었다면 수탁자에 대하여 명의신탁을 해지하고 그 농지의 반환을 구할 수 있으므로, 그 이후에는 수탁자는 신탁자를 위하여 그 농지를 보관하는 자의 지위에 서게 되며, 신탁자와 수탁자 사이에 별도의 법률행위가 없었다 하여 달리 볼 것은 아니다.(대판 1998.7.28. 97도3283)

④ 임야의 사정명의자로서 명의수탁자인 조부가 사망함에 따라 그의 자인 부가, 또 위 부가 사망함에 따라 피고인이 각 그 상속인이 됨으로써 피고인은 위 임야의 수탁관리자로서의 지위를 포괄승계한 것이어서, 피고인은 위 임야를 유효하게 처분할 수 있는 보관자로서의 지위를 취득하였다고 할 것이다. (대판 1996.1.23. 95도784)

⑤ 문중 소유 부동산의 명의수탁자가 사망하여 그 명의수탁자의 지위를 승계한 동인의 장남이자 피고인의 부인 이희철이 그 명의로의 소유권이전등기를 생략한 채 그 아들인 피고인에게 소유권이전등기절차를 경료하여 주었더라도 그로써 곧 **피고인이 위 문중에 대하여 명의수탁자의 지위를 승계하게 된다고는 할 수 없고 또 달리 피고인에게 명의신탁하는 취지의 문중의 결의가 있었다고 볼 수 없으므로 피고인이 위 문중에 대한 관계에서 위 부동산에 대한 수탁자, 즉 보관자라 할 수 없다.**(대판 1983.2.8. 82도2502)

⑥ 부동산의 소유명의 및 관리를 위탁받은 자가 자기명의로의 소유권이전등기를 생략한 채 그 자(子)에게 소유권이전등기를 하여 주고 사망하였다면 비록 자(子)가 그러한 사정을 알고 있었다고 하더라도 그로써 곧 그 자(子)가 수탁자로서의 관계에 있어 **등기명의 및 관리의 수탁자로서의 지위를 취득하거나 승계하게 된다고는 할 수 없어** 위탁자에게 그 부동산의 반환을 거부한다 하더라도 횡령죄를 구성하지는 않는다.(대판 1987.2.10. 86도2349)

---

10) 매수인은 소유권을 유효하게 취득하므로, 매수인에 대한 기망이 있다고 보기는 어려우

⑦ 부동산을 소유자로부터 명의수탁을 받은 자가 이를 임의로 처분하였다면 명의신탁자에 대한 횡령죄가 성립하며, 그 명의신탁이 부동산실권리자명의등기에관한법률 시행 전에 이루어졌고 같은 법이 정한 유예기간 이내에 실명등기를 하지 아니함으로써 그 명의신탁 약정 및 이에 따라 행하여진 등기에 의한 물권변동이 무효로 된 후에 처분행위가 이루어졌다고 하여 달리 볼 것이 아니다.(대판 2000.2.22. 99도5227)

(ii) 미성년자의 후견인·친권자와 같이 법률상의 권한에 기하여 사실상 타인의 부동산을 관리·지배하는 자는 등기명의에 불구하고 보관자가 된다.
(iii) 임차인이나 등기서류의 단순보관자는 보관자가 아니다(처분권한이 없으므로).
(iv) 공동상속인 중 1인이 상속 부동산을 혼자 점유하는 경우

◆ 판 례 ◆

　　<공동상속인 중 1인의 처분과 횡령죄>……부동산에 관한 횡령죄에 있어서 타인의 재물을 보관하는 자의 지위는 동산의 경우와는 달리 부동산에 대한 점유의 여부가 아니라 부동산을 제3자에게 유효하게 처분할 수 있는 권능의 유무에 따라 결정하여야 하므로, 부동산을 공동으로 상속한 자들 중 1인이 부동산을 혼자 점유하던 중 다른 공동상속인의 상속지분을 임의로 처분하여도 그에게는 그 처분권능이 없어 횡령죄가 성립하지 아니한다.(대판 2000.4.11. 2000도565)

◆ 판 례 ◆

　　<부동산의 보관자라고 볼 수 없는 경우>……① 원인무효인 소유권이전등기의 명의자로서 그 부동산을 법률상 유효하게 처분할 수 있는 지위에 있지 않은 자는 횡령죄의 주체인 타인의 재물을 보관하는 자에 해당하지 않는바……부동산의 명의수탁자인 갑으로부터 을이 그 소유이전등기를 경료받은 경우 갑의 처분행위는 대외적으로 유효하여 을은 그 부동산의 권리를 취득하는 것이지 명의수탁자의 지위를 승계하는 것이 아니므로 을이 한 처분행위는 권리자의 처

므로, 사기죄는 성립하지 않는다.

분행위로서 횡령죄가 성립할 수 없다.(대판 1989.2.28. 88도1368)

② 피고인이 비농가인 공소외인과 농지를 공동매수하여 피고인 단독명의로 소유권이전등기를 한 경우에 **공소외인은 비농가로서 농지개혁법상 농지를 취득할 수 없으므로 피고인이 동 공소외인으로부터 동 농지의 공유지분권을 보관하고 있다고 할 수 없다.** 따라서 피고인이 위 농지를 임의 처분하였다고 하여도 횡령죄를 구성하지 아니한다.(대판 1982.2.9. 81도2936)

③ 횡령죄는 타인의 재물을 보관하는 자가 그 재물을 횡령하는 경우에 성립하는 범죄인바, **부동산실권리자명의등기에관한법률 제2조 제1호 및 제4조의 규정에 의하면**, 신탁자와 수탁자가 명의신탁 약정을 맺고, 이에 따라 수탁자가 당사자가 되어 명의신탁 약정이 있다는 사실을 알지 못하는 소유자와 사이에서 부동산에 관한 매매계약을 체결한 후 그 매매계약에 기하여 당해 부동산의 소유권이전등기를 수탁자명의로 경료한 경우에는, 그 소유권이전등기에 의한 당해 부동산에 관한 **물권변동은 유효**하고, 한편 신탁자와 수탁자 사이의 명의신탁 약정은 무효이므로, 결국 수탁자는 전 소유자인 매도인뿐만 아니라 신탁자에 대한 관계에서도 유효하게 당해 부동산의 소유권을 취득한 것으로 보아야 할 것이고, 따라서 그 수탁자는 타인의 재물을 보관하는 자라고 볼 수 없다.(대판 2000.3.24. 98도4347)

④ **부동산에 관한 횡령죄에 있어서 타인의 재물을 보관하는 자의 지위는 동산의 경우와는 달리 부동산에 대한 점유의 여부가 아니라 부동산을 제3자에게 유효하게 처분할 수 있는 권능의 유무에 따라 결정하여야 하므로**, 부동산의 공유자 중 1인이 다른 공유자의 지분을 임의로 처분하거나 임대하여도 그에게는 그 처분권능이 없어 횡령죄가 성립하지 아니한다.(대판 2004.5.27. 2003도6988)

② 미등기부동산: 사실상 관리·지배하는 자가 보관자이다(판례).

◆ **판 례** ◆

<회사의 실질적 지배자의 회사명의 건물의 처분과 횡령죄>……법률상 부동산을 제3자에게 유효하게 처분할 수 있는 지위에 있는 자는 그 부동산에 대한 지배력을 가지고 있다고 할 것이므로, 횡령죄의 성립에 있어서 그 부동산을 보관

하는 자에 해당한다고 보아야 할 것인바, ……甲회사의 실질적인 경영자인 피고인은 건축허가명의자인 甲회사의 명의로 소유권보존등기를 하여 대외적으로 유효하게 위 건물을 처분할 수 있는 지위에 있는 자이어서 타인의 부동산인 위 건물을 보관하는 자에 해당한다고 보아야 할 것이다.(대판 1990.3.23. 89도1911)

③ 은행예금: 타인의 돈을 위탁받아 은행에 예금한 경우에는 그 돈에 대한 보관자가 된다.

④ 유가증권: 창고증권 등의 소지인도 재물에 대한 법률적인 지배를 가지므로 보관자이다.

⑤ 상하주종 간의 점유: 원칙적으로 상위자가 보관자이나 하위자가 독립적인 처분권한을 가진 경우에는 하위자가 보관자이다(절도죄 참조).

⑥ 임치된 봉함물의 점유: 절도죄 참조

(2) 위탁관계에 의한 보관

1) 위탁관계: 횡령죄의 본질은 신임관계에 위반한 영득행위의 배신성에 있으므로 점유(보관)는 위탁관계에 기인한 것임을 요한다. 위탁관계는 계약이나 후견・사무관리 등의 법률의 규정 이외에도 신의성실의 원칙에 비추어 재물보관에 대한 신임관계가 발생한 경우에 인정될 수 있다.

◆ 판 례 ◆

<횡령죄에서 위탁에 의한 보관관계>……① 피해자가 서울시내 평화시장 내의 한 가게에서 판시 의류 48장을 매수하여 이를 묶어서 그곳에 맡겨 놓은 후 그곳에서 약 50미터 떨어져 위 가게를 살펴볼 수 없는 딴 가게로 가서 지게짐꾼인 피고인을 불러 위 가게에 가서 맡긴 물건을 운반해 줄 것을 의뢰하자 피고인은 그 가게에 가서 위에 맡긴 물건을 찾아 피해자에게 운반하여 주지 아니하고 용달차에 싣고 가 처분하였는바, 위와 같이 피해자로부터 피고인 단독으로 판시 점포에 가서 그 물건을 운반해 올 것을 의뢰받은 것이라면 피고인의 그 운반을 위한 위 물건의 소지관계는 피해자의 위탁에 의한 보관관계에 있다고 할 것이므로 이를 영득한 행위를 횡령죄로 의율한 것은 정당하다.(대판 1982.11.23. 82도2394)

② 채권자가 그 채권의 지급을 담보하기 위하여 채무자로부터 수표를 발행·교부받아 이를 소지한 경우에는, 단순히 보관의 위탁관계에 따라 수표를 소지하고 있는 경우와는 달리 그 수표상의 권리가 채권자에게 유효하게 귀속되고, 채권자와 채무자 사이의 수표 반환에 관한 약정은 원인관계상의 인적 항변사유에 불과하므로, 채권자는 횡령죄의 주체인 타인의 재물을 보관하는 자의 지위에 있다고 볼 수 없다.(대판 2000.2.11. 99도4979)

◆ 판 례 ◆

<조리에 의한 위탁관계의 성립>……채무자가 채무총액에 관한 지불각서를 써 줄 것으로 믿고, 채권자가 채무자에게 그 액면금 등을 확인할 수 있도록 가계수표들을 교부하였다면, 채권자와 채무자 사이에는 만약 합의가 결렬되어 채무자가 채권자에게 지불각서를 써 주지 아니하는 경우에는 곧바로 그 가계수표들을 채권자에게 반환하기로 하는 **횡령죄에 있어서 조리에 의한 위탁관계가 발생**하였다.(대판 1996.5.14. 96도410)

2) 불법원인급여와 횡령죄(예: 뇌물로 전달하라고 의뢰받은 돈을 횡령한 경우)
(ⅰ) 다수설: 민법상 반환이 불가능하여도 여전히 신뢰관계가 존재하고 타인의 재물이므로 횡령죄가 성립한다(유기천·배종대).
(ⅱ) 판 례: 불법원인급여물의 경우에는 부당이득반환청구나 소유권에 기한 반환청구도 할 수 없으므로 물건의 소유권이 급여를 받은 상대방에게 귀속된다는 이유로 횡령죄의 성립을 부정하나, 다만 상대방의 불법의 정도가 현저히 큰 경우에는 민법상 반환청구가 가능하므로 이 경우에는 횡령죄의 성립을 긍정하고 있다.

◆ 판 례 ◆

<불법원인급여와 횡령죄의 성부>……① 민법 제746조에 불법의 원인으로 인하여 재산을 급여하거나 노무를 제공한 때에는 그 이익의 반환을 청구하지 못한다고 규정한 뜻은 급여를 한 사람은 그 원인행위가 법률상 무효임을 내세워 상대방에게 부당이득반환청구를 할 수 없고, 또 급여한 물건의 소유권이 자기

에게 있다고 하여 소유권에 기한 반환청구도 할 수 없어서 **결국 급여한 물건의 소유권은 급여를 받은 상대방에게 귀속된다는 것**이므로, 조합장이 조합으로부터 공무원에게 뇌물로 전달하여 달라고 금원을 교부받은 것은 불법원인으로 인하여 지급받은 것으로서 **이를 뇌물로 전달하지 않고 타에 소비하였다고 해서 타인의 물건을 보관 중 횡령하였다고 볼 수는 없다.**(대판 1988.9.20. 86도628)

② 민법 제746조에 의하면, 불법의 원인으로 인한 급여가 있고, 그 불법원인이 급여자에게 있는 경우에는 수익자에게 불법원인이 있는지 여부, 수익자의 불법원인의 정도, 그 불법성이 급여자의 그것보다 큰지 여부를 막론하고 급여자는 불법원인급여의 반환을 구할 수 없는 것이 원칙이나, **수익자의 불법성이 급여자의 그것보다 현저히 큰 데 반하여 급여자의 불법성은 미약한 경우에도 급여자의 반환청구가 허용되지 않는다면 공평에 반하고 신의성실의 원칙에도 어긋나므로, 이러한 경우에는 민법 제746조 본문의 적용이 배제되어 급여자의 반환청구는 허용**된다. ……포주와 윤락녀 사이에 윤락녀가 받은 화대를 포주가 보관하였다가 절반씩 분배하기로 약정하고도 보관 중인 화대를 임의로 소비한 경우, 포주와 윤락녀의 사회적 지위, 약정에 이르게 된 경위와 약정의 **구체적 내용, 급여의 성격 등을 종합해 볼 때 포주의 불법성이 윤락녀의 불법성보다 현저히 크므로 화대의 소유권이 여전히 윤락녀에게 속한다는 이유로 이는 횡령죄를 구성한다.**(대판 1999.9.17. 98도2036)

3. 행위의 객체: 자기가 점유(보관)하는 타인소유의 재물

타인소유의 재물에는 행위자가 타인과 공동소유하는 재물도 포함되며, 타인의 소유인가의 여부는 민법상의 물권이론에 의할 것이다.

(1) 1인회사의 경우: 1인주주 겸 대표이사에 대해 회사도 타인이 된다(판례).

◆ **판 례** ◆

<1인회사에서 횡령죄의 성부>……피고인이 사실상 자기소유인 1인주주 회사들 중의 한 개 회사소유의 금원을 자기소유의 다른 회사의 채무변제를 위하여 지출하거나 그 다른 회사의 어음결재대금으로 사용한 경우, 주식회사의 주식

이 사실상 1인의 주주에 귀속하는 1인회사에 있어서는 **행위의 주체와 그 본인 및 다른 회사와는 별개의 인격체이므로, 그 법인인 주식회사 소유의 금원은 임의로 소비하면 횡령죄가 성립**되고 그 본인 및 주식회사에게 손해가 발생하였을 때에는 배임죄가 성립한다.(대판 1996.8.23. 96도1525)

(2) 위탁물이 금전 기타의 대체물인 경우

1) 특정물로 위탁된 경우: 소유권이 위탁자에게 위탁된 경우에 수탁자가 임의로 소비하면 횡령죄가 성립한다. 봉함금·공탁금도 마찬가지이다.

2) 소비임치의 경우: 소유권이 이전되므로 수치인이 소비해도 횡령죄는 성립하지 않는다.

3) 목적이나 용도를 정하여 위탁된 금전의 경우

(i) 소유권이 이전되므로 타인의 사무를 처리하는 자로서 배임죄가 성립된다는 견해(배임죄설)가 있으나,

(ii) 판례는 목적·용도를 정하여 위탁한 금전은 정해진 목적·용도에 사용될 때까지 소유권이 위탁자에게 유보된 것이므로 횡령죄가 성립한다고 한다.

◆ **판 례** ◆

<목적, 용도를 정하여 위탁한 금전과 횡령죄>······① 목적, 용도를 정하여 위탁한 금전은 정해진 목적, 용도에 사용할 때까지는 이에 대한 소유권이 위탁자에게 유보되어 있는 것으로서, 특히 그 금전의 특정성이 요구되지 않는 경우 수탁자가 위탁의 취지에 반하지 않고 필요한 시기에 다른 금전으로 대체시킬 수 있는 상태에 있는 한 이를 일시 사용하더라도 횡령죄를 구성한다고 할 수 없고, **수탁자가 그 위탁의 취지에 반하여 다른 용도에 소비할 때 비로소 횡령죄를 구성한다.**(대판 1995.10.12. 94도2076)

② 환전하여 달라는 부탁과 함께 교부받은 돈을 그 목적과 용도에 사용하지 않고 마음대로 피고인의 위탁자에 대한 채권에 상계충당함은, 상계정산하기로 하였다는 특별한 약정이 없는 한, 당초 위탁한 취지에 반하는 것으로서 **횡령죄를 구성한다고 볼 것이고** 위탁자에 대한 채권의 존재는 횡령죄의 성립에 영향을 미치는 것이 아니며, 또한 상계할 수 있는 반대채권이 있어 그에 상계

충당하였다는 것만으로는 용도 내지 목적을 특정하여 위탁한 돈의 반환을 거절할 정당한 사유가 되지 못한다.(대판 1997.9.26. 97도1520)

③ 피고인들이 **보험을 유치하면서 보험회사로부터 지급받은 시책비 중 일부를 개인적인 용도로 사용한 행위가 횡령죄를 구성하지 않는다.**(대판 2006.3.9. 2003도6733)

④ 목적과 용도를 정하여 위탁한 금전은 **정해진 목적, 용도에 사용할 때까지는 이에 대한 소유권이 위탁자에게 유보되어 있는 것으로서, 그에 대한 이자 또한 특별한 사정이 없는 한 위탁자에게 속한다고 할 것이므로, 수탁자가 임의로 소비하면 횡령죄를 구성한다.**(대판 2006.7.27 선고 2005도2726)

4) 금전의 수수를 수반하는 사무처리의 수임인이 그 사무에 관하여 수령한 금전

금전의 수수를 수반하는 사무처리를 위임받은 자가 그 행위에 기하여 **위임자를 위하여 제3자로부터 수령한 금전**은 목적이나 용도를 한정하여 위탁된 금전과 마찬가지로, 달리 특별한 사정이 없는 한 그 **수령과 동시에 위임자의 소유에 속하고, 위임을 받은 자는 이를 위임자를 위하여 보관하는 관계에 있다고 보아야 한다.**(대판 1996.6.14. 96도106)

◆ **판 례** ◆

　　<**수임인이 위임받은 사무에 관하여 수령한 금전**>······① 피고인이 피해자로부터 피해자 소유의 **다이아반지 1개를 팔아 달라는 부탁을 받고 교부받아 이를 판매한 대금을 보관 중 임의 소비한 경우** 피고인에게 불법영득의 의사가 있었다고 보아야 할 것이므로 피고인의 행위는 횡령죄를 구성한다.(대판 1990.8.28. 90도1019)

　　② 위탁자로부터 **당좌수표 할인을 의뢰받은 피고인이 제3자를 기망하여 당좌수표를 할인받은 다음 그 할인금을 임의 소비한 경우, 제3자에 대한 사기죄와 별도로 위탁자에 대한 횡령죄가 성립**한다.(대판 1998.4.10. 97도3057)

　　③ 피해자로부터 토지를 타에 담보로 제공하여 금원을 대출받아 달라는 요청을 받고 토지를 신협에 담보로 제공하고 금원을 수령하였다면, 그 대출금의 소유를 우선 피고인에게 귀속시키기로 약정하는 등 특별한 사정이 없는 한, 이는 당초부터 피해자에게 권리를 취득하게 하려는 것을 목적으로 한 것이므

로, 비록 피고인이 자신 또는 남편 등을 채무자로 하여 금원을 대출받았고 또한 그 대출금의 일부인 금 3천만 원을 피해자로부터 차용하기로 하는 약속이 있었다고 하더라도 수임자인 피고인이 신협으로부터 수령함과 동시에 피고인의 별도의 권리 이전의 의사표시 없이 그 대출금은 당연히 피해자에게 귀속된다 할 것이고, 나아가 제2차로 대출금 4천만 원이 나온 후 피고인이 피해자와 대출금 일부인 금 3천만 원의 처리문제로 서로 언쟁을 벌이다가 위 대출 건은 없었던 일로 하고 신협과 대출 건을 해지하기로 하며 피고인이 대출받은 금 4천만 원을 신협에 그대로 반환하기로 하였다면, 피고인은 여전히 피해자와의 위 합의에 따라 위 금원을 신협에 그대로 반환한다는 목적하에 피해자를 위하여 이를 보관하는 관계에 있었다고 보아야 할 것이므로, 피고인이 그 대출금을 임의로 자신의 채무변제 등에 소비함은 금전위탁의 취지에 반하는 것으로서 횡령죄를 구성한다.(대판 1996.6.14. 96도106)

④ 매도인은 피해자로부터 이 사건 대지를 타에 매각하여 달라는 요청을 받고 이에 따라 이 사건 대지를 매각, 그 대금을 수령하였다는 것이므로, 피해자가 매도인에게 이 사건 대지의 매각을 요청하고 이에 따라 매도인이 매각한 것을 가지고 피해자와 매도인이 그들 사이에 맺어진 당초의 매매계약을 합의해제하기로 한 것이라고 볼 수 있다는 등의 특별한 사정이 없는 한, 비록 피해자가 이 사건 대지의 매각을 의뢰한 상대방이 바로 이 사건 대지의 소유자로서 피해자에게 이를 매도하였던 자였다고 하더라도, 그 매각대금은 피해자의 소유에 속하며, 매도인은 이를 그를 위하여 보관하는 관계에 있다고 볼 것이어서, 매도인이 그 매각대금을 임의로 소비하였다면 횡령죄가 성립한다.(대판 1995.11.24. 95도1923)

⑤ 문화예술진흥법에 의하여 입장료와 함께 문화예술진흥기금을 받은 극장경영자는 한국문화예술진흥원을 위하여 그 기금을 보관하고 있는 자의 지위에 있으므로, 이를 별도로 관리하지 아니하고 자신의 예금통장에 혼합보관하면서 임의로 자신의 극장운영자금 등으로 소비하였다면, 횡령죄의 고의나 불법영득의 의사가 있다고 보아 업무상횡령죄가 성립한다.(대판 1997.3.28. 96도3155)

5) 회사나 은행 등 단체가 소유하는 금전을 조직 내부의 사무분담에 따라서 관

리·보전하는 자가 그 금전을 임의로 유용한 경우에는 횡령죄가 성립한다(통설·판례).

(3) 위탁매매의 경우

판매대금의 소유권이 수령과 동시에 위탁자에게 귀속하므로 위탁매매인이 대금을 소비하면 횡령죄가 성립한다.

(4) 부동산의 이중매매의 경우

부동산의 소유권이전등기를 경료할 때까지는 소유권이 매도인에게 있으므로 타인의 재물이 될 수 없으므로 횡령죄는 성립하지 않고 배임죄만이 문제된다. → 배임죄 참조

(5) 민법의 소유권 유보·담보제도와 관련된 유형의 경우

1) 양도담보: 소유권은 채무자에게 유보되어 있으므로,
① 채무자가 처분한 경우에는 횡령죄는 성립하지 않고 배임죄만 문제되며(판례),
② 채권자가 처분한 경우에는 담보권실행기간 도과 후(가등기담보법 시행 이후에는 동법상의 청산기간이 경과한 후)에는 당연히 무죄이나, 그 이전에 처분한 경우에는 타인의 재물을 처분한 것이므로 횡령죄가 성립한다.

◆ 판 례 ◆

<담보권실행기간 도과 후 채권자가 처분한 경우>······양도담보가 처분정산형의 경우이건 귀속정산형의 경우이건 간에 담보권자가 변제기 경과 후에, 담보권을 실행하여 그 환가대금 또는 평가액을 채권원리금과 담보권실행비용 등의 변제에 충당하고, 환가대금 또는 평가액의 나머지가 있어, 이를 **담보제공자에게 반환할 의무는**, 부동산매매에 있어서의 등기의무자인 매도인의 등록협력 없이는 매수인 앞으로의 소유권이전을 완성할 수 없는 경우와 같은 협력의무로서의 성질이 없으므로 **담보계약에 따라 부담하는 자신의 정산의무이고, 그 의무를 이행하는 사무는 곧 자기의 사무처리에 속하는 것**이라 할 것이므로 그 정산의무를 이행하지 아니한 소위는 배임죄를 구성하지 않는다.(대판[全合] 1985.11.26. 85도1493)

2) 매도담보: 목적물의 소유권이 채권자에게 이전하므로 채무자가 처분하면 횡령죄
   가 성립하고 채권자가 처분하면 환매권의 침해로서 배임죄가 성립할 수 있다.

◆ **판 례** ◆

  <**매도담보와 횡령죄**>······타인에게 **매도담보한 재물을 사용하고 있는 채무자**
는 이미 그 재물에 대한 소유권이 매도담보 채권자에게 넘어가 있는 담보물을
채무변제 시까지 보관 · 사용하고 있는 법률관계에 있는 것이므로 이를 제3자에
대한 자기채무의 변제조로 제공한 경우, 권리행사방해죄가 아니라 횡령죄가 성립
한다.(대판 1962.2.8. 4294형상470)

---

3) 할부매매(소유권보유매매): 할부대금을 완납하기 전에는 매도인에게 소유권이
   있으므로 매수인이 대금완납 전에 처분하면 횡령죄가 성립할 수 있다.

(6) 기 타
㉮ 계불입금은 일단 계주에게 소유권이 귀속되고,
㉯ 입사보증금도 일단 사용자에게 귀속되며,
㉰ 익명조합의 조합원의 출자재산도 영업자에게 귀속되므로, 계주 · 사용자 · 영
   업자의 재산처분행위는 횡령죄를 구성하지 아니한다.

◆ **판 례** ◆

  <**횡령죄에서의 재물의 타인성이 문제된 사례**>······① 동업관계에 있는 피고인
과 피해자 사이에 손익분배의 정산이 되지 아니하였다면 동업자의 한 사람인
피고인은 피고인과 피해자의 합유에 속하는 동업재산이나 동업재산의 매각대
금에 대한 지분을 처분할 권한이 없는 것이므로, 피고인이 동업재산인 교회
건물의 매각대금을 매수인으로부터 받아 보관 중 임의로 소비하였다면 지분
비율에 관계없이 임의로 소비한 금액 전부에 대해 횡령죄의 죄책을 부담한
다.(대판 1996.3.22. 95도2824)
  ② 피고인이 본사와 맺은 가맹점계약은 독립된 상인 간에 일방이 타방의 상호,
상표 등의 영업표지를 이용하고 그 영업에 관하여 일정한 통제를 받으며 이에 대

한 대가를 타방에 지급하기로 하는 특수한 계약 형태인 이른바 '프랜차이즈 계약'으로서 그 기본적인 성격은 각각 독립된 상인으로서의 본사 및 가맹점주 간의 계약기간 동안의 계속적인 물품공급계약이고, 본사의 경우 실제로는 가맹점의 영업활동에 관여함이 없이 경영기술지도, 상품대여의 대가로 결과적으로 매출액의 일정 비율을 보장받는 것에 지나지 아니하여 본사와 가맹점이 독립하여 공동경영하고, 그 사이에서 손익분배가 공동으로 이루어진다고 할 수 없으므로 이러한 가맹점 계약을 동업계약관계로는 볼 수 없고, 따라서 가맹점주인 피고인이 판매하여 보관 중인 물품판매대금은 피고인의 소유라 할 것이어서 피고인이 이를 임의 소비한 행위는 프랜차이즈 계약상의 채무불이행에 지나지 아니하므로, 결국 횡령죄는 성립하지 아니한다.(대판 1998.4.14. 98도292)

③ 피고인과 함께 신문사를 경영하기로 했던 고소인 등이 경영의 어려움을 이유로 차례로 동업관계에서 탈퇴하고 피고인 단독으로 경영하게 된 이후에는 피고인이 고소인의 금원을 보관하는 자의 지위에 있지 아니하고, 단순히 위 고소인과의 관계에서 **피고인이 그의 투자금 반환조로 금원을 일부 지급키로 한 민사상 채무자의 지위에 있음에 그칠 뿐이므로, 피고인이 그 금원을 타에 소비하였다 하더라도 업무상횡령죄는 성립하지 않는다.**(대판 1996.5.28. 96도140)

④ 지입차주들이 차량위탁관리료와 산업재해보상보험료 및 제세공과금을 합한 일정 금액을 일괄하여 납입하는 지입료는 일단 지입회사의 소유로 되어 회사가 그 지입료 등을 가지고 그 운영비와 전체 차량의 제세공과금 및 보험료에 충당할 수 있는 것이므로 지입차주들이 낸 보험료나 세금을 회사가 항목유용하였다 하더라도 횡령죄가 되지 아니한다.(대판 1997.9.5. 97도1592)

⑤ 국내 인력공급업자가 관리비 명목으로 매월 일정 금원을 지급하기로 하는 조건으로 외국의 인력송출업체와 산업기술연수생 공급계약을 체결하고 산업기술연수생들을 공급받아 국내 업체에 공급하면서 국내 업체로부터 매월 관리비 명목으로 금원을 지급받았으나 외국 인력송출업체에 지급하기로 한 관리비를 지급하지 아니하였다 하더라도, 국내 인력공급업자가 국내 업체로부터 지급받은 관리비는 타인의 재물에 해당하지 아니하므로, 국내 인력공급업자가 외국의 인력송출업체에 지급하기로 한 관리비를 지급하지 아니한 행위가 업무상횡령에 해당한다고 볼 수 없다.(대판 1997.5.7. 96도2950)

4. 행 위: 횡령 또는 반환을 거부하는 것

(1) 횡 령

1) 불법영득의사를 객관적·외부적으로 인식할 수 있는 방법으로 표시하는 행위
로서 사실행위·법률행위를 불문하므로, 소비·착복·작위·부작위·매매·저
당권의 설정·증여·가등기 등도 횡령이 될 수 있다.

◆ 판 례 ◆

<횡령행위의 방법>……① 명의신탁에 의하여 피고인명의로 소유권이전등기
가 된 연립주택에 대하여 피고인이 **신탁관계에 위반하여 공소외인으로부터 금**
원을 차용하고 동인 명의로 매매예약에 의한 소유권이전청구권보전의 가등기
를 경료한 때에는 횡령죄에 해당한다.(대판 1981.7.14. 81도1302)

② 피고인이 매도인을 대리하여 매수인으로부터 수령한 매매잔대금조로 받
은 합계 금 308,400,000원의 약속어음 21매를 그 자신의 용도에 소비할 목적
으로 사채업자를 통하여 현금으로 할인함에 있어 그 정을 모르는 **매도인을 속여**
현금할인에 관한 승낙을 받았다 하더라도 횡령죄의 성립에 아무 영향이 없다. ……
피고인이 매매잔대금조로 교부받아 보관하던 약속어음을 불법영득의 의사로
현금으로 할인할 경우의 횡령금액은 약속어음의 액면가이고 할인한 금액이
아니다.(대판 1983.11.8. 83도2346)

③ 동업체에 속하는 재산을 다른 동업자들의 동의 없이 임의로 처분하거나
반출하는 행위는 이를 다른 동업자들에게 통지를 하였다 하더라도 횡령죄를
구성한다.(대판 1993.2.23. 92도387)

④ 횡령행위의 한 태양으로서의 **은닉이란, 타인의 재물의 보관자가 위탁의**
본지에 반해 그 재물을 발견하기 곤란한 상태에 두는 것을 말하는 것인바, 피
고인이 조성한 비자금이 회사의 장부상 일반 자금 속에 은닉되어 있었다 하
더라도 이는 당해 비자금의 소유자인 회사 이외의 제3자가 이를 발견하기 곤
란하게 하기 위한 장부상의 분식(粉飾)에 불과하여 그것만으로 피고인의 불법
영득의 의사를 인정할 수는 없다.(대판 1999.9.17. 99도2889)

2) 처분행위가 당연 무효인 경우에는 횡령죄가 성립하지 않는다.

◆ 판 례 ◆

<무효인 처분과 횡령죄>……공장저당법 18조에 보면 공장재단에 속하는 것은 양도 등을 못하게 되어 있고 이 위반에는 벌칙을 가하고 있는 점으로 미루어 이와 같은 금지된 양도 등을 위한 법률행위는 공장저당법의 강행성에 비추어 무효라고 해석하여야 함으로 공장재단을 구성하고 있는 기계를 타인에게 양도한 경우 그 양도는 무효이므로 횡령죄의 죄책을 물을 수 없다.(대판 1978.11.28. 75도2713)

---

(2) 반환거부: 보관물에 대한 소유자의 권리를 배제하는 의사표시로서, 불법영득 의사를 표시하는 것이다.

◆ 판 례 ◆

<횡령죄의 반환거부를 인정한 사례>……① 피고인이 공소외인으로부터 명의 신탁의 취지로 소유권이전등기를 경료받은 토지 중 도로부지에 편입된 19평에 대한 보상금을 구청장으로부터 지급받아 보관 중 이를 위 토지소유자들에게 반환하지 아니하였다면 횡령죄가 성립한다.(대판 1983.6.28. 83도1212)

② 명의신탁자가 구체적인 보수나 비용의 약정 없이 신탁한 농지의 반환을 요구하면서 등기이전에 따른 비용과 세금은 자신이 부담하고 수탁자인 피고인에게 손해가 없도록 하겠다고 했음에도 불구하고 피고인이 위 토지에 대해 재산세를 납부한 것이 해결되지 않았고 계속 2년가량 더 농사를 짓고 넘겨주겠다는 대답으로 위 반환요구에 불응한 소위는 타인의 재물을 보관하는 자가 그 위탁취지에 반하여 정당한 권한 없이 반환을 거부한 것이므로 횡령죄를 구성한다.(대판 1983.11.8. 82도800)

③ 금전을 대여하면서 채무자로부터 그 담보로 동산을 교부받은 담보권자는 그 담보권의 범위 내에서 담보권을 행사할 수 있을 것인데, 담보권자가 담보 목적물을 보관하고 있음을 기화로 실제의 피담보채권 이외에 자신의 제3자에 대한 기존의 채권까지 변제받을 의도로, 채무자인 담보제공자와 사이의 소비대

차 및 담보설정관계를 부정하고 그 담보목적물이 자신과 제3자 사이의 소비대차 및 담보설정계약에 따라 제공된 것으로서 실제의 피담보채권 외에 제3자에 대한 기존의 채권까지도 피담보채권에 포함되는 것이라고 주장하면서 그것까지 포함하여 변제가 이루어지지 아니할 경우 반환하지 않을 것임을 표명하다가 타인에게 담보목적물을 매각하거나 담보로 제공하여 피담보채무 이외의 채권까지도 변제충당한 경우에는 정당한 담보권의 행사라고 볼 수 없고, 위탁의 취지에 반하여 자기 또는 제 3자의 이익을 위하여 권한 없이 그 재물을 자기의 소유인 것 같이 처분하는 것으로서 불법영득의 의사가 인정된다.(대판 2007.6.14. 2005도7880)

━━━━━━━━━━━━━━━━━━━━━━ ◆ 판 례 ◆ ━

<횡령죄에서 '반환거부'의 의미>……'반환의 거부'라고 함은 보관물에 대하여 소유자의 권리를 배제하는 의사표시를 하는 행위를 뜻하므로, 타인의 재물을 보관하는 자가 단순히 반환을 거부한 사실만으로 횡령죄를 구성하는 것은 아니며 반환거부의 이유 및 주관적인 의사 등을 종합하여 반환거부행위가 횡령행위와 같다고 볼 수 있을 정도이어야만 횡령죄가 성립한다.(대판 1993.6.8. 93도874)

━━━━━━━━━━━━━━━━━━━━━━ ◆ 판 례 ◆ ━

<횡령죄의 반환거부를 부정한 사례>……① 피고인이 극장 내에 비치된 일체의 비품 및 극장 운영권을, 공연장 허가명의자로서 위 극장을 직접 운영하고 있던 공소외인으로부터 매수하고 이를 인도받아 그 소유권을 선의취득하였다고 인정된다면, 피고인이 극장비품인 이 사건 동산에 대한 당초 소유자의 반환요구를 거절하였다고 하여 횡령죄를 구성할 수는 없다.(대판 1983.12.13. 83도2642)

② 식료품제조공장을 피고인과 동업으로 경영하던 공소외 갑이 피고인으로부터 그 처분권한을 위임받아 그 업체를 피해자에게 매도하여 그 대금을 전액 수령하고도 피고인에게 당초의 결산합의에 따른 정산금을 지급하여 주지 아니하고, 피해자도 피고인으로부터 동업자 전원이 동석한 가운데 잔대금을 지급하여 달라는 요구를 받고도 이를 무시한 채 갑에게 임의로 잔대금을 직접 지

급하여 주어, 피고인이 동업관계의 청산에 따른 자신의 몫을 정산받을 때까지 그 시설을 유치하고자 이의 반환을 거부하였다면 피고인에게 불법영득의 의사가 있었던 것이라 할 수 없으므로 피고인의 반환거부행위는 횡령죄를 구성한다고 할 수 없다.(대판 1990.3.13. 89도1952)

5. 기수 시기 및 미수의 인정 여부

(1) 기수 시기
1) 불법영득의 의사가 객관적으로 실현되었을 때 기수가 된다는 견해도 있으나 (실현설),
2) 다수설과 판례는 처분행위로 불법영득의사가 객관적으로 인식될 수 있도록 외부에 표현되었을 때 기수가 된다고 한다(표현설).

◆ 판 례 ◆

<횡령죄의 기수 시기-표현설>……횡령죄는 타인의 재물을 보관하는 자가 그 재물을 횡령하는 경우에 성립하는 범죄이고, 횡령죄의 구성요건으로서의 횡령행위란 불법영득의사를 실현하는 일체의 행위를 말하는 것이어서 **타인의 재물을 점유하는 자가 그 점유를 자기를 위한 점유로 바꾸려고 하는 의사를 가지고 그러한 영득의 의사가 외부에 인식될 수 있는 객관적 행위를 하였을 때에는 그 재물 전체에 대한 횡령죄가 성립**되므로, 타인으로부터 명의신탁을 받아 보관 중이던 토지에 대하여 피해자인 명의신탁자의 승낙 없이 제3자에게 근저당권설정등기를 경료해 주면 그때에 그 토지에 대한 횡령죄가 성립한다.(대판 1998.2.24. 97도3282)

(2) 미수의 인정 여부: 표현설의 입장에서 불법영득의사가 표현되기만 하면 기수가 되므로 불능미수·중지미수를 제외하고 미수는 거의 생각할 수 없다고 본다(다수설).

6. 주관적 구성요건 – 고의 이외에 불법영득의사를 요한다(영득행위설).

◆ 판 례 ◆

<횡령죄의 불법영득의사>……① 횡령죄에 있어서의 불법영득의 의사는, 타인의 재물을 보관하는 자가 그 위탁취지에 반하여 권한 없이 스스로 소유권자의 처분행위(반환거부를 포함)를 하려는 의사를 의미하고, 보관자가 소유자의 이익을 위하여 이를 처분하는 경우에는 특단의 사정이 없는 한 불법영득의 의사를 인정할 수 없다.(대판 1982.3.9. 81도3009)

② 회사의 경영자가 자금을 지출함에 있어 그 자금의 용도가 엄격히 제한되어 있는 경우 그 용도 외의 사용은 그것이 회사를 위한 것이라도 그 사용행위 자체로서 불법영득의 의사를 실현한 것이라 할 것이다.(대판 1997.4.22. 96도8)

③ 회사 대표이사인 피고인이 대표이사 직무대행자에게 회사 소유 버스회수권을 반환하지 않은 사실은 인정되나, 그 회수권은 원래 회사 채권자에 대한 회사 채무의 변제를 위하여 사용하기로 하였던 것이어서 회사 채권자에게 회사 채무에 대한 담보나 대물변제조로 교부해 줄 의사로 피고인이 반환을 거부한 것으로 인정되는 이상, 그 **절차의 적법 여부**에 대하여는 의문이 제기될 수 있다 할지라도, 피고인이 실제로 이를 회사 채권자에게 교부하였다면, 불법영득의 의사로 반환을 거부한 것이라고 단정하기 어렵고 반환거부에 정당한 이유가 있어 횡령죄를 구성하지 않는다.(대판 2006.2.10. 선고 2003도7487)

---

7. 죄수와 타죄와의 관계

(1) 횡령죄에 있어서 죄수는 위탁관계의 수를 기준으로 한다(판례).
(2) 횡령한 물건을 처분하는 것은 불가벌적 사후행위이다.

◆ 판 례 ◆

<횡령물의 처분행위>……① 명의신탁을 받아 보관 중이던 토지를 피해자의 승낙 없이 제3자에게 근저당권설정등기를 경료해 준 경우 횡령죄가 성립하고, 그 후 또 다시 다른 사람에게 근저당권설정등기를 경료해 주었다 하더라도 이는 횡령물

의 처분행위로서 별개의 횡령죄를 구성하지 않는다.(대판 1996.11.29. 96도1755)

② 횡령죄는 타인의 재물을 보관하는 자가 그 재물을 횡령하는 경우에 성립하는 범죄이고, 횡령죄의 구성요건으로서의 횡령행위란 불법영득의사를 실현하는 일체의 행위를 말하는 것이어서 타인의 재물을 점유하는 자가 그 점유를 자기를 위한 점유로 바꾸려고 하는 의사를 가지고 그러한 영득의 의사가 외부에 인식될 수 있는 객관적 행위를 하였을 때에는 그 재물 전체에 대한 횡령죄가 성립되고, **일단 횡령을 한 이후에 다시 그 재물을 처분하는 것은 불가벌적 사후행위에 해당하여 처벌할 수 없으므로,** 타인으로부터 명의신탁을 받아 보관 중이던 토지에 대하여 피해자인 명의신탁자의 승낙 없이 제3자에게 근저당권설정등기를 경료해 주면 그때에 그 토지에 대한 횡령죄가 성립하고, 그 후 피해자의 승낙 없이 그 토지를 다른 사람에게 매도하더라도 이는 횡령물의 처분행위로서 별개의 횡령죄를 구성하지 아니한다.(대판 1998.2.24. 97도3282)

③ 부동산의 명의수탁자가 신탁자의 승낙 없이 갑 앞으로 근저당권설정등기를 경료했다가 후에 그 말소등기를 신청함과 동시에 을 앞으로 소유권이전등기를 신청함에 따라 갑 명의의 근저당권말소등기와 을 명의의 소유권이전등기가 순차 경료된 경우, 갑 명의의 근저당권설정등기를 경료할 당시에 해당 부동산에 대한 불법영득의 의사를 외부에 객관적으로 나타냄으로써 횡령죄는 이미 완성되었고, 을 명의의 소유권이전등기가 경료되기 전에 동시에 신청한 갑 명의의 근저당권에 대한 말소등기가 먼저 경료되었다고 하더라도 갑 명의의 근저당권설정등기의 말소는 을 명의의 소유권이전등기의 준비행위에 불과하다 할 것이어서 명의신탁자의 소유권에 대한 침해가 회복되지 아니한 상태에서 **행하여진 을 명의의 소유권이전등기를 경료해 준 행위는** 횡령물의 처분행위로서 새로운 법익의 침해를 수반하지 않는 **이른바 불가벌적 사후행위에 해당하여 별도의 횡령죄를 구성하지 아니한다.**(대판 2000.3.24. 2000도310)

(3) 사기죄와의 관계: 사기죄는 타인이 점유하는 재물을 그의 처분행위에 의하여 취득함으로써 성립하는 죄이므로 자기가 **점유하는 타인의 재물에 대해서는 이것을 영득함에 기망행위를 한다 하여도 사기죄는 성립하지 아니하고 횡령죄만을 구성한다** 할 것이다.(대판 1987.12.22. 87도2168)

(4) 장물죄와의 관계

㉠ 장물의 보관을 위탁받은 자가 그 장물을 영득한 때에는 장물보관죄만이 성립
하고 횡령죄는 불가벌적 사후행위가 된다(판례).

◆ 판 례 ◆

　<장물보관자의 장물횡령>……장물보관자가 그 보관한 장물을 횡령하였다고 하여
도 장물보관죄가 성립하는 때에는 그 후의 횡령행위는 불가벌적 사후행위에 불
과하므로 별도로 횡령죄는 성립하지 않는다.(대판 1976.11.23. 76도3067)

㉡ 횡령죄에 의하여 영득한 장물을 취득한 자는 횡령죄의 공범이 된다.

◆ 판 례 ◆

　<수탁자의 횡령행위를 알고 매수한 매수인의 죄책>……부동산의 수탁자가 신
탁자의 승낙 없이 매각처분함으로써 횡령죄가 성립하는 경우에 매수인이 그
정을 알고 있었다 하더라도 수탁자와 짜고 불법영득할 것을 공모한 것이 아닌
한 그 횡령죄의 공동정범이 되지 아니한다. 또한 신탁행위에 있어서는 수탁자
가 외부관계에 대하여 소유자로 간주되므로 이를 취득한 제3자는 수탁자가 신
탁자의 승낙 없이 매각하는 정을 알고 있는 여부에 불구하고 장물취득죄가 성
립되지 아니한다.(대판 1979.11.27. 79도2410)

Ⅱ. 기타의 범죄유형

제356조(업무상의 횡령과 배임)
　업무상의 임무에 위배하여 전조의 죄를 범한 자는 10년 이하의 징역 또
는 3,000만 원 이하의 벌금에 처한다.

▶ 미수범처벌(제359조)

(1) 성 격: 보관자라는 구성적 신분 이외에 업무자라는 가감적 신분을 요하는 이
중적 신분범으로 위탁관계가 업무로 되어 있기 때문에 형벌이 가중되는 가중
적 구성요건이다.

(2) 업 무

1) 업무는 꼭 직업 또는 영업이어야 하는 것은 아니며, 관례상 타인의 재물을
보관하는 사실상의 것도 포함된다.

2) 자기를 위한 업무, 타인을 위한 업무, 주된 업무, 부수적 업무를 불문한다.

3) 사람의 생명에 대한 위험을 가져올 사무에 제한되지 않고, 타인의 재물에 대
한 보관을 내용으로 하는 사무라는 점에서 업무상 과실치사상죄의 업무와 구
별된다.

◆ 판 례 ◆

<업무상횡령죄의 불법영득의사>……① 업무상횡령죄에 있어서의 불법영득의
의사라 함은 **자기 또는 제3자의 이익을 꾀할 목적으로 업무상의 임무에 위배
하여 보관하는 타인의 재물을 자기의 소유인 것같이 사실상 또는 법률상 처분
하는 의사**를 말하는 것이므로, 예산을 집행할 직책에 있는 자가 자신의 이익
을 위한 것이 아니고 경비 부족을 메우기 위하여 예산을 유용한 경우, 그 예
산의 항목유용 자체가 위법한 목적을 가지고 있다거나 예산의 용도가 엄격하
게 제한되어 있는 경우는 별론으로 하고 **그것이 본래 책정되거나 영달되어 있
어야 할 필요경비이기 때문에 일정한 절차를 거치면 그 지출이 허용될 수 있
었던 때에는 그 간격을 메우기 위한 유용이 있었다는 것만으로 바로 그 유용
자에게 불법영득의 의사가 있었다고 단정할 수는 없다.**(대판 1995.2.10. 94도
2911; 대판 2000.2.25. 99도4130)

② 업무상횡령죄에 있어서 불법영득의 의사라 함은 자기 또는 제3자의 이
익을 꾀할 목적으로 업무상의 임무에 위배하여 보관하는 타인의 재물을 자기
의 소유인 경우와 같은 처분을 하는 의사를 말하고 **사후에 이를 반환하거나
변상, 보전하는 의사가 있다고 하더라도 불법영득의 의사를 인정함에 방해가
되지 아니한다.**(대판 1983.9.13. 82도75)

③ 업무상횡령죄에 있어서 **불법영득의 의사라 함은 자기 또는 제3자의 이익**

을 꾀할 목적으로 업무상의 임무에 위배하여 보관하는 타인의 재물을 자기의 소유인 것과 같이 사실상 또는 법률상 처분하는 의사를 의미하는 것으로, 타인으로부터 용도가 엄격히 제한된 자금을 위탁받아 집행하면서 그 제한된 용도 이외의 목적으로 자금을 사용하는 것은 그 사용이 개인적인 목적에서 비롯된 경우는 물론 결과적으로 자금을 위탁한 본인을 위하는 면이 있더라도 그 사용행위 자체로서 불법영득의 의사를 실현한 것이 되어 횡령죄가 성립한다.

◆ 판 례 ◆

<업무상횡령죄의 성립을 긍정한 사례>······① 은행의 업무추진비는 예산관리규정상 대외활동관련경비, 자료수집 및 각종 접대비, 기타 잡사업비를 위한 항목으로 책정된 것으로서, 그중 접대비는 "법인이 업무와 관련하여 거래처 또는 업무와 관련 있는 자 등에게 접대, 교제, 사례 기타 명목 여하에 불구하고 이와 유사한 행위에 의하여 지출하는 접대비 등"을 의미하므로, 동화은행의 주주 대부분이 이북5도의 도민회, 군민회 등의 단체 또는 개인이라 하여 이북5도의 전, 현직 도지사 등에게 판공비 등을 지급한다거나 은행의 임원 또는 간부, 직원에게 명절 무렵의 수고비 명목의 돈을 지급하는 것은 업무추진비의 본래 용도와는 관계없이 개인적인 목적으로 지출한 것이라는 전제 아래 은행장이 업무추진비에서 위와 같은 판공비, 수고비 등을 지출한 것은 업무상횡령죄에 해당한다.(대판 1994.9.9. 94도619)

② 회사의 대표이사가 업무상 보관 중인 금원이 위 대표이사가 타인으로부터 차용한 것이고, 회사장부상 가수금으로 처리되어 있다 할지라도 위 대표이사가 회사소유의 자금인 위 금원을 개인용도에 임의 소비하였다면 이는 업무상횡령죄를 구성한다.(대판 1988.7.26. 88도936)

③ 주식회사의 주식이 사실상 1인의 주주에 귀속하는 1인회사에 있어서도 회사와 주주는 분명히 별개의 인격이어서 1인회사의 재산이 곧바로 그 1인주주의 소유라고 볼 수 없으므로, 회사가 사실상 1인주주의 소유라고 하더라도 회사의 금원을 업무상 보관 중 이를 임의로 처분한 소위는 업무상횡령죄를 구성한다.(대판 1995.3.14. 95도59)

④ 회사의 경영자가 자금을 지출함에 있어 그 자금의 용도가 엄격히 제한되어 있는 경우 그 용도 외의 사용은 그것이 회사를 위한 것이라도 그 사용행위 자체로서 불법영득의 의사를 실현한 것이어서, 이는 업무상횡령죄에 해당한다 할 것이다.(대판 1997.4.22. 96도8)

◆ **판 례** ◆

<**횡령죄의 공범과 신분관계**>······① 업무상 타인의 재물을 보관하는 신분이 없는 자도 그러한 신분이 있는 자와 공모하여 횡령의 범죄를 범한 경우에는 그러한 신분이 없는 자에게도 업무상횡령죄가 성립하고, 다만 처벌에 관해서는 형법 제33조 단서에 의거하여 단순횡령죄에 정한 형으로 처단한다.(대판 1961.10.15. 4294형상396)

② 법원의 입찰사건에 관한 제반 업무를 주된 업무로 하는 공무원이 자신이 맡고 있는 입찰사건의 입찰보증금이 계속적으로 횡령되고 있는 사실을 알았다면, 담당 공무원으로서는 이를 제지하고 즉시 상관에게 보고하는 등의 방법으로 그러한 사무원의 횡령행위를 방지해야 할 법적인 작위의무를 지는 것이 당연하고, 비록 그의 묵인행위가 배당불능이라는 최악의 사태를 막기 위한 동기에서 비롯된 것이라고 하더라도 자신의 작위의무를 이행함으로써 결과 발생을 쉽게 방지할 수 있는 공무원이 그 사무원의 새로운 횡령범행을 방조, 용인한 것은 작위에 의한 법익 침해와 동등한 형법적 가치가 있는 것이라고 볼 수 있으므로, 그 담당 공무원을 업무상횡령의 종범으로 처단한 것은 정당하다.(대판 1996.9.6. 95도2551)

---

2. 점유이탈물횡령죄

제360조(점유이탈물횡령)
① 유실물, 표류물 또는 타인의 점유를 이탈한 재물을 횡령한 자는 1년 이하의 징역이나 300만 원 이하의 벌금 또는 과료에 처한다.
② 매장물을 횡령한 자도 전항의 형과 같다.

※ 본죄는 위탁관계에 의하여 타인의 재물을 보관할 것을 요하지 않는다는 점에서 횡령죄와 그 성질을 달리하는 범죄이다.

(1) 의 의: 소유자가 점유권을 상실한 재물(유실물, 표류물, 매장물 등)을 횡령함으로써 성립하는 범죄이다.

(2) 행위의 객체: 유실물, 표류물, 매장물 기타 점유이탈물
1) 무주물: 무주물을 영득한 경우에는 본죄가 성립하지 않는다(점유이탈물횡령죄의 객체는 타인소유물이다).
2) 점유이탈물: 점유자의 의사에 의하지 않고 그 점유를 떠난 물건을 말한다. 유실물, 표류물, 매장물은 그 예시에 지나지 않으며, 누구의 점유에도 속하지 아니하는 물건뿐만 아니라 점유자의 착오에 의해서 행위자의 점유에 들어온 물건도 포함한다.

◆ 판 례 ◆

<고속버스, 지하철 내의 유실물과 점유자>……① 고속버스의 운전사는 고속버스의 관수자로서 차내에 있는 승객의 물건을 점유하는 것이 아니고 승객이 잊고 내린 유실물을 교부받을 권능을 가질 뿐이므로 유실물을 현실적으로 발견하지 않는 한 이에 대한 점유를 개시하였다고 할 수 없고, 그 사이에 다른 승객이 유실물을 발견하고 이를 가져갔다면 절도에 해당하지 아니하고 점유이탈물횡령에 해당한다.(대판 1993.3.16. 92도3170)

② 승객이 놓고 내린 지하철의 전동차 바닥이나 선반 위에 있던 물건을 가지고 간 경우, 지하철의 승무원은 유실물법상 전동차의 관수자로서 승객이 잊고 내린 유실물을 교부받을 권능을 가질 뿐 전동차 안에 있는 승객의 물건을 점유한다고 할 수 없고, 그 유실물을 현실적으로 발견하지 않는 한 이에 대한 점유를 개시하였다고 할 수도 없으므로, 그 사이에 위와 같은 유실물을 발견하고 가져간 행위는 점유이탈물횡령죄에 해당함은 별론으로 하고 절도죄에 해당하지는 않는다.(대판 1999.11.26. 99도3963)

(3) 행 위: 횡령

본죄의 성립에도 불법영득의사가 있어야 하며, 불법으로 점유를 취득하면 기수가 되며, 미수범은 처벌하지 않는다.

◆ **판 례** ◆

<점유이탈물횡령죄와 불법영득의사>……① 점유이탈물횡령죄의 행위는 횡령인데 여기에도 불법영득의사가 필요하다. 따라서 **자전거를 습득하여 소유자가 나타날 때까지 보관을 선언하고 수일간 보관한 경우에는 영득의 의사가 없었다고 보는 것이 타당할 것이다.**(대판 1957.7.16. 4290형상104)

② 유실물인 줄 알면서 당국에 신고하거나 피해자의 숙소에 운반하지 아니하고 자기의 친구 집에 운반하였다는 것만으로는 점유이탈물횡령죄가 성립하지 않는다.(대판 1969.8.19. 69도1078)

제6절 배임의 죄

I. 단순배임죄

제355조(횡령, 배임)

① 타인의 재물을 보관하는 자가 그 재물을 횡령하거나 그 반환을 거부한 때에는 5년 이하의 징역 또는 1,500만 원 이하의 벌금에 처한다.

② 타인의 사무를 처리하는 자가 그 임무에 위배하는 행위로써 재산상의 이익을 취득하거나 제3자로 하여금 이를 취득하게 하여 본인에게 손해를 가한 때에도 전항의 형과 같다.

▶ 미수범처벌(제359조)

1. 서 설

(1) 성격 및 보호법익: 재산상의 이익만을 대상으로 하는 순수이득죄이며, 재산
권을 보호법익으로 한다.

◆ 판 례 ◆

<배임죄의 위태범성>……배임죄는 현실적인 재산상 손해액이 확정될 필요까
지는 없고 단지 재산상 권리의 실행을 불가능하게 할 염려 있는 상태 또는 손
해발생의 위험이 있는 경우에 바로 성립되는 위태범이므로 피고인이 그 업무
상 임무에 위배하여 부당한 외상 거래행위를 함으로써 업무상 배임죄가 성립
하는 경우, 담보물의 가치를 초과하여 외상 거래한 금액이나 실제로 회수가
불가능하게 된 외상 거래금액만이 아니라 재산상 권리의 실행이 불가능하게
될 염려가 있거나 손해발생의 위험이 있는 외상 거래대금 전액을 그 손해액으
로 보아야 한다.(대판 2000.4.11. 99도334)

---

(2) 배임죄의 본질
1) 법률상 처분권한(법적 대리권)을 가진 자가 권한을 남용하는 행위가 배임죄의
본질이라는 권한남용설이 있으나,
2) 통설과 판례는 행위자와 본인 사이의 신뢰관계에 위배하여 재산을 침해하는
데 배임죄의 본질이 있고 횡령죄와는 행위객체(재물 vs. 재산상의 이익)에서
차이가 있는 일반법과 특별법의 관계에 있다고 한다(배신설).

2. 행위의 주체: 타인의 사무를 처리하는 자

(1) 타인의 사무를 처리하는 자
타인과의 대내관계에서 신의성실의 원칙에 비추어 그 사무를 처리할 신임관계가
있는 자를 말한다.

◆ 판 례 ◆

　　<배임죄에서의 타인사무처리자> ······① 업무상 배임죄에 있어서 타인의 사무를 처리하는 자란 **고유의 권한으로서 그 처리를 하는 자**에 한하지 않고 그 자의 **보조기관으로서 직접 또는 간접으로 그 처리에 관한 사무를 담당하는 자**도 **포함한다.**(대판 2000.4.11. 99도334)

　　② **서면에 의하지 아니한 증여계약**이 행하여진 경우 당사자는 그 증여가 이행되기 전까지는 언제든지 이를 해제할 수 있으므로 증여자가 구두의 증여계약에 따라 수증자에 대하여 증여 목적물의 소유권을 이전하여 줄 의무를 부담한다고 하더라도 그 **증여자는 수증자의 사무를 처리하는 자의 지위에 있다고 할 수 없다.**(대판 2005.12.9. 2005도5962)

(2) 사무처리의 근거

1) 법령(친권자, 후견인, 파산관재인, 회사의 대표자)·계약(위임, 고용, 임치 등)을 불문한다.

◆ 판 례 ◆

　　<배임죄에서 대리권의 요부> ······배임죄에 있어서 타인의 사무를 처리하는 자라 함은 양자 간의 신임관계에 기초를 둔 타인의 재산보호 내지 관리의무가 있음을 그 본질적 내용으로 하는 것이므로, 배임죄의 성립에 있어 행위자가 대외관계에서 타인의 재산을 처분할 적법한 대리권이 있음을 요하지 아니한다.(대판 1999.9.17. 97도3219)

◆ 판 례 ◆

　　<배임죄에서 업무의 근거> ······배임죄의 주체로서 '**타인의 사무를 처리하는 자**'란 타인과의 대내관계에 있어서 신의성실의 원칙에 비추어 그 사무를 처리할 신임관계가 존재한다고 인정되는 자를 의미하고, 반드시 **제3자에 대한 대외관계에서 그 사무에 관한 대리권이 존재할 것을 요하지 않으며,** 업무상 배임죄에 있어서의 업무의 근거는 **법령, 계약, 관습**의 어느 것에 의하건 묻지 않고, **사실상의 것도 포함한다.**(대판 2000.3.14. 99도457)

2) 계약이 무효인 경우: 계약이 무효인 경우에는 신임관계는 처음부터 발생하지
   아니한다.

◆ **판 례** ◆

<**계약이 무효인 경우 신임관계의 발생 여부**>······내연의 처와의 불륜관계를
지속하는 대가로서 부동산에 관한 소유권이전등기를 경료해 주기로 계약한 경
우 위 부동산증여계약은 선량한 풍속과 사회질서에 반하는 것으로 **무효이어서
위 증여로 인한 소유권이전등기의무가 인정되지 아니하는 이상 동인이 타인의
사무를 처리하는 자에 해당한다고 볼 수 없어** 비록 위 등기의무를 이행하지
않는다 하더라도 배임죄를 구성하지 않는다.(대판 1986.9.9. 86도1382)

◆ **판 례** ◆

<**단속법규에 위반한 계약에 기한 신임관계**>······국토이용관리법 제21조의7
소정의 신고구역에 관한 규정은 단속법규에 속하고 신고의무에 위반한 거래
계약의 사법적 효력까지 부인되는 것이 아니므로 신고구역 내의 토지에 대하
여 매매당사자들이 당국에 신고하지 아니하고 매매계약을 체결한 것이라고
하여도 **이를 무효라고 할 수 없으므로 위 토지가 신고구역 내의 토지인지 여
부는 그 이중매도로 인한 배임죄의 성립에 영향이 없다.**(대판 1991.7.9. 91도846)

---

3) 사실상의 신임관계가 존재한다면 관습이나 사무관리도 사무처리의 근거가 될
   수 있다(예: 해임 후 사무인계 전의 사무처리).
4) 기타 신의칙상 신임관계도 인정할 수 있으나 신의칙에 의한 배임죄주체의 인정
   은 제한적으로 해야 한다(왜냐하면 모든 계약위반이 배임죄가 될 수 있기 때문).

(3) 사무의 내용과 사무의 성질
1) 사무의 성질
(ⅰ) 재산적 사무임을 요하지 않는다는 견해
(ⅱ) 적어도 재산적 이해관계를 가진 사무임을 요한다는 견해

(iii) 다수설과 판례는 본죄의 사무는 재산적 사무에 한한다고 한다(예: 형사사건 변호나 의사의 치료행위는 본죄의 사무가 아니다).

2) 사무의 내용: 사적·공적 사무, 계속적·일시적 사무, 법률적·사실적 사무임을 불문한다.

(4) 사무의 타인성

1) 타인의 재산보호가 신임관계의 전형적·본질적 내용이 되는 주된 의무가 되어야 하며, 부수적 의무가 되는 것으로는 타인의 사무가 아니다(예: 계약이행의 일반적 의무는 타인성이 부정됨).

◆ 판 례 ◆

　　<배임죄에 있어서 사무의 타인성>……① 배임죄는 타인의 사무를 처리하는 자가 그 임무에 위배하는 행위에 의하여 재산상의 이익을 취득하거나 제3자로 하여금 이를 취득하게 하여 본인에게 손해를 가함으로써 성립하는 것으로, 여기에서 그 주체인 **'타인의 사무를 처리하는 자'란 양자 간의 신임관계에 기초를 두고 타인의 재산관리에 관한 사무를 대행하거나 타인 재산의 보전행위에 협력하는 자의 경우** 등을 가리키며, 또 '임무에 위배하는 행위'라 함은 당해 사무의 내용, 성질 등 구체적 상황에 비추어 법률의 규정, 계약의 내용 또는 신의성실의 원칙상 당연히 할 것으로 기대되는 행위를 하지 않거나 당연히 하지 않아야 할 것으로 기대되는 행위를 함으로써 본인에 대한 신임관계를 저버리는 일체의 행위를 포함한다.(대판 1994.9.9. 94도902)

　　② 배임죄에 있어서 타인의 사무를 처리하는 자라 함은 **양자 간의 신임관계에 기초를 둔 타인의 재산의 보호 내지 관리의무가 있음을** 그 본질적 내용으로 하는 경우라 할 것이므로 단순한 채권적인 급부의무에 불과한 금원의 지급의무만을 부담하는 경우와 같이 그 사무가 타인의 사무가 아니고 자기의 사무에 속하는 경우라면 그 사무를 타인을 위하여 처리하는 경우라 하더라도 이는 타인의 사무를 처리하는 자라고는 볼 수 없다.(대판 1976.5.11. 75도2245)

　　③ 배임죄의 요건인 '타인의 사무처리'로 인정되려면 타인의 재산관리에 관한 사무의 전부 또는 일부를 타인을 위하여 대행하는 경우와 타인의 재산보

전행위에 협력하는 경우라야만 되는 것이고 단순히 **타인에 대하여 채무를 부담하는 경우에는 본인의 사무로 될지언정 타인의 사무처리에 해당한다고 볼 수 없는바,** 건축공사수급자의 건축에 관한 소위는 그 자신의 사무의 처리에 속하므로 그가 설계도에 따라 시공하지 아니하였다 하여도 배임죄를 구성하지 아니한다.(대판 1982.6.22. 82도45)

◆ **판 례** ◆

<배임죄에서 자신의 사무에 불과하다고 본 사례>······① 피고인이 월부상환 중인 자동차를 공소외인에게 매도하였으나 자동차등록명의는 피고인의 명의로 남아 있어 그 소유권이 아직 피고인에게 있다면 판매회사에 대하여 할부금을 납부하는 것은 피고인 자신의 사무처리에 불과하고, 피고인이 매매계약을 체결함에 있어 연체된 할부금을 중도금 지급기일까지 완불하여 자동차를 인도받아 사용하는 위 공소외인에게 아무런 손해를 주지 않기로 약정하였다 하여도 이는 단순한 채무를 부담하는 경우에 해당할 뿐 이로 인하여 피고인이 배임죄에서 말하는 타인의 사무를 처리하는 자에 해당한다고 볼 수 없다.(대판 1983.11.8. 83도2493)

② 채권가압류명령이 송달된 후에는 제3채무자는 채무자에게의 지급이 금지되는 것이지만 그렇다고 하여 제3채무자인 은행의 지배인이 채권자의 사무를 처리하는 자라고 볼 수 없고, 그 지급을 금지당하였다가 추심명령이나 전부명령을 받은 채권자에게 지급하는 것도 피고인 측의 사무이지 타인의 사무라고 볼 수 없다.(대판 1983.7.12. 83도1405)

③ 동업자 갑은 자금만 투자하고 동업자 을은 노무와 설비를 투자하여 공사를 수급하여 시공하고 그 대금 등을 추심하는 등 일체의 거래행위를 담당하면서 그 이익을 나누어 갖기로 하는 내용의 동업계약이 체결되었다가 그 계약이 하자가 종료된 경우 위 공사 시공 등 일체의 행위를 담당하였던 을이 자금만을 투자한 갑에게 투자금원을 반환하고 또 이익 또는 손해를 부담시키는 내용의 정산의무나 그 정산과정에서 행하는 채권의 추심과 채무의 변제 등의 행위는 모두 을 자신의 사무이지 자금을 투자한 갑을 위하여 하는 타인의 사무라고 볼 수는 없다.(대판 1992.4.14. 91도2390)

④ 갑은 자금만 투자하고 을은 공사 시공 및 일체의 거래행위를 담당하는 내용의 동업계약을 체결하였다가 위 계약이 종료된 경우 그 정산과정에서 을이 한 제3자에 대한 채권양도행위가 타인의 사무를 처리하는 것으로서 임무위배행위라고 할 수 없다.(대판 1992.4.14. 91도2390)

2) 재산관리의무가 오로지 타인을 위한 유일한 사무일 필요는 없으며 타인의 재산보호가 본질적 내용을 이루는 경우에는 사무의 타인성이 인정된다(예: 이중매매·이중저당에서 매도인이나 저당권설정자의 사무).

◆ 판 례 ◆

<배임죄에서 사무의 타인성>……고객과 증권회사와의 사이에 이러한 매매거래에 관한 위탁계약이 성립되기 이전에는 증권회사는 매매거래 계좌설정 계약 시 고객이 입금한 예탁금을 고객의 주문이 있는 경우에 한하여 그 거래의 결제의 용도로만 사용하여야 하고, 고객의 주문이 없이 무단 매매를 행하여 고객의 계좌에 손해를 가하지 아니하여야 할 의무를 부담하는 자로서, **고객과의 신임관계에 기초를 두고 고객의 재산 관리에 관한 사무를 대행하는 타인의 사무를 처리할 지위에 있다.**(대판 1995.11.21. 94도1598)

3) 임차권의 이중양도의 경우는 단순한 채무불이행이므로 배임죄가 성립되지 않는다.

◆ 판 례 ◆

<임차권의 이중양도와 배임죄의 성부>……① 양품점의 임차권만의 양도계약을 체결한 경우 양수인에게 그 점포를 명도하여 줄 양도인의 의무는 양도계약에 따른 민사상의 채무에 불과할 뿐 타인의 사무라고 할 수 없으므로 위 점포의 이중양도행위는 배임죄를 구성하지 않는다.(대판 1990.9.25. 90도1216)

② 점포임차권양도계약을 체결한 후 계약금과 중도금까지 지급받았다 하더라도 잔금을 수령함과 동시에 양수인에게 점포를 명도하여 줄 양도인의 의무

는 위 양도계약에 따르는 민사상의 채무에 지나지 아니하여 이를 타인의 사무로 볼 수 없으므로 비록 양도인이 위 임차권을 이중으로 양도하였다 하더라도 배임죄를 구성하지 않는다.(대판 1986.9.23. 86도811)

③ 음식점 임대차계약에 의해 임차인의 지위를 양도한 자는 양도사실을 임대인에게 통지하고 양수인이 갖는 임차인의 지위를 상실하지 않게 할 의무가 있다고 하여도, 이러한 임무는 임차권 양도인으로서 부담하는 채무로서 양도인 자신의 의무일 뿐이지 자기의 사무임과 동시에 양수인의 권리 취득을 위한 사무의 일부를 이룬다고 볼 수 없으므로 양도인의 배임죄의 주체인 타인의 사무를 처리하는 자로 볼 수 없다.(대판 1991.12.10. 91도2184)

(5) 사무처리의 독립성

사무처리자에게 일정한 범위 내에서의 독립성 및 결정의 자유가 있어야 한다. 따라서 지시에 따른 기계적 사무에 종사하는 자는 사무처리자라고 할 수 없다.

3. 행 위: 배임행위로서 재산상의 이익을 취득하여 본인에게 손해를 가하는 것

(1) 배임행위

1) 타인의 사무처리자로서의 임무에 위배되는 행위이다. 권한남용이건 법률상의 의무위반이건 묻지 아니하며, 법률행위뿐만 아니라 사실행위도 포함한다 (배신설).

◆ 판 례 ◆

＜배임행위의 의미＞……배임죄는 타인의 사무를 처리하는 자가 그 임무에 위배하는 행위로써 재산상 이익을 취득하거나 제3자로 하여금 이를 취득하게 하여 본인에게 손해를 가함으로써 성립하므로 배임죄의 주체는 타인의 사무를 처리하는 지위 또는 신분이 있는 자이고, 이 경우 그 임무에 위배하는 행위라 함은 처리하는 사무의 내용, 성질 등 구체적 상황에 비추어 법률의 규정, 계약의 내용 혹은 신의칙상 당연히 할 것으로 기대되는 행위를 하지 않거나 당연히

하지 않아야 할 것으로 기대하는 행위를 함으로써 본인과 사이의 신임관계를
저버리는 일체의 행위를 포함하며 그러한 행위가 법률상 유효한가 여부는 따져
볼 필요가 없다.(대판 1995.12.22. 94도3013)

2) 부작위에 의한 배임행위도 가능하다(예: 고의로 채권추심을 하지 아니하여 소
   멸시효가 완성된 경우).
3) 모험거래의 경우에는 본인의 동의나 추정적 승낙이 인정되면 배임행위가 아
   니다.

(2) 재산상 손해의 발생
1) 재산상의 손해란 총체적으로 보아 본인의 재산상태에 손실을 가져온 것을 말한다.
2) 적극적 손해·소극적 손해(재산증가의 방해)를 불문하며 재산상 손해에 대한
   위험이 발생한 경우도 포함된다(부실대출, 담보의 상실, 어음채무의 부담 등).

◆ 판 례 ◆

　<배임죄에서 재산상 손해의 의미>……① 배임죄에 있어 재산상의 손해를 가
한 때라 함은 **현실적인 손해를 가한 경우뿐만 아니라 재산상 실해 발생의 위
험을 초래한 경우**도 포함되고, 재산상 손해의 유무에 대한 판단은 본인의 전
재산 상태와의 관계에서 법률적 판단에 의하지 아니하고 경제적 관점에서 파
악하여야 하며, 따라서 **법률적 판단에 의하여 당해 배임행위가 무효라 하더라
도** 경제적 관점에서 파악하여 배임행위로 인하여 본인에게 현실적인 손해를
가하였거나 재산상 실해발생의 위험을 초래한 경우에는 재산상의 손해를 가한
때에 해당되어 배임죄를 구성한다.(대판 1995.12.22. 94도3013)
　② 배임죄에서 '재산상의 손해를 가한 때'라 함은 현실적인 손해를 가한 경
우뿐만 아니라 재산상 실해 발생의 위험을 초래한 경우도 포함되므로, 회사의
이사 등이 타인에게 회사자금을 대여함에 있어 그 타인이 이미 채무변제능력
을 상실하여 그에게 자금을 대여할 경우 회사에 손해가 발생하리라는 정을 충
분히 알면서 이에 나아갔거나, 충분한 담보를 제공받는 등 상당하고도 합리적
인 채권 회수조치를 취하지 아니한 채 만연히 대여해 주었다면, 그와 같은 자

금대여는 타인에게 이익을 얻게 하고 회사에 손해를 가하는 행위로서 회사에 대하여 **배임행위가** 되고, **회사의 이사는 단순히 그것이 경영상의 판단이라는** 이유만으로 배임죄의 죄책을 면할 수는 없으며, 이러한 이치는 그 타인이 자금지원 회사의 계열회사라 하여 달라지지 않는다.(대판 **2000.3.14. 99도4923**)

③ 재산상의 손해를 가한다 함은 총체적으로 보아 본인의 재산상태에 손해를 가하는 경우, 즉 본인의 전체적 재산가치의 감소를 가져오는 것을 말하므로 재산상의 손실을 야기한 임무위배행위가 동시에 그 손실을 보상할 만한 재산상의 이익을 준 경우, 예컨대 그 배임행위로 인한 급부와 반대급부가 상응하고 다른 재산상 손해(현실적인 손해 또는 재산상 실해 발생의 위험)도 없는 때에는 전체적 재산가치의 감소, 즉 재산상 손해가 있다고 할 수 없다.(대판 2005.4.15. 2004도7053)

◆ 판 례 ◆

<배임죄에서의 손해발생을 인정한 사례>……① 부동산의 매도인이 매수인 앞으로 소유권이전등기 등을 경료하기 이전에 제3자로부터 금원을 차용하고 그 담보로 근저당권설정등기를 해 준 경우에는 특별한 사정이 없는 한 매도인은 매수인에게 그 근저당권에 의하여 담보되는 **피담보채무 상당액의 손해를 가한 것**이라고 할 것이다.(대판 1998.2.10. 97도2919)

② 피고인이 자신이 대표이사로 있는 신용금고에 양도인명의의 예금이 실제로 입금되지 아니하였음에도, 그 예금이 이미 입금된 듯이 입금전표와 거래원장을 작성하고 전산입력까지 마친 다음 예금통장을 명의자들에게 교부한 것이라면, 설사 신용금고와 위 명의자들 간에 민사상의 예금계약이 적법하게 체결된 것이 아니어서 신용금고에게 예금반환채무가 발생한 것은 아니라고 하더라도, 그 허위의 예금은 신용금고로부터 언제든지 인출될 수 있는 상태에 있게 됨으로써 이미 신용금고에게 재산상 실해 발생의 위험을 초래하였다.(대판 1996.9.6. 96도1606)

③ 주식회사의 대표이사가 회사의 유일한 재산을 처분하면서 주주총회의 특별결의나 이사회의 승인을 거치지 아니하여 그 매매계약이나 소유권이전등기가 법률상 무효라고 하더라도 경제적 관점에서 파악할 때 재산상 손해를 가한

경우에 **해당**한다.(대판 1995.11.21. 94도1375)

④ 염전의 2분지 1 지분을 매도하고 계약금과 중도금을 받은 자가 잔금과 상환으로 이전등기절차를 하여 줄 임무에 제3자 앞으로 근저당권설정등기를 하였다면 비록 피해자가 위 근저당권설정등기를 하기 전에 처분금지가처분을 해두었다 하더라도 배임죄의 성립에 아무런 영향을 미칠 수 없다.(대판 1990.10.16. 90도1702)

⑤ 배임죄에 있어서 손해란 현실적인 손해가 발생한 경우뿐만 아니라 재산상의 위험이 발생된 경우도 포함되므로 피해자와 주택에 대한 전세권설정계약을 맺고 전세금의 중도금까지 지급받고도 임의로 타에 근저당권설정등기를 경료해 줌으로써 **전세금반환채무에 대한 담보능력 상실의 위험이 발생**되었다고 보인다면 위 등기 경료 행위는 배임죄를 구성한다.(대판 1993.9.28. 93도2206)

⑥ 기업인수에 필요한 자금을 마련하기 위하여 그 인수자가 금융기관으로부터 대출을 받고 나중에 피인수회사의 자산을 담보로 제공하는 방식{이른바 LBO(Leveraged Buyout) 방식}을 사용하는 경우, **인수자만을 위한 담보제공이 무제한 허용된다고 볼 수 없고, 인수자가 피인수회사의 위와 같은 담보제공으로 인한 위험 부담에 상응하는 대가를 지급하는 등의 반대급부를 제공하는 경우에 한하여 허용될 수 있다.** 만일 인수자가 피인수회사에 아무런 반대급부를 제공하지 않고 임의로 피인수회사의 재산을 담보로 제공하게 하였다면, **인수자 또는 제3자에 게 담보 가치에 상응한 재산상 이익을 취득하게 하고 피인수회사에게 그 재산상 손해를 가하였다고 봄이 상당하다.**(대판 2006.11.09, 2004도7027)

⑦ 근저당권설정자는 채권자가 담보의 목적을 달성할 수 있도록 그 담보물을 보관할 의무를 지게 되어 채권자에 대하여 그의 사무를 처리하는 자의 지위에 있고, 한편 **토지에 식재된 수목은 특별한 사정이 없는 한 그 토지의 부합물에 해당하여** 그 토지에 설정된 근저당권의 효력이 미치므로, 근저당권설정자가 그 근저당권의 목적이 되는 토지에 식재된 수목을 처분하는 등으로 부당히 그 담보가치를 감소시키는 행위를 한 경우에는 배임죄가 성립하게 된다.(대판 2007.1.11. 2006도4215)

◆ **판 례** ◆

<배임죄의 손해발생을 부정한 사례>……① 피고인이 그 소유의 이 사건 에 어컨 등을 피해자에게 양도담보로 제공하고 점유개정의 방법으로 점유하고 있다가 다시 이를 제3자에게 양도담보로 제공하고 역시 점유개정의 방법으로 점유를 계속한 경우 뒤의 양도담보권자인 제3자는 처음의 담보권자인 피해자 에 대하여 배타적으로 자기의 담보권을 주장할 수 없으므로 위와 같이 이중 으로 양도담보제공이 된 것만으로는 처음의 양도담보권자에게 담보권의 상실 이나 담보가치의 감소 등 손해가 발생한 것으로 볼 수도 없으니 배임죄를 구 성하지 않는다.(대판 1990.2.13. 89도1931)

② 은행 지점장인 피고인이 자신의 개인채무에 대한 보장조로 보호예수물 의 수령 없이 정상적으로 발급된 보호예수증서로서의 외관을 갖추지 아니한 보호예수증서를 채권자에게 작성·교부한 사안에서, 피고인의 보호예수증서 작 성·교부행위로 말미암아 은행에게 현실적인 손해가 발생하였거나 재산상 실 해 발생의 위험이 초래되었다고 볼 수 없다.(대판 1997.5.30. 95도531)

③ 조합의 이사장이 중소기업협동조합법 제47조 제2호에 위반하여 조합 이 사회의 의결을 거치지 아니한 채 임의로 어음 및 수표에 조합명의의 배서를 하여 할인받은 경우 배임죄가 성립되지 않는다.(대판 2000.2.11. 99도2983)

(3) 자기 또는 제3자의 재산상 이익취득

재산상 손해가 발생해도 관리인 자신 또는 제3자가 재산상 이익을 얻지 않으면 배임죄가 성립하지 않는다. 재산상 이익취득은 실제로 시행될 필요는 없고, 외부에 서 인식할 수 있는 이득행위가 있으면 배임죄의 기수가 된다.

(4) 실행의 착수 시기·기수 시기

배임행위를 개시한 때 실행의 착수가 있고 재산상손해가 발생한 때(재산상의 위 험 발생도 포함)에 기수가 된다.

4. 주관적 구성요건: 고의 이외에 불법이득의 의사를 요한다.

◆ 판 례 ◆

<배임죄에서 사무의 타인성에 관한 착오>······매도인인 피고인이 부동산매매계약을 해제함에 있어서 소유권이전등기 소요 서류의 제공 등 매도인으로서의 채무를 이행하지 아니하여 적법하게 해제되지 아니하였다 할지라도 피고인은 **이건 매매계약이 적법하게 해제된 줄로 믿고 이건 부동산을 제3자에게 매도한 경우에는 범의가 있다고 할 수 없다.**(대판 1983.2.22. 82도1636)

◆ 판 례 ◆

<배임죄의 불법이득의사>······배임죄가 성립하기 위해서는 주관적 요건으로서 임무에 위배되는 행위를 한다는 인식 이외에도 **그로 인하여 자기 또는 제3자의 이익을 취득하고 본인에게 손해를 가한다는 점에 관한 의사 내지 인식을** 필요로 하는 것이므로, 피고인이 근저당권을 설정한 목적이 오로지 이미 매매목적물에 관하여 설정되어 있던 저당권을 말소시켜 매매목적물에 존재하는 물적 부담을 제거시킬 목적이었다면 배임죄의 범의가 있다고 보기는 어려울 것이지만, 피고인이 본인의 이익을 위하여 문제가 된 행위를 하였다고 주장하면서 배임죄의 범의를 부인하는 경우에는 사물의 성질상 배임죄의 주관적 요소로 되는 사실(고의, 동기 등의 내심적 사실)은 고의와 상당한 관련성이 있는 간접사실을 증명하는 방법에 의하여 입증할 수밖에 없고, 피고인이 본인의 이익을 위한다는 의사도 가지고 있었다 하더라도 위와 같은 간접사실에 의하여 본인이 이익을 위한다는 의사는 부수적일 뿐이고 이득 또는 가해의 의사가 주된 것임이 판명되면 배임죄의 고의가 있었다고 할 것이다.(대판 1998.2.10. 97도2919)

5. 배임죄의 성부가 문제되는 경우

(1) 이중저당의 경우

통설과 판례는 저당권설정등기에 협력해야 할 의무는 타인의 재산보호를 목적으로 하는 타인의 사무이므로 배임죄가 성립한다고 한다(예: 甲이 乙에게 1번 저당권을 설정해 주기로 약정한 후 등기하기 전에 병에게 저당권설정등기를 해 준 경우 갑은 을에 대한 배임죄를 범한 것이 된다).

(2) 부동산의 이중매매(예: 갑이 을에게 부동산을 매도한 후 이전등기 전에 병에게 다시 매도하고 소유권이전등기를 한 경우)

1) 이중매도인의 책임

> ◆ 판 례 ◆
>
> <부동산 매매에서 매도인이 부담하는 임무>……① 부동산 매매에 있어서 등기의무자인 매도인의 임무는 일면에 있어 자기의 재산처분행위를 완성케 하는 것은 자기의 사무임과 동시에 타면에 있어 등기의무자인 매도인의 협력 없이는 매수인명의로의 소유권이전등기는 완성되는 것이 아니므로 **등기권리자인 매수인의 소유권취득을 위한 사무의 일부를 이루는 것이고 매도인의 등기협력의무는 주로 타인인 매수인을 위하여 부담하고 있는 것이다.**(대판 1975.12. 23. 74도2215)
>
> ② 동백나무는 입목에관한법률의 적용을 받을 수 있는 수목의 집단에 속하지 아니하고, 이를 토지와 독립하여 거래하는 경우 명인방법에 의한 거래가 인정되고 있어 **매도인은 매수인명의로의 명인방법의 실시에 협력할 임무가 있**는 것인데, 매도인이 위와 같은 명인방법도 실시하지 아니한 채 이미 매도한 입목(동백나무)을 포함한 임야를 이중으로 타에 매도하고 소유권이전등기를 경료해 주었다면, 입목매수인과의 관계에 있어서는 배임죄의 죄책을 면할 수 없다.(대판 1993.9.28. 93도2069)

① 계약금만 수령한 경우에는 매도인은 언제나 배액을 상환하고 계약을 해제할 수 있으므로(민법 제565조 제1항) 배임죄가 성립하지 않는다.

◆ 판 례 ◆

<매도인이 계약금만 수령한 경우와 배임죄>……① 피고인이 공소외인으로부터 매매계약금만을 수령하였다면 피고인은 아직 그 소유권이전등기절차를 이행할 의무가 있다고 할 수 없으므로 이 사건 임야를 다시 다른 곳에 처분한 행위를 배임죄로 다스릴 수 없다.(대판 1980.5.27. 80도290)

② 피고인이 그 소유의 종전토지에 대한 환지예정지의 2분의 1에 해당하는 토지를 매도하고 계약금만을 수령한 상태에서 잔대금지급기일에 이르러 환지가 확정되지 아니하여 종전토지의 2분의 1에 대한 소유권이전등기만을 이행하겠다는 피고인의 주장에 대해 매수인이 종전토지 전부에 대한 소유권이전등기를 요구하면서 그 잔대금지급거절의 의사표시를 하였으므로 피고인은 그 토지를 다른 사람에게 처분하였다면 피고인으로서는 계약금만을 수수한 상태이었는데다가 매수인에게 잔대금지급이행을 최고할 필요 없이 판시 부동산매매계약을 해제할 수 있는 지위에 있었다 할 것이어서 타인의 사무를 처리하는 자이었다고 볼 수 없고 또한 그 처분행위에 임무위배의 범의가 있었다고 볼 수도 없다.(대판 1984.5.15. 84도315)

② 중도금 또는 잔금을 수령한 경우에는 매도인에게 등기에 협력할 의무가 생기므로 배임죄가 성립한다(통설·판례).

◆ 판 례 ◆

<이중매매에서 배임죄가 성립하는 경우>……① 부동산매도인이 매수인으로부터 계약금과 중도금까지 수령한 이상 특단의 약정이 없다면 잔금수령과 동시에 매수인명의로의 소유권이전등기에 협력할 임무가 있으므로 이를 다시 제3자에게 처분함으로써 제1차 매수인에게 잔대금수령과 상환으로 소유권이전등기절차를 이행하는 것이 불가능하게 되었다면 배임죄의 책임을 면할 수 없다.(대판 1988.12.13. 88도750)

② 피고인이 위임받은 타인의 사무가 부동산소유권이전등기의무인 경우에는 피고인의 임무위배행위로 인하여 매수인이 가지고 있는 소유권이전등기청구권이 이행불능되거나 이행불능에 빠질 위험성이 있으면 배임죄는 성립된다 할 것

이고, 이 사건 토지의 공동상속인들 중 甲을 제외한 피고인 등 나머지 상속인
들이 甲에게 이 사건 토지에 관한 그들의 지분을 각 증여하고 위 甲이 등기
부상 명의자인 乙을 상대로 한 소유권이전등기청구사건의 승소판결에 기하여
소유권이전등기를 한 이 사건에 있어서 사회통념상 피고인이 위 甲으로부터
소유권을 회복하여 매수인인 피해자에게 소유권이전등기절차를 이행할 수 있
는 특별한 사정이 있다고 볼 수 없으므로 위 피해자의 피고인에 대한 소유권
이전등기청구권은 이행불능이 되고 이로써 매수인인 피해자에게는 이 사건 토
지의 소유권을 취득할 수 없는 손해가 발생하는 것이라 할 것이다.(대판
1993.5.27. 93도169)

③ 제1매매가 무효인 경우는 배임죄가 성립하지 않는다.

◆ 판 례 ◆

<이중매매에서 제1매매가 무효인 경우와 배임죄 성부>……농지를 이중으로
매도하고 그 소유권이전등기까지 경료하였다 하더라도 그 매수인이 농가가 아
니고 또 그 농지를 자경 또는 자영할 의사가 없어 농지개혁법상 그 소유권을
취득할 수 없다면 그 **제1매수인과의 농지매매계약은 무효이므로** 그에게 위 매
매를 원인으로 하는 소유권이전등기절차를 이행할 임무가 없다고 할 것이어서
그에 대한 배임죄를 구성하지 않는다.(대판 1979.3.27. 79도141)

④ 실행의 착수 시기는 매도인이 제3자와 매매계약을 체결하고 계약금과 중도금
을 수령한 때이다(판례). 기수 시기는 제2매수인에게 소유권이전등기를 경료
한 때이다.

◆ 판 례 ◆

<부동산의 이중매매 시 배임죄의 착수 시기>……이중매매에 있어서 매도인이
매수인의 사무를 처리하는 자로서 **배임죄의 주체가 되기 위해서는** 매도인이 계

약금을 받은 것만으로는 부족하고 적어도 중도금을 받는 등 매도인이 더 이상 임의로 계약을 해제할 수 없는 상태에 이르러야 한다.(대판 1986.7.8. 85도1873)

◆ 판 례 ◆

<**부동산의 이중매매 시 배임죄의 기수 시기**>……부동산의 매도인이 매수인 앞으로의 소유권이전등기에 협력할 의무가 있음에도 불구하고 제3자에게 이중으로 매도하여 그 소유권이전등기를 마친 경우에는 1차 매수인에 대한 소유권이전등기의무는 이행불능이 되어 그에게 그 부동산의 소유권을 취득할 수 없는 손해가 발생하는 것이므로, **부동산 이중매매에 있어서 배임죄의 기수 시기는 2차 매수인 앞으로 소유권이전등기를 마친 때이다.**(대판 1984.11.27. 83도1946)

---

2) 제2매수인의 책임: 악의의 매수인인 경우에는 배임죄의 교사범 또는 공동정범으로 처벌받는다(통설·판례).
3) 이중매도인의 선의의 제2매수인에 대한 책임
① 매도인이 제1매수인에 대하여 소유권이전등기를 경료한 경우 제2매수인에 대해 배임죄는 성립하지 아니한다(판례).

◆ 판 례 ◆

<**이중매매 시 제2매수인에 대한 관계**>……부동산을 이중으로 매도한 경우에 매도인이 선매수인에게 소유권이전의무를 이행하였다고 하여 후매수인에 대한 관계에서 그가 임무를 위법하게 위배한 것이라고 할 수 없다.(대판 1992.12.24. 92도1223)

② 그러나 제2매수인에 대해 금전편취의 목적이 있는 경우에는 사기죄가 성립한다.

◆ 판 례 ◆

<이중매매와 제2매수인에 대한 사기죄>……타인에게 매도하여 그 소유권이전
등기까지 경유해 준 부동산을 자기소유라고 하여 재차 매도하였다면 그 자체
에 있어 **적극적인 거짓말로 매수인을 기망한 것으로 볼 수 있어 사기죄가 성
립한다.**(대판 1971.8.31. 71도1302)

---

4) 토지거래허가의 경우

국토이용관리법 제21조의2에 의하여 지정된 토지의 거래계약 허가구역 안에 있
는 토지의 매매에 관하여 같은 법 제21조의3 제1항에 의한 토지거래허가를 받은
바 없으므로, 그 매매계약은 **채권적 효력도 없는 것이어서 매도인에게 매수인에 대
한 소유권이전등기에 협력할 의무가 생겼다고 볼 수 없으므로 매도인을 배임죄의
주체인 타인의 사무를 처리하는 자에 해당한다고 할 수 없고,** 허가 구역 안에 있는
토지의 거래당사자 사이에 그 허가를 받도록 서로 협력할 의무가 있다고 하더라도
이는 아직 타인의 사무로 볼 수는 없다.(대판 1996.2.9. 95도2891)

(3) 동산의 이중매매

1) 현실인도의 경우: 예컨대 甲이 乙로부터 중도금·잔금을 수령한 후 현실인도
   전에 이중으로 매각하고 인도한 경우에는 **배임죄**가 성립한다.

2) 점유개정의 경우: 甲이 乙에게 매각하고 점유개정에 의해서 인도한 후 丙에
   게 다시 매각하고 인도한 경우에는 자기점유의 타인재물을 처분한 것이므로
   배임죄가 아닌 **횡령죄**를 구성한다.

3) 반환청구권의 양도에 의한 인도의 경우: 甲이 乙에게 반환청구권의 양도에
   의한 인도를 하고 점유매개자 丙에게 통지를 하기 전에 다시 丁에게 반환청
   구권을 양도한 경우에는 甲은 乙에 대한 **횡령죄**의 죄책을 진다(∵반환청구권
   의 양도는 합의만으로 효력이 생기므로 타인소유의 재물이므로).

(4) 양도담보·매도담보

1) 채무자가 처분한 경우: 부동산의 경우 등기명의가 채권자 앞으로 되어 있으므로 채무자가 처분할 가능성이 없으므로, 동산의 경우에만 문제되는데, 채무자는 담보물 보존의무를 부담하므로 이에 위배하여 담보물을 처분한 경우는 배임죄를 구성한다.

2) 채권자가 처분한 경우

(i) 담보권실행기간 전(가등기담보법상 청산기간 전)에 담보물을 처분하면 자신이 보관 중인 타인의 소유물을 권한 없이 처분한 것이므로 횡령죄가 성립하나, 그 기간 후에 처분한 것이라면 정당한 권한하에 이루어진 처분이므로 횡령죄가 성립하지 않는다. 그러나 판례는 변제기 이전의 처분행위에 대해 배임죄의 성립을 긍정하고 있다.

◆ 판 례 ◆

　　<변제기 이전의 채권자의 처분행위와 배임죄의 성부>……채권담보의 목적으로 부동산의 소유권이전등기를 넘겨받은 채권자는 채무자가 변제기까지 그 채무를 변제하면 그 등기를 환원하여 줄 의무가 있는 것이므로 그 변제기일 이전에 그 임무에 위배하여 제3자에게 소유권이전청구권의 보전을 위한 가등기를 하여 주었다면 설사 그 때문에 채무자의 환매권을 종국적으로 상실케 하는 것은 아니라고 하더라도 그 담보가치상당의 실해가 발생할 위험을 초래한 것이 되므로 비록 채무자가 변제기까지 채무를 변제하지 아니하였더라도 배임죄의 성립에는 아무 영향이 없다.(대판 1989.11.28. 89도1309)

(ii) 담보권실행 시 적절한 가격으로 처분하지 않았다 하더라도, 이는 자신의 사무이므로 배임죄를 구성하지 않는다.

◆ 판 례 ◆

　　<담보권자의 담보권실행과 타인사무성>……담보권자가 변제기 경과 후에 담보권을 실행하기 위하여 **담보목적물을 처분하는 행위는 담보계약에 따라 담보**

에게 주어진 권능이어서 자기의 사무처리에 속하는 것이지 타인인 채무자의 사무
처리에 속하는 것이라고 할 수 없으므로, 담보권자가 담보권을 실행하기 위하
여 담보목적물을 처분함에 있어 시가에 따른 적절한 처분을 하여야 할 의무는
담보계약상의 민사채무일 뿐 그와 같은 형법상의 의무가 있는 것은 아니므로
그에 위반한 경우 배임죄가 성립된다고 할 수 없다.(대판 1997.12.23. 97도2430)

(iii) 청산의무는 자신의 사무이므로 이를 이행하지 않았다 하더라도 역시 배임
　　 죄가 되지 않는다.

◆ **판 례** ◆

　　 <양도담보권자의 청산의무와 타인사무성>……양도담보가 처분정산형의 경우이
건 귀속정산형의 경우이건 간에 담보권자가 변제기경과 후에, 담보권을 실행하
여 그 환가대금 또는 평가액을 채권원리금과 담보권실행비용 등의 변제에 충당
하고, 환가대금 또는 평가액의 나머지가 있어, 이를 담보제공자에게 반환할 의
무는, 부동산매매에 있어서의 등기의무자인 매도인의 등록협력 없이는 매수인
앞으로의 소유권이전을 완성할 수 없는 경우와 같은 협력의무로서의 성질이 없
으므로 **담보계약에 따라 부담하는 자신의 정산의무이고, 그 의무를 이행하는 사**
무는 곧 자기의 사무처리에 속하는 것이라 할 것이므로 그 정산의무를 이행하
지 아니한 소위는 배임죄를 구성하지 않는다.(대판 1985.11.26. 85도1493)

(5) 계: 계주는 계금을 징수하여 이를 계원에게 지급할 임무가 있으므로, 배임죄
　　 의 주체가 된다.

◆ 판 례 ◆

<계주가 부담하는 임무와 배임죄>……① 낙찰계의 계주는 계원들과의 약정에 따라 지정된 곗날에 **계원들로부터 월불입금을 징수하여 이를 낙찰계원에게 지급할 임무가 있다** 할 것이므로 피고인인 계주가 계원들로부터 월불입금을 모두 징수하였음에도 불구하고 그 임무에 위배하여 이를 낙찰계원에게 지급하지 아니하였다면 다른 특별한 사정이 없는 한 낙찰계원에 대한 관계에 있어서 배임죄를 구성한다.(대판 1987.2.24. 86도1744)

② 계주는 계원들로부터 징수한 계금을 계원에게 지급할 업무상 임무가 있으므로 그 임무에 위배하여 지정된 계원에게 지급하지 아니하고 임의로 소비한 경우에는 업무상배임죄가 성립한다고 할 것이지만 **계가 파계된 후에 있어서는 계불입금의 청산의무는 있을지언정 계 존속을 전제로 한 위와 같은 계금지급의무는 인정할 여지가 없다.**(대판 1982.11.9. 82도2093)

③ 계원이 공소외 갑으로부터 채무의 이행을 독촉받자 계주에게 자신의 계금 수령일을 변제기로 하여 위 갑에게 금전을 대여하도록 하였으면서도 계금을 수령한 후에는 대여금을 변제하지 아니할 기세를 보이므로 계주가 갑과 공동으로 계원에게 상호간의 채권을 상계하도록 하자고 말한 사실이 인정된다면 계주는 갑으로부터 위 대여금채권의 변제에 갈음하여 계원에 대한 위 갑의 채권을 양수받아 위 갑이 양도사실을 피해자에게 통지함과 동시에 **계원의 계주에 대한 계금채권과 대등액에서 상계의 의사표시를 한 것이라고 보여 계주의 위 계금지급임무는 소멸되었다고 할 것**이므로 계주가 계원에 대하여 계금지급을 거절한 행위는 배임죄를 구성하지 아니한다.(대판 1984.6.26. 84도849)

④ 계는 계원과 계주간의 계약관계를 기초로 성립하여 유지되는 것이고, 계원과 계주의 권리의무는 상호 교환적인 것으로서 어느 한쪽이 기본적인 약정을 성실하게 이행하여 왔다면 다른 한쪽도 그에 대응하는 자신의 의무를 성실하게 이행할 임무가 있다. ……계가 정상적으로 운영되고 있음에도 불구하고 계주가 그동안 성실하게 계불입금을 지급하여 온 계원에게 계가 깨졌다는 등의 거짓말을 하여 그 계원이 계에 참석하여 낙찰받아 계금을 탈 수 있는 기회를 박탈하여 손해를 가하였다면 계주의 위와 같은 임무위배는 그 계원에 대한 관계에 있어서 배임죄를 구성한다.(대판 1995.9.29. 95도1176)

◆ 판 례 ◆

<계주가 임무를 부담하는 상대방>······① 낙찰계에 있어서와 같이 계주가 계원의 위임을 받아 계불입금을 납부받고 입찰을 시행하여 낙찰계원에게 계금을 급부할 임무가 있는 경우에 그 임무에 위배하여 계주가 마음대로 계원의 이름을 모용하여 낙찰받아 그 계금을 자의로 소비한 때에는 배임죄가 성립되고 그 경우 **피해자는 계원전체이고 피해액은 계주가 이득한 금액**이다.(대판 1986. 7.22. 86도230)

② 피고인이 계주가 되어 조직한 28번 번호계의 23번 구좌 1/2에 가입한 계원은 '갑'이고, '을'은 위 '갑'이 중간 계주가 되어 가입한 여러 구좌 중 위 23번 구좌 1/2에 가입하였던 것이라면 **피고인에 대한 관계에 있어서 계원으로서의 지위를 보유하고 있지 않다 할 것이므로 피고인이 '을'에게 위 23번 구좌 1/2의 계금지급을 하지 아니하였다 하더라도 배임죄에 해당하지 아니한다.**(대판 1983.4.12. 82도2460)

(6) 1인회사: 주식회사의 주식이 사실상 1인의 주주에 귀속하는 소위 1인회사에 있어서도 행위의 주체와 그 본인은 분명히 별개의 인격이며 그 **본인인 주식회사에 재산상 손해가 발생하였을 때 배임의 죄는 기수가 되는 것**이므로 궁극적으로 그 손해가 주주의 손해가 된다고 하더라도(또 주식회사의 손해가 항시 주주의 손해와 일치한다고 할 수도 없다) 배임죄의 성립에는 영향이 없다.(대판 1983.12.13. 83도2330)

6. 죄수와 타죄와의 관계
① 죄수는 신임관계에 기초한 임무위배의 수를 기준으로 한다.
② 같은 신임관계에 위배하는 1개의 행위가 동시에 횡령죄와 배임죄에 해당하는 경우에는 횡령죄는 배임죄에 대해서 특별법의 관계에 있으므로 횡령죄만 성립한다.
③ 타인의 사무처리자가 본인을 기망하여 재산상 이익을 취득한 경우
(ⅰ) 다수설은 배임죄와 사기죄의 상상적 경합이 된다고 하나,
(ⅱ) 종래의 판례는 사기죄와 배임죄의 관계에서 사기죄만이 성립하고 별도로

배임죄를 구성하지 아니한다는 견해(대판 1983.7.12. 82도1910)였는데, 전원 합의체판결을 통해 1개의 행위에 관하여 사기죄와 업무상배임죄의 각 구성 요건이 모두 구비된 때에는 양 죄를 법조경합 관계로 볼 것이 아니라 상상 적 경합관계가 된다고 종래의 판례를 변경하였다.(대판[全合] 2002.7.18. 2002도669)

◆ 판 례 ◆

<1개의 행위에 관하여 사기죄와 업무상배임죄 또는 단순배임죄의 각 구성요 건이 모두 구비된 경우의 죄수 관계>……업무상배임행위에 사기행위가 수반된 때의 죄수 관계에 관하여 보면 양 죄는 그 구성요건을 달리하는 별개의 범죄 이고 형법상으로도 각각 별개의 장(章)에 규정되어 있어, 1개의 행위에 관하여 사기죄와 업무상 배임죄의 각 구성요건이 모두 구비된 때에는 양 죄를 법조경 합 관계로 볼 것이 아니라 상상적 경합관계로 봄이 상당하다할 것이고, 나아가 업무상 배임죄가 아닌 단순배임죄라고 하여 양 죄의 관계를 달리 보아야할 이 유도 없다.(대판[全合] 2002.7.18. 2002도669)

---

④ 배임행위에 제공된 물건을 그 정을 알면서 취득한 경우: 공범성립은 별론으 로 하고 배임죄는 이득죄로서 수단이 된 물건 자체는 범죄로 인하여 영득한 물건 그 자체가 아니므로 장물죄가 되지 않는다.(대판 1975.12.9. 이중매매에 제공된 부동산은 장물이 아님)

Ⅱ. 기타의 범죄유형

1. 업무상 배임죄

> **제356조(업무상의 횡령과 배임)**
>
> 업무상의 임무에 위배하여 전조의 죄를 범한 자는 10년 이하의 징역 또는 3,000만 원 이하의 벌금에 처한다.
>
> ▶ 미수범처벌(제359조)

(1) 타인의 사무처리자라는 구성적 신분 이외에 업무자라는 가감적 신분을 요하는 이중적 신분범이다.
(2) 업무상의 사무처리자라는 신분 있는 자가 그 신분 없는 자와 같이 본죄를 범한 경우에는 신분자는 본죄에 해당하지만 신분 없는 자는 배임죄의 공범은 될 수 있어도 동 조 단서에 의하여 본죄의 공범이 될 수는 없다.

◆ 판 례 ◆

<업무상 배임죄의 고의>……① 업무상 배임죄가 성립되기 위해서는 주관적으로 배임행위의 결과 본인에게 재산상의 손해가 발생 또는 발생될 염려가 있다는 인식과 자기 또는 제3자가 재산상의 이득을 얻는다는 인식이 있으면 족한 것이고, 본인에게 재산상의 손해를 가한다는 의사나 자기 또는 제3자에게 재산상의 이득을 얻게 하려는 목적은 요하지 아니한다. ……증권회사의 직원으로서 고객과의 매매거래 계좌설정 계약에 따라 고객의 사무를 처리하는 지위에 있는 자가 고객의 동의를 얻지 않고 주식을 매입한 것이라면 주식의 시세의 하락으로 인하여 고객에게 손해가 발생될 염려가 있다는 인식이 미필적으로나마 있었다고 할 것이고, 그가 근무하는 증권회사가 주식의 매입으로 인하여 수수료를 취득한 이상, 그 직원에게 자기 또는 제3자가 재산상의 이익을 얻는다는 인식도 있었다고 보이므로 결국 그 직원에게 업무상 배임죄의 고의가 있었다고 인정될 여지가 충분히 있다. 만약 그 직원의 이러한 행위가 고객의 이익을

위한다는 의사에 기한 것이었다고 볼 수 있는 특별한 객관적 사정이 있다면 이와 달리 보아야 할 것이지만, 이 사건의 경우는 위 증권회사와 피해자 사이에 그 이전까지 아무런 거래관계가 없었으며, 그 직원이 피해자가 위 예탁금을 입금한 지 얼마 되지 않아 아무런 승낙 없이 무단 매수한 점 등에 비추어 보면 고객을 위한다는 의사는 부수적일 뿐이고 이득 또는 손해의 의사가 주된 것이어서 업무상배임죄의 고의가 있었다고 봄이 상당하다.(대판 1995.11.21. 94도1598)

② 업무상배임죄의 고의는 업무상 타인의 사무를 처리하는 자가 본인에게 재산상의 손해를 가한다는 의사와 자기 또는 제3자의 재산상의 이득의사가 임무에 위배된다는 인식과 결합되어 성립되는 것이며, 이와 같은 업무상배임죄의 주관적 요소인 고의, 동기 등은 피고인이 오직 본인의 이익을 위하여 문제된 행위를 하였노라고 주장하면서 자백을 하지 않고 있는 경우에는 그것을 입증함에 있어서 사물의 성질상 고의와 상당한 관련성이 있는 간접사실을 증명하는 방법에 의할 수밖에 없는 것이지만, 그때에 무엇이 상당한 관련성이 있는 간접사실에 해당할 것인가는 정상적인 경험칙에 바탕을 두고 치밀한 관찰력이나 분석력에 의하여 사실의 연결상태를 합리적으로 판단하는 것 외에 다른 방법이 없다.(대판 1999.7.23. 99도1911)

③ 기업의 경영자가 문제된 행위를 함에 있어 합리적으로 가능한 범위 내에서 수집 한 정보를 근거로 하여 당해 기업이 처한 경제적 상황이나 그 행위로 인한 손실발생과 이익획득의 개연성 등의 제반 사정을 신중하게 검토하지 아니한 채, 당해 기업이나 경영자 개인이 정치적인 이유 등으로 곤란함을 겪고 있는 상황에서 벗어나기 위해서는 **비록 경제적인 관점에서 기업에 재산상 손해를 가하는 결과가 초래되더라도 이를 용인할 수밖에 없다는 인식하에 의도적으로 그와 같은 행위를 하였다면 업무상배임죄의 고의는 있었다.**(대판 2007.3.15. 2004도5742)

◆ 판 례 ◆

＜업무상 배임죄의 성립 요건＞……① 업무상배임죄는 타인에 대한 신뢰관계에서 일정한 임무에 따라 사무처리를 할 법적 의무가 있는 자가 당해 사정하에서 당연히 할 것이 법적으로 기대되는 행위를 하지 않는 때에 성립하는 것이므로

보험계약모집인이 보험회사로부터 자기가 모집하여 체결시킨 보험계약이 위험성이 크니 해약토록 하라는 지시를 받고 이를 이행하지 아니하는 사이 보험사고가 발생하여 보험회사가 그 계약에 따른 보험금을 지급하게 되었다 하더라도 위 보험모집인에게 보험계약자들을 설득하여 보험계약을 해약시켜야 할 법적 의무가 있다 할 수 없어 동인이 이를 이행하지 아니한 것이 업무상 임무에 위배된다고 할 수 없다.(대판 1986.8.19. 85도2144)

② 영업비밀이라 함은 일반적으로 알려져 있지 아니하고 독립된 경제적 가치를 가지며 상당한 노력에 의하여 비밀로 유지 관리된 생산방법, 판매방법 기타 영업활동에 유용한 기술상 또는 경영상의 정보를 말하고, 영업비밀의 보유자인 회사가 직원들에게 비밀유지의 의무를 부과하는 등 기술정보를 엄격하게 관리하는 이상, 역설계가 가능하고 그에 의하여 기술정보의 획득이 가능하더라도, 그러한 사정만으로는 그 기술정보를 영업비밀로 보는 데에 지장이 있다고 볼 수 없다. ……기업의 영업비밀을 사외로 유출하지 않을 것을 서약한 회사의 직원이 경제적인 대가를 얻기 위하여 경쟁업체에 영업비밀을 유출하는 행위는 피해자와의 신임관계를 저버리는 행위로서 업무상배임죄를 구성한다.(대판 1999.3.12. 98도4704)

③ [1] 주식회사의 이사가 타인 발행의 약속어음에 회사명의로 배서할 경우 그 타인이 어음금의 지급능력이 없어 그 배서로 인하여 회사에 손해가 발생하리라는 점을 알면서 이에 나아갔다면, 이러한 약속어음의 배서행위는 타인에게 이익을 얻게 하고 회사에 손해를 가하는 행위로서 회사에 대하여 **배임행위가 되고, 그것이 경영상의 판단이라는 이유만으로 배임죄의 죄책을 면할 수는 없다.**

[2] 주식회사와 주주는 별개의 인격으로서 동일인이라고 볼 수 없으므로, **회사의 임원이 그 임무에 위배되는 행위로 재산상 이익을 취득하거나 제3자로 하여금 이를 취득하게 하여 회사에 손해를 가한 때에는 이로써 배임죄가 성립하고, 그 임무위배행위에 대하여 사실상 대주주의 양해를 얻었다고 하여 본인인** 회사에 손해가 없다거나 또는 배임의 범의가 없다고도 볼 수 없다.

[3] 주식회사의 경영을 책임지는 이사는 이사회의 결의가 있더라도 그 결의 내용이 주주 또는 회사 채권자를 해하는 불법한 목적이 있는 경우에는 이에 맹종할 것이 아니라 회사를 위하여 성실한 직무수행을 할 의무가 있으므로, **이사가 임무에 위배하여 주주 또는 회사 채권자에게 손해가 될 행위를 하였다면,**

회사 이사회의 결의가 있었다고 하여 그 배임행위가 정당화될 수 없다.(대판 2000.5.26. 99도2781)

④ 종업원이 자료를 유출한 경우 업무상배임죄가 성립하기 위하여는 그 자료가 영업비밀에 해당하여야 할 필요는 없고, 영업비밀에는 해당하지 않는다고 하더라도 그 자료가 불특정 다수의 사람에게 공개되지 않았고, 사용자가 상당한 시간, 노력 및 비용을 들여 제작한 설계도면 등을 담은 컴퓨터 파일과 같은 영업상 주요한 자산인 경우에는 이를 유출한 행위도 업무상배임죄를 구성한다고 보아야 할 것이다. 기계제작사 직원이 퇴사하면서 관리하고 있던 설계도면 및 가공도면 파일을 전송·저장한 다음, 경쟁회사를 설립하여 퇴직한 회사의 거래처로부터 기계제작 수주를 받는데 사용한 행위와 퇴직한 회사에 어떠한 재산상 손해가 발생할 위험이 없었다고 단정하기도 어렵다.(대판 2005.7.14, 2004도7962)

⑤ 주식회사의 임원이나 회계책임자가 당해 회사의 주식을 매수하여 대주주가 되려고 하는 자에게 미리 대주주대여금 명목으로 회사자금을 교부하여 그 돈으로 주식매수대금을 지급하게 하는 행위는 특별한 사정이 없는 한 업무상배임죄(경우에 따라서는 업무상횡령죄)에 해당한다.(대판 2007.2.8. 2006도483)

◆ 판 례 ◆

<업무상배임죄의 공동정범의 성립 요건>……업무상배임죄의 실행으로 인하여 이익을 얻게 되는 수익자 또는 그와 밀접한 관련이 있는 제3자를 배임의 실행행위자와 공동정범으로 인정하기 위해서는 실행행위자의 행위가 피해자인 본인에 대한 배임행위에 해당한다는 것을 알면서도 소극적으로 그 배임행위에 편승하여 이익을 취득한 것만으로는 부족하고, 실행행위자의 배임행위를 교사하거나 또는 배임행위의 전 과정에 관여하는 등으로 배임행위에 적극 가담할 것을 필요로 한다.(대판 1999.7.23. 99도1911)

◆ 판 례 ◆

<업무상배임죄의 성립을 부정한 사례>……① 배임죄가 성립하려면 배임행위로 인하여 사무처리자가 재산상의 이익을 취득하거나 제3자로 하여금 이를 취득하게 하여 본인에게 손해를 가하였다고 인정되어야 하고 여기서 제3자라 함은 사무처리자 또는 본인을 제외한 자를 말한다. ……주택조합 조합장이 총회의 승인 없이 발행한 조합 회원증을 담보로 금원을 차용하여 조합운영비로 사용한 후 위 회원증을 매도하게 하여 채무 전액의 변제에 충당한 경우, 총회 승인 없이 발행된 조합 회원증의 매수인들은 조합원 자격을 취득할 수 없고 단지 조합에 대하여 매수대금 상당의 손해배상채권을 취득할 뿐이므로 조합 장이나 회원증 매수인들이 어떠한 재산상 이득을 취득한 바 없으므로, 업무상 배임죄의 성립은 부정된다.(대판 1999.7.9. 99도311)

② 업무상배임죄는 타인의 사무를 처리하는 자가 업무상의 임무에 위배하는 행위로써 재산상의 이익을 취득하거나 제3자로 하여금 이를 취득하게 하여 본인에게 손해를 가한 때에 성립하는 범죄이므로 업무상배임죄가 성립하기 위해서는 임무위배행위로 인하여 본인에게 재산상의 손해가 발생하여야 할 것인바, 금융기관이 거래처의 기존 대출금에 대한 원리금 및 연체이자에 충당하기 위하여 위 거래처가 신규대출을 받은 것처럼 서류상 정리하였더라도 금융기관이 실제로 위 거래처에게 대출금을 새로 교부한 것이 아니라면 그로 인하여 금융기관에게 어떤 새로운 손해가 발생하는 것은 아니라고 할 것이므로 따로 업무상배임죄가 성립된다고 볼 수 없다.(대판 2000.6.27. 2000도1155)

2. 배임수증재죄

제357조(배임수증재)
① 타인의 사무를 처리하는 자가 그 임무에 관하여 부정한 청탁을 받고 재물 또는 재산상의 이익을 취득한 자는 5년 이하의 징역 또는 1,000만 원 이하의 벌금에 처한다.
② 제1항의 재물 또는 이익을 공여한 자는 2년 이하의 징역 또는 500만 원 이하의 벌금에 처한다.

③ 법인이 취득한 제1항의 재물은 몰수한다. 그 재물을 몰수하기 불능하거나 재산상의 이익을 취득한 때에는 그 가액을 추징한다.

▶ 미수범처벌(제359조)

(1) 서 설

1) 보호법익: (i) 사무처리의 청렴성과 타인의 재산권이라는 견해도 있으나, (ii) 통설은 사무처리의 청렴성(거래의 청렴성)이라고 한다.

2) 성격과 배임죄와의 차이

① 성 격: 배임죄라기보다는 공무원의 뇌물죄에 상응하는 규정이다.

② 구체적 차이

㉮ 타인의 사무는 재산권과 관련된 사무에 국한되지 않고,

㉯ 재산권의 주체에 손해발생이 필요치 않으며,

㉰ 재물 또는 재산상의 이익을 취득하고 배신행위를 하지 않아도 범죄가 성립한다.

(2) 주 체

배임수재죄의 경우에는 타인의 사무를 처리하는 자이나(진정신분범), 배임증재죄의 경우에는 제한이 없다.

◆ 판 례 ◆

<배임수재죄의 주체-타인의 사무를 처리하는 자>……① 방송국에 소속되어 가요 프로그램의 제작연출 등의 사무를 처리하는 가요담당 프로듀서는, 방송법이 규정하고 있는 방송의 공적책임수행과 그 내용의 공정성 및 공공성의 요청에 따라 방송국의 내규가 정하는 제한 범위 내에서, **방송될 가요를 선곡하는 임무를 방송국으로부터 부여받은 자로서 '타인의 사무를 처리하는 자'이므로 배임수재죄의 주체가 될 수 있다.**(대판 1991.6.11. 91도688)

② 배임수재죄의 주체로서 타인의 사무를 처리하는 자라 함은 **타인과의 대내관계에 있어서 신의성실의 원칙에 비추어 그 사무를 처리할 신임관계가 존재한다고 인정되는 자**를 의미하고, 반드시 제3자에 대한 대외관계에서 그 사무에 관한 권한이 존재할 것을 요하지 않으며, 또 그 사무가 포괄적 위탁사무일 것

을 요하는 것도 아니고, 사무처리의 근거, 즉 신임관계의 발생근거는 법령의 규정, 법률행위, 관습 또는 사무관리에 의해서도 발생할 수 있으며, 배임수재죄에 있어 '임무에 관하여'라 함은 타인의 사무를 처리하는 자가 위탁받은 사무를 말하는 것이지만 이는 그 위탁관계로 인한 본래의 사무뿐만 아니라 그와 밀접한 관계가 있는 범위 내의 사무도 포함된다고 해석된다.(대판 2000.3.14. 99도5195)

(3) 행 위

임무에 관해 부정한 청탁을 받고(뇌물죄와 구별 요) 재물 또는 재산상의 이익을 취득하거나 부정한 청탁을 하고 재물 또는 재산상의 이익을 공여하는 것이다.

1) 임 무: 형법 제357조의 배임수재죄에 있어서 '임무'라 함은 타인의 사무를 처리하는 자가 위탁받은 사무를 말하나 그 **위탁관계로 인한 본래의 사무뿐만 아니라 그와 밀접한 관계가 있는 범위 내의 사무도 포함된다.**(대판 1982.2.9. 80도2130)

◆ 판 례 ◆

<배임수재죄의 임무>……임대차계약을 체결함에 있어 임차인을 선정하거나 임대보증금 및 차임을 결정하는 권한이 없고 다만 상사에게 임차인을 추천할 수 있는 권한밖에 없다 하더라도 **업무과장으로서 점포 등의 임대 및 관리를 담당하고 있는 이상 타인의 사무를 처리하는 자에 해당한다** 할 것이며 그러한 자가 다른 사람이 점포를 임차하려는 상태에서 사례비를 줄 터이니 자기에게 임대하여 달라는 부탁을 받고 금원을 교부받은 소위는 형법 제357조의 구성요건에 해당한다.(대판 1984.8.21. 83도2447)

---

2) 부정한 청탁
① **반드시 배임행위가 되는 내용일 필요가 없고**, 업무상 배임에 이르는 정도는 아니나, 어떤 직위에 우선적으로 추천해 달라는 것과 같이 사회상규 또는 신의성실의 원칙에 반하는 것을 내용으로 하는 청탁을 의미한다.(대판 1989.12.12)

◆ 판 례 ◆

<배임수증재죄에서 부정한 청탁의 의미>……① 배임수증재죄에 있어서의 부정한 청탁이라 함은 **청탁이 사회상규와 신의성실의 원칙에 반하는 것**을 말하고 이를 판단함에 있어서는 청탁의 내용과 이에 관련되어 교부받거나 공여한 재물의 액수, 형식, 보호법익인 사무처리자의 청렴성 등을 종합적으로 고찰해야 하며, 그 청탁이 반드시 명시적임을 요하는 것은 아니다.(대판 1996.10.11. 95도2090)

② 정보통신연구진흥원 산업기반사업부 융자팀장으로서 정보화촉진기금의 융자 관련 업무를 총괄하는 피고인에게 "정보통신업계의 동향과 전망에 관한 정보와 자료를 제공하여 달라"는 취지로 한 청탁이 사회상규와 신의성실에 반하는 부정한 청탁에 해당하지 않는다.(대판 2006.8.25. 2005도6027)

② 형법 제357조 제1항의 배임수재죄는 타인의 사무를 처리하는 자의 청렴성을 보호법익으로 하는 것으로, 그 **임무에 관하여 부정한 청탁을 받고 재물을 수수함으로써** 성립하고 반드시 수재 당시에도 그와 관련된 임무를 현실적으로 담당하고 있음을 그 요건으로 하는 것은 아니다.(대판 1997.10.24. 97도2042)

◆ 판 례 ◆

<임무에 대한 사직과 배임수재죄>……타인의 사무를 처리하는 자가 그 임무에 관하여 부정한 청탁을 받은 이상 그 후 사직으로 인하여 그 직무를 담당하지 아니하게 된 상태에서 재물을 수수하게 되었다 하더라도, 그 재물 등의 수수가 부정한 청탁과 관련하여 이루어진 것이라면 배임수재죄가 성립한다.(대판 1997.10.24. 97도2042)

3) 재물 또는 재산상의 이익의 취득
① 취득은 부정한 청탁과 관련된 것이어야 하며(예: 청탁의 대가, 사례), 현실적인 수령이어야지 단순한 요구·약속만으로는 부족하다(뇌물죄와 구별).

◆ **판 례** ◆

　<부정한 청탁의 대가로서 재물 또는 이익의 취득>……① 피고인이 가지고 있던 경동건설의 주식이 사실상 재산적 가치가 없다고 인정된다면, 피고인이 4,300만 원을 주식매각대금의 명목으로 받았다고 하더라도 실지는 **이를 주식매각이라고 볼 수 없고, 원심 판시와 같이 부정한 청탁의 대가라 할 것**이다. (대판 1983.12.13. 82도735)

　② 임무에 관하여 부정한 청탁을 받고 4회에 걸쳐 합계 금 7,000,000원을 수인하였다면 그 후에 그중 일부 금원을 다시 되돌려 준 것만으로 이를 수인할 당시의 영득의 의사가 없었다고 단정할 수 없으므로 배임수재죄의 성립에 영향이 없다.(대판 1991.6.11. 91도413)

② 배임수재죄에 있어서는 본인에게 손해가 발생하였는지의 여부는 그 죄의 성립에 영향이 없다.(대판 1984.8.21. 83도2447)

4) 재물 또는 재산상의 이익의 공여: 배임증재죄에 있어서 공여는 상대방의 취득 여부를 불문하고 반드시 현실적으로 이루어져야 하며 이때 기수가 된다. 공여의 의사표시·약속만으로는 미수가 된다.

5) 배임행위를 하였을 것은 요건이 아니다: 나아가 배임행위까지 하면 배임수재죄와 배임죄의 경합범이 된다.

◆ **판 례** ◆

　<배임수재죄에서의 배임행위의 요부>……배임수재죄는 타인의 사무를 처리하는 자가 그 임무에 관하여 부정한 청탁을 받고 재물 또는 재산상의 이익을 취득함으로써 성립하는 것이고 그 **취득 후에 청탁취지에 따른 배임행위를 하였음을 필요로 하지 아니한다.**(대판 1982.7.13. 82도925)

6) 착수 시기와 기수 시기
① 수뢰죄와 비교하여 수뢰죄는 미수범을 처벌하지 않지만 배임수재죄의 경우에는 미수범도 처벌한다(뇌물죄와 비교).

② 그리고 현실적인 취득이 있어야 기수가 되고, 요구·약속만으로는 미수가 된다.

③ 재물 또는 재산상 이익을 취득한 이상 기수가 되는 것이지, 배임행위로 나아가야 기수가 되는 것이 아니다.

◆ **판 례** ◆

<배임수증재죄의 성립을 긍정한 사례>……① 대학교수가 특정출판사의 교재를 채택하여 달라는 청탁을 받고 교재 판매대금의 일정 비율에 해당하는 금원을 받은 경우 배임수증죄가 성립한다.(대판 1996.10.11. 95도2090)

② 가요담당 방송프로듀서가 직무상 알고 지내던 가수매니저들로부터 많게는 100만 원 적게는 20만 원 정도의 금품을 28회에 걸쳐 받은 것을 가리켜 의례적이라거나 사회상규에 위반되지 아니한다고 할 수 없으므로 배임수재죄가 성립한다.(대판 1991.6.11. 91도688)

③ 섭외 및 예금담당의 은행지점차장이 지점장으로부터 중소기업시설자금 대출대상자를 물색하라는 지시를 받고 그 대출적격이 없는 자의 위장대출을 묵인, 선처하여 달라는 청탁을 받아 대부담당대리로 하여금 그 대출절차를 밟도록 하여 주고 그 청탁의 대가로 금원을 교부받았다면 배임수재죄가 성립한다.(대판 1982.2.9. 80도2130)

④ 신문사의 지국장이 취재기사를 본사에 송고하지 말아 달라는 청탁을 받고 그 묵인 사례조로 금품을 교부받은 행위는 배임수재죄에 해당된다.(대판 1970.9.17. 70도1355)

⑤ 은행장에게 기업의 재무구조 은행거래실적과 담보능력에 비추어 대출금의 회수가 불가능하다고 예상되는 기업에 대하여 거액의 당좌대월을 하여 달라고 한 청탁은 불량대출까지도 그 청탁의 내용으로 한 것이었다고 볼 수 있으므로 이는 은행장의 임무에 관한 부정한 청탁이라고 할 것이니 이와 관련하여 금품을 수수하면 배임증재죄를 구성한다.(대판 1983.3.8. 82도2873)

⑥ 종합병원 또는 대학병원 소속 의사들이 자신들이 처방하는 약을 환자들이 예외 없이 구입, 복용하는 것을 기화로, 의약품수입업자로부터 병당 5만 원 내지 7만 원씩의 사례비를 줄 터이니 수입하여 시중 약국에는 보급하지 않고 직접 전화주문만 받아 독점판매하고 있는 메가비트 500이라는 약을 본래의

적응증인 순환기질환뿐만 아니라 내분비 등 거의 모든 병에 잘 듣는 약이니 그러한 환자에게 원외처방하여 그들로 하여금 위 약을 많이 사 먹도록 해 달라는 부탁을 받고 금원을 교부받은 경우, 위 의사들은 그 임무에 관하여 부정한 청탁을 받고 금품을 수수하였다고 할 것이므로 위와 같은 행위는 배임수재죄를 구성한다.(대판 1991.6.11. 91도413)

⑦ 대학교의 의과대학부속병원 부대시설의 임차운영자를 선정할 권한을 가진 총장 겸 부속병원장의 직무를 보좌 또는 대행하거나 임차인을 추천할 권한 등이 있는 부총장이 위 부속병원의 부대시설 운영권을 인수하는 데 우선적으로 추천해 달라는 청탁을 받고 그 사례비 명목으로 금 3,000만 원을 받았다면, 이는 타인의 사무를 처리하는 자가 그 임무에 관해 사회상규 또는 신의성실의 원칙에 반하는 부정한 청탁을 받고 사례비 명목으로 금원을 받은 것이 되어 배임수재죄를 구성한다.(대판 1991.12.10. 91도2543)

⑧ 재건축공사 시공사의 대표이사가 재건축조합의 조합장 ○○○에게 공사 진행이나 공사비 정산 등에 있어 잘 협조하여 달라는 취지의 **부정한 청탁을 하면서 그 대가로 위 ○○○로 하여금 무상으로 위 재건축공사장의 속칭 함바식당을 운영하도록 함**으로써 재산상 이익을 공여하였다는 공소사실에 대하여 위 함바식당의 운영자를 결정하는 것은 시공사의 전권사항이라고 할 것이어서 조합원의 동의나 이의를 고려할 필요가 없는 점, 시공사의 이익에 적지 않은 영향을 미칠 수 있는 지위에 있으므로 ○○○가 보수를 받는지 여부는 재건축조합의 조합원들이 결정할 사항이고 그 보수를 받아야 한다면 조합원들로부터 받아야 하는 것이지 이해관계가 대립하는 시공회사가 이에 관여하거나 시공회사로부터 이를 받을 이유가 없는 점 등을 종합하여 보면 묵시적인 청탁은 있었다고 추인함이 상당하다.(대판 2005.6.9 2005도1732)

◆ 판 례 ◆

<배임수재죄의 성립을 부정한 사례>······형법상 배임수재죄는 재물 또는 이익을 공전하는 사람과 취득하는 사람 사이에 부정한 청탁이 개재되지 않는 한 성립되지 아니하며 여기에 부정한 청탁이라 함은 사회상규 또는 신의성실의

원칙에 반하는 것을 내용으로 하는 청탁을 말하므로 계약관계를 유지시켜 기존권리를 확보하기 위한 부탁행위는 부정한 청탁이라 할 수 없고 따라서 위와 같은 부탁과 함께 그 사례금명목으로 금원을 교부받았다 하여 배임수재죄가 성립된다고 할 수 없다.(대판 1985.10.22. 85도465)

(4) 필요적 몰수와 추징
범인의 취득한 재물 또는 재산상의 이익은 필요적 몰수·추징의 대상이다.

(5) 배임증재죄와 배임수재죄의 관계
1) 필요적 공범의 관계
2) 양자 간에 필요적 공범의 관계에 있다 하여 반드시 양 죄가 모두 성립하여야 한다거나 공범자 모두가 처벌되어야 하는 것은 아니다.

◆ 판 례 ◆

<배임증·수재죄 간의 관계>······① 재물을 공여하는 사람이 부정한 청탁을 하였다 하더라도 그 청탁을 받아들임이 없이 그 청탁과는 관계없이 금품을 받은 경우에는 배임수재죄는 성립하지 아니한다고 봄이 상당하고, **뇌물을 주고 받는 사람이 서로 필요적 공범관계에 있다 하여 예외 없이 공범자 모두가 처벌되어야 하는 것은 아니다.**(대판 1982.7.13. 82도874)
② 형법 제357조 제1항의 배임수재죄와 같은 조 제2항의 배임증재죄는 통상 필요적 공범의 관계에 있기는 하나 이것은 반드시 수재자와 증재자가 같이 처벌받아야 하는 것을 의미하는 것은 아니고 **증재자에게는 정당한 업무에 속하는 청탁이라도 수재자에게는 부정한 청탁이 될 수도 있는 것이다.** ······방송국에서 프로그램의 제작연출 등의 사무를 처리하는 프로듀서가 특정 가수의 노래만을 편파적으로 선곡하여 계속 방송해서는 아니 되고 청취자들의 인기도, 호응도 등을 고려하여 여러 가수들의 노래를 공정성실하게 방송하여야 할 임무가 있음에도 특정 가수의 노래를 방송하여 달라는 청탁은 사회상규나 신의성실의 원칙에 반하는 부정한 청탁이라 할 것이다.(대판 1991.1.15. 90도2257)

③ 형법 제357조 제2항에 규정한 재물 또는 이익의 공여자에게 부정한 것이 없는 한 배임증재죄는 성립되지 아니하며, 이는 그것을 받은 사람으로 보아 부정한 것인 여부에 구애되지 않는다.(대판 1979.6.12. 79도708)

제7절 장물의 죄

I. 총 설

1. 장물죄의 의의

장물을 취득, 양도, 운반, 보관하거나 그러한 행위를 알선함으로써 성립하는 범죄이다.

2. 보호법익과 보호정도

(1) 보호법익
(i) 피해자의 재산권설, (ii) 장물에 대한 피해자의 추구권설, (iii) 피해자의 추구권과 재산권의 안전설

(2) 보호의 정도
(i) 위험범설 (ii) 침해범설

3. 장물죄의 본질

(1) 추구권설: 본범의 피해자가 점유를 상실한 재물에 대해서 사법상의 추구(소유권 기타 물권에 의한 반환청구권의 행사)를 곤란하게 하는 데 장물죄의 본질이 있다는 견해(다수설·판례)

1) 장물은 재산죄에 의해서 불법하게 취득할 재물로서 본범은 재산죄에 한한다.

2) 장물죄의 성립에 장물범과 본범간의 합의는 필요하지 않는다.

3) 대체장물의 장물성은 부정된다.

4) 사법상의 추구권이 없으면 장물성이 부정된다(예: 불법원인급여물, 시효가 완성된 물건 등).

(2) 위법상태유지설: 본범 또는 재물의 점유자와의 합의 아래 본범이 영득한 재물을 취득·이전함으로써 본범에 의해 조성된 위법한 재산상태를 유지·존속하는 데 장물죄의 본질이 있다는 견해

1) 장물죄의 본범은 재산죄에 한정되지 않는다.

2) 장물죄의 성립에는 장물과 본범간의 합의가 필요하다.

3) 대체장물의 장물성은 인정된다.

(3) 공범설: 본범이 취득한 범죄적 이익에 사후적으로 참여·가담하는 데 장물죄의 본질이 있다는 견해

1) 피해자의 추구권 유무와 관계없이 수수한 물건과 피해자와의 사이에 연관성이 인정되면 장물성을 인정할 수 있다. 대체장물 또는 본범이 소유권을 취득한 재물에 대해서도 연관성이 있으면 장물성이 인정된다.

2) 장물죄의 본범으로부터 직접 취득하지 않고 제3자가 개입한 경우에는 장물성이 상실된다.

(4) 절충설: 장물죄의 본질을 추구권설과 위법상태유지설의 조화에 의해서 이해하는 견해

4. 장 물

(1) 장물이란 재산죄에 의해서 영득한 재물로서 피해자가 법률상 추구할 수 있는 것이라는 견해가 다수설·판례이나(추구권설의 입장),
(2) 재산죄에 의해서 영득한 재물이면 충분하고 반드시 피해자가 법률상 추구권을 가질 필요는 없다는 견해도 유력하다(장물죄의 본질을 추구권설과 위법상태유지설의 절충으로 파악하는 입장).

◆ 판 례 ◆

　＜장물의 의미＞……① 형법상 장물죄의 객체인 장물이라 함은 **재산권상의 침해를 가져올 위법행위로 인하여 영득한 물건으로서 피해자가 반환청구권을 가지는 것**을 말하고 본건 대지에 관하여 매수인 '갑'에게 소유권이전등기를 하여 줄 임무에 위반하여 이를 '을'에게 매도하고 소유권이전등기를 경유하여 준 경우에는 위 부동산소유자가 배임행위로 인하여 영득한 것은 재산상의 이익이고 위 배임범죄에 제공된 대지는 범죄로 인하여 영득한 것 자체는 아니므로 그 취득자 또는 전득자에게 대하여 배임죄의 가공 여부를 논함은 별문제로 하고 장물취득죄로 처단할 수 없다.(대판 1975.12.9. 74도2804)
　② 장물이라 함은 영득죄에 의하여 취득한 물건 그 자체를 말하는 것으로서 **피해자에게 그 회복 추구권이 없어진 경우에는 장물성을 잃게 된다고 할 것이다.**(대판 1972.2.22. 71도2296)

(1) 재물성
1) 장물은 재물임을 요한다. 재물인 이상 동산·부동산을 불문하며, 관리가능한 동력도 제346조를 주의규정으로 이해하는 한(관리가능성설) 당연히 장물이 될 수 있다.
2) 재산상의 이익이나 채권·전화가입권 등의 권리는 재물이 아니므로 장물이 될 수 없다.

◆ 판 례 ◆

　　<재산상 이익과 장물>······장물이라 함은 물리적 관리가능성이 있는 물건, 즉 '재물'을 말하는 것이고 재산상의 이익은 장물죄의 객체가 될 수 없다.(대판 1971.2.23. 70도2589)

3) 유가증권과 같이 권리나 가치가 문서에 화체된 경우에는 장물이 된다.

(2) 장물죄의 본범의 성질

1) 본범은 재산범죄

① 장물죄의 본범은 재산범죄여야 한다. 따라서 뇌물·도박자금·수렵법에 위반해서 포획한 조수 등은 장물이 아니다.

◆ 판 례 ◆

　　<장물죄와 본범>······장물죄에 있어서의 장물이 되기 위해서는 본범이 절도, 강도, 사기, 공갈, 횡령 등 재산죄에 의하여 영득한 물건이면 족하고 그중 어느 범죄에 의하여 영득한 것인지를 구체적으로 명시할 것을 요하지 않는다 할 것이므로 이 사건에서 본범이 횡령죄를 범한 것인지 강도죄를 범한 것인지까지는 특정이 되지 않더라도 적어도 피고인이 위 범죄 중 어느 하나인 범죄로 인하여 생긴 물건, 즉 영득죄로 인한 장물인 사실을 알고 있다고 보이는 이상 장물취득죄의 성립을 인정할 수 있다.(대판 2000.3.24. 99도5275)

◆ 판 례 ◆

　　<본범이 재산범죄가 되지 않아 장물죄의 성립을 부정한 사례>······① 임산물단속에관한법률 위반죄에 의하여 생긴 임산물은 그것이 재산죄인 범죄 행위에 의한 것이 아니기 때문에 장물이 될 수 없다.(대판 1975.9.23. 74도1804)
　　② 자동차의 등록명의자 아닌 지입자로부터 그 자동차를 임대 또는 전대받은 자는 그 자동차에 관하여 법률상 처분할 수 있는 지위에 있다고 할 수 없

으므로 횡령죄에서 말하는 타인의 재물을 보관하는 자에 해당하지 아니하는 바, 따라서 그로부터 자동차를 매수한 행위는 장물취득죄가 되지 아니한다.(대판 1978.10.10. 78도1714)

② 재산범죄는 형법상의 재산죄 외에도 산림절도 등 특별법상의 재산죄를 포함하나, 배임죄는 이득죄이므로 그리고 손괴죄는 영득행위가 없으므로 장물죄의 본범이 되지 않는다. 그러나 장물죄도 재물죄이므로 장물죄의 본범이 될 수 있다(예: 장물범으로부터 취득한 물건도 장물).

③ 본범은 타인이어야 한다.

◆ 판 례 ◆

<장물죄에서 본범의 타인성>……장물죄는 타인(본범)이 불법하게 영득한 재물의 처분에 관여하는 범죄이므로, **자기의 범죄에 의하여 영득한 물건에 대해서는 성립되지 아니하고 이는 불가벌적 사후행위에 해당한다**고 할 것이지만, 여기에서 자기의 범죄라 함은 정범자(공동정범과 합동범을 포함한다)에 한정되는 것이므로 평소 본범과 공동하여 수차 상습으로 강도, 절도 등 범행을 자행함으로써 실질적인 범죄집단을 이루고 있었다 하더라도 당해 범죄행위의 정범자(공동정범이나 합동범 포함)로 되지 아니한 이상, 이를 자기의 범죄라 할 수 없고, 따라서 그 장물의 취득을 불가벌적 사후행위라고 할 수 없다.(대판 1986.9.9. 86도1273)

2) 영득한 재물

① 장물은 재산죄에 의해서 영득한 재물이다.

② 범죄에 의해서 작성된 물건이나 재산죄의 수단으로 제공된 물건(위조통화, 이중매매된 부동산, 양도담보를 제공된 부동산 등)은 장물이 아니다(이중매매는 배임죄를 구성하고, 배임죄를 통해서 얻는 것은 재산상 이익이지 매매된 부동산이 아니다).

<배임죄에 제공된 물건의 장물성>……① 형법상 장물죄의 객체인 장물이라 함은 재산권상의 침해를 가져올 위법행위로 인하여 영득한 물건으로서 피해자가 반환청구권을 가지는 것을 말하고, 피고인이 본건 대지에 관하여 매수인 갑에게 소유권이전등기를 하여 줄 임무에 위반하여 이를 을에게 매도하고 그에게 소유권이전등기를 경료해 준 경우에는 피고인이 배임행위로 인하여 영득한 것은 재산상 이익이고, **위 배임범죄에 제공된 대지는 범죄행위로 인하여 영득한 것 자체는 아니므로, 그 취득자 또는 전득자에 대하여 배임죄의 가공 여부를 논함은 별론으로 하고 이들을 장물취득죄로 처단할 수는 없다.**(대판 1975.12.9. 74도2804)

② 채무자가 채권자에게 양도담보로 제공한 물건을 임의로 타인에게 양도하는 행위는 배임죄에 해당하나 동 물건은 배임행위에 제공한 물건이지 배임행위로 인하여 영득한 물건 자체는 아니므로 위 타인이 그러한 사정은 알면서 그 물건을 취득하였다고 하여도 장물취득죄로 처벌할 수 없다.(대판 1983.11.8. 82도2119)

③ 장물은 반드시 타인소유의 재물일 필요는 없다(예: 권리행사방해죄에 의해서 취득한 재물).

(3) 장물죄의 본범의 실현 정도

1) 장물죄의 본범은 범죄를 구성하지 않아도 최소한 구성요건에 해당하고 위법할 것을 요하며 책임까지 요하는 것은 아니다(예: 미성년자가 절취한 재물, 친족상도례의 적용으로 형이 면제되는 자가 절취한 재물도 장물).

2) 본범의 시간적 실현단계: 본범은 기수에 이르러야 한다(통설). 본범이 미수상태에 있는 경우에는 장물죄가 아닌 본범의 공범이 문제될 뿐이다.

(4) 추구권 또는 위법한 재산상태의 존재

1) 장물성의 상실

재산범죄에 의해서 영득한 재물이어도 피해자가 추구권을 상실하거나 본범에 의해 형성된 위법한 재산상태가 없어진 때에는 장물성을 상실한다(예: 본범에 대해서 피해자가 승낙한 경우, 본범이 장물을 상속한 경우, 취득시효의 완성, 제3자의 선의취득, 민법상의 혼화 · 가공의 경우).

▶ 도품 · 유실물의 특칙

> 절도죄로 인하여 영득한 재물은 도품 · 유실물에 관한 특칙(민법 제250조)에 의해서 2년간 장물성을 유지한다. 그러나 횡령죄에 의해 영득한 재물은 도품이나 유실물이 아니므로 선의취득에 의해 즉시 장물성을 상실한다.

2) 민법상 취소할 수 있는 경우(본범이 사기, 공갈, 착오, 강박에 의해 취득한 재물)

추구권설에 의하면 취소되지 않는 한 추구권이 없으므로 장물성을 부정하나, 취소할 수 있는 재물의 점유도 형법상으로는 위법한 재산상태에 속하므로 장물이 된다(위법상태유지설).

3) 불법원인급여물

추구권설에 의하면 불법원인급여물은 민법상 추구권이 상실된 경우이므로 장물성을 부정하나, 위법상태유지설의 입장에서는 위법한 재산상태가 존재하므로 장물성을 인정한다.

(5) 재물의 동일성

1) 장물은 재산범죄에 의해서 영득한 재물 그 자체이거나 적어도 그것과 동일성이 인정되는 것이어야 한다.

2) 어느 정도 원형이 변경되어도 동일성을 인정할 수 있으면 장물이다(예: 반지를 녹여 금괴로 만든 경우, 도벌한 나무를 제재한 경우).

3) 절취한 문서 · 테이프를 복사한 복사물, 장물을 전당잡는 전당표(대판 1973.3.13)는 물질적 동일성을 인정할 수 없으므로 장물이 아니다.

4) 대체장물(예: 장물의 매각대금, 장물인 금전으로 구입한 물건)

(ⅰ) 추구권설에 의하면 추구권이 상실된 것이므로 장물성을 부정

(ⅱ) 위법상태유지설이나 공범설에서는 장물성을 인정

(ⅲ) 통설과 판례는 이러한 이론적인 대립에도 불구하고 장물을 처분하며 그 대가로서 받은 물건의 장물성을 부정하고 있다.

◆ 판 례 ◆

<장물을 팔아서 얻은 돈의 장물성>……장물이란, 재산죄로 인하여 얻어진 재물을 말하는 것으로서 영득된 재물 자체를 말한다. 따라서 **장물을 팔아서 얻은 돈에는 이미 장물성을 찾아볼 수 없다** 하겠다.(대판 1972.6.13)

5) 환전통화(장물인 통화를 다른 통화로 환전한 경우): 통화는 일반적인 경우와는 달리 가치적 동일성만 인정되면 장물성이 인정된다고 보는 것이 통설이다. 또한 편취한 수표나 절취한 예금통장에 의해 인출한 금전의 경우에도 단순한 사후처분을 넘는 새로운 사기죄에 의해서 영득한 재물로서 장물성이 인정된다.

◆ 판 례 ◆

<장물인 현금과 자기앞수표를 금융기관에 예치하였다가 현금으로 인출한 경우, 인출한 현금의 장물성 상실 여부>……장물이라 함은 재산범죄로 인하여 취득한 물건 그 자체를 말하고, 그 장물의 처분대가는 장물성을 상실하는 것이지만, 금전은 고도의 대체성을 가지고 있어 다른 종류의 통화와 쉽게 교환할 수 있고, 그 금전 자체는 별다른 의미가 없고 금액에 의하여 표시되는 금전적 가치가 거래상 의미를 가지고 유통되고 있는 점에 비추어 볼 때, **장물인 현금을 금융기관에 예금의 형태로 보관하였다가 이를 반환받기 위하여 동일한 액수의 현금을 인출한 경우**에 예금계약의 성질상 인출된 현금은 당초의 현금과 물리적인 동일성은 상실되었지만 **액수에 의하여 표시되는 금전적 가치에는 아무런 변동이 없으므로 장물로서의 성질은 그대로 유지된다**고 봄이 상당하고, 자기앞수표도 그 액면금을 즉시 지급받을 수 있는 등 현금에 대신하는 기능을 가지고 거래상 현금과 동일하게 취급되고 있는 점에서 **금전의 경우와 동일하게 보아야 한다.**

Ⅱ. 장물취득·양도·운반·보관·알선죄

> **제362조(장물의 취득, 알선 등)**
> ① 장물을 취득, 양도, 운반 또는 보관한 자는 7년 이하의 징역 또는
> 1,500만 원 이하의 벌금에 처한다.
> ② 전항의 행위를 알선한 자도 전항의 형과 같다.

1. 의 의
장물을 취득·양도·운반·보관 또는 이를 알선함으로써 성립하는 범죄이다.

2. 객관적 구성요건

(1) 행위의 주체

장물은 '타인'의 재산범죄에 의해서 영득한 재물을 의미하므로 본범의 정범(공동정범, 합동범 포함)은 주체가 되지 않는다. 그러나 본범의 공범은 장물죄의 주체가 될 수 있다.

(2) 행위의 객체: 장물

(3) 행 위: 장물을 취득·양도·운반·보관 또는 이를 알선하는 것이다.

1) 취 득: 장물의 점유를 이전받아 사실상의 처분권을 획득하는 것이다. 유상·무상을 불문한다. 사용대차, 임대차, 보관은 사실상의 처분권의 취득은 아니므로 취득이 아니다.

2) 양 도: 장물인 점을 알지 못하고 취득한 후에 그 정을 알면서 제3자에게 수여하는 행위이다. 그러므로 장물임을 알고 이를 취득한 후 제3자에게 양도한 경우에는 장물취득죄만이 성립하고 양도행위는 불가벌적 사후행위에 해당한다.

3) 운 반: 장물을 장소적으로 이전하는 것을 말하며, 운반의 대가 유무나 방법은 묻지 않으나 장물임을 알고 운반할 것을 요한다.

4) 보 관: 위탁을 받아 장물을 자기점유하에 두는 것을 말한다. 장물을 취득한 자가 그 점을 알면서 보관한 때에는 장물보관죄가 성립한다.

◆ 판 례 ◆

<사후에 장물인 정을 알고 계속 보관한 경우>······장물인 정을 모르고 장물을 보관하였다가 그 후에 장물인 정을 알게 된 경우 그 정을 알고서도 이를 계속하여 보관하는 행위는 장물죄를 구성하는 것이지만 이 경우에도 점유할 권한이 있는 때에는 이를 계속하여 보관하더라도 장물보관죄가 성립하지 않는다. (대판 1986.1.21. 85도2472)

5) 알 선: 장물의 취득·양도·운반 또는 보관을 매개하거나 주선하는 것이다. 이때 사실상의 알선행위만 있으면 알선에 의한 계약성립을 불문하고 알선죄의 기수가 된다(다수설).

◆ 판 례 ◆

<장물취득의 알선>······피고인이 공소외 '갑'에게 "황소를 훔쳐 오면 문제없이 팔아 주겠다."라고 말한 사실이 있을 뿐이라면 이는 '갑'이 황소를 절취하여 오면 이 절취장물에 관하여 매각, 알선하겠다는 의사표시를 한 것으로 볼 수 있을 뿐 황소 절취행위를 공동으로 하겠다는 공모의 의사를 표시한 것이라고 할 수 없다.(대판 1975.2.25. 74도2228)

3. 주관적 구성요건

고의 이외에 불법영득의 의사를 필요로 하는가에 대해서는 견해가 대립하나, 통설은 이를 필요치 않다고 한다.

◆ 판 례 ◆

<장물성의 인식 정도>······장물취득죄에 있어서 장물의 인식은 확정적 인식임을 요하지 않으며 장물일지도 모른다는 의심을 가지는 정도의 미필적 인식으로서도 충분하고, 또한 장물인 정을 알고 있었느냐의 여부는 장물소지자의 신분, 재물의 성질, 거래의 대가 기타 상황을 참작하여 이를 인정할 수밖에 없다.(대판 1995. 1.20. 94도1968)

4. 죄수 및 타죄와의 관계

(1) 본범과 장물죄와의 관계

본범의 정범 또는 공동정범의 장물행위 또는 그들 상호간의 장물행위는 장물죄를 구성하지 아니한다. 그러나 공범(교사범과 방조범)의 장물행위는 장물죄를 구성한다. 예컨대 절도를 교사한 자가 장물을 취득한 때에는 절도죄의 교사범과 장물취득죄의 경합범이 된다.

(2) 장물에 대한 재산범죄와 장물죄와의 관계

1) 장물을 보관하는 자가 장물을 횡령한 경우: 장물보관죄에 의해 이미 소유자의 추구권은 침해된 상태이므로, 횡령죄는 불가벌적 사후행위가 된다(통설·판례).

◆ **판 례** ◆

　＜**장물보관자의 장물횡령**＞……장물보관자가 그 보관한 장물을 횡령하였다고 하여도 **장물보관죄가 성립하는 때에는 그 후의 횡령행위는 불가벌적 사후행위에 불과하므로 별도로 횡령죄는 성립하지 않는다.**(대판 1976.11.23. 76도3067)

---

2) 장물인 점을 알고 본범 또는 장물점유자로부터 이를 절취, 강취, 편취, 갈취한 경우
(i) 추구권설에 따르면 피해자의 추구권행사를 곤란하게 한 것이므로 장물죄가 성립하여 다른 재산범죄와 상상적 경합이 된다고 하나,
(ii) 유지설에 의하면 상대방과의 합의가 없으므로 장물죄는 성립하지 않고 절도, 강도, 사기, 공갈죄만이 성립한다고 한다.
(iii) 장물죄의 본질과 관련된 논의에도 불구하고 각 재산범죄만이 성립한다는 후자의 견해가 우리나라의 통설이다.

(3) 장물죄와 뇌물죄와의 관계

장물을 그 정을 알면서 뇌물로 수수한 경우: 수뢰죄와 장물취득죄의 상상적 경합

Ⅲ. 기타의 범죄유형

1. 상습장물죄

> **제363조(상습범)**
> ① 상습으로 전조의 죄를 범한 자는 1년 이상 10년 이하의 징역에 처한다.
> ② 제1항 경우에는 10년 이하의 자격정지 또는 1,500만 원 이하의 벌금을 병과할 수 있다(자격정지형·벌금형의 병과 가능).

2. 업무상 과실·중과실 장물죄

> **제364조(업무상 과실, 중과실)**
> 업무상 과실 또는 중대한 과실로 인하여 제362조의 죄(장물죄)를 범한 자는 1년 이하의 금고 또는 500만 원 이하의 벌금에 처한다.

※ 재산죄에서 과실범을 처벌하는 유일한 규정이며, 단순과실은 처벌하지 않는다.

◆ 판 례 ◆

<업무상 과실장물죄의 업무상 과실을 부정한 사례>……미싱취급 고물영업을 하는 피고인들이, 새로운 설비를 하기 위하여 미싱을 처분한다는 봉제공장 경영자로부터 그 공장에 설치되어 있던 미싱 50대를 구입함에 있어서 다른 고물영업자 두 사람과 함께 만든 견적서에 의하여 그 대금을 결정하고 매매계약서를 작성할 때에도 그의 사업자등록증과 주민등록증을 확인하고 위 물품을 인수한 후에 피고인들의 고물상 장부에 이를 모두 기재하였다면 피고인들로서는 위 물품들이 장물인지의 여부의 확인에 관한 업무상 요구되는 주의의무를 다하였다고 볼 것이다.(대판 1991.11.26. 91도2332)

Ⅳ. 장물죄의 친족상도례의 특칙

> **제365조(친족 간의 범행)**
> ① 전 3조의 죄를 범한 자와 피해자 간에 제328조 제1항, 제2항의 신분
> 관계가 있는 때에는 동 조의 규정을 준용한다.
> ② 전 3조의 죄를 범한 자와 본범 간에 제328조 제1항의 신분관계가 있
> 는 때에는 그 형을 감경 또는 면제한다. 단 신분관계가 없는 공범에
> 대해서는 예외로 한다.

제8절 손괴의 죄

Ⅰ. 재물손괴 등 죄

> **제366조(재물손괴 등)**
> 타인의 재물, 문서 또는 전자기록 등 특수매체기록을 손괴 또는 은닉 기
> 타 방법으로 그 효용을 해한 자는 3년 이하의 징역 또는 700만 원 이하의
> 벌금에 처한다.
>
> ▶ 미수범처벌(제371조)

1. 의 의

(1) 개　념: 타인의 재물 등에 대해 손괴, 은닉 기타 방법으로 그 효용을 침해함
　　으로써 성립하는 범죄이다.

(2) 성 격: 순수한 재물죄이나 불법영득의사가 필요 없다는 점에서 다른 영득죄
와 구별된다.

(3) 보호법익: 소유권 자체가 아니라 소유권이 지니는 이용가치이다.

2. 객관적 구성요건

(1) 행위의 객체: 타인의 재물, 문서 또는 전자기록 등 특수매체기록

1) 재 물

① 유체물과 관리할 수 있는 동력을 포함하고 동산·부동산을 불문한다.

◆ 판 례 ◆

<손괴죄의 객체로서의 재물>······포도주 원액이 부패하여 포도주 원료로서의
효용가치는 상실되었으나, 그 산도가 1.8도 내지 6.2도에 이르고 있어 식초의
제조 등 **다른 용도에 사용할 수 있는 경우에는 재물손괴죄의 객체가 될 수 있
다.**(대판 1979.7.24. 78도2138)

---

② 공익건조물은 공익건조물파괴죄(제367조)의 객체이지만 파괴의 정도에 이르
지 못한 손괴는 본죄를 구성한다.

③ 공용물에 대해서는 제141조 제1, 2항이 적용되므로 본죄의 객체가 아니다.

2) 문 서: 형법 제141조 제1항의 서류(공용서류)에 해당하지 아니하는 모든 문
서로 공문서·사문서를 불문하며 유가증권도 포함한다.

◆ 판 례 ◆

<손괴죄의 객체로서의 문서의 의미>······손괴죄의 객체인 문서란 거기에 표시
된 내용이 적어도 **법률상 또는 사회생활상 중요한 사항에 관한 것이어야** 하는
바, 이미 작성되어 있던 장부의 기재를 새로운 장부로 이기하는 과정에서 누계 등
을 잘못 기재하다가 그 부분을 찢어버리고 계속하여 종전장부의 기재 내용을 모두
이기하였다면 그 당시 새로운 경리장부는 아직 작성 중에 있어서 손괴죄의 객

체가 되는 문서로서의 경리장부가 아니라 할 것이고, 또 그 찢어버린 부분이 진실한 증빙 내용을 기재한 것이었다는 등의 특별한 사정이 없는 한 그 이기과정에서 잘못 기재되어 찢어버린 부분 그 자체가 손괴죄의 객체가 되는 재산적 이용가치 내지 효용이 있는 재물이라고도 볼 수 없다.(대판 1989.10.24. 88도1296)

3) 전자기록 등 특수매체기록: 일정한 데이터에 대한 전자기록이나 광학기록을 말한다. 기록을 담는 매체물은 본죄의 객체가 아니며 매체물이 담는 기록 자체가 본죄의 객체이다. 마이크로필름기록은 문서의 축소·확대에 의한 기계적 재생이므로 문서의 일종일 뿐이다.
4) 타인성: 재물, 문서 또는 특수매체 기록은 타인의 소유여야 하며, 누구의 점유에 속하는가는 불문한다.

◆ 판 례 ◆

　<자기점유의 타인소유의 문서에 대한 손괴>……문서손괴죄의 객체는 타인소유의 문서이며 피고인 자신의 점유하에 있는 문서라 할지라도 타인소유인 이상 이를 손괴하는 행위는 문서손괴죄에 해당한다.(대판 1984.12.26. 84도2290)

① 자기소유의 재물 또는 문서를 손괴한 경우에는 권리행사방해죄(제323조)나 공무상 보관물무효죄(제142조)가 성립할 뿐이다.

◆ 판 례 ◆

　<자기소유 재물의 손괴와 손괴죄>……쪽파의 매수인이 명인방법을 갖추지 않은 경우, 쪽파에 대한 소유권을 취득하였다고 볼 수 없어 그 소유권은 여전히 매도인에게 있고 매도인과 제3자 사이에 일정 기간 후 임의 처분의 약정이 있었다면 그 기간 후에 제3자가 쪽파를 손괴하였더라도 재물손괴죄가 성립하지 않는다.(대판 1996.2.23. 95도2754)

② 문서의 경우 타인소유이면 자기명의·타인명의를 불문한다.

◆ 판 례 ◆

<타인소유의 자기명의의 문서에 대한 손괴>……① 비록 자기명의의 문서라 할지라도 이미 타인(타 기관)에게 접수되어 있는 문서에 대하여 함부로 이를 무효화시켜 그 용도에 사용하지 못하게 하였다면 일응 형법상의 문서손괴죄를 구성한다 할 것이므로 그러한 내용의 범죄가 될 사실을 허위로 기재하여 수사기관에 고소한 이상 무고죄의 죄책을 면할 수 없다.(대판 1987.4.14. 87도177)

② 확인서가 소유자의 의사에 반하여 손괴된 것이라면 그 확인서가 피고인 명의로 작성된 것이고 또 그것이 진실에 반하는 허위내용을 기재한 것이라 하더라도 피고인은 문서손괴의 죄책을 면할 수 없다.(대판 1982.12.28. 82도1807)

③ 약속어음의 수취인이 차용금의 지급담보를 위하여 은행에 보관시킨 약속어음을 은행지점장이 발행인의 부탁을 받고 그 지급기일란의 일자를 지움으로써 그 효용을 해한 경우에는 문서손괴죄가 성립한다.(대판 1982.7.27. 82도223)

③ 타인소유의 토지에 이를 사용, 수익할 만한 권한이 없이 농작물을 경작한 경우에 그 농작물의 소유권은 경작한 사람에게 귀속되므로(대법원 1968.6.4. 68다613,614 참조), 토지소유권자가 이를 손괴하면 손괴죄가 성립한다.

◆ 판 례 ◆

<타인소유의 토지에 경작된 농작물의 경우>……① 피고인이 자신의 토지에 설치된 타인의 4, 5㎝에 불과한 묘판을 파헤친 경우, 위 묘판도 농작물에 해당한다 할 것이고 또한 농작물은 남의 땅에다 권한 없이 경작된 것이라 할지라도 그의 소유권은 그 경작자에게 있는 만큼, 피고인의 위와 같은 소위는 손괴죄에 해당한다.(대판 1969.2.18. 68도906)

② 피고인이 뽑아버린 콩은 설사 장차 소송에 의하여 피고인명의로 소유권 이전등기를 받을 수 있는 형편에 있고 또 불법적으로 피고인의 경작을 방해하기 때문에 흥분한 나머지 범한 것이라 할지라도 피고인에 대한 재물손괴의 죄책을 면할 수 없다.(대판 1970.3.10. 70도82)

(2) 행　위: 손괴·은닉 기타의 방법으로 효용을 해하는 것

1) 손　괴
① 재물 등에 직접 유형력을 행사하여 소유자의 이익에 반하는 상태변화(그 이용가능성의 침해)를 가져오는 일체의 행위를 말한다(보존상태변경설).

◆ 판　례 ◆

　<손괴행위>……① 약속어음의 발행인이 소지인에게 어음의 액면과 지급기일을 개서하여 주겠다고 하여 위 어음을 교부받은 후 위 **어음의 수취인란에 타인의 이름을 추가로 기입하여 위 어음배서의 연속성을 상실하게 함으로써 그 효용을 해한 경우**에는 문서손괴죄에 해당한다.(대판 1985.2.26. 84도2802)
　② 피고인이 다른 사람 소유의 광고용 간판을 백색페인트로 도색하여 광고문안을 지워 버린 사실을 인정할 수 있고 사실이 이와 같다면 재물손괴죄를 구성하는 것이다.(대판 1991.10.22. 91도2090)

---

② 중요 부분의 훼손을 요하지도 않고 물건 자체가 소멸된 것을 요하지도 않는다.
③ 물체의 상태변화 없이 단순히 재물의 기능을 방해하는 것(예: TV전파방해)은 손괴가 아니나 기능저하를 넘어선 효용감소는 '기타 방법'에 의한 효용침해가 될 수 있다.

2) 은　닉: 재물 등의 소재를 불분명하게 하여 발견을 곤란 또는 불가능하게 함으로써 그 본래의 효용을 해하는 것이다. 피해자가 점유하는 상태에서도 발견을 곤란하게 하면 이에 해당한다.

◆ 판　례 ◆

　<반환거부와 문서은닉>……매출계산서의 반환을 거부함으로써 그를 제 용도에 사용치 못하게 하는 것도 문서은닉에 해당한다.(대판 1971.11. 23. 71도1576)

◆ 판 례 ◆

<은닉에 해당하지 않는다고 본 사례>……① 피고인이 자기가 속하고 있는 종중 소유라고 믿고 있는 임야에 대한 소외인명의의 등기권리증을 그 소지인이 제시하자 이를 가지고 가서 위 종중이 원고가 되어 그 말소등기를 구하는 민사사건에 증거로 제출한 소위는 문서은닉죄에 해당되지 아니한다.(대판 1979.8.28. 79도1266)

② 피고인이 피해자를 좀더 호젓한 곳으로 데리고 가기 위하여 피해자의 가방을 빼앗고 따라오라고 하였는데 피해자가 따라 오지 아니하고 그냥 돌아갔기 때문에 위 가방을 돌려주기 위하여 부근일대를 돌아다니면서 피해자를 찾아 나선 것을 가리켜, 재물을 은닉하거나 그 효용을 해한 경우에 해당한다고 할 수는 없다.(대판 1992.7.28. 92도1345)

3) 기타 방법: 손괴・은닉 이외의 방법으로 재물 등의 이용가치나 효용을 저해하는 일체의 행위를 말한다(예: 식기에 방뇨하는 경우, 새장 문을 열어 새를 풀어준 경우, 보석을 강물에 던져버린 경우, 그림에 낙서하는 경우, 컴퓨터에 바이러스를 감염시킨 경우).

◆ 판 례 ◆

<기타 방법으로 재물의 효용을 해한 경우>……① 재물손괴의 범의를 인정함에 있어서는 반드시 계획적인 손괴의 의도가 있거나 물건의 손괴를 적극적으로 희망하여야 하는 것은 아니고, 소유자의 의사에 반하여 재물의 효용을 상실케 하는 데 대한 인식이 있으면 되고, 여기에서 재물의 효용을 해한다고 함은 그 물건의 본래의 사용목적에 공할 수 없게 하는 상태로 만드는 것은 물론 일시 그것을 이용할 수 없는 상태로 만드는 것도 역시 효용을 해하는 것에 해당한다.(대판 1993.12.7. 93도2701)

② 우물에 연결하고 땅속에 묻어서 수도관적 역할을 하고 있는 고무호스 중 약 1.5미터를 발굴하여 우물가에 제쳐놓음으로써 물이 통하지 못하게 한 행위는 그 고무호스의 구체적인 효용을 해한 것이라 볼 수 있다.(대판 1971.1.26. 70도2378)

③ 재물손괴죄에 있어서 손괴라 함은 물질적인 파괴행위로 인하여 물건의 본래의 목적에 공할 수 없는 상태로 만드는 경우뿐만 아니라 일시 그 물건의 구체적 역할을 할 수 없는 상태로 하는 경우에도 효용을 해하는 경우에 해당한다 할 것인바 판결에 의하여 명도받은 토지의 경계에 설치해 놓은 **철조망 경고판을 치워버린 경우에는 울타리로서의 역할을 해한 것**이라고 볼 수 있으므로 재물손괴죄가 성립한다.(대판 1982.7.13. 82도1057)

④ 해고노동자 들이 복직을 요구하는 집회를 개최하던 중 **래커스프레이를 이용**하여 회사건물외벽과 1층벽면 등에 '자본퉁개, 원직복직, 결사투쟁'등의 내용으로 **낙서를 함으로써 이를 제거하는데 약 341만원 상당이 들도록 하는 행위는 건물의 효용을 해한 것**으로 볼수 있으나, 이와 별도로 **계란 30개를 건물에 투척한 행위는 건물의 효용을 해하는 정도의 것에 해당하지 않는다**(대판 2007.6.28, 2007도2590).

3. 주관적 구성요건

고의 이외에 불법영득의사는 불요하다(영득죄가 아닌 훼기죄임).

◆ **판 례** ◆

<**손괴의 고의를 인정한 사례**>……피고인이 경락받은 농수산물 저온저장 공장건물 중 공냉식 저온창고를 수냉식으로 개조함에 있어 그 공장에 시설된 피해자 소유의 자재에 관하여 피해자에게 철거를 최고하는 등 적법한 조치를 취함이 없이 이를 일방적으로 철거하게 하여 손괴하였다면 이는 재물손괴의 범의가 없었다고 할 수 없고 이것이 사회상규상 당연히 허용되는 것이라고 할 수도 없다.(대판 1990.5.22. 90도700)

◆ **판 례** ◆

<**손괴의 고의를 부정한 사례**>……피고인이 그의 장남으로부터 분식점을 전차하여 경영하던 피해자가 가재도구 일체를 그대로 둔 채 시골로 내려간 사이에 위 피해자 소유의 가재도구를 위 분식점 건물옥상에 옮겨 놓음으로써 그

무렵 내린 비로 침수되어 부패, 파손 또는 녹슬게 되었더라도 피고인이 위 가
재도구를 옮기면서 장농과 찬장 등에 비닐장판과 비닐천 등을 덮어씌워 비가
스며들지 않게끔 하고 장농과 찬장을 다른 사람이 열지 못하도록 종이로 바르
는 등 조치를 취한 사실이 인정된다면 특단의 사정이 없는 한 비록 그 조치
의 미흡한 점에 과실이 있음은 별론으로 하고 손괴의 범의가 있다고 보기는
어렵다.(대판 1983.5.10. 83도595)

4. 타죄와의 관계

(1) 문서변조죄와의 관계

	문서변조죄	문서손괴죄
객체	타인명의의 문서	타인소유의 문서(명의는 불문)
행위	• 타인명의문서의 내용과 효력을 변경 • 타인소유의 타인명의 문서를 변경한 경우엔 문서손괴죄와 문서변조죄가 법조경합관계에 있게 되어 문서변조죄만이 성립	• 타인이 소유하는 자기명의의 문서의 문면을 변경하는 것 • 連名문서의 명의자 중 1인이 서명을 말소한 경우

(2) 증거인멸이 동시에 재물손괴가 되는 경우: 양 죄의 상상적 경합

Ⅱ. 가중적 구성요건

1. 중손괴죄·손괴치사상죄

> **제368조(중손괴)**
> ① 전 2조의 죄를 범하여 사람의 생명 또는 신체에 대하여 위험을 발생하게 한 때에는 1년 이상 10년 이하의 징역에 처한다.
> ② 제366조 또는 제367조의 죄를 범하여 사람을 상해에 이르게 한 때에는 1년 이상의 유기징역에 처한다. 사망에 이르게 한 때에는 3년 이상의 유기징역에 처한다.

① 재물손괴와 공익건조물파괴죄(제367조)의 결과적 가중범이다(다수설).
② 제1항의 위험은 생명·신체에 대한 구체적 위험을 말한다.

2. 특수손괴죄

> **제369조(특수손괴)**
> ① 단체 또는 다중의 위력을 보이거나 위험한 물건을 휴대하여 제366조의 죄를 범한 때에는 5년 이하의 징역 또는 1,000만 원 이하의 벌금에 처한다.
> ② 제1항의 방법으로 제367조의 죄를 범한 때에는 1년 이상의 유기징역 또는 2,000만 원 이하의 벌금에 처한다.
>
> ▶ 미수범처벌(제371조)

행위방법으로 인하여 불법이 가중된 재물손괴죄와 공익건조물파괴죄의 가중적 구성요건이다.

Ⅲ. 기타의 범죄유형

1. 공익건조물파괴죄

> **제367조(공익건조물파괴)**
> 공익에 공하는 건조물을 파괴한 자는 10년 이하의 징역 또는 2,000만 원 이하의 벌금에 처한다.
>
> ▶ 미수범처벌(제371조)

(1) 행위객체

1) 건조물: 사람이 내부에 출입할 수 있는 것이어야 한다(예: 철도, 기념비들은 제외).

2) 공익건조물: 공익에 사용되고 일반인의 출입이 자유로운 건물이다. 공익에 사용되는 한 사유이든 공유이든 불문하고, 자기소유의 건조물도 공익에 사용되면 본죄의 객체가 된다. 그러나 공무소에서 사용하는 건조물은 공용건조물파괴죄(제141조 제2항)의 객체이다.

(2) 행 위: 파괴

손괴보다도 훼손의 정도가 큰 경우를 말한다. 건조물의 중요 부분을 훼손하여 그 용도에 따라서 쓸 수 없도록 하는 행위이며, 파괴 정도에 이르지 않을 때는 재물손괴죄가 성립한다.

2. 경계침범죄

> **제370조(경계침범)**
> 경계표를 손괴, 이동 또는 제거하거나 기타 방법으로 토지의 경계를 인식 불능하게 한 자는 3년 이하의 징역 또는 500만 원 이하의 벌금에 처한다.

(1) 성   격: 토지소유권의 확보를 위한 토지경계의 명확성을 보호하는 독자적인 구성요건이다.

(2) 행위의 객체: 토지의 경계

1) 토지의 경계란 소유권 등의 장소적 한계를 나타내는 지표로 공법상의 것도 포함한다.

2) 형법 370조 소정의 경계라 함은 소유권 등 권리의 장소적 한계를 나타내는 지표를 말하는 것으로, 사실상의 경계로 기능하면 족하다.

◆ 판 례 ◆

<경계침범죄에서 경계의 의미>······① 형법 제370조 소정의 경계는 실체상의 권리관계에 부합하지는 않더라도 **관습으로 인정되었거나 일반적으로 승인되어 왔다거나 이해관계인의 명시 또는 묵시의 합의에 의하여 정하여진 것이거나 또 는 권한 있는 당국에 의하여 확정된 것이어야 함도 아니고 사실상의 경계표로 되어 있다면** 침해의 객체가 되는 것이다.(대판 1976.5.25. 75도2564)

② 기존 경계가 진실한 권리상태와 맞지 않는다는 이유로 당사자의 어느 한쪽이 기존 경계를 무시하고 일방적으로 경계측량을 하여 이를 실체권리관계에 맞는 경계라고 주장하면서 그 위에 계표를 설치하더라도 이와 같은 경계표는 위 법조에서 말하는 계표에 해당되지 않는다.(대판 1986.12.9. 86도1492)

(3) 행   위: 경계표를 손괴, 이동, 제거하거나 기타의 방법으로 토지의 경계를 인식불능하게 하는 것

◆ 판 례 ◆

<경계침범행위의 의미>······형법 제370조(경계침범)에 의하면, **계표의 손괴, 이동, 제거는 토지의 경계를 인식불능하게 하는 행위의 예시이고, 기타의 방법 으로 경계를 인식불능하게 하는 행위도 동 조의 범죄를 구성하는 것이므로** 피 고인이 공소사실과 같이 자기토지에 인접한 타인소유 토지 8평을 침범하여 점 포를 건축함으로써 피고인 소유토지와 위 토지와의 경계를 인식불능하게 하였 는가를 심리, 판단하여야 한다.(대판 1968.9.17. 68도967)

1) 경계표: 토지경계를 확정하기 위해 그 토지 위에 만들어진 표지, 공작물, 입목 기타의 물건을 말하며, 자기소유·타인소유를 불문하고 무주물이어도 무방하다. 또한 인위적·자연적 경계표를 불문하며 일시적으로 설치한 것도 포함한다.

2) 새로운 경계선을 만들거나, 경계를 흐르는 물의 흐름을 바꾸거나 타인의 토지 위에 무단 건축하는 것도 본죄의 행위에 해당한다(판례).

3) 기수 시기: 손괴 등의 행위로 토지경계의 전부 또는 일부가 인식불능하게 되었을 때 기수가 된다. 측량을 통해 정확한 경계를 알 수 있다고 하여도 본죄의 성립에는 영향이 없다.

◆ 판 례 ◆

<경계침범죄의 기수>……① 형법 제370조의 경계침범죄는 계표를 손괴, 이동 또는 제거하거나 기타 방법으로 토지의 경계를 인식불능하게 함으로써 성립되며 계표의 손괴, 이동 또는 제거 등은 토지의 경계를 인식불능케 하는 방법의 예시에 불과하며 **이와 같은 행위의 결과로서 토지의 경계가 인식불능케됨을 필요**로 하고 동죄에 대해서는 미수죄에 관한 규정이 없으므로 **계표의 손괴 등의 행위가 있더라도 토지경계의 인식불능의 결과가 발생하지 않는 한 본죄가 성립될 수 없다**고 해석함이 상당하다.(대판 1972.2.29. 71도2293, 대판 1991.9.10. 91도856)

② 경계침범죄는 어떠한 행위에 의하여 토지의 경계가 인식불능하게 됨으로써 비로소 성립되는 것이어서, 경계를 침범하고자 하는 행위가 있었다 하더라도 그 행위로 인하여 토지경계 인식불능의 결과가 발생하지 않는 한 경계침범죄가 성립될 수 없다.(대판 1992.12.8. 92도1682)

(4) 불법영득의 의사를 가지고 경계를 침범한 경우(부동산 절도의 인정 여부)

다수설은 부동산을 절도죄의 객체인 재물로 파악하지 않으므로 이러한 경우에는 경계침범죄만이 성립한다고 한다.

제9절 권리행사를 방해하는 죄

Ⅰ. 권리행사방해죄

제323조(권리행사방해)

타인의 점유 또는 권리의 목적이 된 자기의 물건 또는 전자기록 등 특수매체기록을 취거, 은닉 또는 손괴하여 타인의 권리행사를 방해한 자는 5년 이하의 징역 또는 700만 원 이하의 벌금에 처한다.

1. 보호법익과 보호의 정도

자기재물에 대한 다른 사람의 소유권 이외의 재산권(제한물권 또는 채권)이 본죄의 보호법익이며, 보호의 정도는 추상적 위험범으로서의 보호이다.

▶ 각 죄의 보호법익

① 권리행사방해죄 – 용익물권·담보물권 또는 채권
② 점유강취죄 – 자유권과 제한물권
③ 강제집행면탈죄 – 채권자의 채권

2. 구성요건

(1) 행위주체: 진정신분범(소유권자)으로 보는 견해도 있으나, 재물의 소유자 이외에 제3자도 소유자를 위해 권리행사를 방해할 수 있다는 것이 통설이다.

(2) 행위의 객체: 타인점유(or 권리의 목적) 자기소유의 재물
타인의 점유 또는 권리의 목적이 된 자기물건 또는 전자기록 등 특수매체기록이다(타인점유·자기소유의 재물 등을 유의해야 한다).

1) 자기의 물건 또는 전자기록 등 특수매체기록
자기의 물건이란 자기소유의 물건이며, 자기와 타인의 공동소유에 속하는 물건

은 자기의 물건이 아니라 타인의 물건이다. 여기서의 물건이란 재산죄에 있어서의 재물과 같은 의미이다.

◆ 판 례 ◆

<권리행사방해죄에 있어서의 자기의 물건>……① 주식회사의 대표이사가 대표이사의 지위에 기하여 그 직무집행행위로서 타인이 점유하는 위 회사의 물건을 취거한 경우에는, 위 행위는 위 **회사의 대표기관으로서의 행위라고 평가되므로, 위 회사의 물건도 권리행사방해죄에 있어서의 '자기의 물건'이라고 보아야 할 것이다.**(대판 1992.1.21. 91도1170)

② 이 사건 선박이 공소외 회사명의로 소유권등기가 경료된 것이라면 위 선박은 피고인의 소유라 할 수 없고 **피고인이 위 회사의 과점주주라거나 부사장이라 하여도 피고인의 소유라 할 수 없는 것이므로**, 피고인이 타인이 점유 중인 위 선박을 취거하였다 하여도 이는 권리행사방해죄를 구성하지 아니한다.(대판 1984.6.26. 83도2413)

③ 피고인이 본건 자동차를 수거할 당시에 피고인이 그 자동차를 택시주식회사에 지입하여 동 회사명의로 자동차등록 원부에 소유권등록이 되어 있었다면 도로운송차량법 5조의 규정에 비추어 본건 자동차는 동 회사의 소유이고 피고인의 소유가 아니므로 피고인이 자동차를 수거하였어도 권리행사방해죄가 되지 않는다.(대판 1974.11.12. 74도1632)

---

2) 타인의 점유의 목적

① 자기의 소유물에 대해서 타인이 사실상의 지배로서 현실적인 소지를 하는 것을 의미한다.

◆ 판 례 ◆

<권리행사방해죄에서 점유의 목적이 아닌 경우>……승낙을 얻어 타인의 변소를 사용하는 권리는 채권적인 사용관계이고 점유권을 내용으로 하는 것이 아니기 때문에 위 변소를 손괴하여도 권리행사방해죄는 성립되지 않는다.(대판 1971.6.29. 71도926)

② 타인과 공동점유하는 경우에도 타인의 점유의 목적이 된 경우에 해당한다.

③ 본죄의 점유는 보호법익으로서의 점유이므로 원칙적으로 적법한 권원에 기초한 점유여야 한다는 것이 통설과 판례이다.

◆ 판 례 ◆

<권리행사방해죄의 보호법익으로서의 점유>……① 권리행사방해죄에 있어서의 타인의 점유라 함은 권원으로 인한 점유, 즉 **정당한 원인에 기하여 그 물건을 점유하는 권리 있는 자의 점유를 의미하는 것으로서 본권을 갖지 아니하는 절도범인의 점유는 여기에 해당하지 않는다.**(대판 1994.11.11. 94도343)

② 일단 적법한 원인에 기하여 물건을 점유한 이상 그 후에 그 **점유물을 소유자에게 명도하여야 할 사정이 발생하였다 할지라도 점유자가 임의로 명도를 하지 아니하고 계속 점유하고 있다면 그 점유자는 권리행사방해죄에 있어서의 타인의 물건을 점유하고 있는 자이다.**(대판 1977.9.13. 77도1672)

③ 렌트카 회사의 공동대표이사 중 1인이 회사 보유 차량을 자신의 개인적인 채무담보 명목으로 피해자에게 양도하였는데 다른 공동대표이사인 피고인이 위 차량을 임의로 가져간 경우, 비록 피해자가 위 차량을 임차한 다음 반환하지 않고 있는 것으로 피고인이 인식하였다고 하더라도 피해자의 점유는 권리행사방해죄의 보호대상인 점유에 해당하지만, **위 차량이 위 회사나 피고인 명의로 등록되어 있지 않은 상태라면 자기의 소유물을 객체로 하는 권리행사방해죄는 성립하지 않는다.**(대판 2006.3.23. 2005도4455)

---

3) 타인의 권리의 목적

① 자기의 소유물이 타인의 제한물권이나 채권의 목적이 된 것을 의미한다. 채권의 목적이 되어 있는 물건에 있어서는 그것이 반드시 점유를 수반하는 것임을 요하지 아니한다.(대판 1991.4.26. 90도1958)

◆ 판 례 ◆

　　<권리행사방해죄에서 타인의 권리의 의미>……형법 제323조의 권리행사방해
죄에 관하여 규정된 타인의 권리의 목적이 된 자기의 물건이라는 요건 중 그
권리 중에는 반드시 제한물권이나 물건에 대하여 점유를 수반하는 채권만을
포함하는 것이 아니라, 이 사건의 공소사실에 나타난 경우처럼 이를테면 정지
조건 있는 대물변제의 예약권을 가지는 경우도 포함된다고 보는 것이 권리행
사방해죄의 입법취지에 맞는다 할 것이다.(대판 1968.6.18. 68도616)

② 그러나 계약의 이행에 착수하기 전의 순수한 채권채무관계는 포함되지 않는다.

(3) 행　위: 취거, 은닉 또는 손괴하여 타인의 권리행사를 방해하는 것
1) 취　거: 점유자의 의사에 반하여 목적물을 자기 또는 제3자의 지배로 옮기는
　　것이다. 절도죄의 절취와 유사하나 불법영득의사가 없다는 점에서 구별된다.

◆ 판 례 ◆

　　<권리행사방해죄에서 취거의 의미>……① 형법 제323조 소정의 권리행사방해
죄에 있어서의 취거라 함은 타인의 점유 또는 권리의 목적이 된 자기의 물건
을 그 점유자의 의사에 반하여 그 점유자의 점유로부터 자기 또는 제3자의 점
유로 옮기는 것을 말하므로, 점유자의 의사나 그의 하자 있는 의사에 기하여
점유가 이전된 경우에는 여기에서 말하는 취거로 볼 수는 없다.[11](대판 1988.
2.23. 87도1952)
　　② 공장근저당권이 설정된 선반기계 등을 이중담보로 제공하기 위하여 이를
다른 장소로 옮긴 경우, 이는 공장저당권의 행사가 방해될 우려가 있는 행위
로서 권리행사방해죄에 해당한다.(대판 1994.9.27. 94도1439)

2) 본죄의 행위는 취거, 은닉, 손괴에 제한되므로 타인의 권리의 목적이 된 자기

---

11) 이러한 경우 그 물건은 자기의 소유물이므로 사기죄도 성립하지 않고, 따라서 입법의
　　흠결로 볼 수 있다.

의 소유토지를 타인에게 매도하여 소유권이전등기를 해 준 경우에는 어떤 행위 태양에도 해당되지 않으므로 권리행사방해죄를 구성하지 않는다.(대판 1972.6.27)

3) 권리행사방해: 타인의 권리행사가 방해될 우려 있는 상태에 이른 것을 말하며, 권리행사의 현실적 방해는 요하지 않는다(추상적 위험범).

※ 권리행사방해죄의 미수는 벌하지 않는다.

◆ 판 례 ◆

<권리행사의 수단으로 타인의 권리행사를 방해한 경우>……이 사건 차량을 대여받은 사람들이 차량대여회사로부터 차량을 대여받으면서 장차 회사에 대한 지입료 등 월납입금을 미납할 경우 회사 임의로 차량을 철수·회수하거나 번호판을 제거하여도 이의 없다는 취지의 서면약정을 하였다 하더라도, 월납입금의 미납이 발생할 경우 회사 측이 법적 절차에 의하지 아니하고 다소간의 실력을 행사하는 등 일방적으로 차량 등을 회수하여야만 될 급박한 필요성이 없는 이상 차량대여 시에 위와 같은 서면약정을 받아 두었다 하여 차량 등을 실제로 회수할 때에 **회수당하는 사람들의 의사에 반하여 일방적인 실력행사에 의하는 등의 판시 회수행위는 형법에 정한 정당행위에 해당한다 할 수 없다 할 것이어서, 권리행사방해죄가 성립**한다.(대판 1989.7.25. 88도410)

---

3. 친족상도례

재산범죄에 적용되는 제328조의 친족상도례의 규정이 적용된다.

II. 기타의 범죄유형

1. 점유강취죄·준점유강취죄

> **제325조(점유강취, 준점유강취)**
> ① 폭행 또는 협박으로 타인의 점유에 속하는 자기의 물건을 강취한 자는 7년 이하의 징역 또는 10년 이하의 자격정지에 처한다.
> ② 타인의 점유에 속하는 자기의 물건을 취거함에 당하여 그 탈환을 항거하거나 체포를 면탈하거나 죄적을 인멸할 목적으로 폭행 또는 협박을 가한 때에도 전항의 형과 같다.
> ③ 전 2항의 미수범은 처벌한다.

(1) 점유강취죄

1) 타인이 점유하는 자기소유물에 대한 강도죄이다(단 불법영득의사는 불요). 따라서 폭행·협박의 정도는 강도죄의 그것과 같다.

2) 다만 본죄를 범하여 사람에게 사상의 결과를 발생시킨 경우에는 강도치사상죄에 해당하는 규정이 없으므로 폭행치사상죄가 별도로 성립한다.

(2) 준점유강취죄

1) 타인이 점유하는 자기소유물에 대한 준강도죄이다(목적범).

2) 기수와 미수의 구별에 대해서는 준강도죄와 동일한 견해의 대립이 있다.

2. 강제집행면탈죄

> **제327조(강제집행면탈)**
> 강제집행을 면할 목적으로 재산을 은닉, 손괴, 허위양도 또는 허위의 채무를 부담하여 채권자를 해한 자는 3년 이하의 징역 또는 1,000만 원 이하의 벌금에 처한다.

(1) 성 격

국가의 강제집행권이 발동될 단계에 있는 채권자의 채권을 보호법익으로 하는 독립된 구성요건으로서, 피해자의 점유를 요건으로 하지 않으며 다른 권리행사방해죄가 적용되지 않는 경우에만 보충적으로 적용된다.

(2) 객관적 구성요건

1) 행위주체: 채무자에 국한되지 않고, 채무자 이외의 제3자(법인의 기관, 자연인의 대리인 등)도 주체가 될 수 있다(통설).

2) 행위의 객체: 재산

재산에는 재물 이외의 권리도 포함되며(권리집행방해죄와 구별), 재산은 채무자 자신의 재산이어야 한다. 또한 본죄의 성질상 재산은 민사소송법상 강제집행의 대상이 될 수 있는 것이어야 한다.

3) 행 위: 재산을 은닉, 손괴, 허위양도 또는 허위의 채무를 부담하여 채권자를 행하는 것

① 은 닉

(i) 강제집행권자에 대해서 재산의 발견을 불가능 또는 곤란하게 만드는 것이다.

(ii) 재산의 소유관계를 불명하게 하는 것도 이에 해당한다.

◆ 판 례 ◆

<강제집행면탈죄에서 재산의 은닉에 해당한다고 본 사례>……① 다른 채권자의 강제집행을 면할 목적으로 선순위가등기권자와 모의하여 그자 앞으로 소유권이전의 본등기를 한 경우도 은닉에 해당한다.(대판 1983.5.10)

② 강제집행면탈죄에 있어서 재산의 은닉이라 함은 재산의 소유관계를 불명케 하는 행위도 포함하는 것이므로, 채권자에 의하여 압류된 채무자 소유의 유체동산을 채무자의 모(母) 소유인 것으로 사칭하면서 모의 명의로 제3자 이의의 소를 제기하고, 집행정지결정을 받아 그 집행을 저지하였다면 이는 재산을 은닉한 경우에 해당한다.(대판 1992.12.8. 92도1653)

② 허위양도

(i) 양도의사가 없음에도 표면상 양도형식을 취하여 소유명의를 변경하는 것이다.

(ii) 진실한 채무를 부담하고 진실한 양도를 한 경우에는 강제집행면탈의 목적
이 있어도 본죄를 구성하지 않는다.

◆ 판 례 ◆

　　<진의에 의한 양도의 경우 강제집행면탈죄의 성부>······강제집행면탈죄에 있
어서 허위양도라 함은 실제로 양도의 진의가 없음에도 불구하고 표면상 양도
의 형식을 취하여 재산의 소유명의를 변경시키는 것으로서 진의에 의한 양도
인 이상 양도가 강제집행면탈의 목적으로 이루어지고 채권자의 불이익을 초래
하는 결과가 되었다고 하더라도 강제집행면탈죄의 허위양도에는 해당되지 않는
다.(대판 1982.7.27. 80도382)

③ 허위의 채무부담

(i) 채무가 없음에도 채무를 부담한 것처럼 가장하는 것이다.

(ii) 가등기를 해 준 것만으로는 아직 채무를 부담한 것으로 볼 수 없다(판례).

◆ 판 례 ◆

　　<가등기와 강제집행면탈죄>······피고인이 타인에게 채무를 부담하고 있는 양
가장하는 방편으로 피고인 소유의 부동산들에 관하여 소유권이전청구권보전을
위한 가등기를 경료하여 주었다 하더라도 그와 같은 가등기는 원래 순위보전
의 효력밖에 없는 것이므로 그와 같이 각 가등기를 경료한 사실만으로는 피고
인이 강제집행을 면탈한 목적으로 허위채무를 부담하여 채권자를 해한 것이라
고 할 수 없다.(대판 1987.8.18. 87도1260)

④ 채권자를 해할 위험성이 있으면 충분하고 현실적으로 채권자를 해할 것을 요
하지 않는다(추상적 위험범).

◆ 판 례 ◆

<강제집행면탈죄에서 채권자를 해한다는 의미─추상적 위험범>……① 강제집행면탈죄는 위태범이므로 허위의 채무를 부담한다는 것은 채무가 없으면서도 있는 것처럼 가장하는 것을 말하고 이로 인하여 채권자를 해할 위험이 있으면 되는 것이지 반드시 채권자를 해하는 결과가 있어야 하는 것은 아니다.(대판 1989.5.23. 88도343)

② 피고인이 강제집행을 면할 목적으로 허위채무를 부담하고 근저당권설정등기를 경료하여 줌으로써 채권자를 해하였다고 인정된다면 설혹 피고인이 그 근저당권이 설정된 부동산 외에 약간의 다른 재산이 있더라도 강제집행면탈죄가 성립된다.(대판 1990.3.23. 89도2506)

③ 형법 제327조의 강제집행면탈죄는 위태범으로서 현실적으로 민사소송법에 의한 강제집행 또는 가압류·가처분의 집행을 받을 우려가 있는 객관적인 상태 아래, 즉 채권자가 본안 또는 보전소송을 제기하거나 제기할 태세를 보이고 있는 상태에서 주관적으로 강제집행을 면탈하려는 목적으로 재산을 은닉, 손괴, 허위양도하거나 허위의 채무를 부담하여 채권자를 해할 위험이 있으면 성립하는 것이고, 반드시 채권자를 해하는 결과가 야기되거나 행위자가 어떤 이득을 취하여야 범죄가 성립하는 것은 아니며, 현실적으로 강제집행을 받을 우려가 있는 상태에서 강제집행을 면탈할 목적으로 허위의 채무를 부담하는 등의 행위를 하는 경우에는 달리 특별한 사정이 없는 한 채권자를 해할 위험이 있다고 보아야 한다.(대판 1996.1.26. 95도2526)

4) 강제집행을 받을 객관적 상황
① 민사소송에 의한 강제집행·가압류·가처분 등의 집행을 받을 구체적 염려가 있는 상태이다(국세징수법의 체납처분, 민사소송법상의 경매 등은 제외).
② 현실적인 민사소송의 제기나 강제집행 등의 개시가 없더라도, 채권확보를 위한 소송제기의 기세를 보인 경우에는 이러한 객관적 상황의 존재를 인정할 수 있다(판례).
③ 강제집행을 받을 객관적 상황이 존재하지 않을 경우에는 강제집행을 면할 목적으로 허위양도 등의 행위를 하여도 본죄를 구성하지 아니한다.

◆ 판 례 ◆

　　<강제집행을 당할 구체적인 위험이 있는 상태>……① 강제집행면탈죄는 강
제집행을 당할 구체적인 위험이 있는 상태에서 재산을 은닉, 손괴, 허위양도
또는 허위의 채무를 부담하여 채권자를 해할 때 성립된다 할 것이고, 여기서
**집행을 당할 구체적인 위험이 있는 상태란 채권자가 이행청구의 소 또는 그
보전을 위한 가압류, 가처분신청을 제기하거나 제기할 기세를 보인 경우를 말
한다.**(대판 1986.10.28. 86도1553)

　　② 채권자가 채권확보를 위하여 소송을 제기할 듯한 기세를 보이자 채무자
가 강제집행을 면할 목적으로 자기재산을 타인에게 허위양도한 경우에 **구체
적으로 강제집행이 사실상 일어나고 있었던 것이 아니었어도 강제집행면탈죄
가 성립**한다.(대판 1973.10.31. 73도384)

(3) 주관적 구성요건

　고의 이외에 강제집행면탈의 목적이 있어야 한다(목적범). 그러나 목적범의 본질
상 목적달성 여부는 본죄의 성립에 영향을 미치지 아니한다.

◆ 판 례 ◆

　　<강제집행면탈죄에서의 목적>……강제집행면탈죄가 성립되려면 행위자의 주
관적인 강제집행을 면탈하려는 의도가 객관적으로 강제집행을 당할 급박한 상
태하에서 나타나야 한다.(대판 1979.9.11. 79도436)

제❷편
사회적 법익에 관한 죄

제1장
공공의 안전과 평온에 관한 죄

제1절 공안을 해하는 죄

※ 공안을 해하는 죄의 본질에 관해서는 (ⅰ) 공공의 안전 또는 공공의 평온을 보호하기 위한 사회적 법익에 대한 범죄라고 해석하고 있으나, (ⅱ) 소수설은 전시 공수계약불이행죄와 공무원자격사칭죄는 국가의 기능을 보호하기 위한 국가적 법익에 대한 죄라는 견해가 있다(이재상).

Ⅰ. 범죄단체조직죄

제114조(범죄단체의 조직)
① 범죄를 목적으로 하는 단체를 조직하거나 이에 가입한 자는 그 목적한 죄에 정한 형으로 처단한다. 단 형을 감경할 수 있다.
② 병역 또는 납세의 의무를 거부할 목적으로 단체를 조직하거나 이에 가입한 자는 10년 이하의 징역이나 금고 또는 1,500만 원 이하의 벌

금에 처한다.
③ 전 2항의 죄를 범하여 유기의 징역이나 금고 또는 벌금에 처한 자에 대해서는 10년 이하의 자격정지를 병과할 수 있다.

1. 보호법익

범죄행위방지를 통한 사회의 안전이라는 사회적 법익(국가적 법익이 아님)이 보호법익이며, 보호의 정도는 추상적 위험범으로서의 보호이다(통설).

2. 객관적 구성요건

(1) 범　죄
1) 범죄단체조직죄의 범죄에는 형법뿐만 아니라 특별형법에 규정된 것을 포함하여 법적 구성요건을 실현시키는 모든 행위를 의미한다.
2) 국가보안법상의 반국가단체의 구성・가입죄와 같이 단체조직과 가입을 처벌하는 조직범죄나 경범죄처벌법이 적용되는 가벼운 범죄는 제외된다.

◆ 판　례 ◆

<범죄단체조직죄에서 범죄의 의미>……형법 제114조에서 범죄란 법적 구성요건을 실현하는 모든 행위를 의미하는데, 반드시 형법에 규정된 범죄임을 요하지 않고 특별법에 규정된 범죄를 포함하지만, 다만 **단체의 조직과 가입을 처벌하는 조직범죄나 경범죄처벌법이 적용되는 경범은 여기서 제외된다.**(대판 1985. 10.8. 85도1515)

(2) 단　체
1) 범죄단체라 하기 위해서는 **특정다수인이 일정한 목적하에 결합된 '계속적인 결합체'로서 그 단체를 주도하는 '최소한의 통률체제'를 갖추어야** 한다.(대판 1985.10.8. 85도1515)
2) 소매치기를 공모하여 실행행위를 분담하거나 어음사기를 위해 전자제품도매상을 경영하는 것을 가장하여 업무를 분담하는 경우에는 단체라고 할 수 없

다는 것이 판례이다.

◆ 판 례 ◆

＜범죄단체의 단체성을 부정한 사례＞ ……① 피고인이 공소외인 등과 함께 도박개장을 모의한 것만으로는 도박개장에 대한 범죄의 공모는 될지언정 도박개장을 목적으로 한 범죄단체라는 통솔체제를 갖추었다고 인정하기는 어렵다. (대판 1977.12.27. 77도3463)

② 이 사건에서 문제가 된 투자인협회는 1964년 5월경 증권투자인들의 스스로의 권익을 보호하기 위하여 발족한 단체이고, 피고인들이 위 협회의 간부진을 개편하고 각 그 간부 내지 회원이 된 것은, 증권거래소상장 기업체의 주주총회 때마다 소위 총회꾼들이 회의의 진행을 교란하고 이면으로 집행부로부터 금품을 요구하는 사실이 있으므로 이들 총회꾼들을 제거하고, 주주총회를 원활하게 진행케 함으로써 정부시책에 적극 호응함과 동시에 진실한 투자인의 권익보호를 도모할 의도에서였다는 것이므로, 피고인들이 위 협회에 가담한 목적 자체에는 범죄를 목적으로 한 바가 있었다고는 할 수 없고, 다만 위 목적달성을 위한 행동과정에 있어서 그 판시와 같이 일부 총회꾼들의 주주로서 권리행사를 방해한 바가 있었고, 그에 대한 사례조로 각 해당 회사로부터 금품을 수수한 바 있었다고 하더라도 위에서 본 바와 같은 피고인들의 의도가 표면상의 명분 내지 구실에 불과하며 진실한 의도가 범죄행위 자체를 목적으로 한 것으로 인정되지 않는 이상 피고인들의 소위를 범죄단체조직이라고는 할 수 없을 것이다.(대판 1969.8.19. 69도935)

---

(3) 조직 또는 가입: 가입방법은 무제한이며, 조직·가입하면 목적실현과 관계없이 본죄를 구성한다(추상적 위험범).

◆ 판 례 ◆

＜범죄단체조직죄에서 목적범죄의 실행 요부＞ ……형법 제114조 소정의 범죄단체조직죄는 범죄를 목적으로 하는 단체를 조직함으로써 성립하는 것이고 그

후 목적한 범죄의 실행행위를 하였는가 여부는 위 죄의 성립에 영향이 없다. (대판 1975.9.23. 75도2321)

◆ 판 례 ◆

<폭처법상 범죄단체의 수괴의 의미>……폭력행위등처벌에관한법률 4조 1호 소정의 '수괴'라 함은 당해 범죄단체의 우두머리로 단체의 활동을 지휘, 통솔하는 자를 말하는 것으로서 전면에서 단체 구성원의 통솔을 직접 담당하지 않더라도 배후에서 일체의 조직활동을 지휘하거나, 또는 말단 조직원을 지휘, 통솔하는 중간 간부를 통하여 조직활동을 지휘하는 자도 여기에서 말하는 수괴에 해당한다고 할 것이고, 이 경우 수괴는 반드시 1인일 필요가 없고 2인 이상의 수괴가 역할을 분담하여 활동할 수도 있다.(대판 1992.6.23. 92도682)

◆ 판 례 ◆

<폭처법상 범죄단체조직>……① 기존 범죄단체의 두목이 바뀌고 활동 영역과 태양이 변화하였으나 그 조직이 완전히 변경됨으로써 기존의 범죄단체와 동일성이 없는 별개의 단체로 인정될 수 있을 정도에 이르렀다고 볼 수 없다는 이유로 폭력행위등처벌에관한법률 제4조 제1항 소정의 범죄단체의 구성에 해당하지 않는다고 한 원심을 수긍한 사례.(대판 2000.3.24. 2000도102)

② 폭력행위등처벌에관한법률 제4조 소정의 범죄단체는 같은 법 소정의 범죄를 한다는 공동목적하에 특정 다수인에 의하여 이루어진 계속적이고도 최소한의 통솔체제를 갖춘 조직화된 결합체를 의미한다 할 것이므로, 특정 다수인에 의하여 이루어진 계속적이고 통솔체제를 갖춘 조직화된 결합체라 하더라도 그 구성원이 같은 법 소정의 범죄에 대한 공동목적을 갖고 있지 아니하는 한 그 단체를 같은 법 소정의 범죄단체로 볼 수는 없다 할 것이다.(대판 1999.12.10. 99도2936)

3. 주관적 구성요건

본죄는 목적범으로서 고의 이외에 범죄를 범하거나 병역·납세의무를 거부할 목적이 있어야 한다.

Ⅱ. 소요죄

제115조(소요)

다중이 집합하여 폭행, 협박 또는 손괴의 행위를 한 자는 1년 이상 10년 이하의 징역이나 금고 또는 1,500만 원 이하의 벌금에 처한다.

1. 의의·보호법익

다중이 모여 폭행, 협박, 손괴행위를 함으로써 성립하는 필요적 공범으로서, 공공의 안전을 그 보호법익으로 한다(추상적 위험범).

◆ **판 례** ◆

<소요죄의 의의>……소요죄가 성립하기 위해서는 **공공의 안전이 현실적으로 침해된 결과가 발생하였을 것을 요하는 것은 아니다.**(대판 1947.3.25. 4280형상6)

2. 객관적 구성요건

(1) 행위주체: 한 지방의 평온이나 안전을 해할 수 있는 정도의 집합한 다중 자체가 주체가 된다(통설). 다중을 구성하는 개인이라는 견해도 있다(이재상).

(2) 행　위: 다중이 집합하여 폭행, 협박, 손괴하는 것

1) 다중의 집합

다수인이 집합하여 집단을 이루는 것으로서 공동목적의 유무, 조직성 등을 요하

지 아니한다.

2) 폭행·협박·손괴

① 폭행이란 사람 또는 물건에 대한 일체의 유형력의 행사를 의미하는 최광의의 개념이며, 협박은 공포심을 일으키기 위해서 해악을 고지하는 일체의 행위로서 광의의 개념이다.

② 폭행·협박·손괴행위는 적극적이어야 하며, 성질상 공공의 안전을 위협할 수 있을 정도여야 한다. 또한 집합한 다수의 합동력에 의한 행위임을 요하고 단순한 다중 속의 개개인의 행위는 해당하지 않는다.

③ 집합한 폭력적 다중에는 속하였으나 폭행·협박·손괴 등의 행위에는 가담하지 않은 경우에도 본죄를 구성한다.

◆ **판 례** ◆

<소요죄가 인정된 사례>······정당 인사가 군중 5, 6백 명이 운집하고 있음을 보고 구호를 선창하면서 이들과 함께 행진하다가 도중에 지프차 및 승용차의 유리창을 손괴하고 통행인에게 폭행을 가담한 경우에는 소요죄가 인정된다. (대판 1957.6.14. 4290형상34)

---

3. 주관적 구성요건

본죄의 고의는 다중의 합동력을 믿고 스스로 폭행 등을 할 의사, 다중으로 하여금 이를 하게 할 의사 또는 이러한 행위에 가담할 의사인 공동의사를 필요로 한다. 따라서 공동의사 없이 다중이 집합한 때 폭행·협박을 한 경우에는 특수폭행·특수협박죄가 된다(공동의사필요설-통설).

4. 공범규정의 적용문제

① 내부참가자인 다중의 구성원 상호간에 있어서는 가담 정도를 묻지 않고 정범으로 처벌되며 공범규정의 적용이 없다.

② 집단 밖에서 관여한 자에 대해서는 교사·방조의 총칙의 공범규정의 적용이 가능하다.

5. 타죄와의 관계

공무집행방해죄·손괴죄·주거침입죄 등은 본죄에 흡수되나, 살인죄·방화죄·공갈죄 등 본죄보다 법정형이 높은 범죄와는 상상적 경합관계에 선다(다수설).

◆ **판 례** ◆

<다중이 집합하여 폭행·협박·손괴행위를 한 경우와 죄책>……피고인의 행위가 수십 명의 군중과 함께 정치적 구호를 외치며 거리를 진행하는 등 **다중이 집합하여 폭행, 협박, 손괴행위를 한 것이라면 그 행위 자체가 위 포고령 제10호가 금지한 정치목적의 시위를 한 것**이라고 보아야 할 것이니 결국 소요죄와 위 포고령위반죄는 1개의 행위가 동시에 수개의 죄에 해당하는 형법 제40조의 이른바 상상적 경합범의 관계에 있다고 보아야 할 것이다.(대판 1983.6.14. 83도424)

Ⅲ. 다중불해산죄

> **제116조(다중불해산)**
> 폭행, 협박 또는 손괴의 행위를 할 목적으로 다중이 집합하여 그를 단속할 권한이 있는 공무원으로부터 3회 이상의 해산명령을 받고 해산하지 아니한 자는 2년 이하의 징역이나 금고 또는 300만 원 이하의 벌금에 처한다.

1. 의의와 보호법익

소요죄의 예비행위를 규정한 독립된 구성요건으로서, 공공의 평온을 보호법익으로 하는 진정부작위범이다. 이는 소요죄의 예비단계를 독립된 구성요건으로 규정한 것이다.

2. 행　위: 단속할 권한이 있는 공무원으로부터 3회 이상의 해산명령을 받고도 해산하지 않은 것

(1) 해산명령: 법령에 근거하여 내려진 적법한 명령이어야 하며, 3회 이상의 해산명령은 각 명령 사이에 일정한 시간적 간격을 두어야 하므로 이러한 간격 없이 계속하여 시간적 명령을 연발한 경우에는 1회의 해산명령에 지나지 않는다.

(2) 해　산: 집합한 다중의 임의적인 분산을 말한다. 다중이 집합한 채 퇴거하거나 장소를 이동하는 것 또는 죄가 성립한 후 체포를 면하기 위해서 분산·도주하는 것은 해산이 아니다. 다중의 일부만 해산한 경우 해산하지 않는 자에게는 본죄가 성립한다.

(3) 기수 시기: 이 죄의 완성은 최종의 해산명령 시를 기준으로 하므로 4회째 이후의 해산명령을 받고 해산한 경우에는 범죄를 구성하지 아니한다.

3. 소요죄와의 관계

다중불해산죄는 소요죄의 예비단계의 범죄이므로 다중불해산죄가 성립한 후 소요행위로 나아가면 소요죄만이 성립한다.

Ⅳ. 기타의 범죄유형

1. 전시공수계약불이행죄

> **제117조(전시공수계약불이행)**
> ① 전쟁, 천재 기타 사변에 있어서 국가 또는 공공단체와 체결한 식량 기타 생활필수품의 공급계약을 정당한 이유 없이 이행하지 아니한 자는 3년 이하의 징역 또는 500만 원 이하의 벌금에 처한다.
> ② 전항의 계약이행을 방해한 자도 전항의 형과 같다.

① 국가는 형법 제103조(전시군수계약불이행죄)의 정부보다 광의의 개념으로 모

든 정부기관이 포함되며, 공공단체에는 지방조합도 포함된다.

② 정당한 이유 유무는 구체적 사정을 고려하여 사회통념에 따라 결정한다.

2. 공무원자격사칭죄

> **제118조(공무원자격의 사칭)**
> 공무원의 자격을 사칭하여 그 직권을 행사한 자는 3년 이하의 징역 또는 700만 원 이하의 벌금에 처한다.

(1) 의의 및 보호법익

공무원의 자격을 사칭하여 직권을 행사함으로써 성립하는 범죄이며, 국가기능을 담당하는 공무원에 대한 일반인의 신뢰를 그 보호법익으로 한다.

(2) 행 위: 공무원의 자격을 사칭하여 그 직권을 행사하는 것이다.

1) 공무원의 자격사칭: 자격 없는 자가 공무원의 자격을 가진 것처럼 오신케 하는 일체의 행위를 의미하며, 공무원이 다른 공무원의 자격을 사칭하는 것도 포함한다.

2) 사칭한 직권의 행사

㉮ 단순한 사칭에 그치고 직권행사가 없는 경우에는 본죄가 성립하지 않고 단지 경범죄처벌법 위반에 불과하며,

㉯ 행사한 직권이 사칭한 그 공무원의 직권에 속하지 아니한 경우에도 본죄는 성립하지 않고 단순한 경범죄에 해당할 뿐이다.

◆ 판 례 ◆

<행사한 직권이 사칭한 공무원의 직권에 속하지 않는 경우>……① 공무원자격사칭죄가 성립하려면 **어떤 직권을 행사할 수 있는 권한을 가진 공무원임을 지칭하고 그 직권을 행사하는 사실이 있어야 하므로** 피상고인이 전신전화관서의 관계관에게 청와대 민원비서관임을 사칭하여 시외 전화선로고장수리를 하라고 말한 사실이 있다고 하더라도 위와 같은 행위는 **청와대 민원비서관의 직권**

을 행사하는 요건을 갖춘 것이라고 할 수 없다.(대판 1972.12.26. 72도2552)

② 중앙정보부 직원 아닌 자가 중앙정보부 직원을 사칭하고 청와대에 파견된 감사실장인데 사무실에 대통령 사진의 액자가 파손된 채 방치되었다는 사실을 보고받고 나왔으니 자인서를 작성, 제출하라고 말한 행위는 중앙정보부 직원의 직권행사에 해당되지 않는다.(대판 1977.12.13. 77도2750)

③ 경찰서 합동수사반원을 사칭하고 채권을 추심하는 행위는 합동수사반원의 직권행사에 해당하지 않는다.(대판 1981.9.8. 81도1995)

④ 헌병사령부 정보과원을 사칭하고 심문한 경우에, 그 심문 내용이 정보원의 권한범위에 속하지 않는다면 이를 공무원자격사칭죄에 의율함은 위법이다.(대판 1960.11.9. 4293형상592)

제2절 폭발물에 관한 죄

Ⅰ. 폭발물사용죄

> **제119조(폭발물사용)**
> ① 폭발물을 사용하여 사람의 생명, 신체 또는 재산을 해하거나 기타 공안을 문란한 자는 사형, 무기 또는 7년 이상의 징역에 처한다.
>
> ▶ 미수범처벌(제119조 제3항)

1. 의의 및 보호법익

폭발물을 사용하여 타인의 생명, 신체 또는 재산을 침해하거나 기타 공안을 문

란하게 함으로써 성립하는 범죄로서 사람의 생명·신체·재산과 사회의 평온이 그
보호법익이다.

2. 행   위: 폭발물을 사용하여 공안을 문란케 하는 것

(1) 폭발물의 사용: 폭발물을 그 용법에 따라 폭발시키거나 폭발할 수 있는 상태
   에 두는 행위를 말한다. 화염병의 사용은 이에 해당하지 않는다.

(2) 공안의 문란: 한 지방의 법질서를 교란할 정도에 이르는 것을 말하며(구체적
   위험범), 생명·신체·재산을 침해하는 것은 그 예시에 지나지 않는다.

Ⅱ. 기타의 범죄유형

1. 전시폭발물사용죄

> **제119조(폭발물사용)**
> ② 전쟁, 천재 기타 사변에 있어서 전항의 죄를 범한 자는 사형 또는 무
> 기징역에 처한다.
>
> ▶ 미수범처벌(제119조 제3항)

2. 폭발물사용 예비·음모·선동죄

> **제20조(예비, 음모, 선동)**
> ① 전조 제1항, 제2항의 죄를 범할 목적으로 예비 또는 음모한 자는 2년
> 이상의 유기징역에 처한다. 단 그 목적한 죄의 실행에 이르기 전에 자
> 수한 때에는 그 형을 감경 또는 면제한다.
> ② 전조 제1항, 제2항의 죄를 범할 것을 선동한 자도 전항의 형과 같다.

(1) 선 동: 타인이 정당한 판단력을 잃도록 하여 범죄실행결의를 하도록 하거나 또는 이미 결의한 내용을 더욱 조장하는 것으로, 상대방의 현실적 결의를 요하지 않는다는 점에서 교사와 구별된다.

(2) 예비·음모 등에 대해서 교사·방조규정을 적용할 수 있는가에 대해서, 판례는 예비죄의 공동정범은 인정하나 예비죄의 공범은 부정한다.

3. 전시폭발물 제조·수입·수출·수수·소지죄

> **제121조(전시폭발물 제조 등)**
> 전쟁 또는 사변에 있어서 정당한 이유 없이 폭발물을 제조, 수입, 수출, 수수 또는 소지한 자는 10년 이하의 징역에 처한다.

폭발물사용예비죄에 해당하는 성질의 것을 형법이 독자적 구성요건으로 규정한 것이다. 목적범이 아니다.

제3절 방화와 실화의 죄

I. 현주건조물방화죄

> **제164조(현주건조물 등에의 방화)**
> ① 불을 놓아 사람이 주거로 사용하거나 사람이 현존하는 건축물, 기차, 전차, 자동차, 선박, 항공기 또는 광갱을 소훼한 자는 무기 또는 3년 이상의 징역에 처한다.
>
> ▶ 미수범처벌(제174조)

1. 의 의

사람이 주거로 사용하거나 사람이 현존하는 건조물 등에 불을 놓아 소훼함으로써 성립하는 범죄이다.

2. 보호법익과 보호의 정도

(1) 보호법익

1) 공공위험범설: 자기소유물에 대한 방화가 처벌되고 방화죄가 일반 재산죄와 분리되어 규정되었음을 근거로 재산권은 방화죄의 보호법익이 아니며, 사회적 법익인 공공의 안전·평온만이 방화죄의 보호법익이라는 견해(이재상)

2) 이중성격설: 목적물의 재산적 귀속에 따라 방화죄의 구성요건과 법정형을 달리하며 소훼라는 재산침해의 결과를 요한다는 점에서 방화죄는 기본적으로 공공위험범이지만, 부차적으로는 개인의 재산권도 보호법익으로 하고 있다는 견해(통설·판례)

3) 이원설: 방화죄는 공공의 안전을 보호법익으로 하는 공공위험죄이지만, 타인소유의 건조물 또는 물건에 대한 방화죄는 손괴죄에 대한 가중적 구성요건이라는 견해

◆ 판 례 ◆

<방화죄의 보호법익>……형법 제164조 전단의 현주건조물방화죄는 공중의 생명, 신체, 재산 등에 대한 위험을 예방하기 위하여 **공중의 안전을 그 제1차적인 보호법익으로 하고 제2차적으로는 개인의 재산권을 보호법익으로 하고** 제2차적으로는 개인의 재산권을 보호하는 것이라고 할 것이지만 여기서 공공에 대한 위험은 구체적으로 그 결과가 발생됨을 요하지 아니하는 것이고 **이미 현주건조물에의 점화가 독립연소의 정도에 이르면 동죄는 기수에 이르게 된다.**(대판 1983.1.18. 82도2341)

(2) 보호의 정도

추상적 위험범	구체적 위험범
• 현주건조물 등 방화죄(제164조) • 공용건조물 등 방화죄(제165조) • 타인소유 일반건조물 등 방화죄 　(제166조 제1항) • 제166조 제1항에 대한 실화죄 　(제170조 제1항) • 공공용 가스·전기 등 공급방해죄 　(제173조 제2항)	• 자기소유 일반건조물 등 방화죄(제166조 제2항) • 일반물건 방화죄(제167조) • 제167조에 대한 실화죄(제170조 제2항) • 폭발성물건파열죄(제172조) • 가스·전기 등 공급방해죄(제173조 제1항) • 가스·전기 등 방류죄(제172조의2)

3. 행위객체

(1) 사람이 주거에 사용함

1) 사람이란 동물 이외의 모든 자연인을 의미하므로 범인이 혼자 살고 있는 집에 방화한 때에는 일반건조물방화죄(제166조)에 해당하나, 자기소유 주택이어도 가족과 함께 사는 집에 방화한 때에는 본죄가 성립한다.

◆ **판 례** ◆

　<현주건조물방화죄에서 '사람'의 의미>……현주건조물 등의 방화죄에 있어서 사람의 주거에 사용하거나 사람의 현존하는 건조물이란 행위 **당시 피고인 이외의 사람이 주거로 사용하거나 피고인 이외의 사람이 현재하는** 건조물을 말하므로 그 범죄사실을 적시함에 있어서는 당시 피고인 이외의 사람이 주거로 사용하였거나 그 건조물에 현재하였음을 명시하여야 한다.(대판 1948.3.19. 4281형상5)

---

2) 사실상 주거에 사용되는 한 방화 시에 사람의 현존을 요하지 않으며, 주거에 사용하지 않는 건조물 등에 한하여 후술하는 사람의 '현존'을 요한다.

◆ **판 례** ◆

<사람의 주거에 사용되는 건조물>……축사에 방화를 하였더라도 그 축사가 사람이 주거로 사용하는 건조물의 일부라면 현주건조물방화에 해당한다.(대판 1967.8.29. 67도925)

(2) 사람이 현존함: 방화 당시에 건조물 등의 내부에 범인 이외의 자가 존재하는 것을 말하며, 사람이 존재하는 한 주거사용의 여부는 묻지 아니한다.

(3) 건조물
1) 반드시 사람의 주거용이어야 하는 것은 아니고 사람이 현존할 수 있는 것이면 족하지만 어느 정도 지속성을 가지고 토지에 정착한 것이어야 한다.
2) 토막굴, 방갈로, 천막, 건조물의 부속물 등은 이에 해당할 수 있으나, 가옥에 붙어 있지 않은 축사 등은 제외된다.
3) 본죄의 건조물은 주거침입죄의 그것과 반드시 일치하는 것은 아니다.

4. 행 위: 불을 놓아 건조물 등을 소훼하는 것
(1) 방 화: 방화방법은 무제한이며, 부작위에 의해서도 가능하다. 직접 목적물에 방화하건 매개물을 이용하여 방화하건 불문하므로, 매개물에 발화되면 목적물에 불이 붙지 않더라도 실행의 착수가 인정되어 본죄의 미수가 성립한다.
(2) 소 훼: 화력에 의한 목적물의 손괴를 의미하는데 어느 정도 손괴가 있어야 소훼로 보는가에 대해서는 학설이 대립한다(소훼 시에 기수가 되므로 이는 방화죄의 기수 시기에 대한 논의가 된다).

학 설		내 용	논거 및 비판
독립연소설 (판례)		① 불이 매개물을 떠나 목적물에 독립하여 연소할 수 있는 상태에 이르렀을 때에 기수가 됨 ② 목적물 자체에 불이 붙은 것을 요함	방화죄가 공공위험죄인 점을 중시하여 기수 시기도 공공의 위험을 야기할 때를 기준으로 하여 결정
효용상실설 (다수설)		화력에 의하여 목적물의 중요 부분이 소실되어 그 효용이 상실된 때에 기수가 됨	① 독일형법과 달리 불을 놓은 것 이외에 소훼를 요한다는 봄 ② 공공위험죄의 일수죄와 폭발물파열죄에 있어서의 침해 또는 손괴와 통일된 해석을 기한다는 점 ③ 재산죄적 성격을 지나치게 강조하여 손괴죄에서 요구하지 않는 중요 부분의 효용상실, 즉 파괴를 요구하는 잘못을 범하고 있음
절충설	중요 부분연소개시설	① 목적물의 중요 부분에 연소가 개시되었을 때 기수가 됨 ② 독립연소설을 기초로 하여 독립연소의 가능성으로는 족하지 않고 목적물의 중요 부분에 연소가 개시되어 공공의 위험이 인정될 수 있는 경우에 기수가 됨	① 독립연소설에 의하여 기수의 범위가 지나치게 확대되는 것을 제한하려 함 ② 독립연소설을 다른 말로 표현한 것에 불과하다는 비판이 있음
	일부 손괴설	① 손괴죄에 있어서의 손괴의 정도, 즉 목적물의 일부분의 손괴가 있을 때 기수가 됨 ② 효용상실설을 기초로 하여 효용상실을 요하지 않고 일부의 손괴로 족하다고 절충하는 태도	① 공공의 위험의 발생과 소훼 시기를 일치시킬 필요가 없다는 점 ② 방화죄의 재산죄적 성격을 도외시해서는 안 됨 ③ 공공위험죄로서의 본질을 무시한 채 방화죄를 손괴죄와 같이 취급하는 잘못을 범하고 있음

◆ 판 례 ◆

<방화죄의 기수 시기-독립연소설>……방화죄는 **화력이 매개물을 떠나 스스로 연소할 수 있는 상태에 이르렀을 때에 기수가 되고** 반드시 목적물의 중요 부분이 소실하여 그 본래의 효용을 상실한 때라야만 기수가 되는 것이 아니라고 할 것이다.(대판 1970.3.24. 70도330)

5. 주관적 구성요건

고의를 요한다. 따라서 목적물이 주거에 사용되지 않거나 사람이 현존하지 않는 것으로 오인한 경우는 구성요건적 착오로 고의를 조각한다.

6. 방화죄와 피해자의 승낙

현주건조물방화의 경우 거주자의 동의가 있으면 일반건조물방화가 되고, 타인의 물건에 대한 방화는 자기의 물건에 대한 방화가 된다는 것이 통설이다. 왜냐하면 방화죄는 공공위험범인 동시에 재산죄의 성격을 갖고 거주자가 동의한 때에는 더 이상 사람이 현존한다고 할 수 없기 때문이다.

7. 죄수와 타죄와의 관계

(1) 죄수결정의 기준: 행위객체의 수가 아니라, 공공의 안전이라는 통일된 상위의 보호법익을 기준으로 한다(김일수).

(2) 1개의 방화행위로 적용법조를 달리하는 수개의 건조물과 물건을 소훼한 때에는 가장 중한 적용법조에 해당하는 포괄일죄가 된다.

Ⅱ. 기타의 범죄유형

1. 현주건조물 등 방화치사상죄

제164조(현주건조물 등에의 방화)
② 제1항의 죄를 범하여 사람을 상해에 이르게 한 때에는 무기 또는 5년 이상의 징역에 처한다. 사망에 이르게 한 때에는 사형, 무기 또는 7년 이상의 징역에 처한다.

본죄는 사상의 결과에 대해서 고의가 있는 경우에도 성립하는 부진정결과적 가중범이다(통설·판례).

◆ 판 례 ◆

<현주건조물방화치사죄-부진정결과적 가중범>······① 형법 제164조 후단의 현주건조물방화치사상죄는 그 전단에 규정하는 죄에 대한 일종의 가중처벌규정으로서 불을 놓아 사람의 주거에 사용하거나 사람이 현존하는 건조물을 소훼함으로 인하여 사람을 사상에 이르게 한 때에 성립되며 **동 조항이 사형, 무기 또는 7년 이상의 징역의 무거운 법정형을 정하고 있는 취의에 비추어 보면 과실이 있는 경우뿐만 아니라 고의가 있는 경우도 포함된다**고 볼 것이므로, 현주건조물에 있는 사람을 강타하여 실신케 한 후 동 건조물에 방화하여 소사케 한 피고인을 현주건조물에의 방화죄의 상상적 경합으로 의율할 것은 아니다.[12](대판 1983.1.18. 82도2341)

② 형법 제164조 후단이 규정하는 현주건조물방화치사상죄는 그 전단이 규정하는 죄에 대한 일종의 가중처벌규정으로서 과실이 있는 경우뿐만 아니라, 고의가 있는 경우에도 포함된다고 볼 것이므로 **사람을 살해할 목적으로 현주건조물에 방화하여 사망에 이르게 한 경우에는 현주건조물방화치사죄로 의율하여야 하고 이와 더불어 살인죄와의 상상적 경합범으로 의율할 것은 아니며**, 다만 존속살인죄와 현주건조물방화치사죄는 상상적 경합범 관계에 있으므로, 법정형이 중한 존속살인죄로 의율함이 타당하다.[13](대판 1996.4.26. 96도485)

③ 형법 제164조 전단의 현주건조물에의 방화죄는 공중의 생명, 신체, 재산 등에 대한 위험을 예방하기 위하여 공공의 안정을 그 제1차적인 보호법익으로 하고 제2차적으로는 개인의 재산권을 보호하는 것이라고 할 것이지만, 여기서 공공에 대한 위험은 구체적으로 그 결과가 발생됨을 요하지 아니하는 것이고 이미 현주건조물에의 점화가 독립연소의 정도에 이르면 동 죄는 기수에 이르러 완료되는 것인 한편 살인죄는 일신전속적인 개인적 법익을 보호하는 범죄이므로, 이 사건에서와 같이 설사 사람이 현존하는 건조물에 그 사람을 살해하기 위하여 방화한 경우라 할지라도 방화 후 불에 타고 있는 집에서 빠져 나오려는 이 사건 피해자들을 막아 소사케 한 행위는 1개의 행위가 수개의 죄명에 해당하는 경우라고 볼 수 없고, 위 방화행위와 살인행위는 법률상 별개의 범의에 의해 별개의 법익을 해하는 별개의 행위라고 할 수밖에 없다.(대판 1983.1.18. 82도2341)

2. 공용건조물 등 방화죄

> **제165조(공용건조물 등에의 방화)**
> 불을 놓아 공용 또는 공익에 공하는 건조물, 기차, 전차, 자동차, 선박, 항공기 또는 광갱을 소훼한 자는 무기 또는 3년 이상의 징역에 처한다.

(1) 성 격: 일반물건방화죄에 대한 가중적 구성요건으로서 추상적 위험범이다.

(2) '공용 또는 공익에 공한다': 반드시 관공서로서 사용하는 것만을 의미하지 않고, 그 건조물 등의 소유권이 누구에게 속하는가도 불문하며, 국가·공공단체의 이익을 위한 사용 또는 일반 공중의 이익을 위한 사용을 의미한다.

(3) 사람이 주거로 사용하거나 목적물에 사람이 현존하는 경우에는 현주건조물방화죄가 성립한다.

3. 일반건조물 등 방화죄

> **제166조(일반건조물 등에의 방화)**
> ① 불을 놓아 전 2조에 기재한 이외의 건조물, 기차, 전차, 자동차, 선박, 항공기 또는 광갱을 소훼한 자는 2년 이상의 유기징역에 처한다.
> ② 자기소유에 속하는 제1항의 물건을 소훼하여 공공의 위험을 발생하게 한 자는 7년 이하의 징역 또는 1,000만 원 이하의 벌금에 처한다.
>
> ▶ 미수범처벌(제174조) ▶ 제176조(타인의 권리대상이 된 자기의 물건)

(1) 성 격: 타인소유의 일반건조물 등에의 방화(제166조 제1항)는 추상적 위험범이나 자기소유의 일반건조물 등에의 방화(제166조 제2항)는 구체적 위험범이다.

(2) '공공의 위험': 불특정 또는 다수인의 생명·신체·재산에 대한 침해가능성을 말하며, 그 판단기준은 단순한 물리적 침해가능성뿐만 아니라 사회적·심리적 기준도 포함해야 한다.

---

12) 현주건조물방화치사죄만 성립한다.

13) 이제는 형법개정으로 존속살인죄와 현주건조물방화치사죄의 법정형이 동일해졌으므로, 이 경우에도 현주건조물방화치사죄만 성립한다고 본다.

(3) 타인소유로 간주되는 자기의 물건: 자기의 소유에 속하는 물건이라도 압류, 기타 강제처분을 받거나 타인의 권리 또는 보험의 목적물이 된 때에는 타인소유의 일반건조물방화죄가 성립한다(제176조).

(4) 공범자소유의 건조물, 소유자가 방화에 동의한 건조물, 무주물을 방화하여 소훼한 경우에는 자기소유로 간주되므로 자기소유의 일반건조물방화죄가 성립한다.

4. 일반물건방화죄

> **제167조(일반물건에의 방화)**
> ① 불을 놓아 전 3조에 기재한 이외의 물건을 소훼하여 공공의 위험을 발생하게 한 자는 1년 이상 10년 이하의 징역에 처한다.
> ② 제1항의 물건이 자기의 소유에 속한 때에는 3년 이하의 징역 또는 700만 원 이하의 벌금에 처한다.
>
> ▶ 제176조(타인의 권리대상이 된 자기의 물건)

일반물건방화죄는 자기소유·타인소유를 불문하고 모두 구체적 위험범이다. 따라서 공공의 위험을 발생시키지 않은 경우에는 본죄가 성립하지 않고, 미수범처벌규정도 없으므로 타인소유물인 경우에 재물손괴죄가 성립할 뿐이다.

5. 연소죄

> **제168조(연소)**
> ① 제166조 제2항 또는 전조 제2항의 죄를 범하여 제164조, 제165조 또는 제166조 제1항에 기재한 물건에 연소한 때에는 1년 이상 10년 이하의 징역에 처한다.
> ② 전조 제2항의 죄를 범하여 전조 제1항에 기재한 물건에 연소한 때에는 5년 이하의 징역에 처한다.

(1) 성 격: 자기소유 건조물 또는 물건에 대한 방화가 확대되어 현주건조물이나 공용 또는 타인소유의 건조물·물건에 연소한 경우를 처벌하는 결과적 가중

범이다.

(2) 연소죄는 자기소유물의 방화에 대한 결과적 가중범이나, 기본범죄가 기수에
이르러야만 성립할 수 있다. 왜냐하면 자기소유물에 대한 방화죄의 미수를
처벌하는 규정이 없기 때문이다.

Ⅲ. 준방화죄

1. 진화방해죄

> **제169조(진화방해)**
> 　화재에 있어서 진화용의 시설 또는 물건을 은닉 또는 손괴하거나 기타
> 방법으로 진화를 방해한 자는 10년 이하의 징역에 처한다.

(1) 화재 시: 공공의 위험이 발생할 정도의 연소상태가 있는 경우를 말하며, 방
화·실화·천재지변 등 그 원인은 불문한다.

(2) 진화용시설 또는 물건: 원래 소방용으로 제작된 물건으로 누구의 소유이든
상관없다.

(3) 행　위: 진화용시설물을 은닉, 손괴하거나 기타의 방법으로 진화를 방해하는
행위로 작위·부작위를 불문한다. 그러나 단순한 소화협력요구에 대한 불응
은 경범죄처벌법에 해당할 뿐이다.

(4) 부작위에 의한 방화와 부작위에 의한 진화방해의 구별: 부작위에 의한 진화
방해는 화재 시에만 가능하고 소화활동에 종사해야 할 보증인적 지위에 있
는 자가 진화를 방해하는 것이고(예: 소방관 등의 진화의무 있는 자가 화재
보고를 하지 않아 진화를 방해하는 경우), 부작위에 의한 방화는 화재 전후
를 불문하고 가능하며 화기관리자로서 소화의무에 반하여 화재를 이용하여
소훼케 하는 것이다.

2. 폭발성물건파열죄

제172조(폭발성물건파열)

① 보일러, 고압가스 기타 폭발성 있는 물건을 파열시켜 사람의 생명, 신체 또는 재산에 대하여 위험을 발생시킨 자는 1년 이상의 유기징역에 처한다.

▶ 미수범처벌(제174조)

---

(1) 보호법익과 보호의 정도: 공공의 안전과 공공 및 개인의 재산이 본죄의 보호법익이며, 보호의 정도는 구체적 위험범으로서의 보호이다.

(2) 파　열: 물체의 급속한 팽창력을 이용하여 폭발에 이르게 하는 것이다.

(3) 객　체: 화약과 총포는 여기의 폭발성물건이 아니다.

3. 폭발성물건파열치사상죄

제172조(폭발성물건파열)

② 제1항의 죄를 범하여 사람을 상해에 이르게 한 때에는 무기 또는 3년 이상의 징역에 처한다. 사망에 이르게 한 때에는 무기 또는 5년 이상의 징역에 처한다.

폭발성물건파열죄의 결과적 가중범이다.

4. 가스·전기 등 방류죄

제172조의2(가스·전기 등 방류)

① 가스·전기·증기 또는 방사선이나 방사성 물질을 방출·유출 또는 살포시켜 사람의 생명·신체·재산에 대하여 위험을 발생시킨 자는 1년 이상 10년 이하의 징역에 처한다.

▶ 미수범처벌(제174조)

타인의 생명·신체·재산에 대해서 구체적 위험이 발생한 때 기수가 된다(구체적 위험범). 공공의 위험 발생을 요하지 않는다.

5. 가스·전기 등 방류치사상죄

> **제172조의2(가스·전기 등 방류)**
> ② 제1항의 죄를 범하여 사람을 상해에 이르게 한 때에는 무기 또는 3년 이상의 징역에 처한다. 사망에 이르게 한 때에는 무기 또는 5년 이상의 징역에 처한다.

가스·전기 등 방류죄의 결과적 가중범이다.

6. 가스·전기 등 공급방해죄

> **제173조(가스·전기 등 공급방해)**
> ① 가스·전기 또는 증기의 공작물을 손괴 또는 제거하거나 기타 방법으로 가스·전기 또는 증기의 공급이나 사용을 방해하여 공공의 위험을 발생하게 한 자는 1년 이상 10년 이하의 징역에 처한다.
> ② 공공용의 가스, 전기 또는 증기의 공작물을 손괴 또는 제거하거나 기타 방법으로 가스, 전기 또는 증기의 공급이나 사용을 방해한 자도 전항의 형과 같다.
> ③ 제1항 또는 제2항의 죄를 범하여 사람을 상해에 이르게 한 때에는 2년 이상의 유기징역에 처한다. 사망에 이르게 한 때에는 무기 또는 3년 이상의 징역에 처한다.

① 제173조 제1항은 구체적 위험범이나, 객체가 공공용의 가스 등인 제173조 제2항은 추상적 위험범이다.
② 제173조 제3항은 제1항과 제2항의 결과적 가중범이다.

IV. 방화 등 예비·음모

> **제175조(예비·음모)**
>
>   제164조 제1항(현주건조물 등 방화죄), 제165조(공용건조물 등 방화죄), 제166조 제1항(타인소유일반건조물 등 방화죄), 제172조 제1항(폭발성물건파열죄), 제172조의2 제1항(가스·전기 등 방류죄), 제173조 제1항과 제2항의 죄(가스·전기 등 공급방해죄)를 범할 목적으로 예비 또는 음모한 자는 5년 이하의 징역에 처한다. 단 그 목적한 죄의 실행에 이르기 전에 자수한 때에는 형을 감경 또는 면제한다.

V. 실화죄

1. 단순실화죄

> **제170조(실화)**
>
>   ① 과실로 인하여 제164조 또는 제165조에 기재한 물건 또는 타인의 소유에 속하는 제166조에 기재한 물건을 소훼한 자는 1,500만 원 이하의 벌금에 처한다.
>   ② 과실로 인하여 자기의 소유에 속하는 제166조 또는 제167조에 기재한 물건을 소훼하여 공공의 위험을 발생하게 한 자도 전항의 형과 같다.

① 현주건조물실화·공용건조물실화·타인소유일반건조물실화죄는 추상적 위험범이고, 자기소유일반건조물실화·일반물건실화죄는 구체적 위험범이다.

② 제170조 제2항에서 말하는 '자기의 소유에 속하는 제166조 또는 제167조에 기재한 물건'이라 함은 '자기의 소유에 속하는 제166조에 기재한 물건 또는 자기의 소유에 속하든 타인의 소유에 속하든 불문하고 제167조에 기재한 물건'을 의미하는 것이다(판례).

━━━━━━━━━━━━━━━━━━━━━━━━ ◆ 판 례 ◆ ━━━

　　<형법 제170조 2항의 자기소유에 속하는 물건의 의미>······형법 제170조 제2
항에서 말하는 '자기의 소유에 속하는 제166조 또는 제167조에 기재한 물건'
이라 함은 '자기의 소유에 속하는 제166조에 기재한 물건 또는 자기의 소유
에 속하든, 타인의 소유에 속하든 불문하고 제167조에 기재한 물건'을 의미하
는 것이라고 해석하여야 하며, ······관련 조문을 전체적·종합적으로 해석하는
방법일 것이고, 이렇게 해석한다고 하더라도 그것이 법규정의 가능한 의미를
벗어나 법형성이나 법창조행위에 이른 것이라고는 할 수 없어 죄형법정주의
의 원칙상 금지되는 유추해석이나 확장해석에 해당한다고 볼 수는 없을 것이
다.[14](대결[全合] 1994.12.20. 94모32)

2. 업무상 실화 · 중실화죄

┌───┐
│ 제171조(업무상 실화, 중실화)
│ 　　업무상 과실 또는 중대한 과실로 인하여 제170조의 죄를 범한 자는 3년
│ 이하의 금고 또는 2,000만 원 이하의 벌금에 처한다.
└───┘

여기에서 업무란 성질상 화재의 위험이 항상 수반되는 업무를 말한다(예: 주유
소, 가스관련업소, 화재경비 등의 업무).

━━━━━━━━━━━━━━━━━━━━━━━━ ◆ 판 례 ◆ ━━━

　　<중실화죄에서의 중과실의 의미>······① 형법 제171조가 정하는 중실화는 행
위자가 극히 작은 주의를 함으로써 결과 발생을 예견할 수 있었는데도 부주의
로 이를 예견하지 못하는 경우를 말한다.(대판 1988.8.23. 88도855)
　　②성냥불이 꺼진 것을 확인하지 아니한 채 플라스틱 휴지통에 던진 것이
중대한 과실에 해당한다.(대판 1993.7.27. 93도135)

────────────────────

14) '자기의 소유에 속하는'이라는 말은 '제166조 또는 제167조에 기재한 물건'을 한꺼번에
　　수식하는 것으로 볼 수밖에 없다는 것이 소수의견이다. 이에 의하면 甲은 실화죄로 처
　　벌할 수 없어 무죄가 된다.

◆ 판 례 ◆

<업무상 과실로 인한 실화를 인정한 사례>……호텔을 경영하는 피고인들이 오보가 잦다는 이유로 자동화재조기탐지 및 경보설비인 수신기의 지구경종 스위치를 내려 끈 채 그 위를 스카치테이프로 봉하여 버리고 종업원 등으로 하여금 영업상 미관을 해친다는 이유로 매일 06:00경부터 24:00까지 나무받침대로 이를 고정시키는 방법으로 각 층에 시설된 갑종방화문을 열어 두게 하고 옥외 피난계단으로 통하는 을종방화문(비상문)은 도난방지 등의 이유로 그 문에 부착된 철판고리를 건물에 부착된 장쇠에 끼워 넣는 방법으로 걸어 두어 비상시 긴급탈출자가 위 철판고리를 벗기지 아니한 채 그대로 밀면 열려지지 아니하여 피난구로서의 소임을 다하지 못하게 하였다면, 피고인 등의 주의의무 해태는 결과적으로 건물의 화재발생 시에 있어서 숙박객 등에게 신속하게 화재를 알릴 수 없게 되고 발화지점에서의 상, 하층 등에의 연소방지를 미흡하게 하고 또 숙박객 등을 비상구를 통해 신속하게 옥외로 대피시키지 못하게 하는 것임은 경험상 명백하다 할 것이니 이는 충분히 예견가능한 것이라고 할 것이다.(대판 1984.2.28. 83도3007)

3. 과실폭발성물건파열 등 죄

제173조의2(과실폭발성물건파열 등)
① 과실로 제172조 제1항, 제172조의2 제1항, 제173조 제1항과 제2항의 죄를 범한 자는 5년 이하의 금고 또는 1,500만 원 이하의 벌금에 처한다.
② 업무상 과실 또는 중대한 과실로 제1항의 죄를 범한 자는 7년 이하의 금고 또는 2,000만 원 이하의 벌금에 처한다.

제4절 일수와 수리에 관한 죄

※ 일수죄와 방화죄와의 차이점

① 현주건조물일수치사상죄의 경우에 미수범을 처벌하고
② 일반물건일수죄가 별도로 규정되어 있지 않고 일반건조물일수죄에 포함되어 있으며
③ 예비·음모의 자수의 경우 필요적 감면규정이 없으며
④ 단순과실일수죄만 있고, 업무상·중과실일수죄가 없다.

Ⅰ. 현주건조물 등 일수죄

제177조(현주건축물 등에의 일수)
① 물을 넘겨 사람이 주거에 사용하거나 사람이 현존하는 건축물, 기차, 전차, 자동차, 선박, 항공기 또는 광갱을 침해한 자는 무기 또는 3년 이상의 징역에 처한다.
② 제1항의 죄를 범하여 사람을 상해에 이르게 한 때에는 무기 또는 5년 이상의 징역에 처한다. 사망에 이르게 한 때에는 무기 또는 7년 이상의 징역에 처한다.

1. 보호법익과 보호의 정도

주된 보호법익은 공공의 안전이지만 부차적으로 개인의 재산권도 보호법익으로 하며, 보호의 정도는 추상적 위험범으로서의 보호이다.

2. 행 위

(1) 일 수(물을 넘겨): 제한되어 있는 물, 자연력을 풀어서 그 경계 밖으로 범람하게 하는 것을 말한다.

(2) 침　해: 수력에 의한 건조물·물건 등의 손괴를 말하며, 목적물의 전부 또는 일부에 대한 효용의 상실 또는 감소를 의미한다(다수설).

3. 결과적 가중범

제171조 제2항은 부진정결과적 가중범이므로 중한 결과에 대해 고의가 있는 경우에도 성립한다.

Ⅱ. 기타의 범죄유형

1. 공용건조물 등 일수죄

> **제178조(공용건조물 등에의 일수)**
>
> 　물을 넘겨 공용 또는 공익에 공하는 건조물, 기차, 전차, 자동차, 선박, 항공기 또는 광갱을 침해한 자는 무기 또는 2년 이상의 징역에 처한다.
>
> ▶ 미수범처벌(제182조)

공용건조물 등 방화죄(제165조)에 상응하는 추상적 위험범이다.

2. 일반건조물 등 일수죄

> **제179조(일반건조물 등에의 일수)**
>
> ① 물을 넘겨 전 2조에 기재한 이외의 건조물, 기차, 전차, 자동차, 선박, 항공기 또는 광갱 기타 타인의 재산을 침해한 자는 1년 이상 10년 이하의 징역에 처한다.
>
> ② 자기의 소유에 속하는 전항의 물건을 침해하여 공공의 위험을 발생하게 한 때에는 3년 이하의 징역 또는 700만 원 이하의 벌금에 처한다.
>
> ▶ 제1항의 미수범처벌(제182조)

제1항의 죄는 추상적 위험범이지만, 제2항의 죄는 구체적 위험범이다. 본죄는 일반건조물 등 방화죄(제166조)에 상응하는 범죄이나 거기에는 없는 '타인의 재산'이 그 객체로 추가되어 있다. 일수죄에는 일반물건일수죄라는 것이 별도로 규정되어 있지 않고 본죄의 타인의 재산이라는 객체 속에 포함되어 있다.

3. 방수방해죄

> **제180조(방수방해)**
>
> 수재에 있어서 방수용의 시설 또는 물건을 손괴 또는 은닉하거나 기타 방법으로 방수를 방해한 자는 10년 이하의 징역에 처한다.

① 수재에 있어서란 수재가 이미 발생한 경우와 발생위험이 있는 상태를 모두 포함한다.
② 방수방해죄는 방화죄에 있어서의 진화방해죄와 그 본질을 같이한다.

4. 과실일수죄

> **제181조(과실일수)**
>
> 과실로 인하여 제177조 또는 제178조에 기재한 물건을 침해한 자 또는 제179조에 기재한 물건을 침해하여 공공의 위험을 발생하게 한 자는 1,000만 원 이하의 벌금에 처한다.

① 제181조 전단은 추상적 위험범이고, 후단은 구체적 위험범이다.
② 방화죄와는 달리 업무상 과실·중과실에 대한 가중처벌규정이 없다.

5. 일수예비·음모죄

제183조(예비, 음모)

　　제177조 내지 제179조 제1항의 죄를 범할 목적으로 예비 또는 음모한 자는 3년 이하의 징역에 처한다.

방화죄와는 달리 자수자에 대한 필요적 감면규정이 없는 것은 입법의 불비이다.

6. 수리방해죄

제184조(수리방해)

　　제방을 결궤하거나 수문을 파괴하거나 기타 방법으로 수리를 방해한 자는 5년 이하의 징역 또는 700만 원 이하의 벌금에 처한다.

(1) 성　격: 수리권을 보호법익으로 하는 범죄로서, 일수죄와 같은 공공위험범이 아니다.

◆ 판　례 ◆

　　<수리방해죄의 의의>······수리방해죄가 성립하려면 현존하는 수리이익을 침해하여야 한다.(대판 1960.9.21. 4293형상522)

(2) 수　리
1) 수리란 관개·목축 등 일체의 물의 사용을 말한다.
2) 수도를 불통케 하거나 수로의 교통을 방해한 경우에는 수리방해죄가 성립하지 않고 각각 수도불통죄(제195조), 일반교통방해죄(제185조)가 성립한다.
(3) 수리권의 근거: 법령·계약뿐만 아니라 관습에 의한 경우도 포함된다(보충적 관습법).

◆ 판 례 ◆

<**법령상 인정되는(시효취득) 수리권을 침해한 경우**>······몽리민들이 1944년경부터 계속하여 20년 이상 평온, 공연하게 본건 유지의 물을 사용하여 소유농지를 경작하여 왔다면 지역권취득기간의 경과로 유지소유자에 대하여 그 저수를 이용할 수 있는 권리를 취득하였다 하여 용수지역권에 관한 등기를 청구할 수 있다 할 것이고, 이러한 몽리농민들은 본건 유지의 물을 사용할 권리가 있어 그 권리를 침해하는 행위는 수리방해죄를 구성하는 것이라 할 것이다.(대판 1968.2.20. 67도1677)

(4) 수리방해의 방법: 제방을 결궤하거나 수문을 파괴하거나 기타 방법으로 수리를 방해하는 것

◆ 판 례 ◆

<**수리방해행위로 부인된 사례**>······수리방해죄가 성립하기 위해서는 행위자가 본조에 규정된 행위방법으로써 수리를 방해할 것이 필요하다 할 것인바 삽으로 흙을 떠올려 물줄기를 막은 행위만으로 수리방해를 인정할 수 없는 것이다.(대판 1975.6.24. 73도2594)

제5절 교통방해의 죄

I. 일반교통방해죄

> **제185조(일반교통방해)**
>
> 육로, 수로 또는 교량을 손괴 또는 불통하게 하거나 기타 방법으로 교통을 방해한 자는 10년 이하의 징역 또는 1,500만 원 이하의 벌금에 처한다.
>
> ▶ 미수범처벌(제190조)

(1) 보호법익과 보호의 정도: 보호법익은 공공의 교통안전이라는 견해도 있으나, 공공의 교통안전 이외에 생명·신체·재산도 보호법익에 포함된다고 보는 것이 다수설이다. 보호의 정도는 추상적 위험범으로서의 보호이다.

◆ 판 례 ◆

<**교통방해죄의 보호법익**>……형법 제185조의 일반교통방해죄는 **일반 공중의 교통안전을 그 보호법익**으로 하는 범죄로서 육로 등을 손괴 또는 불통케 하거나 기타의 방법으로 교통을 방해하여 통행을 불가능하게 하거나 현저하게 곤란하게 하는 일체의 행위를 처벌하는 것을 그 목적으로 하고 있다.(대판 1995.9.15. 95도1475)

(2) 행위객체: 육로, 수로 또는 교량. 육로와 교량에는 철로나 철교는 포함되지 않으며, 이것들은 기차 등 교통방해죄의 객체인 궤도에 포함된다(제186조).

◆ 판 례 ◆

<**교통방해죄에서 육로의 의미**>……① 형법 제185조의 육로라 함은 일반 공중의 왕래에 공용된 장소로서 특정인에 한하지 않고 불특정다수인 또는 차마가 자유

롭게 통행할 수 있는 공공성을 지닌 장소를 말한다.(대판 1988.5.10. 88도262)

② 형법 제185조 소정의 육로라 함은 사실상 일반 공중의 왕래에 공용되는 육상의 통로를 널리 일컫는 것으로서 **그 부지의 소유관계나 통행권리관계 또는 통행인의 많고 적음 등은 가리지 않는 것이다.** ⋯⋯주민들에 의하여 공로로 통하는 유일한 통행로로 오랫동안 이용되어 온 폭 2m의 골목길을 자신의 소유라는 이유로 폭 50 내지 75㎝가량만 남겨두고 담장을 설치하여 주민들의 통행을 현저히 곤란하게 하였다면 일반교통방해죄를 구성한다.(대판 1994.11.13. 94도2112)

③ 도로가 농가의 영농을 위한 경운기나 리어카 등의 통행을 위한 농로로 개설되었다 하더라도 그 **도로가 사실상 일반 공중의 왕래에 공용되는 도로로 된 이상 경운기나 리어카 등만 통행할 수 있는 것이 아니고 다른 차량도 통행할 수 있는 것이므로** 이러한 차량의 통행을 방해한다면 이는 일반교통방해죄에 해당한다.(대판 1995.9.15. 95도1475)

④ 토지의 소유자가 자신의 토지의 한쪽 부분을 일시 공터로 두었을 때 인근주민들이 위 토지의 동서쪽에 있는 도로에 이르는 **지름길로 일시 이용한 적이 있다 하여도 이를 일반 공중의 왕래에 공용되는 도로라고 할 수 없으므로** 형법 제185조 소정의 육로로 볼 수 없다.(대판 1984.11.13. 84도2192)

⑤ 형법 제185조의 일반교통방해죄는 일반 공중의 교통의 안전을 보호법익으로 하는 범죄로서 여기서의 '육로'라 함은 사실상 일반 공중의 왕래에 공용되는 육상의 통로를 널리 일컫는 것으로서 그 부지의 소유관계나 통행권리관계 또는 통행인의 많고 적음 등을 가리지 않는다. 따라서 피고인 소유의 토지를 포함한 구도로 옆으로 신도로가 개설되었더라 하더라도, 구도로가 사실상 일반 공중의 왕래에 이용되는 이상 이는 여전히 형법 제185조 소정의 '육로'에 해당한다.(대판 1999.7.27. 99도1651)

⑥ 사실상 통행로를 2가구 외에는 달리 사용하는 사람들이 없다 하더라도 일반교통방해죄에서 정하고 있는 육로에 해당한다.(대판 2007.2.22, 2006도8750)

(3) 행 위

1) 손괴란 물질적인 훼손을 의미하고, 불통은 장애물을 설치하여 통행을 방해하는 일체의 행위를 의미한다.

2) 기타의 방법으로는 권한 없는 자가 허위의 표지를 세우거나 폭력으로 통행을 차단하는 것 등을 들 수 있는데, 손괴·훼손은 기타의 방법의 예시에 불과하다.

◆ 판 례 ◆

<통행의 현저한 곤란은 없다고 보아 교통방해죄를 부정한 사례>······피고인 등 약 600명의 노동조합원들이 자도만 설치되어 있을 뿐 주도는 따로 마련되어 있지 아니한 도로 우측의 편도 2차선의 대부분을 차지하면서 대오를 이루어 행진하는 방법으로 시위를 하였고 이로 인하여 나머지 편도 2차선으로 상, 하 행차량이 통행하느라 차량의 소통이 방해되었다 하더라도 피고인 등의 시위행위에 대하여 일반교통방해죄를 적용할 수는 없다.(대판 1992.8.18. 91도2771)

Ⅱ. 기타의 범죄유형

1. 기차·선박 등의 교통방해죄

> **제186조(기차, 선박 등의 교통방해)**
> 궤도, 등대 또는 표지를 손괴하거나 기타 방법으로 기차, 전차, 자동차, 선박 또는 항공기의 교통을 방해한 자는 1년 이상의 유기징역에 처한다.
>
> ▶ 미수범처벌(제190조), 예비·음모처벌(제191조)

기타 방법에는 등대의 등화를 소화하는 것, 교통신호를 가리거나 신호등의 불을 끄거나 거짓등대를 만드는 것 등을 들 수 있다.

2. 기차 등의 전복죄

> **제187조(기차 등의 전복 등)**
>
> 사람의 현존하는 기차, 전차, 자동차, 선박 또는 항공기를 전복, 매몰, 추락 또는 파괴한 자는 무기 또는 3년 이상의 징역에 처한다.
>
> ▶ 미수범처벌(제190조), 예비·음모처벌(제191조)

(1) 사람의 현존: 사람이 현존하는 시기는 실행행위를 개시한 때 사람이 있으면 충분하고 기차 등이 현재 운행 중이지 않아도 된다.

(2) 파 괴: 교통기관으로서의 기능의 일부 또는 전부를 불가능하게 할 정도의 손괴임을 요한다.

3. 교통방해치사상죄

> **제188조(교통방해치사상)**
>
> 제185조 내지 제187조의 죄를 범하여 사람을 상해에 이르게 한 때에는 무기 또는 3년 이상의 징역에 처한다. 사망에 이르게 한 때에는 무기 또는 5년 이상의 징역에 처한다.

교통방해치사죄는 진정결과적 가중범이고, 교통방해치상죄는 부진정결과적 가중범이라고 보는 것이 다수설이다(모두 부진정결과적 가중범이라는 견해도 있음).

Ⅲ. 과실에 의한 교통방해죄

1. 과실교통방해죄

> 제189조(과실, 업무상 과실, 중과실)
>
> ① 과실로 인하여 제185조 내지 제187조의 죄를 범한 자는 1,000만 원 이하의 벌금에 처한다.

2. 업무상 과실·중과실 교통방해죄

> 제189조(과실, 업무상 과실, 중과실)
>
> ② 업무상 과실 또는 중대한 과실로 인하여 제185조 내지 제187조의 죄를 범한 자는 3년 이하의 금고 또는 1,000만 원 이하의 벌금에 처한다.

제2장
공공의 신용에 관한 죄

제1절 통화에 관한 죄

I. 통화위조죄와 위조통화행사죄

1. 내국통화위조 · 변조

제207조(통화의 위조 등)

① 행사할 목적으로 통용하는 대한민국의 화폐, 지폐 또는 은행권을 위조 또는 변조한 자는 무기 또는 2년 이상의 징역에 처한다.

▶ 자격정지 또는 벌금의 병과 가능(제209조) ▶ 미수범처벌(제212조)

(1) 의 의

행사할 목적으로 우리나라에서 통용되는 대한민국의 화폐 등을 위조 또는 변조하는 범죄이다.

(2) 보호법익과 보호의 정도

통화에 대한 거래상의 신용과 안전을 보호법익으로 하고(통설), 보호의 정도는 추상적 위험범이다. 그러나 국가의 화폐주권(국가적 법익)도 보호법익으로 하고 있다는 견해도 있다.

(3) 행위객체: 통용하는 대한민국의 통화(화폐, 지폐, 은행권)

1) 통　화: 국가 또는 발행권한이 위임된 기관에 의해서 발행된 금액이 표시된 지불수단으로서 강제통용력이 인정된 것을 말한다.

2) 통　용: 법률에 의해서 강제통용력이 인정되는 것을 의미하며, 사실상 사용된다는 의미인 유통과는 구별된다. 따라서 유통기간이 경과하였지만 교환 중인 구화는 통화가 아니다(다수설).

(4) 행　위

1) 위　조: 통화발행권이 없는 자가 통화의 외관을 지닌 물건을 제작하는 행위

① 위조방법은 무제한이며 지폐의 전자복사도 위조에 해당한다.

② 진화가 존재하지 않더라도 일반인이 진화로 오신할 수 있으면 위조가 될 수 있다(통설).

③ 위화가 진화 이상의 가치를 가지더라도 무방하다.

◆ 판 례 ◆

<위조통화에서 위조의 정도>……① 통화위조에 있어서 위조의 정도는 **보통인으로 하여금 보통의 주의로써 진화라고 신용하지 아니할 수 없을 정도의 외관을 가지면 충분**하다.(대판 1961.8.23. 4294형상257)

② 피고인이 한국은행권 10원짜리 주화의 표면에 하얀 약칠을 하여 기존의 10원짜리 주화가 100원짜리 주화와 유사한 색채를 갖도록 한 색채의 변경만을 한 경우 이는 일반인으로 하여금 진정한 통화로 오신케 할 정도의 새로운 화폐를 만들어낸 것이라고 할 수 없다.(대판 1979.8.28. 79도639)

③ 통화위조죄와 위조통화행사죄의 객체인 위조통화는 그 유통과정에서 일반인이 진정한 통화로 오인할 정도의 외관을 갖추어야 할 것이므로, 한국은행

발행 일만 원권 지폐의 앞, 뒷면을 전자복사기로 복사하여 비슷한 크기로 자른 정도의 것은 객관적으로 진정한 통화로 오인할 정도에 이르지 못하여 통화위조죄 및 위조통화행사죄의 객체가 될 수 없다.(대판 1986.3.25. 86도255)

2) 변　조: 진정한 통화를 가공하여 그 가치를 변경시키는 행위

진화를 전제로 하므로 가공 후 진화와의 동일성이 유지되어야 하며, 진화를 가공하여 새로운 화폐를 만들면 위조에 해당한다.

(5) 주관적 구성요건: 고의 이외에 행사할 목적을 요한다.(목적범)

(6) 죄　수: 통화를 위조한 후 위조된 통화를 행사한 경우에는 통화위조죄와 위조통화행사죄의 상상적 경합이 된다는 견해도 있으나, 양 죄의 실체적 경합이 된다는 것이 다수설이다.

2. 내국유통외국통화위조·변조죄

> 제207조(통화의 위조 등)
> ② 행사할 목적으로 내국에서 유통하는 외국의 화폐, 지폐 또는 은행권을 위조 또는 변조한 자는 1년 이상의 유기징역에 처한다.
>
> ▶ 자격정지 또는 벌금의 병과 가능(제209조)　▶ 미수범처벌(제212조)

(1) 내국유통

1) 내국이란 대한민국의 영역 내를 말하며, 북한도 포함한다(판례).

◆ 판 례 ◆

〈통화위조죄에서 내국의 의미〉……내국이란 대한민국 영역 내를 의미하고 이에는 북한도 포함되는바, 북한에서 통용되는 소련군표는 내국에서 유통하는 외국의 지폐에 해당한다.(대판 1948.3.24. 4281형상10)

2) 유통이란 사실상 사용되고 있는 것을 말하며, 국내에서 그 사용이 금지되어 있는가는 불문한다.

(2) 외국통화
1) 외국의 통화고권에 의해서 발행된 것으로, 반드시 그 본국에서 강제통용력을 가질 필요는 없다(외국통용외국통화위조·변조죄와 구별됨).
2) 판례는 미군군표를 외국통화로 인정하고 있다.

3. 외국통용외국통화위조·변조죄

> ### 제207조(통화의 위조 등)
> ③ 행사할 목적으로 외국에서 통용하는 외국의 화폐, 지폐 또는 은행권을 위조 또는 변조한 자는 10년 이하의 징역에 처한다.
>
> ▶ 자격정지 또는 벌금의 병과 가능(제209조) ▶ 미수범처벌(제212조)

외국에서 통용하는 외국의 통화이어야 하므로 그 본국에서 강제통용력을 잃은 경우에는 본죄의 객체가 될 수 없다.

4. 위조·변조통화행사 등 죄

> ### 제207조(통화의 위조 등)
> ④ 위조 또는 변조한 전 3항 기재의 통화를 행사하거나 행사할 목적으로 수입 또는 수출한 자는 그 위조 또는 변조의 각 죄에 정한 형에 처한다.
>
> ▶ 자격정지 또는 벌금의 병과 가능(제209조) ▶ 미수범처벌(제212조)

(1) 행 위: 위조 또는 변조한 통화를 행사하거나 행사할 목적으로 수입 또는 수출하는 것
1) 행 사: 위조 또는 변조된 통화의 점유나 처분권을 타인에게 이전하여 통화로서 유통될 수 있게 하는 것을 말한다. 통화를 유통시켜야 하는 것이므로

단순한 신용력을 보이기 위한 제시나 위화를 액면가 이하로 판매하는 것은 해당하지 아니한다. 위법한 사용과 무상의 사용도 행사에 해당한다(예: 도박자금, 증여). 또한 행사는 진화로 유통시키는 것이므로 정을 아는 자에게 준 경우는 행사가 아니다.

2) 수입·수출의 기수 시기: 수입은 양륙 시를 기준으로 하고, 수출은 이륙 시를 기준으로 한다.

(2) 주관적 구성요건

행사는 고의만으로 족하나, 수입·수출의 경우에는 행사할 목적을 필요로 한다.

(3) 타죄와의 관계

1) 통화를 위조·변조한 후 행사한 경우: 양 죄의 실체적 경합

2) 위조통화를 행사하여 재물을 편취한 경우

① 행사죄설(흡수관계설): 위조통화의 행사는 언제나 기망적 요소를 포함하고 있고 행사죄의 법정형도 가중되어 있으므로 행사죄만 성립한다는 견해이다(다수설).

② 실체적 경합설: 통화위조죄에 관한 규정은 공공의 거래상의 신용 및 안전을 도모하는 공공적인 법익을 보호함을 목적으로 하고 있고, 사기죄는 개인의 재산법익에 대한 죄이어서 양 죄는 그 보호법익을 달리하고 있으므로 위조통화를 행사하여 재물을 불법영득한 때에는 위조통화행사죄와 사기죄의 양 죄가 성립된다.(대판 1979.7.10. 79도840)

③ 기　타: 양 죄의 상상적 경합이 된다는 견해, 지정행사죄의 경우에만 사기죄가 행사죄에 흡수된다는 견해 등이 있다.

Ⅱ. 기타의 범죄유형

1. 위조 · 변조통화취득죄

> **제208조(위조통화의 취득)**
> 행사할 목적으로 위조 또는 변조한 제207조 기재의 통화를 취득한 자는 5년 이하의 징역 또는 1,500만 원 이하의 벌금에 처한다.
>
> ▶ 자격정지 또는 벌금의 병과 가능(제209조) ▶ 미수범처벌(제212조)

(1) 의 의: 행사할 목적으로 위조 · 변조된 대한민국이나 외국의 통화를 취득하는 범죄이다.

(2) 취 득: 위조 · 변조된 통화를 자기의 점유로 옮기는 일체의 행위를 말한다. 유 · 무상을 불문하고 절취 · 편취 등 범죄행위로 취득한 경우도 포함한다. 점유이탈물횡령에 의해서도 취득이 가능하며, 횡령에 의한 취득이 가능한가에 대해서는 견해가 대립하나 이 경우에는 점유의 이전이 수반되지 아니하므로 횡령에 의한 취득은 불가능하다는 것이 다수설이다.

2. 위조통화취득후지정행사죄

> **제210조(위조통화취득 후의 지정행사)**
> 제207조 기재의 통화를 취득한 후 그 정을 알고 행사한 자는 2년 이하의 징역 또는 500만 원 이하의 벌금에 처한다.
>
> ▶ 미수범처벌(제212조)

위조통화인 정을 모르고 취득한 후 그 정을 알고 행사한 경우에 성립하는 범죄이므로, 정을 알고 취득한 후에 행사한 경우에는 위조통화행사죄가 성립하는 것이지 본죄가 성립하는 것은 아니다.

3. 통화유사물제조 등 죄

> **제211조(통화유사물의 제조 등)**
> ① 판매할 목적으로 내국 또는 외국에서 통용하거나 유통하는 화폐, 지폐 또는 은행권에 유사한 물건을 제조, 수입 또는 수출한 자는 3년 이하의 징역 또는 700만 원 이하의 벌금에 처한다.
> ② 전항의 물건을 판매한 자도 전항의 형과 같다.
>
> ▶ 미수범처벌(제212조)

① 통화유사물이란 외관상 진화와 유사하나, 일반인이 진화로 오인할 정도에는 이르지 못한 모조품이다.
② 통화유사물판매죄는 목적범이 아니나, 통화유사물제조죄는 판매할 목적을 요하는 목적범이다.

4. 통화위조예비·음모죄

> **제213조(예비, 음모)**
> 제207조 제1항 내지 제3항의 죄를 범할 목적으로 예비 또는 음모한 자는 5년 이하의 징역에 처한다. 단 그 목적한 죄의 실행에 이르기 전에 자수한 때에는 그 형을 감경 또는 면제한다.

◆ 판　례 ◆

　<통화위조의 예비>……행사할 목적으로 미리 준비한 물건들과 오프셋 인쇄기를 사용하여, 한국은행권 100원권을 사진 찍어 그 필름 원판 7매와 이를 확대하여 현상한 인화지 7매를 만들었음에 그쳤다면, 아직 통화위조의 착수에는 이르지 아니하였고, 그 예비단계에 불과하다고 봄이 상당하다.(대판 1966.12.6. 66도1317)

제2절 유가증권·인지와 우표 등에 관한 죄

I. 유가증권위조죄

> **제214조(유가증권의 위조 등)**
> ① 행사할 목적으로 대한민국 또는 외국의 공채증서 기타 유가증권을 위조 또는 변조한 자는 10년 이하의 징역에 처한다.
>
> ▶ 자격정지 또는 벌금의 병과 가능(제220조) ▶ 미수범처벌(제223조)

1. 의 의
행사할 목적으로 대한민국 또는 외국의 공채증서, 기타 유가증권을 위조·변조함으로써 성립하는 범죄이다.

2. 보호법익
유가증권의 진정에 대한 공공의 신용 및 거래의 안전이다(추상적 위험범).

3. 구성요건
(1) 행위객체: 대한민국 또는 외국의 공채증서 기타 유가증권
1) 공채증서: 국가·지방자치단체에서 발행하는 국공채 또는 지방채로서 이는 유가증권의 예시이다.
2) 유가증권: 재산권을 표창하는 증권으로서, 증권상에 기재한 권리의 행사나 처분에 그 증권의 점유를 필요로 하는 것이다.
① 유가증권위조·변조죄에 있어서의 유가증권은 유통성을 요하지 아니하므로, 유통성이 없는 지하철승차권, 승마투표권, **스키장의 회원용 리프트탑승권**(대판 1998.11.24. 98도2967) 등도 유가증권에 해당한다.

◆ 판 례 ◆

<유가증권의 의미>……형법 제214조의 유가증권이란 증권상에 표시된 재산상의 권리의 행사와 처분에 그 증권의 점유를 필요로 하는 것을 총칭하는 것으로서 그 명칭에 불구하고 **재산권이 증권에 화체된다는 것과 그 권리의 행사와 처분에 증권의 점유를 필요로 한다는 두 가지 요소를 갖추면 족하고, 반드시 유통성을 가질 필요도 없다.**(대판 1995.3.14. 95도20)

◆ 판 례 ◆

<유가증권에 해당된다고 본 사례>……① '할부구매전표'가 그 소지인이 판매회사의 영업소에서 그 취급상품을 그 금액의 한도 내에서 구매할 수 있는 권리가 화체된 증권으로서 그 권리의 행사와 처분에 증권의 점유를 필요로 하는 것임이 인정된다면, 이를 유가증권으로 봄이 정당하다.(대판 1995.3.14. 95도20)

② 직장 소비조합이 그 소속 조합원에게 그의 직번(일종의 구좌번호), 구입상품명 등을 기재하여 신용카드를 교부하고 조합원은 이를 사용할 때 연월일, 금액 등을 기입제시하고 당해 소비조합과 할부판매 약정을 한 상점에서 상품을 구입한 후 그 상점을 통하여 직장 소비조합에 이를 제출시켜 일정 기간마다 정산하여 조합원으로부터 수금하는 방식을 취하는 경우에 있어서는 위 신용카드에 의해서만 신용구매의 권리를 행사할 수 있는 점에 있어서 재산권이 증권에 화체되었다고 볼 수 있으니 유가증권이라고 볼 것이다. (대판 1984.11.27. 84도1862)

③ 형법 제214조에서 유가증권이라 함은, 증권상에 표시된 재산상의 권리의 행사와 처분에 그 증권의 점유를 필요로 하는 것을 총칭하는 것인바, 공중전화카드는 그 표면에 전체 통화가능 금액과 발행인이 문자로 기재되어 있고, 자기기록 부분에는 당해 카드의 진정성에 관한 정보와 잔여 통화가능 금액에 관한 정보가 전자적 방법으로 기록되어 있어, 사용자가 카드식 공중전화기의 카드 투입구에 공중전화카드를 투입하면 공중전화기에 내장된 장치에 의하여 그 자기정보가 해독되어 당해 카드가 발행인에 의하여 진정하게 발행된 것임이 확인된 경우 잔여 통화가능 금액이 공중전화기에 표시됨과 아울러 그 금액에 상당하는 통화를 할 수 있도록 공중전화기를 작동하게 하는 것이어서, 공중전화

카드는 문자로 기재된 부분과 자기기록 부분이 일체로서 공중전화 서비스를 제공받을 수 있는 재산상의 권리를 화체하고 있고, 이를 카드식 공중전화기의 카드 투입구에 투입함으로써 그 권리를 행사하는 것으로 볼 수 있으므로, 공중전화카드는 형법 제214조의 유가증권에 해당한다.(대판 1998.2.27. 97도2483)

② 재산권이 표창되지 않고 단지 법률관계의 존부 내용을 증명하는 데 불과한 증거증권은 유가증권이 아니다(예: 매매계약서, 차용증서, 영수증, 물품구입증).
③ 권리의 행사에 점유를 요하는 것이 아닌 **예금통장, 정기예탁금증서**, 휴대품보관증 등의 면책증권은 유가증권이 아니다.

◆ 판 례 ◆

　<정기예탁금증서의 유가증권성 여부>······정기예탁금증서는 예탁금반환채권의 유통이나 행사를 목적으로 작성된 것이 아니고 채무자가 그 증서소지인에게 변제하여 책임을 면할 목적으로 **이른바 면책증권에 불과하여 위 증서의 점유가 예탁금반환채권을 행사함에 있어 그 조건이 된다고 볼 수 없는 것이라면** 위 증권상에 표시된 권리가 그 증권에 화체되었다고 볼 수 없을 것이므로 위 증서는 형법 제216조, 제217조에서 규정된 유가증권에 해당하지 아니한다.(대판 1984.11.27. 84도2147)

④ 유가증권은 사법상 유효할 것을 요하는 것이 아니므로 발행일자의 기재가 없는 수표, 위조된 유가증권도 객체가 된다.

◆ 판 례 ◆

　<사법상무효인 주권의 유가증권성 여부>······대표이사의 날인이 없어 상법상 무효인 주권이라도 발행인인 대표이사의 기명을 비롯한 그 밖의 주권의 기재요건을 모두 구비하고 회사의 사인까지 날인하였다면 **일반인으로 하여금 일견 유효한 주권으로 오신시킬 정도의 외관을 갖추었으므로** 형법 214조 소정의 **유가증권에 해당한다.**(대판 1974.12.24. 74도294)

⑤ 유가증권의 명의인: 외형상 일반인이 진정한 유가증권으로 오신할 정도이면 명의인이 실재하지 아니한 허무인인 경우에도 유가증권위조죄가 성립한다는 것이 통설과 판례이다.

(2) 행 위: 위조와 변조

이것은 기본적 증권행위에 관한 것이므로, 배서·인수 등의 부수적 증권행위의 기재사항을 위조·변조하는 제214조 제2항의 기재의 위조·변조와는 구별된다.

1) 위 조: 작성권한이 없는 자가 타인명의의 유가증권을 작성하는 것

① 대리인이 대리권의 범위를 벗어나 본인명의의 유가증권을 작성하는 것은 위조이나, 대리인·대표자가 그 권한을 초월하여 대리인·대표자로서 본인이나 회사명의의 유가증권을 작성하는 경우에는 자격모용에 의한 유가증권작성죄(제215조)에 해당한다.

◆ **판 례** ◆

　　<전임 대표이사 명의를 사용하여 회사명의의 수표를 발행한 경우>⋯⋯타인의 대리 또는 대표자격으로 문서를 작성하는 경우 그 **대표자 또는 대리인은 자기를 위하여 작성하는 것이 아니고 본인을 위하여 작성하는 것으로서** 그 문서는 본인의 문서이고 본인에 대해서만 효력이 생기는 것이므로 회사를 대표하여 문서를 작성할 권한이 있는 대표이사가 은행과의 당좌거래 약정이 전 대표이사 명의로 되어 있어 당좌거래명의를 변경함이 없이 그대로 **전 대표이사 명의를 사용하여 회사발행명의의 수표를 발행하였다 하여도** 그 **대표이사는 회사명의로 수표를 발행할 권한이 있으니 유가증권위조죄가 성립되지 아니한다.**[15](대판 1975.9.23. 74도1684)

---

② 대표이사가 그 대표권의 범위 내에서 권한을 남용하여 유가증권을 작성한 경우에는 작성권한이 있기 때문에 허위유가증권작성죄나 배임죄가 성립하지 본죄가 성립하는 것은 아니다.

---

15) 다만 전 대표이사의 자격을 권한 없이 사용하였으므로 자격모용에 의한 유가증권위조조가 성립한다.

③ 유가증권이 사법상 유효하거나 명의인이 실재함을 요하지 아니하고, 본명을 쓰지 않아도 된다.

④ 위조의 방법은 무제한이므로 어음의 액면란에 보충권의 범위를 초월하여 금액을 기입하거나 타인이 위조한 백지어음을 완성하는 것 등도 위조가 된다.

◆ 판 례 ◆

<위조의 방법－무정형>⋯⋯① 약속어음의 액면금액란에 자의로 합의된 금액의 한도를 엄청나게 넘는 금액을 기입하는 것은 **백지 보충권의 범위를 추월하여 서명 · 날인 있는 약속어음용지를 이용한 새로운 약속어음의 발행에 해당**되는 것으로서 그 소위는 유가증권위조죄를 구성한다.(대판 1972.6.13. 72도897)

② 타인이 위조한 지급기일이 백지로 된 약속어음을 그것이 위조약속어음인 정을 알고도 이를 구입하여 행사의 목적으로 **기존의 위조어음의 액면란에 금액을 기입하여 그 위조어음을 완성하는 행위는 백지어음형태의 위조행위와는 별개의 유가증권위조죄를 구성**한다.(대판1982.6.22. 82도677)

③ 찢어버린 타인발행명의의 어음파지 편을 이용하여 이를 조합하여 어음의 외형을 갖춘 경우에는 새로운 어음을 작성한 것으로서 그 행사의 목적이 있는 이상 유가증권위조죄가 성립한다.(대판 1976.1.27. 74도3442)

④ 폐공중전화카드의 자기기록 부분에 전자정보를 기록하여 사용가능한 공중전화카드를 만든 행위는 유가증권위조죄에 해당한다.(대판 1998.2.27. 97도2483)

---

⑤ 타인을 기망하여 약속어음용지에 발행인으로서 서명 · 날인케 한 후에 마음대로 어음요건을 기재한 경우에는 위조가 되나 발행권자를 기망하여 이미 기재한 수표용지에 날인케 하는 것은 위조가 아니라 사기에 해당한다.

⑥ 거래상 타인의 명칭을 본인명의로 사용한 경우 그 타인명의의 유가증권 작성 행위는 위조가 아니다.

◆ 판 례 ◆

  <거래상 타인명칭의 사용과 유가증권위조>······어음에 기재되어야 할 어음행위
자의 명칭은 반드시 어음행위자의 본명에 한하는 것은 아니고 상호 별명 그 밖
의 거래상 본인을 가리키는 것으로 인식되는 칭호라면 어느 것이나 다 가능하
다고 볼 것이므로 비록 그 **칭호가 타인의 명칭이라도 통상 그 명칭을 자기를
표시하는 것으로 거래상 사용하여 그것이 그 행위자를 지칭하는 것으로 인식
되어 온 경우에는** 그것을 어음상으로도 자기를 표시하는 칭호로 사용할 수 있
다 할 것이므로, 위 경우 유가증권위조죄는 성립하지 않는다.(대판 1982.9.28. 82
도296)

2) 변　　조: 진정하게 성립한 타인명의의 유가증권의 내용에 권한 없이 증권의 통
   일성을 해하지 않는 범위 내에서 변경을 가하는 행위

◆ 판 례 ◆

  <유가증권 변조의 의의>······① 유가증권의 변조죄에 있어서 변조라 함은 진정
으로 성립된 유가증권의 내용에 권한 없는 자가 그 유가증권의 동일성을 해하
지 않는 한도에서 변경을 가하는 것을 말하고 설사 진실에 합치하도록 변경한
것이라 하더라도 권한 없이 변경한 경우에는 변조로 되는 것이고 정을 모르는
제3자를 통하여 간접정범의 형태로도 범할 수 있는 것인바, 유가증권에 해당하
는 이 사건 신용카드를 제시받은 상점점원이 거래된 물품의 금액대로 카드의 금
액란을 정정·기재하였다 하더라도 그것이 카드소지인이 그 점원에게 자신이 위
금액을 정정·기재할 수 있는 권리가 있는 양 기망하여 이루어진 경우에는 **간접
정범에 의한 유가증권변조죄가 성립한다**고 봄이 상당하다.(대판 1984.11.27. 84
도1862)
  ② 이미 타인에 의하여 위조된 약속어음의 기재사항을 권한 없이 변경하였
다고 하더라도 유가증권변조죄는 **성립하지 아니한다.**(대판 **2006.1.26. 2005도
4764**)

③ 약속어음의 발행인으로부터 어음금액이 백지인 약속어음의 할인을 위임 받은 자가 위임 범위 내에서 어음금액을 기재한 후 어음할인을 받으려고 하다 가 그 목적을 이루지 못하자 유통되지 아니한 당해 약속어음을 원상태대로 발 행인에게 반환하기 위하여 어음금액의 기재를 삭제하는 것은 그 권한 범위내에 속한다고 할 것이므로, 이를 유가증권변조라고 볼 수 없다.(대판 2006.1.13. 2005도6267)

① 타인명의의 유가증권이어야 하므로 타인소유의 자기명의의 유가증권의 내용을 변경한 경우에는 변조가 아니라 문서손괴죄에 해당한다(판례).

◆ 판 례 ◆

<타인소유 자기명의의 유가증권을 무단히 변경한 경우>……① 유가증권변조죄를 구성하려면 진정하게 성립된 타인명의의 유가증권에 변경을 가하는 행위가 있어 야 하고 비록 **타인에게 속한 자기명의의 유가증권에 무단히 변경을 가하였다 하더 라도 유가증권변조죄가 구성되지 아니한다.**[16](대판 1978.11.14. 78도1904)

② 회사의 대표이사로서 주권작성에 관한 일반적인 권한을 가지고 있는 자 가 대표권을 남용하여 자기 또는 제3자의 이익을 도모할 목적으로 그들 명의 의 주권의 기재사항에 변경을 가한 행위는 유가증권변조죄를 구성하지 아니한 다.(대판 1980.4.22. 79도3034)

② 어음의 발행일자, 액면, 지급인, 주소 등의 변경은 변조가 되나, 유가증권용지 에 필요사항을 임의로 기재하여 새로운 유가증권을 만드는 것 또는 실효한 유가증권을 가공하여 새로운 유가증권을 작성하는 것은 동일성을 상실한 경 우이므로 위조에 해당한다.

(3) 주관적 구성요건: 고의 이외에 행사할 목적이 요구된다.(목적범)

---

16) 이 경우 손괴죄가 성립한다.

(4) 죄수 및 타죄와의 관계

1) 유가증권위조·변조죄의 죄수는 유가증권의 수를 기준으로 한다.

2) 타인의 인장을 위조하여 유가증권을 위조한 경우에 인장위조·행사죄는 본죄에 흡수된다.

3) 1통의 유가증권에 기본적 증권행위와 부수적 증권행위에 대한 수개의 위조·변조가 있는 경우에는 나머지는 기본적 증권행위의 위조·변조에 흡수된다.

4. 기재의 위조·변조죄

> **제214조**
> ② 행사할 목적으로 유가증권의 권리의무에 관한 기재를 위조 또는 변조한 자도 전항의 형과 같다.
>
> ▶ 자격정지 또는 벌금의 병과 가능(제220조) ▶ 미수범처벌(제223조)

(1) 권리의무에 관한 기재: 배서, 인수, 보증과 같은 부수적 증권행위의 기재사항을 의미한다.

(2) 위 조: 기본적 증권행위가 진정하게 성립한 후 부수적 증권행위에 대한 작성명의를 모용하는 것이다(예: 진정하게 성립한 어음에 타인명의를 모용하여 배서하는 행위).

(3) 변 조: 진정하게 성립한 유가증권의 부수적 증권행위에 속하는 사항의 내용을 변경하는 행위이다(예: 타인의 배서 부분을 변경하는 행위, 자기명의의 유가증권에 타인이 배서한 후 그 증권의 기재사항 중 발행일자나 지급일자를 변경하는 행위).

5. 자격모용에 의한 유가증권작성죄

> **제215조(자격모용에 의한 유가증권의 작성)**
> 행사할 목적으로 타인의 자격을 모용하여 유가증권을 작성하거나 유가증권의 권리 또는 의무에 관한 사항을 기재한 자는 10년 이하의 징역에 처한다.
>
> ▶ 미수범처벌(제223조)

(1) 의 의: 행사할 목적으로 타인의 자격을 모용하여 유가증권을 작성·기재함으로써 성립하는 범죄이다.

(2) 타인의 자격 모용: 대리권 또는 대표권이 없는 자가 타인의 대리인 또는 대표자로서 유가증권을 작성하는 것을 말한다.

1) 처음부터 권한이 없는 자뿐만 아니라 권한을 상실한 자도 포함된다(예: 대표이사가 타인으로 변경된 후에도 자신을 회사의 대표이사로 표시하고 약속어음을 발행한 경우).

◆ 판 례 ◆

<권한을 상실한 자의 유가증권 작성행위>……① 대표이사직무집행정지가처분결정은 대표이사의 직무집행만을 정지시킬 뿐 대표이사의 자격까지 박탈하는 것은 아니므로 가처분결정이 송달되어 일체의 직무집행이 정지됨으로써 직무집행의 권한이 없게 된 대표이사가 그 권한 밖의 일인 대표이사 명의의 유가증권을 작성, 행사하는 행위가 회사업무의 중단을 막기 위한 긴급한 인수인계행위라 하더라도 **합법적인 권한행사라 할 수 없으므로 이는 자격모용 유가증권작성 및 동 행사죄에 해당**한다.(대판 1987.8.18. 87도145)

② 주식회사 대표이사로 재직하던 피고인이 대표이사가 타인으로 변경되었음에도 불구하고 이전부터 사용하여 오던 피고인명의로 된 위 회사 대표이사의 명판을 이용하여 여전히 피고인을 위 회사의 대표이사로 표시하여 약속어음을 발행, 행사하였다면, 설사 약속어음을 작성, 행사함에 있어 후임 대표이사의 승낙을 얻었다거나 위 회사의 실질적인 대표이사로서의 권한을 행사하는

피고인이 은행과의 당좌계약을 변경하는 데에 시일이 걸려 잠정적으로 전임 대표이사인 그의 명판을 사용한 것이라 하더라도 이는 합법적인 대표이사로서의 권한행사라 할 수 없어 자격모용유가증권작성 및 동 행사죄에 해당한다. (대판 1991.2.26. 90도577)

2) 대리권·대표권 있는 자가 ㉮ 권한을 남용하여 본인 또는 회사명의로 유가증권을 발행한 경우에는 자격모용이 없으므로 허위유가증권작성죄나 배임죄만이 문제되나, ㉯ 권한범위 밖의 사항에 대해서 본인 또는 회사명의의 유가증권을 발행하면 본죄가 성립한다(통설).
(3) 유가증권작성: 유가증권을 발행하는 것과 같이 기본적 증권행위를 하는 것
(4) 기 재: 배서, 인수, 보증과 같은 부수적 증권행위를 하는 것

Ⅱ. 기타의 범죄유형

1. 허위유가증권작성죄

> **제216조(허위유가증권의 작성 등)**
> 행사할 목적으로 허위의 유가증권을 작성하거나 유가증권에 허위사항을 기재한 자는 7년 이하의 징역 또는 3,000만 원 이하의 벌금에 처한다.
>
> ▶ 자격정지 또는 벌금의 병과 가능(제220조) ▶ 미수범처벌(제223조)

(1) 객관적 구성요건
1) 허위의 유가증권 작성: 작성권한이 있는 자가 유가증권에 허위사항을 기재하는 것이다.
2) 허위사항의 기재

① 기재권한이 있는 자가 기존의 유가증권에 진실에 반하는 사실을 기재하는 것을 말한다. 허위사항은 기본적 또는 부수적 증권행위에 모두 적용된다.

② 다만 권리의무관계에 아무런 영향을 미치지 않는 허위사항을 기재하는 경우에는 본죄가 성립하지 않는다는 것이 판례이다.

◆ 판 례 ◆

<배서인 주소의 허위작성과 허위유가증권작성죄의 성부> ······배서인의 주소 기재는 배서의 요건이 아니므로 약속어음 배서인의 주소를 허위로 기재하였다고 하더라도 그것이 배서인의 인적 동일성을 해하여 배서인이 누구인지를 알 수 없는 경우가 아닌 한 계약어음상의 권리관계에 아무런 영향을 미치지 않는다 할 것이고 이러한 **약속어음상의 권리에 아무런 영향을 미치지 않는 사항은 그것을 허위로 기재하더라도 형법 제216조 소정의 허위유가증권작성죄에 해당되지 아니한다.**(대판 1986.6.24. 84도547)

---

(2) 구체적인 예

1) 허위유가증권작성죄가 성립하는 경우

㉮ 지급은행과 당좌거래의 사실이 없거나 거래정지를 당했음에도 수표를 발행한 경우,

㉯ 실재하지 아니하는 회사명의의 약속어음 발행: 피고인이 실재하지 아니한 유령회사의 대표라 기재하고 자기명의의 인장을 찍어서 회사명의의 약속어음을 발행한 경우에는 실재하지 아니한 회사명의의 어음을 작성한 이상 허위유가증권작성죄가 성립한다.(대판 1970.12.29. 70도2389)

㉰ 발행일자를 소급하여 주권을 발행한 경우: 주권발행의 권한을 위임받았다 하더라도 발행일자를 소급시킴으로써 허위내용이 된 때에는 허위유가증권작성죄를 구성한다.(대판 1974.1.15. 73도2041)

2) 허위유가증권작성죄가 성립하지 않는 경우

㉮ 당좌거래은행에 잔고가 없음을 알면서 수표를 발행한 경우,

㉯ 원인관계 없이 약속어음을 발행한 경우: 발행된 약속어음은 원인채무의 존부

와 관계없이 그 어음상의 문언에 따라 어음상의 권리의무관계가 생기는 것이 약속어음의 무인증권성과 설권증권성의 원리에 비추어 명백하다 할 것이므로 원인채무관계가 존재하지 아니하다는 이유만으로는 약속어음의 발행행위를 허위유가증권작성죄로 문의할 수는 없다고 봄이 상당하다.(대판 1977.5.24. 76도4132)

㉺ 주권발행권에 주식을 양도받은 자에게 주권을 발행한 경우: 피고인이 주권발행 전에 주식을 양도받은 자에 대하여 주식을 발행한 경우에 가사 그 주식양도가 주권발행 전에 이루어진 것이어서 상법 제335조에 의하여 무효라 할지라도 권리의 실체관계에 부합되어 허위의 주권발행의 범의가 있다고 할 수 없다.(대판 1982.6.22. 81도1935)

㉻ **은행을 통하여 지급이 이루어지는 약속어음의 발행인이 그 발행을 위하여 은행에 신고된 것이 아닌 발행인의 다른 인장을 찍었다** 하더라도 그것이 발행인의 인장인 이상 그 어음의 효력에는 아무런 영향이 없으므로 허위유가증권작성죄가 성립하지 아니한다.(대판 2000.5.30. 2000도883)

㉼ **자기앞수표의 발행인이 수표의뢰인으로부터 수표자금을 입금받지 아니한 채 자기앞수표를 발행하더라도** 그 수표의 효력에는 아무런 영향이 없으므로, 허위유가증권작성죄가 성립하지 아니한다.(대판 2005.10.27. 2005도4528)

◆ **판 례** ◆

<관행에 따른 선하증권 허위기재의 죄책>……선하증권 기재의 화물을 인수하거나 확인하지도 아니하고 또한 선적할 선편조차 예약하거나 확보하지도 않은 상태에서 수출면장만을 확인한 채 실제로 선적한 일이 없는 화물을 선적하였다는 내용의 선하증권을 발행, 교부하였다면 피고인들은 위 선하증권을 작성하면서 진실에 반하는 허위의 기재를 하였음이 명백할 뿐만 아니라 위 선하증권이 허위라는 사실을 인식하였다고 볼 것이고, 피고인들이 진실에 반하는 선하증권을 작성하면서 곧 위 물품이 선적될 것이라고 예상하였다고 하여 위 각 선하증권의 허위성의 인식이 없었다고 할 수 없으며, **화물이 선적되기도 전에 이른바 선하증권을 발행하는 것이 해운업계의 관례라고 하더라도 이를 가리켜 정상적인 행위라거나 그 목적과 수단의 관계에서 보아 사회적 상당성이 있다고**

할 수는 없으므로 피고인들이 위 행위가 죄가 되지 아니한다고 잘못인식하였다고 하더라도 거기에 정당한 이유가 있는 경우라고 할 수 없으므로 허위유가증권작성죄의 죄책을 면할 수 없다.(대판 1995.9.29. 95도803)

2. 위조 등 유가증권행사죄

> **제217조(위조유가증권 등의 행사 등)**
> 위조, 변조, 작성 또는 허위기재한 전 3조 기재의 유가증권을 행사하거나 행사할 목적으로 수입 또는 수출한 자는 10년 이하의 징역에 처한다.
>
> ▶ 자격정지 또는 벌금의 병과 가능(제220조) ▶ 미수범처벌(제223조)

(1) 행사의 의미

위조, 변조, 작성 또는 허위기재한 유가증권을 진정한 유가증권으로 사용하는 것을 의미한다. 반드시 유통시킬 것을 필수조건으로 하지 않는다는 점에서 위조통화행사죄의 행사보다는 범위가 넓고, 위조문서행사죄의 행사와 범위가 동일하다. 따라서 유가증권을 할인하기 위하여 제시하는 것이나 신용을 얻기 위해서 타인에게 보이는 것도 행사이다.

◆ 판 례 ◆

<위조유가증권행사죄에서 유가증권의 의미>……위조유가증권행사죄에 있어서의 유가증권이라 함은 위조된 유가증권의 원본을 말하는 것이지 **전자복사기 등을 사용하여 기계적으로 복사한 사본은 이에 해당하지 않는다.**(대판1998.2.13. 97도2922)

─────── ◆ 판 례 ◆ ───────

<위조유가증권행사죄의 성립과 공범>……허위작성된 유가증권을 피교부자가 그것을 유통하게 한다는 사실을 인식하고 교부한 때에는 허위작성유가증권행사죄에 해당하고, 행사할 의사가 분명한 자에게 교부하여 그가 이를 행사한 때에는 허위작성유가증권행사죄의 공동정범이 성립된다.(대판 1995.9.29. 95도803)

(2) 죄 수
1) 위조유가증권을 행사하여 재물을 편취한 경우: (ⅰ) 학설은 유가증권행사죄와 사기죄의 상상적 경합이 된다고 하나, (ⅱ) 판례는 양 죄의 실체적 경합이 된다고 한다.(대판 1979.7.10)
2) 유가증권을 위조한 후 이를 행사한 경우: 양 죄의 실체적 경합

3. 우표·인지에 대한 죄

(1) 인지·우표 등의 위조·변조죄

제218조(인지·우표의 위조 등)
① 행사할 목적으로 대한민국 또는 외국의 인지, 우표 기타 우편요금을 표시하는 증표를 위조 또는 변조한 자는 10년 이하의 징역에 처한다.

▶ 미수범처벌(제223조)

(2) 위조·변조우표 또는 인지의 행사 등 죄

제218조(인지·우표의 위조 등)
② 위조 또는 변조된 대한민국 또는 외국의 인지, 우표 기타 우편요금을 표시하는 증표를 행사하거나 행사할 목적으로 수입 또는 수출한 자도 제1항의 형과 같다.

▶ 미수범처벌(제223조)

우편요금의 납부용으로 사용하지 않고 우표수집의 대상으로 매매하는 것도 본죄의 행사가 된다.(대판 1989.4.11)

(3) 위조 · 변조인지 또는 우표 등의 취득죄

> **제219조(위조인지 · 우표 등의 취득)**
>
> 행사할 목적으로 위조 또는 변조한 대한민국 또는 외국의 인지, 우표 기타 우편요금을 표시하는 증표를 취득한 자는 3년 이하의 징역 또는 1,000만 원 이하의 벌금에 처한다.
>
> ▶ 미수범처벌 (제223조)

(4) 소인말소죄

> **제221조(소인말소)**
>
> 행사할 목적으로 대한민국 또는 외국의 인지 · 우표 기타 우편요금을 표시하는 증표의 소인 기타 사용의 표시를 말소한 자는 1년 이하의 징역 또는 300만 원 이하의 벌금에 처한다.

1) 행사할 목적을 요하는 목적범이다.
2) 표시를 말소: 인지, 우표 등에 찍혀 있는 소인 기타 사용의 표시를 소멸시켜서 다시 진정한 것으로 사용할 수 있게 하는 일체의 행위를 말한다.

(5) 인지 · 우표 등 유사물제조 등 죄

> **제222조(인지 · 우표유사물의 제조 등)**
>
> ① 판매할 목적으로 대한민국 또는 외국의 공채증서, 인지, 우표 기타 우편요금을 표시하는 증표와 유사한 물건을 제조, 수입 또는 수출한 자는 2년 이하의 징역 또는 500만 원 이하의 벌금에 처한다.
> ② 전항의 물건을 판매한 자도 전항의 형과 같다.
>
> ▶ 미수범처벌 (제223조)

(6) 예비 · 음모죄

> **제224조(예비, 음모)**
>
> 　제214조, 제215조와 제218조 제1항의 죄를 범할 목적으로 예비 또는 음모한 자는 2년 이하의 징역에 처한다.

　유가증권위조 · 변조죄, 기재의 위조 · 변조죄, 자격모용에 의한 유가증권작성죄 그리고 인지 · 우표 등의 위조 · 변조죄를 범할 목적으로 예비 · 음모함으로써 성립하는 범죄이다.

제3절 문서에 관한 죄

I. 문서위조 · 변조죄

1. 사문서위조 · 변조죄

> **제231조(사문서의 위조 · 변조)**
>
> 　행사할 목적으로 권리 · 의무 또는 사실증명에 관한 타인의 문서 또는 도화를 위조 또는 변조한 자는 5년 이하의 징역 또는 1,000만 원 이하의 벌금에 처한다.
>
> 　▶ 미수범처벌(제235조)

(1) 의의·보호법익

1) 의　의: 행사할 목적으로 권리·의무 또는 사실증명에 관한 타인의 문서 또는 도화를 위조·변조함으로써 성립하는 범죄이다.

2) 보호법익: 문서에 대한 거래의 안전과 신용이며, 보호받는 정도는 추상적 위험범이다.

◆ **판　례** ◆

　　<문서에 관한 죄의 보호법익과 그 객체로서의 문서의 범위>······문서위조 또는 변조 및 동 행사죄의 보호법익은 문서 자체의 가치가 아니고 **문서에 대한 공공의 신용**이므로 문서위조 또는 변조의 객체가 되는 문서는 반드시 원본에 한한다고 보아야 할 근거는 없고 **문서의 사본이라도 원본과 동일한 의식 내용을 보유하고 증명수단으로서 원본과 같은 사회적 기능과 신용을 가지는 것으로 인정된다면 이를 위 문서의 개념에 포함시키는 것이** 상당하다 할 것이고 나아가 광의의 문서의 개념에 포함되는 도서의 경우에 있어서도 마찬가지로 해석하여야 한다.(대판 1993.7.27. 93도1435)

---

(2) 유형위조와 무형위조

1) 유형위조: 문서를 작성할 권한이 없는 자가 타인의 명의를 사칭하여 타인명의의 문서를 작성하는 것

2) 무형위조: 문서를 작성할 권한이 있는 자가 진실에 반하는 내용의 문서를 작성하는 것

3) 우리 형법의 태도

① 유형위조는 '위조', 무형위조는 '작성'이라고 표시하여 양자를 구별

② 유형위조는 공문서·사문서를 불문하고 모두 처벌하거나, 무형위조는 공문서의 경우에만 처벌하고 사문서의 경우에는 허위진단서작성죄의 경우만 예외적으로 처벌

(3) 형식주의와 실질주의: 문서에 관한 죄가 보호하는 것이 문서성립의 진정인가 내용의 진실인가의 문제

1) 형식주의: 형식주의는 문서성립의 진정이 문서에 관한 죄의 보호법익으로 파악하므로 유형위조는 위조가 되나 무형위조는 문서성립의 진정은 인정되므로 위조가 안 된다고 본다. 즉, 작성명의가 허위이면 내용의 진실 여부를 불문하고 위조가 되어 부진정문서(문서의 명의인과 작성자가 일치하지 아니하는 문서)만을 문서위조로 인정하는 입법주의

2) 실질주의: 실질주의는 내용의 진실을 문서에 관한 죄의 보호법익으로 파악하므로 무형위조는 위조가 되나, 유형위조에 있어서는 내용이 진실한 경우에는 위조가 아니나 내용이 허위인 경우에는 위조가 된다는 입법주의

3) 우리 형법의 태도

① 형식주의를 원칙으로 하면서 실질주의를 예외적으로 인정하고 있다.

② 작성명의에 허위가 있는 유형위조의 경우에는 공문서, 사문서를 묻지 않고 모두 처벌한다.

③ 내용이 허위인 무형위조는 공문서를 제외하고는 원칙적으로 위조개념에서 제외하고 특히 문서 내용의 진실성을 보호해야 할 경우에만 예외적으로 사문서의 무형위조를 위조로 보아 처벌한다(허위진단서작성죄).

※ 문서의 죄에 관한 형법의 태도

	처 벌 범 위	용어상의 구별
유형위조 (형식주의)	: 공·사문서를 불문하고 모두 처벌 • 공문서위조죄(제225조)·사문서위조죄(제231조)	문서의 '위조'로 표현
무형위조 (실질주의)	: 문서 내용의 진실성을 특히 보호하여야 할 경우에만 예외적으로 처벌 • 허위공문서·진단서작성죄(제227조, 제233조) • 공정증서원본부실기재죄(제228조)	문서의 '작성'으로 표현

◆ 판 례 ◆

<사문서의 무형위조>……① 피고인들이 작성한 회의록에다 참석한 바 없는 소외인이 참석하여 사회까지 한 것으로 기재한 부분은 **사문서의 무형위조에 해당할 뿐이어서 사문서의 유형위조만을 처벌하는 현행형법하에서는 죄가 되지 아니한다.**(대판 1984.4.24. 83도2645)

② 토지매매계약에 관한 포괄적인 권한의 위임을 받은 자는 그 토지매매계

약서를 작성할 적법한 권한이 있다 할 것이므로 그가 실제매수가격보다 높은 가격을 매매대금으로 기재한 매매계약서를 작성하였다 하더라도 그것은 **작성 권한 있는 자가 허위내용의 문서를 작성한 것이 될 뿐 사문서위조가 될 수는 없다.**(대판 1984.7.10. 84도1146)

(4) 문서의 개념

문서란 문자 또는 이에 대신하는 부호에 의하여 사람의 관념·의사가 화체되어 표시된 어느 정도 계속성이 있는 물체로서 법률관계 또는 사회생활상 중요한 사실을 증명할 수 있는 것을 말한다.

◆ 판 례 ◆

<형법상 '문서'의 의미>······형법상 문서에 관한 죄에 있어서 문서라 함은 문자 또는 이에 대신할 수 있는 가독적 부호로 계속적으로 물체상에 기재된 의사 또는 관념의 표시인 원본 또는 이와 사회적 기능, 신용성 등을 동시할 수 있는 기계적 방법에 의한 복사본으로서 그 내용이 법률상, 사회생활상 주요 사항에 관한 증거로 될 수 있는 것을 말한다.(대판 1995.9.5. 95도1269)

1) 계속적 기능: 문서는 유체물에 결합되어 계속성을 지니는 사람의 의사표시이다.

① 의사표시	• 반드시 사법상의 의사표시만을 의미하는 것은 아니며 단순한 사상 또는 관념의 표시를 포함하는 광의의 개념이다. • 검증목적물이나 표지는 물론 외적 상황을 복사한 것에 지나지 않는 기계적 기록은 문서가 아니다. 단 전자복사기, 모사전송기 기타 이와 유사한 기기를 사용하여 복사한 문서 또는 도화의 사본은 문서 또는 도화로 본다.(제237조의2) • 의사표시의 방법은 문자와 부호를 포함하며, 부호는 가독적 부호이면 족하고 반드시 발음적 부호일 필요는 없다(예: 속기용부호, 전신부호). • 생략문서 – 문장형식을 갖추지 않아도 그 자체로부터 일정한 관념·의사를 알 수 있으면 문서가 된다(예: 백지위임장, 우체국일부인, 신용장에 날인된 접수일부인). • 의사표시는 구체적이고 확정적인 것이어야 한다. 추상적 사상을 표시하는 시나 소설 같은 저작물은 문서가 아니며, 확정적이 아닌 초안·초고도 문서가 아니다.

| ② 의사표시의
계속성 | • 의사표시는 물체에 고정·화체되어 어느 정도의 계속성을 지녀야 한다. 따라서 모래 위에 쓴 글이나 칠판에 쓴 글 등은 문서가 아니다.
• 반드시 영구적일 필요는 없으나 계속성이 있으면 족하고, 표시방법에는 제한이 없다. 그러나 청각적 방법(예: 녹음테이프, 음반) 아닌 시각적 방법에 의해야 한다. |

◆ 판 례 ◆

<문서와 인장, 기호와의 구별, 생략문서의 문서성>……문서는 그 내용이 법률상, 사회생활상 주요 사항에 관한 증거로 될 수 있는 것이라는 점에서 **사람의 동일성을 표시하기 위하여 사용되는 일정한 상형인 인장**이나, **사람의 인격상의 동일성 이외의 사항에 대해서 그 동일성을 증명하기 위한 부호인 기호와는 구**분되며, 이른바 **생략문서도 그것이 사람 등의 동일성을 나타내는 데에 그치지 않고 그 이외의 사항도 증명, 표시하는 한 인장이나 기호가 아니라 문서로서 취급**하여야 한다.(대판 1995.9.5. 95도1269)

2) 증명적 기능: 물체에 기재된 의사표시는 일정한 법률관계나 사회생활상 중요한 사항을 증명할 수 있고(증명능력) 증명하기 위한 것이어야 한다(증명의사).

| ① 증명능력 | • 문서 내용은 법적으로 중요한 사실, 즉 법률관계나 권리의무의 발생·변경·소멸과 관련된 사실이어야 한다. 공법관계인지 사법관계인지는 불문한다.
• 사회생활상의 중요한 사항은 권리의무 이외의 사항으로서 사실증명에 사용될 수 있는 것을 의미한다.
• 문서의 증명능력은 진정문서(문서명의인과 작성자가 일치하여 작성에 허위가 없는 문서)를 전제로 하기 때문에 진정문서만이 문서위조·변조죄의 객체가 되며 부진정문서는 객체가 될 수 없다. |
| ② 증명의사 | • 처음부터 증명의사를 가지고 작성된 목적문서뿐만 아니라 증명의사 없이 작성했다가 사후에 일정한 증거로 사용하게 된 우연문서를 포함한다. 공문서는 항상 목적문서이나 사문서는 양자를 포함한다.
• 가계약서나 가영수증과 같이 시한부로 작성된 것이어도 무방하나 증명의사는 확정적 의사여야 하므로 초안이나 초고는 문서가 아니다(원본성의 요구). |

◆ 판 례 ◆

　　<문서의 증명적 기능-문서에 관한 죄의 객체로서의 진정문서>……공문서변조
라 함은 근거 없이 이미 진정하게 성립된 공무원 또는 공무소명의의 문서 내용
에 대하여 그 동일성을 해하지 아니할 정도로 변경을 가하는 것을 말한다 할
것인바, 본건에서의 폐품반납증은 **이미 허위로 작성된 공문서이므로 형법 제225
조 소정의 공문서변조죄의 객체가 되지 아니한다.**(대판 1986.11.11. 86도1984)

3) 보장적 기능: 문서는 의사표시의 내용을 보증할 수 있는 의사표시의 주체인
　　명의인이 있어야 한다.
① 익명의 사상표현은 문서가 아니며, 명의인이 문서의 실제작성인과 반드시 일
　　치하는 것은 아니다.
② 명의인은 특정되어 있어야 하지만 반드시 성명이 표시될 필요는 없으며 문서
　　내용·형식·외관 등으로 명의인을 알 수 있으면 족하다.

◆ 판 례 ◆

　　<문서의 보장적 기능-명의인의 특정>……① 허위공문서작성죄의 객체가 되
는 문서는 문서상 작성명의인이 명시된 경우뿐만 아니라 **작성인이 명시되어
있지 아니하더라도 문서의 형식, 내용 등 그 문서 자체에 의하여 누가 작성하
였는가를 추지할 수 있을 정도의 것**이라야만 된다.(대판 1973.9.29. 73도1765)
　　② 예금청구서에 작성명의자의 기명만 있고 날인이 **빠져** 있다 하여도 일반
인이 그 작성명의자에 의하여 작성된 예금청구서라고 오신할 만한 형식과 외관
을 갖추고 있는 이상 권한 없이 위 예금청구서를 작성한 행위는 사문서위조죄
에 해당하고 날인이 없다 하여 이를 미완성문서로 볼 수는 없다.(대판
1984.10.23. 84도1729)
　　③ 사문서의 작성명의자의 인장이 찍히지 아니하고 주민등록번호가 기재되
지 않았더라도, 일반인으로 하여금 그 작성명의자가 진정하게 작성한 사문서
로 믿기에 충분할 정도의 형식과 외관을 갖추었으면 사문서위조죄 및 동 행사
죄의 객체가 되는 사문서라고 보아야 한다.(대판 1989.8.8. 88도2209)

③ 사자와 허무인 명의의 문서

(i) 통설은 공문서·사문서를 불문하고 일반인에게 진정한 문서로 오신될 염려가 있으면 문서죄의 **객체가 된다고 한다.**

(ii) 종래의 판례는 공문서의 경우에는 명의인의 실재여부가 문제되지 않으나 타인 명의의 문서를 위조하여 행사하였다고 하더라도 그 명의인이 실재하지 않는 허무인이거나 또는 문서의 작성일자 전에 이미 사망한 경우에는 사문서위조죄 및 동행사죄가 성립하지 않는다고 판시하였으나, **대판 2005.2.24 선고 2002도18에서 명의인이 실재하지 않는 허무인이거나 또는 문서의 작성일자 전에 이미 사망하였다고 하더라도 그러한 문서 역시 공공의 신용을 해할 위험성이 있으므로 문서위조죄가 성립한다고 봄이 상당하며 이는 공문서뿐만 아니라 사문서의 경우에도 마찬가지로 보아야 한다고 견해를 변경하였다.** 따라서 허무인·사망자 명의 문서를 위조한 경우 문서위조죄의 성립한다.

◆ **판 례** ◆

<명의인이 실재하지 않는 공문서의 경우>······위조된 문서가 일반인으로 하여금 공무소 또는 공무원의 직무권한 내에서 작성된 것으로 믿을 만한 형식 외관을 갖추고 있으면 설령 그러한 공무소 또는 공무원이 실존하지 아니하여도 공문서위조죄가 성립하는 것이다.(대판 1976.9.14. 76도1767)

◆ **판 례** ◆

<사자명의의 사문서>······① 사자명의의 문서는 그것을 위조하였다고 하더라도 사문서위조죄가 성립하지 않는 것이나 사자명의의 문서가 사자의 생존 중에 작성한 것처럼 그 작성일자를 생존일자로 소급하여 작성한 경우에는 사문서위조죄가 성립된다.(대판 1994.9.30. 94도1787)

② 사망자명의로 된 문서라고 할지라도 그 문서의 작성일자가 명의자의 생존 중의 날짜로 된 경우 일반인으로 하여금 사망자가 생존 중에 작성한 것으로 오신케 할 우려가 있으므로, 비록 시간적으로 피해자의 사망 이후에 피해자명의의 문서를 위조하고 이를 행사한 것이라 하더라도 사문서위조죄와 동 행사죄가 성립한다.(대판 1993.9.28. 93도2143)

③ 사문서의 작성명의인이 이미 사망한 자의 경우에는 그 문서의 작성일자가 명의인의 생존 중의 일자로 된 경우가 아니면 사문서위조죄나 그 행사죄를 구성하지 않는 것이며, 이는 자격모용사문서작성죄나 그 행사죄에 있어서도 마찬가지이다.(대판 1992.12.24. 92도2322)

④ 그 명의인 실재하지 않는 허무인이거나 또는 문서의 작성일자 전에 이미 사망하였다 하더라도 그러한 문서 역시 공공의 신용을 해할 위험성이 있으므로 공문서와 사문서를 가리지 아니하고 문서위조죄가 성립한다고 봄이 상당하며 이러한 법리는 법률적, 사회적으로 자연인과 같이 활동하는 **법인 또는 단체에도 그대로 적용**된다고 할 것이다. 따라서 **해산등기를 마쳐 그 법인격이 소멸한 법인 명의의 사문서를 위조한 행위는** 사문서위조죄가 성립한다.(대판 2005.3.25, 2003도4943)

4) 복본·등본·사본의 문서성

① 복　본: 명의인이 일정한 증명을 위해 처음부터 수통의 문서로 작성한 것이며 당연히 그 문서성이 인정된다.

② 복사한 사본: 등본·사본·초본은 인증이 없는 한 문서가 아니나, 전자복사기, 모사전송기 기타 이와 유사한 기기를 사용하여 복사한 사본만은 예외적으로 문서로 본다(개정형법 제237조의2).

◆ 판　례 ◆

<복사문서의 문서성>……사진기나 복사기 등을 사용하여 기계적인 방법에 의하여 원본을 복사한 문서, 이른바 **복사문서는 사본이더라도** 필기의 방법 등에 의한 단순한 사본과는 달리 복사자의 의식이 개재할 여지가 없고, 그 내용에서부터 모양, 형태에 이르기까지 원본을 실제 그대로 재현하여 보여주므로 관계자로 하여금 그와 동일한 원본이 존재하는 것으로 믿게 할 뿐만 아니라 그 내용에 있어서도 원본 그 자체를 대하는 것과 같은 감각적 인식을 가지게 하고, 나아가 오늘날 일상거래에서 복사문서가 원본에 대신하는 증명수단으로서의 기능이 증대되고 있는 실정에 비추어 볼 때 이에 대한 사회적 신용을 보호할 필요가 있으므로 복사한 문서의 사본은 문서위조 및 동 행사죄의 객체인 문서에 해당한다.(대판[全合] 1989.9.12. 87도506)

(5) 문서의 종류

1) 공문서: 공무소 또는 공무원이 직무와 관련하여 작성한 문서이다. 그러나 외
국의 공무원 또는 공무소가 작성한 문서나 공무원이 공무가 아닌 개인명의로
작성한 문서는 사문서이다. 간이절차에 의한 민사분쟁사건처리특례법에 의하
여 합동법률사무소 명의로 작성한 공증문서나 공증인가합동법률사무소 작성
의 사서증서에 대한 인증서도 공문서에 해당한다.

◆ **판 례** ◆

<공문서 여부를 가늠하는 기준>……① 형법 제225조의 공문서변조나 위조죄
의 객체인 공문서는 공무원 또는 공무소가 그 직무에 관하여 작성하는 문서이
고, 그 행위주체가 공무원과 공무소가 아닌 경우에는 형법 또는 기타 특별법
에 의하여 공무원 등으로 의제되는 경우(예컨대 정부투자기관관리기본법 제18
조, 지방공기업법 제83조, 한국은행법 제112조의2, 특정범죄가중처벌등에관한
법률 제4조)를 제외하고는 **계약 등에 의하여 공무와 관련되는 업무를 일부 대
행하는 경우가 있다 하더라도 공무원 또는 공무소가 될 수는 없고,** 특히 형벌
법규의 구성요건을 법률의 규정도 없이 유추 확대해석하는 것은 죄형법정주의
원칙에 반한다.(대판 1996.3.16. 95도3073)

② 허위공문서작성죄에 있어서의 '직무에 관한 문서'라 함은 **공무원이 그
직무권한 내에서 작성하는 문서**를 말하고, 그 문서는 대외적인 것이거나 내부
적인 것(본건의 경우 대내적인 기안문서인 예산품의서)을 구별하지 아니하며,
그 **직무권한이 반드시 법률상 근거가 있음을 필요로 하는 것이 아니고,** 널리
명령, 내규 또는 관례에 의한 직무집행의 권한으로써 작성하는 경우를 포함한
다.(대판 1981.12.8. 81도943)

◆ **판 례** ◆

　　<공문서를 부정한 사례>……① 지방세의 수납업무를 일부 관장하는 시중은
행의 직원이나 은행이 형법 제225조 소정의 공무원 또는 공무소가 되는 것은
아니고 세금수납영수증도 공문서에 해당하지 않는바, 이를 권한 없이 변경한
행위가 공문서변조죄를 구성하는 것은 아니다.(대판 1996.3.16. 95도3073)
　　② 공소외인이 농업양곡직매장 운영에 관하여 자기명의의 문서를 작성할
권한을 부여받았다 하더라도 이 사건과 같은 **개인채무부담의 의사표시인 문서**
는 다른 사정이 없는 한 경험칙이나 논리칙상 공적 문서로 볼 수 없다.(대판
1984.3.27. 83도2892)

---

2) 사문서: 사인명의의 권리의무의 사실증명에 관한 문서를 말한다.

(6) 객관적 구성요건
1) 행위의 대상: 권리·의무 또는 사실증명에 관한 '타인'의 문서 또는 도화이다.
① 권리·의무에 관한 문서: 공법상 또는 사법상의 권리·의무의 발생·변경·
　　소멸에 관한 사항을 기재한 문서이다(예: 재산관계의 계약서·위임장, 신분관계
　　에 대한 신고서, 여권·주민등록발급·인감증명교부신청서, 등기신청서류 등).
② 사실증명에 대한 문서: 권리의무에 관한 문서 이외에 거래상 중요한 사실을
　　증명하는 문서이다(예: 추천장, 이력서, 신분증, 인사장 등. 그러나 사상·관
　　념의 표현이 아닌 명함·문패 등은 문서가 아니다).

◆ **판 례** ◆

　　<사실증명에 관한 사문서>……[1] 사실증명에 관한 사문서에는 법률상 또는
사회생활상의 사실의 증명에 관한 문서가 포함된다고 할 것이므로 채권계약서
의 입회인으로 타인의 명의를 함부로 써서 작성한 문서는 사문서에 해당한다.
　　[2] 사문서의 작성명의자의 인장이 찍히지 아니하였더라도 그 사람의 상호와
성명이 기재되어 그 명의자의 문서로 믿을 만한 형식과 외관을 갖춘 경우에는
사문서위조죄에 있어서의 사문서에 해당한다고 볼 수 있다.(대판 2000.2.11. 99
도4819)

---

2) 행 위: 위조 또는 변조

① 위 조

ⅰ) 권한 없이 타인명의를 모용하여 부진정문서를 작성하는 것을 말한다(유형위조).

ⅱ) 문서위조죄의 문서작성의 정도는 그 명의자가 작성한 문서로 볼 수 있을 정도의 형식과 외관을 갖추어 일반인이 그 명의자의 진정한 사문서로 오신하기에 충분한 정도면 족하다.(대판 1997.12.26. 95도2221)

권한 없는 자	• 권한이란 법규·계약·관례에 따라 문서를 작성할 수 있는 정당한 권한을 의미한다. • 위조가 아닌 경우 – 명의인의 사전승낙(사후승낙 ×)을 받은 경우, 포괄적 위임을 받아 그 취지에 따라 작성한 경우, 권한을 받은 자가 권한의 범위 내에서 허위내용의 문서를 작성한 경우 • 위임범위를 초월하거나 위임의 취지에 반해서 문서를 작성한 경우에는 위조가 된다. • 대리권·대표권이 없는 자가 대리인·대표자의 자격으로 본인명의의 문서를 작성한 경우에는 이 죄가 아니라 자격모용에 의한 문서작성죄가 성립한다.
권한 없는 자	• 대리권·대표권이 있는 자가 그 권한범위 안에서 권한을 남용하여 문서를 작성한 경우에는 본죄가 아니라 배임죄나 허위공문서작성죄가 문제될 뿐이다.
타인명의의 모용	• 타인의 명의를 사칭하여 그 의사표시가 타인이 한 것처럼 꾸미고 착오를 야기하는 행위이다. • 문서의 기재 내용의 진실성은 불문한다(유형위조). • 작성자 자신의 이름을 기재한 경우에도 타인명의의 모용으로 볼 수 있으면 위조가 된다. • 명의인을 판별할 수 없다면 타인명의의 모용이 아니다.

◆ 판 례 ◆

<문서의 진정한 작성명의자를 판단하는 기준>……사문서위조죄의 객체가 되는 문서가 권리의무에 관한 것인지, 아니면 사실 증명에 관한 것인지, 또 그 문서의 진정한 작성명의자가 누구인지 여부는 문서의 표제나 명칭만으로 이를 판단해서는 아니 되고, 문서의 형식과 외관은 물론 문서의 종류, 내용, 일반 거래에 있어서 그 문서가 가지는 기능 등 제반 사정을 종합적으로 참작하여 판단하여야 할 것이어서, 어떤 문서가 문중규약이라는 표제하에 작성되었다고 하

여 이를 가리켜 일률적으로 문중원의 권리의무에 관한 사문서라거나, 문중이라는 단체명의의 문서라고 단정할 수는 없는 것이고, 위에서 설시한 제반 사정에 비추어 그 문서가 문중 규약의 존재와 내용 등을 확인하는 취지에서 작성된 것으로 볼 수 있으면 이는 사실증명에 관한 문서이고, 또 이 경우에는 위와 같은 사항을 확인하는 의사표시의 주체가 그 문서의 작성명의자라고 할 것이므로, 그 작성명의자의 승낙이나 위임이 없이 그 명의를 모용하여 문중규약의 존재와 내용 등을 확인하는 문서를 작성하였다면 이는 사문서위조죄를 구성한다.(대판 1996.2.9. 94도1858)

◆ 판 례 ◆

<문서위조죄가 성립하는 경우>……① (작성명의자의 날인을 권한 없이 위조한 경우 외에도) 작성명의자의 날인이 정당하게 성립된 사문서라고 하더라도 **내용을 기재할 정당한 권한이 없는 자가 내용을 기재하거나 또는 권한을 위임받은 자가 권한을 초과하여 내용을 개재함으로써 날인자의 의사에 반하는 사문서를 작성한 경우에는 사문서위조죄가 성립한다.**(대판 1992.12.22. 92도2947)

② 문서의 위조라고 하는 것은 작성권한 없는 자가 타인명의를 모용하여 문서를 작성하는 것을 말하는 것이므로 사문서를 작성함에 있어 그 **명의자의 명시적이거나 묵시적인 승낙(위임)이 있었다면 이는 사문서위조에 해당한다고 할 수 없다.**(대판 1998.2.24. 97도183)

③ **명의인을 기망하여 문서를 작성케 하는 경우는 서명, 날인이 정당히 성립된 경우에도 기망자는 명의인을 이용하여 서명·날인자의 의사에 반하는 문서를 작성케 하는 것이므로 사문서위조죄가 성립한다.**(대판 2000.6.13. 2000도778판결)

◆ 판 례 ◆

<위임된 권한을 초월하여 문서를 작성한 경우에도 위조 성립>……① 사문서위조죄는 작성권한 없는 자가 타인의 명의를 모용하여 문서를 작성함으로써 성립하는 것인바, 타인으로부터 그 명의의 문서작성을 위임받은 경우에도 위임

된 권한을 초월하여 내용을 기재함으로써 명의자의 의사에 반하는 사문서를 작성하는 것은 작성권한을 일탈한 것으로서 사문서위조죄에 해당한다.(대판 1997.3.28. 96도3191)

② 공동대표이사로 법인등기를 하기로 하여 이사회 의사록 작성 등 그 등기절차를 위임받았음에도 (그 위임받은 권한을 초월하여) 단독 대표이사 선임의 이사회 의사록을 작성하여 단독 대표이사로 법인등기한 피고인의 행위는 사문서위조, 동 행사, 공정증서원본불실기재, 동 행사의 죄에 해당한다.(대판 1994.7.29. 93도1091)

③ 다른 곳의 토지에 분묘를 소유하고 있는 피해자에게 피고인이 신청한 골재채취장과는 멀리 떨어져 있어 토석채취를 한다고 하여도 피해가 없으니 동의해 달라고 말하여 백지의 동의서 양식에 인감도장을 날인하게 한 다음, 행사할 목적으로 그 동의서에 피해의 의사에 반하여 분묘소재지를 위 골재채취 주변의 토지로 기재하였다면 피고인이 작성한 피해자 작성명의의 동의서는 피해자가 동의서의 양식에 인감도장을 날인하면서 그 공란을 기재하도록 승낙한 내용과 다른 것이고, 위 동의서의 공란을 기재하여 완성하도록 승낙한 취지에도 어긋나는 것이어서 피고인은 피해자가 승낙한 문서 아닌 문서를 작성한 셈이 되고, 피해자의 의사에 반한 내용의 동의서를 작성한 것이 되어 타 문서를 위조한 경우에 해당한다고 보아야 할 것이다.(대판 1992.3.31. 91도2815)

④ 군청소속의 도축장 검사원에게 군수명의로 된 백지의 지방우육 서울반출증을 보관하면서 적법한 도축신청과 서울축산기업 납세조합에서 발행한 지방우육 서울반입 실수요자확인증의 제출이 있는 경우에 한하여 위 백지 반출증에 실수요자증명서의 발행번호와 반출증의 발행일자, 유효기간 등을 보충·기재하여 반입실수요자에 교부할 권한만이 위임되어 있었던 경우라면 동 검사원에게 위 반출증의 작성권한이 위임되어 있다고 볼 수 없으므로 동 검사원이 적법한 도축신청과 실수요자확인증의 제출이 없음에도 허위의 반출증을 작성·교부하였다면 공문서위조죄가 성립한다.(대판 1984.9.11. 84도368)

⑤ 문서를 작성할 권한을 위임받지 아니한 문서기안자가 문서작성권한을 가진 사람의 결재를 받은 바 없이 권한을 초과하여 문서를 작성하였다면 이는 사문서위조죄가 된다.(대판 1997.2.14. 96도2234)

⑥ 공문서작성권자로부터 일정한 요건이 구비되었는지 여부를 심사하여 그 요건이 구비되었음이 확인될 경우에 한하여 작성권자의 직인을 사용하여 작성권자명의의 공문서를 작성하라는 포괄적인 권한을 수여받은 업무보조자인 공무원이, 그 위임의 취지에 반하여 공문서 용지에 허위내용을 기재하고 그 위에 보관하고 있던 작성권자의 직인을 날인하였다면, 그 업무보조자인 공무원에게 공문서위조죄가 성립할 것이고, 그에게 위와 같은 행위를 하도록 지시한 중간 결재자인 공무원도 공문서위조죄의 공범으로서의 책임을 면할 수 없다.(대판 1996.4.23. 96도424)

◆ 판 례 ◆

<복사본 창출이 문서위조에 해당하는지>······전자복사기로 복사한 문서의 사본도 문서위조죄 및 동 행사죄의 객체인 문서에 해당하고, 위조된 문서 원본을 단순히 전자복사기로 복사하여 그 사본을 만드는 행위도 공공의 신용을 해할 우려가 있는 별개의 문서 사본을 창출하는 행위로서 문서위조행위에 해당한다.(대판 1996.5.14. 96도785)

◆ 판 례 ◆

<문서위조를 부정한 사례>······① 문서명의자의 도장을 소지하고 있는 자로부터 의뢰를 받아 문서를 대필해 준 경우, 대필자가 그 도장이 의뢰인 등에 의하여 위조된 것임을 알았다든지, 아니면 적어도 그 도장이 명의인들로부터 다른 목적으로 의뢰인에게 교부된 것임을 알고 있었다는 등의 특별한 사정이 없는 한 대필자로서는 의뢰인이 문서명의자로부터 문서작성의 위임을 받은 것으로 생각하였다고 봄이 상당하다 할 것이고, 이러한 특별한 사정이 인정되지 아니하는 한 문서명의자가 의뢰인에게 문서작성을 위임하지 아니하였다는 객관적인 사정만으로 대필자의 문서위조범의를 인정할 수 없다.(대판 1999.7.9. 99도1635)
② 사문서위조죄는 그 명의자가 진정으로 작성한 문서로 볼 수 있을 정도의 형식과 외관을 갖추어 일반인이 명의자의 진정한 사문서로 오신하기에 충분한 정도이면 성립하는 것이고, 반드시 그 작성명의자의 서명이나 날인이 있어야 하

는 것은 아니나, 일반인이 명의자의 진정한 사문서로 오신하기에 충분한 정도인
지 여부는 그 문서의 형식과 외관은 물론 그 문서의 작성경위, 종류, 내용 및
일반 거래에 있어서 그 문서가 가지는 기능 등 여러 가지 사정을 종합적으로
고려하여 판단하여야 하는바, 본건에서 피고인이 작성명의자의 승낙이나 위임이
없이 그 명의를 모용하여 토지사용에 관한 책임각서 등을 작성하면서 작성명의
자의 서명이나 날인은 하지 않고 다만 자신의 이름으로 보증인란에 서명·날인
한 경우, 사문서위조죄가 성립되기 어렵다.(대판 1997.12.26. 95도2221)

③ 재산목록 작성 전의 후견인이 피후견인 명의의 문서를 작성한 행위는
후견인 입장에서 문서작성의 권한이 있다고 믿고 있었을 개연성이 있으므로,
피고인에게 사문서위조 및 위조사문서행사의 범의가 있다고 보기 어렵다.(대
판 1997.11.28. 97도1368)

④ 고소인의 제3자에 대한 채권의 변제책임을 부담하는 대신 그 채권에 관
하여 설정한 가등기에 의한 담보권을 양수한 피고인이 위 가등기를 말소함에
있어서 고소인 명의의 가등기말소신청서등을 이의로 작성하였다 하더라도 이는
결국 고소인으로부터의 포괄적 위임 내지 승낙에 기한 것이어서 피고인이 위
가등기말소신청서 등을 위조하였다고 할 수 없다.(대판 1984.2.14. 83도2650)

⑤ 급식용 가공돼지고기를 납품하는 단지원들에 의하여 돼지고기의 가공,
납품 및 대금수령에 관한 사무를 총괄적으로 위임받고 이를 위하여 그들의 인
장을 맡아 사용하는 단지장이 그 대금의 수령을 위해 납품자인 단지원의 이름
으로 축산협동조합에 예금청구서와 차용증서를 작성·제출하고 선급금명목으
로 납품대금을 받아 이를 단지원에게 지급한 사실이 인정된다면 위 예금청구
서와 차용증서는 단지원들로부터 돼지고기의 가공, 납품에 따른 포괄적 위임
에 따라 작성된 것이라고 보여 이에 대하여 사문서위조 및 동 행사의 범의를
인정할 수 없다.(대판 1984.3.27. 84도115)

⑥ 농지매수인이 매도인 또는 매수인 단독으로 신청할 수 있는 농지개혁법
제19조 제2항의 농지매매증명을 발급받음에 있어 피고인이 신청용지의 신청인
란 중 매수인란에는 공소외인의 성명만을 기재하고 날인을 하지 않았다면 위
문서는 그 형식이나 외관상 피고인 단독명의로 신청된 문서로 볼 수 없으므로
위 사실만으로 피고인이 위 공소외인 명의의 문서를 위조하였다고 볼 수 없
다.(대판 1986.9.23. 86도1300)

⑦ 작성명의인이 완성한 대출금신청서와 차용금증서에 피고인이 그 작성일자를 임의로 기입하였다고 하여도 특단의 사정이 없는 한 이것만으로는 위 문서작성명의인의 작성권한을 침해한 것이라고 할 수 없으니 위와 같은 피고인의 행위를 문서위조죄로 의율할 수는 없다.(대판 1983.4.26. 83도520)

② 변 조: 진정하게 성립된 타인명의의 문서의 내용에 그 동일성을 해하지 아니하는 범위 내에서 변경을 가하는 것을 말한다. 따라서 위조, 변조, 허위작성된 문서는 변조의 객체가 되지 못한다.

변조의 대상	• 진정하게 성립된 타인명의의 문서이므로 위조되거나 허위작성된 문서나 자기명의의 문서에 대해서는 문서변조죄가 성립하지 않는다. • 문서의 내용이 진실하지 않거나 그 내용이 무효인 경우에는 진정성립한 타인명의의 문서이면 변조의 대상이 된다. • 문서 내용이 아닌 자구수정이나 내용에 영향이 없는 사실기재는 변조가 아니다.
변조의 정도	기존 문서의 동일성을 해하지 않는 범위 내에서만 변조가 되므로 문서의 중요 부분에 변경을 가하거나 효력을 상실한 문서에 변경을 가하여 새로운 증명력을 가진 문서를 작성한 경우는 위조가 된다.

◆ 판 례 ◆

<문서의 변조를 인정한 사례>……① 김포군수 명의로 발부되어 피고인이 보관 중인 계사건축허가통지서에 첨부된 설계도면을 떼 내고 건축사협회의 도서등록 일부인을 건축허가신청 당시인 1972년 11월 7일자로 소급변조하여 **새로 작성한 위 방적연공장설계도면을 그 자리에 가철한 행위**는 공문서변조죄에 해당한다.(대판 1982.12.14. 81도81)

② 공소외 망인이 피고인으로부터 어음 1장을 발행·교부받으면서 그 증빙으로 작성하여 준 영수증에 그 망인이 "위 어음은 한국주택은행 이리지점의 융자에 따른 할부금 및 연체이자를 불입하기 위해 받은 것이다."라는 사실 내용을 기재하여 두었을 뿐이어서, 그 문면 자체만으로는 당초 그 어음 수수에 의한 변제목적이 된 해당 은행융자금 상환채무가 구체적으로 어떠한 채무를 가리키는가가 분명치 않은 경우, 피고인이 나중에 관련 민사소송에서 그 어음

을 그 계쟁 부동산을 담보물로 한 은행융자금채무의 상환을 위하여 교부받은 것이라는 주장 사실을 입증하는 데 사용할 목적으로 당시 보관 중이던 그 영수증 위의 '할부금'이라는 기재 부분 옆에다 그 작성명의인인 망인의 승낙 없이 임의로 그 계쟁 부동산을 지칭하는 표시로서 "733-19번지"라고 써 넣은 것이라면, **그 변경 내용이 비록 객관적인 진실에 합치하는 것이라 하더라도 이는 그 영수증에 새로운 증명력을 가져오게 한 것임이 분명하므로, 사문서변조죄의 구성요건을 충족한다**고 보아야 한다.(대판 1995.2.24. 94도2092)

③ 피고인은 철도청 자재국에 근무하면서 외자구매관계업무를 담당하여 오던 자로서, 1968년 3월 12일, 피고인이 직접 기안하여 철도청 자재국장의 결재를 받은 조달청장 앞으로 발송될 청도청장명의의 외자물자 구매의뢰서의 품목명세서 제27항 아래 공란에 피고인으로서는 가필·변경할 아무런 근거나 권한이 없음에도 불구하고, 행사할 목적으로 볼펜을 사용하여 "28, WHEEL FOR LOCO 700EA"라고 변경·가필하였다면, **피고인이 가필한 판시 제28항 기재 품목은 이미 결재된 원안문서 제22항에도 기재되어 있는 것으로서 이는 피고인이 결재된 원안문서를 정확하게 확인하지 아니하고 그 품목이 빠진 것으로 착각하고 이것을 제28항에 중복기입하였다** 하더라도, 피고인에게 문서를 변조할 인식이 있었던 이상 공문서변조죄가 성립한다.(대판 1970.12.29. 70도116)

④ 사문서변조에 있어서 그 변조 당시 명의인의 명시적, 묵시적 승낙 없이 한것이면 **변조된 문서가 명의인에게 유리하여 결과적으로 그 의사에 합치한다 하더라도 사문서변조죄의 구성요건을 충족**한다.(대판 1985.1.22. 84도2422)

⑤ 수목의 소유를 목적으로 하는 지상권 설정계약서에 그 기간이 2년으로 되어 있기 때문에 민법 제280조의 규정에 어긋난다 하여 등기공무원이 그 등기신청서를 수리하지 아니하는 경우라 할지라도 **등기신청 대리인이 사법서사에게 그 기간을 위 법조에 맞추어 30년으로 고칠 포괄적 대리권이 있다고는 볼 수 없어 함부로 위 계약서에 기재된 기간을 30년으로 고쳤다면** 사문서변조죄의 죄책을 면할 수 없다.(대판 1970.9.22. 70도1509)

⑥ 재산세 과세대장의 작성권한이 있던 자가 인사이동되어 그 권한이 없어진 후 그 기재 내용을 변경한 경우, 공문서변조죄에 해당한다.(대판 1996.11.22. 96도1862)

⑦ 최종 결재권자를 보조하는 기안담당자가 토지가격 감정의뢰서에 첨부된

재산명세서상에 일부 기재가 누락된 토지가 있었으나 그 감정의뢰에 따른 감정을 하는 과정에서 그 누락사실이 발견되어 감정평가사가 그 토지까지 감정하여 작성한 감정평가서를 송부하여 오자, 사후에 이를 일치시킨다는 생각에서 위 재산명세서상에 그 누락된 토지들을 추가·기재하였더라도 그 과정에서 적법한 절차를 거침이 없이 임의로 결재된 원문서에 없는 사항을 추가·기재한 이상 그러한 행위에 대해서는 공문서변조의 범의를 인정하기에 충분하고, 감정의뢰서에 누락된 토지에 대한 감정까지 하여 작성한 감정평가서에 대하여 위 감정의뢰서 작성명의자인 최종 결재권자의 결재가 있었다고 하여 이로써 위 감정의뢰서 추가·기재행위에 대하여 작성명의자의 승낙이 있었다고 볼 수 없다.(대판 1995.3.24. 94도1112)

⑧ 증인이 공증인법 제57조제1항의 규정에 의하여 사서증서에 대하여 하는 인증은 당해 사서증서에 나타난 서명 또는 날인이 작성명의인에 의하여 **정당하게 성립하였음을 인증하는 것일뿐 그 사서증서의 기재 내용을 인증하는 것은 아니다.** 그렇다면, 사서증서 인증서 중 인증기재부분은 공문서에 해당한다고 하겠으나, 위와 같은 내용의 인증이 있었다고 하여 사서증서의 기재 내용이 공문서인 인증기재 부분의 내용을구성하는 것은아니라고할 것이므로, **사서증서의 기재 내용을 일부 변조한 행위는 공문서변조죄가 아니라 사문서변조죄에 해당한다**(대판 2005.3.24. 2003도2144).

◆ 판 례 ◆

<극히 경미한 사항의 정정으로 변조에 해당하지 않는 경우>······① 피고인으로서는 박기영이 소지한 등기부등본 및 종전의 토지대장과 공유지연명부 등을 모두 대조해 본 결과 이건 토지가 분할될 당시 토지대장의 소관청이 세무서이었던 당시부터 이건 토지의 공유지연명부 정리가 누락된 것을 발견하고 박기영의 주장이 사실에 부합하여 신속한 민원처리의 목적으로 선 처리 후 결재받을 생각으로 원심판시와 같이 처리하였다는 것이고 토지대장상의 등록사항의 정정에 내부결재를 필요케 하는 취지도 그 내용의 정확성을 담보하는 데 있다 할 것이고 **공유지연명부상의 지번과 고유번호를 토지대장의 그것에 일치하도록 정정·정리하는 행위는 극히 경미한 사항이라 보지 않을 수 없으며 피고인이 정정하려**

는 내용이 진정한 이상 결재를 구하였으면 의당 허가결재가 되었을 것임은 위에 설시한 바에 비추어 두말할 나위가 없다고 할 것이니 피고인의 위와 같은 정정행위는 공유지연명부의 정리에 관한 군수의 보조자로서의 권한을 초과한 행위라고 볼 수는 없다 할 것이므로 피고인에게 정규적인 절차에 의한 사무처리를 하지 아니한 점을 들어 내부규율상의 책임을 묻는 것은 별론으로 하고 공문서변조의 책임을 지울 수는 없다 할 것이다.(대판 1982.10.12. 82도1485)

② 자신의 주민등록증 비닐커버 위에 검은색 볼펜을 사용하여 주민등록번호 전부를 덧기재하고 투명 테이프를 붙이는 방법으로 주민등록번호 중 출생연도를 나타내는 '71'을 '70'으로 고친 것이라면, 변조행위가 공문서 자체에 변경을 가한 것이 아니며 그 변조방법이 조잡하여 공문서에 대한 공공의 위험을 초래할 정도에 이르지 못하였고 볼 수 있는바, 공문서변조가 성립하지 않는다.(대판 1995.3.24. 94도1112)

③ 위조와 변조의 구별: 진정하게 성립된 타인명의의 문서의 내용에 변경을 가한 경우라도 그 결과 기존 문서의 동일성을 상실하여 새로운 문서를 창출한 경우에는 변조가 아닌 위조가 성립한다.

◆ 판 례 ◆

<문서의 내용에 변경을 가해 새로운 문서를 위조한 경우>······① 피고인이 행사할 목적으로 타인의 주민등록증에 붙어 있는 사진을 떼어내고 그 자리에 피고인의 사진을 붙였다면 이는 기존 공문서의 본질적 또는 중요 부분에 변경을 가하여 새로운 증명력을 가지는 별개의 공문서를 작성한 경우에 해당하므로 공문서위조죄를 구성한다.(대판 1991.9.10. 91도1610)

② 문서위조죄는 문서의 진정에 대한 공공의 신용을 그 보호법익으로 하는 것이므로, 피고인이 위조하였다는 국제운전면허증이 그 유효기간을 경과하여 본래의 용법에 따라 사용할 수는 없게 되었다고 하더라도, 이를 행사하는 경우 그 상대방이 유효기간을 쉽게 알 수 없도록 되어 있거나 위 문서 자체가 진정하게 작성된 것으로서 피고인이 명의자로부터 국제운전면허를 받은 것으로 오신하기에 충분한 정도의 형식과 외관을 갖추고 있다면 위 운전면허증에

붙어 있던 사진을 떼고 자신의 사진을 붙인 피고인의 행위는 문서위조죄에 해당한다.(대판 1998.4.10. 98도164)

③ 졸업증명서 또는 수료증 성적증명서의 기재 내용에 졸업자 수료자의 성명과 생년월일의 기재가 누락되어 있을 뿐이고 그 문서작성자의 성명과 날인은 물론 그 내용에 있어서도 진정한 졸업증명서 수료증과 같은 경우에는 이를 사문서위조죄에 있어서의 문서라고 할 수 있는바, 피고인이 위 졸업증명서 및 성적증명서의 성명란에 자신의 이름을 기재한 행위는 새로운 증명력을 갖는 별개의 사문서를 작성한 경우에 해당되어 사문서위조죄를 구성한다.(대판 1962.9.27. 62도113)

④ 유휴기간이 경과하여 무효가 된 공문서상에 "정정의 경우에는 무효로 한다."는 기재가 있다고 하더라도 이는 작성권한 없는 자의 정정을 무효로 한다는 취지로 보아야 할 것이므로 **권한 없는 자가 그 유효기간과 발행일자를 정정하고 그 부분에 작성권한자의 직인을 압날하여 공문서를 작성하였다면 이는 형식과 외관에 의하여 효력이 있는 공문서를 위조한 것이 된다.**(대판 1980.11.11. 80도2126)

(7) 주관적 구성요건: 고의 이외에 행사의 목적을 요한다.

◆ 판 례 ◆

<문서변조죄에 있어서 행사할 목적의 의미>······문서변조죄에 있어서 행사할 목적이란 변조된 문서를 진정한 문서인 것처럼 사용할 목적을 말하는 것으로 적극적 의욕이나 확정적 인식을 요하지 아니하고 미필적 인식이 있으면 족하다.(대판 2006.1.26. 2004도788)

(8) 죄수와 타죄와의 관계

1) 죄수의 결정기준: 여러 가지 견해가 있으나 판례는 문서에 기재된 명의인의 수를 기준으로 죄수를 결정한다.

> ◆ 판 례 ◆
>
> <수인 명의의 문서를 위조한 경우의 죄수>……문서에 2인 이상의 작성명의
> 인이 있을 때에는 각 명의자마다 1개의 문서가 성립되므로 2인 이상의 연명
> 으로 된 문서를 위조한 때에는 작성명의인의 수대로 수개의 문서위조죄가 성립하
> 고 또 그 연명문서를 위조하는 행위는 자연적 관찰이나 사회통념상 하나의 행
> 위라 할 것이어서 위 수개의 문서위조죄는 형법 제40조가 규정하는 상상적 경
> 합범에 해당한다.(대판 1987.7.21. 87도564)

2) 사기죄와의 관계: 명의인에게 문서 내용을 오신시켜 그 내용을 모르고 문서
   를 작성하게 한 경우, 문맹인 명의인을 이용하는 경우, 문서 내용을 진실한
   것으로 오신시켜 그 내용을 아는 가운데 작성케 하여 이를 취득한 경우에는
   문서위조죄가 아닌 사기죄를 구성한다.
3) 손괴죄와의 관계: 타인명의의 문서에 대해서만 본죄가 성립하므로 타인소유·자
   기명의의 문서 내용을 임의로 변경하면 → 문서손괴죄만이 성립한다.

> ◆ 판 례 ◆
>
> <타인소유 자기명의의 문서 내용을 변경한 경우>……비록 자기명의의 문서라
> 할지라도 이미 타인(타 기관)에게 접수되어 있는 문서에 대하여 함부로 이를
> 무효화시켜 그 용도에 사용하지 못하게 하였다면 일응 형법상의 문서손괴죄를
> 구성한다.(대판 1987.4.14. 87도177)

4) 신용카드부정사용죄와의 관계: 신용카드를 부정사용하거나 매출표 등을 위조
   하여 이를 행사한 행위는 여신전문금융업법(구신용카드업법)상의 신용카드부정
   사용죄에 흡수되어 별죄로 성립하지 않는다.

◆ 판 례 ◆

<신용카드부정사용죄와 사문서위조 및 동 행사죄와의 관계>……신용카드업법 제25조 제1항은 신용카드를 위조·변조하거나 도난·분실 또는 위조·변조된 신용카드를 사용한 자는 7년 이하의 징역 또는 5천만 원 이하의 벌금에 처한다고 규정하고 있는바, 위 부정사용죄의 구성요건적 행위인 신용카드의 본래 용도인 대금결제를 위하여 가맹점에 신용카드를 제시하고 매출표에 서명하여 이를 교부하는 일련의 행위를 가리키고 단순히 신용카드를 제시하는 행위만을 가리키는 것은 아니라고 할 것이므로, 위 매출표의 서명 및 교부가 별도로 사문서위조 및 동 행사의 죄의 구성요건을 충족한다고 하여도 이 사문서위조 및 동 행사의 죄는 위 신용카드부정사용죄에 흡수되어 신용카드부정사용죄의 1죄만이 성립되고 별도로 사문서위조 및 동 행사의 죄는 성립하지 않는다.(대판 1992.6.9. 92도77)

2. 자격모용에 의한 사문서작성죄

제232조(자격모용에 의한 사문서의 작성)
　행사할 목적으로 타인의 자격을 모용하여 권리·의무 또는 사실증명에 관한 문서 또는 도화를 작성한 자는 5년 이하의 징역 또는 1,000만 원 이하의 벌금에 처한다.

※ 타인의 자격 모용: 대리권·대표권이 없는 자가 타인의 대리인 또는 대표자로서 자기명의 문서를 작성하거나(예: A 대리인 B) 대리권·대표권이 있다 하여도 그 권한 외의 사항에 대하여 대리권자 또는 대표자의 명의로 문서를 작성하는 것을 말한다. 그러나 대리권·대표권이 있는 자가 그 권한을 남용하여 문서를 작성하는 경우에는 무형위조에 해당할 뿐이므로, 본죄를 구성하지 아니한다.

◆ 판 례 ◆

<대리권 있는 자가 권한을 남용하여 사문서를 작성한 경우의 죄책: 무죄>……
타인의 대표자 또는 대리자가 그 대표명의·대리명의를 써서 또는 직접 본인
의 명의를 사용하여 문서를 작성할 권한을 가지는 경우에 그 지위를 남용하
여 단순히 자기 또는 제3자의 이익을 도모할 목적으로 마음대로 그 대표자 또
는 대리명의 또는 직접 본인명의로 문서를 작성한 때라고 할지라도 문서위조
죄는 성립하지 않는다. 왜냐하면 그 목적이 본인을 위해서인지 아니면 자기
또는 제3자의 이익을 도모하는 것인지는 본인과 대표자 또는 대리자 간에 있
어서의 내부관계에 그치고 외부관계에 있어서는 아무런 차별이 있는 것이 아
니며, 형식상 그 작성명의에 허위가 없으므로 이러한 문서에 있어서 행하여
진 의사표시는 사법상 유효하고 직접 본인에 대하여 그 효력이 생기는 것이
라고 할 것이기 때문이다.(대판 1983.4.12. 83도332)

◆ 판 례 ◆

<자격모용에 의한 사문서의 작성을 부정한 사례>……자격모용사문서작성죄가
성립하기 위해서는 행사할 목적 이외에 정당한 대표권이나 대리권이 없음을
알고도 마치 대표권이나 대리권이 있는 것처럼 가장하여 타인의 자격을 모용
한다는 인식, 즉 범의가 있어야 할 것인데, 교단이 한국천부교전도관부흥협회
와 한국예수교전도관부흥협회로 분열됨으로써 위 각 분열된 교단 모두 원래의
교단과의 동일성을 상실하게 되었다고 하더라도 피고인 등은 자신들이 소속한
한국예수교전도관부흥협회가 원래의 교단의 교리를 따르고 있었으므로 동 교
단이 동일성을 그대로 유지한다고 믿었을 것이라고 보이고, 그렇다면 위 한국
예수교전도관부흥협회의 회장으로 선출된 피고인이 이 사건 진정서 등을 작
성, 제출할 당시 타인의 자격을 모용한다는 범의가 있었다고 보기 어렵다.(대
판 1996.7.12. 93도2628)

◆ 판 례 ◆

<자격모용에 의한 사문서의 작성을 인정한 사례>……피고인 등이 주식을 모두 양수하여 사실상 1인 주주임을 이유로 그들의 의사에 따른 주주총회결의가 의연히 존재한다고 다투는 사안에서, 피고인 등이 비록 먼저 주식을 양수하기는 하였으나 제3자에 대한 **대항요건을 갖추지 못하였으므로 그 후에 양수한 양수인들에게 대항할 수 없어 적법한 주주가 될 수 없다는 이유로 자격모용사문서작성죄 및 그 행사죄, 공정증서원본불실기재죄 등이 성립한다.**(대판 2006.6.2. 2004도7112)

3. 공문서위조·변조죄

제225조(공문서 등의 위조·변조)
　행사할 목적으로 공무원 또는 공무소의 문서 또는 도화를 위조 또는 변조한 자는 10년 이하의 징역에 처한다.

▶ 미수범처벌(제235조)

(1) 행위주체: 무제한이며 공무원도 권한 밖의 문서를 작성하면 본죄에 해당한다.
(2) 공문서: 우리나라의 공무원 또는 공무소가 직무상 작성한 문서이다. 공무소·공무원이 작성한 것이라도 직무에 관하여 작성된 것이 아니면 공문서가 아니다(예컨대 공무원의 사직서). 공무원·공무소가 작성한 것이면 공법관계에 관한 것이든 사법관계에 관한 것이든 불문한다.

◆ 판 례 ◆

<공사병존문서에서 공문서부분에 의해 증명되는 개인 작성 부분을 변조한 경우>……공무원이 작성한 문서와 개인이 작성한 문서가 일개 문서 중에 포함되어 있는 경우에도 공무원이 작성한 증명문구에 의하여 증명되는 개인 작성 부분을 변조한 경우에는 공문서변조죄가 성립하는바, 인감증명서의 사용용도는 인감신

청인이 기재하는 것이지만 그 기재한 용도에 따른 인감증명서가 발급되면 그 용도 기재의 여하에 따라 인감증명서의 유효기간이 달라지는 것이므로 그 기재된 용도에 대하여도 증명의 효력이 미친다고 볼 것이어서 권한 없이 그 용도 기재를 고쳐 썼다면 이는 공문서변조죄에 해당한다.(대판 1985.9.24. 85도1490)

(3) 행　위: 위조 또는 변조

◆ 판　례 ◆

<공문서변조죄에서의 행사의 목적>……공문서변조죄에 있어서 행사할 목적이란 변조된 공문서를 진정한 문서인 것처럼 사용할 목적, 즉 행사의 상대방이 누구이든지 간에 그 **상대방에게 문서의 진정에 대한 착오를 일으킬 목적**이면 충분한 것이지 반드시 변조 전의 그 문서의 본래의 용도에 사용할 목적에 한정되는 것은 아니다.(대판 1995.3.24. 94도1112)

(4) 공문서위조죄와 허위공문서작성죄와의 관계: 허위공문서작성죄의 주체는 그 문서를 작성할 권한이 있는 명의인인 공무원에 한하고, 보조공무원은 그 주체가 되지 못한다. 따라서 **문서작성을 보조하는 직무에 종사하는 자가 허위공문서를 기안하고 그 정을 모르는 작성권자의 결재를 받아 공문서를 완성하는 때에는 허위공문서작성죄의 간접정범이 되나, 이러한 결재를 거치지 않고 임의로 허위내용의 공문서를 완성한 때에는 공문서위조죄가 성립**한다.(대판 1981.7.28. 81도898)

4. 자격모용에 의한 공문서작성죄

제226조(자격모용에 의한 공문서 등의 작성)
    행사할 목적으로 공무원 또는 공무소의 자격을 모용하여 문서 또는 도화를 작성한 자는 10년 이하의 징역에 처한다.

▶ 미수범처벌(제235조)

◆ 판 례 ◆

<자격모용에 의한 공문서작성죄를 긍정한 사례>……공무원에 대한 전보명령은 상대방 있는 행정처분이므로 그 의사표시가 상대방에게 도달하여야 효력이 발생하는바, 기록에 의하면 피고인이 1991년 7월 16일 17:00경 같은 날짜로 부산직할시 남구청장에서 동래구청장으로 전보되었다는 내용의 인사발령을 전화로 통보받았음을 알 수 있으므로 그로써 피고인에 대한 전보명령은 효력을 발생하여 그 이후에는 동래구청장으로서의 권한만 있을 뿐 남구청장으로서의 권한은 없다 할 것이다. 그리고 이 사건 당시 시행되던 같은 시 남구의 전결규정에 의하면 이 사건건물에 대한 건축허가는 구청장의 권한에 속하므로 그 허가관계문서의 작성권자는 구청장인 피고인이라 할 것이고 피고인의 직무를 보조하여 그 문서를 기안하는 자에 불과한 건축계장을 가리켜 그 작성권자라고 할 수는 없다. 따라서 **피고인이 동래구청장으로 전보된 후에 남구청장의 권한에 속하는 이 사건 건축허가에 관한 기안용지의 결재란에 서명을 하였다면 이는 자격모용에 의한 공문서작성죄를 구성한다** 할 것이다.(대판 1993.4.27 92도2688)

(1) 공무원의 자격뿐만 아니라 명의까지 모용하여 공문서를 작성하는 경우에는 자격모용에 의한 공문서작성죄가 성립하는 것이 아니라 문서위조죄만이 성립한다는 것이 통설이다.

(2) 대표권 또는 대리권 있는 자가 권한을 남용하여 공문서를 작성한 경우에는 자격모용에 의한 공문서작성죄가 성립하는 것이 아니라, 허위공문서작성죄가 성립한다.

II. 허위문서작성죄

1. 허위진단서 등 작성죄

제233조(허위진단서 등의 작성)

　의사, 한의사, 치과의사 또는 조산사가 진단서, 검안서 또는 생사에 관한 증명서를 허위로 작성한 때에는 3년 이하의 징역이나 금고, 7년 이하의 자격정지 또는 3,000만 원 이하의 벌금에 처한다.

▶ 미수범처벌(제235조)

◆ 판 례 ◆

　<형법 제233조상의 '진단서'의 의미>……형법 제233조의 허위진단서작성죄에 있어서 진단서라 함은 의사가 진찰의 결과에 관한 판단을 표시하여 사람의 건강상태를 증명하기 위하여 작성하는 문서를 말하는 것이므로, 비록 그 문서의 명칭이 소견서로 되어 있더라도 그 내용이 의사가 진찰한 결과 알게 된 병명이나 상처의 부위, 정도 또는 치료기간 등의 건강상태를 증명하기 위하여 작성된 것이라면 위 진단서에 해당되는 것이다.(대판 1990.3.27. 89도2083)

(1) 성　격: 사문서의 무형위조(내용위조)를 예외적으로 처벌하는 규정이며, 자수범·진정신분범이다.
(2) 행　위: 허위의 작성
1) 사실 또는 판단에 대해 진실에 반하는 내용을 기재하는 것을 의미한다. 허위인가는 객관적으로 판단하므로 주관적으로 판단한 위증죄의 허위와는 다르다.

◆ 판 례 ◆

<허위진단서작성죄에서 허위의 의미: 객관적으로 진실에 반하는 내용을 기재할 것>……허위진단서작성죄에 있어서 허위의 기재는 사실에 관한 것이건 판단에 관한 것이건 불문하는 것이지만, 본죄는 원래 허위의 증명을 금지하려는 것이므로 그 내용이 허위라는 의사의 주관적 인식이 필요함은 물론, 실질상 진실에 반하는 기재일 것이 필요하다.(대판 1990.3.27. 89도2083)

---

2) 진찰을 소홀히 하거나 오진으로 인하여 허위사실을 기재한 경우에는 과실처벌규정이 없으므로 본죄가 아니다.

◆ 판 례 ◆

<허위진단서작성죄에서 허위작성의 인식이 없는 경우>……허위진단서작성죄는 의사가 사실에 관한 인식이나 판단의 결과를 표현함에 있어서 자기의 인식판단이 진단서에 기재된 내용과 불일치하는 것임을 인식하고서도 일부러 내용이 진실 아닌 기재를 하는 것을 말하는 것이므로 의사가 주관적으로 진찰을 소홀히 한다든가 착오를 일으켜 오진한 결과로 객관적으로 진실에 반한 진단서를 작성한 경우 허위진단서작성에 대한 인식이 있다고 할 수 없으니 허위진단서작성죄는 성립되지 아니한다.(대판 1976.2.10. 75도1888)

---

2. 허위공문서 등 작성죄

제227조(허위공문서작성 등)

공무원이 행사할 목적으로 그 직무에 관하여 문서 또는 도화를 허위로 작성하거나 변개한 때에는 7년 이하의 징역 또는 2,000만 원 이하의 벌금에 처한다.

▶ 미수범처벌(제235조)

(1) 성   격: 공무원이 행사할 목적으로 그 직무에 관하여 문서 또는 도화를 허위로
작성하거나 변개함으로써 성립하는 범죄로서 공문서의 특별한 신용력·증명력
을 고려해서 문서의 무형위조를 예외적으로 처벌하기 위해서 둔 규정이다.

◆ 판 례 ◆

<허위공문서작성죄에서 '직무에 관하여'의 의미>……형법 227조의 허위공문서
작성죄에 있어서의 이른바 직무에 관한 문서라는 것은 공무원이 그 직무권한
내에서 작성하는 문서를 지칭하는 것임은 원심이 판시한 바와 같지만 **이 직무
권한이라는 것은 반드시 법률상에 근거가 있음을 필요로 하는 것이 아니고, 널리
명령, 내규 또는 관례에 의한 직무집행의 권한으로 작성하는 경우를 포함하는 것
이라고 봄이 상당하다** 할 것이며, 현재 경찰에 있어서의 피의자신문조서는 거
의 모두가 사법경찰리에 의하여 그 명의로써 작성되고 있음을 볼 수가 있다.
그렇다면 이와 같이 작성되고 있는 사법경찰리에 의한 피의자신문조서가 위와
같은 아무런 근거도 없이 함부로 작성되는 것인지, 그렇지 않으면 법률상의
근거는 없다 하더라도 직무명령, 내규 또는 관례 등의 어떠한 근거에 의하여
작성되고 있는가가 심리·규명되지 않고서는 **단순히 형사소송법상 사법경찰리
는 피의자신문조서를 작성할 권한이 없다는 이유만으로 사법경찰리인 피고인이
허위공문서작성죄의 주체가 될 수 없다고 단정할 수는 없다** 할 것이다.(대판
1975.3.25. 74도2855)

(2) 행위주체: 직무상 문서 등을 작성할 권한 있는 공무원이다(신분범). 작성권한
이 없는 경우에는 본죄의 주체가 되지 않으며 공문서위조죄가 문제된다(예:
행정서기보가 피의자신문조서를 작성하는 경우).

◆ 판 례 ◆

<허위공문서작성죄의 주체: 신분범>……① 허위공문서작성죄는 그 공문서의
작성권한자인 공무원을 주체로 하는 신분범이라고 볼 것이므로 피고인의 행위
가 허위공문서작성죄에 해당한다고 하기 위해서는 **피고인에게 그 작성권한이
있음을 확정**하여야 한다.(대판 1984.3.13. 83도3152)

② 허위공문서작성죄의 주체는 그 문서를 작성할 직무권한이 있는 명의인인 공무원이라 할 것이며 그 **작성권한 있는 자가 진실에 부합되지 않는 것을 알면서 진실에 반하는 기재를 하는 때에** 허위공문서작성죄가 성립된다. 따라서 **행정서기보에 불과한 피고인에게 사법경찰관 직무취급을 하는 권한이 있다 할 수 없고,** 피고인은 간접정범이 인정될 수 있는 것과 같은 특별한 사정이 있으면 몰라도 그렇지 않고서는 허위공문서작성의 주체가 될 수 없다.(대판 1974.1.29. 73도1854)

③ 피고인이 건축물조사 및 가옥대장 정리업무를 담당하는 지방행정서기를 교사하여 무허가건물을 허가받은 건축물인 것처럼 가옥대장 등에 등재케 하여 허위공문서 등을 작성케 한 사실이 인정된다면, 허위공문서작성죄의 교사범으로 처단한 것은 정당하다.(대판 1983.12.13. 83도1458)

④ 공무원 아닌 피고인이 공무원인 상피고인과 상호 공모하였다는 증거가 없는 이상 피고인이 공무원을 기망하여 허위내용의 증명서를 작성케 한 후 행사하였다고 하더라도 허위공문서작성 및 동 행사죄는 성립되지 않는다.(대판 1976.8.24. 76도151)

(3) 행위객체: 공문서

(4) 행 위: 허위작성 또는 변개

1) 허위작성: 작성권한 있는 문서에 허위내용을 기재하는 것

① 작성권한이 없는 자의 문서작성은 그 내용이 허위인 경우에도 본죄가 아닌 위조가 된다.

② 허위신고임을 알면서 기재한 경우

ⅰ) 공무원이 신고 내용에 대하여 실질적 심사권을 가진 경우(가옥·토지대장 등)에는 본죄가 성립한다는 데 다툼이 없으나, 형식적 심사권만을 가진 경우(등기부·호적부 등)에는 견해의 대립이 있다.

ⅱ) 이 경우, 다수설은 본죄의 성립을 부정하나 판례는 이때에도 허위공문서작성죄의 성립을 인정한다.

━━━━━━━━━━━━━━━━━━━━ ◆ 판 례 ◆ ━━

<허위공문서작성죄에서 허위신고임을 알면서 기재한 경우의 죄책>……호적사무를 관장하는 호적리는 호적에 기재를 함에 있어서 그 신고가 적어도 형식상의 요건을 갖추고 있는 경우에 있어서는 이것의 기재절차를 밟은 것이고 그 신고사항이 진실한 여부를 심사한 후 그 수리 여부를 정정할 필요는 없다고 할 것은 소론과 같으나 호적부는 사람의 신분을 공증하고 타인으로 하여금 각 사람이 가지는 신분, 지위 등을 알게 하기 위하여 설정된 공부로서 그 기재상항의 적법하고 진실에 부합될 것임은 당연한 이치이므로 **신고사항이 허위인 것이 명백한 경우에 있어서는 호적리는 그 기재를 거부할 수 있다**고 해석함이 법정신에 적합한 것이라 할 것이다. 그러므로 **호적리는 신고사항이 허위인 것을 알고 있으면서 고의로 신고인의 뜻을 받아 이를 호적부에 기재한 때에는 형법 제227조의 허위공문서작성죄를 구성한다**고 할 것이다.(대판 1977.12.27. 77도2155)

③ 허 위: 내용이 객관적 사실과 일치하지 않는 것을 의미한다. 그러나 기재 내용이 사실과 일치해도 실제 검사 없이 검사한 것처럼 기재하면 허위작성이 된다(판례).

━━━━━━━━━━━━━━━━━━━━ ◆ 판 례 ◆ ━━

<공문서 허위작성으로 인정된 사례>……① 공무원인 피고인이 그 직무에 관하여 이건 문제로 된 사문서 사본에 "원본대조필 토목기사 안위룡"이라 기재하고 날인하였다면 그 기재 자체가 공문서로 되고, 이 경우 **피고인이 실제로 원본과 대조함이 없이 '원본대조필'이라고 기재한 이상 그것만으로 곧 허위공문서작성죄가 성립**하는 것이고, 피고인이 위 문서작성자에게 전화로 원본과 상이 없다는 사실을 확인하였다거나 객관적으로 그 사본이 원본과 다른 점이 없다고 하더라도 위 죄가 성립한다.(대판 1981.9.22. 80도3180)

② 인감증명서 발급업무를 담당하는 공무원이 발급을 신청한 본인이 직접 출두한 바 없음에도 불구하고 본인이 직접 신청하여 발급받은 것처럼 인감증명서에 기재하였다면, 이는 공문서위조죄가 아닌 허위공문서작성죄를 구성한다.(대판 1997.7.11. 97도1082)

③ 허위공문서라 함은 문서를 작성할 권한이 있는 공무원이 그 내용이 허위라는 사실을 인식하면서 진실에 반하는 기재를 하여 작성한 공문서인바, 부동산등기법 제53조 제1항, 제54조 및 1994년 1월 1일부터 시행된 등기예규 제13조의 규정에 의하면, 소유권이전등기와 근저당권설정등기의 신청이 동시에 이루어지고 그와 함께 등본의 교부신청이 있는 경우에는, 등기공무원은 소유권이전등기와 근저당권설정등기 모두에 관하여 등기부에의 기입을 마치고 그에 따른 등기부등본을 교부하여야 함에도 불구하고, 등기공무원이 소유권이전등기만 기입하고 근저당권설정등기는 기입하지 아니한 채 등기부등본을 발급하였다면 비록 그 등기부등본의 기재가 등기부의 기재와 일치한다 하더라도, 그 등기부등본은 이미 접수된 신청서에 따라 기입하여야 할 사항 중 일부를 고의로 누락한 채 작성되어 내용이 진실하지 아니한 것으로서 허위공문서에 해당한다.(대판 1996.10.15. 96도1669)

④ 경찰서 보안과장인 피고인이 갑의 음주운전을 눈감아 주기 위하여 그에 대한 음주운전자 적발보고서를 찢어버리고, 부하로 하여금 일련번호가 동일한 가짜 음주운전 적발보고서에 을에 대한 음주운전 사실을 기재케 하여 그 정을 모르는 담당 경찰관으로 하여금 주취운전자 음주측정처리부에 을에 대한 음주운전 사실을 기재하도록 한 이상, 을이 음주운전으로 인하여 처벌을 받았는지 여부와는 관계없이 허위공문서작성 및 동 행사죄의 간접정범으로서의 죄책을 면할 수 없다.(대판 1996.10.11. 95도1706)

⑤ 지목변경 등 지적에 관한 사무를 취급하는 지적계장이 공소외인이 그 소유의 밭을 대지로 그 지목을 변경하기 위해서 제출한 신청서의 기재사항이 조사결과 허위임을 알면서도 그 신청서대로 허위의 토지검사실적표를 작성한 경우에는 허위공문서작성죄가 성립한다.(대판 1970.11.24. 70도1791)

⑥ 공무원이 작성한 가옥증명서의 기재 내용이 객관적인 사실에 부합되는 것으로 그 내용이 허위가 아닐지라도, 가옥증명서 자체가 시청에 비치한 가옥대장과 대조하여 상위가 없다는 증명서이고 보면, 가옥대장기재와 다른 내용을 기재하여 가옥증명서를 발행한 이상 허위공문서작성죄가 성립한다.(대판 1973.10.23. 73도395)

⑦ 피고인이 정산설계서를 확인하고 준공검사를 하지 아니하였으면서도 정산설계서에 따라 준공검사를 한 것처럼 공문서인 준공검사조서를 허위작성한 경우에

는 허위공문서작성죄의 범의가 있음이 명백하다.(대판 1983.12.27. 82도3063)

⑧ 준공검사관이 준공검사를 함에 있어 수중, 지하 또는 구조물의 내부 등 시공 후 매몰된 부분의 검사는 공사감독관의 감독조서를 근거로 하여 검사를 행하면 되고, 이를 실제로 검사하지 아니한 채 준공조서를 작성하였다 하더라도 허위준공검사조서작성죄의 죄책을 지지 아니하나, 매몰된 부분의 공사가 완성되지 아니하였다는 것을 알면서도 준공검사조서를 작성한 경우에는 위 죄책을 면하지 못한다.(대판 1995.6.13. 95도491)

⑨ 연립주택이 당초의 설계도대로 공사되어 있지 아니한 것을 담당 공무원이 세밀히 조사하지 아니하여 그 적합 여부를 제대로 알지 못하면서도 준공검사보고서 용지에 함부로 '적합'이라고 기재하고 서명·날인을 하여 허위의 내용을 기재한 것이라면, 이는 허위공문서작성죄를 구성한다.(대판 1990.10.16. 90도1307)

⑩ 면사무소 호병계장이 인감증명서 발급신청인 본인이 직접 출두한 바 없는데도 그가 직접 신청·발급받은 것처럼 그 명의의 인감증명서와 인감증명발급대장에 기재하였다면 이는 허위공문서작성죄를 구성한다 할 것이고, 비록 본인으로부터 대리인을 통하여 인감증명을 발급받겠다는 의사를 확인받았다 하더라도 그 범죄의 성립에는 아무런 영향이 없다.(대판 1992.10.13. 92도2060)

⑪ 당사자가 공증인의 면전에서 사서증서에 서명 또는 날인을 하거나, 당사자 본인이나 그 대리인으로 하여금 사서증서의 서명 또는 날인이 본인의 것임을 확인하게 한 바가 없음에도 불구하고, **당사자가 공증인의 면전에서 사서증서에 서명 또는 날인을 하거나, 본인이나 그 대리인이 사서증서의 서명 또는 날인이 본인의 것임을 확인한 것처럼 인증서에 기재하였다면, 허위공문서작성죄의 죄책을 면할 수 없다.** 법무사의 직원으로부터 인증촉탁서류를 제출받았을 뿐 법무사가 공증사무실에 출석하여 사서증서의 날인이 당사자 본인의 것임을 확인한 바 없음에도 마치 그러한 확인을 한 것처럼 공증담당 변호사인 피고인이 인증서에 기재하였다면 피고인에게 위 인증서 작성 당시 허위공문서작성에 관한 **인식이 있었다**고 할 것이다.(대판 2007.1.25. 2006도3844)

◆ 판 례 ◆

<허위공문서작성죄의 성립을 부정한 사례>……① 피고인들이 물품(미역)검사를 하면서 전체량의 일부만을 유출하여 실물검사를 하였음에도 이를 초과하여 외관검사를 행한 수량 중의 일정량을 실물검사한 것처럼 보고서를 작성하였다 하여도 그것이 **업무상 관행에 따른 것이라면 허위공문서작성의 인식이 없다**고 할 것이다.(대판 1982.7.27. 82도1026)

② 교통사고 가해자가 사고 발생 후 즉시 피해자에게 구호조치를 하지 않고 사고현장으로부터 약 600m 정도 도주한 후 다시 사고현장으로 되돌아와 경찰관에게 자신이 사고야기자라고 말한 사안에서, 교통사고 가해자의 사고 후의 행동이 기재된 가해자 및 피해자의 관련자 진술서만 첨부하고 교통사고 실황조사서의 사고원인기재란 중 사고도주 표시란에는 아무런 표시를 하지 않았다 하더라도, 이는 허위공문서작성에 해당하지 않는다.(대판 1997.3.11. 96도2329)

③ 허위공문서작성죄란 공문서에 진실에 반하는 기재를 하는 때에 성립하는 범죄이므로, **고의로 법령을 잘못 적용하여 공문서를 작성하였다고 하더라도 그 법령 적용의 전제가 된 사실관계에 대한 내용에 거짓이 없다면 허위공문서작성죄가 성립될 수 없는**바, 당사자로부터 뇌물을 받고 고의로 적용해서는 안 될 조항을 적용하여 과세표준을 결정하고 그 과세표준에 기하여 세액을 산출하였다고 하더라도, 그 세액계산서에 허위내용의 기재가 없다면 허위공문서작성죄에는 해당하지 않는다.(대판 1996.5.14. 96도554)

④ 지방세과세대장은 과세행정청이 지방세를 적정하고도 원활하게 부과·징수하기 위하여 내부적으로 작성, 보관하는 것으로서 비록 그 용도에 따른 사용수익을 할 수 없을 정도로 미완공인 건축물이라 할지라도 과세대상이 될 정도에 이른 건축물이라면 이를 재산세과세대장에 올려 그 납세 의무자에게 소정의 지방세를 부과·징수할 수 있는 것이므로 과세대상이 되는 미완공건축물을 재산세과세대장에 등재하였다고 하여 곧 허위공문서를 작성하였다고 단정할 수는 없다.(대판 1987.8.18. 87도1263)

⑤ [1] **허위공문서작성죄란** 공문서에 진실에 반하는 기재를 하는 때에 성립하는 범죄이므로, **고의로 법령을 잘못 적용하여 공문서를 작성하였다고 하더라도 그 법령적용의 전제가 된 사실관계에 대한 내용에 거짓이 없다면 허위공문서작성죄가 성립될 수 없다.**

[2] 건축 담당 공무원이 건축허가신청서를 접수·처리함에 있어 건축법상의 요건을 갖추지 못하고 설계된 사실을 알면서도 기안서인 건축허가통보서를 작성하여 건축허가서의 작성명의인인 군수의 결재를 받아 건축허가서를 작성한 경우, 건축허가서는 그 작성명의인인 군수가 건축허가신청에 대하여 이를 관계 법령에 따라 허가한다는 내용에 불과하고 위 건축허가신청서와 그 첨부서류에 기재된 내용(건축물의 건축계획)이 건축법의 규정에 적합하다는 사실을 확인하거나 증명하는 것은 아니라 할 것이므로 군수가 위 건축허가통보서에 결재하여 위 건축허가신청을 허가하였다면 위 건축허가서에 **표현된 허가의 의사표시 내용 자체에 어떠한 허위가 있다고 볼 수는 없다 할 것**이어서, 이러한 건축허가에 그 요건을 구비하지 못한 잘못이 있고 이에 담당 공무원의 위법행위가 개입되었다 하더라도 그 위법행위에 대한 책임을 추궁하는 것은 별론으로 하고 위 건축허가서를 작성한 행위를 허위공문서작성죄로 처벌할 수는 없다. (대판 2000.6.27. 2000도1858)

⑥ 허위공문서작성죄란 공문서에 진실에 반하는 기재를 하는 때에 성립하는 범죄이므로 <u>공문서가 단지 공문서 작성기관의 의견이나 판단을 기재하고 있는 것에 불과하고, 그 전제가 되는 사실관계에 대한 내용에 거짓이 없다면</u> 그것이 업무처리에 대한 내부지침을 위반한 것이라 하더라도 <u>허위공문서작성죄는 성립하지 않는다</u>고 할 것이다.

2) 변 개: 권한 있는 공무원이 진정하게 작성된 기존의 문서를 허위로 고치는 것이다(작성권한 있다는 점에서 변조와 구별된다).

◆ 판 례 ◆

<허위공문서작성죄에서 변개에 해당하는 사례>……임야도와 지적도상의 경계가 부합하지 아니하여 지적도의 경계 표시에 오류가 있음을 쉽게 확인할 수 있고 또 측량을 하지 않고서도 그 정정이 가능한 경우에 해당한다고 볼 수 없는 경우, 피고인 등이 임야도를 기준으로 하였다 하더라도 **토지 및 하천 등의 경계나 면적을 측량하지도 아니한 채 지적도상의 토지 및 하천 등의 경계를**

정정한 것은 결코 적법한 업무처리라고 할 수 없고, 허위공도화작성죄를 구성한다.(대판 1997.12.26. 96도3057)

(5) 주관적 구성요건: 고의 및 행사할 목적

◆ 판 례 ◆

<공문서허위작성죄의 주관적 구성요건>……허위공문서작성죄는 **허위공문서를 작성함에 있어 그 내용이 허위라는 사실을 인식하면 성립**하고, 허위공문서작성 그 자체로서 문서에 대한 공공적 신용을 위태롭게 하여 처벌하는 것이므로 **특 정인에 대한 구체적인 손해가 생기거나 생길 위험이 있을 것을 요하지 않는 다.**(대판 1995.11.10. 95도1395)

◆ 판 례 ◆

<공문서 허위작성의 인식이 없다고 본 사례>……공주군 소속 공무원이 주식회사 웅진으로부터 공주읍 금성동 조합시장 건물 건축공사 이행보증금 3760만 원의 지급담보로 당좌수표 3매를 교부받아 보관하던 중 교육명령을 받고 사무인계서를 작성함에 있어 그 당시 위 공사이행보증금 중 일부 지급받지 못한 부분이 있을 뿐만 아니라 위 당좌수표의 지급제시기간도 이미 경과하였으므로 후임자로 하여금 위 당좌수표를 지급을 위하여 제시하는 등 적절한 조치를 취할 수 있도록 사무인계서에 당좌수표에 관한 사항을 정확히 기재하여야 할 것이지만 만약 그 공무원이 공사이행보증금의 미수금이 얼마인지를 기재하여 후임자에게 미수금을 징수할 수 있도록 하면 충분한 것으로 알고 부주의로 당좌수표에 관한 사항을 누락하였다면 그에게 허위공문서작성의 인식이 있었다고 볼 수 없다.(대판 1982.12.28. 82도1617)

(6) 간접정범의 성립문제
1) 작성권한 있는 공무원

작성권한 있는 공무원이 권한 없는 자나 작성권한이 있는 다른 공무원을 이용한 경우에는 간접정범이 성립한다.

2) 작성권한이 없는 자가 간접정범이 될 수 있는가의 문제

① 공무원 아닌 자는 공무원을 이용하여도 본죄의 간접정범이 되지 않는다(통설·판례).

◆ 판 례 ◆

<비공무원이 허위공문서작성의 간접정범 형식으로 범행을 한 경우>……형법은 소위 무형위조에 관해서는 공문서에 관해서만 이를 처벌할 뿐 일반 사문서의 무형위조를 인정하지 아니할 뿐만 아니라(다만 형법 제233조의 경우는 예외) 공문서의 무형위조에 관해서도 동법 제227조의 허위공문서작성의 경우 이외에 특히 공무원에 대하여 허위의 신고를 하고, 공정증서원본 면허장, 감찰, 또는 여권에 사실 아닌 기재를 하게 한 때에 한하여 동법 제228조의 경우의 처벌규정을 만들고 더구나 위 제227조의 경우의 형벌보다 현저히 가볍게 벌하고 있음에 지나지 아니하는 점으로 보아 **공무원 아닌 자가 허위공문서작성의 간접정범인 때에는 동법 제228조의 경우 이외에는 이를 처벌하지 아니하는 취지로 해석함**이 상당하다.(대판 1970.7.28. 70도1044)

② 공문서의 작성보조자인 공무원이 허위보고 등으로 상사를 이용하여 결재를 받아 허위공문서를 작성한 경우에는 본죄의 간접정범이 된다(통설, 판례). 다만 보조공무원이 상사의 결재를 받지 않고 허위공문서를 작성한 경우에는 공문서위조죄만 성립할 뿐이다.

◆ 판 례 ◆

<보조공무원이 상사의 결재를 이용하여 허위공문서를 작성한 경우: 간접정범>……① 허위공문서작성죄의 주체는 직무상 그 문서를 작성할 권한이 있는 공무원에 한하고 작성권자를 보조하는 직무에 종사하는 공무원은 허위공문서작성죄의 주체가 되지 못하나 이러한 **보조직무에 종사하는 공무원이 허위공문**

서를 기안하여 허위인 정을 모르는 작성권자에게 제출하고 그로 하여금 그 내용이 진실한 것으로 오신케 하여 서명 또는 기명·날인케 함으로써 공문서를 완성한 때에는 허위공문서작성죄의 간접정범이 성립된다 할 것인바, 면의 호적계장이 정을 모른 면장의 결재를 받아 허위내용의 호적부를 작성한 경우 허위공문서작성, 동 행사죄의 간접정범이 성립된다.(대판 1990.10.30. 90도1912)

② 개인택시면허업무 등을 담당하던 군청 계장이 군수를 보좌하여 '88 개인택시면허 신청대상자 경력평정공고'를 초안함에 있어 특정인의 우선순위를 높게 조작하여 개인택시면허를 무난히 받게 하는 데 사용할 목적으로 위 공고 중 개인택시면허 발급예정 우선수위표에 그의 예정순위를 허위기재한 다음 그 정을 모르는 군수의 결재를 받은 경우에 위 표는 공무원이 그 직무권한 내에서 직무집행을 위하여 작성한 것으로서 완성된 문서라 할 것이므로 위 행위는 허위공문서작성죄에 해당한다.(대판 1990.10.16. 90도1170)

③ 허위공문서작성죄의 주체는 그 문서를 작성할 권한이 있는 명의인인 공무원에 한하므로 그 공무원의 **문서작성을 보조하는 직무에 종사하는 공무원이 작성권자의 결재를 받음이 없이 임의로 작성권자 명의의 허위내용의 공문서를 완성한 때에는 공문서위조죄가 성립함**은 모르되 허위공문서작성죄의 간접정범은 성립할 여지가 없다.(대판 1981.7.28. 81도898)

(7) 타죄와의 관계

1) 직무유기죄와의 관계: 공무원이 어떠한 위법사실을 발견하고도 직무상 의무에 따른 적절한 조치를 취하지 아니하고 **위법사실을 적극적으로 은폐할 목적으로 허위공문서를 작성·행사한 경우에는 직무위배의 위법상태는 허위공문서작성 당시부터 그 속에 포함되는 것으로 작위범인 허위공문서작성, 동 행사죄만이 성립하고 부작위범인 직무유기죄는 따로 성립하지 아니하나, 사안의 공문서들을 허위작성한 것이 농지일시전용허가를 신청하자 이를 허가하여 주기 위하여 한 것이라면 직접적으로 농지불법전용 사실을 은폐하기 위하여 한 것은 아니므로 위 허위공문서작성, 동 행사죄와 직무유기죄는 실체적 경합범의 관계에** 있다.(대판 1993.12.24. 92도3334)

2) 공무원인 의사가 허위진단서를 발행한 경우, 허위공문서작성죄와 허위진단서작성죄의 상상적 경합이 된다.(대판 1955.7.15. 4288형상74)

3. 공정증서원본 등 부실기재죄

> **제228조(공정증서원본 등의 부실기재)**
>
> ① 공무원에 대하여 허위신고를 하여 공정증서원본 또는 이와 동일한 전자기록 등 특수매체기록에 부실의 사실을 기재 또는 기록하게 한 자는 5년 이하의 징역 또는 1,000만 원 이하의 벌금에 처한다.
>
> ② 공무원에 대하여 허위신고를 하여 면허증, 허가증, 등록증 또는 여권에 부실의 사실을 기재하게 한 자는 3년 이하의 징역 또는 700만 원 이하의 벌금에 처한다.
>
> ▶ 미수범처벌(제235조)

(1) 성 격: 공무원을 이용한 간접정범형태의 허위공문서작성행위를 처벌하기 위한 규정이다(간접적 무형위조).

(2) 행위객체: 공정증서원본, 전자기록 등 특수매체기록, 면허증, 허가증, 등록증, 여권

1) 공정증서원본: 공무원이 작성하는 문서로서 권리의무관계를 증명하는 효력을 가진 것을 의미하고, 사실증명에 관한 것은 포함하지 않는다.(대판 1988.5.24. 87도2696) 권리의무의 근거는 공·사법을 불문하고, 사법은 재산상·신분상의 권리의무를 모두 포괄한다.

① 공정증서원본인 것: 호적부, 부동산등기부, 상업등기부, 화해조서, 합동법률사무소명의로 작성된 공정증서

◆ 판 례 ◆

<공증문서를 변호사에게 허위신고하여 작성한 경우의 공정증서원본부실기재죄의 성부>······간이절차에 의한 민사분쟁사건처리 특례법에 의하여 합동법률사무소 명의로 작성된 공증에 관한 문서는 형법상의 공문서에 해당되고 동 합동법률사무소의 구성원인 변호사에게 허위신고를 하여서 동 합동법률사무소 명의의 공정증서에 부실의 사실을 기재하게 한 행위는 형법 228조 1항에 해당된다.(대판 1977.8.23. 74도2715)

② 공정증서원본이 아닌 것: 주민등록부, 인감대장, 토지대장, 가옥대장, 공증인이 인증한 사서증서

◆ **판 례** ◆

<공정증서원본이 아니라고 본 사례>······① 주민등록부는 주민등록법 제1조에서 그 목적을 설명한 바와 같이 시·군의 주민을 등록하게 함으로써 주민의 거주관계를 파악하고 상시로 인구의 동태를 명확히 하여 행정사무의 적정하고 간이한 처리를 도모하기 위하여 호적과 관계없이 원칙적으로는 호적 이외의 주소 또는 거소를 등록하는 공부로서 권리의무의 득실변경 등의 증명을 목적으로 하는 공부가 아니라 할 것이고, 인감대장은 인감증명법 제1조에서 그 목적을 설명한 바와 같이 행정청이 출원자의 현재 사용하고 있는 인감을 증명함으로써 국민의 편의를 도모하기 위하여 출원자의 인감신고를 받아 두는 공부로서 위와 같은 이유도 역시 공정증서가 아니라 할 것이다.(대판 1968.11.19. 68도1231)
② 형법 제228조에서 말하는 공정증서란 권리의무에 관한 공정증서만을 가리키는 것이고 사실증명에 관한 것은 이에 포함되지 아니하므로 권리의무에 변동을 주는 효력이 없는 토지대장은 위에서 말하는 공정증서에 해당하지 아니한다.(대판 1988.5.24. 87도2696)

---

2) 면허증: 개인의 업무 등에 관한 공무소의 허가를 나타내는 것으로 의사면허증, 운전면허증, 수렵면허증 등이 이에 속한다. 그러나 시험합격증서, 교사자격증 등은 면허증이 아니다(단순히 일정한 자격을 표시하는 것에 불과하다).

◆ **판 례** ◆

<사업자등록증이 형법 제228조의 대상인 등록증에 해당하는지 여부>······형법 제228조 제2항의 '등록증'은 공무원이 작성한 모든 등록증을 말하는 것이 아니라, 일정한 자격이나 요건을 갖춘 자에게 그 자격이나 요건에 상응한 활동을 할 수 있는 권능 등을 인정하기 위하여 공무원이 작성한 증서를 말한다.사업자등록증은 단순한 사업사실의 등록을 증명하는 증서에 불과하고 그에 의하여 사

업을 할 수 있는 자격이나 요건을 갖추었음을 인정하는 것은 아니라고 할 것이어서, 위 형법 제228조 제1항의 등록증에 해당하지 않는다(대판 2005.7.15, 2003도6934)

(3) 행 위: 허위신고 등에 의한 부실의 기재·기록

1) 허위신고: 일정한 사실에 대해서 진실에 반하는 신고를 하는 것을 말하며, 신고인자격을 사칭하는 것도 포함한다.

2) 부실의 기재·기록: 중요한 점에 있어서 진실에 반하는 사실을 기재하거나 전자기록 등 특수매체에 기록하는 것이다.

3) 구체적인 경우

① 부동산등기

ⅰ) 신고 당시 실체관계에 부합하는 등기의 경우는 부실기재가 아니다.

ⅱ) 권리의무와 관계없는 예고등기를 말소하거나, 등기원인을 명의신탁 대신에 매매라고 기재하는 것, 중간생략등기는 모두 부실기재가 아니다.

◆ 판 례 ◆

<부동산등기에 관련, 부실기재가 문제된 사례>……① 소유권이전등기가 절차상 하자가 있거나 등기원인이 실제와 다르다 하더라도 그 등기가 실체적 권리관계에 부합하게 하기 위한 것이거나 실체적 권리관계에 부합하는 유효한 등기인 경우에는 공정증서원본부실기재 및 동 행사죄가 성립되지 않는다고 할 것이지만, 이는 소유권이전등기 경료 당시를 기준으로 그 등기가 실체권리관계에 부합하여 유효한 경우에 한정되는 것이다. 따라서 소유권이전등기 경료 당시에는 실체권리관계에 부합하지 아니한 등기인 경우에는 사후에 이해관계인들의 동의 또는 추인 등의 사정으로 실체권리관계에 부합하게 된다 하더라도 공정증서원본부실기재 및 동 행사죄의 성립에는 아무런 영향이 없다.(대판 1998.4.14. 98도16, 대판 2000.3.24. 98도105)

② 피고인과 매도인과의 사이에 매매계약이 이루어졌고 그 계약금과 대부분의 중도금이 지급되었으며 매도인이 법무사에게 소유권이전등기에 필요한 서류 일체를 맡기고 나중에 잔금지급이 되면 그 등기신청을 하도록 위임하였는

데, 피고인이 법무사를 기망하였고 그가 피고인에게 기망당하여 잔금이 모두 지급된 것으로 잘못 알고 등기신청을 하여 그 소유권이전등기를 경료한 것이라면 위 법무사의 등기신청 행위에 하자가 있다고 할 수는 있으나(위 신청이 무효라고는 할 수 없다), 위 소유권이전등기의 원인이 되는 법률관계인 매매 내지는 물권적 합의가 객관적으로 존재하지 아니하는 것이라고는 할 수 없으니, 피고인이 위 법무사를 통하여 등기공무원에게 허위의 사실을 신고하여 등기부에 부실의 사실을 기재하게 한 것이라고는 할 수 없다.(대판 1996.6.11. 96도233)

③ 피고인이 사망한 부동산등기 명의인을 상대로 매매를 원인으로 하는 소유권이전등기절차 이행청구의 소를 제기하여 의제자백에 의한 승소판결을 받고 이에 기하여 피고인 명의로 소유권이전등기를 경료하였다고 하여도 동 등기가 실체적 권리관계에 부합하는 유효한 등기라면 그 등기원인이 다르다 하여도 형사상 부실의 등기라고 할 수 없다.(대판 1982.1.12. 81도1702)

④ 피고인이 **부동산에 관하여 가장매매를 원인으로 소유권이전등기를 경료하였더라도, 그 당사자 사이에는 소유권이전등기를 경료시킬 의사는 있었다고 할** 것이므로 공정증서원본부실기재죄 및 동 행사죄는 성립하지 않고, 또한 등기의무자와 등기권리자(피고인)간의 소유권이전등기신청의 합의에 따라 소유권이전등기가 된 이상, 등기의무자 명의의 소유권이전등기가 원인이 무효인 등기로서 피고인이 그 점을 알고 있었다고 하더라도, 특별한 사정이 없는 한 바로 피고인이 등기부에 부실의 사실을 기재하게 하였다고 볼 것은 아니다.(대판 1991.9.24. 91도1164)

⑤ 예고등기의 효력은 등기말소청구소송이 제기된 것을 제3자에게 예고하여 제3자로 하여금 소송의 결과 발생할 불측의 손해를 방지시키려는 목적에서 하는 것에 지나지 아니한 것으로 **예고등기는 공정증서의 권리의무에 관한 사항에 하등 영향을 주는 것이 아닐 뿐만 아니라 전혀 관계없는 사항**이며 이 사건에 있어서 이미 피고인들 명의로 소유권이전등기가 경료되어 있어서 위 예고등기는 아무런 의미가 없는 상태에 있었음으로 이를 말소한다 할지라도 공공의 신용을 해하는 바가 없다 할 것이니 **이로써 공정증서원본인 등기부에 허위의 사실을 신고하여 부실의 사실을 기재한 것이라고 볼 수 없다.**(대판 1972.10.31. 72도1966)

⑥ 비록 당사자들의 합의가 없이 경유된 이른바 소유권의 중간생략으로 인한 이전등기라 할지라도 그것이 민사실체법상의 권리관계에 부합되어 유효인

등기로서의 구실을 할 수 있는 한 형사상으로도 이러한 등기가 사실관계와 다른 이른바 부실의 등기라고 볼 수는 없다.(대판 1967.11.28. 66도1682)

⑦ 등기부의 기재가 확정판결에 의하여 되었다 하더라도 피고인이 그 확정판결의 내용이 진실에 반하는 것임을 알면서 이에 기하여 등기공무원에게 등기신청을 하는 것은 형법 제228조의 소위 공무원에 대하여 허위신고를 하는 것에 해당한다.(대판 1996.5.3.1 95도1967)

⑧ 부동산등기법이 **1991.12.14.** 법률 제4422호로 개정되면서 등기권리자가 법인 아닌 사단 또는 재단인 경우에는 그 대표자나 관리인의 성명과 주소를 첨기하도록 되었는바, **종중대표자의 기재는 당해 부동산의 처분권한과 관련된 중요한부분의 기재로서 이에 대한공공의 신용을 보호할 필요가 있으므로 이를 허위로 등재한 경우에는 공정증서원본불실기재죄의 대상이 되는 불실의 기재에 해당한다**(대판 2006.1.13. 2005도4790)

⑨ 부동산 매수인이 매도인과 사이에 부동산의 소유권이전에 관한 물권적 합의가 없는 상태에서, 소유권이전등기신청에 관한 대리권이 없이 단지 소유권이전등기에 필요한 서류를 보관하고 있을 뿐인 법무사를 기망하여 매수인 명의의 소유권이전등기를 신청하게 한 경우, 이는 단지 소유권이전등기신청절차에 하자가 있는 것에 불과한 것이 아니라 허위의 사실을 신고한 것이라고 보아야 하고, 위 소유권이전등기는 원인무효의 등기로서 불실기재에 해당한다는 이유로, 공정증서원본불실기재죄가 성립한다(대판 2006.3.10. 2005도9402)

② 혼인·이혼신고: 판례의 입장은 가장혼인신고의 경우는 혼인의 의사가 없어 허위인 신고로 보아 동죄의 성립을 긍정하는 반면, 가장이혼신고의 경우는 일시적으로나마 이혼할 의사가 있어 허위의 신고가 아니라고 보아 동죄의 성립을 부정하는 경향이다.

◆ 판 례 ◆

<혼인·이혼신고와 관련, 부실기재가 문제된 사례>……① 피고인들이 중국 국적의 조선족 여자들과 참다운 부부관계를 설정할 의사 없이 단지 그들의 국내 취업을 위한 입국을 가능하게 할 목적으로 형식상 혼인하기로 한 것이라면,

피고인들과 조선족 여자들 사이에는 혼인의 계출에 관해서는 의사의 합치가 있었으나 참다운 부부관계의 설정을 바라는 효과의사는 없었다고 인정되므로 피고인들의 혼인은 우리나라의 법에 의하여 혼인으로서의 실질적 성립요건을 갖추지 못하여 그 효력이 없고, 따라서 피고인들이 중국에서 중국의 방식에 따라 혼인식을 거행하였다고 하더라도 우리나라의 법에 비추어 **그 효력이 없는 혼인의 신고를 한 이상 피고인들의 행위는 공정증서원본부실기재 및 동 행사죄의 죄책을 면한 수 없다.**(대판 1985.9.10. 85도1481)

② 피고인들이 해외로 이주할 목적으로 이혼신고를 하였다 하더라도 피고인들은 일시적이나마 **법률상 부부관계를 해소하고자 하는 의사의 합치가 있었다**고 보이므로 혼인 및 이혼의 효력발생 여부에 있어서 형식주의를 취하는 이상 피고인 등의 이건 **이혼신고는 유효하다** 할 것이어서, 공정증서원본부실기재죄가 성립하지 않는다.(대판 1976.9.14. 76도107)

③ 협의상 이혼이 가장이혼으로서 무효로 인정되려면 누구나 납득할 만한 특별한 사정이 인정되어야 하고, 그렇지 않으면 이혼당사자 간에 일시적으로나마 법률상 적법한 이혼을 할 의사가 있었다고 보는 것이 이혼신고의 법률상 및 사실상의 중대성에 비추어 상당하다. 따라서 협의상 이혼의 의사표시가 기망에 의하여 이루어진 것일지라도 그것이 취소되기까지는 유효하게 존재하는 것이므로, 협의상 이혼의사의 합치에 따라 이혼신고를 하여 호적에 그 협의상 이혼사실이 기재되었다면, 이는 공정증서원본부실기재죄에 정한 부실의 사실에 해당하지 않는다.(대판 1997.1.24. 95도448)

④ 이혼심판은 그 내용에 따라 일정한 법률관계를 발생, 소멸, 변경케 하는 소위 형성판결로서 이혼심판이 확정되면 이혼관계는 해소되고 이에 기한이 없다 할 것이므로 그 확정판결에 기한 이혼 신고 및 이에 따른 호적부 등재를 가리켜 공정증서원본부실기재죄를 구성하는 것이라고는 볼 수 없다.(대판 1983.8.23. 83도1430)

③ 기 타: 기재 사항에 하자가 있는 경우, 그 하자가 무효나 부존재사유라면 부실기재에 해당되나, 그것이 단지 취소사유에 불과하고 취소가 있기 전에 공정증서원본에 기재되었다면 본죄가 성립하지 않는다.

◆ 판 례 ◆

<기재사항의 하자에 따른 공정증서원본부실기재죄의 성립 여부>……① 공정증서원본에 기재된 사항이 외관상 존재하는 사실이라 하더라도 이에 **무효나 부존재**에 해당되는 하자가 있다면 그 기재는 부실기재에 해당되나 그것이 객관적으로 존재하는 사실이고, 이에 취소사유에 해당되는 하자가 있을 뿐인 경우에는 취소되기 전에 그 결의 내용이 공정증서원본에 기재된 이상 그 기재가 공증증서원본부실기재죄를 구성하지는 않는다. 대표이사 아닌 이사가 이사회의 소집 결의에 따라서 주주총회를 소집한 경우라면 위 주주총회에 있어서 소집 절차상의 하자는 주주총회결의의 취소사유에 불과하고 그것만으로 바로 주주총회결의가 무효이거나 부존재가 된다고 볼 수 없는바, 위 결의 내용이 취소되기 전에 공정증서원본에 기재된 본건 행위는 공정증서원본부실기재죄를 구성하지 않는다.(대판 1993.9.10. 93도698)

② 광업출원인이 부정한 방법을 사용하여 공업권설정허가를 받아 광업권등록 원부에 그를 광업권자로 등록게 하였어도 **허가가 당연 무효이거나 취소되지 않는 한** 면허에 기한 광업권설정등록을 진실에 반하는 부실사실의 기재라고 볼 수 없다.(대판 1992.11.24. 92도2450)

③ 1인주주 회사에 있어서는 그 **1인주주**의 의사가 바로 주주총회 및 이사회의 결의로서 1인주주는 타인을 이사 등으로 선임하였다 하더라도 언제든지 해임할 수 있으므로, 1인주주인 피고인이 특정인과의 합의가 없이 주주총회의 소집 등 상법 소정의 형식적인 절차도 거치지 않고 특정인을 이사의 지위에서 해임하였다는 내용을 법인등기부에 기재하게 하였다고 하더라도 공정증서원본에 부실의 사항을 기재케 한 것이라고 할 수는 없다.(대판 1996.6.11. 95도2817)

④ **공정증서원본부실기재죄**는 공무원에 대하여 허위신고를 하여 공정증서원본에 진실에 반하는 사실을 기재하게 함으로써 성립하는 것이므로, 유상증자등기의 신청시 발행주식 총수 및 자본의 총액이 증가한 사실이 허위임을 알면서 증자등기를 신청하여 상업등기부원본에 그 기재를 하게 한 경우, 등기신청서류로 제출된 주금납입금보관증명서가 위조된 것임을 몰랐다고 하더라도 공정증서원본불실기재죄가 성립한다(대판 2006.10.26. 2006도5147).

3) 실행의 착수 및 기수 시기: 실행의 착수는 공무원에게 허위신고를 한 때이고, 기수 시기는 허위신고로 공정증서원본 등에 부실기재가 되는 때이다.

(4) 주관적 구성요건: 공정증서원본부실기재죄는 허위신고에 의하여 부실의 사실을 기재한다는 점에 대한 인식이 있을 것을 요하는 고의범이므로 **객관적으로 부실의 기재가 있다 하여도 그에 대한 인식이 없는 경우에는 본죄가 성립하지 않는다.**(대판 1996.4.26. 95도2468)

◆ 판 례 ◆

<공정증서원본부실기재죄의 범의를 부정한 사례>……① 피고인이 자신의 부친이 적법하게 취득한 토지인 것으로 알고 실체관계에 부합하게 하기 위하여 소유권보존등기를 경료한 경우 등기 당시 부실기재의 점에 대한 고의 내지는 인식이 없었다고 볼 것이다.(대판 1996.4.26. 95도2468)

② 사망한 남편과 이름이 같은 타인의 소유 부동산에 관하여 피고인 앞으로 상속을 원인으로 한 소유권이전등기를 경료하였다면, 피고인에게는 공정증서원본부실기재 및 동 행사죄에 대한 범의가 없다고 볼 것이다.(대판 1995.4.28. 94도2679)

③ 정관에 정한 절차에 따라 임시주주총회를 개최하여 당시 임기가 만료되지 아니한 대표이사의 해임을 결의하고, 정관 해석에 관하여 "전임자의 잔임기간 경과로 대표이사의 임기가 만료되었으니 해임등기보다 임기만료로 인한 퇴임등기를 하는 편이 낫다."라는 법무사의 조언에 따라 그와 같은 내용의 임시주주총회 회의록을 작성하여 등기부상 퇴직사유를 임기만료로 인한 퇴임으로 변경·등기한 것이라면, 공정증서원본불실기재의 범의가 없다고 볼 것이다.(대판 1994.11.4. 93도1033)

---

(5) 타죄와의 관계

1) 소송사기죄와의 관계: 법원을 기망하여 승소판결을 받고 그 판결에 따라 허위신고를 하여 소유권이전등기를 경료한 경우는 사기죄와 이 죄의 경합범이다.(대판 1996.5.3.1 95도1967).

2) 1인회사 1인주주가 당해 임원의 의사에 기하지 않은 허위의 사임서를 작성하여 이 사실을 상업등기부에 기재케 한 경우에는 사문서위조죄와 공정증서원본

부실기재죄 간의 경합법이 성립된다.(대판 1992.9.14. 92도1564)

Ⅲ. 위조 등 문서행사죄

1. 위조·변조·작성사문서행사죄

> **제234조(위조사문서 등의 행사)**
> 제231조 내지 제233조의 죄에 의하여 만들어진 문서, 도화 또는 전자기록 등 특수매체기록을 행사한 자는 그 각 죄에 정한 형에 처한다.
>
> ▶ 미수범처벌(제235조)

(1) 행 위: 행사

1) 행사란 위조·변조·작성된 문서 또는 기록을 진정 또는 내용이 진실한 것으로 사용하는 것을 말한다.

2) 제시, 제출, 교부, 송부, 우송, 비치 또는 열람 등 문서의 내용을 상대방이 인식할 수 있는 상태에 두는 것이면 행사의 방법은 불문한다.

3) 행사의 상대방은 선의여야 하므로, 공범자에 대해서 제시·교부하거나 위조임을 밝히고 상대방에게 제시하는 경우에는 행사가 아니다(상대방이 악의여도 유가증권행사죄는 성립하는 것과 비교된다).

◆ 판 례 ◆

<위조 등 문서행사죄에서 행사의 의미>……① 위조, 변조, 허위작성된 문서의 행사죄는 이와 같은 진정한 것 또는 그 내용이 진실한 것으로 각 사용하는 것을 말하는 것이므로, 그 문서가 위조, 변조, 허위작성되었다는 정을 아는 공범자 등에게 제시, 교부하는 경우 등에 있어서는 행사죄가 성립할 여지가 없다.

(대판 1986.2.25. 85도2798)

② 수탁자가 명의신탁 받은 사실을 부인하면서 신탁재산이 수탁자 자신의 소유라고 주장하는 등으로 신탁자와 사이에 신탁재산의 소유권에 관하여 다툼이 있는 경우에는 더 이상 신탁자가 그 재산의 처분 등과 관련하여 수탁자의 명의를 사용하는 것이 허용된다고 볼 수 없다. 수탁자가 신탁받은 채권을 자신이 신탁자로부터 증여받았을 뿐 명의신탁 받은 것이 아니라고 주장하는 상황에서, 신탁자의 상속인이 수탁자의 동의를 받지 아니하고 그 명의의 채권이전등록청구서를 작성·행사한 행위는 사문서위조 및 위조사문서행사죄에 해당한다.(대판 2007.3.29. 2006도9425)

4) 행사이기 위해서는 위조·변조·작성된 문서 등의 원본을 사용하는 것이 원칙이나 사본의 문서성을 인정하는 제237조의2의 규정에 따라 사본의 제시도 행사가 될 수 있다.

◆ 판 례 ◆

<위조한 문서를 모사전송한 경우와 위조문서행사>······사진기나 복사기 등을 사용하여 기계적인 방법으로 원본을 복사한 복사문서는 사본이라고 하더라도 문서위조죄 및 위조문서행사죄의 객체인 문서에 해당하는 것인바, **위조한 문서를 모사전송(facsimile)의 방법으로 타인에게 제시하는 행위도 위조문서행사죄를 구성한다.**(대판 1994.3.22. 94도4)

5) 공정증서원본부실기재의 경우, 동 행사죄는 수반되는 것으로 보는 것이 대법원의 태도이다.

─────── ◆ 판 례 ◆ ───────

<타인 부동산에 자기명의로 근저당권을 설정한 경우의 죄책>……근저당권은 근저당물의 소유자가 아니면 설정할 수 없으므로 타인의 부동산을 자기 또는 제3자의 소유라고 허위의 사실을 신고하여 소유권이전등기를 경료한 후 나아 가 그 부동산이 자기 또는 당해 제3자의 소유인 것처럼 가장하여 그 부동산에 관하여 자기 또는 당해 제3자 명의로 채권자와의 사이에 근저당권설정등기를 경료한 경우에는 공정증서원본부실기재 및 동 행사죄가 성립한다.(대판 1997.7.25. 97도605)

(2) 기수 시기: 문서 등을 상대방이 인식할 수 있는 상태에 두면 기수가 된다.

2. 위조 등 공문서행사죄

제229조(위조 등 공문서의 행사)
　제225조 내지 제228조의 죄에 의하여 만들어진 문서, 도화, 전자기록 등 특수매체기록, 공정증서원본, 면허증, 허가증, 등록증 또는 여권을 행사한 자는 그 각 죄에 정한 형에 처한다.

▶ 미수범처벌(제235조)

Ⅳ. 문서부정행사죄

1. 사문서부정행사죄

제236조(사문서의 부정행사)
　권리·의무 또는 사실증명에 관한 타인의 문서 또는 도화를 부정행사한 자는 1년 이하의 징역이나 금고 또는 300만 원 이하의 벌금에 처한다.

(1) 객　체: 권리의무 또는 사실증명에 관한 '타인의', '진정한' 문서 또는 도화

(2) 행　위: 부정행사

부정행사란 진정하게 성립된 타인의 사문서를 사용권한 없는 자가 문서명의자로 사용하거나, 사용권한자라도 본래의 사용목적과 다른 용도로 사용하는 것(예: 타인의 학생증을 도서관출입용으로 사용)을 말한다.

◆ 판 례 ◆

<사문서부정행사죄>……① 사문서부정행사죄에 있어서의 부정사용이란 사문서를 사용할 권한 없는 자가 그 문서명의자로 가장·행세하여 이를 사용하거나 또는 사용할 권한이 있다 하더라도 문서를 본래의 작성목적 이외의 다른 사실을 직접 증명하는 용도에 이를 사용하는 것을 말하는 것이므로 현금보관증이 자기 수중에 있다는 사실 자체를 증명키 위하여 증거로서 법원에 제출하는 행위는 사문서의 부정행사에 해당되지 아니한다.(대판 1985.5.28. 84도2999)

② 피고인이 피해자 갑의 파산선고사건과 관련하여 재산목록을 작성하면서 '편의상 채권 채무가 있는 것처럼 해두자'는 취지로 '금 5천 만원, 차용인 갑, 연대보증인 을'로 된 '차용증 및 이행각서'를 작성하여 소지하고 있음을 기화로, 갑, 을을 상대로 대여금청구 소장을 제출하면서 위 '차용증 및 이행각서'를 제출하였다 하더라도, 위 '차용증 및 이행각서'는 그 작성명의인들이 자유의사로 작성한 문서로 그 사용권한자가 특정되어 있다고 할 수 없고 또 그 용도도 다양하므로, 설령 피고인이 그 작성명의 인들의 의사에 의하지 아니하고 위 '차용증 및 이행각서'상의 채권이 실제로 존재하는 것처럼 그 지급을 구하는 민사소송을 제기하면서 소지하고 있던 '차용증 및 이행각서'를 법원에 제출하였다고 하더라도 그것이 사문서부정행사죄에 해당한다고 할 수 없다.(대판 2007.3.30, 2007도629)

(3) 본죄는 공문서부정행사죄와는 달리 미수범처벌규정이 없다.

2. 공문서부정행사죄

> **제230조(공문서등의 부정행사)**
>
> 공무원 또는 공무소의 문서 또는 도화를 부정행사한 자는 2년 이하의 징역이나 금고 또는 500만 원 이하의 벌금에 처한다.
>
> ▶ 미수범처벌(제235조)

① 공문서부정행사죄는 **사용권한자와 용도가 특정되어 작성된 공문서 또는 공도화를 사용권한 없는 자가 사용권한이 있는 것처럼 가장하여 부정한 목적으로 행사하거나 또는 권한 있는 자라도 정당한 용법에 반하여 부정하게 행사하는 경우에 성립한다.**(대판 1998.8.21. 98도1701)

② 공문서부정행사죄가 성립하는 경우

◆ 판 례 ◆

　〈공문서부정행사죄의 성립을 긍정한 사례〉……① 피고인이 '갑' 명의로 주민등록증을 발급받고자 그 정을 모르는 주민등록 담당 공무원에게 자기가 '갑'인 양 허위신고를 하여 착오를 일으킨 위 공무원으로부터 피고인의 사진이 부착되고 피고인의 지문이 찍힌 위 '갑' 명의의 주민등록증을 발급받아 이를 검문경찰관에게 제시하였다면, 피고인은 비록 그 문서가 형식상으로는 그 사용목적이 그에 부착된 사진상의 인물이 위 '갑'의 신원 사항을 가진 사람임을 증명하는 용도로 작성되어 있기는 하나 **주민등록증의 발행목적상 피고인에게 위와 같은 허위사실을 증명하는 용도로 이를 사용할 수 있는 권한이 없다는 것을 충분히 인식하고 있었다고 인정되며, 그럼에도 불구하고 이를 위와 같은 부정한 목적을 위하여 행사하였다면 이는 공문서부정행사죄를 구성한다.**(대판 1982.9.28. 82도1297)

　② 자동차운전면허증은 운전면허시험에 합격하여 자동차의 운전이 허락된 자임을 증명하는 공문서로서 운전 중에 휴대하도록 되어 있고, 자동차대여약관상 대여회사는 운전면허증 미소지자에게는 자동차대여를 거절할 수 있도록 되어 있으므로, 자동차를 임차하려는 피고인들이 자동차대여업체의 담당직원들로부터 임차할 자동차의 운전에 필요한 운전면허가 있고 또 운전면허증을 소지

하고 있는가를 확인하기 위한 운전면허증의 제시·요구를 받자, 타인의 운전면허증을 소지하고 있음을 기화로 자신이 타인의 자동차운전면허를 받은 사람들인 것처럼 행세하면서 자동차대여업체의 직원들에게 이를 제시한 것이라면, 이는 운전면허증을 사용권한이 없는 자가 사용권한이 있는 것처럼 가장하여 부정한 목적으로 사용한 것이기는 하나 운전면허증의 본래의 용도에 따른 사용행위라고 할 것이므로 공문서부정행사죄에 해당한다.(대판 1998.8.21. 98도1701)

③ 공문서부정행사죄가 성립하지 않는 경우

◆ 판 례 ◆

<사용권한자가 특정되지 않은 공문서의 경우와 공문서부정행사죄의 성부>……
① 인감증명서나 등기필증과 같이 사용권한자가 특정되어 있는 것도 아니고 그 용도도 다양한 공문서는 설사 그 문서와 아무 관련 없는 사람이 문서상의 명의인인 양 가장하여 이를 행사하였다 하더라도 공문서부정행사죄가 성립된다고 할 수 없다.(대판 1981.12.8. 81도1130)
② 형법 제230조 소정의 공문서부정행사죄는 사용권한자와 용도가 특정되어 작성된 공문서 또는 공도화를 사용권한 없는 자가 사용권한이 있는 것처럼 가장하여 부정한 목적으로 행사하거나 또는 권한 있는 자라도 정당한 용법에 반하여 부정하게 행사하는 경우에 성립되는 것인바, 신원증명서는 금치산 또는 한정치산의 선고를 받고 취소되지 않은 사실의 해당 여부를 증명하는 문서로서 사용권한자가 특정되어 있다고 할 수 없고 또 용도도 다양하며 반드시 피증명인만이 사용할 수 있는 것이 아니므로 문서상의 피증명인의 의사에 의하지 아니하고 사용하였다 하더라도 그것이 문서 본래의 취지에 따른 용도에 합치되는 이상 공문서부정행사죄는 성립되지 아니한다.(대판 1993.5.11. 93도127)
③ 주민등록표등본은 시장·군수 또는 구청장이 주민의 성명, 주소, 성별, 생년월일, 세대주와의 관계 등 주민등록법 소정의 주민등록사항이 기재된 개인별·세대별 주민등록표의 기재 내용 그대로를 인증하여 사본·교부하는 문서로서 그 사용권한자가 특정되어 있다고 할 수 없고, 또 용도도 다양하며, 반드시 본

인이나 세대원만이 사용할 수 있는 것이 아니므로, 타인의 주민등록표등본을 그와 아무런 관련 없는 사람이 마치 자신의 것인 것처럼 행사하였다고 하더라도 공문서부정행사죄가 성립되지 아니한다.(대판 1999.5.14. 99도206)

◆ 판 례 ◆

<공문서부정행사죄에서 본래의 사용용도에 따른 행사가 아닌 경우>……① 운전면허증은 운전면허시험에 합격하여 자동차의 운전이 허락된 자임을 증명하는 공문서로서 본래의 사용목적은 자동차를 운전할 때에 이를 지니고 있어야 하고 운전 중에 경찰공무원으로부터 증명서의 제시요구를 받을 때에 이를 제시하는 데 있는 것일 뿐 소지자의 신분의 동일성을 증명하는 데 있는 것이 아니므로 피고인이 경찰서 형사계에서 절도미수로 입건되어 조사받으면서 담당순경에게 피고인의 인적 사항을 속이기 위하여 다른 사람에게 발급된 운전면허증을 제시하였다 하여도 이는 운전면허증의 사용목적에 따른 행사라고 할 수 없고, 따라서 형법 제230조의 공문서부정행사죄에 해당하지 않는다.(대판 1992.11.24. 91도3269)

② (주차위반으로 신고된 차량이 도난차량임을 확인한 경찰관이 근처에서 기다리고 있다가, 피고인이 그 차량에 탑승하려는 순간 그를 인근 식당으로 불러들여 신분확인을 위하여 운전면허증 제시를 요구한 사건에서) 피고인이 타인명의의 운전면허증을 습득하여 소지하고 있다가 경찰관으로부터 제시 요구를 받고 신분확인을 위하여 이를 제시한 것이라면, 이와 같은 운전면허증의 제시행위는 그 사용목적에 따른 제시행위라고 할 수 없어 형법 제230조가 규정한 공문서부정행사죄에 해당하지 아니한다.(대판 1996.10.11. 96도1733)

③ 피고인이 전당포 주인으로부터 신분의 확인을 위해 주민등록증의 제시를 요구받고 운전면허증을 제시한 행위는 운전면허증의 사용목적에 따른 행사라고 할 수는 없어 공문서부정행사죄가 성립하지 않는다.(대판 1991.7.12. 91도1052)

④ 피고인이 파출소에서 조사를 받음에 있어 담당 순경으로부터 인적 사항의 확인을 위한 주민등록증의 제시를 요구받고 소지하고 있던 형의 운전면허증을 제시한 소위는 그 사용용도에 따른 행사라고 할 수 없어 형법 제230조 소정의 공문서부정행사죄가 성립되지 않는다.(대판 1991.5.28. 90도1877)

⑤ 공문서부정행사죄는 그 사용권한자와 용도가 특정되어 작성된 공문서 또는 공도화를 사용권한 없는 자가 그 사용권한 있는 것처럼 가장하여 부정한 목적을 행사하거나 또 그 사용권한 있는 자라도 그 정당한 용법에 반하여 부정하게 행사하는 경우에 성립되는 것이므로 화해조서경정신청에 대한 기각결정문을 화해조서정본인 것처럼 등기서류로 제출 행사하였다고 하더라도 공문서부정행사죄는 성립하지 아니한다.(대판 1984.2.28. 82도2851)

⑥ 이동전화기를 구입하면서 점포 직원으로부터 인적 사항을 확인하기 위하여 신분증의 제시를 요구받고 소지하고 있던 타인의 운전면허증을 제시한 행위는 타인의 운전면허증을 그 사용용도에 따라 행사한 것이라고 할 수 없어 형법 제230조 소정의 공문서부정행사죄가 성립되지 아니한다.(대판 2000.2.11. 99도1237)

V. 전자기록위작·변작 등 죄

1. 사전자기록위작·변작죄

> **제232조의2(사전자기록위작·변작)**
> 사무처리를 그르치게 할 목적으로 권리·의무 또는 사실증명에 관한 타인의 전자기록 등 특수매체기록을 위작 또는 변작한 자는 5년 이하의 징역 또는 1,000만 원 이하의 벌금에 처한다.
>
> ▶ 미수범처벌(제235조)

(1) 전자기록 등 특수매체기록: 컴퓨터 등 정보처리기기의 데이터, 전자적 기록과 자기적 기록, 광기술이나 레이저를 이용한 각종매체를 포함하는 개념이다. 그러나 마이크로필름, 음반, CD 등은 제외된다.

(2) 위 작: 권한 없이 전자기록 등을 만들거나 권한 있는 자가 허위내용의 전자기록을 만드는 것이다.

◆ 판 례 ◆

<형법 제232조의2에서 규정한 '권리·의무 또는 사실증명에 관한 전자기록'의 의미>······여기서 권리·의무에 관한 전자기록이라 함은 권리·의무의 발생·변경·소멸에 관한 사항을 내용으로 하는 전자기록을 말하고, 사실증명에 관한 전자기록이라 함은 권리·의무에 관한 전자기록 이외의 것으로서 거래상 중요한 사실을 증명하는 내용의 전자기록을 말한다. 피고인이 갑, 을의 명의로 인터넷 전국부동산중개협회 홈페이지의 여론광장에 자신의 의견이나 주장을 밝힌 사안에서, 피고인이 게재한 글들에 갑, 을의 권리나 의무를 발생·변경·소멸시키거나 거래상 중요한 사실을 증명하는 내용이 포함된 것으로 볼 수 없는 것이 명백하다고 하여 권리·의무 또는 사실증명에 관한 타인의 전자기록을 위작한 것으로 볼 수 없다(대판 2006.12.21. 2006도6535)

(3) 변 작: 권한 없이 기록을 부분적으로 고치거나 말소시켜 새로운 기록을 현출시키는 행위를 말한다.
(4) 주관적 구성요건: 고의 이외에 사무처리를 그르치게 할 목적을 요하는 목적범이다. 사무처리를 그르치게 한다고 함은 위작·변작된 기록이 사용됨으로써 사무처리를 비정상적으로 이루어지게 하는 모든 경우를 말한다.

2. 공전자기록위작·변작죄

제227조의2(공전자기록위작·변작)
  사무처리를 그르치게 할 목적으로 공무원 또는 공무소의 전자기록 등 특수매체기록을 위작 또는 변작한 자는 10년 이하의 징역에 처한다.

▶ 미수범처벌(제235조)

◆ 판 례 ◆

형법 제227조의2에서 위작의 객체로 규정한 전자기록은 예정된 증명적 기능을 수행하는 것이므로, 위와 같은 시스템을 설치·운영하는 주체와의 관계에서 전자기록의 생성에 관여할 권한이 없는 사람이 전자기록을 작출하거나 전자기록의 생성에 필요한 단위 정보의 입력을 하는 경우는 물론 시스템의 설치·운영 주체로부터 각자의 직무 범위에서 개개의 단위정보의 입력 권한을 부여받은 사람이 그 권한을 남용하여 허위의 정보를 입력함으로써 시스템 설치·운영 주체의 의사에 반하는 전자기록을 생성하는 경우도 형법 제227조의2에서 말하는 전자기록의 '위작'에 포함된다고 보아야 할 것이다. 경찰관이 고소사건을 처리하지 아니하였음에도 경찰범죄정보시스템에 그 사건을 검찰에 송치한 것으로 허위사실을 입력한 행위는 공전자기록위작죄에 해당한다.(대판 2005.6.9 2004도6132)

제4절 인장에 관한 죄

I. 사인 등 위조·행사죄

제239조(사인 등의 위조, 부정사용)

① 행사할 목적으로 타인의 인장, 서명, 기명 또는 기호를 위조 또는 부정사용한 자는 3년 이하의 징역에 처한다.

▶ 미수범처벌(제240조)

(1) 행위객체: 타인의 인장, 서명, 기명 또는 기호

1) 타 인

① 여기서 타인에는 사자·허무인도 포함된다고 보는 것이 통설이다.

② 판례는 사자명의의 인장을 위조·행사하는 행위는 사인위조 및 동 행사죄를 구성하지 않는다고 한다.

◆ 판 례 ◆

　＜사자명의의 인장을 위조, 행사하는 행위의 죄책＞……이미 사망한 사람 명의의 문서를 위조하거나 이를 행사하더라도 사문서위조나 동 행사죄는 성립하지 않는다는 문서위조죄의 법리에 비추어 이와 죄질을 같이하는 인장위조죄의 경우에도 사망자 명의의 인장을 위조, 행사하는 소위는 사인위조 및 동 행사죄가 성립하지 않는다고 해석함이 상당하다.(대판 1984.2.28. 82도2064)

2) 인 장: 특정인의 인격과 그 동일성을 증명하기 위해 사용되는 일정한 상형을 말한다. 인장은 현출된 문자 기타 부호의 영적(影迹)인 인장과 인영을 현출시키기 위해 문자 기타 부호를 조각한 인과(印顆)를 모두 포함하는 개념이다(인장·인과포함설). 예술가의 낙관도 인장에 포함된다.

3) 서 명: 특정인이 자기를 표시하기 위해 자신의 성명 등을 표기한 자서를 말한다.

◆ 판 례 ◆

　＜수사서류에 대한 사서명위조·행사죄의 성립시기＞……수사서류의 경우 그 진술자가 타인인 양 행세하며 타인의 서명을 기재한 경우 그 서명을 수사기관이 열람하기 전에 즉시 파기하였다는 등의 특별한 사정이 없는 이상 그 서명 기재와 동시에 위조사서명행사죄가 성립하는 것이며, 그와 같이 위조사서명행사죄가 성립된 직후에 수사기관이 위 서명이 위조된 것임을 알게 되었다고 하더라도 이미 성립한 위조사서명행사죄를 부정할 수 없다. 피고인이 음주운전 등으로 경찰서에서 조사를 받으면서 제3자로 행세하여 피의자신문조서의 진술자 란에 제3자의 이름을 기재하였으나 무인 및 간인을 하기 전에 발각된 경우에도 범죄가 성립한다.(대판 2005.12.23. 2005도4478)

4) 기 명: 특정인이 자기를 표시하기 위한 문자로 자서 이외의 것이다.

5) 기 호: 문서에 압날하여 주체의 동일성증명 이외의 사항증명을 목적으로 하는 것을 말한다.

(2) 행 위: 위조 또는 부정사용

1) 위 조: 권한 없이 타인의 인장 등을 작성하거나 기재하는 것으로 무권대리로 서명·날인한 경우도 포함된다. 그러나 변조는 처벌대상이 아니다. 형법은 인장위조에 있어서는 유형위조만을 처벌하고 있다.

2) 부정사용: 진정한 인장 등을 권한 없이 사용하거나 권한 있는 자가 그 권한을 남용하여 부당하게 사용하는 것을 말한다.

(3) 주관적 구성요건: 고의 이외에 행사할 목적을 요하는 목적범

◆ 판 례 ◆

<인장위조죄의 행사의 목적>······① 선거무효로 노동조합 지부장직을 상실한 자가 동조합지부인과 지부장인을 동지부장 직무대리에게 인계하지 아니하므로, 이에 대한 대응책으로 동지부의문서에 사용할 목적으로 동지부장 직무대리의 승인하에 동지부인과 지부장인을 조각한 행위는 부정한 방법으로 정당한 인장인 양 가장하기 위하여 직인 등을 위조한 것이라고 할 수 없다.(대판 1981.5.6. 81도721)

② 형법 제239조 제1항 소정의 인장위조죄는 그 명의인의 의사에 반하여 위법하게 행사할 목적이 인정되어야 하며, 타인의 인장을 조각할 당시에는 미처 그 명의인의 승낙을 얻지 아니하였다고 하더라도 인장을 조각하여 그 명의인의 승낙을 얻어 그 명의인의 문서를 작성하는 데 사용할 의도로 인장을 조각하였으나 그 명의인의 승낙을 얻지 못하여 이를 사용하지 아니하고 명의인에게 돌려주었다면, 특별한 사정이 없는 한 행사의 목적이 있었다고 인정할 수 없다.(대판 1992.10.27. 92도1578)

---

(4) 타죄와의 관계: 문서를 위조하기 위하여 인장을 위조한 경우 인장위조죄는 문서위조죄에 흡수된다.

━━━━━━━━━━━━━━━━━━━━━━━━ ◆ 판 례 ◆ ━━━━━

  <인장을 위조하고 그 인장으로 문서를 위조한 경우의 죄책>……행사의 목적으로 타인의 인장을 위조하고 그 위조한 인장을 사용하여 권리의무 또는 사실증명에 관한 타인의 사문서를 위조한 경우에는 인장위조죄는 사문서위조죄에 흡수되고 따로 인장위조죄가 성립하는 것은 아니다.(대판 1978.9.26. 78도1787)

2. 위조사인행사죄

┌───┐
│ 제239조(사인 등의 위조, 부정사용)   │
│   ② 위조 또는 부정사용한 타인의 인장, 서명, 기명 또는 기호를 행사한 │
│   때에도 전항의 형과 같다.   │
│   │
│ ▶ 미수범처벌(제240조)   │
└───┘

(1) 행사라 함은 위조된 인장을 진정한 것처럼 용법에 따라 사용하는 것이므로 위조된 印影을 타인에게 열람할 수 있는 상태에 두든지, 印顆의 경우에는 날인하여 일반인이 열람할 수 있는 상태에 두면 그것으로 행사가 된다.

(2) 위조된 印顆 그 자체를 타인에게 교부한 것만으로 위조인장 행사죄를 구성한다고는 할 수 없다.

━━━━━━━━━━━━━━━━━━━━━━━━ ◆ 판 례 ◆ ━━━━━

  <위조 인영의 행사방법>……형법 제239조 제2항의 위조인장행사죄에 있어서 행사라 함은 위조된 인장을 진정한 인장인 것처럼 용법에 따라 사용하는 행위를 말한다 할 것이므로 위조된 인영을 타인에게 열람할 수 있는 상태에 두거나 인과의 경우에는 날인하여 일반인이 열람할 수 있는 상태에 두면 그것으로 행사가 되는 것이고 인과 그 자체를 타인에게 교부하는 것만으로는 위조인장행사죄를 구성한다고는 할 수 없다.(대판 1984.2.28. 84도90)

Ⅱ. 공인위조·행사죄

1. 공인 등 위조·부정사용죄

> **제238조(공인 등의 위조, 부정사용)**
>
> ① 행사할 목적으로 공무원 또는 공무소의 인장, 서명, 기명 또는 기호를 위조 또는 부정사용한 자는 5년 이하의 징역에 처한다.
>
> ▶ 미수범처벌

◆ 판 례 ◆

<**공기호의 부정사용**>······① 형법 제238조 제1항에서 규정하고 있는 공기호인 자동차등록번호판의 **부정사용이라 함은 진정하게 만들어진 자동차등록번호판을 권한 없는 자가 사용하든가, 권한 있는 자라도 권한을 남용하여 부당하게 사용하는 행위를 말하는 것이고, 같은 조 제2항에서 규정하고 있는 그 행사죄는 부정사용한 공기호인 자동차등록번호판을 마치 진정한 것처럼 그 용법에 따라 사용하는 행위를 말하는 것**으로 그 행위개념을 달리하고 있다. ······부정사용한 공기호인 자동차등록번호판의 용법에 따른 사용행위인 행사라 함은 이를 자동차에 부착하여 운행함으로써 일반인으로 하여금 자동차의 동일성에 관한 오인을 불러일으킬 수 있는 상태, 즉 그것이 부착된 자동차를 운행함을 의미한다고 할 것이고, 그 운행과는 별도로 부정사용한 자동차등록번호판을 타인에게 제시하는 등 행위가 있어야 그 행사죄가 성립한다고 볼 수 없다.(대판 1997.7.8. 96도3319)

② 택시미터기의 간이수리의 경우에도 적법하게 부착된 검정납봉의 봉인 철사를 일단 절단한 이상 이를 다시 부착하려면 소관 검정기관에서만이 할 수 있고 다른 기관이나 사람은 할 수 없는 것이니 피고인이 마음대로 동 검정납봉을 재봉인 부착한 소위는 형법 제238조 제2항 소정의 공무소의 기호를 부정사용한 때에 해당된다.(대판 1982.6.8. 82도138)

2. 위조공인행사죄

제238조(공인 등의 위조, 부정사용)

② 위조 또는 부정사용한 공무원 또는 공무소의 인장, 서명, 기명 또는 기호를 행사한 자도 전항의 형과 같다.

▶ 미수범처벌

제3장
공중의 건강에 관한 죄

제1절 음용수에 대한 죄

I. 음용수사용방해죄

> **제192조(음용수의 사용방해)**
> ① 일상 음용에 공하는 정수에 오물을 혼입하여 음용하지 못하게 한 자는 1년 이하의 징역 또는 500만 원 이하의 벌금에 처한다.

(1) 보호법익: 공중의 건강 또는 보건이며, 보호의 정도는 추상적 위험범이다.

(2) 행위객체: 일상 음용에 사용하는 정수이다. 즉, 불특정 또는 다수인이 계속·반복하여 마시는 청결한 물이다. 따라서 계곡에 흐르는 물과 같이 일시적으로 사용하는 물은 본죄의 객체가 아니다.

(3) 행　위: 오물을 혼입하여 음용하지 못하게 하는 것이다. 음용하지 못하게 된다는 것은 일반인의 감정을 기준으로 음용에 장애가 된다는 것이다.

Ⅱ. 기타의 범죄유형

1. 음용수유해물혼입죄

> **제192조(음용수의 사용방해)**
> ② 전항의 음용수에 독물 기타 건강을 해할 물건을 혼입한 자는 10년 이하의 징역에 처한다.
>
> ▶ 미수범처벌(제196조), 예비·음모처벌(제197조)

독물 기타 건강을 해하는 물건이란 인체의 건강에 장애를 줄 만한 유해물질을 말한다.

2. 수도음용수사용방해죄

> **제193조(수도음용수의 사용방해)**
> ① 수도에 의하여 공중의 음용에 공하는 정수 또는 그 수원에 오물을 혼입하여 음용하지 못하게 한 자는 1년 이상 10년 이하의 징역에 처한다.

(1) 수 도: 음용정수를 공급하기 위한 인공적 설비를 말하며, 종류나 형식, 공설·사설, 일시적 설치 여부를 불문한다. 반드시 법령에 의해서 인정된 적법한 것임을 요하지 않는다.

(2) 공중의 음용에 사용하는 정수: 인공적인 설비로 불특정 또는 다수인에게 현재 공급 중인 정수를 말한다.

3. 수도음용수유해물혼입죄

제193조(수도음용수의 사용방해)

② 전항의 음용수 또는 수원에 독물 기타 건강을 해할 물건을 혼입한 자는 2년 이상의 유기징역에 처한다.

▶ 미수범처벌(제196조), 예비·음모처벌(제197조)

4. 음용수혼독치사상죄

제194조(음용수혼독치사상)

제192조 제2항 또는 제193조 제2항의 죄를 범하여 사람을 상해에 이르게 한 때에는 무기 또는 3년 이상의 징역에 처한다. 사망에 이르게 한 때에는 무기 또는 5년 이상의 징역에 처한다.

5. 수도불통죄

제195조(수도불통)

공중의 음용수를 공급하는 수도 기타 시설을 손괴 기타 방법으로 불통하게 한 자는 1년 이상 10년 이하의 징역에 처한다.

▶ 미수범처벌(제196조), 예비·음모처벌(제197조)

본죄에 있어서의 수도란 수도음용수사용방해죄의 수도와 같은 의미이다. 판례에 의하면 절차를 밟지 않고 임의로 가설한 수도는 본죄의 객체이나 사설특수가압수도시설은 그 객체가 아니라고 한다.

◆ 판 례 ◆

<수도불통죄의 객체>……① 비록 적법한 절차를 밟지 아니한 수도라 할지라도 그것이 현실로 공중생활에 필요한 식용수를 공급하고 있는 시설로 되어 있

는 이상, 당해 시설을 불법하게 손괴해서 수도를 불통케 하였을 때에는 **수도불통**으로 봄이 타당하다.(대판 1957.2.1. 56도317)

② 본건 사설특수가압수도시설은 피고인이 관계당국으로부터 그 명의의 설치허가를 받아 사재로써 시의 상수도관에다가 특수가압간선을 시설한 것으로서 그 시설에 의한 급수를 받고자 하는 자는 시설자와의 계약에 의하여 시설운영위원회에 가입한 후 시의 급수승인을 받아야 하고 그러한 절차를 거치지 않는 자에 대해서는 **시설자가 마음대로 단수조치를 할 수 있는 것**이므로 그 시설자인 피고인이 불법이용자에 대한 단수조치로서 급수관을 발굴·절단하였다 하여도 수도불통죄에 해당하는 행위라고 할 수 없다.(대판 1971.1.21. 70도2654)

제2절 아편에 관한 죄

I. 아편흡식·동 장소 제공죄

1. 아편흡식 등 죄

> **제201조(아편흡식 등, 동 장소 제공)**
> ① 아편을 흡식하거나 몰핀을 주사한 자는 5년 이하의 징역에 처한다.
>
> ▶ 미수범처벌(제202조)
>
> **제206조(몰수, 추징)**
> 본장의 죄에 제공한 아편, 몰핀이나 그 화합물 또는 아편흡식기구는 몰수한다. 그를 몰수하기 불능한 때에는 그 가액을 추징한다.

(1) 구성요건: 아편을 흡식하거나 몰핀을 주사하는 것이다. 아편에는 즉시 흡식할 수 있는 조제아편과 그 원료인 생아편이 포함되며, 행위의 목적은 불문한다.

(2) 아편흡식에 사용된 주사기는 특별히 아편흡식에 사용하기 위해 제조된 기구가 아니므로 아편흡식기가 아니고, 필요적으로 몰수할 수 없다.

2. 아편흡식장소제공죄

제201조(아편흡식 등, 동 장소 제공)

② 아편흡식 또는 몰핀주사의 장소를 제공하여 이익을 취한 자도 전항의 형과 같다.

▶ 미수범처벌(제202조) ▶ 제206조(몰수, 추징)

---

(1) 의 의: 아편흡식이나 몰핀주사의 장소를 제공하여 이익을 취득하는 것을 내용으로 하는 범죄로서 아편흡식 등의 방조행위에 해당하는 것을 처벌하는 독립범죄이다.

(2) 이익을 현실적으로 취득하여야 기수가 되므로, 장소를 제공하였으나 이익을 취득하지 못한 경우는 본죄의 미수에 해당한다.

Ⅱ. 기타의 범죄유형

1. 아편 등 제조·수입·판매·판매목적소지죄

제198조(아편 등의 제조 등)

아편, 몰핀 또는 그 화합물을 제조, 수입 또는 판매하거나 판매할 목적으로 소지한 자는 10년 이하의 징역에 처한다.

▶ 미수범처벌(제202조) ▶ 제206조(몰수, 추징)

---

(1) 행   위: 아편, 몰핀 또는 그 화합물을 제조·수입 또는 판매하거나 판매할 목적으로 소지하는 것이다.

(2) 판   매: 계속·반복의 의사로 유상양도하는 것으로, 1회의 판매도 계속·반복의 의사가 있으면 이에 해당한다.

(3) 소   지: 목적물을 자기의 사실상의 지배하에 두는 것으로 점유보다 넓은 개념이다. 판매목적이 없는 경우에는 제205조의 아편소지죄가 될 뿐이다.

2. 아편흡식기제조·수입·판매·판매목적소지죄

> **제199조(아편흡식기의 제조 등)**
> 아편을 흡식하는 기구를 제조, 수입 또는 판매하거나 판매할 목적으로 소지한 자는 5년 이하의 징역에 처한다.
>
> ▶ 미수범처벌(제202조) ▶ 제206조(몰수, 추징)

아편 등 제조·수입·판매·판매목적소지죄와 같이 '수출'은 그 행위태양이 아니다.

3. 세관공무원의 아편 등 수입·수입허용죄

> **제200조(세관공무원의 아편 등의 수입)**
> 세관의 공무원이 아편, 몰핀이나 그 화합물 또는 아편흡식기구를 수입하거나 그 수입을 허용한 때에는 1년 이상의 유기징역에 처한다.
>
> ▶ 미수범처벌(제202조) ▶ 제206조(몰수, 추징)

4. 상습아편흡식·아편제조·수입·판매죄

> **제203조(상습범)**
> 상습으로 전 5조의 죄를 범한 때에는 각조에 정한 형의 2분의 1까지 가중한다.

5. 아편 등 소지죄

> **제205조(아편 등의 소지)**
>
> 아편, 몰핀이나 그 화합물 또는 아편흡식기구를 소지한 자는 1년 이하의 징역 또는 500만 원 이하의 벌금에 처한다.
>
> ▶ 제206조(몰수, 추징)

(1) 성 격: 아편흡식이나 몰핀주사를 위한 예비행위에 해당하는 행위를 처벌하는 독립범죄이다.

(2) 본죄의 단순소지자가 소지하던 아편을 흡식한 경우에는 본죄와 아편흡식죄의 실체적 경합이 된다.

(3) 아편에 관한 죄와 마약법 위반의 관계

1) 형법 규정은 마약법의 마약 중에서 아편, 몰핀 또는 그 화합물에만 적용되지만 그 적용한계가 분명한 것은 아니라는 견해

2) 마약법이 형법에 대한 특별법이라는 견해(통설)

3) 판 례: 처음에는 일반인의 마약범죄를 형법의 아편에 관한 범죄로 처단해야 한다고 판시했으나, 이후 마약법이 마약을 계속적, 영업적으로 다루는 업자에게만 적용되는 것은 아니라고 판시하고 있다.

◆ **판 례** ◆

<마약법이 일반인의 마약범죄에도 적용되는지>……① 마약법은 마약취급업자의 면허단속, 마약중독자의 관리단속 등 주로 마약에 관한 약무행정에 관한 사항을 대상으로 하고 이 규정에 위반한 경우에 일정한 형벌을 벌칙으로 하여 제재하고 있는바 이는 마약에 관한 업자의 단속 등 약무행정의 체계화, 효율화를 기함에 목적이 있고 일반인이 마약에 관하여 일시적으로 범한 일반형사범죄에 관해서는 본법의 아편에 관한 죄의 규정으로 처단하여야 한다.(대판 1961.6.14. 4294형상184)

② 마약법 제6조에 의하면 누구든지 동 조 각 호의 1에 해당하는 행위를 하지 못한다고 규정하고 동법 제60조에서는 동법 제6조 제2호 내지 제5호의 규정에

위반한 자는 10년 이하의 징역에 처한다고 규정하고 있으므로 이 처벌규정의 적용을 받는 자는 논지가 지적하는 바와 같은 마약을 계속적이고 영업적으로 다루는 업자에게 국한한다고는 볼 수 없다.(대판[全合] 1963.9.12. 63도204)

제4장
사회의 도덕에 관한 죄

제1절 성풍속에 관한 죄

I. 간통죄

> **제241조(간통)**
> ① 배우자 있는 자가 간통한 때에는 2년 이하의 징역에 처한다. 그와 상간한 자도 같다.
> ② 전항의 죄는 배우자의 고소가 있어야 논한다. 단 배우자가 간통을 종용 또는 유서한 때에는 고소할 수 없다(친고죄).

1. 의 의
배우자 있는 자와 그와 상간하려는 자가 간통함으로써 성립하는 범죄이다.

2. 성격 및 보호법익
(1) 성 격: 진정신분범. 필요적 공범 중 대향범이고 자수범이다.
(2) 보호법익: 통설은 건전한 성적 풍속으로서의 성도덕으로 파악하나, 판례는 제도로서의 혼인이라고 한다.

3. 구성요건

(1) 행위주체

1) 배우자 있는 자와 그와 상간하는 자이다.

2) 여기서의 배우자는 법률상의 배우자를 의미하며, 동거 여부와 혼인취소사유의 존재는 본죄의 성립에 영향을 미치지 아니한다. 그러나 혼인이 무효인 경우에는 배우자에 해당하지 아니한다.

◆ 판 례 ◆

<간통죄의 배우자 해당 여부>……① 간통죄는 법률상 혼인관계에 있는 사람이 배우자 아닌 다른 사람과 정교관계를 한 때에 성립되는 것이므로 혼인관계에 있는 사람이 그 **배우자와 사실상 동거하지 않고 있다 할지라도 이러한 사정은 간통죄의 성립에 아무런 소장이 없다.**(대판 1980.4.8. 79도1848)

② 형법 제241조의 간통죄에 있어서 배우자라 함은 우리나라 국법상 유효한 혼인관계에 있는 배우자를 가리키는 것이므로 내국인이 국내에서 혼인하여 호적법 소정의 신고를 한 경우가 이에 해당함은 물론이거니와 섭외사법 제15조 제1항 단서는 혼인의 방식은 그 혼인거행지의 법에 의한다고 규정하고 있으므로 외국에서 거행된 혼인이 그 **외국법이 정하는 방식에 따라 거행된 경우에는 그로써 혼인은 유효하게 성립된 것으로 인정되고 호적법에 따른 신고가 없는 경우에도 간통죄에 있어서 배우자에 해당**한다.(대판 1983.12.13. 83도41)

---

(2) 행 위: 간통. 간통이란 배우자 이외의 자와 성교하는 것을 말한다.

◆ 판 례 ◆

<배우자 있는 자 간의 간통행위(이중간통)>……형법 제241조 전문과 후문은 주관적 구성요건으로서의 고의의 내용을 달리하므로 배우자 있는 자들이 상대방에게도 배우자가 있음을 자인하면서 서로 간통하는 이른바 **이중간통의 경우에는 쌍방 모두 위 전문과 후문에 해당하게 되고, 이는 처분상의 일죄인 상상적 경합의 관계에 있는 것이다.**(대판 1990.1.25. 89도1317)

---

4. 친고죄

① 배우자의 고소가 있어야 논할 수 있는 범죄이다. 다만 혼인이 해소되거나 이혼심판을 청구한 후라야만 고소를 제기할 수 있다.(형사소송법 제229조 제1항)

◆ **판 례** ◆

<협의상 이혼 확인 후 고소를 제기한 경우>……형사소송법 제229조 제1항에는 "형법 제241조의 경우에는 혼인이 해소되거나 이혼소송을 제기한 후가 아니면 고소할 수 없다."라고 규정되어 있고, 위 조항의 이혼소송은 이혼심판을 의미한다고 할 것인바, 협의상 이혼의 확인은 호적법 제79조의2의 규정에 의하여 인정된 제도로서 이혼심판청구와는 그 성질과 절차를 달리하므로 형사소송법 제229조 제1항에 규정된 이혼소송에는 해당하지 아니한다 할 것이고, 또한 협의상 이혼의 확인을 받은 것만으로는 혼인이 해소되었다고 볼 수도 없어 **협의상 이혼의 확인을 받고 이에 의한 이혼신청을 하기 전에 한 고소는 위 법조에 위반된 고소라 하겠으니, 위 고소가 있은 뒤 위 협의상 이혼의 확인에 의한 협의이혼신청을 하여 혼인이 해소되었다면 위 고소는 혼인의 해소 시부터 장래를 향하여 유효한 고소가 된다.**(대판 1986.6.24. 86도482)

◆ **판 례** ◆

<협의이혼의사를 철회했으나 협의이혼신고서가 수리된 경우 고소의 효력>……부부가 이혼하기로 협의하고 가정법원의 협의이혼의사 확인을 받았다고 하더라도 호적법에 정한 바에 의하여 신고함으로써 협의이혼의 효력이 생기기 전에는 부부의 일방이 언제든지 협의이혼의사를 철회할 수 있는 것이어서, 협의이혼신고서가 수리되기 전에 협의이혼의사의 철회신고서가 제출되면 협의이혼신고서는 수리할 수 없는 것이므로, **설사 호적공무원이 착오로 협의이혼의사 철회신고서가 제출된 사실을 간과한 나머지 그 후에 제출된 협의이혼신고서를 수리하였다고 하더라도 협의상 이혼의 효력이 생길 수 없는바,** 따라서 혼인이 해소되지 않은 상태에서 제기된 본건 고소는 부적법한 고소이다.(대판 1994.2.8. 93도2869)

◆ 판 례 ◆

<간통 고소 후 이혼소송이 각하된 경우>……형사소송법 제229조 제1항에 의하면, 간통 고소는 혼인이 해소되거나 이혼소송을 제기한 후가 아니면 할 수 없다고 규정하고 있으므로, 위 **고소는 혼인관계의 부존재 또는 이혼소송의 계속을 그 유효조건**으로 하고 있다 할 것이고, 이러한 조건은 공소제기 시부터 재판이 종결될 때까지 구비하여야 하는 것인바, 위 조건을 구비하지 아니한 고소는 위 법조에 위반되는 고소라 할 수 있고, 위 고소 당시 이혼소송을 제기하였다 하더라도 그 소송절차에서 **소장이 각하된 경우에는 최초부터 이혼소송을 제기하지 아니한 것과 같다고 보아야** 한다.(대판 1994.6.10. 94도774)

◆ 판 례 ◆

<**협의이혼 후 이혼소송을 취하한 경우 간통죄의 고소취하로 간주되는지 여부(소극)**>……형사소송법 **제229조 제2항**에 의하여 고소를 취소한 것으로 간주되는 이혼소송의 취하는 그것에 의하여 **혼인관계를 해소하려는 의사가 철회되어 결과적으로 혼인관계가 존속되는 경우**를 의미하는 것일 뿐, 배우자가 이혼소송을 제기한 후 그 소송 외에서 **협의이혼 등의 방법으로 혼인해소의 목적을 달성하게 되어** 더 이상 이혼소송을 유지할 실익이 없어 이혼소송을 취하한 경우까지 의미하는 것이라고는 볼 수 없고, 이러한 경우 간통고소는 '이혼소송의 계속'과 선택적 관계에 있는 '혼인관계의 부존재'라는 고소의 유효조건을 충족시키고 있어 여전히 유효하게 존속한다.(대판 2007.1.25. 2006도7939)

② 배우자가 간통을 종용(사전동의) 또는 유서(사후승낙)한 경우에는 고소할 수 없다.

◆ 판 례 ◆

<**간통유서의 법적 성질과 표시주의 이론의 적용 여부**>……형법 제241조 제2항에서 이르는 유서는 민법 제841조에 규정되어 있는 사후용서와 같은 것으로서, 배후자의 일방이 상대방의 간통사실을 알면서도 혼인관계를 지속시킬 의사

로 악감정을 포기하고 상대방에게 그 행위에 대한 책임을 묻지 않겠다는 뜻을
표시하는 일방행위라고 할 것인바, 위 법조들의 취지는, 간통한 배후자를 용서
하겠다는 당사자의 선량한 의사를 존중하여 그 의사에 법적 효과를 부여하고,
혼인관계가 쉽게 해소되는 것을 방지하여 혼인생활의 안정을 보호하려는 데에
있으므로, 유서하였는지 여부를 판단함에 있어서는 다른 가족법관계에 있어서
와 마찬가지로 당사자의 진실한 의사가 절대적으로 존중되어야 하고, 선의의
상대방 보호 및 거래의 안전과 신속을 도모하기 위하여 주로 재산법관계에 적
용되는 표시주의의 이론을 적용할 수는 없다.(대판 1991.11.26. 91도2409)

◆ 판 례 ◆

<간통죄에 있어서 유서의 요건과 방식>……유서는 명시적으로 할 수 있음은
물론 묵시적으로도 할 수 있는 것이어서 그 방식에 제한이 있는 것은 아니지
만, 감정을 표현하는 어떤 행동이나 의사의 표시가 유서로 인정되기 위해서는,
첫째, 배우자의 간통사실을 확실하게 알면서 자발적으로 한 것이어야 하고, 둘
째, 그와 같은 간통사실에도 불구하고 혼인관계를 지속시키려는 진실한 의사가
명백하고 믿을 수 있는 방법으로 표현되어야 하는 것이므로, 단순한 외면적인
용서의 표현이나 용서를 하겠다는 약속만으로는 유서를 하였다고 인정하기 어
렵다.(대판 1991.11.26. 91도2409)

◆ 판 례 ◆

<이혼의 합의에 종용의 의사표시가 포함되어 있는지 여부>……① 혼인당사자
가 더 이상 혼인관계를 지속할 의사가 없고 이혼의사의 합치가 있는 경우에는,
비록 법률적으로 혼인관계가 존속한다고 하더라도 간통에 대한 사전동의인 종
용에 해당하는 의사표시가 그 합의 속에 포함되어 있는 것으로 보아야 할 것
이고, 그러한 합의가 없는 경우에는 비록 잠정적·임시적·조건적으로 이혼의
사가 쌍방으로부터 표출되어 있다고 하더라도 간통 종용의 경우에 해당하지
않는다.(대판 1997.11.11. 97도2245)
② 고소인이 남편인 피고인과 상피고인을 이 사건 간통행위 이전의 간통행위

를 이유로 고소하여 그들로 하여금 각 유죄의 확정판결을 받게 함과 동시에 이를 이유로 피고인을 상대로 제기한 이혼 및 위자료청구소송의 심리기일에 피고인의 소송대리인이 간통사실을 인정하고 이혼에 응하기로 진술하였으며 제1심에서 피고인과 고소인은 이혼한다는 판결이 선고되어 이 판결이 대법원에서 확정됨으로써 양인의 법률상 부부관계가 해소되었는데 피고인이 이혼에 응하기로 심리기일에서 진술한 이후에 이 사건 간통행위를 하였다 하여 고소인이 피고인을 고소하기에 이르렀다면, 피고인의 소송대리인이 위 이혼심판의 **심리기일에 이혼청구에 응하겠다고 진술하였을 때 양인은 혼인관계를 더 이상 지속할 의사가 없는데다 명백한 이혼의사의 합치가 있었다고 보는 것이 타당하고 이는 간통 종용의 경우에 해당한다고 할 것이다.**(대판 1991.3.22. 90도1188)

◆ **판 례** ◆

<간통에 대한 종용 또는 유서가 있다고 인정하지 않은 사례>……① 부부간인 피고인과 고소인 간에 **합의이혼서를 작성하려고 한 사실만이 인정되고 완전한 합의이혼서를 작성하였다고 보이지 않는 이상,** 합의이혼서가 작성된 것을 전제로 다른 이성과 정교관계를 종용하는 의사표시가 포함되었으니 간통 고소가 무효라는 논지는 채택할 수 없다.(대판 1983.11.22. 83도2504)

② 이혼심판이 청구되어 있는 이상 일시 동거한 사실만 가지고서는(공판 당시에는 별거) 간통을 유서한 것이라고 볼 수 없다.(대판 1973.3.13. 73도227)

③ 피고인의 배우자가 피고인을 상대로 이혼심판청구를 하였다 하여 그 이후 피고인에게 간통을 종용 또는 유서하였다고 볼 수 없다.(대판 1989.9.12. 89도501)

④ 간통사건의 피해자가 피고인보고 미안하다는 말을 했다 하더라도 그것만으로 피해자에게 분명히 피고인의 처벌을 희망하지 아니하는 의사가 있었다고 할 수는 없다.(대판 1985.8.20. 85도1288)

⑤ 협의상 이혼의 확인이 있다 하여 여기에 혼인생활 중에 있었던 간통행위를 유서한다는 의사가 당연히 내포되어 있다고는 할 수 없다.(대판 1986.6.24. 86도482)

5. 죄 수: 각 간통행위별로 1개의 죄가 성립한다

◆ 판 례 ◆

<간통죄의 죄수>······형법 제241조 소정의 간통죄는 **성교행위마다 1개의 죄가 성립**하는 것으로서 **각 간통행위마다 배우자의 고소가 있어야** 논할 수 있고, 고소는 고소권자가 수사기관에 대하여 범죄사실을 신고하여 범인의 처벌을 구하는 의사표시로서 고소의 대상인 범죄사실이 특정되어야 하므로, 공소가 제기된 수개의 간통행위 중 일부 간통행위에 대해서만 배우자의 고소가 있고 다른 일부 간통행위에 대해서는 배우자의 고소가 없는 경우에 고소가 없는 간통행위에 대해서까지 고소의 효력이 미칠 수는 없다.(대판 1989.9.12. 89도54)

Ⅱ. 음행매개죄

제242조(음행매개)

영리의 목적으로 미성년 또는 음행의 상습 없는 부녀를 매개하여 간음하게 한 자는 3년 이하의 징역 또는 1,500만 원 이하의 벌금에 처한다.

1. 행위의 주체: 제한이 없다. 따라서 간음행위를 매개한 부녀의 보호자, 감독자, 남편 등도 본죄의 주체가 될 수 있다. 다만 매개되어 간음행위를 한 부녀와 그 상대방은 본죄의 주체가 될 수 없다.

2. 행위객체: 미성년 또는 음행의 상습 없는 부녀

(1) 미성년의 부녀: 13세 미만의 부녀에 대해서는 미성년자의제강간죄(제305조)가 성립하므로 13세 이상 20세 미만의 부녀를 말하며, 그 부녀의 음행상습

여부나 동의 여부는 본죄의 성립에 영향을 미치지 아니한다.

(2) 음행의 상습 없는 부녀: 매춘부 기타 불특정한 남자를 상대로 성생활을 하고 있는 부녀 외의 부녀를 말한다.

3. 행　위: 매개하여 간음하게 하는 것. 매개한다는 것은 부녀를 간음에 이르게 알선하는 것을 말하며, 간음이란 부부 사이 이외의 성교를 의미한다.

4. 주관적 구성요건: 고의 이외에 영리의 목적을 요하는 목적범이다. 영리의 현실적인 취득 여부는 본죄의 성립과는 무관하다.

Ⅲ. 음란물죄와 공연음란죄

1. 음화 등 반포·판매·임대·공연전시회

> **제243조(음화반포 등)**
> 　음란한 문서, 도화, 필름 기타 물건을 반포, 판매 또는 임대하거나 공연히 전시 또는 상영한 자는 1년 이하의 징역 또는 500만 원 이하의 벌금에 처한다.

(1) 행위객체: 음란한 문서, 도화, 필름 기타의 물건

1) 음란성: 성욕을 자극·흥분시키고 보통인의 성적 수치심을 해하고 성적 도덕관념에 반하는 것을 의미한다(판례).

◆ **판　례** ◆

<음란한 도화의 판단기준>……① 형법 제243조에 규정된 '음란한 도화'라 함은 보통인의 성욕을 자극하여 성적 흥분을 유발하고 정상적인 성적 수치심을 해하여 성적 도의관념에 반하는 것을 가리킨다고 할 것이고, 이는 당해 도화의 성에 관한 노골적이고 상세한 표현의 정도와 그 수법, 당해 도화의 구성 또는

예술성, 사상성 등에 의한 성적 자극의 완화의 정도, 이들의 관점으로부터 당해 도화를 전체로서 보았을 때 주로 독자의 호색적 흥미를 돋우는 것으로 인정되느냐의 여부 등을 검토, 종합하여 그 시대의 건전한 사회통념에 비추어 판단하여야 한다.(대판 1997.8.22. 97도937)

② 사진첩에 남자 모델이 전혀 등장하지 아니하고 남녀 간의 정교 장면에 관한 사진이나 여자의 국부가 완전히 노출된 사진이 수록되어 있지 않다 하더라도, 이들 사진들은 모델의 의상상태, 자세, 촬영배경, 촬영기법이나 예술성 등에 의하여 성적 자극을 완화시키는 요소는 발견할 수 없고, 오히려 사진 전체로 보아 선정적 측면을 강조하여 주로 독자의 호색적 흥미를 돋우는 것으로서 보통인의 성욕을 자극하여 성적 흥분을 유발하고 정상적인 성적 수치심을 해하는 것으로서 성적 도의관념에 반하는 것이므로, 그 사진첩은 음란한 도화에 해당한다.(대판 1997.8.22. 97도937)

③ 이 사건 '해면체배기'는 그 구조와 작용방법으로 미루어 남자의 성기(음경)를 확대하는 데 쓰려고 만든 도구로서 그 도구의 일부에 음경을 넣게 된 부분이 원통으로 되어 있어 음경을 연상케 함도 없고, 그 전체에서 성에 관련된 어떤 뜻이 나온다고도 인정될 수 없으니 그 기구 자체가 성욕을 자극, 흥분 혹은 만족시키게 하는 음란물건이라고 할 수 없다.(대판 1978.11.14. 78도2327)

④ 형법 제243조의 음화 등의 반포 등 죄 및 형법 제244조의 음화 등의 제조 등 죄에 규정한 음란한 문서라 함은 보통인의 성욕을 자극하여 성적 흥분을 유발하고 정상적인 성적 수치심을 해하여 성적 도의관념에 반하는 것을 가리키고, 문서의 음란성의 판단에 있어서는 당해 문서의 성에 관한 노골적이고 상세한 묘사·서술의 정도와 그 수법, 묘사·서술이 문서 전체에서 차지하는 비중, 문서에 표현된 사상 등과 묘사·서술과의 관련성, 문서의 구성이나 전개 또는 예술성, 사상성 등에 의한 성적 자극의 완화의 정도, 이들의 관점으로부터 당해 문서를 전체로서 보았을 때 주로 독자의 호색적 흥미를 돋우는 것으로 인정되느냐의 여부 등의 여러 점을 검토하는 것이 필요하고, 이들의 사정을 종합하여 그 시대의 건전한 사회통념에 비추어 그것이 공연히 성욕을 흥분 또는 자극시키고 또한 보통인의 정상적인 성적 수치심을 해하고, 선량한 성적 도의관념에 반하는 것이라고 할 수 있는가의 여부에 따라 결정되어야 한다. (대판 1995.6.16. 94도2413, '즐거운 사라' 사건)

◆ 판 례 ◆

<음란행위로 행위로 인정되기 위한 요건>……형법 제245조 소정의 "음란한 행위"라 함은 일반 보통인의 성욕을 자극하여 성적 흥분을 유발하고 정상적인 성적 수치심을 해하여 성적 도의관념에 반하는 행위를 가리키는 것이고, 그 행위가 반드시 성행위를 묘사하거나 성적인 의도를 표출할 것을 요하는 것은 아니라고 할 것이다.(대판 2006.1.13. 2005도1264)

---

① 음란성의 판단은 행위자의 주관적인 의도·목적과 관계없이 객관적으로 판단하며, 작품 전체를 평가하는 전체적 고찰에 의한다.(대판 1991.9.10. 91도1560)
② 학술서적이나 예술작품의 음란성-과학성·예술성과 음란성은 차원을 달리하는 개념이므로 서로 양립할 수 있고 예술작품·학술서적이라고 하여 당연히 그 음란성이 부정되는 것은 아니라고 하는 것이 통설과 판례의 태도이다.

◆ 판 례 ◆

<예술작품의 광고물이 음화에 해당할 수 있는지>……공연윤리위원회의 심의를 마친 영화작품이라 하더라도 이것을 영화관에서 상영하는 것이 아니고 관람객을 유치하기 위하여 영화장면의 일부를 포스터나 스틸사진 등으로 제작하였고, 제작된 포스터 등 도화가 그 영화의 예술적 측면이 아닌 선정적 측면을 특히 강조하여 그 표현이 과도하게 성욕을 자극시키고 일반인의 정상적인 성적 정서를 해치는 것이어서 건전한 성풍속이나 성도덕관념에 반하는 것이라면 그 포스터 등 광고물은 음화에 해당한다.(대판 1990.10.16. 90도1485)

---

③ 상대적 음란성 이론(Binding): 음란성은 문서의 내용 이외에도 작가나 출판자의 의도, 광고·선전·판매의 방법, 독자의 제한성 등의 부수적 사정을 고려하여 상대적으로 판단해야 한다는 이론을 말한다. 그러나 이는 표현의 자유를 침해할 우려가 있으므로 부정해야 한다는 것이 다수설이다.

◆ 판 례 ◆

　<상대적 음란성 이론-고야의 나체화 사건>……비록 명화집에 실려 있는 그림이라 할지라도 이것을 **예술, 문학 등 공공의 이익을 위해서가 아닌 성냥갑 속에 넣어 판매할 목적**으로 그 카드 사진을 복사·제조하거나 시중에 판매하였다면 **명화를 모독하여 음화화시켰다** 할 것이고 그림의 음란성 유무는 객관적으로 판단해야 할 것이다.(대판 1970.10.30. 70도1879)

2) 문서, 도화, 필름 기타의 물건: 기타의 물건으로는 조각품, 음반, 녹음테이프 등을 들 수 있다.

(2) 행　위: 반포, 판매, 임대 또는 공연전시·상영하는 것
1) 반　포: 불특정 또는 다수인에 무상으로 교부하는 것으로 현실의 인도를 요한다.
2) 판　매: 불특정 또는 다수인에게 유상으로 양도하는 것이다.
3) 임　대: 유상으로 대여하는 것이다.
4) 공연전시·상영: 불특정 또는 다수인이 관람할 수 있는 상태에서 두는 것을 말하며 현실적인 관람 여부는 불문한다.

2. 음화 등 제조·소지·수입·수출죄

제244조(음화제조 등)
　제243조의 행위에 공할 목적으로 음란한 물건을 제조, 소지, 수입 또는 수출한 자는 1년 이하의 징역 또는 500만 원 이하의 벌금에 처한다.

　음화 등 반포·판매·임대 또는 공연전시의 예비에 해당하는 범죄를 독립된 구성요건으로 규정한 목적범이다.

3. 공연음란죄

> **제245조(공연음란)**
> 공연히 음란한 행위를 한 자는 1년 이하의 징역, 500만 원 이하의 벌금, 구류 또는 과료에 처한다.

(1) 의 의: 공연히 음란한 행위를 함으로써 성립하는 범죄로서 음란한 행위 자체를 처벌하는 형식범(거동범)이다.

(2) 공연히: 불특정 또는 다수인이 인식할 수 있는 상태에 두는 것을 말하며 불특정 또는 다수인이 음란행위가 행해지는 장소에 현실적으로 있거나 음란행위를 현실적으로 인식할 것을 요하는 것은 아니다.

(3) 음란행위

1) 함부로 성욕을 흥분·자극시키는 행위로 보통인의 정상적인 성적 수치심을 해하고 선량한 성적 도의관념에 반하는 것을 말한다.

2) 음란한 말은 음란행위에 해당하지 않는다고 보는 것이 통설이다.

◆ 판 례 ◆

<음란행위의 판단기준>……형법 제245조의 공연음란죄에 규정한 음란한 행위라 함은 **보통인의 성욕을 자극하여 성적 흥분을 유발하고 정상적인 성적 수치심을 해하여 성적 도의관념에 반하는 것**을 가리키는바, 연극공연행위의 음란성의 판단에 있어서는 당해 공연행위의 성에 관한 노골적이고 상세한 묘사·서술의 정도와 그 수법, 묘사·서술이 행위 전체에서 차지하는 비중, 공연행위에 표현된 사상 등과 묘사·서술과의 관련성, 연극작품의 구성이나 전개 또는 예술성·사상성 등에 의한 성적 자극의 완화의 정도, 이들의 관점으로부터 당해 공연행위를 전체로서 보았을 때 주로 관람객들의 호색적 흥미를 돋우는 것으로 인정되느냐 여부 등의 여러 점을 검토하는 것이 필요하고, 이들의 사정을 종합하여 그 시대의 건전한 사회통념에 비추어 그것이 공연히 성욕을 흥분 또는 자극시키고 또한 보통인의 정상적인 성적 수치심을 해하고, 선량한 성적 도의관념에 반하는 것이라고 할 수 있는가 여부에 따라 결정되어야 한다. ……연극공연행위의 음란성의 유무는

그 공연행위 자체로서 **객관적으로 판단해야 할 것이고**, 그 행위자의 주관적인 의사에 따라 좌우되는 것은 아니다.(대판 1996.6.11. 96도980, '미란다' 사건)

제2절 도박과 복표에 관한 죄

Ⅰ. 도박죄

1. 단순도박죄

> **제246조(도박, 상습도박)**
> ① 재물로써 도박한 자는 2,000만 원 이하의 벌금 또는 과료에 처한다. 단 일시오락 정도에 불과한 때에는 예외로 한다.

(1) 의의·성격

재물을 가지고 도박함으로써 성립하는 범죄로서 2인 이상의 참여가 필요한 필요적 공범이며, 참여자 모두에게 동일한 처벌이 내려지는 대향범이다.

(2) 행 위: 재물로써 도박하는 것

1) 재물로써

재물을 거는 것, 즉 일정한 재물을 승자에게 제공하기로 약속하는 것을 말한다. 여기서 재물은 재산상의 이익도 포함하는 개념이다.

2) 도 박

당사자가 서로 재물을 걸고 우연한 승부에 의해 그 재물의 득실을 결정하는 것이다. 여기서의 '우연'이란 주관적 불확실성을 의미하며 객관적으로 불확실한 것을 요하지 않는다.

① 편면적 도박: 사기도박처럼 우연성이 일방에게만 있는 경우에는 도박죄는 성립하지 아니하고 기망행위를 한 사람만 사기죄로 처벌한다(통설·판례).

② 경기의 도박성: 당사자의 기능·기량이 다소 승패에 영향을 미치더라도 우연요소가 조금이라도 있다면 도박이 될 수 있다(통설).

3) 기수 시기

도박행위에 착수하면(화투 등의 배부) 국민일반의 건전한 근로관념과 사회경제적 도덕이라는 보호법익에 대한 추상적 위험이 있다고 할 수 있으므로 이때 바로 기수가 된다(추상적 위험범).

(3) 위법성

1) 일시오락에 불과한 경우에는 사회상규에 위배되지 않는 행위로서 본죄의 위법성이 조각된다.

2) 일시오락의 판단기준

(i) 통설은 재물의 가치가 근소하여 사회에 영향이 없을 때 일시오락에 해당한다고 하나(가치설)

(ii) 판례는 도박죄는 사행심에 의한 행위자의 재산일실위험을 제거하려는 한편 건전한 국민의 근로관념과 사회의 미풍양속을 보호하려 함에 그 뜻이 있으므로 도박의 장소, 행위자 지위 및 재산 정도, 도박 그 자체의 흥미성 및 근소성 등에 비추어 일시오락의 정도에 지나지 않는 도박은 가벌성이 없다고 하여(대판 1984.7.10. 84도1043), 종합적·객관적으로 일시오락인지를 판단하여야 한다고 한다(종합설).

◆ **판 례** ◆

<도박죄의 위법성 판단기준>……도박죄에 있어서 위법성의 한계는 도박의 시간과 장소, 도박자의 사회적 지위 및 재산 정도, 재물의 근소성, 그 밖에 도박에 이르게 된 경위 등 모든 사정을 참작하여 구체적으로 판단하여야 할 것이다.(대판 1985.11.12. 85도2096)

2. 상습도박죄

> **제246조(도박, 상습도박)**
> ② 상습으로 제1항의 죄를 범한 자는 3년 이하의 징역 또는 2,000만 원 이하의 벌금에 처한다.

(1) 상습성
1) 상습성이란 반복하여 도박행위를 하는 습벽을 말한다.
2) 상습성의 판단에 있어서 전과가 영향을 미칠 수 있으나 반드시 전과를 요하는 것은 아니며, 행위자가 범행 시 상습성을 이미 갖고 있었음이 입증될 수 있다면 단 1회의 도박행위로도 상습도박을 인정할 수 있다(판례).

◆ 판 례 ◆

　<상습도박죄에서 도박의 상습성>······① 상습도박의 죄나 상습도박방조의 죄에 있어서의 상습성은 행위의 속성이 아니라 **행위자의 속성으로서 도박을 반복해서 거듭하는 습벽을 말하는 것인바 도박의 습벽이 있는 자가 타인의 도박을 방조하면서 상습도박방조의 죄에 해당**하는 것이며 도박의 습벽이 있는 자가 도박을 하고 또 도박방조를 하였을 경우 상습도박방조의 죄는 무거운 상습도박의 죄에 포괄시켜 1죄로서 처단하여야 할 것이다.(대판 1984.4.24. 84도195)

　② 도박자들이 모두 같은 군내에서 같은 직업에 종사하는 자들로서 도박전과가 없다면 화투로 100끗에 10,000원씩 걸고 120여 회에 걸쳐 속칭 삼봉이라는 도박을 한 행위가 일시오락의 정도를 넘는 것이더라도 그 도박 횟수와 1회 도박에 제공된 금액만 가지고 도박습벽의 발현이라고 보기는 어렵다.(대판 1989.4.11. 88도2493)

(2) 상습도박죄로 가중처벌되는 경우에도 누범사유가 인정되면 누범가중처벌을 받게 된다.

3. 도박개장죄

> **제247조(도박개장)**
> 영리의 목적으로 도박을 개장한 자는 3년 이하의 징역 또는 2,000만 원
> 이하의 벌금에 처한다.

(1) 성 격: 도박의 교사·예비행위를 독립행위로 규정한 가중적 구성요건이다.
(2) 도박개장: 스스로 도박의 주재자가 되어 그 지배하에 도박의 장소를 개설하
   는 것을 말한다. 따라서 도박의 주재자가 되지 않고 단순히 장소만 제공한
   경우에는 도박죄의 종범만이 성립하고 도박개장죄는 성립하지 않는다. 도박
   을 개장한 때 기수가 되며 현실로 도박이 행해질 것을 요하지 않는다.
(3) 주관적 구성요건: 고의 이외에 영리의 목적을 요하는 목적범이다.

Ⅱ. 복표발매·중개·취득죄

> **제248조(복표의 발매 등)**
> ① 법령에 의하지 아니한 복표를 발매한 자는 3년 이하의 징역 또는
> 2,000만 원 이하의 벌금에 처한다.
> ② 전항의 복표발매를 중개한 자는 1년 이하의 징역 또는 500만 원 이하
> 의 벌금에 처한다.
> ③ 제1항의 복표를 취득한 자는 500만 원 이하의 벌금 또는 과료에 처한다.

1. 의 의

법령에 의하지 아니한 복표를 발매·발매중개 또는 취득함으로써 성립하는 범죄
이다.

2. 법령에 의하지 않은 복표

(1) 복 표: 발매자가 미리 특정한 표찰을 발매하여 다수인으로부터 금품을 모은 다음, 추첨 등의 방법으로 당사자를 결정하고 당사자에게 약정된 재산상의 이익을 제공하고 다른 참가자에게 손실을 주는 것을 말한다.

(2) 법령에 의한 경우(예: 주택복권, 한국마사회법에 의한 마권 등)에는 정당행위로서 위법성이 조각된다.

제3절 신앙에 관한 죄

Ⅰ. 장례식 등 방해죄

> **제158조(장례식 등의 방해)**
> 장례식, 제사, 예배 또는 설교를 방해한 자는 3년 이하의 징역 또는 500만 원 이하의 벌금에 처한다.

방해의 결과가 현실적으로 발생할 필요는 없으며, 장례식 등의 정상적이고 평온한 진행에 지장을 주는 일체의 행위가 있으면 성립하는 범죄이다(추상적 위험범).

◆ 판 례 ◆

<형법상 보호대상이 되는 설교 또는 예배의 예>······정식절차를 밟은 위임목사가 아닌 자가 당회의 결의에 반하여 설교와 예배인도를 한 경우라 할지라도 그가 그 교파의 목사로서 그 교의를 신봉하는 신도 약 350여 명 앞에서 그 교지에 따라 설교와 예배인도를 한 것이라면 다른 특별한 사정이 없는 한 그 설교와 예배인도는 **형법상 보호를 받을 가치가 있고**, 이러한 설교와 예배인도의 평온한 수행에 지장을 주는 행위를 하면 형법 제158조의 설교 또는 예배방해죄가 성립한다.(대판 1971.9.28. 71도1465)

◆ 판 례 ◆

<제사방해죄의 성립 시기>······제전방해죄는 제전이 집행 중이거나 제전의 집행과 시간적으로 밀접불가분의 관계에 있는 준비단계에서 이를 방해하는 경우에 성립한다.(대판 1982.2.23. 81도2691)

Ⅱ. 사체에 관한 죄

1. 사체 등 오욕죄

제159조(사체 등의 오욕)
  사체·유골·유발을 오욕한 자는 2년 이하의 징역 또는 500만 원 이하의 벌금에 처한다.

(1) 사체, 유골 또는 유발을 오욕함으로써 성립하는 범죄이다.
(2) 오 욕: 폭행 기타 유형력의 행사로써 모욕적인 의사를 표시하는 일체의 행

위를 말한다. 그러나 사체의 수족을 절단한 경우에는 사체손괴죄(제161조)가 성립한다.

2. 분묘발굴죄

> 제160조(분묘의 발굴)
> 분묘를 발굴한 자는 5년 이하의 징역에 처한다.

(1) 분 묘: 사람의 사체, 유골 등을 매장하여 사자를 제사 또는 기념하는 장소로서, 분묘의 소유관계나 매장의 적법 여부는 불문한다.

◆ 판 례 ◆

<분묘의 의의>……① 묘의 봉분이 없어지고 평토화 가까이 되어 있고 묘비 등 표식이 없어 그 묘가 있음을 확인할 수 없는 분묘라 하더라도 **현재 이를 제사 숭경하고 종교적 의례의 대상으로 하는 자가 있는 경우**에는 그가 바로 무연고분으로서 제사와 신앙의 대상이 되는 분묘라 할 수 없다거나 분묘발굴죄의 객체인 분묘에 해당되지 않는다고 할 수 없다.(대판 1976.10.29. 76도2828)
② 분묘발굴죄의 객체인 분묘는 사람의 사체, 유골, 유발 등을 매장하여 제사나 예배 또는 기념의 대상으로 하는 장소를 말하는 것이고, 사체나 유골이 토괴화하였을 때에도 분묘인 것이며, 그 사자가 누구인지 불명하다고 할지라도 현재 제사·숭경하고 종교적 예의의 대상으로 되어 있고 이를 수호·봉사하는 자가 있으면 여기에 해당한다고 할 것이다.(대판 1990.2.13. 89도2061)

◆ 판 례 ◆

<분묘발굴죄의 보호법익>……분묘발굴의 피해법익은 종교 감정의 공서양속을 해치는 데 있으므로 생모의 묘를 관리하는 갑의 의사에 반하여 그 묘를 발굴한 을은 설령 그 묘가 자기의 생모(갑과는 이복형제 간)의 묘라도 죄가 성립한다.(대판 1971.10.25. 71도1727)

(2) 발 굴

1) 복토의 전부 또는 일부를 제거하거나 묘석 등을 파괴하여 분묘를 손괴하는 행위이다.

◆ **판 례** ◆

<**분묘개장명령에 따른 행위와 분묘발굴죄**>······토지구획정리사업시행자로부터 분묘의 개장명령을 받았다 하더라도 그 분묘를 보존, 수호하는 권한 있는 자의 제지를 무릅쓰고 한 분묘발굴행위가 정당한 것으로 될 수는 없고 또 그와 같은 개장명령이 있었다 하여 매장및묘지등에관한법률에 정한 절차에 따른 개장신고를 하지 않아도 된다고(즉, 형법상 무죄라고) 볼 수도 없다.(대판 1978.5.9. 77도3588)

2) 기수 시기

(i) 통설은 분묘 안의 관이나 사체·유골 등을 외부에서 인식할 수 있는 상태가 될 때 기수가 된다고 하나(외부인지설)

(ii) 판례는 반드시 관이나 사체가 드러날 필요는 없고 복토제거만 있으면 된다고 한다(복토제거설).

◆ **판 례** ◆

<**분묘의 발굴행위**>······분묘발굴죄에 있어서의 분묘의 발굴행위에는 유골시체가 외부로부터 인지할 수 있는 상태까지 현출함이 필요치 않다.(대판 1962.3.29. 4294형상539)

3. 사체 등 손괴·유기·은닉·영득죄

제161조(사체 등의 영득)
① 사체, 유골, 유발 또는 관 내에 장치한 물건을 손괴, 유기, 은닉 또는 영득한 자는 7년 이하의 징역에 처한다.
② 분묘를 발굴하여 전항의 죄를 범한 자는 10년 이하의 징역에 처한다.

▶ 미수범처벌(제162조)

사체오욕죄(제159조)의 객체는 사체·유골·유발이나, 본죄의 객체는 관내장치물이 추가된다.

※ 롯데그룹선친분묘사건은 분묘발굴·사체손괴죄(제161조 제2항: 제1항) 및 공갈미수죄에 해당할 것이다.

◆ 판 례 ◆

<사체은닉의 의미>……형법 제161조의 사체은닉이라 함은 사체의 발견을 불가능 또는 심히 곤란하게 하는 것을 구성요건으로 하고 있으나, 살인·강도살인 등의 목적으로 사람을 살해한 자가 그 살해의 목적을 수행함에 있어 사후 사체의 발견이 불가능 또는 심히 곤란하게 하려는 의사로 인적이 드문 장소로 피해자를 유인하거나 실신한 피해자를 끌고 가서 그곳에서 살해하고 사체를 그대로 둔 채 도주한 경우에는, 비록 결과적으로 사체의 발견이 현저하게 곤란을 받게 되는 사정이 있다 하더라도 별도로 사체은닉죄가 성립되지 아니한다.(대판 1986.6.24. 86도391)

◆ 판 례 ◆

<사체유기죄>……① 죄적을 은폐하기 위하여 사체를 매몰한 경우에도 사체유기죄가 성립한다.(대판 1968.7.2. 68도679)

② 사람을 살해한 다음 그 범죄의 흔적을 은폐하기 위하여 그 사체를 다른 장소로 옮겨 유기하였을 때에는 살인죄와 사체유기죄의 경합범이 성립하고 사체유기를 불가벌적 사후행위라 할 수 없다.(대판 1984.11.27. 84도2263)

③ 자기의 지배할 수 있는 지역 내에서 자살사태가 발생하였는데 이를 소관 관서 또는 유가족에게 통보·연락하지 아니하고 사체를 매장한 경우에는 사체유기죄가 성립한다.(대판 1961.1.18. 60도859)

4. 변사체검시방해죄

> **제163조(변사체검시방해)**
>
> 변사자의 사체 또는 변사의 의심 있는 사체를 은닉 또는 변경하거나 기타 방법으로 검시를 방해한 자는 700만 원 이하의 벌금에 처한다.

※ 종교적 평온과 감정을 보호하기 위한 범죄가 아니라 공무방해의 죄로서의 성질을 가진 범죄이다.

(1) 행위의 객체: 변사자의 사체 또는 변사의 의심이 있는 사체이다. 변사자란 자연사 또는 통상의 병사가 아닌 사체로서 범죄로 인한 사망이라는 의심이 있는 것을 말한다. 따라서 범죄로 인하여 사망한 것이 명백한 경우에는 변사체가 아니다.

(2) 행 위: 사체를 은닉·변경하거나 기타의 방법으로 검시를 방해하는 것이다.

제❸편

국가적 법익에 관한 죄

제1장
국가의 존립과 권위에 관한 죄

제1절 내란의 죄

I. 내란죄

제87조(내란)

국토를 참절하거나 국헌을 문란할 목적으로 폭동한 자는 다음의 구별에 의하여 처단한다.

1. 수괴는 사형, 무기징역 또는 무기금고에 처한다.
2. 모의에 참여하거나 지휘하거나 기타 중요한 임무에 종사한 자는 사형, 무기 또는 5년 이상의 징역이나 금고에 처한다. 살상, 파괴 또는 약탈의 행위를 실행한 자도 같다.
3. 부화수행하거나 단순히 폭동에만 관여한 자는 5년 이하의 징역·금고에 처한다.

▶ 미수범처벌(제89조)

제91조(국헌문란의 정의)

본장에서 국헌을 문란할 목적이라 함은 다음 각 호의 1에 해당함을 말한다.

1. 헌법 또는 법률에 정한 절차에 의하지 아니하고 헌법 또는 법률의 기능을 소멸시키는 것
2. 헌법에 의하여 설치된 국가기관을 강압에 의하여 전복 또는 그 기능행사를 불가능하게 하는 것

1. 의의 및 보호법익

(1) 의　의: 국토를 참절하거나 국헌을 문란할 목적으로 폭동함으로써 성립하는 범죄이다.

(2) 보호법익과 보호의 정도: 국가의 존립 및 헌법질서 유지에 기한 국가의 내적 안전이 보호법익이며, 보호의 정도는 구체적 위험범이다.

2. 성　격: 목적범이며, 필요적 공범 중 집합범이다(그러나 가담자의 유형에 따라 법정형에 차이가 있다는 점에서 소요죄와 구분된다).

3. 행　위: 폭동

① 폭동이란 다수인이 결합하여 폭행·협박하는 것을 말하며, 한 지방의 평온을 해할 정도에 이를 것을 요한다. 본죄의 폭행은 최광의의 것이고 협박은 광의의 것이다.

◆ 판　례 ◆

　<내란죄의 폭동의 의의>……내란죄의 구성요건인 폭동의 내용으로서의 폭행 또는 협박은 일체의 유형력의 행사나 외포심을 생기게 하는 해악의 고지를 의미하는 최광의의 폭행·협박을 말하는 것으로서, 이를 준비하거나 보조하는 행위를 전체적으로 파악한 개념이며, 그 정도가 한 지방의 평온을 해할 정도의 위력이 있음을 요한다.(대판[全合] 1997.4.17. 96도3376)

---

② 폭동에 수반된 다른 범죄 예컨대 살인·상해 등의 범죄는 내란죄에 흡수된다(판례).

③ 한 지방의 평온을 해할 정도에 이르러야 본죄의 기수가 된다.

◆ 판　례 ◆

　<내란죄의 기수 시기>……내란죄는 국토를 참절하거나 국헌을 문란할 목적으로 폭동한 행위로서, 다수인이 결합하여 위와 같은 목적으로 **한 지방의 평온을 해할 정도의 폭행·협박행위를 하면 기수**가 되고, 그 목적의 달성 여부는

이와 무관한 것으로 해석되므로, 다수인이 한 지방의 평온을 해할 정도의 폭동을 하였을 때 이미 내란의 구성요건은 완전히 충족된다고 할 것이어서 상태범으로 봄이 상당하다.(대판[全合] 1997.4.17. 96도3376)

◆ 판 례 ◆

<내란죄의 죄수관계>……내란 가담자들이 하나의 내란을 구성하는 일련의 폭동행위 전부에 대하여 이를 모의하거나 관여한 바가 없다고 하더라도, 내란집단의 구성원으로서 전체로서의 내란에 포함되는 개개 행위에 대하여 부분적으로라도 그 모의에 참여하거나 기타의 방법으로 기여하였음이 인정된다면, 그 일련의 폭동행위 전부에 대하여 내란죄의 책임을 면할 수 없고, 한편 내란죄는 그 구성요건의 의미, 내용 그 자체가 목적에 의하여 결합된 다수의 폭동을 예상하고 있는 범죄라고 할 것이므로, **내란행위자들에 의하여 애초에 계획된 국헌문란의 목적을 위하여 행하여진 일련의 폭동행위는 단일한 내란죄의 구성요건을 충족하는 것으로서 이른바 단순일죄로 보아야 한다.**(대판[全合] 1997.4.17. 96도3376)

4. 주관적 구성요건: 고의 이외에 일정한 목적을 요한다

(1) 국토참절의 목적: 대한민국의 영토주권의 전부 또는 일부를 배제할 영토내란의 목적을 말한다.

(2) 국헌문란의 목적: 헌법의 기본질서를 침해하려는 헌법내란의 목적을 말하나, 특정한 정권을 타도하거나 대통령, 국무총리를 살해하여 경질하는 것은 국헌문란이 아니다.

◆ 판 례 ◆

<국헌문란 목적의 판단기준>……국헌문란의 목적을 가지고 있었는지 여부는 외부적으로 드러난 행위와 그 행위에 이르게 된 경위 및 그 행위의 결과 등을 종합하여 판단하여야 한다.(대판[全合] 1997.4.17. 96도3376)

◆ 판 례 ◆

<정권교체기도가 국헌문란에 해당하는지>……피고인들은 한일회담이 우리나라에 불리하게 체결될 것을 우려한 나머지 국민여론을 환기시켜 이를 시정하거나 정권교체를 기도하였을 뿐이고 피고인들이 현정치적 기본조직제도 자체의 변격을 기도하여 직접적으로 국가의 기본조직을 강압으로 전부 또는 그 권능행사를 불가능케 할 목적으로 폭동을 선동한 것이라 단정할 증거가 없으므로 원심이 내란선동죄에 대하여 무죄를 선고한 것은 수긍된다.(대판 1977.2.22. 72도2265)

◆ 판 례 ◆

<국가기관의 기능 행사를 불가능하게 한다는 의미>……형법 제91조 제2호에 의하면 헌법에 의하여 설치된 국가기관을 강압에 의하여 전복 또는 그 권능행사를 불가능하게 하는 것을 국헌문란의 목적의 하나로 규정하고 있는데, 여기에서 '권능행사를 불가능하게 한다.'고 하는 것은 그 기관을 제도적으로 영구히 폐지하는 경우만을 가리키는 것은 아니고 사실상 상당 기간 기능을 제대로 할 수 없게 만드는 것을 포함한다.(대판[全合] 1997.4.17. 96도3376)

◆ 판 례 ◆

<헌법 수호자로서 국민을 국가기관으로 볼 수 있는지>……헌법상 아무런 명문의 규정이 없음에도 불구하고, 국민이 헌법의 수호자로서의 지위를 가진다는 것만으로 헌법수호를 목적으로 집단을 이룬 시위국민들을 가리켜 형법 제91조 제2호에서 규정하고 있는 '헌법에 의하여 설치된 국가기관'에 해당하는 것이라고 말하기는 어렵고, 형법 제91조가 국헌문란의 대표적인 행태를 예시하고 있는 규정이라고 볼 수도 없다.(대판[全合] 1997.4.17. 96도3376)

◆ 판 례 ◆

<5 · 18 광주시위 무력진압이 국헌문란에 해당하는지>……5 · 18내란 행위자들이 1980년 5월 17일 24:00를 기하여 비상계엄을 전국으로 확대하는 등 헌법기관인 대통령, 국무위원들에 대하여 강압을 가하고 있는 상태에서, 이에 항의하기 위

하여 일어난 광주시민들의 시위는 국헌을 문란하게 하는 내란행위가 아니라 헌정질서를 수호하기 위한 정당한 행위였음에도 불구하고 이를 난폭하게 진압함으로써, 대통령과 국무위원들에 대하여 보다 강한 위협을 가하여 그들을 외포하게 하였다면, 그 시위진압행위는 내란행위자들이 헌법기관인 대통령과 국무위원들을 강압하여 그 권능행사를 불가능하게 한 것으로 보아야 하므로 국헌문란에 **해당**한다.(대판[全合] 1997.4.17. 96도3376)

(3) 본죄의 목적은 확정적 인식을 요하며 미필적 인식으로는 부족하다.

◆ **판 례** ◆

  <내란죄의 간접정범 가부>······범죄는 '어느 행위로 인하여 처벌되지 아니하는 자'를 이용해서도 이를 실행할 수 있으므로, **내란죄의 경우에도 '국헌문란의 목적'을 가진 자가 그러한 목적이 없는 자를 이용하여 이를 실행**할 수 있다.(대판[全合] 1997.4.17. 96도3376)

5. 공범규정의 적용

① 본죄는 상당한 다수의 공동행위자를 요하는 필요적 공범 중 집합범이다.
② 내부가담자에게는 총칙의 공범규정이 적용되지 않는다.
③ 외부가담자에게는 총칙의 공범규정이 적용될 수 있지만, 집단구성원이 아닌 자에게는 정범적격을 인정할 수 없으므로 외부가담자는 공동정범이 될 수 없다.

Ⅱ. 내란목적살인죄

제88조(내란목적의 살인)
  국토를 참절하거나 국헌을 문란할 목적으로 사람을 살해한 자는 사형, 무기징역 또는 무기금고에 처한다.

(1) 성   격: (i) 내란죄에 대한 특별규정으로 파악하는 견해, (ii) 요인암살을 목적으로 하는 내란죄의 독립된 유형으로 보는 견해와 (iii) 살인죄에 대한 가중적 구성요건으로 파악하는 견해가 있다.

(2) 다른 범죄와의 관계: 폭동행위 중 내란의 목적으로 사람을 살해한 때에는 본죄와 내란죄의 상상적 경합이 되고, 폭동의 준비단계에서 일반인을 살해한 경우에는 내란예비죄와 본죄의 상상적 경합이 된다.

◆ 판 례 ◆

<내란목적살인죄와 내란죄와의 관계>……내란목적살인죄는 국헌을 문란할 목적을 가지고 직접적인 수단으로 사람을 살해함으로써 성립하는 범죄라 할 것이므로, 국헌문란의 목적을 달성함에 있어 내란죄가 '폭동'을 그 수단으로 함에 비하여 내란목적살인죄는 '살인'을 그 수단으로 하는 점에서 두 죄는 엄격히 구별된다. 따라서 내란의 실행과정에서 폭동행위에 수반하여 개별적으로 발생한 살인행위는 내란행위의 한 구성요소를 이루는 것이므로 내란행위에 흡수되어 내란목적살인의 별죄를 구성하지 아니하나, 특정인 또는 일정한 범위 내의 한정된 집단에 대한 살해가 내란의 와중에 폭동에 수반하여 일어난 것이 아니라 그것 자체가 의도적으로 실행된 경우에는 이러한 살인행위는 내란에 흡수될 수 없고 내란목적살인의 별죄를 구성한다.(대판[全合] 1997.4.17. 96도3376)

Ⅲ. 내란예비·음모·선동·선전죄

제90조(예비, 음모, 선동, 선전)
① 제87조 또는 제88조의 죄를 범할 목적으로 예비 또는 음모한 자는 3년 이상의 유기징역이나 유기금고에 처한다. 단 그 목적한 죄의 실행에 이르기 전에 자수한 때에는 그 형을 감경 또는 면제한다.
② 제87조 또는 제88조의 죄를 범할 것을 선동 또는 선전한 자도 전항의 형과 같다.

제2절 외환의 죄

Ⅰ. 외환유치죄

> **제92조(외환유치)**
>
> 외국과 통모하여 대한민국에 대하여 전단을 열게 하거나 외국인과 통모하여 대한민국에 항적한 자는 사형 또는 무기징역에 처한다.
>
> **제104조(동맹국)**
>
> 본장의 규정은 동맹국에 대한 행위에 적용한다.
>
> ▶ 미수범처벌(제100조)

1. 보호법익

내란죄의 보호법익이 국가의 내적 안전임에 반해, 외환죄의 보호법익은 국가의 외적 안전(외부로부터의 공격·방해조치에 대해서 방위할 수 있는 국가의 능력)이다.

2. 주　체

무제한이다. 단 적국인은 여적죄(제93조)의 주체에 해당하므로 제외된다.

3. 행　위

(1) 외국 또는 외국인과 통모: 합의를 말하며 일방적 의사표시는 제외된다.

(2) 전단의 개시: 전투행위를 개시하는 일체의 행위를 말하며 이에는 국제법상의 개전뿐만 아니라 사실상의 전쟁도 포함한다.

(3) 항　적: 적국을 위해 적국의 군무에 종사하면서 대한민국에 적대하는 일체의 행위를 말한다.

II. 여적죄

> **제93조(여적)**
>
> 적국과 합세하여 대한민국에 항적한 자는 사형에 처한다.
>
> **제102조(준적국)**
>
> 제93조 내지 전조의 죄에 있어서는 대한민국에 적대하는 외국 또는 외국인의 단체는 적국으로 간주한다.
>
> **제104조(동맹국)**
>
> 본장의 규정은 동맹국에 대한 행위에 적용한다.
>
> ▶ 미수범처벌(제100조)

(1) 적국의 의미: 선전포고에 의하여 전쟁을 하거나 사실상 전쟁을 수행하고 있는 나라를 말하며, 대한민국에 적대하는 외국 또는 외국단체도 적국으로 간주한다(제102조).
(2) 기수 시기: 외국과 통모하여 전투 또는 항적 행위가 현실로 행해졌을 때 기수가 된다.
(3) 여적죄는 사형을 절대적 법정형으로 규정한 형법상 유일한 범죄이다.

III. 이적죄

1. 모병이적죄

> **제94조(모병이적)**
>
> ① 적국을 위하여 모병한 자는 사형 또는 무기징역에 처한다.
> ② 전항의 모병에 응한 자는 무기 또는 5년 이상의 징역에 처한다.
>
> ▶ 미수범처벌(제100조)

적국을 위한다는 이적의사가 존재하여야 한다.

2. 시설제공이적죄

제95조(시설제공이적)
　① 군대, 요새, 진영 또는 군용에 공하는 선박이나 항공기 기타 장소, 설비 또는 건조물을 적국에 제공한 자는 사형 또는 무기징역에 처한다.
　② 병기 또는 탄약 기타 군용에 공하는 물건을 적국에 제공한 자도 전항의 형과 같다.

　▶ 미수범처벌(제100조)

3. 시설파괴이적죄

제96조(시설파괴이적)
　적국을 위하여 전조에 기재한 군용시설 기타 물건을 파괴하거나 사용할 수 없게 한 자는 사형 또는 무기징역에 처한다.

　▶ 미수범처벌(제100조)

적국을 위한다는 이적의사가 없는 경우에는 군사시설보호법의 적용대상이 될 뿐이다.

4. 물건제공이적죄

제97조(물건제공이적)
　군용에 공하지 아니하는 병기, 탄약 또는 전투용에 공할 수 있는 물건을 적국에 제공한 자는 무기 또는 5년 이상의 징역에 처한다.

　▶ 미수범처벌(제100조)

5. 일반이적죄

> **제99조(일반이적)**
> 　전 7조에 기재한 이외에 대한민국의 군사상 이익을 해하거나 적국에 군사상의 이익을 공여한 자는 무기 또는 3년 이상의 징역에 처한다.
>
> ▶ 미수범처벌(제100조)

　외환의 죄의 규정(제92조 내지 제98조) 이외에 대한민국의 군사상 이익을 해하거나 적국에 군사상 이익을 공여함으로써 성립하는 범죄이다. 즉, 외환유치죄 등에 대한 보충규정이므로 위의 죄를 구성하는 때에는 본죄에 해당하지 않는다.

Ⅳ. 간 첩 죄

> **제98조(간첩)**
> ① 적국을 위하여 간첩하거나 적국의 간첩을 방조한 자는 사형, 무기 또는 7년 이상의 징역에 처한다.
> ② 군사상의 기밀을 적국에 누설한 자도 전항의 형과 같다.
>
> ▶ 미수범처벌(제100조)

1. 의 의

　적국을 위하여 간첩하거나 적국의 간첩을 방조하거나 군사상의 기밀을 적국에 누설함으로써 성립하는 범죄이다.

2. 객관적 구성요건

(1) 간 첩

적국에 알리기 위하여 대한민국의 국가기밀 또는 군사상의 기밀을 탐지·수집하는 행위이다. 적국과의 의사연락이 있어야 하므로 편면적 간첩은 간첩예비죄에 불과하다.

1) 국가기밀

대한민국의 안전에 중대한 불이익을 초래할 위험을 방지하기 위해 적국에 대하여 비밀로 해야 할 사실·대상·지식 등을 말한다. 국가기밀인지의 여부는 국가기관의 비밀표지, 비밀유지의사를 불문하고 대한민국의 안전을 위해 타국에 대해 비밀로 해야 할 실질적인 이익이 있는가를 기준으로 판단한다(실질적 비밀개념).

① 공지의 사실

(ⅰ) 종전 판례: 국내에서는 공지의 사실이라고 하여도 적국에 대해서는 공지에 속하지 아니하고 그것이 군사상의 이익 등에 관계된 것이라면 국가기밀에 해당할 수 있다.

◆ 판 례 ◆

<공지의 사항과 국가기밀—종전판례>……국가보안법 제4조 제1항 제2호 소정의 국가기밀이라 함은 반국가단체에 대하여 비밀로 하거나 확인되지 아니함이 대한민국의 이익을 위하여 필요한 모든 정보자료로서, 순전한 의미에서의 국가기밀에 한하지 아니하고 정치, 경제, 문화, 사회 등 각 방면에 관한 국가의 모든 기밀사항이 포함되며, 그것이 국내에서의 적법한 절차 등을 거쳐 **널리 알려진 공지의 사항이라도 반국가단체인 북한에 유리한 자료가 되고 대한민국에 불이익을 초래할 수 있는 것이면 국가기밀에 속한다.**(대판 1995.9.26. 95도1624등 다수)

(ⅱ) 최근 판례: 더 이상 탐지·수집의 필요가 없는 것이라 판단되는 공지의 사

실은 국가기밀이 아니라는 입장이다.

◆ 판 례 ◆

<공지의 사항과 국가기밀－최근판례>……현행 국가보안법 제4조 제1항 제2호 (나)목에 정한 기밀을 해석함에 있어서 그 기밀은 정치, 경제, 사회, 문화 등 각 방면에 관하여 반국가단체에 대하여 비밀로 하거나 확인되지 아니함이 대한민국의 이익이 되는 모든 사실, 물건 또는 지식으로서, 그것들이 국내에서의 적법한 절차 등을 거쳐 이미 **일반인에게 널리 알려진 공지의 사실, 물건 또는 지식에 속하지 아니한 것이어야 하고, 또 그 내용이 누설되는 경우 국가의 안전에 위험을 초래할 우려가 있어 기밀로 보호할 실질가치를 갖춘 것**이어야 한다. 다만 국가보안법 제4조(목적수행)가 반국가단체의 구성원 또는 그 지령을 받은 자의 목적수행행위를 처벌하는 규정이므로 그것들이 **공지된 것인지 여부는** 신문, 방송 등 대중매체나 통신수단 등의 발달 정도, 독자 및 청취의 범위, 공표의 주체 등 여러 사정에 비추어 보아 **반국가단체 또는 그 지령을 받은 자가 더 이상 탐지·수집이나 확인·확증의 필요가 없는 것이라고 판단되는 경우** 등이라 할 것이고, 누설할 경우 실질적 위험성이 있는지 여부는 그 기밀을 수집할 당시의 대한민국과 북한 또는 기타 반국가단체와의 대치현황과 안보사항 등이 고려되는 건전한 상식과 사회통념에 따라 판단하여야 할 것이며, 그 기밀이 사소한 것이라 하더라도 누설될 경우 반국가단체에는 이익이 되고 대한민국에는 불이익을 초래할 위험성이 명백하다면 이에 해당한다 할 것이다.(대판[全合] 1997.11.20. 97도2021)

---

② 위법한 국가기밀－이것이 기밀이 될 수 있는가에 대해서는 학설이 대립하나 다수설은 위법한 국가기밀도 간첩죄의 국가기밀이 될 수 있다고 한다.
2) 적국: 간첩죄의 적용에 있어서는 북한도 국가로 인정된다(판례).

◆ 판 례 ◆

　<간첩죄에 있어서의 북한의 적국성>······북한괴뢰집단은 우리 헌법상 반국가
적인 불법단체로서 국가로 볼 수 없으나 간첩죄의 적용에 있어서는 이를 국
가에 준하여 취급하여야 한다.(대판 1983.3.22. 82도3036)

3) 실행의 착수 시기
　통설은 국가기밀을 탐지·수집하는 행위의 개시가 있어야 실행의 착수를 인정하
나, 판례는 간첩의 목적으로 국내에 잠입·입국할 때 실행의 착수가 있다고 한다.

◆ 판 례 ◆

　<간첩죄의 실행의 착수 시기>······간첩의 목적으로 외국 또는 북한에서 국내
에 침투 또는 월남하는 경우에는 **기밀탐지가 가능한 국내에 침투·상륙함으로
써 간첩죄의 실행의 착수가 있다고** 할 것이다. ······피고인이 기밀탐지임무를 부
여받고 대한민국에 입국하여 기밀을 탐지·수집하던 중 경찰관이 피고인의 행
적을 탐문하고 갔다는 말을 전해 듣고 지령사항 수행을 보유하고 있던 중 체
포되었다면 피고인은 기밀탐지의 기회를 노리다가 검거된 것이므로 이를 중지
범으로 볼 수는 없다.(대판 1984.9.11. 84도1381)

4) 기수 시기
　간첩으로서 **군사기밀을 탐지·수집하면 그로써 간첩행위는 범죄의 기수가** 되는
것이고 그 수집한 자료가 지령자에게 도달됨으로써 범죄의 기수가 되는 것이 아니
라 할 것이다.(대판 1963.12.12. 63도312)

(2) 간첩방조
1) 간첩방조는 간첩죄와 대등한 독립범죄이므로 총칙상의 공범규정이 적용되지
　않는다.

◆ 판 례 ◆

<간첩방조죄의 미수>……간첩방조죄의 미수는 방조행위 자체가 미수에 그친 때를 의미하며, 간첩방조죄에 대해서는 총칙상의 공범규정이 적용되지 않으므로 종범감경 또한 할 수 없다.(대판 1971.9.28. 71도1333)

2) 국가기밀을 수집·탐지하는 간첩행위 그 자체를 방조해야 하므로, 숙식을 제공하는 행위, 간첩을 숨겨주는 행위, 안부편지를 전달하는 행위 등은 이에 해당하지 않는다(판례).

◆ 판 례 ◆

<간첩방조죄의 성립 여부>……① 간첩이라 함은 적국을 위하여 국가기밀을 탐지·수집하는 행위를 말하는 것이므로 간첩방조죄가 성립하려면 간첩의 활동을 방조할 의사로서 그의 기밀 탐지·수집행위를 용이하게 하는 행위가 있어야 하고 단순히 숙식을 제공한다거나 또는 무전기를 매몰하는 행위를 도와주었다거나 하는 사실만으로써는 간첩방조죄가 성립할 수 없다.(대판 1986.2.25. 85도2533)

② 간첩이란 적국을 위하여 국가기밀사항을 탐지·수집하는 행위를 지칭하는 것이므로 무전기를 매몰하는 행위를 간첩행위로 볼 수 없다 하겠으니 이를 망보아 준 행위가 간첩방조죄를 구성하지 않는다.(대판 1983.4.26. 83도416)

③ 간첩방조죄가 성립하기 위해서는 방조하는 행위가 본범인 간첩의임무수행과 직접, 간접으로 관련하는 행위가 있어야 될 것이므로 이와 관련 없이 간첩의 단순한 심부름으로 하였다 하더라도 간첩방조죄를 구성할 수 없다.(대판 1966.7.12. 66도470)

(3) 군사상 기밀누설

직무상 알게 된 군사상 기밀을 누설하는 경우만 본죄가 성립하고 직무와 무관하게 지득한 사실을 누설하는 행위는 일반이적죄에 해당할 뿐이다.

◆ **판 례** ◆

<군사기밀의 의미>······형법 제98조 소정의 간첩죄에 있어서 군사기밀이라 함은 순전한 군사상의 기밀에만 그치는 것이 아니고 오늘날과 같이 사회·경제·정치 등 모든 분야가 군사력과 연관이 된 현대전의 양상 아래에서는 사회·경제·정치 등에 관한 기밀은 동시에 군사상의 기밀이 될 수 있고 국방정책상 북한에 알리지 아니하거나 확인되지 아니함이 대한민국의 이익이 되는 사항이라면 실제로 북한이 이를 알고 있든 모르고 있든 간에 이를 기밀사항으로 보아야 한다.(대판 1983.3.22. 82도3036)

◆ **판 례** ◆

<군사상 기밀을 누설한 경우의 죄책>······① 형법 제98조 제1항의 간첩죄는 적국을 위하여 군사상 기밀은 물론 적국에 알려짐으로써 우리나라의 불이익이 되는 정치, 경제, 사회, 문화 등 모든 분야에 걸친 기밀을 탐지·수집함으로써 성립되는 것이며, 직무에 관하여 위와 같은 기밀을 지득한 자가 이를 적국에 누설한 경우에는 위 같은 법 제98조 제2항의 죄가 성립하고 간첩도 아니며 또 직무와도 관계없이 그 알고 있는 위와 같은 기밀을 적국에 누설한 때에는 위 같은 법 제99조(일반이적죄) 소정의 죄가 성립한다고 함은 당원의 확립된 견해이다. 따라서 간첩죄는 적국을 위하여 위와 같은 기밀을 탐지·수집함으로써 기수가 되고 그 후에 이 탐지·수집한 기밀을 적국에 제보하여 누설하였다고 하더라도 이는 따로 별개의 죄가 성립되는 것이 아니다.(대판 1982.11.23. 82도2201)

② [1] 군사기밀보호법상의 '군사기밀'이라 함은 일반인에게 알려지지 아니한 것으로서 그 내용이 누설되는 경우 국가안전보장에 명백한 위험을 초래할 우려가 있는 군 관련 문서·도화·전자기록 등 특수매체기록 또는 물건으로서 군사기밀이라는 뜻이 표시 또는 고지되거나 보호에 필요한 조치가 행하여진 것과 그 내용을 말하고(같은 법 제2조), 군사기밀을 지정한 자는 군사기밀로 지정된 사항이 군사기밀로서 계속 보호할 필요가 없게 된 때에는 지체 없이 그 지정을 해제하여야 하며(같은 법 제6조), 그 해제는 해제 예고일자의 도래로 군사기밀의 지정이 해제되는 예고문에 의한 해제와 공개 등의 사유로 군사기밀로서 계속 보호할 필요가 없게 되어 군사기밀의 지정이 해제되는 긴급해제로 구분되어

있고(같은 법 시행령 제6조), 국방부장관은 국민에게 알릴 필요가 있는 때, 공개함으로써 국가안전보장에 현저한 이익이 있다고 판단되는 때에는 보안정책회의의 회의를 거쳐 공개하되, 중요 군사기밀의 공개에 관해서는 국가정보원장의 승인을 얻어야 하며 이에 따라 군사기밀을 공개한 때부터 군사기밀의 지정이 해제된 것으로 보므로(같은 법 제7조, 같은 법 시행령 제7조 제1항, 제2항), 군사기밀의 지정이 적법절차에 의해 해제되었거나 국방부장관에 의해 공개되지 않는 한 비록 군 내부에서 그 사항이 평문으로 문서수발이 되었다거나 군사기밀사항이 장비제작사의 장비설명 팸플릿, 상업견적서요구공문에 기재되어 배포되었다고 하더라도 군사기밀로서의 성질을 그대로 가지고 있다고 할 것이다.

[2] 누설한 사항 중 일부 내용이 실제 군사기밀 내용과 다른 경우에도 나머지 부분이 군사기밀인 내용을 제대로 담고 있다면 전체적으로 보아 군사기밀보호법 제12조 소정의 군사기밀누설죄에 해당한다.

[3] 군형법 제80조는 군사상의 기밀을 누설한 자를 처벌대상으로 하고 있는 바, 여기에서 말하는 군사상의 기밀이란 반드시 법령에 의하여 기밀사항으로 규정되었거나 기밀로 분류·명시된 사항에 한하지 아니하고 군사상의 필요에 따라 기밀로 된 사항은 물론 객관적, 일반적인 입장에서 외부에 알려지지 않는 것에 상당한 이익이 있는 사항도 포함한다고 해석하여야 하므로 그 기밀은 군사기밀보호법 제2조 소정의 범위에 국한되지 않는 것이라고 보아야 하므로, 일반적으로 군사상의 필요에 따라 특별히 보호를 요한다고 하여 설정한 대외비는 군사기밀보호법상의 군사기밀은 아니라 하더라도 군형법상의 군사상의 기밀로 취급하여야 한다.

[4] 누설한 군사기밀사항이 누설행위 이후 평문으로 저하되었거나 군사기밀이 해제되었다고 하더라도 이를 법률의 변경으로 볼 수 없으므로 재판 시 법적용 여부가 문제될 여지는 없다.(대판 2000.1.28. 99도4022)

3. 주관적 구성요건: 적국을 위한다는 의사

Ⅴ. 전시군수계약불이행죄

> **제103조(전시군수계약불이행)**
> ① 전쟁 또는 사변에 있어서 정당한 이유 없이 정부에 대한 군수품 또는 군용공작물에 관한 계약을 이행하지 아니한 자는 10년 이하의 징역에 처한다.
> ② 전항의 계약이행을 방해한 자도 전항의 형과 같다.

예비·음모·선동·선전을 처벌하는 규정이 없고 미수범도 처벌되지 않는다.

Ⅵ. 외환예비·음모·선동·선전죄

> **제101조(예비, 음모, 선동, 선전)**
> ① 제92조 내지 제99조의 죄를 범할 목적으로 예비 또는 음모한 자는 2년 이상의 유기징역에 처한다. 단 그 목적한 죄의 실행에 이르기 전에 자수한 때에는 그 형을 감경 또는 면제한다.
> ② 제92조 내지 제99조의 죄를 선동 또는 선전한 자도 전항의 형과 같다.

제3절 국기에 관한 죄

Ⅰ. 국기·국장모독죄

> **제105조(국기, 국장의 모독)**
> 대한민국을 모욕할 목적으로 국기 또는 국장을 손상, 제거 또는 오욕한 자는 5년 이하의 징역이나 금고, 10년 이하의 자격정지 또는 700만 원 이하의 벌금에 처한다.

(1) 성격·보호법익: 대한민국을 모욕할 목적으로 국가·국장을 손상, 제거, 오욕함으로써 성립하는 범죄로서(목적범), 국가의 권위와 대외적 체면을 보호법익으로 한다(구체적 위험범).

(2) 국기·국장은 공용·사용의 것을 불문한다. 이 점에서 공용의 것에 제한되는 외국 국기·국장모독죄(제109조)와는 다르다.

Ⅱ. 국기·국장비방죄

> **제106조(국기, 국장의 비방)**
> 전조의 목적으로 국기 또는 국장을 비방한 자는 1년 이하의 징역이나 금고, 5년 이하의 자격정지 또는 200만 원 이하의 벌금에 처한다.
>
> ▶ 반의사불벌죄(제110조)

◆ 판 례 ◆

<국가비방에 해당하지 않은 사례>……성경의 교리상 국기에 대하여 절을 해서는 안 되나 국기를 존중하는 의미에서 가슴에 손을 얹고 주목하는 방법으로 경의를 표할 수 있다고 말한 것은 국기의 비방에 해당하지 않는다.(대판 1975.5.13. 74도2183)

제4절 국교에 관한 죄

Ⅰ. 외국원수, 사절에 대한 폭행 등 죄

1. 외국원수에 대한 폭행 등 죄

> **제107조(외국원수에 대한 폭행 등)**
> ① 대한민국에 체재하는 외국의 원수에 대하여 폭행 또는 협박을 가한 자는 7년 이하의 징역이나 금고에 처한다.
> ② 전항의 외국원수에 대하여 모욕을 가하거나 명예를 훼손한 자는 5년 이하의 징역이나 금고에 처한다.

(1) 보호법익: (i) 외국을 보호함으로써 자국의 대외적 이익을 보호한다는 국가주의설, (ii) 국제법상의 의무에 의해 외국의 이익을 보호한다는 국제주의설, (iii) 외국과 자국의 이익이라는 이중의 보호목적이 있다는 절충설이 있다.
(2) 모욕죄, 명예훼손죄와의 차이: (i) 모욕과 명예훼손에 대해서는 모욕죄, 명예훼손죄의 그것과는 달리 공연성을 요하지 않는다. (ii) 모욕죄는 친고죄이

나 본죄는 반의사불벌죄이며, 명예훼손죄의 위법성 조각사유인 형법 제310조는 본죄에는 그 적용이 없다.

(3) 외국원수에 대한 폭행 · 협박은 폭행죄 · 협박죄의 폭행 · 협박과 같은 정도의 것이다.

2. 외국사절에 대한 폭행 등 죄

> **제108조(외국사절에 대한 폭행 등)**
> ① 대한민국에 파견된 외국사절에 대하여 폭행 또는 협박을 가한 자는 5년 이하의 징역이나 금고에 처한다.
> ② 전항의 외국사절에 대하여 모욕을 가하거나 명예를 훼손한 자는 3년 이하의 징역이나 금고에 처한다.
>
> ▶ 반의사불벌죄(제110조)

본죄의 외국사절은 대사 · 공사를 말하며, 영사는 제외된다. 또한 일시 체재하는 자도 본죄의 객체에 해당하지 않는다.

3. 외국국기 · 국장모독죄

> **제109조(외국의 국기, 국장의 모독)**
> 외국을 모욕할 목적으로 그 나라의 공용에 공하는 국기 또는 국장을 손상, 제거 또는 오욕한 자는 2년 이하의 징역이나 금고 또는 300만 원 이하의 벌금에 처한다.
>
> ▶ 반의사불벌죄(제110조)

공용에 쓰이는 것이라는 점에서 국기 · 국장모독죄(제105조)와 구별된다.

Ⅱ. 외국에 대한 사전·중립명령위반죄

1. 외국에 대한 사전죄

> **제111조(외국에 대한 사전)**
> ① 외국에 대하여 사전한 자는 1년 이상의 유기금고에 처한다.
> ② 전항의 미수범은 처벌한다.
> ③ 제1항의 죄를 범할 목적으로 예비 또는 음모한 자는 3년 이하의 금고 또는 500만 원 이하의 벌금에 처한다. 단 그 목적한 죄의 실행에 이르기 전에 자수한 때에는 감경 또는 면제한다.

사전이란 국가의 전투명령을 받지 않고 함부로 외국에 대하여 전투행위를 하는 것을 의미한다.

2. 중립명령위반죄

> **제112조(중립명령위반)**
> 외국 간의 교전에 있어서 중립에 관한 명령에 위반한 자는 3년 이하의 금고 또는 500만 원 이하의 벌금에 처한다.

(1) 성 격: 구성요건에 형벌만 규정하고 금지 내용은 중립명령이 발해질 때 구체적으로 정해지는 백지형법의 대표적인 예이다.

(2) 외국 간의 교전: 우리나라가 전쟁당사국이 아닌 외국 간의 전쟁을 말한다.

(3) 중립명령: 교전국의 어느 편에도 가담하지 않고 공평한 지위를 지키는 국외 중립선언에 따르는 명령을 의미한다.

Ⅲ. 외교상 기밀누설죄

> 제113조(외교상 기밀의 누설)
> ① 외교상의 기밀을 누설한 자는 5년 이하의 징역 또는 1,000만 원 이하의 벌금에 처한다.
> ② 누설할 목적으로 외교상의 기밀을 탐지 또는 수집한 자도 전항의 형과 같다.

1. 주 체

신분범인 공무상 비밀누설죄(제127조)와는 달리 주체에는 아무런 제약이 없다.

2. 행 위

(1) 누 설: 외국에 외교상의 기밀을 알리는 것이다(제1항). 적국에 알리는 경우에는 간첩죄가 된다.

(2) 누설할 목적으로 탐지·수집: 기밀누설의 예비·미수에 해당하는 행위를 별개의 독립된 범죄로 규정한 것이다(제2항).

◆ 판 례 ◆

<외교상 기밀의 의미>……형법 제113조 제1항 소정의 외교상의 기밀이라 함은, 외국과의 관계에서 국가가 보지해야 할 기밀로서, 외교정책상 외국에 대하여 비밀로 하거나 확인되지 아니함이 대한민국의 이익이 되는 모든 정보자료를 말한다. 외국에 이미 널리 알려져 있는 사항은 특단의 사정이 없는 한 이를 비밀로 하거나 확인되지 아니함이 외교정책상의 이익이 된다고 할 수 없는 것이어서 외교상의 기밀에 해당하지 아니한다. 외국언론에 이미 보도된 바 있는 우리나라의 외교정책이나 활동에 관련된 사항들에 관하여 정부가 이른바 보도지침의 형식으로 국내언론기관의 보도 여부 등을 통제하고 있다는 사실을 알리는 것이 외교상의 기밀을 누설한 경우에 해당하지 않는다.(대판 1995.12.5. 94도2379)

제2장
국가의 기능에 관한 죄

제1절 공무원의 직무에 관한 죄

I. 서 설

1. 의의 및 보호법익

(1) 의 의
공무원의 직무에 관한 죄란 공무원이 의무에 위반하거나 직권을 남용하거나 또는 뇌물을 수수함으로써 국가기능의 공정을 침해하고, 국가기능을 부패시키는 것을 내용으로 하는 범죄이다.

(2) 보호법익: 국가기능
특히 국가의 기능이 국가기관의 내부로부터 침해하는 것을 방지하는 데 특징이 있다.

2. 공무원

① 공무원이란 일반적으로 법령에 의해 국가 또는 지방자치단체의 사무에 종사하는 사람을 말하나, 그 범위는 형법의 독자적인 입장에서 결정된다.

② 직무 내용이 단순한 기계적·육체적 노무에 불과한 고용직 공무원은 직무범죄의 공무원에 해당하지 않는다(예컨대 청소부·인부·사환. 그러나 우편집배원은 공무원으로 본다).(대판 1978.4.25. 77도3709)

③ 공법인의 직원도 개별적으로 검토하여 행정기관에 준할 경우 공무원에 속한다.

Ⅱ. 직무유기의 죄

1. 직무유기죄

> **제122조(직무유기)**
> 공무원이 정당한 이유 없이 그 직무수행을 거부하거나 그 직무를 유기한 때에는 1년 이하의 징역이나 금고 또는 3년 이하의 자격정지에 처한다.

(1) 보호법익: 국가의 기능을 보호법익으로 하며, 보호의 정도는 구체적 위험범이다.

(2) 행위주체: 공무원

(3) 행 위: 정당한 이유 없이 직무수행을 거부하거나 직무를 유기하는 것

1) 직 무: 공무원이 그 지위에 따라 수행하여야 할 공무원법상의 본래의 직무 또는 고유한 직무여야 한다. 따라서 공무원 신분으로 인한 부수적·파생적 직무(예: 형소법상의 고발의무 등)는 본죄의 직무가 아니다. 그리고 본죄의 직무는 대국민적 공공관계에서 적법한 직무여야 한다.

2) 직무수행의 거부: 직무를 능동적으로 수행해야 할 의무 있는 자가 이를 수행하지 않는 것이다.

3) 직무유기: 공무원이 정당한 이유 없이 직무를 유기한 때라 함은 직무에 관한 의식적인 방임 내지는 포기 등 정당한 사유 없이 직무를 수행하지 아니한 경우를 의미하는 것이므로 공무원이 태만, 착각 등으로 인하여 직무를 성실히 수행하지 아니한 경우나 형식적으로 또는 소홀히 직무를 수행하였기 때문에 성실한 직무수행을 못 한 것에 불과한 경우에는 직무유기죄는 성립하지 아니한다.(대판 1994.2.8. 93도3568)

◆ 판 례 ◆

<직무유기의 의미>……① 공무원이 직무를 유기한 때라 함은 공무원이 법령 내규 또는 지시 통첩에 의한 추상적인 충근의무를 게을리 한 일체의 경우를 가리키는 것이 아니라 **주관적으로 직무집행의사를 포기하고 객관적으로 정당한 이유 없이 직무집행을 하지 아니하는 부작위상태가 있어 국가기능을 저해하는 경우를 말한다** 할 것인바 사법경찰관리가 직무집행의사로 위법사실을 조사하여 훈방을 하는 등 어떤 형태로든지 그 직무집행행위를 하였다면 형사피의사건으로 입건·수사하지 아니하였다 하여 직무유기죄가 성립한다고 볼 수 없다.(대판 1982.6.8. 82도117)

② 가축위생시험소 소속 수의사보인 피고인이 가축도축업체에 배치되어 가축검사원으로 재직하는 공무원으로서 위 도축장에서 소에 대한 강제급수의 방지와 사료의 소화, 신선한 육질의 유지를 위해 퇴근 시에는 소 계류장에 들어온 소의 숫자와 상태를 확인하고 소 계류장 출입문의 시정·봉인조치를 이행하고, 부득이 퇴근 후 도축의뢰되는 소를 계류장에 입사시킬 경우에는 검사원이 나가 계류장 문을 열고 입사시킨 후 다시 시정·봉인하여 소에 대한 강제급수를 미리 방지하는 등 검사원으로서의 직무를 철저히 해야 함에도, 퇴근 시 소 계류장의 시정·봉인조치를 취하지 아니하고 그 관리를 도축장 직원에게 방치한 행위는 직무유기죄에 해당된다.(대판 1990.5.25. 90도191)

③ 학생군사교육단의 당직사관으로 주번 근무를 하던 육군중위가 당직근무를 함에 있어서 훈육관실에서 학군사관후보생 2명과 함께 술을 마시고 내무반에서 학군사관후보생 2명 및 애인 등과 함께 화투놀이를 한 다음 애인과 함께 자고 난 뒤 교대할 당직근무자에게 당직근무의 인계, 인수도 하지 아니한 채 퇴근하였다면 직무유기죄가 성립된다.(대판 1990.12.21. 90도2425)

④ 직무유기죄는 구체적으로 그 직무를 수행하여야 할 작위의무가 있는데도 불

구하고 이러한 직무를 버린다는 인식하에 그 작위의무를 수행하지 아니하면 **성립**하는 것이다. (국방부 합동조사단장으로부터 공소외 원용수의 병무비리사건과 관련하여 뇌물수수 등의 혐의로 수배 중인 공소외 박노항을 체포하도록 구체적인 임무를 부여받아 그 직무를 수행함에 있어 박노항과 여러 차례에 걸쳐 전화통화를 하고, 나아가 박노항을 위하여 서류를 전달해 주는 한편 그의 예금통장까지 개설해 주고서도 그와 같은 사실을 보고조차 하지 아니하여 직무를 유기하였다는 사례, 이 사안에서 범인도피죄도 인정됨을 암시.)(대판 1999.11.26. 99도1904)

4) 정당한 이유 없이: 법률규정에 의하지 아니하거나 일반적인 업무규칙·예규·관행을 벗어나 자의적으로 위법·불공정하게 행위를 하는 것을 말한다.

(4) 주관적 구성요건

직무를 버린다는 인식이 있어야 하므로 직무집행의사가 있는 이상 태만, 착각 등으로 직무집행을 소홀히 한 경우에 이 죄가 성립하지 않는다.

(5) 타죄와의 관계

1) 직무유기 행위가 별도의 허위공문서작성, 공무집행방해 등의 작위범에 해당된다면 직무유기죄는 이에 흡수되어 별죄를 구성하지 않는다(보충성).
2) 다만 위 범죄들과 직무유기의 직무위배 상태가 별개의 것으로 평가된다면 실체적 경합범이 되며, 특가법상 특수직무유기죄에는 이 같은 보충관계가 적용되지 않는다.

◆ **판 례** ◆

<직무유기죄와 타죄와의 관계>······① 피고인이, 출원인이 어업허가를 받을 수 없는 자라는 사실을 알면서도 그 직무상의 의무에 따른 적절한 조치를 취하지 않고 오히려 부하직원으로 하여금 어업허가 처리기안문을 작성하게 한 다음 피고인 스스로 중간결재를 하는 등 위계로써 농수산국장의 최종결재를 받았다면, 직무위배의 위법상태가 위계에 의한 공무집행방해행위 속에 포함되어 있는 것이라고 보아야 할 것이므로, 이와 같은 경우에는 **작위범인 위계에 의한 공무집행방해죄만이 성립하고 부작위범인 직무유기죄는 따로 성립하지 아니**

한다.(대판 1997.2.28. 96도2825)

② 공무원이 어떠한 위법사실을 발견하고도 직무상 의무에 따른 적절한 조치를 취하지 아니하고 **위법사실을 적극적으로 은폐할 목적으로 허위공문서를 작성·행사한 경우**에는 직무위배의 위법상태는 허위공문서작성 당시부터 그 속에**포함되는 것으로 작위범인 허위공문서작성, 동 행사죄만이 성립하고 부작위범인 직무유기죄는 따로 성립하지 아니하나,** 위 복명서 및 심사의견서를 허위작성한 것이 농지일시전용허가를 신청하자 이를 허가하여 주기 위하여 한 것이라면 **직접적으로 농지불법전용 사실을 은폐하기 위하여 한 것은 아니므로 위 허위공문서작성, 동 행사죄와 직무유기죄는 실체적 경합범의 관계에 있다.**(대판 1993.12.24. 92도3334)

③ 세무공원이 범칙사건을 수사하고 관계서류를 작성함에 있어 그 혐의사실을 고의로 은폐하기 위하여 허위내용의 전말서나 진술조서 등을 작성·행사하였다면 허위공문서작성·행사죄만이 성립되고 직무유기죄는 성립되지 않는다.(대판 1971.8.31. 71도1176)

④ 예비군 중대장이 그 소속 예비군대원의 훈련불참사실을 알았다면 이를 소속 대대장에게 보고하는 등의 조치를 취할 직무상의 의무가 있음이 물론인데, 그 소속 예비권대원의 훈련불참사실을 고의로 은폐할 목적으로 당해 예비군대원이 훈련에 참석한 양 허위내용의 학급편성명부를 작성, 행사하였다면, 직무위배의 위법상태는 허위공문서작성 당시부터 그 속에 포함되어 있는 것이고 그 후 소속 대대장에게 보고하지 아니하였다 하더라도 당초에 있었던 직무위배의 위법상태가 그대로 계속된 것에 불과하다고 보아야 하고, 별도의 직무유기죄가 성립하여 양 죄가 실체적 경합범이 된다고 할 수 없다.(대판 1982.12.28. 82도2210)

⑤ 피고인이 검사로부터 범인을 검거하라는 지시를 받고서도 그 직무상의 의무에 따른 적절한 조치를 취하지 아니하고 오히려 범인에게 전화로 도피하라고 권유하여 그를 도피케 하였다는 범죄사실만으로는 **직무위배의 위법상태가 범인도피행위 속에 포함되어 있는 것**으로 보아야 할 것이므로, 이와 같은 경우에는 작위범인 범인도피죄만이 성립하고 부작위범인 직무유기죄는 따로 성립하지 아니한다.(대판 1996.5.10. 96도51)

⑥ 공무원이 어떠한 위법사실을 발견하고도 직무상 의무에 따른 적절한 조치를 취하지 아니하고 위법사실을 적극적으로 은폐할 목적으로 허위공문서를 작성, 행사한 경우에는 직무위배의 위법상태는 허위공문서작성 당시부터 그 속에 포함되는 것으로 작위범인 허위공문서작성, 동 행사죄만이 성립하고 **부작위범인 직무유기죄는 따로 성립하지 아니한다.**(대판 1999.12.24. 99도2240)

⑦ 사법경찰관인 피고인이 부하직원으로부터 음반・비디오물 및 게임물에 관한 법률위반 혐의로 오락실을 단속하여 범죄행위에 제공된 증거물로 오락기의 변조 기판을 압수하여 보관중임을 보고받아 알고 있었음에도, 그 직무상의 의무에 따라 위 압수물을 같은 경찰서 수사계에 인계하고 검찰에 송치하여 범죄 혐의의 입증에 사용하도록 하는 등의 적절한 조치를 취하지 않고, 오히려 부하 직원에게 위와 같이 압수한 변조 기판을 돌려주라고 지시하여 위 오락실 업주에게 이를 돌려주었다면, <u>직무위배의 위법상태가 증거인멸행위 속에 포함</u>되어 있는 것으로 보아야 할 것이므로, <u>이와 같은 경우에는 작위범인 증거인멸죄만이 성립하고 부작위범인 직무유기죄는 따로 성립하지 아니한다고 봄이 상당하다</u>(대법원 1971.8.31. 선고 71도1176 판결, 대법원 1996.5.10. 선고 96도51 판결, 대법원 1997.2.28. 선고 96도2825 판결 등 참조). <u>이와 달리, 사법경찰관인 피고인이 피의자 등에게 관련자를 은폐하기 위하여 허위진술을 하도록 교사하였다면 타인을 교사하여 증거인멸죄를 범하게 한 것인 동시에 그것이 또한 정당한 직무집행을 거부한 것이 된다고 판시한 대법원 1967.7.4. 선고 66도840 판결은 이 판결의 견해와 어긋나는 범위 내에서 이를 변경</u>하기로 한다.(대판 【전합】 2006.10.19, 2005도3909)

◆ 판 례 ◆

<특수직무유기죄의 보충성 여부>……특정범죄가중처벌등에관한법률 제15조(특수직무유기)는 범죄수사의 직무에 종사하는 공무원이 이 법에 규정된 죄를 범한 자를 인지하고 그 직무를 유기한 때에는 1년 이상의 유기징역에 처한다고 규정하고 있는바 이는 형법 제122조의 직무유기죄와는 달리 위 법이 새로운 범죄유형을 정하고 그에 대한 법정형을 규정한 것이라고 할 것인바, 직무위배의 위법상태가 허위공문서작성 당시부터 그 속에 포함된 경우 **별도로 형법 제122조의**

직무유기죄가 성립되지 아니한다는 당원의 판례는 형법 제122조의 직무유기죄와는 별도의 범죄인 이 사건 특정범죄가중처벌등에관한법률 제15조의 특수직무유기죄에 적절한 것이 될 수 없음이 명백하다.(대판 1984.7.24. 선고 84도705)

2. 피의사실공표죄

제126조(피의사실공표)
    검찰, 경찰 기타 범죄수사에 관한 직무를 행하는 자 또는 이를 감독하거나 보조하는 자가 그 직무를 행함에 당하여 지득한 피의사실을 공판청구 전에 공표한 때에는 3년 이하의 징역 또는 5년 이하의 자격정지에 처한다.

(1) 주 체
검찰, 경찰 기타 범죄수사업무의 종사자 또는 그 보조자만이 주체가 될 수 있는 진정신분범이다.

(2) 행 위: 공판청구 전에 피의사실을 공표하는 것이다.
1) 피의사실은 진실성 여부를 불문하며 직무와 관련해서 지득한 것이어야 한다.
2) 공표에 있어서 공연성은 요건이 아니다. 따라서 부작위에 의한 공표도 가능하다.
3) 공판청구 전이란 공소제기 전을 의미하므로 공소제기 후의 공표는 본죄와는 무관하다.

3. 공무상 비밀누설죄

제127조(공무상 비밀의 누설)
    공무원 또는 공무원이었던 자가 법령에 의한 직무상 비밀을 누설한 때에는 2년 이하의 징역이나 금고 또는 5년 이하의 자격정지에 처한다.

(1) 보호법익: 비밀누설로 위협받는 국가의 기능

(2) 행위객체: 법령에 의한 직무상의 비밀

1) 직무상 비밀이어야 하므로 직무와 관계없이 취득한 비밀은 본죄의 객체가 아
니다.

2) 법령에 의한 비밀

(ⅰ) 학설은 법령에 의하여 특히 비밀로 할 것이 요구되는 사정에 한정된다고
하나,

(ⅱ) 판례는 객관적·일반적 입장에서 외부에 알리지 않는 것이 국가에 상당한
이익이 되는 사항까지도 비밀에 포함된다고 한다.

◆ 판 례 ◆

<공무상 비밀의 의미>······형법 제127조는 공무원 또는 공무원이었던 자가 법
령에 의한 직무상 비밀을 누설하는 것을 구성요건으로 하고 있고, 동 조에서
법령에 의한 직무상 비밀이란 반드시 **법령에 의하여 비밀로 규정되었거나 비밀
로 분류·명시된 사항에 한하지 아니하고** 정치, 군사, 외교, 경제, 사회적 필요
에 따라 비밀로 된 사항은 물론 정부나 공무소 또는 국민이 객관적, 일반적인
입장에서 외부에 알려지지 않는 것에 상당한 이익이 있는 사항도 포함하는 것
이지만, 동 조에서 말하는 비밀이란 실질적으로 그것을 비밀로서 보호할 가치
가 있다고 인정할 수 있는 것이어야 할 것이다. 그리고 본죄는 기밀 그 자체를
보호하는 것이 아니라 공무원의 비밀엄수의무의 침해에 의하여 위험하게 되는
이익, 즉 비밀의 누설에 의하여 위협받는 국가의 기능을 보호하기 위한 것이
다. ······감사원 감사관이 공개한 기업의 비업무용 부동산 보유실태에 관한 감사
원 보고서의 내용은 공무상 비밀에 해당되지 않는다.(대판 1996.5.10. 95도780)

---

(3) 행 위: 비밀을 누설하는 것

비밀을 이미 알고 있는 자에게 알리는 것은 누설이 아니다.

Ⅲ. 직권남용죄

1. 일반공무원직권남용죄

> **제123조(직권남용)**
> 　공무원이 직권을 남용하여 사람으로 하여금 의무 없는 일을 하게 하거나 사람의 권리행사를 방해한 때에는 5년 이하의 징역, 10년 이하의 자격정지·1,000만 원 이하의 벌금에 처한다.

(1) 보호법익
국가기능의 공정한 행사를 보호법익으로 하는 범죄이다.

(2) 주　체: 공무원
다만 이 죄의 본질상 여기의 공무원으로 강제력을 수반할 수 있는 직무를 행하는 자이어야 한다.

(3) 행　위
1) 직권남용: 공무원이 형식상 일반적 직무권한에 속하는 사항에 대해서 실질적으로 부당한 조치를 취하는 것이다. 따라서 외관상 직무권한과 아무런 관련이 없는 행위에 대해서는 본죄가 성립하지 않는다.

◆ **판　례** ◆

<직권남용의 의미>······① 직권남용죄의 '직권남용'이란 공무원이 그의 일반적 권한에 속하는 사항에 관하여 그것을 불법하게 행사하는 것, 즉 형식적, 외형적으로는 직무집행으로 보이나 그 실질은 정당한 권한 이외의 행위를 하는 경우를 의미하고, 따라서 직권남용은 공무원이 그의 일반적 권한에 속하지 않는 행위를 하는 경우인 지위를 이용한 불법행위와는 구별되며, 또 직권남용죄에서 말하는 '의무'란 법률상 의무를 가리키고, 단순한 심리적 의무감 또는 도덕적 의무는 이에 해당하지 아니한다.

치안본부장이 국립과학수사연구소 법의학1과장에게 고문치사자의 사망에 관하여 기자간담회에 참고할 메모를 작성하도록 요구한 경우에 있어서 위 과장의 메모작성행위가 국립과학수사연구소의 행정업무에 관한 행정상 보고의무라고 할 수 없고 치안본부장이 위 과장에게 메모를 작성토록 한 행위가 그 일반적 권한에 속하는 사항이라고도 볼 수 없으며 또 위 과장이 그 요청에 따라 작성해 준 메모는 정식 부검소견서가 아니어서 동인이 위 메모를 작성하여 줄 법률상 의무가 있는 것도 아닐 뿐만 아니라, 그와 같은 메모를 작성하여 준 것도 단순한 심리적 의무감 또는 스스로의 의사에 기한 것으로 볼 수 있을 뿐이어서 법률상 의무에 기인한 것이라고 인정할 수도 없으므로, 치안본부장이 동인에게 메모의 작성을 요구하고 이를 동인이 내심의 의사에 반하여 두 번이나 고쳐 작성하도록 하였다 하여도 이를 의무 없는 일을 하게 한 것이라고 볼 수 없어 직권남용죄는 성립되지 아니한다.(대판 1991.12.27. 90도2800)

② 대통령비서실 민정수석비서관이 대통령의 근친관리업무와 관련하여 정부가 부서에 대한 지시와 협조요청을 할 수 있는 일반적 권한을 갖고 있었음에 비추어 그가 농수산물도매시장 관리공사 대표이사에게 요구하여 위 시장 내의 주유소와 서비스동을 당초 예정된 공개입찰방식이 아닌 수의계약으로 대통령의 근친이 설립한 회사에 임대케 한 행위는 공무원이 일반적으로 직무권한에 속하는 사항에 관하여 직권의 행사에 가택하여 실질적, 구체적으로 위법, 부당한 행위를 한 경우에 해당하여 타인의 권리행사방해죄의 구성요건을 충족한다.(대판 1992.3.10. 92도116)

2) 의무 없는 일: 법령상 일정한 의무가 없는 경우를 의미한다.
3) 권리행사방해: 법령상 행사할 수 있는 권리의 정당한 행사를 방해하는 것이다.

(4) 기수 시기
피해자가 의무 없는 일을 현실적으로 행하거나 권리행사가 현실적으로 방해되었을 때 기수가 된다(통설·판례).

◆ 판 례 ◆

<직권남용죄의 기수 시기>……① 형법 제123조의 타인의 권리행사방해죄가 기수에 이르려면 행위에 결과가 발생한 것을 필요로 하므로 공무원의 직권남용이 있다 하여도 현실적으로 권리행사의 저해가 없다면 기수를 인정할 수 없다……정보담당 경찰관이 증거수집을 위하여 정당 지구당의 집행위원회에서 쓰일 회의장소에 몰래 도청기를 마련해 놓았다가 회의 개회 전에 들켜 뜯김으로써 도청을 못하였다면 회의진행을 도청당하지 아니할 권리가 침해된 현실적인 사실이 있다고 할 수 없으니 형법 123조의 직권남용죄의 기수로 논할 수 없다.(대판 1978.10.10. 75도2665).

② 공무원의 직권남용행위가 있었다 할지라도 현실적으로 권리행사의 **방해라는 결과가 발생하지 아니하였다면 본죄의 기수를 인정할 수 없다.** 정보통신부장관이던 피고인이 개인휴대통신 사업자선정과정과 관련하여 서류심사는 완결된 상태에서 청문심사의 배점방식을 변경하였다 하더라도, 그것이 최종 사업권자로 선정되지 아니하였으나 끝까지 경쟁하던 경쟁자에 대한 관계에서 권리행사방해죄가 성립하지는 아니한다(대판 2006.2.9. 2003도4599)

(5) 주관적 구성요건: 형법 123조의 죄에 관한 주관적 구성요건으로서의 범의에는 **권리행사를 방해한다는 인식 이외에 직권을 남용한다는 인식도 포함되는** 것이므로 교도소에서 접견업무를 담당하던 교도관이 접견신청에 대하여 행형법 18조 2항 소정의 '필요용무'가 있는 때에 해당하지 아니한다고 판단하여 그 접견신청을 거부하였다면, 단지 접견신청거부행위의 위법성에 대한 인식이 없었던 것에 불과한 것이 아니라 애초부터 직권남용에 대한 범의 자체가 없어 위 범죄를 구성하지 아니한다.(대판 1993.7.26. 92모29)

2. 불법체포·감금죄

> **제124조(불법체포, 불법감금)**
> ① 재판, 검찰, 경찰 기타 인신구속에 관한 직무를 행하는 자 또는 이를 보조하는 자가 그 직권을 남용하여 사람을 체포 또는 감금한 때에는 7년 이하의 징역과 10년 이하의 자격정지에 처한다.
> ② 전항의 미수범은 처벌한다.

(1) 행위주체: 재판, 검찰, 경찰 기타 인신구속에 관한 직무를 행하는 자 또는 이를 보조하는 자이다. 판례는 집달관도 여기에 해당한다고 한다.

(2) 행 위

1) 직권을 남용하여 체포·감금하는 것이다. 직권과 관계없이 체포·감금을 한 경우에는 일반체포·감금죄를 구성한다.

◆ **판 례** ◆

　<불법체포죄가 인정된 경우>······집달사가 강제집행을 함에 있어서 채무자를 집달사실에 감금하고 거부 불능케 한 후 몸을 수색하여 소지 중인 수표를 빼앗은 행위는 강제력 사용권의 범위를 일탈한 것으로, 불법체포죄를 구성한다. (대판 1969.6.24. 68도1218)

---

2) 판례에 의하면 ㉮ 임의 동행한 피의자를 조사 후 귀가시키지 않고 경찰서 보호실에 계속 유치하는 경우에는 불법체포·감금죄가 성립하고(대결 1985.7.29. 85모16), ㉯ 경찰서 안에서 식사도 하고 사무실 안팎을 내왕해도 경찰서 밖으로 나가지 못하도록 신체의 자유를 제한하는 유형, 무형의 억압이 있었다면 감금행위에 해당한다.(대결 1991.12.30. 91모5) ㉰ **감금죄는 간접정범의 형태로도 행하여질 수 있는 것이므로**, 인신구속에 관한 직무를 행하는 자 또는 이를 보조하는 자가 피해자를 구속하기 위하여 진술조서 등을 허위로 작성한 후 이를 기록에 첨부하여 구속영장을 신청하고, 진술조서 등이 허위로 작성된 정을 모

르는 검사와 영장전담판사를 기망하여 구속영장을 발부받은 후 그 영장에 의하여 피해자를 구금하였다면 형법 제124조 제1항의 직권남용감금죄가 성립한다. (대판 2006.5.25. 2003도3945)

3. 폭행·가혹행위죄

> **제125조(폭행, 가혹행위)**
>
> 재판, 검찰, 경찰 기타 인신구속에 관한 직무를 행하는 자 또는 이를 보조하는 자가 그 직무를 행함에 당하여 형사피의자 또는 기타 사람에 대하여 폭행 또는 가혹한 행위를 가한 때에는 5년 이하의 징역과 10년 이하의 자격정지에 처한다.

(1) 직무를 행함에 당하여: 직무를 행하는 기회에 또는 직무수행 중에 및 직무와 관련해서라는 의미이다.

(2) 폭 행: 사람의 신체에 대한 불법한 유형력의 행사(협의의 폭행)

(3) 가혹행위: 정신적·육체적 고통을 주는 일체의 행위. 반드시 타인의 생명, 신체의 완전성을 위태롭게 할 정도는 아니라도 타인에게 정신적·육체적 고통을 줄 수 있는 행위이면 충분하다는 점에서 학대죄(제273조 제1항)의 학대보다는 그 범위가 넓은 개념이고, 중체포·감금죄(제277조 제1항)의 가혹행위와 같은 개념이다.

4. 선거방해죄

> **제128조(선거방해)**
>
> 검찰, 경찰 또는 군의 직에 있는 공무원이 법령에 의한 선거에 관하여 선거인, 입후보자 또는 입후보자 되려는 자에게 협박을 가하거나 기타 방법으로 선거의 자유를 방해한 때에는 10년 이하의 징역과 5년 이상의 자격정지에 처한다.

선거의 자유를 방해할 행위를 하면 족하며, 현실적으로 방해의 결과가 발생하였을 것을 요하지 않는다.

IV. 뇌물죄

1. 뇌물죄의 일반이론

(1) 보호법익
(i) 직무행위 자체의 순수성이라는 견해도 있으나, (ii) 통설과 판례는 직무행위
의 무상성 내지 불가매수성이 보호법익이 된다고 한다.

◆ **판 례** ◆

<뇌물죄의 보호법익>……뇌물죄는 **직무집행의 공정과 이에 대한 사회의 신뢰**
에 기하여 직무행위의 불가매수성을 그 직접의 보호법익으로 하고 있다.(대판
1996.1.23. 94도3022)

---

(2) 수뢰죄와 증뢰죄와의 관계
(i) 판례에 의하면 수뢰죄와 증뢰죄는 범죄의 양면으로서 범인의 신분에 따라
형벌가중 여부만이 달라지는 필요적 공범이라고 하지만, (ii) 다수설은 수
수·공여·약속의 경우에는 필요적 공범이나 뇌물의 요구나 뇌물공여의 의사
표시 등은 필요적 공범이 아니라고 한다.

◆ **판 례** ◆

<**뇌물죄의 필요적 공법성**> ……뇌물수수죄는 필요적 공범으로서 형법총칙의 공
범이 아니므로 따로 형법 제30조를 적용할 필요가 없다.(대판 1971.3.9. 70도2536)

---

(3) 뇌물의 개념: 직무에 관한 부정한 요소로서의 모든 이익

1) 직 무
공무원 또는 중재인이 그 지위에 따라 담당하는 일체의 공무로 직무행위의 정당
성, 유형성 여부는 중요하지 않다. 이에는 직무와 관련해서 사실상 처리하고 있는

행위 및 결정권자를 보좌하거나 영향을 줄 수 있는 행위를 포함한다.

◆ 판 례 ◆

<뇌물죄에서 직무의 의미>……① 뇌물죄는 직무집행의 공정과 이에 대한 사회의 신뢰에 기하여 **직무행위의 불가매수성을 그 직접의 보호법익으로** 하고 있으므로 뇌물성은 의무위반행위나 청탁의 유무, 개개의 직무행위와의 대가적 관계, 금품수수 시기와 직무집행행위의 전후를 가리지 아니한다 할 것이고, 공무원의 직무와 금원의 수수가 전체적으로 대가관계에 있으면 뇌물수수죄는 성립하며, **뇌물죄에서 말하는 '직무'에는 법령에 정하여진 직무뿐만 아니라 그와 관련 있는 직무, 과거에 담당하였거나 장래에 담당할 직무 외에 사무분장에 따라 현실적으로 담당하지 않는 직무라도 법령상 일반적인 직무권한에 속하는 직무 등 공무원이 그 직위에 따라 공무로 담당할 일체의 직무로서 직무와 밀접한 관계가 있는 행위 또는 관례상이나 사실상 소관하는 직무행위도 포함한다.**(대판 2000.1.28. 99도4022)

② 수뢰죄에 있어 직무라는 것은 공무원의 법령상 관장하는 직무행위뿐만 아니라 그 직무와 관련하여 사실상 처리하고 있는 행위 및 결정권자를 보좌하거나 영향을 줄 수 있는 직무행위도 포함된다.(대판 1996.6.14. 96도865)

---

2) 직무에 관하여(직무관련성)

행위의 객관적인 직무관련성을 의미하는바, 직무행위는 물론이고, 엄밀한 의미에서 직무행위는 아니지만 직무와 밀접한 관계가 있거나 객관적으로 보아 직무행위의 외형을 갖추고 있는 행위도 포함된다. 공무원이 전직 후 전직 전의 직무에 관하여 뇌물을 받은 경우에는 직무관련성은 인정된다.

◆ 판 례 ◆

<뇌물죄에서의 직무관련성>……① 뇌물죄는 직무집행의 공정과 이에 대한 사회의 신뢰 및 직무행위의 불가매수성을 그 보호법익으로 하고 있고, **직무에 관한 청탁이나 부정한 행위를 필요로 하는 것은 아니기** 때문에 수수된 금품의 뇌물성을 인정하는 데 특별한 청탁이 있어야만 하는 것은 아니고, 또한 금품이 직무에

관하여 수수된 것으로 족하고 **개개의 직무행위와 대가적 관계에 있을 필요는 없으며, 그 직무행위가 특정된 것일 필요도 없다.**(대판 2000.1.21. 99도4940)

② 음주운전을 적발하여 단속에 관련된 제반 서류를 작성한 후 운전면허 취소업무를 담당하는 직원에게 이를 인계하는 업무를 담당하는 경찰관이 피단속자로부터 운전면허가 취소되지 않도록 하여 달라는 청탁을 받고 금원을 교부받은 경우, 뇌물수수죄가 성립한다.(대판 1999.11.9. 99도2530)

③ 지방공사 춘천의료원의 기능직 8급 공무원으로서 **춘천의료원 영안실에 안치된 시신의 염, 영안실과 시신보관용 냉동실의 임대 등 영안실의 운영 및 관리를 총괄하는 직무에 종사하는 피고인이 영안실을 이용하는 유족들의 요청에 따라 영안실에 안치된 시신을 장지까지 운송할 장의운송업자를 알선, 선정케 하는 행위는 피고인의 직무와 밀접한 관계가 있는 행위라고 보아, 피고인이 위와 같은 알선과정에서 특정 장의운송업자로부터 많이 선정되게 하여 달라는 부탁과 함께 그 사례비 명목으로 금원을 교부받은 것은 수뢰죄에 해당한다.** (대판 1999.12.10. 99도2950)

◆ **판 례** ◆

<**특정경제범죄가중처벌등에관한법률 제5조 제1항 소정의 '금융기관 임 · 직원이 직무에 관하여'의 의미**>……[1] 금융기관 임 · 직원이 직무와 관련하여 금품을 수수한 행위 등을 처벌하는 특정경제범죄가중처벌등에관한법률 제5조의 입법취지는 금융기관은 특별법령에 의하여 설립되고 그 사업 내지 업무가 공공적 성격을 지니고 있어 국가의 경제정책과 국민경제에 중대한 영향을 미치기 때문에 그 임 · 직원에 대하여 일반 공무원과 마찬가지로 엄격한 청렴의무를 부과하여 그 직무의 불가매수성을 확보하고자 하는 데 있다.

[2] 특정경제범죄가중처벌등에관한법률 제5조 제1항 소정의 '금융기관 임 · 직원이 직무에 관하여'라 함은 **금융기관의 임 · 직원이 그 지위에 수반하여 취급하는 일체의 사무를 말하는 것으로서, 그 권한에 속하는 직무행위뿐만 아니라 그와 밀접한 관계가 있는 사무 및 그와 관련하여 사실상 처리하고 있는 사무도 포함되지만,** 그렇다고 금융기관 임 · 직원이 개인적인 지위에서 취급하는 사무까지 이에 포함된다고 할 수는 없다.

[3] 금융기관의 임직원이 그 지위를 이용하여 금융기관으로부터 자금을 대출받아 이를 타인에게 대여한 후 그로부터 대여금에 대한 이자 또는 사례금을 수수한 행위는 특정경제범죄가중처벌등에관한법률 제5조 제1항 소정의 수재죄에 해당하지 않는다고 한 사례.(대판 2000.2.22. 99도4942)

3) 부정한 보수로서의 이익
① 이 익: 사람의 경제적·법적·인격적 지위를 유리하게 해 주는 모든 것으로 비재산적 이익(예: 이성간의 성교 등)이나 무형의 이익 등도 포함된다.

◆ 판 례 ◆

<부당한 이익으로서의 뇌물>……① 뇌물죄에서 뇌물의 내용인 이익이라 함은 금전, 물품 기타의 재산적 이익뿐만 아니라 **사람의 수요·욕망을 충족시키기에 족한 일체의 유형, 무형의 이익을 포함**한다고 해석되고, 투기적 사업에 참여할 기회를 얻는 것도 이에 해당한다.(대판 1994.11.4. 94도129)
② 뇌물수수죄나 뇌물공여죄에 있어서의 뇌물이란 금전, 물품 기타의 재산적 이익 등 사람의 수요·욕망을 충족시키기에 족한 유형, 무형의 일체의 이익이 포함되므로, 조합아파트 가입권에 붙은 소위 프리미엄도 뇌물에 해당한다.(대판 1992.12.22. 92도1762)

◆ 판 례 ◆

<부당한 이익으로서의 뇌물에 해당하는지의 판단기준>……① 공무원이 얻는 어떤 이익이 직무와 대가관계가 있는 부당한 이익으로서 뇌물에 해당하는지 여부는 당해 공무원의 직무의 내용, 직무와 이익제공자와의 관계, 쌍방 간에 특수한 사적인 친분관계가 존재하는지의 여부, 이익의 다과, 이익을 수수한 경위와 시기 등의 제반 사정을 참작하여 결정되어야 할 것이고, 뇌물죄가 직무집행의 공정과 이에 대한 사회의 신뢰를 그 보호법익으로 하고 있음에 비추어 볼 때, 공무원이 그 이익을 수수하는 것으로 인하여 사회 일반으로부터 **직무집행의 공정성을 의심받게 되는지 여부도 뇌물죄의 성부를 판단함에 있어서의 판단기준**이 된다. ……건축지도계장으로 근무하는 피고인이 건축업자에게 편의

를 제공한 후 동인에게 자신의 주상복합건물 신축공사를 도급주어 시공하게
한 사안에서, 통상공사비보다 다소 저렴한 액수로 공사계약을 체결한 것이 직
무와 관련하여 부당하게 저렴한 가격으로 결정되었다고 볼 수 없으므로, 수뢰
죄는 성립하지 않는다.(대판 1998.3.10. 97도3113)

② 공무원이 그 직무의 대상이 되는 사람으로부터 금품 기타 이익을 받은
때에는 그것이 그 사람이 종전에 공무원으로부터 접대 또는 수수받은 것을 갚
는 것으로서 사회상규에 비추어 볼 때에 의례상의 대가에 불과한 것이라고 여
겨지거나, 개인적인 친분관계가 있어서 교분상의 필요에 의한 것이라고 명백하
게 인정할 수 있는 경우 등 특별한 사정이 없는 한 직무와의 관련성이 없는
것으로 볼 수 없고, 공무원의 직무와 관련하여 금품을 수수하였다면 비록 사
교적 의례의 형식을 빌려 금품을 주고받았다 하더라도 그 수수한 금품은 뇌물
이 된다.(대판 2000.1.21. 99도4940)

③ 뇌물죄가 직무집행의 공정과 이에 대한 사회의 신뢰 및 직무행위의 불가
매수성을 그 보호법익으로 하고 있음에 비추어 볼 때, 공무원이 그 이익을 수
수하는 것으로 인하여 사회일반으로부터 직무집행의 공정성을 의심받게 되는지
여부도 뇌물죄의 성부를 판단함에 있어서의 판단 기준이 된다.…경찰공무원인
피고인 갑이 재건축조합 조합장 직무대행자인 을에 대한 진정사건을 처리하면
서 진정인인 조합원 병 등을 수차 만났고, 이러한 기회에 건축사사무소 대표인
피고인 정을 병 등에게 소개하면서 재건축설계를 맡도록 도와줄 것을 부탁하였
으며, 을이 구속 수사를 받게 됨에 따라 조합의 직무대행자로 된 병이 피고인
정 경영의 건축사사무소를 설계자로 정해 재건축사업승인 신청을 하여 대의원
회의 결의로 위 건축사사무소가 설계업체로 선정되었고, 피고인 갑은 을에 대
한 구속의견의 신병지휘건의서를 작성한 무렵부터 을이 구속 송치된 직후까지
피고인 정으로부터 금원을 수수한 사안에서, 피고인 정이 피고인 갑에게 금원
을 교부한 데에는 병 등으로부터 설계용역을 수주받을 수 있는 유리한 방향으
로 을에 대한 사건처리를 해달라는 취지가 전제 내지 포함되어 있다고 보아야
하므로, 금원의 수수와 피고인 갑의 직무인 진정사건 수사의 관련성을 배척할
수 없다.(대판 2007.4.27, 2005도4204)

② 직무행위에 대한 대가관계: 대가관계는 그 공무원의 직무에 관한 것이면 특
정적이건 포괄적이건 인정된다(포괄적 뇌물도 인정된다).

━━━━━━━━━━━━━━━━━━━━━━━━━━━━━━ ◆ **판 례** ◆ ━━━

<포괄적 뇌물>……① 뇌물죄는 직무집행의 공정과 이에 대한 사회의 신뢰에
기하여 직무행위의 불가매수성을 그 직접의 보호법익으로 하고 있고, 뇌물성
을 인정하는 데에는 특별히 의무위반행위의 유무나 청탁의 유무 등을 고려할
필요가 없는 것이므로, 뇌물은 **공무원의 직무에 관하여 공여되거나 수수된 것**
으로 족하고 개개의 직무행위와 대가적 관계에 있을 필요가 없으며, 그 직무행
위가 특정된 것일 필요도 없다.(대판 1997.4.17. 96도3377)

　② 공무원의 직무와 금원의 수수가 전체적으로 대가관계에 있으면 뇌물수수
죄가 성립하고, 특별히 청탁의 유무, 개개의 직무행위의 대가적 관계를 고려할
필요가 없으며, 또한 그 직무행위가 특정된 것일 필요도 없다 할 것이고, 한
편 뇌물죄에 있어서 직무에는 공무원이 법령상 관장하는 직무 그 자체뿐만 아
니라 그 직무와 밀접한 관계가 있는 행위 또는 관례상이나 사실상 소관하는
직무행위도 포함된다 할 것이므로, **국회의원이 그 직무권한의 행사로서의 의정**
활동과 전체적·포괄적으로 대가관계가 있는 금원을 교부받았다면 그 금원의
수수가 어느 직무행위와 대가관계에 있는 것인지 특정할 수 없다고 하더라도
이는 국회의원의 직무에 관련된 것으로 보아야 하고, 한편 국회의원이 다른
의원의 직무행위에 관여하는 것이 국회의원의 직무행위 자체라고 할 수는 없
으나, 국회의원이 자신의 직무권한인 의안의 심의·표결권 행사의 연장선상에
서 일정한 의안에 관하여 다른 동료의원에게 작용하여 일정한 의정활동을 하
도록 권유·설득하는 행위 역시 국회의원이 가지고 있는 위 직무권한의 행사
와 밀접한 관계가 있는 행위로서 그와 관련하여 금원을 수수하는 경우에도 뇌
물수수죄가 성립한다.(대판 1997.12.26. 97도2609)

③ 공무원의 직무와 관련하여 금원을 수수하였다면 그 수수한 금원은 뇌물이 되
는 것이고, 그것이 **사교적 의례의 형식을 사용하고 있다 하여도 직무행위의**
대가로서의 의미를 가질 때에는 뇌물이 된다.(대판 1996.6.14. 96도865)

◆ 판 례 ◆

<사교적 명목의 금원과 뇌물성>······① 정치자금, 선거자금, 성금 등의 명목으로 이루어진 금품의 수수라 하더라도, 그것이 정치인인 공무원의 직무행위에 대한 대가로서의 실체를 가지는 한 뇌물로서의 성격을 잃지 않는다.(대판 1997.4.17. 96도3377)

② [다수의견] 구변호사법(2000년 1월 28일 법률 제6207호로 전문 개정되기 전의 것) 제90조 제2호 후단에서 말하는 **알선이라 함은** 법률사건의 당사자와 그 사건에 관하여 대리 등의 법률사무를 취급하는 상대방 사이에서 양자 간에 법률사건이나 법률사무에 관한 위임계약 등의 체결을 중개하거나 그 편의를 도모하는 행위를 말하고, 따라서 현실적으로 위임계약 등이 성립하지 않아도 무방하며, 그 대가로서의 보수를 알선을 의뢰하는 자뿐만 아니라 그 상대방 또는 쌍방으로부터 지급받는 경우도 포함하고, 비변호사가 법률사건의 대리를 다른 비변호사에게 알선하는 경우는 물론 변호사에게 알선하는 경우도 이에 해당하는바 이러한 법리는 변호사에게 법률사건의 수임을 알선하고 그 대가로 금품을 받는 행위에 대하여 같은 법 제90조 제3호, 제27조 제1항에서 따로 처벌하고 있다고 하여 달리 볼 것도 아니므로, **비변호사인 경찰관, 법원·검찰의 직원 등**이 변호사인 피고인에게 소송사건의 대리를 알선하고 그 대가로 금품을 받은 행위는 같은 법 **제90조 제2호 후단 소정의 알선에 해당**하고, 따라서 **변호사인 피고인이 그러한 사정을 알면서 비변호사들로부터 법률사건의 수임을 알선받은 행위는** 같은 법 제90조 제3호, 제27조 제2항, 제90조 제2호 위반죄를 구성한다.

[반대의견] 구변호사법(2000년 1월 28일 법률 제6207호로 전문 개정되기 전의 것) 제90조 제2호 후단의 **알선의 대상에 변호사를 포함시키는 데에 찬성하기 어려운바,** 그 이유는, **첫째,** 법규정의 문언이나 조문의 배열, 형식 등에 비추어 볼 때 변호사의 고유업무인 법률사건 등의 알선을 금지하는 규정으로는 같은 법 제27조 제1항과 제90조 제2호 후단의 규정이 있는데 전자는 정규 변호사에 대하여 알선하는 행위를 금지하는 것인 반면 후자는 변호사가 아닌 자에 대하여 알선하는 행위를 금지하는 것으로 보이는데, 이와 달리 제90조 제2호 후단의 '알선'의 개념에 '변호사에 대한 알선'까지도 포함되는 것으로 해석하면 변호사에게 사건을 알선한 경우에는 제90조 제2호와 제27조 제1항의

2개의 조문에 위반되게 되어 처벌규정이 이중으로 존재하게 되는 셈이 되고, 이 경우 위 2개의 처벌조항의 관계를 어떻게 볼 것인지(상상적 경합관계인지, 특별관계인지, 그냥 중첩적 관계인지)가 문제가 되는데 어느 견해에 의해서도 그 관계가 제대로 설명이 되지 않으며, 그래서 입법상의 실수라거나 부적절한 입법으로 보는 견해까지 나오고 있지만 이것을 반드시 실수 등으로 돌릴 수 있는가도 의문이며, **둘째,** 입법취지가 어떠하든 변호사법 전문이 개정되고 제27조 제1항과 같은 새로운 조항이 신설된 이상 위 각 법률조항의 관계를 새롭게 해석하는 것이 적법해석의 정신에 부합하고, **형사사법에 있어 죄형법정주의 또는 엄격해석의 원칙에 비추어 보더라도 제90조 제2호의 '알선'의 상대방에는 '변호사'는 포함되지 아니한 것으로 해석함이 상당하며, 셋째,** 이와 같이 해석하게 되면 변호사가 변호사법위반 행위를 직·간접으로 조장하는 행위를 규제하려는 입법취지에 반한다고 하나 그렇다고 하여 필요성의 법리만으로 무리하게 법해석을 하여 처벌할 수는 없다는 것이다.(대판 2000.6.15. 98도3697 전원합의체)

2. 단순뇌물죄

> **제129조(수뢰, 사전수뢰)**
> ① 공무원 또는 중재인이 그 직무에 관하여 뇌물을 수수, 요구 또는 약속한 때에는 5년 이하의 징역 또는 10년 이하의 자격정지에 처한다.

(1) 행위의 주체: 공무원 또는 중재인

알선수뢰죄의 주체가 공무원만인 것과 비교된다. 공무원의 신분 없는 자는 수뢰죄의 교사범·방조범 및 공동정범이 될 수 있을 뿐이다.

◆ **판 례** ◆

<지방의회의원이 형법상 공무원에 해당하는지>……일반적으로 공무원이라 함은 광의로는 국가 또는 공공단체의 공무를 담당하는 일체의 자를 의미하며, 협의로는 국가 또는 공공단체와 공법상 근무관계에 있는 모든 자를 말하는바, 지방자치법 제32조에 의하면 지방의회의원은 명예직으로서 의정활동비와 보조활동비, 회기 중 출석비를 지급받도록 규정하고 있을 뿐 정기적인 급여를 지급받지는 아니하나, 지방공무원법 제2조 제3항에 의하면 특수경력직 공무원 중 정무직 공무원으로 '선거에 의하여 취임하는 자'를 규정하고 있고, 지방자치법 제35조 이하에 의하면 지방의회의원은 여러 가지 공적인 사무를 담당하도록 규정하고 있으며, 공직자윤리법에 의하면 지방의회의원도 공직자로 보아 재산등록 대상자로 규정하고 있는 점 등에 비추어 볼 때, 비록 **지방의회의원이 일정한 비용을 지급받을 뿐 정기적인 급여를 지급받지는 아니한다고 하더라도 공무를 담당하고 있는 이상 지방의회의원은 형법상 공무원에 해당**한다.(대판 1997.3.11. 96도1258)

---

(2) 행　위: 직무에 관하여 뇌물을 수수·요구·약속하는 것

1) 수　수
① 영득의사로 뇌물을 취득하는 것이다. 따라서 영득의사 없이 반환을 위해 일시 받아 둔 것은 수수가 아니다.

◆ **판 례** ◆

<뇌물수수와 약속, 요구와의 관계>……형법 제129조 제1항에 규정한 공무원의 뇌물수수죄는 공무원이 직무에 관하여 뇌물을 수수하면 성립되는 것이고 별도로 뇌물을 요구 또는 약속이 있어야만 하는 것은 아니다.(대판 1986.11.25. 86도1433)

◆ 판 례 ◆

<뇌물 수수와 영득의사>……① 뇌물을 수수한다는 것은 영득의 의사로 받는 것을 말하고 후일 기회를 보아서 반환할 의사로서 일단 받아둔 데 불과하다면 뇌물의 수수라고 할 수 없다.(대판 1989.7.25. 89도126)

② 피고인이 수수한 액면 금 1,500,000원의 당좌수표가 그 후 부도가 되었다고 하더라도 뇌물죄의 성립에 아무 소장도 없는 것이다.(대판 1983.2.22. 82도2964)

③ 뇌물을 수수한다는 것은 영득의 의사로 금품을 수수하는 것을 말하므로, 뇌물인지 모르고 이를 수수하였다가 뇌물임을 알고 즉시 반환하거나, 증뢰자가 일방적으로 뇌물을 두고 가므로 후일 기회를 보아 반환할 의사로 어쩔 수 없이 일시 보관하다가 반환하는 등 그 영득의 의사가 없었다고 인정되는 경우라면 뇌물을 수수하였다고 할 수 없겠지만, 피고인이 먼저 뇌물을 요구하여 증뢰자가 제공하는 돈을 받았다면 피고인에게는 받은 돈 전부에 대한 영득의 의사가 인정된다고 하지 않을 수 없고, 이처럼 영득의 의사로 뇌물을 수령한 이상 그 액수가 피고인이 예상한 것보다 너무 많은 액수여서 후에 이를 반환하였다고 하더라도 뇌물죄의 성립에는 영향이 없다.(대판 2007.3.29. 2006도9182)

② 수수한 뇌물의 용도 등도 본죄의 성립과는 무관하다.

◆ 판 례 ◆

<수수한 뇌물의 용도와 뇌물죄>……뇌물죄에 있어서 금품을 수수한 장소가 공개된 장소이고, 금품을 수수한 공무원이 이를 부하직원들을 위하여 소비하였을 뿐 자신의 사리를 취한 바 없다 하더라도 그 뇌물성이 부인되지 않는다.(대판 1996.6.14. 96도865)

2) 요 구: 뇌물취득의 의사로 상대방에게 공여를 청구하는 것으로 상대방이 이에 응하지 않은 경우에도 뇌물죄의 기수가 된다.
3) 약 속: 당사자가 뇌물수수를 합의하는 것으로 약속이 이루어진 후 해제되어도 죄의 성립에는 영향이 없다.

◆ 판 례 ◆

　　<뇌물약속죄에서 그 목적물이 현존, 확정되어야 하는지>······뇌물약속죄에 있어서 뇌물을 약속한다 함은 뇌물의 수수를 장래에 기약하는 것이므로 **뇌물의 목적물인 이익은 약속 당시에 현존할 필요는 없는 것**이고 약속 당시에 있어서 예기할 수 있는 것이라도 무방하며 뇌물의 목적물이 **재산상의 이익인 경우**에는 그 가액이 **확정되어 있지 않**아도 뇌물약속죄가 성립하는 데 영향이 없다. (대판 1981.8.20. 81도698)

---

(3) 타죄와의 관계

1) 공갈죄와의 관계

① 공무원이 직무집행의 의사로 직무에 관하여 상대방을 공갈하여 뇌물을 수수한 경우: 공갈죄와 뇌물죄의 상상적 경합이 된다.

② 직무집행의 의사 없이 또는 직무와 대가관계 없이 타인을 공갈하여 재물을 교부받은 경우: 공갈죄만이 성립한다.

◆ 판 례 ◆

　　<공무원의 해악고지로 인한 금품제공과 죄책>······공무원이 직무집행의 의사 없이 또는 직무처리와 대가적 관계없이 타인을 공갈하여 재물을 교부하게 한 경우에는 공갈죄만이 성립하고, 이러한 경우 재물의 교부자가 공무원의 해악의 고지로 인하여 외포의 결과 금품을 제공한 것이라면 **그는 공갈죄의 피해자가 될 것**이고 **뇌물공여죄는 성립될 수 없다**고 하여야 할 것이다.(대판 1994.12.22. 94도2528)

---

2) 사기죄와의 관계: 공무원이 직무에 관하여 타인을 기망하여 재물을 교부받은 경우에는: 사기죄와 상상적 경합이 된다.

3) 죄　수

◆ 판 례 ◆

<뇌물죄의 포괄일죄를 인정한 경우>······ 단일하고도 계속된 범의 아래 동종의 범행을 일정 기간 반복하여 행하고 그 피해법익도 동일한 경우에는 각 범행을 통틀어 포괄일죄로 볼 것이고, 수뢰죄에 있어서 단일하고도 계속된 범의 아래 동종의 범행을 일정 기간 반복하여 행하고 그 피해법익도 동일한 것이라면 돈을 받은 일자가 상당한 기간에 걸쳐 있고, 돈을 받은 일자 사이에 상당한 기간이 끼어 있다 하더라도 각 범행을 통틀어 포괄일죄로 볼 것이다.(대판 2000.1.21. 99도4940)

3. 사전수뢰죄

> 제129조(수뢰, 사전수뢰)
> ② 공무원 또는 중재인이 될 자가 그 담당할 직무에 관하여 청탁을 받고 뇌물을 수수, 요구 또는 약속한 후 공무원 또는 중재인이 된 때에는 3년 이하의 징역 또는 7년 이하의 자격정지에 처한다.

(1) 행위의 주체: 공무원 또는 중재인이 될 자
(2) 행 위: 담당할 직무에 관하여 '청탁을 받고' 뇌물을 수수·요구·약속하는 것
(3) 객관적 처벌조건: 본죄는 공무원 또는 중재인이 될 자가 뇌물수수 등을 함으로써 성립하고, 처벌은 공무원 또는 중재인이 되었을 때 행해진다.

4. 제3자 뇌물공여죄

> 제130조(제3자 뇌물 제공)
> 공무원 또는 중재인이 그 직무에 관하여 부정한 청탁을 받고 제3자에게 뇌물을 공여하게 하거나 공여를 요구 또는 약속한 때에는 5년 이하의 징역 또는 10년 이하의 자격정지에 처한다.

(1) 제3자: 행위자와 공동정범자 이외의 사람을 말하며, 교사범·종범은 제3자에

해당하나 처나 가족은 제3자에 해당하지 않는다.

(2) '부정한 청탁': 위법한 것과 부당한 것을 모두 포함한다.

◆ **판 례** ◆

<**"부정한 청탁"의 의미**>……① 형법 제130조 뇌물죄에 있어서의 뇌물성은 형법 제129조 뇌물죄에 있어서와 마찬가지로 직무와의 관련성이 있으면 인정 되는 것이고, 그 뇌물을 받는 제3자가 뇌물임을 인식할 것을 요하지 아니하며, 그 뇌물을 제3자에게 공여하게 한 **동기를 묻지 아니하므로**, 어떤 금품이 공무 원의 직무행위와 관련하여 교부된 것이라면 그것이 시주의 **형식으로 교부되었 고 또 불심에서 우러나온 것이라 하더라도 뇌물임을 면할 수 없다.** ……공정거 래위원회 위원장인 피고인이 이동통신회사가 속한 그룹의 **구조조정본부장으로 부터 당해 이동통신회사의 기업결합심사에 대하여 선처를 부탁받으면서 특정 사찰에의 시주를 요청하여 시주금을 제공케 한** 사안에서, 그 부탁한 직무가 피 고인의 재량권한 내에 속하더라도 형법 제130조에 정한 '부정한 청탁'에 해당 하고, 위 시주는 기업결합심사와 관련되어 이루어진 것이라고 판단하여 **제3자 뇌물수수의 죄책을** 인정한다.(대판 2006.6.15. 2004도3424)

② 비록 청탁의 대상이 된 직무집행 그 자체는 위법·부당한 것이 아니라 하더라도 당해 직무집행을 어떤 대가관계와 연결시켜 그 직무집행에 관한 대가 의 교부를 내용으로 하는 청탁이라면 이는 의연 '부정한 청탁'에 해당하는 것 으로 볼 수 있으며, 청탁의 대상인 직무행위의 내용도 구체적일 필요가 없고 묵시적인 의사표시라도 무방하며, 실제로 부정한 처사를 하였을 것을 요하지도 않는다.……도지사가 제3자로부터 복지재단 출연금의 형태로 거액을 수수한 행 위가 관광지구 추가지정 및 관련 절차의 진행에 있어서 이를 총괄하는 도지사 로서의 직무와 관련하여 제3자 뇌물공여죄에서 뜻하는 광의의 부정한 청탁을 매개로 이루어진 것으로 본다.(대판 2007.1.26. 선고 2004도1632)

---

(3) 제3자에게 뇌물을 공여하거나 이를 요구·약속하면 되고, 제3자의 현실적 수 수나 인식은 범죄성립에 영향이 없다.

5. 수뢰 후 부정처사죄

> 제131조(수뢰 후 부정처사)
> ① 공무원 또는 중재인이 전 2조의 죄를 범하여 부정한 행위를 한 때에는 1년 이상의 유기징역에 처한다.

공무원·중재인이 수뢰 후 나아가 부정행위를 한 경우에 성립하는 범죄이다. 부정행위를 한 후에 수뢰를 한 경우에는 사후수뢰죄(제131조 제3항)가 성립한다.

6. 부정처사 후 수뢰죄

> 제131조(부정처사 후 수뢰죄)
> ② 공무원 또는 중재인이 그 직무상 부정한 행위를 한 후 뇌물을 수수, 요구 또는 약속하거나 제3자에게 이를 공여하게 하거나 공여를 요구 또는 약속한 때에도 전항의 형과 같다.

◆ 판 례 ◆

<부정처사 후 수뢰죄를 인정한 사례>······공사의 입찰업무를 담당하고 있으면서 비밀로 하여야 할 그 공사의 입찰예정가격을 응찰자에게 미리 알려준 피고인의 소위는 직무에 위배되는 행위로서 형법 제131조 제2항의 부정한 행위에 해당된다.(대판 1983.4.26. 82도2095)

---

7. 사후수뢰죄

> 제131조(사후수뢰죄)
> ③ 공무원 또는 중재인이었던 자가 그 재직 중에 청탁을 받고 직무상 부정한 행위를 한 후 뇌물을 수수, 요구 또는 약속한 때에는 5년 이하의 징역 또는 10년 이하의 자격정지에 처한다.

공무원·중재인이었던 자가 재직 중에 청탁을 받고 부정행위를 한 후 퇴직하여 신분이 없는 상태에서 뇌물을 수수함으로써 성립하는 범죄이다. 따라서 재직 중 정당한 행위를 하고 퇴직 후에 뇌물을 수수한 경우에는 본죄가 아니라 단순수뢰죄가 성립할 뿐이다.

◆ 판 례 ◆

<사후수뢰죄를 인정한 사례>······공사의 입찰업무를 담당하고 있는 장교가 비밀로 하여야 할 그 공사의 입찰예정가격을 응찰자에게 미리 알려준 소위는 직무에 위배되는 행위로서 형법 제131조 제2항의 부정한 행위에 해당한다 할 것이어서 입찰이 끝난 후 20여 일이 경과한 후 전속 시의 전별금 명목으로 금원을 받았다 하더라도 이는 직무행위의 부정행위와 관련된 금품의 수수에 해당하므로 사후수뢰죄를 구성한다.[17](대판 1983.4.26. 82도2095)

---

8. 알선수뢰죄

제132조(알선수뢰)
　공무원이 그 지위를 이용하여 다른 공무원의 직무에 속한 사항의 알선에 관하여 뇌물을 수수, 요구 또는 약속한 때에는 3년 이하의 징역 또는 7년 이하의 자격정지에 처한다.

(1) 행위의 주체: 공무원(중재인은 제외)

(2) 행　위

지위를 이용하여 다른 공무원의 직무에 속한 사항의 알선에 관하여 뇌물을 수수·요구 또는 약속하는 것이다.

1) 지위를 이용하여: 다른 공무원의 직무에 대해서 구체적 또는 일반적으로 영향을 미칠 수 있는 관계를 이용하는 것을 말한다(판례). 따라서 개인자격의 부탁이나 직무와 관계없는 사항을 교섭하고 금품을 수수한 경우 등은 제외된다.

---

17) 전별금 사건이다.

◆ **판 례** ◆

<**'알선수뢰죄에서 지위를 이용하여'의 의미**>……① 형법 제132조 소정의 알선수뢰죄에 있어서 "공무원이 그 지위를 이용하여"라고 함은 친구, 친족관계 등 사적인 관계를 이용하는 경우이거나 단순히 공무원으로서의 신분이 있다는 것만을 이용하는 경우에는 여기에 해당한다고 볼 수 없으나, **다른 공무원이 취급하는 업무처리에 법률상 또는 사실상으로 영향을 줄 수 있는 공무원이 그 지위를 이용하는 경우**에는 여기에 해당하고 그 사이에 반드시 상하관계, 협동관계, 감독권한 등의 특수한 관계에 있거나 같은 부서에 근무할 것을 요하는 것은 아니다.(대판 1994.10.21. 94도852)

② 노동부직업안정국 고용대책과장은 그 관장업무에 비추어 연예인 국외공급사업에 관한 실무담당자인 해외고용과장 및 최종 허가권자인 노동부장관의 **허가업무에 사실상 영향을 미칠 수 있는 특수한 관계에 있는 자**라고 할 것이므로 피고인이 고용대책과장으로 재직 중 관계공무원에게 청탁하여 연예인 국외공급사업허가를 받아 달라는 부탁과 함께 금원을 교부받았다면 그 지위를 이용하였다고 보아야 할 것이니 알선수뢰죄에 해당한다.(대판 1989.9.12. 89도1297)

③ 서울시 공무원으로 11년 이상 근무하여 왔고 5급 별정직의 신분으로 **서울시 부시장의 비서관으로 재직하던 자가 시청 관재과 소속 공무원에게 부탁하여 체비지를 불하받도록 하여 주겠다고 약속하고 그 교제비로 금원을 교부**받았다면, 이는 체비지 불하업무를 취급하는 시청 관재과 소속 공무원과의 사이에 직무상 연관관계를 가지고 사실상 어떤 영향력을 미칠 수 있는 지위를 이용하여 그 공무원의 직무에 속하는 사항의 알선에 관하여 뇌물을 수수한 것이라고 봄이 상당하다.(대판 1989.11.14. 89도1700)

④ 농림수산부장관은 한국마사회장의 임명권, 마사회의 업무에 관한 감독권을 갖고 있으며 국회에는 입법권, 예산안심의확정권, 국정에 관한 조사권 등이 있고 국무위원 등에 대하여 국회에 출석, 국정처리상황에 관하여 답변할 것을 요구할 권한 등이 있으므로 **국회의원은 한국마사회장에 대하여 사실상 영향력을 미칠 수 있는 지위**에 있다고 보아야 할 것이고, 따라서 피고인이 국회의원에게 한국마사회가 발주하는 공사를 수의계약에 의하여 수주할 수 있도록 한국마사회장에게 알선하여 달라는 청탁을 하고 금원을 지급하였다면 알선증뢰죄를 구성한다 할 것이다.(대판 1990.8.10. 90도665)

2) 알 선: 일정한 사항을 중개하여 양 당사자 사이에 교섭이 성립하도록 편의를 제공하는 것으로 정당한 직무행위에 대한 알선도 포함한다(판례).

※ '청탁'의 비교

> ① 단순수뢰죄는 청탁을 요하지 않으나, 사전수뢰죄와 제3자 뇌물공여죄는 '청탁'을 요한다.
> ② 제3자 뇌물공여죄는 '부정한 청탁'을 받을 것을 요한다.

9. 증뢰죄·증뢰물전달죄

> **제133조(뇌물공여 등)**
> ① 제129조 내지 제132조에 기재한 뇌물을 약속, 공여 또는 공여의 의사를 표시한 자는 5년 이하의 징역 또는 2,000만 원 이하의 벌금에 처한다.
> ② 전항의 행위에 공할 목적으로 제3자에게 금품을 교부하거나 그 정을 알면서 교부를 받은 자도 전항의 형과 같다.

(1) 행위주체: 주체의 제한은 없다(신분범이 아님).

(2) 행 위: 뇌물을 약속, 공여 또는 공여의 의사표시를 하는 것

1) 약 속: 양 당사자가 뇌물에 관해 의사의 합치를 하는 것이다.

2) 공 여: 상대방이 뇌물을 취득할 수 있는 상태에 두는 것을 요한다. 공여상대방이 반드시 공무원일 필요는 없으며, 상대방의 현실적 수수를 요하지도 않는다.

◆ **판 례** ◆

<뇌물공여죄에서의 전달의 요부>……제3자가 교부받은 금품을 수뢰할 사람에게 전달하지 아니하였다고 하여도 형법 제133조 제2항 후문에서 정한 죄의 성립에는 영향이 없다.(대판 1985.1.22. 84도1033)

◆ 판 례 ◆

　<증뢰물전달죄와 뇌물공여죄와의 관계>……형법 제133조 제2항은 증뢰자가 뇌물에 공할 목적으로 금품을 제3자에게 교부하거나 또는 그 정을 알면서 교부받는 증뢰물전달행위를 독립한 구성요건으로 하여 이를 같은 조 제1항의 뇌물공여죄와 같은 형으로 처벌하는 규정으로서, **제3자의 증뢰물전달죄는 제3자가 증뢰자로부터 교부받은 금품을 수뢰할 사람에게 전달하였는지 여부에 관계없이 제3자가 그 정을 알면서 금품을 교부받음으로써 성립하는 것이며, 나아가 제3자가 그 교부받은 금품을 수뢰할 사람에게 전달하였다고 하여 증뢰물전달죄 외에 별도로 뇌물공여죄가 성립하는 것은 아니다.**(대판 1997.9.5. 97도1572)

10. 뇌물의 몰수·추징

> **제134조(몰수, 추징)**
> 　범인 또는 정을 아는 제3자가 받은 뇌물 또는 뇌물에 공할 금품은 몰수한다. 그를 몰수하기 불능한 때에는 그 가액을 추징한다.

(1) 의　의

　형법 제48조의 특칙으로서 뇌물의 몰수·추징은 법관의 자유재량사항이 아닌 필요적인 것이다.

(2) 몰수·추징의 대상

　뇌물을 수수한 경우, 공여하였지만 수수하지 않은 경우 또는 공여를 약속한 경우이다. 단순히 뇌물의 요구만 한 경우에는 몰수의 대상이 아니다.

◆ 판 례 ◆

　<뇌물로 향응을 제공받은 경우 수뢰액의 인정방법>……피고인이 일정 기간 사이에 룸살롱 등에서 수회에 걸쳐 술값 등 접대명목으로 일정 금액 상당의 향응을 제공받았다면, 이러한 경우 피고인의 수뢰액을 인정함에 있어서는

먼저 피고인의 접대에 요한 비용과 향응 제공자가 소비한 비용액을 가려내어 **피고인의 접대에 요한 비용을 피고인의 수뢰액으로 인정**하여야 하고, 만일 **각자에 요한 비용액이 불명일 때에는 이를 평등하게 분할한 액**을 가지고 피고인의 수뢰액으로 인정하여야 할 것이다.(대판 1995.1.12. 94도2687)

(3) 몰수·추징의 상대방: 뇌물을 현재 보유하고 있거나 소비한 자(판례)

1) 수뢰자가 뇌물을 보관하다 증뢰자에게 반환한 경우: 증뢰자
2) 수뢰자가 뇌물을 소비·예금한 후 같은 금액의 금원을 반환한 경우: 수뢰자
3) 수뢰자가 뇌물을 다시 타인에게 뇌물로 공여한 경우: 수뢰자

◆ **판 례** ◆

<공동수뢰한 경우 몰수·추징방법>······수인이 공동하여 수수한 뇌물을 분배한 경우에는 각자로부터 **실제로 분배받은 금품만을 개별적으로 몰수하거나 그 가액을 추징**하여야 한다.(대판 1993.10.12. 93도2056)

◆ **판 례** ◆

<수뢰죄에서 몰수·추징의 상대방>······① 수뢰죄에 있어서 수뢰자가 일단 수수한 뇌물을 소비하여 몰수하기 불능하게 되었을 때에는 그 후에 **동액의 금원을 증뢰자에게 반환**하였다 하여도 **수뢰자로부터 그 가액을 추징**하여야 한다. (대판 1986.10.14. 86도1189)

② 피고인이 뇌물로서 수수한 자기앞수표를 일단 소비한 후에 증뢰자에게 다시 동액의 금원을 반환하였다 하더라도 피고인에 대하여 위 금액상당을 추징한 조처는 정당하다.(대판 1984.2.14. 83도2871)

③ 1985년 6월 초에 교부받은 뇌물 200만 원 상당액을 1985년 9월 3일에 증뢰자의 거래은행구좌에 온라인으로 입금하여 반환하였다면 그 반환시기 등에 비추어 반환한 돈 200만 원이 뇌물로 교부받았던 바로 그 돈이었다고 보기 어려우므로 그 가액상당을 수뢰자로부터 추징한 조치는 적법하다.(대판 1986.12.23. 86도2021)

④ 증뢰자가 교부한 당좌수표가 부도나자 부도된 당좌수표를 반환받고 그 수표에 대체하여 수표의 액면가액에 상응하는 현금이나 유가증권을 수뢰자에게 다시 교부하고 수뢰자가 이를 수수하였다면, 형법 제134조의 규정취지가 수뢰자로 하여금 불법한 이득을 보유시키지 않으려는 데에 있는 점에 비추어 볼 때, 이 현금이나 유가증권이 몰수·추징의 대상이 된다.(대판 1992.12.8. 92도1995)

⑤ 뇌물로 받은 돈을 은행에 예금한 경우 그 예금행위는 뇌물의 처분행위에 해당하므로 그 후 수뢰자가 같은 액수의 돈을 증뢰자에게 반환하였다 하더라도 이를 뇌물 그 자체의 반환으로 볼 수 없으니 이러한 경우에는 수뢰자로부터 그 가액을 추징하여야 한다.(대판 1996.10.25. 96도2022)

※ 공무원의 직무상 범죄에 대한 형의 가중

> **제135조(공무원의 직무상 범죄에 대한 형의 가중)**
> 공무원이 직권을 이용하여 본장 이외의 죄를 범한 때에는 그 죄에 정한 형의 2분의 1까지 가중한다. 단 공무원의 신분에 의하여 특별히 형이 규정된 때에는 예외로 한다.

제2절 공무방해에 관한 죄

※ 개정형법은 공무방해에 관한 죄로서, 기술적 수단을 이용한 공무상 비밀침해죄(제140조 제3항)와 부동산강제집행효용침해죄(제140조의2)를 신설하였다.

I. 공무집행방해죄

> **제136조(공무집행방해)**
> ① 직무를 집행하는 공무원에 대하여 폭행 또는 협박한 자는 5년 이하의 징역 또는 1,000만 원 이하의 벌금에 처한다.

1. 보호법익

국가의 일반적 기능 작용이 보호법익이며, 보호의 정도는 추상적 위험범으로서의 보호이다.

2. 행위객체: 직무를 집행하는 공무원

(1) 공무원

법령에 의해서 국가 또는 공공단체의 공무에 종사하는 자를 의미하며, 이에는 법령에 의해서 공무원으로 간주되는 자도 포함된다(재판상 준기소절차에서 지정변호사, 청원경찰관, 사법경찰관의 직무를 행하는 선장과 기장, 방범대원 등도 이에 해당된다).

◆ 판 례 ◆

<공무원에의 해당 여부>……파출소에서 근무하는 방범원은 직할시·도·시·군·자치구지방고용직공무원의임용등에관한조례(준칙) 제4조의2에 의한 임용권자의 명에 따라 경찰서·지서 또는 파출소에 파견되어 근무하는 지방공무원법 제2조 제3항 제4호 소정의 지방고용직공무원임이 분명하므로 형법 제136조 소정의 '공무원'에 해당한다.(대판 1991.3.27. 90도2930, 90감도229)

---

(2) 직무집행의 범위

1) 직무집행이란 공무원이 직무상 취급할 수 있는 일체의 사무를 처리하는 것을 말한다.
2) 직무집행의 내용적 범위: 공무원의 권한인 한 종류·성질에 제한이 없으므로 반드시 권력적 작용일 필요는 없다.

◆ 판 례 ◆

<공무원의 권한이 없는 사항이 직무집행에 해당하는지>……이 사건 피고인에게는 설계도면을 제출할 의무나 설계에 필요한 금원을 공무원인 갑에게 지급할 의무는 없고 피고인이 설계도를 제출하지 아니함으로써 건축 시공상의 어떤 불이익을 받는 것은 별론으로 하고 갑으로서도 **이를 적법하게 강제할 권한이 없고 보면 갑이 자신의 행정사무의 편의를 위한 목적으로 설계도의 제출을 요구한 행위를 두고 공무집행이라고 단정할 수는 없다** 할 것이다.(대판 1982.11.23. 81도1872)

3) 직무집행의 시간적 범위
① 직무를 '집행'하는 것을 요하므로 공무원이 현재 구체적인 직무를 집행하고 있어야 한다.
② 원칙적으로는 직무집행의 개시 시부터 종료 시까지를 요하지만 준비행위, 대기행위, 일시적 휴식행위 등 직무집행과 밀접한 행위를 포함한다.

◆ 판 례 ◆

<'직무를 집행하는' 행위>……형법 제136조 제1항 소정의 공무집행방해죄에 있어서 '직무를 집행하는'이라 함은 공무원이 직무수행에 직접 필요한 행위를 현실적으로 행하고 있는 때만을 가리키는 것이 아니라 **공무원이 직무수행을 위하여 근무 중인 상태에 있는 때를 포괄한다** 할 것이고, 직무의 성질에 따라서는 그 직무수행의 과정을 개별적으로 분리하여 부분적으로 각각의 개시와 종료를 논하는 것이 부적절하고 여러 종류의 행위를 포괄하여 일련의 직무수행으로 파악함이 상당한 경우가 있다. ……불법주차 차량에 불법주차 스티커를 붙였다가 이를 다시 떼어 낸 직후에 있는 주차단속 공무원을 폭행한 경우, 폭행 당시 주차단속 공무원은 일련의 직무수행을 위하여 근무 중인 상태에 있었다고 보아야 한다.(대판 1999.9.21. 99도383)

③ 그러나 직무집행이 단순히 예상되는 것만으로는 직무집행에 해당한다고 할

수는 없으므로 출근하는 공무원에게 폭행하는 것은 본죄를 구성하지 아니한다.(대판 1976.7.19. 76도2703)

(3) 직무집행의 적법성

1) 적법성의 요부

직무집행의 적법성이 인정되어야만 본죄가 성립한다(통설·판례). 여기서의 적법성은 실질적 적법성이 아닌 형식적 적법성이다.

2) 적법성의 요건

공무집행방해죄는 공무원의 적법한 공무집행이 전제로 된다 할 것이고, 그 공무집행이 적법하기 위해서는 **그 행위가 당해공무원의 추상적 직무권한에 속할 뿐만 아니라, 구체적으로도 그 권한 내에 있어야 하며, 또한 직무행위로서의 중요한 방식을 갖추어야** 한다고 할 것이다.(대판 1990.5.10. 91도453)

① 직무집행행위가 공무원의 일반적·추상적 직무권한에 속해야 한다(예: 경찰관의 조세징수, 법관의 수사상 강제처분은 위법이다).

② 직무집행행위가 법률이 정한 공무원의 구체적 직무권한에 속할 것을 요한다(예: 집행관은 자신에게 위임된 사건에만 강제집행의 권한이 있다).

◆ **판 례** ◆

<공무원의 구체적 직무권한에 속하는 사항인지 여부> ······① 피고인이 교통단속 경찰관의 면허증 제시 요구에 응하지 않고 교통경찰관을 폭행한 사안에 대하여 경찰관의 면허증 제시 요구에 순순히 응하지 않은 것은 잘못이라고 하겠으나, 피고인이 위 경찰관에게 먼저 폭행 또는 협박을 가한 것이 아니라면 **경찰관의 오만한 단속 태도에 항의한다고 하여 피고인을 그 의사에 반하여 교통초소로 연행해 갈 권한은 경찰관에게 없는 것**이므로, 이러한 강제연행에 항거하는 와중에서 경찰관의 멱살을 잡는 등 폭행을 가하였다고 하여도 공무집행방해죄가 성립되지 않는다.(대판 1992.2.11. 91도2797)

② 범칙행위와 시간적, 장소적으로 밀접한 범위 내에서는 상당한 방법으로 재차 면허증 제시를 요구한다 하더라도 이를 위법이라고 할 수 없고, 피고인이

자신의 성명 등 인적 사항도 밝히지 않고 면허증 제시 요구를 거부하며 차량을 출발시키는 경우에는 재차 면허증 제시를 요구하기 위하여 서서히 진행하는 차량의 문틀을 잡고 정지할 것을 요구한 이 사건 **의경의 행위는 범칙행위와 시간적, 장소적으로 밀접하게 이루어졌을 뿐만 아니라 범칙자의 신원확인을 위해서도 동인에게 정차를 요구할 수 있다고 보아야 할 것이고**, 이와 같은 행위는 교통단속업무를 맡고 있는 경찰관의 공무집행의 범위 안에 든다고 못 볼 바 아니다.(대판 1994.9.27. 94도886)

③ 직무집행행위가 법령이 정한 방식, 절차를 갖추어야 한다.

◆ 판 례 ◆

<**법정 방식에 위배되어 위법한 직무집행이라고 판단한 사례**>……① 경찰관이 피고인에게 임의동행을 요구하다가 거절당하자 무리하게도 피고인을 잡아끄는 등 강제로 인치하려고만 하였을 뿐 **현행범으로 체포할 요건도 갖추지 않았거니와 현행범으로 체포하려 한 것도 아닌 것이니 적법한 공무집행 행위가 있었다고 볼 수 없다.**(대판 1972.10.31. 72도2005)

② 현행범인으로서의 요건을 갖추고 있었다고 인정되지 않는 상황에서 경찰관들이 동행을 거부하는 자를 체포하거나 강제로 연행하려고 하였다면, 이는 적법한 공무집행이라고 볼 수 없으므로 강제연행을 거부하는 자를 도와 경찰관들에 대하여 폭행을 하는 등의 방법으로 그 연행을 방해하였다고 하더라도, 공무집행방해죄는 성립되지 않는다.(대판 1991.9.24. 91도1314)

③ 피의자를 구속영장 없이 현행범으로 체포하기 위해서는 체포 당시에 피의자에 대하여 범죄사실의 요지, 체포의 이유와 변호인을 선임할 수 있음을 말하고 변명할 기회를 준 후가 아니면 체포할 수 없고, 이와 같은 절차를 밟지 아니한 채 실력으로 연행하려 하였다면 적법한 공무집행으로 볼 수 없다.(대판 1995.5.9. 94도3016)

④ 의경이 피고인을 파출소로 끌고 가려고 한 것은 음주측정을 하기 위한 것일 뿐, 피고인을 음주운전이나 음주측정 거부의 현행범으로 체포하려는 의사였는가도 의심스러울 뿐만 아니라, 가사 현행범으로 체포하려 하였더라도 현행범을

체포함에 있어서는 체포 당시에 헌법 및 형사소송법에 규정된 바와 같이 피의자에 대하여 범죄사실의 요지, 체포 또는 구속의 이유와 변호인을 선임할 수 있음을 말하고 변명할 기회를 주는 등 적법절차를 준수하여야 함에도 현행범으로 체포한다는 사실조차 고지하지 아니한 채 실력으로 연행하려 하였다면 그 의경의 행위는 적법한 공무집행으로 볼 수 없다.(대판 1994.10.25. 94도2283)

⑤ 경찰서에 설치되어 있는 보호실은 영장대기자나 즉결대기자 등의 도주방지와 경찰업무의 편의 등을 위한 수용시설로서 사실상 설치, 운영되고 있으나 현행법상 그 설치근거나 운영 및 규제에 관한 법령의 규정이 없고, 이러한 보호실은 그 시설 및 구조에 있어 통상 철창으로 된 방으로 되어 있어 그 안에 대기하고 있는 사람들이나 그 가족들의 출입이 제한되는 등 일단 그 장소에 유치되는 사람은 그 의사에 기하지 아니하고 일정장소에 구금되는 결과가 되므로, 경찰관직무집행법상 정신착란자, 주취자, 자살기도자 등 응급의 구호를 요하는 자를 24시간을 초과하지 아니하는 범위 내에서 경찰관서에 보호조치할 수 있는 시설로 제한적으로 운영되는 경우를 제외하고는 **구속영장을 발부받음이 없이 피의자를 보호실에 유치함은 영장주의에 위배되는 위법한 구금으로서 적법한 공무수행이라고 볼 수 없다.**(대판 1994.3.11. 93도958)

⑥ 법정형이 긴급구속사유에 해당하지 않는 범죄혐의로 기소중지된 공소외인을 경찰관들이 검거하는 과정에서 그 구원을 요청받은 피고인 등의 폭행으로 공무집행이 방해되었다는 공소사실에 대하여 경찰관들이 임의동행을 거절하는 공소외인을 강제로 연행하려고 한 것이라면 이는 적법한 공무집행에 해당하지 아니하므로 강제적인 임의동행을 거부하는 방법으로서 경찰관을 폭행, 협박을 하여도 공무집행방해죄는 성립하지 아니한다.(대판 1991.5.10. 91도453)

⑦ 공무집행방해죄에 의한 보호의 대상은 공무원의 적법한 직무의 집행이라야 할 것인바 세관공무원이 밀수품을 싣고 왔다는 정보에 의하여 정박 중인 선박에 대하여 수색을 하려면 선박의 소유자 또는 점유자의 승낙을 얻거나 법관의 압수수색영장을 발부받거나 또는 관세법 212조 1항 후단에 의하여 긴급을 요하는 경우에 한하여 수색압수를 하고 사후에 영장의 교부를 받아야 한다.(대판 1976.11.9. 76도2703)

⑧ 정차금지구역에서 정차 여부의 확인도 없이 정차하였다고 욕설과 폭행을 한 교통경찰관의 행위는 공무원이 그 권한에 속하는 사항에 관하여 법령에

정한 방식에 따라 그 직무를 집행하는 경우에 해당된다고 보기 어렵다.(대판 1978.10.10. 78도2134)

⑨ 경찰관이 임의동행을 요구하며 손목을 잡고 뒤로 꺾어 올리는 등으로 제압하자 거기에서 벗어나려고 몸싸움을 하는 과정에서 경찰관에게 경미한 상해를 입힌 경우, 위법성이 결여된 행위라고 본 사례.(대판 1999.12.28. 98도138)

3) 적법성의 판단기준

법원이 법령의 해석을 통하여 객관적으로 판단하여야 한다는 객관설이 다수설·판례이다.

◆ **판 례** ◆

<공무집행방해죄에서의 직무행위의 적법성 판단기준 - 객관설>……추상적인 권한에 속하는 공무원의 어떠한 **공무집행이 적법한지 여부는 행위 당시의 구체적 상황에 기하여 객관적 합리적으로 판단**하여야 하고 사후적으로 순수한 객관적 기준에서 판단할 것은 아니라고 할 것이다.(대판 1990.5.10. 91도453)

4) 적법성의 체계적 지위

이에 대해서는 (ⅰ) 객관적 처벌조건설, (ⅱ) 위법성요소설, (ⅲ) 구성요건요소설의 대립이 있다. 구성요건요소설이 다수설(김일수·이재상)이며, 이에 의하면 적법성에 대한 착오는 구성요건적 착오로 고의를 조각한다고 한다(예컨대, 공무원에게 폭행을 가한 자가 직무집행을 위법하다고 오인한 경우에는 고의를 조각한다).

3. 행 위: 폭행 또는 협박

(1) 폭 행: 광의의 그것이다. 따라서 공무원의 신체에 직접 유형력이 가해질 필요가 없다. 판례에 따르면 파출소 사무실에 인분이 들어 있는 물통을 집어던지는 행위도 경찰관에 대한 폭행(간접적 유형력의 행사)이 된다고 한다.

(2) 협 박: 광의의 그것이다. 공포심을 갖게 할 목적으로 해악을 고지하면 되고 상대방이 사실상 공포를 느낄 것을 요하지는 않는다.

◆ **판 례** ◆

    <공무집행방해죄의 협박에 해당된다고 본 사례> ······폭력행위 등 전과 12범인 피고인이 그 경영의 술집에서 떠들며 놀다가 주민의 신고를 받고 출동한 경찰로부터 조용히 하라는 주의를 받은 것뿐인데 그 후 새벽 4시의 이른 시각에 파출소에까지 뒤쫓아 가서 "우리 집에 무슨 감정이 있느냐, 이 순사새끼들 죽고 싶으냐?"라는 등의 폭언을 하였다면, 이는 단순한 불만의 표시나 감정적인 욕설에 그친다고 볼 수 없고, 경찰이 계속하여 단속하는 경우에 생명, 신체에 어떤 위해가 가해지리라는 것을 통보함으로써 공포심을 품게 하려는 데 그 목적이 있었다고 할 것이고, 또 이는 객관적으로 보아 상대방으로 하여금 공포심을 느끼게 하기에 족하다고 할 것이다.(대판 1989.12.26. 89도1204)

---

    (3) 연행하려는 경찰관의 손을 뿌리치거나 출입을 막기 위해 문을 열어주지 않는 행위와 같은 소극적 거동이나 불복종은 제외된다. 예컨대 차량을 일단 정차한 다음 경찰관의 운전면허증 제시 요구에 불응하고 다시 출발하는 과정에서 경찰관이 잡고 있던 운전석 쪽의 열린 유리창 윗부분을 놓지 않은 채 어느 정도 진행하다가 차량 속도가 빨라지자 더 이상 따라가지 못하고 손을 놓아버렸다면 이러한 사실만으로는 피고인의 행위가 공무집행방해죄에 있어서의 폭행에 해당한다고 할 수 없다.(대판 1996.4.26. 96도281)

4. 주관적 구성요건

    적법하게 직무집행하는 공무원에 대하여 폭행·협박한다는 인식과 의사를 요하나, 직무집행방해의 인식과 의사는 요하지 않는다.

5. 기수 시기

    공무원에 대한 폭행·협박이 있으면 즉시 기수가 되며, 공무의 현실적 방해결과는 요하지 않는다(추상적 위험범).

6. 죄 수

    (ⅰ) 다수설은 공무의 수를 기준으로 죄수를 결정하나,

(ii) 판례는 공무원의 수를 기준으로 죄수를 결정한다. 따라서 판례에 의하면 동시에 수인의 공무집행을 방해하는 경우에는 수개의 공무집행방해죄의 상상적 경합이 된다고 한다.

◆ **판 례** ◆

  <공무집행방해죄의 죄수관계>……같은 공무를 할 때(동시)에 여러 사람이 같이 집행하는 경우에 이에 대하여 폭행을 하고 그 공무집행을 방해하는 경우에는 피해자 수에 따라서 여러 죄가 성립하는 것이 아니고 **하나의 행위로서 여러 죄명에 해당하는 소위 상상적 경합의 경우에 해당**하여 이에 대해서는 경합범 가중을 아니 하고 가장 중한 죄에 정한 형으로 처벌할 것이다.(대판 1961.9.28. 58도415)

Ⅱ. 기타의 범죄유형

1. 직무·사직강요죄

> **제136조(직무·사직강요죄)**
> ② 공무원에 대하여 그 직무상의 행위를 강요 또는 저지하거나 그 직을 사퇴하게 할 목적으로 폭행 또는 협박한 자도 전항의 형과 같다.

① 목적범이라는 점에 특색이 있다.
② 행위의 객체인 공무원은 공무집행방해죄와 달리 현재 직무집행 중인 공무원 외에도 장래에 직무를 집행할 공무원을 포함한다.
③ 직무상의 행위를 강요할 목적인 때에는 직무행위의 적법 여부는 묻지 아니하나, 이를 저지하는 경우에는 적법한 직무행위에 한한다.

2. 위계에 의한 공무집행방해죄

> **제137조(위계에 의한 공무집행방해)**
> 위계로써 공무원의 직무집행을 방해한 자는 5년 이하의 징역에 처한다.

(1) 행위객체

공무집행방해죄와는 달리 직무를 집행하는 공무원일 것을 요하지 않고 공무원이면 족하며, 장래에 직무집행에 예상되는 공무원과 직무집행과 관련이 있는 비공무원인 제3자도 포함한다.

(2) 행 위: 위계로써 공무집행은 방해하는 것

1) 위 계: 위계라 함은 행위자의 행위목적을 이루기 위하여 **상대방에게 오인, 착각, 부지를 일으키게 하여 그 오인, 착각, 부지를 이용하는 것**을 말하는 것으로 상대방이 이에 따라 그릇된 행위나 처분을 하였다면 이 죄가 성립된다.(대판 1997.2.28. 96도2825)

2) 판례의 예

① 위계에 의한 공무집행방해죄를 긍정한 예

(가) 입학고사 실시 전에 그 고사문제를 담당 공무원 모르게 부정한 방법으로 입수하여 **그 문제의 내용을 미리 알고 응시한 이상** 위계에 의한 공무집행방해죄가 성립된다.(대판 1966.4.26. 66도30)

(나) 피고인이 마치 그의 형인 양 시험감독자를 속이고 원동기장치 자전거 **운전면허 시험에 대리로 응시**하였다면 피고인의 소위는 위계에 의한 공무집행방해죄가 성립한다.(대판 1986.9.9. 86도1245)

(다) 피고인이 고등학교 **입학원서 추천서란을 사실과 다르게 조작, 허위기재**하여 그 추천서 성적이 고등학교 입학전형의 자료가 되었다면 이는 위계에 의하여 고등학교 입학전형업무를 방해한 때에 해당한다.(대판 1983.9.27. 83도1864)

(라) **출원에 대한 심사업무를 담당하는 공무원이 출원인의 출원사유가 허위라는 사실을 알면서도 결재권자로 하여금 오인, 착각, 부지를 일으키게 하고 그 오인, 착**

각, 부지를 이용하여 인·허가처분에 대한 결재를 받아낸 경우에는 출원자가 허위의 출원사유나 허위의 소명자료를 제출한 경우와는 달리 더 이상 출원에 대한 적정한 심사업무를 기대할 수 없게 되었다고 할 것이어서 그와 같은 행위는 위계로써 결재권자의 직무집행을 방해한 것에 해당하므로 위계에 의한 공무집행방해죄가 성립한다.(대판 1997.2.28. 96도2825)

② 위계에 의한 공무집행방해죄를 부정한 예

(가) 행정관청이 출원에 의한 인·허가처분을 함에 있어서는 그 출원사유가 사실과 부합하지 아니하는 경우가 있음을 전제로 하여 인·허가할 것인지 여부를 심사·결정하는 것이므로, 행정관청이 사실을 충분히 확인하지 아니한 채 출원자가 제출한 허위의 출원사유나 허위의 소명자료를 가볍게 믿고 인가 또는 허가를 하였다면, 이는 **행정관청의 불충분한 심사에 기인한 것으로서 출원자의 위계에 의한 것이었다고 할 수 없어 위계에 의한 공무집행방해죄를 구성하지 않는다.**(대판 1997.2.28. 96도2825)

(나) 범죄행위가 법원경매업무를 담당하는 **집행관의 구체적인 직무집행을 저지하거나 현실적으로 곤란하게 하는 데까지는 이르지 않고 입찰의 공정을 해하는 정도의 행위라면 형법 제315조의 경매·입찰방해죄에만 해당될 뿐,** 형법 제137조의 **위계에 의한 공무집행방해죄에는 해당되지 않는다.**(대판 2000.3.24. 2000도102)

(다) 개인택시 운송사업면허 신청은 출원에 의한 행정관청의 일반적인 인·허가처분과 마찬가지로 행정관청이 면허요건에 해당하는 여부를 심리하여 면허 여부를 결정하는 것이고 그 신청서에 첨부된 소명자료가 진실한 것인지를 가리지 않고 면허를 결정하는 것이 아니므로 그 면허신청서에 허위의 소명자료를 첨부한 소위는 위계에 의한 공무집행방해죄에 해당하지 않는다.(대판 1988.9.27. 87도2174)

(라) 설령 글을 알지 못한다 하더라도 초등학교 졸업 이상의 학력을 가진 사람에게는 구술시험의 응시를 허용하지 않고 있는바, 이는 초등학교 졸업 이상의 학력을 가진 문맹자가 구술시험을 통하여 운전면허를 취득할 수 있는 기회를 합리적인 근거 없이 제한한 것으로서 모법의 위임범위를 벗어나 무효라고 하지 않을 수 없다.…… 피고인이 초등학교를 졸업하였음에도 초등학교 중퇴 이하의 학력자라는 허위 내용의 인우보증서를 첨부하여 구술시험에 응시하였다는 사실만으로는 적법한 직무집행을 방해하였다고 볼 수 없다고 하여 위계에 의한 공무집행방해죄가 성립하지 아니한다.(대판 2007.3.29.2006도8189)

(3) 주관적 구성요건

고의 이외에도 공무집행을 방해할 의사를 요하는 것이 통설·판례이다.

(4) 타죄와의 관계: 직무위배의 위법상태가 위계에 의한 공무집행방해행위 속에 포함
되어 있다면 부작위범인 직무유기죄는 이에 흡수되어 별죄를 구성하지 않는다.

◆ 판 례 ◆

<위계에 의한 공무집행방해죄와 직무유기죄와의 관계>……피고인이, 출원인
이 어업허가를 받을 수 없는 자라는 사실을 알면서도 그 직무상의 의무에 따
른 적절한 조치를 취하지 않고 오히려 부하직원으로 하여금 어업허가 처리기
안문을 작성하게 한 다음 피고인 스스로 중간결재를 하는 등 위계로써 농수산
국장의 최종결재를 받았다면, 직무위배의 위법상태가 위계에 의한 공무집행방
해행위 속에 포함되어 있는 것이라고 보아야 할 것이므로, 이와 같은 경우에는
작위범인 위계에 의한 공무집행방해죄만이 성립하고 부작위범인 직무유기죄는
따로 성립하지 아니한다.(대판 1997.2.28. 96도2825)

---

3. 법정·국회회의장모욕죄

제138조(법정 또는 국회회의장 모욕)
　법원의 재판 또는 국회의 심의를 방해 또는 위협할 목적으로 법정이나
국회회의장 또는 그 부근에서 모욕·소동한 자는 3년 이하의 징역 또는
700만 원 이하의 벌금에 처한다.

(1) 행　위: 모욕 또는 소동

모욕이란 널리 경멸의 의사를 표시하는 행위이고 소동이란 법원의 재판 또는 국
회의 심의를 방해할 정도의 평온교란이나 질서파괴의 소란행위를 말한다.

(2) 주관적 구성요건: 고의 이외에 목적을 요한다(목적범).

4. 인권옹호직무방해죄

> ### 제139조(인권옹호직무방해)
>
> 경찰의 직무를 행하는 자 또는 이를 보조하는 자가 인권옹호에 관한 검사의 직무집행을 방해하거나 그 명령을 준수하지 아니한 때에는 5년 이하의 징역 또는 10년 이하의 자격정지에 처한다.

경찰의 직무를 행하는 또는 이를 보조하는 자란 사법경찰관 또는 사법경찰리를 말하며, 사실상 보조하는 사인은 제외된다.

5. 공무상 봉인 등 표시무효죄

> ### 제140조(공무상 비밀표시무효)
>
> ① 공무원이 그 직무에 관하여 실시한 봉인 또는 압류 기타 강제처분의 표시를 손상 또는 은닉하거나 기타 방법으로 그 효용을 해한 자는 5년 이하의 징역 또는 700만 원 이하의 벌금에 처한다.
>
> ▶ 미수범처벌(제143조)

(1) 행위주체: 제한이 없다. 반드시 강제처분을 받은 자에 한하지 않는다.

(2) 행위객체: 공무원이 그 직무에 관하여 실시한 봉인, 압류 기타 강제처분의 표시

1) 봉 인: 물건에 대한 임의적 처분금지의 의사표시로 그 물건의 외장에 장치해 놓은 공적 표시이다.

2) 압 류: 공무원이 직무상 보관할 물건을 자신의 점유로 옮기는 강제처분이다.

3) 기타 강제처분의 표시: 봉인, 압류 이외에 일정한 작위·부작위를 명하는 강제처분이다.

4) 봉인, 압류 기타의 강제처분의 표시는 유효, 적법해야 하지만 정당해야 할 것까지는 요하지 않는다. 따라서 부당한 강제처분이라 할지라도 적법하게 해제되지 않는 한 동죄의 객체가 된다.

◆ **판 례** ◆

　　<**무효인 강제처분의 표시에 대한 침해**>……① 형법 제140조에 규정된 공무원
이 그 직무에 관하여 실시한 봉인 또는 압류 기타 강제처분의 표시는 법률상 유
효히 실시된 것이라야 법률에 의한 보호를 받을 가치가 있는 것이므로 봉인, 압
류 기타 **강제처분의 표시가 법률상 전혀 효력을 발생할 수 없는 무효의 것이
라면 설혹 그 표시를 손괴 기타 방법으로 이를 무효케 하였다 하여도 형법 제
140조의 공무상 표시무효죄가 성립될 여지가 없을 것이다.**(대판 1965.9.25. 65
도495)

　　② 공무원이 그 직권을 남용하여 위법하게 실시한 봉인 또는 압류 기타 강
제처분의 표시임이 명백하여 법률상 당연 무효 또는 부존재라고 볼 수 있는
경우에는 그 봉인 등의 표시는 공무상 표시무효죄의 객체가 되지 아니하여
이를 손상 또는 은닉하거나 기타 방법으로 그 효용을 해한다 하더라도 **공무
상 표시무효죄가 성립하지 아니한다 할 것이지만, 공무원이 실시한 봉인 등의
표시에 절차상 또는 실체상의 하자가 있다고 하더라도 객관적·일반적으로 그
것이 공무원이 그 직무에 관하여 실시한 봉인 등으로 인정할 수 있는 상태에
있다면 적법한 절차에 의하여 취소되지 아니하는 한 공무상 표시무효죄의 객
체로 된다고 할 것이다.**(대판 2000.4.21. 99도5563)

◆ **판 례** ◆

　　<**적법하게 해제되지 않은 강제처분의 표시에 대한 침해**>……① 채권자 갑에
의하여 압류된 피고인 소유 유체동산에 대하여 다시 채권자 을에 의하여 조사
절차가 취하여진 경우에는 을에 대한 관계에 있어서도 압류의 효력이 미친다
고 할 것이니, 피고인이 갑에 대한 채무를 변제하였다 하여도 그 **압류가 해제
되지 아니한 한 압류상태에 있다고 할 것이니 갑에 대한 변제사실만 가지고는
압류의 효력이 없다고 할 수 없고, 이를 처분한 피고인에게 공무상 비밀표시
무효에 관한 범의가 없었다고도 할 수 없다.**(대판 1981.10.13. 80도1441)

② 법원의 가처분결정에 기하여 집달관이 한 강제처분표시의 효력은 그 가처분결정이 적법한 절차에 의하여 취소되지 않는 한, 지속되는 것이며, 그 가처분결정이 가령 부당한 것이라 하더라도, 그 효력을 부정할 수 없는 것이므로 그 효력이 존속하고 있는 동안에 그 효용을 해치는 행위는 공무상 비밀표시무효죄에 해당한다.(대판 1985.7.9. 85도1165)

③ 대표이사로서 위 압류시설이 위치한 골프장의 개장 및 운영 전반에 걸친 포괄적 권한과 의무를 지닌 피고인으로서는 위와 같은 회사의 대외적 의무사항이 준수될 수 있도록 적절한 조치를 취할 위임계약 혹은 조리상의 작위의무가 존재한다고 보아야 할 것인데, 이러한 작위의무의 내용 중에 불특정의 고객 등 제3자에 의한 위 봉인의 훼손행위를 방지할 일반적 안전조치를 취할 의무까지 있다고 할 수는 없겠지만 적어도 위 압류, 봉인에 의하여 사용이 금지된 골프장 시설물에 대하여 위 시설물의 사용 및 그 당연한 귀결로서 봉인의 훼손을 초래하게 될 골프장의 개장 및 그에 따른 압류시설 작동을 제한하거나 그 사용 및 훼손을 방지할 수 있는 적절한 조치를 취할 의무는 존재한다고 보아야 할 것이고, 그럼에도 피고인이 그러한 조치 없이 위 개장 및 압류시설 작동을 의도적으로 묵인 내지 방치함으로써 예견된 결과를 유발한 경우에는 부작위에의한 공무상표시무효죄의 성립을 인정할수 있다.(대판 2005.7.22, 2005도3034)

④ 출입금지가처분은 그 성질상 가처분 채권자의 의사에 반하여 건조물 등에 출입하는 것을 금지하는 것이므로 비록 가처분결정이나 그 결정의 집행으로서 집행관이 실시한 고시에 그러한 취지가 명시되어 있지 않다고 하더라도 가처분 채권자의 승낙을 얻어 그 건조물 등에 출입하는 경우에는 출입금지가처분 표시의 효용을 해한 것이라고 할 수 없다.(대판 2006.10.13. 2006도4740)

(3) 행 위: 손상·은닉하거나 기타의 방법으로 효용을 해하는 것

1) 강제처분의 내용에 저촉되는 행위를 하여 기타의 방법으로 효용을 해하는 경우에 해당하는 것은 강제처분의 대상이 된 채무자에 대해서만 가능하다.

◆ 판 례 ◆

　<공무상 봉인 등 표시무효죄의 주체>……① 남편을 채무자로 한 출입금지가
처분명령의 효력은 그 처에게는 미치지 아니하므로 그 처가 이를 무시하고 출
입금지된 밭에 들어가 작업을 한 경우에 공무원이 직무에 관하여 실시한 강제
처분표시의 효용을 해한 것이라고는 할 수 없다.(대판 1979.2.13. 77도1455)

　② 갑회사에 대한 건축공사중지명령의 가처분이 집행된 후 수급인인 을회사
의 공사보수금채권의 지급확보를 위하여 그 명의로 건축허가명의를 변경한 다
음 위 가처분 집행으로서 설치한 푯말을 그대로 둔 채 건축공사를 진행하였다
하여도 위 가처분집행은 갑회사에 대하여 부작위명령을 집행한 데 불과한 것
이지 피고인에 대하여 집행한 것이 아니므로 을회사의 대표이사인 피고인이
위 건축허가명의를 변경하여 그 공사를 계속하였다고 하여 그 사실 자체만으
로는 피고인이 위 가처분집행표시의 효용을 해한 것이라고는 할 수 없다.(대
판 1976.7.27. 74도1896)

2) 강제집행이 종결된 뒤에는 공무상 비밀표시무효죄가 성립할 여지가 없다.

◆ 판 례 ◆

　<강제집행이 완성된 후의 공무상 표시무효죄>……집행관이 채무자 겸 소유자
의 건물에 대한 점유를 해제하고 이를 채권자에게 인도한 후 채무자의 출입을
봉쇄하기 위하여 출입문을 판자로 막아둔 것을 채무자가 이를 뜯어내고 그 건
물에 들어갔다 하더라도 이는 **강제집행이 완결된 후의 행위로서 채권자들의
점유를 침범하는 것은 별론으로 하고 공무상 표시무효죄에 해당하지 않는다.**
(대판 1985.7.23. 85도1092)

(4) 주관적 구성요건: 고의를 요한다. 판례에 따르면 고의의 내용에는 강제처분
　　의 유효성과 적법성에 대한 인식이 포함된다고 하므로 이에 대한 착오는 구
　　성요건적 착오로 고의를 조각시킨다고 한다.

6. 공무상 비밀침해죄

> **제140조(공무상 비밀침해죄)**
> ② 공무원이 그 직무에 관하여 봉함 기타 비밀장치한 문서 또는 도화를 개봉한 자도 제1항의 형과 같다.
> ③ 공무원이 그 직무에 관하여 봉함 기타 비밀장치한 문서, 도화 또는 전자기록 등 특수매체기록을 기술적 수단을 이용하여 그 내용을 알아낸 자도 제1항의 형과 같다.

7. 부동산강제집행효용침해죄

> **제140조의2(부동산강제집행효용침해)**
> 강제집행으로 명도 또는 인도된 부동산에 침입하거나 기타 방법으로 강제집행의 효용을 해한 자는 5년 이하의 징역 또는 700만 원 이하의 벌금에 처한다.

※ 강제집행된 부동산에 침입하여 강제집행의 효용을 무력화하고 이로 인하여 소유권행사에 지장을 초래하는 행위를 처벌하기 위하여 개정형법에서 신설된 규정이다.

(1) 주 체: 제한이 없다. 따라서 채무자 이외에 그 친족 등 제3자도 주체가 될 수 있다.
(2) 행 위: 명도 또는 인도 전 부동산에 침입하거나 기타 방법으로 효용을 해하는 것으로 강제집행 이후에 행하는 침입이나 효용침해를 말한다.

8. 공용서류 등 무효죄

> **제141조(공용서류 등의 무효, 공용물의 파괴)**
>
> ① 공무소에서 사용하는 서류 기타 물건 또는 전자기록 등 특수매체기록을 손상 또는 은닉하거나 기타 방법으로 그 효용을 해한 자는 7년 이하의 징역 또는 1천만 원 이하의 벌금에 처한다.
>
> ▶ 미수범처벌(제143조)

공용서류 등 무효죄의 객체는 공문서·사문서, 자기소유·타인소유를 불문하고 공무소에서 공무수행상 비치·보관·점유·이용하는 문서 등이면 족하다. 따라서 검찰청에 증거로 제출한 사문서, 위조·허위문서, 보존기간이 경과된 문서 등도 이에 해당한다.

◆ **판 례** ◆

<공용서류 등 무효죄> ……① 공립학교의 입시문제를 절취하여 이용한 경우 공문서류 등 무효죄와 위계에 의한 공무집행방해죄는 상상적 경합관계에 있다.(대판 1966.4.26. 66도30)

② **형법 제141조 제1항이 규정하고 있는 공용서류은닉죄에 있어서의 범의란** 피고인에게 공무소에서 사용하는 서류라는 사실과 이를 은닉하는 방법으로 그 효용을 해한다는 사실의 인식이 있음으로써 족하고, **경찰이 작성한 진술조서가 미완성이고 작성자와 진술자가 서명·날인 또는 무인한 것이 아니어서 공문서로서의 효력이 없다고 하더라도 공무소에서 사용하는 서류가 아니라고 할 수는 없다.**(대판 2006.5.25. 2003도3945)

9. 공용물파괴죄

> **제141조(공용서류 등의 무효, 공용물의 파괴)**
> ② 공무소에서 사용하는 건조물, 선박, 기차 또는 항공기를 파괴한 자는 1년 이상 10년 이하의 징역에 처한다.
>
> ▶ 미수범처벌(제143조)

(1) 행위객체: 조문에 열거된 것에 한하며, '공익'에 사용되는 건조물은 공익건조물파괴죄(제367조)의 행위객체이며, 공무소에서 사용하는 '자동차'는 공용서류 등 무효죄(제141조 제1항)의 객체이다.

(2) 행　위: 파괴
파괴란 손괴보다 물질적 훼손이 큰 경우를 의미하며, 파괴의 정도에 이르지 아니하면 공용서류 등 무효죄(제141조 제1항)가 적용된다.

10. 공무상 보관물무효죄

> **제142조(공무상 보관물의 무효)**
> 공무소로부터 보관명령을 받거나 공무소의 명령으로 타인이 관리하는 자기의 물건을 손상 또는 은닉하거나 기타 방법으로 그 효용을 해한 자는 5년 이하의 징역 또는 700만 원 이하의 벌금에 처한다.
>
> ▶ 미수범처벌(제143조)

(1) 주　체: 공무소로부터 보관명령을 받거나 공무소의 명령으로 타인이 관리하는 물건의 소유권자이다(진정신분범).

(2) 객　체: 공무소로부터 보관명령을 받은 자기물건(예: 압류한 집행관이 채무자에게 보관을 명한 물건) 또는 공무소의 명령으로 타인이 관리하는 자기물건이다.

11. 특수공무방해죄·특수공무방해치사상죄

> **제144조(특수공무방해)**
> ① 단체 또는 다중의 위력을 보이거나 위험한 물건을 휴대하여 제136조, 제138조와 제140조 내지 전조의 죄를 범한 때에는 각조에 정한 형의 2분의 1까지 가중한다.
> ② 제1항의 죄를 범하여 공무원을 상해에 이르게 한 때에는 3년 이상의 유기징역에 처한다. 사망에 이르게 한 때에는 무기 또는 5년 이상의 징역에 처한다.

◆ **판 례** ◆

<특수공무집행방해치상죄-부진정결과적 가중범>……① 특수공무집행방해치상죄는 원래 결과적 가중범이기는 하지만, 이는 중한 결과에 대하여 예견가능성이 있었음에 불구하고 예견하지 못한 경우에 벌하는 진정결과적 가중범이 아니라, 그 결과에 대한 예견가능성이 있었음에도 불구하고 예견하지 못한 경우뿐만 아니라 고의가 있는 경우까지도 포함하는 부진정결과적 가중범이다.

② 고의로 중한 결과를 발생케 한 경우에 무겁게 벌하는 구성요건이 따로 마련되어 있는 경우에는 당연히 무겁게 벌하는 구성요건에서 정하는 형으로 처벌하여야 할 것이고, 결과적 가중범의 형이 더 무거운 경우에는 결과적 가중범에 정한 형으로 처벌할 수 있도록 하여야 할 것이므로, 기본범죄를 통하여 고의로 중한 결과를 발생케 한 부진정결과적 가중범의 경우에 그 중한 결과가 별도의 구성요건에 해당한다면 이는 결과적 가중범과 중한 결과에 대한 고의범의 상상적 경합관계에 있다고 보아야 할 것이다.(대판 1995.1.20. 94도2842)

제3절 도주와 범인은닉의 죄

Ⅰ. 도주죄

1. 단순도주죄

> **제145조(도주, 집합명령위반)**
> ① 법률에 의하여 체포 또는 구금된 자가 도주한 때에는 1년 이하의 징역에 처한다.
>
> ▶ 미수범처벌(제149조)

(1) 보호법익

국가의 구금이다. 즉, 체포·구금작용과 관련된 국가형벌권의 실현이다.

(2) 행위의 주체: 법률에 의해서 체포 또는 구금된 자

즉, 널리 법률에 근거하여 적법하게 신체의 자유를 구속받고 있는 자를 말한다.

1) 수형자(예: 자유형 집행 중인 자, 사형집행대기자, 법원의 감치명령으로 구금된 자)와 미결구금자(예: 구속영장에 의해서 구속된 피고인·피의자, 긴급체포된 자, 감정유치된 자) 또는 국가기관에 의해서 현행범으로 체포된 자 등이 이에 해당한다.

2) 체포·구금은 형식적으로 적법하면 되므로 미결구금자가 도주한 후에 무죄판결이 확정되어도 본죄의 성립에는 영향이 없다.

3) 가석방·보석 중에 있는 자, 형집행정지·구속집행정지 중에 있는 자, 아동복지법에 의해 아동복지시설에 수용된 자, 경찰관직무집행법에 의해서 보호 중에 있는 자나 전염병예방법에 의해서 격리·수용된 자는 본죄의 주체가 아니다.

※ 문제되는 경우

---

① 사인에 의해서 현행범으로 체포된 자: 피체포자가 국가기관에 인도되기 전까지는 국가의 구금권이 침해되지 않으므로 부정설이 옳다(다수설).
② 소년원에 수용된 자, 구인된 피고인·피의자도 본죄의 주체가 된다(다수설).
③ 보호감호·치료감호를 받고 있는 자는 사회보호법 제43조가 적용되므로 본죄의 주체가 아니다.

◆ 판 례 ◆

<도주죄의 주체>……사법경찰관이 피고인을 수사관서까지 동행한 것이 사실상의 강제연행, 즉 불법 체포에 해당하고, 불법 체포로부터 6시간 상당이 경과한 후에 이루어진 긴급체포 또한 위법하므로 피고인이 불법체포된 자로서 형법 제145조 제1항에 정한 '법률에 의하여 체포 또는 구금된 자'가 아니어서 도주죄의 주체가 될 수 없다.(대판 2006.7.6. 2005도6810)

(3) 행 위: 도주하는 것

즉, 피체포·감금자가 체포·구금상태로부터 이탈하는 것이다. 부작위에 의해서도 가능하며, 일시적인 이탈로도 족하다.

1) 착수 시기: 체포·구금작용이 침해되기 시작한 때
2) 기수 시기: 체포자·간수자의 실력적 지배하에서 완전히 벗어난 때. 그러므로 아직 추적을 받고 있는 경우에는 미수에 불과하다.

◆ 판 례 ◆

<도주죄의 기수 시기>……도주죄는 즉시범으로서 범인이 간수자의 실력적 지배를 이탈한 상태에 이르렀을 때에 기수가 되어 도주행위가 종료하는 것이고, 도주원조죄는 도주죄에 있어서의 범인의 도주행위를 야기하거나 이를 용이하게 하는 등 그와 공범관계에 있는 행위를 독립한 구성요건으로 하는 범죄이므로, 도주죄의 범인이 도주행위를 하여 기수에 이른 이후에 범인의 도피를 도와주는 행위는 범인도피죄에 해당할 수 있을 뿐 도주원조죄에는 해당하지 아니한다.(대판 1991.10.11. 91도1656)

2. 집합명령위반죄

> **제145조(집합명령위반)**
> ② 전항의 구금된 자가 천재, 사변 기타 법령에 의하여 잠시 해금된 경우에 정당한 이유 없이 그 집합명령에 위반한 때에도 전항의 형과 같다.
>
> ▶ 미수범처벌(제149조)

(1) 주 체: 법률에 의해 구금된 자(체포된 자는 제외)

귀휴허가를 받고 출소한 자, 천재·사변의 상태에서 무단으로 교도소를 이탈한 자가 집합명령을 위반하면 집합명령위반죄가 아니라 도주죄가 성립한다.

(2) 진정부작위범이므로 미수를 인정할 수 없다(통설).

3. 특수도주죄

> **제146조(특수도주)**
> 수용설비 또는 기구를 손괴하거나 사람에게 폭행 또는 협박을 가하거나 2인 이상이 합동하여 전조 제1항의 죄를 범한 자는 7년 이하의 징역에 처한다.
>
> ▶ 미수범처벌(제149조)

(1) 수용시설·기구의 손괴: 수용시설 또는 기구를 '물리적으로 훼손'하는 것을 말한다. 따라서 자물쇠를 열거나 수갑을 풀고 달아나는 것은 단순도주죄가 될 뿐이다.

(2) 사람에게 폭행·협박: 간수자 이외에 도주방지에 협력하는 지위에 있는 제3자에게 폭행·협박하는 경우도 포함된다(다수설). 여기서의 폭행·협박은 광의의 개념이다.

(3) 2인 이상의 합동: 특수절도·강도죄와 함께 합동범을 규정한 것이다. 여기서의 합동이란 시간적·장소적으로 협동하는 것을 말한다.

4. 단순도주원조죄

> **제147조(도주원조)**
>
> 법률에 의하여 구금된 자를 탈취하거나 도주하게 한 자는 10년 이하의 징역에 처한다.
>
> ▶ 미수범처벌(제149조) ▶ 예비·음모처벌(제150조)

(1) 성 격: 도주원조죄는 도주죄의 교사·방조에 해당하는 행위를 독립된 구성 요건으로 규정한 것으로 총칙상의 공범규정이 적용되지 않는다.

(2) 행위객체: 법률에 의해서 구금된 자(체포된 자는 제외)

◆ **판 례** ◆

<도주 기수 후의 도주원조죄의 성부>……도주죄의 범인이 도주행위를 하여 기수에 이른 후 범인의 도피를 도와주는 행위는 범인은닉죄에 해당할 수 있을 뿐 도주원조죄를 구성하지는 않는다.(대판 1991.10.11. 91도1656)

---

5. 간수자도주원조죄

> **제148조(간수자의 도주원조)**
>
> 법률에 의하여 구금된 자를 간수 또는 호송하는 자가 이를 도주하게 한 때에는 1년 이상 10년 이하의 징역에 처한다.
>
> ▶ 미수범처벌(제149조) ▶ 예비·음모처벌(제150조)

간수·호송하는 자(신분범)는 법령에 근거를 가질 것을 요하지 않고 현실적으로 그 임무에 종사하는 자이면 족하고, 반드시 공무원일 것을 요하지도 않는다. 도주 하게 하는 것이란 도주를 야기하거나 도주의 실행을 용이하게 하는 것을 말한다.

Ⅱ. 범인은닉죄

> **제151조(범인은닉과 친족 간의 특례)**
> ① 벌금 이상의 형에 해당하는 죄를 범한 자를 은닉 또는 도피하게 한 자는 3년 이하의 징역 또는 500만 원 이하의 벌금에 처한다.
> ② 친족, 호주 또는 동거의 가족이 본인을 위하여 전항의 죄를 범한 때에는 처벌하지 아니한다.

1. 의의 및 보호법익

'벌금' 이상의 형에 해당하는 죄를 범한 자를 은닉 또는 도피하게 함으로써 성립하는 범죄로, 국가의 형사사법기능과 관련한 형벌 그 자체의 실현을 보호법익으로 한다.

2. 행위주체

① 범인 이외의 자이다. 따라서 범인 스스로 은닉·도피하는 행위는 제외된다.

② 범인 이외의 자이면 본죄의 주체가 될 수 있으므로 **공동정범 중의 한 사람이 다른 공동정범을 도피하게 한 경우에는 본죄를 구성한다.**(대판 1958.1.14. 57도393)

※ 자기은닉·도피의 교사

> 범인이 제3자를 교사하여 자기를 은닉·도피하게 한 경우 범인은닉죄의 교사범으로 처벌할 수 있는가에 대해서 학설이 대립하나 부정설이 다수설이다(그러나 **판례는 범인이 자신을 위하여 타인으로 하여금 허위의 자백을 하게 하여 범인도피죄를 범하게 하는 행위는 방어권의 남용으로 범인도피교사죄에 해당한다고 하여 긍정하고 있다.**(대판 2000.3.24. 2000도20).

3. 행위객체: '벌금' 이상의 형에 해당하는 죄를 범한 자

◆ 판 례 ◆

<벌금 이상의 형에 해당하는 자에 대한 인식>······범인도피죄에 있어서 벌금 이상의 형에 해당하는 자에 대한 인식은 **실제로 벌금 이상의 형에 해당하는 범죄를 범한 자라는 것을 인식함으로써 족하고 그 법정형이 벌금 이상이라는 것까지 알 필요는 없는 것**이고 범죄의 구체적인 내용이나 범인의 인적 사항 및 공범이 있는 경우 공범의 구체적 인원수 등까지 알 필요는 없다.(대판 1995.12.26. 93도904)

---

① 따라서 구류, 과료, 몰수에 해당하는 죄를 범한 자는 본죄의 객체가 아니다.
② '죄를 범한 자'란
(ⅰ) **범죄혐의로 수사 또는 소추를 받는 자도 포함**되고 구속수사의 대상이 된 자가 그 후 무혐의로 석방되었다 하더라도 위 죄의 성립에 영향이 없다는 것이 판례이나(대판 1982.1.26. 81도1931),
(ⅱ) 다수설은 진범인에 한한다고 한다.
③ 친고죄에서 고소기간이 경과하지 않은 상태에서 피해자의 고소가 아직 없는 경우나 검사의 불기소처분을 받은 자도 아직 처벌의 가능성이 있으므로 본죄의 객체가 된다(다수설).
④ 소추나 처벌이 불가능한 자(예: 공소시효의 완성, 사면 등)는 본죄의 객체가 아니다.

4. 행 위: 은닉 또는 도피하게 하는 것

판례에 따르면 범인 대신 다른 사람을 범인으로 가장하여 수사받도록 하거나 진범인에 대신하여 자신이 범인이라고 허위신고한 경우는 여기에 해당하나, 수사과정에서 단순히 공범의 이름을 묵비한 경우나 수사기관에 출두한 참고인이 범인으로 체포된 자가 자기가 목격한 자와 다르다고 허위진술하여 진범인이 석방된 경우에는 여기에 해당하지 않는다고 한다.

◆ 판 례 ◆

<범인도피행위의 의미>······형법 제151조에서 규정하는 범인도피죄는 범인은닉 이외의 방법으로 범인에 대한 수사, 재판 및 형의 집행 등 형사사법의 작용을 곤란 또는 불가능하게 하는 행위를 말하는 것으로서 그 방법에는 어떠한 제한이 없고, 또 이는 위험범으로서 현실적으로 형사사법의 작용을 방해하는 결과가 초래될 것이 요구되지는 아니하나, 다른 한편 형사사법의 작용을 방해하는 모든 행위 내지 범인을 돕는 모든 행위가 범인도피죄의 구성요건에 해당한다고 본다면, 이는 일반 국민의 행동의 자유를 지나치게 제한하는 것으로서 부당하므로, 범인도피행위는 **범인을 도주하게 하는 행위 또는 도주하는 것을 직접적으로 용이하게 하는 행위**에 한정된다고 봄이 상당하고, 그 자체가 도피시키는 것을 직접의 목적으로 한 것이라고는 보기 어려운 행위로 말미암아 간접적으로 범인이 안심하여 도피할 수 있도록 하는 것과 같은 경우는 이에 포함되는 것이 아니라고 해석하여야 하며, 나아가 **어떤 행위가 범인도피죄에 해당하는 것처럼 보이더라도 그것이 사회적으로 상당성이 있는 행위일 때에는 이 또한 처벌할 수 없다**고 보아야 한다.(대판 1995.3.3. 93도3080)

◆ 판 례 ◆

<범인도피죄의 성립을 긍정한 사례>······① 범인도피죄에 있어서의 도피라 함은 범인은닉 이외의 방법으로 범인에 대한 수사, 심판 및 형의 집행 등 형사사법의 작용을 곤란 또는 불가능하게 하는 행위를 말한다. ······**공범이 더 있다는 사실을 숨긴 채 허위보고를 하고 조사를 받고 있는 범인에게 다른 공범이 더 있음을 실토하지 못하도록 하는** 등의 행위를 하였다면 도피행위에 대한 고의가 있었다.(대판 1995.12.26. 93도904)

② 형법 제151조에서 규정하는 범인을 도피하게 한 경우란 은닉 이외의 방법으로 관헌의 체포, 발견을 곤란 또는 불가능하게 하는 일체의 행위를 의미하는 것이므로 **피고인이 살인미수의 피의자를 상피고인에게 연락하여 만나게 해 주고 동인으로 하여금 도피를 용이하게 한 경우** 범인도피죄에 해당한다.(대판 1990.12.26. 90도2439)

③ 범인 아닌 자가 **수사기관에서 범인임을 자처하고 허위사실을 진술**하여 진범의 체포와 발견에 지장을 초래하게 한 행위는 범인은닉죄에 해당한다.(대판 1996.6.14. 96도1016)

④ 범인이 자신을 위하여 타인으로 하여금 허위의 자백을 하게 하여 범인도피죄를 범하게 하는 행위는 방어권의 남용으로 범인도피교사죄에 해당하는 바, 이 경우 그 타인이 **형법 제151조 제2항에 의하여 처벌을 받지 아니하는 친족, 호주 또는 동거 가족에 해당한다 하여 달리 볼 것은 아니다.** 무면허 운전으로 사고를 낸 사람이 **동생을 경찰서에 대신 출두시켜 피의자로 조사받도록 한 행위는 범인도피교사죄**를 구성한다.(대판 2006.12.7. 2005도3707)

◆ 판 례 ◆

<**범인도피죄의 성립을 부정한 사례**>……① 참고인이 수사기관에서 범인에 관하여 조사를 받으면서 그가 알고 있는 사실을 묵비하거나 허위로 진술하였다고 하더라도 그것이 적극적으로 수사기관을 기만하여 착오에 빠지게 함으로써 범인의 발견 또는 체포를 곤란 내지 불가능하게 할 정도의 것이 아니라면 범인도피죄를 구성하지 아니한다. 그리고 참고인이 실제의 범인이 누군지도 정확하게 모르는 상태에서 수사기관에서 실제의 범인이 아닌 어떤 사람을 범인이 아닐지도 모른다고 생각하면서도 그를 범인이라고 지목하는 허위의 진술을 한 경우에는 참고인의 허위진술에 의하여 범인으로 지목된 사람이 구속·기소됨으로써 실제의 범인이 용이하게 도피하는 결과를 초래한다고 하더라도 그것만으로는 그 참고인에게 적극적으로 실제의 범인을 도피시켜 국가의 형사사법의 작용을 곤란하게 할 의사가 있었다고 볼 수 없어 그 참고인을 범인도피죄로 처벌할 수는 없다.(대판 1997.9.9. 97도1596, 대판 1991.8.27. 91도1441)

② 참고인이 범인이 아닌 다른 자를 진범이라고 내세우는 경우 등과 같이 적극적으로 허위의 사실을 진술하여 수사관을 기만·착오에 빠지게 함으로써 범인의 발견·체포에 지장을 초래케 하는 경우와 달리, 참고인이 수사기관에서 진술을 함에 있어 **단순히 범인으로 체포된 사람과 동인이 목격한 범인이 동일함에도 불구하고 동일한 사람이 아니라고 허위진술을 한 정도의 것만으로는**

참고인의 그 허위진술로 말미암아 증거가 불충분하게 되어 범인을 석방하게
되는 결과가 되었다 하더라도 바로 범인도피죄를 구성한다고는 할 수 없다.
(대판 1987.2.10. 85도897)

③ 범인도피죄에 있어서의 '도피'란 은닉 이외의 방법으로 수사기관의 발견,
체포를 곤란 내지 불가능하게 하는 일체의 행위를 뜻하는 것으로, 단순히 안
부를 묻거나 통상적인 인사말 등만으로는 범인을 도피하게 한 것이라고 할 수
없을 것인바, 주점 개업식 날 찾아온 범인에게 "도망 다니면서 이렇게 와 주
니 고맙다. 항상 몸조심하고 주의하여 다녀라. 열심히 살면서 건강에 조심해
라."라고 말한 것은 단순히 안부인사에 불과한 것으로 범인을 도피하게 한 것
으로 볼 수 없다.(대판 1992.6.12. 92도736)

5. 기수 시기와 종료 시기

범인도피죄는 **범인을 도피하게 함으로써 기수에** 이르지만 범인도피행위가 **계속
되는 동안에는 범죄행위도 계속되고 행위가 끝날 때 비로소 범죄행위가 종료**되고,
공범자의 범인도피행위의 도중에 그 범행을 인식하면서 그와 공동의 범의를 가지
고 기왕의 범인도피상태를 이용하여 스스로 범인도피행위를 계속한 자에 대해서는
범인도피죄의 공동정범이 성립한다.(대판 1995.9.5. 95도577)

6. 친족 간의 특례

(1) 법적 성질: 친족 간의 정의로 인한 기대불가능성에 기초한 책임조각사유

(2) 적용범위: 친족, 호주 또는 동거의 가족이 본인을 위하여 범인을 은닉한 경우

① 친족의 범위는 민법에 의할 것이지만 사실상의 처나 출생자도 여기에 해당한다.

② '본인을 위하여' 행위를 해야 하므로, 범인과 그 공범자의 이익을 위하여 범
인을 은닉한 경우에는 특례가 적용되지 않는다.

③ 비친족이 친족을 교사하여 범인을 은닉케 한 경우에는 정범인 친족은 처벌할
수 없으나 비친족은 본죄의 교사범이 된다(제한적 종속형식).

④ 친족이 비친족을 교사하여 범인을 은닉케 한 경우에는 비호권의 남용으로서
본죄의 교사범이 된다(다수설).

7. 타죄와의 관계: 공무원이 범인을 도피케 함으로써 직무위배행위를 한 경우 부작위범인 직무유기죄는 별도로 성립하지 않는다.

◆ 판 례 ◆

<범죄도피죄와 직무유기죄의 관계>……피고인이 검사로부터 범인을 검거하라는 지시를 받고서도 그 직무상의 의무에 따른 적절한 조치를 취하지 아니하고 오히려 범인에게 전화로 도피하라고 권유하여 그를 도피케 하였다는 범죄사실만으로는 직무위배의 위법상태가 범인 도피행위 속에 포함되어 있는 것으로 보아야 할 것이므로, 이와 같은 경우에는 작위범인 범인도피죄만이 성립하고 부작위범인 직무유기죄는 따로 성립하지 아니한다.(대판 1996.5.10. 96도51)

제4절 위증과 증거인멸의 죄

I. 위증의 죄

1. 단순위증죄

제152조(위증, 모해위증)
① 법률에 의하여 선서한 증인이 허위의 진술을 한 때에는 5년 이하의 징역 또는 1,000만 원 이하의 벌금에 처한다.

(1) 성 격

법률에 의해서 선서한 증인만이 주체가 되는 진정신분범이며 동시에 자수범이다.

◆ 판 례 ◆

<위증죄의 보호법익>……위증죄는 선서를 한 증인이 허위진술을 함으로써 성립하는 죄이며 **국가의 재판권, 징계권을 적정하게 행사하기 위한 것이** 그 주된 입법이유이다.(대판[全合] 1987.7.7. 86도1724)

---

(2) 행위의 주체: 법률에 의해서 선서한 증인

1) 법률에 의한 선서

선서는 법률이 정한 절차에 따라 선서받을 권한이 있는 기관에 대해 행해져야 한다(예: 검사, 사법경찰관에게 한 선서는 제외). 선서무능력자는 선서의 효력이 없고, 형사피고인이나 민사소송의 주체도 증인적격이 없으므로 선서의 효력이 없다.

2) 증 인

① 공범자 아닌 공동피고인은 증인적격이 있으나, 공범자인 공동피고인은 증인 적격이 없다는 것이 다수설과 판례이다.
② 소송의 당사자는 증인적격이 없다.

◆ 판 례 ◆

<민사소송당사자와 위증죄>……**민사소송의 당사자는 증인능력이 없으므로** 증인으로 선서하고 증언하였다고 하더라도 위증죄의 주체가 될 수 없고, 이러한 법리는 민사소송에서의 당사자인 법인의 대표자의 경우에도 마찬가지로 적용된다.(대판 1998.3.10. 97도1168)

---

③ 증언거부권자가 진술거부권을 행사하지 않고, 선서 후 위증을 한 경우에는 적법행위의 기대가능성이 없다고 할 수 없으므로 본죄의 성립에 영향이 없다(판례).

◆ 판 례 ◆

<자기범죄에 대한 위증죄의 성부>······증인으로 선서한 이상 진실대로 진술한다면 자신의 범죄를 시인하는 진술을 하는 것이 되고 증인을 거부하는 것은 자기의 범죄를 암시하는 것이 되어 증인에게 사실대로의 진술을 기대할 수 없다고 하더라도, 형사소송법상 이러한 처지의 증인에게는 **증언을 거부할 수 있는 권리를 인정하여 위증죄로부터의 탈출구를 마련하고 있는 만큼 적법행위의 기대가능성이 없다고 할 수 없으므로**, 선서한 증인이 증인거부권을 포기하고 허위의 진술을 하였다면 위증죄의 처벌을 면할 수 없다.(대판[全合] 1987.7.7. 86도1724)

(3) 행　위: 허위의 진술을 하는 것

1) 허위의 의미
（ⅰ) 객관적 진실에 반하는 것이 허위라는 **객관설**(이재상)
（ⅱ) 증인이 자신의 주관적 기억이 반하는 진술을 하는 것이 허위라는 **주관설**(통설, 판례) → 무고죄는 객관설이 통설

◆ 판 례 ◆

<위증죄에서 허위의 공술의 의미－주관설>······위증죄에 있어서의 **허위의 공술이란 증인이 자기의 기억에 반하는 사실을 진술**하는 것을 말하는 것으로서 그 내용이 객관적 사실과 부합한다고 하여도 위증죄의 성립에 장애가 되지 않는다.(대판 1989.1.17. 88도580)

2) 진　술
① 증인이 경험한 내적·외적 사실을 공술하는 것이다.

─────────────────────── ◆ 판 례 ◆ ───

  <위증죄에서 사실의 공술>……① 경험한 사실에 기초한 **주관적 평가나 법률적 효력에 관한 견해를 부연한 부분에 다소의 오류가 있다 하여도 위증죄가 성립되는 것이 아니다.**(대판 1988.9.27. 88도236)

  ② 위증죄는 증인이 사실에 관하여 기억에 반하는 사실을 진술함으로써 성립하고, 다만 경험한 사실에 대한 법률적 평가나 단순한 의견에 지나지 않는다면 허위의 공술이라고 할 수는 없으나 자기가 지득하지 아니한 **어떤 사실관계를 단순히 법률적 의견을 써서 진술한 것**이라면 이는 객관적 사실을 토대로 한 증인 나름의 법률적 견해를 진술한 것과는 다르므로 **위증죄의 성립을 부인할 수 없다.**(대판 1986.6.10. 84도2039)

② 진술의 내용은 반드시 판결에 영향을 미칠 요증사실임을 요하지는 않는다.

─────────────────────── ◆ 판 례 ◆ ───

  <위증죄에서 진술의 내용의 정도>……① 위증죄가 성립하려면 그 허위의 진술이 **재판의 결과에 대하여 실지로 영향을 미쳐야 하거나 당해 사건의 요증사항에 관한 것이라야 하는 것은 아니다.**(대판 1986.3.25. 86도159)

  ② 증언이 기본적인 사항에 관한 것이 아니고 **지엽적인 사항에 관한 진술이라도 허위의 진술인 이상 위증죄의 성립에는 영향이 없다.**(대판 1982.6.8. 81도3069)

3) 기수 시기: 신문절차가 종료하여 그 진술을 철회할 수 없는 단계에 이르렀을 때 기수가 되므로, 신문이 끝나기 전에 시정·철회한 경우에는 위증죄가 성립하지 않는다.(대판 1983.2.8. 81도697)

(4) 관련 문제

1) 본죄는 자수범이므로 선서한 증인 이외의 사람은 간접정범이나 공동정범이 될 수 없다. 그러나 교사·방조범의 성립은 가능하다.

2) **죄수관계:** 하나의 사건에 관하여 증인으로 한 번 선서한 사람이 같은 기일에

서 여러 가지 사실에 관하여 기억에 반하는 허위의 공술을 한 경우라도, 하나의 범죄의사로 계속하여 허위의 공술을 한 것으로서 포괄하여 1개의 위증죄를 구성하는 것으로 보아야 하고 각 진술마다 각기 수개의 위증죄를 구성하는 것으로 볼 것은 아니다.(대판 1990.2.23. 89도1212, 1992.11.27. 92도498)

3) 형사피고인이 타인에게 허위증언을 교사한 경우 위증죄의 교사범은 성립하지 않는다고 보는 것이 다수설(배종대·이재상)이나, 판례는 긍정하는 듯한 견해를 취하고 있다.

◆ 판 례 ◆

<위증이 되지 않은 경우의 위증교사자의 죄책>……피고인의 교사에 의하여 기억에 반한 허위의 진술을 하였다가 검사의 반대신문에 의하여 이를 번복·시정한 경우에는 위증죄가 성립되지 아니하므로, **피교사자에 위증죄가 성립되지 아니하는 한 교사자인 피고인에게 위증교사죄가 되지 아니한다.**[18](대판 1974.6.25. 74도1231)

---

(5) 자수·자백의 특례

제153조(자백, 자수)
　전조의 죄를 범한 자가 그 공술한 사건의 재판 또는 징계처분이 확정되기 전에 자백 또는 자수한 때에는 그 형을 감경 또는 면제한다.

위증죄가 기수가 된 후 당해 사건의 재판·징계처분이 확정되기 전까지만 가능하며, 일반적인 자수·자백과는 달리 형을 '필요적으로' 감경 또는 면제한다. 위증죄의 경우는 범인은닉죄, 증거인멸죄의 경우와는 달리 친족 간의 특례의 적용이 없고, 자백·자수의 특례가 있다.

---

18) 동 판결은 긍정설을 취한 것으로 해석할 수 있다(피교사자에 위증죄가 성립되면 교사자인 피고인도 위증교사죄가 성립).

2. 모해위증죄

> **제152조(모해위증)**
> ② 형사사건 또는 징계사건에 관하여 피고인, 피의자 또는 징계혐의자를 모해할 목적으로 전항의 죄를 범한 때에는 10년 이하의 징역에 처한다.

(1) 형사사건 또는 징계사건에 관하여 피고인, 피의자 또는 징계혐의자를 모해할 목적이 있으면 형이 가중되는 부진정목적범이다.

(2) 부진정신분범 여부

1) 학설은 모해의 목적은 행위자요소가 아니라 행위요소이므로 신분이 아니라고 보는데,

2) 판례는 피고인이 갑을 모해할 목적으로 을에게 위증을 교사한 이상, 가사 **정범인 을에게 모해의 목적이 없었다고 하더라도, 형법 제33조 단서의 규정에 의하여 피고인을 모해위증교사죄로 처단할 수 있다고 한다.**(대판 1994.12.23. 93도1002)

3. 허위감정 · 통역 · 번역죄

> **제154조(허위의 감정, 통역, 번역)**
> 법률에 의하여 선서한 감정인 · 통역인 또는 번역인이 허위의 감정 · 통역 또는 번역을 한 때에는 전 2조의 예에 의한다.

여기서의 허위도 위증죄의 경우와 같이 주관적인 의견이나 판단에 반하는 것을 의미한다(주관설).

Ⅱ. 증거인멸의 죄

1. 증거인멸죄

> **제155조(증거인멸 등과 친족 간의 특례)**
> ① 타인의 형사사건 또는 징계사건에 관한 증거를 인멸, 은닉, 위조 또는 변조하거나 위조 또는 변조한 증거를 사용한 자는 5년 이하의 징역 또는 700만 원 이하의 벌금에 처한다.

(1) 행위의 객체: 타인의 형사사건·징계사건에 대한 증거
1) 타 인: 행위자 이외의 자
① 자기의 형사·징계사건에 대한 증거는 본죄의 객체가 아니다.

◆ **판 례** ◆

 <**범인의 증거인멸의 행위**>······형법 제155조 제1항의 증거인멸죄는 국가형벌권의 행사를 저해하는 일체의 행위를 처벌의 대상으로 하고 있으나 **범인 자신이 한 증거인멸의 행위는 피고인의 형사소송에 있어서의 방어권을 인정하는 취지와 상충하므로 처벌의 대상이 되지 아니한다.**(대판 1965.12.10. 65도826)

---

② 공범자의 형사사건에 관한 증거를 타인의 형사사건에 대한 증거라고 할 수 있는지 여부
(ⅰ) 다수설은 타 공범자를 위한 의사로 증거인멸을 한 경우에는 타인사건이 되나 자기만을 위하거나 자기와 공범자의 이익을 위한 경우에는 자기사건이 되어 본죄가 성립하지 않는다고 한다.
(ⅱ) 판 례: 증거인멸죄는 타인의 형사사건 또는 징계사건에 관한 증거를 인멸하는 경우에 성립하는 것으로서, 피고인 자신이 직접 형사처분이나 징계처분을 받게 될 것을 두려워한 나머지 자기의 이익을 위하여 그 증거가 될 자료를 인멸하였다면, 그 행위가 동시에 다른 공범자의 형사사건이나 징계사건에 관한 증거를 인멸 한 결과가 된다고 하더라도 이를 증거인멸죄로 다

스릴 수 없고, 이러한 법리는 그 행위가 피고인의 공범자가 아닌 자의 형사사건이나 징계사건에 관한 증거를 인멸한 결과가 된다고 하더라도 마찬가지이다.(대판 1995.9.29. 94도2608)

③ 자기의 사건에 대한 증거를 인멸하기 위해서 타인을 교사한 경우에는 증거인멸죄의 교사범의 죄책을 진다(판례).

◆ 판 례 ◆

<자기사건에 대한 증거인멸교사죄의 성부>······① 타인이 타인의 형사사건에 관한 증거를 그 이익을 위하여 인멸하는 행위를 하면 형법 제155조 제1항의 증거인멸죄가 성립되므로 **자기의 형사사건에 관한 증거를 인멸하기 위하여 타인을 교사하여 죄를 범하게 한 자에 대하여도 교사범의 죄책을 부담케 함이** 상당하다.(대판 1965.12.10. 65도826, 2000.3.24. 99도5275)

② 피고인이 그 판시와 같이 **피고인에 대한 형사사건 또는 징계사건의 증거가 될 석유난로를 은닉게 할 의사로 공소외 乙에게 교사하여 이를 숲 속에 버리게 한 사실**이 넉넉히 인정되고 여기에 소론과 같이 채증법칙을 위반하거나 사실을 오인한 위법이 없는바, 위 인정사실에 의하면 **피고인을 증거은닉의 교사범으로 의율·처단**한 원심조치는 정당하고 소론과 같이 교사범 및 증거은닉의 법리를 오해한 위법이 없다.(대판 1982.4.27. 82도274)

---

2) 형사사건 또는 징계사건

① 따라서 민사·행정·선거사건에 대한 증거는 제외된다.

② 형사사건인 이상 형사피의사건, 수사개시 이전의 사건도 포함한다(통설·판례).

◆ 판 례 ◆

<증거은닉죄에서 타인의 형사·징계사건의 의미>······증거은닉죄에 있어서 '타인의 형사사건 또는 징계사건'이란 은닉행위 시에 아직 수사 또는 징계절차가 개시되기 전이라도 장차 형사 또는 징계사건이 될 수 있는 것까지를 포함한다.(대판 1982.4.27. 82도274)

3) 증 거

범죄의 성부, 형의 가중·감면, 정상 등을 인정하는 데 사용되는 증인 이외의 일체의 자료를 말한다.

(2) 행 위

증거를 인멸·은닉·위조·변조하거나 위조·변조된 증거를 사용하는 것이다. 여기서 인멸이란 증거의 효용을 감소·멸실시키는 일체의 행위를 말한다.

◆ **판 례** ◆

<참고인의 허위진술이 증거위조에 해당하는지>······형법 제155조 제1항에서 타인의 형사사건에 관한 증거를 위조한다 함은 증거 자체를 위조함을 말하는 것이고, 참고인이 수사기관에서 허위의 진술을 하는 것은 이에 포함되지 아니한다.(대판 1995.4.7. 94도3412)

◆ **판 례** ◆

<공무원이 업무처리과정에서 작위범인 증거인멸죄를 범한 경우, 별도로 부작위범인 직무유기죄가 성립하는지 여부(소극)>······직무위배의 위법상태가 증거인멸행위 속에 포함되어 있는 것으로 보아야 할 것이므로, 이와 같은 경우에는 작위범인 증거인멸죄만이 성립하고 부작위범인 직무유기죄는 따로 성립하지 아니한다고 봄이 상당하다(대법원 1971.8.31. 선고 71도1176 판결, 대법원 1996.5.10. 선고 96도51 판결, 대법원 1997.2.28. 선고 96도2825 판결 등 참조). 이와 달리, 사법경찰관인 피고인이 피의자 등에게 관련자를 은폐하기 위하여 허위진술을 하도록 교사하였다면 타인을 교사하여 증거인멸죄를 범하게 한 것인 동시에 그것이 또한 정당한 직무집행을 거부한 것이 된다고 판시한 대법원 **1967.7.4. 선고 66도840판결**은 이 판결의 견해와 어긋나는 범위 내에서 이를 변경하기로 한다.(대판【전합】 2006.10.19. 2005도3909)

(3) 친족 간의 특례

> **제155조(증거인멸 등과 친족 간의 특례)**
> ④ 친족, 호주 또는 동거의 가족이 본인을 위하여 본조의 죄를 범한 때에는 처벌하지 아니한다.

범인은닉죄 참조

2. 증인은닉 · 도피죄

> **제155조(증거인멸 등과 친족 간의 특례)**
> ② 타인의 형사사건 또는 징계사건에 관한 증인을 은닉 또는 도피하게 한 자도 제1항의 형과 같다.

여기의 증인에는 형사소송법상의 증인뿐만 아니라 수사기관에서 조사하는 참고인도 포함되는바, 수사상의 참고인을 은닉해도 본죄가 성립한다.

◆ 판 례 ◆

　＜증인은닉 도피행위의 정도＞……단순히 타인의 형사피의사건에 관하여 수사기관에서 허위의 진술을 하거나 허위의 진술을 하도록 교사하는 정도의 행위로서는 타인의 형사사건에 관한 증인을 은닉 또는 도피하게 한 것에 해당되지 아니함은 물론 증거의 현출을 방해하여 증거로서의 효과를 멸실 또는 감소시키는 증거인멸 등의 적극적 행위에 나선 것으로는 볼 수 없다 할 것이므로 위와 같은 행위가 증거를 위조하고 또는 그 위조를 교사한 죄를 구성한다고 볼 수 없다.(대판 1977.9.13. 77도997)

3. 모해증거인멸죄

> **제155조(증거인멸 등과 친족 간의 특례)**
> ③ 피고인, 피의자 또는 징계혐의자를 모해할 목적으로 전 2항의 죄를 범한 자는 10년 이하의 징역에 처한다.

목적범이다.

제5절 무고의 죄

Ⅰ. 무고죄

> **제156조(무고)**
> 타인으로 하여금 형사처분 또는 징계처분을 받게 할 목적으로 공무소·공무원에 대하여 허위의 사실을 신고한 자는 10년 이하의 징역 또는 1,500만 원 이하의 벌금에 처한다.
>
> **제157조(자백, 자수)**
> 제153조는 전조에 준용한다.

1. 보호법익

국가의 심판기능의 적정이 주된 법익이며, 피무고자의 법적 안정성도 부수적 법익으로 보호되고 있다.

2. 행위대상(무고행위의 상대방): 공무소 또는 공무원

① 형사처분, 징계처분에 대해서 직권행사를 할 수 있는 해당 관서나 그 소속 공무원을 말하며, 모든 공무원이나 공무소를 의미하지 않는다.

② 대통령, 도지사, 감사원장 등도 이에 포함된다.

3. 행 위: 공무원, 공무소에 대하여 허위사실을 신고하는 것

(1) 허위사실: 객관적 진실에 반하는 사실

1) 허위사실이라고 인식하고 신고하였으나 그 사실이 진실인 경우에는 본죄가 성립하지 않는다(판례·통설).

◆ 판 례 ◆

　<객관적으로 진실한 사실에 대한 신고와 무고죄>……① 무고죄는 타인으로 하여금 형사처분 등을 받게 할 목적으로 신고한 사실이 객관적 진실에 반하는 허위사실인 경우에 성립되는 범죄로서, **신고자가 그 신고 내용을 허위라고 믿었다 하더라도 그것이 객관적으로 진실한 사실에 부합할 때에는 허위사실의 신고에 해당하지 않아** 무고죄는 성립하지 않는다.(대판 1991.10.11. 91도1950)

　② 하천부지점용권의 매매계약에 있어 매수인의 잔대금 지급과 매도인의 하천부지점용포기서의 교부는 동시이행관계에 있으므로 매도인이 하천부지에 대한 점용포기서의 준비나 제공 없이 매수인의 잔금지급 불이행만을 들고 일방적으로 매매계약 해제통고를 하였다 하여도 위 매매계약이 유효하게 해제되었다고 할 수 없는 것이어서 매도인이 매매계약 해제통고 후 하천부지를 타에 매각한 것을 들어 배임죄로 고소한 행위는 **객관적으로 진실하여 허위라고 할 수 없으므로 무고죄를 구성하지 아니한다.**(대판 1985.2.26. 84도2510)

　③ 혼인무효로 귀착되는 乙女를 피고인이 배우자 있는 여자로 알고서 상간하였다가 호적상 배우자로 등재된 甲男으로부터 간통죄로 고소를 당한 후에, 피고인이 혼인의 효력문제는 언급함이 없이, 乙女와 상간한 사실이 없는데도 있는 것처럼 무고하였다는 취지로 제기한 위 甲男에 대한 고소는, **결과적으로는 간통죄를 구성하지 아니한다는 객관적 사실에 부합하는 것이므로 위 甲男에 대한 무고죄가 성립하지 아니한다.**(대판 1982.6.22. 82도826)

④ 진정 내용이 터무니없는 허위사실이 아니고 사실에 기초하여 그 정황을 다소 과장한 데 지나지 아니한 경우에는 무고죄가 성립되지 않는다.(대판 1990.11.9. 90도1706)

2) 신고자가 객관적 사실관계를 사실 그대로 신고한 이상 그 객관적 사실을 토대로 한 나름대로의 **주관적 법률평가**를 잘못하고 이를 신고하였다 하여 그 사실만을 가지고 허위사실을 신고한 것에 해당하여 무고죄가 성립한다고 할 수 없다.(대판 1985.6.25. 83도3245)

◆ 판 례 ◆

<절도로 고소했으나 사실은 권리행사를 방해한 경우와 무고죄>……피고소인이 고소인 소유의 원목을 절취하였다는 고소를 한 경우 그 원목이 고소인 소유가 아니고 피고소인 소유이어서 **절도죄를 구성하지 아니하여도** 피고소인의 소위가 권리행사방해죄를 구성하는 때에는 고소인의 고소를 무고라고 할 수 없다.(대판 1981.6.23. 80도1049)

3) 허위사실인지의 여부는 신고사실의 핵심 또는 중요 내용이 진실과 부합하는가를 기준으로 판단한다. 따라서 사실을 다소 과장한 경우에는 본죄가 성립하지 아니한다.

◆ 판 례 ◆

<무고죄에서 허위의 사실에 대한 판단기준>……무고죄에 있어서 허위의 사실이라 함은 그 신고된 사실로 인하여 상대방이 형사처분이나 징계처분 등을 받게 될 위험이 있는 것이어야 하고, 비록 신고 내용에 일부 객관적 진실에 반하는 내용이 포함되었다고 하더라도 그것이 독립하여 형사처분 등의 대상이 되지 아니하고 단지 신고사실의 정황을 과장하는 데 불과하거나 허위의 일부 사실의 존부가 전체적으로 보아 범죄사실의 성립 여부에 직접 영향을 줄 정도에 이르지 아니하는 내용에 관계되는 것이라면 무고죄가 성립하지 아니한다. ……

폭행을 당하지는 않았더라도 그와 다투는 과정에서 시비가 되어 서로 허리띠나 옷을 잡고 밀고 당기면서 평소에 좋은 상태가 아니던 요추부에 경도의 염좌증세가 생겼을 가능성이 충분히 있다면 피고인의 구타를 당하여 상해를 입었다는 내용의 고소는 다소 과장된 것이라고 볼 수 있을지언정 이를 일컬어 무고죄의 처벌대상인 허위사실을 신고한 것이라고 단정하기는 어렵다.(대판 1996.5.31. 96도771)

◆ 판 례 ◆

<무고죄에서 허위의 사실에 대한 입증 정도>⋯⋯무고죄는 타인으로 하여금 형사처분이나 징계처분을 받게 할 목적으로 신고한 사실이 객관적 진실에 반하는 허위사실인 경우에 성립되는 범죄이므로, **신고한 사실이 객관적 사실에 반하는 허위사실이라는 요건은 적극적인 증명이 있어야** 하며, 신고사실의 진실성을 인정할 수 없다는 소극적 증명만으로 곧 그 신고사실이 객관적 진실에 반하는 허위사실이라고 단정하여 무고죄의 성립을 인정할 수는 없다.(대판 1998.2.24. 96도599)

---

4) 허위사실은 형사처분 또는 징계처분이 원인이 될 수 있는 것이어야 한다.

◆ 판 례 ◆

<무고죄에서 허위사실 신고의 정도>⋯⋯① 종중의 사고수습대책회의가 종묘관리인의 채무를 면제하여 주는 결의를 할 적법한 권한은 없다 하더라도 피고소인은 위 회의의 결의에 따라 종묘관리인의 채무를 면제하여 준 것인데 피고인이 이를 알고 있었음에도 불구하고 진실이라는 확신 없이 위 피고소인이 공소외인으로부터 금원을 받고 임의로 결손처분하였다고 고소하였다면 금전수수의 대가로 채무면제를 하여 주었다는 점에 대하여 **수사기관으로 하여금 수사권을 발동하도록 함에 충분하므로 피고인의 위와 같은 행위는 무고죄를 구성한**다.(대판 1986.12.9. 85도2482)

> ② 타인에게 형사처분을 받게 할 목적으로 '허위의 사실'을 신고한 행위가 무고죄를 구성하기 위하여는 신고된 사실 자체가 형사처분의 원인이 될 수 있어야 할 것이어서, 가령 **허위의 사실을 신고하였다 하더라도 그 사실 자체가 형사범죄로 구성되지 아니한다면 무고죄는 성립하지 아니한다.** "피고소인이 송이의 채취권을 이중으로 양도하여 손해를 입었으니 엄벌하여 달라"는 내용의 고소사실이 횡령죄나 배임죄 기타 형사범죄를 구성하지 않는 내용의 신고에 불과하여 그 신고 내용이 허위라고 하더라도 무고죄가 성립할 수 없다.(대판 2007.4.13. 2006도558)

5) 허위사실을 신고한 경우라도 형벌권 행사를 위한 조사가 전혀 필요 없음이 명백한 경우(예: 공소시효가 완성되었음이 신고 내용 자체에 의해서 명백한 경우)에는 본죄가 성립되지 아니한다.

◆ 판 례 ◆

　<형벌권 행사가 불가능이 명백한 경우와 무고죄>……① 타인으로 하여금 형사처분을 받게 할 목적으로 공무소에 대하여 허위의 사실을 신고하였다고 하더라도, 그 사실이 친고죄로서 그에 대한 **고소기간이 경과하여 공소를 제기할 수 없음이 그 신고 내용 자체에 의하여 분명한 때**에는 당해 국가기관의 직무를 그르치게 할 위험이 없으므로 이러한 경우에는 무고죄는 성립하지 아니한다.(대판 1998.4.14. 98도150)

　② 피고인의 상소가 매매대금 수령 전에 등기를 넘겨받은 매수인이 대금을 지급하지 않은 채 타에 처분한 것을 탓하는 취지라면 피고인이 주관적 법률평가의 잘못으로 명의신탁이라는 표현을 썼어도 매수인의 행위는 형사범죄가 되지 않는 것이므로 이러한 내용의 허위사실의 신고는 무고죄에 해당하지 않는다.(대판 1992.10.13. 92도1799)

　③ 타인으로 하여금 형사처분을 받게 할 목적으로 공무소에 대하여 허위사실을 신고하였다고 하더라도, 신고된 범죄사실에 대한 **공소시효가 완성되었음이 신고 내용 자체에 의하여 분명한 경우**에는 형사처분의 대상이 되지 않는 것이므로 무고죄가 성립하지 아니한다.(대판 1994.2.8. 93도3445)

④ 객관적으로 고소사실에 대한 공소시효가 완성되었더라도 **고소를 제기하면서 마치 공소시효가 완성되지 아니한 것처럼 고소한 경우에는 국가기관의 직무를 그르칠 염려가 있으므로 무고죄를 구성**한다.(대판 1995.12.5. 95도1908)

6) 무고죄에 있어서 허위사실의 적시는 수사관서 또는 감독관서에 대하여 수사권 또는 징계권의 발동을 촉구하는 정도의 것이라면 충분하고 그 사실이 해당될 죄명 등 법률적 평가까지 명시하여야 하는 것은 아니다.(대판 1987.3.24. 87도231)

(2) 신　고

자진해서 사실을 고지하는 행위이다. 따라서 수사기관의 신문에 대해서 허위진술을 한 경우에는 자발성이 없으므로 무고죄가 성립하지 아니하며, 부작위에 의한 무고도 불가능하다.

◆ **판　례** ◆

<국세청에의 허위신고가 무고죄를 구성하는지>······국세청장은 조세범칙행위에 대하여 벌금 상당액의 통고처분을 하거나 검찰에 이를 고발할 수 있는 권한이 있으므로, 국세청장에 대하여 조세 혐의사실에 관한 허위의 진정서를 제출하였다면 무고죄가 성립한다.(대판 1991.12.13. 91도2127)

◆ **판　례** ◆

<무고죄에서의 신고>······무고죄에 있어서의 **신고는 자발적인 것이어야** 하고 수사기관 등의 추문에 대하여 허위의 진술을 하는 것은 무고죄를 구성하지 않는 것이지만, 당초 고소장에 기재하지 않은 사실을 수사기관에서 고소보충조서를 받을 때 자진하여 진술하였다면 이 진술 부분까지 신고한 것으로 보아야 한다고 한다.(대판 1996.2.9. 95도2652)

◆ 판 례 ◆

<위증죄의 고소와 무고죄의 주체>……위증죄는 국가의 사법기능을 보호법익으로 하는 죄로서 개인적 법익을 보호법익으로 하는 것이 아니므로 **위증사실의 신고는 고소의 형식을 취하였더라도 고발이고**, 고발은 피해자 본인 및 고소권자를 제외하고는 누구나 할 수 있는 것이어서 고발의 대리는 허용되지 않고 고발의 의사를 결정하고 고발행위를 주재한 자가 고발인이라고 할 것이므로 **타인명의의 고소장 제출에 의해 위증사실의 신고가 행하여졌더라도 피고인이 고소장을 작성하여 수사기관에 제출하고 수사기관에 대하여 고발인 진술을 하는 등 피고인의 의사로 고발행위를 주도하였다면 그 고발인은 피고인이다.**(대판 1989.9.26. 88도1533)

◆ 판 례 ◆

<무고죄에 있어서 피무고자의 특정>……공무원 또는 공무소에 대한 허위 사실의 신고를 무고죄로 처벌하기 위하여는 그 신고에 피무고자의 **성명이 표시되어 있지 않더라도 그 신고 내용에 의하여 객관적으로 피무고자를 특정할 수 있으면 족하다.**…진정서에 피진정인이 '목포교도소 징벌위원회'로 되어 있지만 그 진정 내용은 징벌위원회 회의록이 허위로 작성되었다는 취지이므로 그 회의록의 작성권한을 가지는 징벌위원회 위원장을 그 피진정인으로 특정할 수 있다.(대판 2006.6.9. 2006도417)

(3) 기수 시기

허위신고가 당해 공무소 등에 도달해야 기수가 된다. 도달한 이상 그 후 무고문서를 반환받았다 하여도 본죄의 성립에는 영향이 없다.(대판 1985.2.28. 84도2215)

4. 주관적 구성요건

(1) 고 의

1) 공무원 · 공무소에 허위사실을 신고한다는 인식과 의사가 있어야 하므로, 허

위사실을 진실로 오신하고 신고한 경우에는 고의를 조각한다.

◆ 판 례 ◆

〈신고자의 진실에 대한 확신과 무고죄〉······무고죄에 있어서의 신고는 신고사실이 허위임을 인식하거나 진실하다는 확신 없이 신고함을 말하는 것이며 따라서 객관적 사실과 일치하지 않는 것이라도 신고자가 진실이라고 확신하고 신고하였을 때에는 무고죄가 성립되지 아니한다.(대판 1987.12.22. 87도1977)

---

2) 이때의 인식은 미필적 인식으로 족하다는 것이 판례이다.

◆ 판 례 ◆

〈무고죄의 고의〉······① 무고죄에 있어서 범의는 반드시 확정적 고의임을 요하지 아니하고 미필적 고의로서도 족하다 할 것이므로, 무고죄는 신고자가 진실하다는 확신 없는 사실을 신고함으로써 성립하고 그 신고사실이 허위라는 것을 확신함을 필요로 하지 않는다.(대판 1997.3.28. 96도2417)

② 무고죄의 허위신고에 있어서 다른 사람이 그로 인하여 형사처분 또는 징계처분을 받게 될 것이라는 인식이 있으면 족하므로, 고소당한 범죄가 유죄로 인정되는 경우에, 고소를 당한 사람이 고소인에 대하여 '고소당한 죄의 혐의가 없는 것으로 인정된다면 고소인이 자신을 무고한 것에 해당하므로 고소인을 처벌해 달라'는 내용의 고소장을 제출하였다면 설사 그것이 자신의 결백을 주장하기 위한 것이라고 하더라도 방어권의 행사를 벗어난 것으로서 고소인을 무고한다는 범의를 인정할 수 있다.(대판 2007.3.15. 2006도9453)

---

(2) 목 적: 타인으로 하여금 징계처분·형사처분을 받게 할 목적이 있어야 한다(목적범). 무고나 타인이 아닌 자기에 대한 무고는 구성요건해당성조차 없다.

◆ 판 례 ◆

<무고죄의 목적의 정도>······무고죄에 있어서 형사처분 또는 징계처분을 받게 할 목적은 허위신고를 함에 있어서 다른 사람이 그로 인하여 형사 또는 징계처분을 받게 될 것이라는 인식이 있으면 족한 것이고 그 결과 발생을 희망하는 것을 요하는 것은 아닌바, 피고인이 고소장을 수사기관에 제출한 이상 그러한 인식은 있었다 할 것이니 피고인이 고소를 한 목적이 피고소인들을 처벌받도록 하는 데에 있지 아니하고 단지 회사 장부상의 비리를 밝혀 정당한 정산을 구하는 데에 있다 하여 무고의 범의가 없다 할 수 없다.(대판 1991.5.10. 90도2601)

(3) 피무고자의 동의·촉탁·승낙을 받아 무고하는 승낙무고의 경우에는 주된 보호법익이 국가의 수사권의 적정행사임을 고려할 때 무고죄의 성립을 부정할 수 없다. 자기와 타인을 동시에 무고하는 공동무고는 타인의 부분에 대해서 무고죄가 성립한다.

(4) 자기무고의 교사의 경우 교사범의 성립은 부정된다.

5. 죄 수

① 피무고자의 수를 기준으로 결정한다.

② 1개의 행위로 1인에 대한 수개의 허위사실을 신고한 경우에는 단순일죄가 되나, 1개의 행위로 수인을 무고한 경우에는 수죄의 상상적 경합이 된다.

③ 수개의 행위로 반복하여 동일인에 대한 사실을 신고한 때에는 연속범이 되지 않는 한 수죄의 경합범이 된다.

6. 자수·자백의 특례(제157조) → 위증죄 참조

색 인

· 저자 ·

송태종 · 약 력 ·
성균관대학교 법학과 졸업(법학 학사)
전남대학교 행정대학원 졸업(행정학 석사)
호남대학교 법과대학원 졸업(법학 박사)
호남대학교, 명신대학교, 담양대학, 송원대학, 남도대학교 출강
사) 그림램프광주전남환경교육연합 이사장, (주) 대한저널 부이사장
한국국가학회 이사, 한국법학회 부회장 · 이사
현 호남대학교, 송원대학 겸임교수

· 주요논저 ·
「조직범죄에 관한 연구-범죄론 및 형사사법적 대응책을 중심으로-」
「불법수익몰수제도의 형사법적 연구」
「범죄의 본질에 대한 형사법적 고찰」
「조직범죄에 관한 고찰」
『형사소송법』(공저), 『법과 사회』(공저), 『법으로 본 세상』
외 다수

전수영 · 약 력 ·
조선대학교 법학과 수석졸업(법학 학사)
이화여자대학교 대학원 법학과(법학 석사)
조선대학교 대학원 법학과(법학 박사)
한국법학회 회원, (주) 대한저널 편집위원
현 조선대학교, 호남대학교, 대불대학교, 송원대학 강사

· 주요논저 ·
「계약체결상 과실책임에 관한 연구」
「조세법상 실질과세원칙에 관한 연구」
「치료감호에 관한 고찰」
「함정수사의 형사법적 고찰-마약범죄에 대한 수사기법을 중심으로-」
「자금세탁에 관한 한 · 중 · 일 형사사법적 연구」
「전자팔찌도입의 필요성과 문제점에 관한 검토」
『법과 현대사회』
외 다수

조문·판례 **형법각론**

- 초판 인쇄   2007년 12월 15일
- 초판 발행   2007년 12월 15일

- 지 은 이   .송태종, 전수영
- 펴 낸 이   채종준
- 펴 낸 곳   한국학술정보㈜
             경기도 파주시 교하읍 문발리 513-5
             파주출판문화정보산업단지
             전화   031) 908-3181(대표) · 팩스   031) 908-3189
             홈페이지 http://www.kstudy.com
             e-mail(출판사업부) publish@kstudy.com
- 등   록   제일산-115호(2000. 6. 19.)
- 가   격   40,000원

ISBN   978-89-534-7951-7 93360 (Paper Book)
       978-89-534-7952-4 98360 (e-Book)